Le Guide Vert

J. Malburet/MICHELIN

Portugal

Direction	David Brabis
Rédaction en chef	Nadia Bosquès
Rédaction	Florence Dyan, Jérôme Souty
Informations pratiques	Natacha Brumard, Sabine Bouvet, Lucía Fernández Sánchez, Alexandra Forterre, Blandine Lecomte, Emmanuelle Perez
Documentation	Isabelle du Gardin, Élisabeth Batista
Cartographie	Alain Baldet, Geneviève Corbic, Françoise Dugas, Aurélie Huot, Thierry Lemasson, Jacqueline Pavageau
Iconographie	Catherine Guégan, Claire Sautejeau
Secrétariat de rédaction	Danièle Jazeron, Élise Pinsolle
Correction	Florence Michel, Sophie Jilet
Mise en page	Michel Moulin, Marc Pinard, Rudolf Diratzouyan, Didier Hée
Conception graphique	Christiane Beylier
Maquette de couverture	Agence Carré Noir
Fabrication	Pierre Ballochard, Renaud Leblanc
Marketing	Cécile Petiau
Ventes	Antoine Baron (France), Robert Van Keerberghen (Belgique), Christian Verdon (Suisse), Nadine Audet (Canada), Pascal Isoard (grand export)
Relations publiques	Gonzague de Jarnac
Régie publicitaire	Étoile Régie Jacques-François de Laveaucoupet www.etoileregie.com ☎ 01 53 64 69 19 Le contenu des pages de publicité insérées dans ce guide n'engage que la responsabilité des annonceurs
Pour nous contacter	Le Guide Vert Michelin – Éditions des Voyages 46, avenue de Breteuil 75324 Paris Cedex 07 ☎ 01 45 66 12 34 Fax : 01 45 66 13 75 www.ViaMichelin.fr LeGuideVert@fr.michelin.com

Parution 2004

À la découverte du Portugal

Pays des navigateurs et des poètes, de la « saudade » et du fado, le Portugal embrasse une étonnante diversité de paysages du Nord au Sud : panoramas grandioses de la vallée du Douro sculptés par les vignobles du fameux porto, petits ports de pêche aux barques bariolées, horizons infinis de l'Alentejo, villages anciens aux traditions toujours vivantes, interminables plages de sable fin ou petites criques d'émeraude que surplombent les falaises rouges de l'Algarve. Agréable en toutes saisons, le Portugal vous séduira autant par sa douceur de vivre, son riche patrimoine architectural, ses palais ornés d'azulejos et de jardins enchanteurs que par ses plages, ses terrains de golf de renommée mondiale et son renouveau culturel foisonnant et créatif.

Ce pays, où cohabitent la ferveur religieuse et l'effervescence d'une vie nocturne animée, une forte identité rurale et des industries de pointe, a su créer un lien harmonieux entre les mondes d'hier et de demain. Lisbonne en est le symbole le plus éloquent. La capitale portugaise à l'atmosphère incomparable est redevenue, à l'occasion du 500e anniversaire du voyage de Vasco de Gama aux Indes, un pôle d'attraction international avec l'Expo' 98 dédiée aux océans. Une véritable consécration pour cette nation dynamique et optimiste, qui a connu un développement économique spectaculaire depuis son entrée dans l'Union européenne en 1986. Depuis, le Portugal est régulièrement à l'honneur. En 2001, Porto a été choisie comme « capitale européenne de la culture », et le pays doit accueillir l'Euro 2004, le championnat d'Europe de football.

Cette édition 2004 a été particulièrement soignée. Plusieurs centaines d'adresses ont été ajoutées afin de faciliter votre séjour, et la maquette a été revue afin d'accroître le confort de lecture. Nous espérons que ce guide répondra à vos attentes.

Merci d'avoir choisi le Guide Vert et « boa viagem » !
L'équipe du Guide Vert Michelin
LeGuideVert@fr.michelin.com

Sommaire

Informations pratiques

Invitation au voyage

A.J. Casalgrine/MICHELIN

Les couleurs de la Beira Littorale.

M. Gurfinkel/MICHELIN

Gros plan sur la cité d'Óbidos.

Villes et sites

Madère et les Açores

Pêcheur réparant ses filets à Lagos.

Sur le quai da Ribeira à Porto.

Cartographie

Les cartes et plans qu'il vous faut

Carte National Michelin Portugal (et Madère) (Ref. 733)
– cartographie au 1/400 000 avec le détail du réseau routier et l'indication des sites et monuments isolés décrits dans ce guide ;
– index des localités.

Atlas routier et touristique Espagne/Portugal (Ref. 6463)
– un atlas à spirale à l'échelle 1/400 000 pour se déplacer dans l'ensemble de la péninsule Ibérique (y compris Madère et les Açores) ;
– index des localités et nombreux plans de villes.

Mini-Atlas Espagne/Portugal (Ref. 29)
Plans de ville de :
  Lisboa en format carte (Ref. 39)
  Lisboa en format atlas (Ref. 2039)
  Porto en format carte (Ref. 19085, nouveauté 2004)

ET POUR SE RENDRE AU PORTUGAL

Atlas routier Michelin Europe – Version à spirale (Ref. 136) ou relié (Ref. 130)
– toute l'Europe au 1/1 000 000 présentée en un seul volume ;
– les grands axes routiers et 73 plans d'agglomérations ou cartes d'environs ;
– la réglementation routière appliquée dans chaque pays.

WWW.VIAMICHELIN.FR

En complément de ces cartes et pour aider le voyageur dans 43 pays d'Europe, le site Internet www.ViaMichelin.fr permet le calcul d'itinéraires, et bien d'autres services : une cartographie complète (cartes des pays, plans de villes), une sélection d'hôtels et de restaurants du Guide Rouge Michelin, etc.

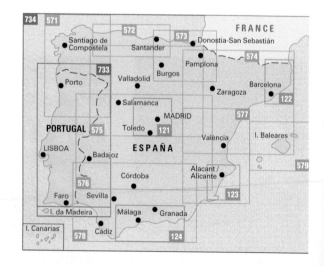

Légende

Monuments et sites

- Itinéraire décrit, départ de la visite
- Église
- Temple
- Synagogue - Mosquée
- Bâtiment
- Statue, petit bâtiment
- Calvaire
- Fontaine
- Rempart - Tour - Porte
- Château
- Ruine
- Barrage
- Usine
- Fort
- Grotte
- Habitat troglodytique
- Monument mégalithique
- Table d'orientation
- Vue
- Autre lieu d'intérêt

Sports et loisirs

- Hippodrome
- Patinoire
- Piscine : de plein air, couverte
- Cinéma Multiplex
- Port de plaisance
- Refuge
- Téléphérique, télécabine
- Funiculaire, voie à crémaillère
- Chemin de fer touristique
- Base de loisirs
- Parc d'attractions
- Parc animalier, zoo
- Parc floral, arboretum
- Parc ornithologique, réserve d'oiseaux
- Promenade à pied
- Intéressant pour les enfants

Signes particuliers

- **GNR** Gendarmerie (Guarda Nacional Republicana)
- **P** Pousada (Établissement hôtelier géré par l'État)

Abréviations

- **G** Gouvernement du district (Governo civil)
- **H** Hôtel de ville (Câmara municipal)
- **J** Palais de Justice (Palácio de justiça)
- **M** Musée (Museu)
- **POL.** Police (Policia)
- **T** Théâtre (Teatro)
- **U** Université (Universidade)

	site	station balnéaire	station de sports d'hiver	station thermale
vaut le voyage	★★★	≋≋≋	✲✲✲	♁♁♁
mérite un détour	★★	≋≋	✲✲	♁♁
intéressant	★	≋	✲	♁

Autres symboles

🛈 Information touristique

══ ══ Autoroute ou assimilée

❶ ❶ Échangeur : complet ou partiel

⊏⊐ ══ Rue piétonne

ɪ═══ɪ Rue impraticable, réglementée

▭▭▭ ---- Escalier - Sentier

🚆 🚆 Gare - Gare auto-train

🚍 🚍 Gare routière
     S.N.C.F.

•──•── Tramway

Ⓜ Métro

🅿 Parking-relais
R

♿ Facilité d'accès pour les handicapés

✉ Poste restante

☎ Téléphone

✉ Marché couvert

•✕• Caserne

⚠ Pont mobile

Ʊ Carrière

✕ Mine

Ⓑ Ⓕ Bac passant voitures et passagers

🚢 Transport des voitures et des passagers

⛴ Transport des passagers

③ Sortie de ville identique sur les plans et les cartes Michelin

Bert (R.)... Rue commerçante

AZ B Localisation sur le plan

►► Si vous le pouvez : voyez encore...

Carnet pratique

Catégories de prix :
⊜ À bon compte
⊜⊜ Valeur sûre
⊜⊜⊜ Une petite folie !

20 ch. : Nombre de chambres :
48/72€ Prix de la chambre pour une personne/chambre pour deux personnes (prix donnés à titre indicatif pour la haute saison)

⊐ *4€* Prix du petit déjeuner lorsqu'il n'est pas indiqué dans le prix de la chambre

13/22€ Restaurant : prix mini/maxi pour un repas complet (boisson non comprise)

rest. Restaurant dans un lieu
15/22€ d'hébergement, prix mini/maxi

🚫 Cartes bancaires non acceptées

🅿 Parking réservé à la clientèle
P de l'hôtel

🏊 Piscine

▤ Air conditionné

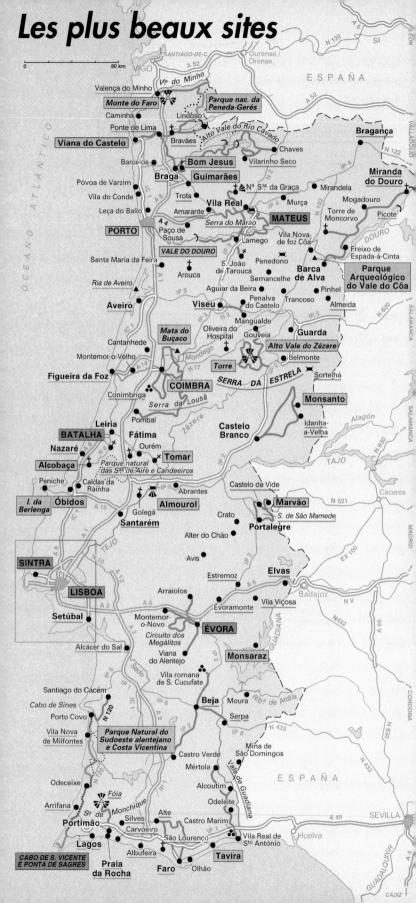

Les plus beaux sites

Circuits de découverte

Pour de plus amples explications, consulter la rubrique du même nom
dans la partie "Informations pratiques" en début de guide.

0 — 80 km

★ Valença do Minho
Monção
★★ PARQUE NAC. DA PENEDA-GERÊS
Caminha
★ Bravães ★
Ponte da Barca
★★ Viana do Castelo
Montalegre
Ponte de Lima
Carvalhelhos
Chaves
Bragança ★★
Barcelos
N 103
[2]
★ Braga Bom Jesus ★
Póvoa de Varzim
[1]
Mirandela
Guimarães ★★
Vila do Conde
Amarante
Vila Real ★
Torre de Moncorvo
★★ PORTO
Peso da Régua
MATEUS ★★★
A 4
DOURO
DUERO
Lamego
N 102
Parque Arqueológico
do Vale do Côa ★★
★★ VALE
DO
DOURO
★ **Aveiro**
N 16
Viseu ★
Ílhavo
[3]
Caramulo
Mira
Curia
Seia
Penhas da Saúde
Guarda ★
Cantanhede
★ Luso
Mata do Bucaço ★★
Belmonte ★
Sabugal
Figueira da Foz ★
A 14
COIMBRA ★★
★★ **Torre**
Covilhã
Sortelha ★
ESPAÑA
Conímbriga
SERRA DA ESTRELA ★
Penamacor
Lousã
[4]
Monsanto
Idanha a Velha ★
Leiria
★★★ BATALHA
Fátima
★ Nazaré
Tomar ★★
Castelo Branco
Caldas da Rainha
Alcobaça ★★
Constância
IP 6
[5]
Golegã
Castelo de Vide ★
Peniche
N 114
Óbidos ★★
Abrantes
N 118
Marvão ★★
Ericeira
Santarém ★
Almourol
Almourol
S. de São Mamede ★
Alpiarça
Portalegre
N 247
Almeirim
Mafra ★
[6]
SINTRA ★★★
Vila Franca de Xira
N 114
Estremoz ★
Elvas ★
Cascais ★
LISBOA ★★★
Évoramonte
Vila Viçosa ★
Costa da Caparica
★ S. DA ARRÁBIDA
Setúbal ★
Montemor-o-Novo
ÉVORA ★★★
★ Cabo Espichel
Sesimbra
Ruínas Romanas de Cetóbriga
Alcácer do Sal ★
Monsaraz ★★
N 256
N 386
[7]
Sines
IP 8
Santiago do Cacém
★ Beja
Porto Covo
Serpa ★
★★ PARQUE NATURAL DO
SUDOESTE ALENTEJANO
E COSTA VICENTINA
★ Vila Nova de Milfontes
Mértola
Zambujeira do Mar
Odemira
Alcoutim
Odeceixe
Aljezur
Monchique
★ Arrifana
★ Silves
Alte ★
Castro Marim
Portimão
S. Brás de Alportel
Loulé
Vila do Bispo
Albufeira
[8]
Lagos ★
N 125
Tavira ★
Faro ★
Olhão
Vila Real de Sto António
Monte Gordo
CABO DE S. VICENTE
E PONTA DE SAGRES ★★★

[1] Le Minho : 250 km (7 jours)

[2] Trás-os-Montes et la Vallée du Dou... 500 km (7 jours sans randonnée)

[3] Centre et Beira Littorale : 350 km (5 jours)

[4] Serra da Estrela et Beira Baixa : 350 km (5 jours)

[5] L'Ouest historique : 400 km (5 jours)

[6] Vallée du Tage et Haut-Alentejo : 450 km (5 jours)

[7] Alentejo : 400 km (5 jours)

[8] Algarve : 450 km (4 jours)

Types de séjour

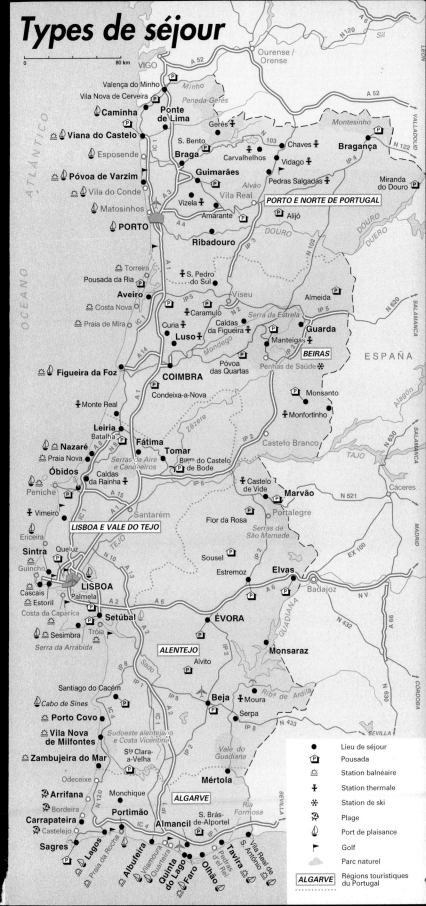

0   80 km

ATLANTIQUE

OCÉANO ATLÂNTICO

ESPAÑA

VIGO
Valença do Minho
Vila Nova de Cerveira
Caminha
Viana do Castelo
Esposende
Póvoa de Varzim
Vila do Conde
Matosinhos
PORTO
Ourense / Orense
Ponte de Lima
Gerês
Peneda-Gerês
S. Bento
Braga
Guimarães
Vizela
Amarante
Chaves
Carvalhelhos
Vidago
Pedras Salgadas
Bragança
Montesinho
Miranda do Douro
Vila Real
PORTO E NORTE DE PORTUGAL
Alijó
DOURO
DUERO
Ribadouro

Torreira
Pousada da Ria
Aveiro
Costa Nova
Praia de Mira
S. Pedro do Sul
Caramulo
Curia
Luso
Viseu
Caldas da Figueira
Serra da Estrela
Manteigas
Guarda
BEIRAS
Almeida
Penhas de Saúde
Monsanto
Monfortinho

Figueira da Foz
COIMBRA
Condeixa-a-Nova
Monte Real
Póvoa das Quartas
Mondego
Zêzere
Leiria
Batalha
Nazaré
Praia Nova
Óbidos
Peniche
Vimeiro
Ericeira
Fátima
Serras de Aire e Candeeiros
Tomar
Bgem do Castelo de Bode
Caldas da Rainha
Santarém
Castelo Branco
Castelo de Vide
Flor da Rosa
Marvão
Portalegre
Serras de São Mamede
LISBOA E VALE DO TEJO
Sintra
Queluz
Guincho
Cascais
Estoril
Costa da Caparica
LISBOA
Palmela
Setúbal
Tróia
Sesimbra
Serra da Arrábida
TEJO
Sousel
Estremoz
Elvas
Badajoz
ÉVORA
ALENTEJO
Alvito
Monsaraz
Cáceres
MADRID

Santiago do Cacém
Cabo de Sines
Porto Covo
Vila Nova de Milfontes
Zambujeira do Mar
Sudoeste alentejano e Costa Vicentina
Sta Clara-a-Velha
Odeceixe
Beja
Serpa
Moura
Ribª de Ardila
Vale do Guadiana
Mértola
GUADIANA

Arrifana
Bordeira
Carrapateira
Castelejo
Sagres
Monchique
Portimão
Lagos
Praia da Rocha
Albufeira
Vilamoura
Quarteira
Quinta do Lago
Faro
Olhão
Almancil
S. Brás-de-Alportel
Ria Formosa
Tavira
Pedras del Rei
Vila Real de Santo António
ALGARVE

Lieu de séjour
Pousada
Station balnéaire
Station thermale
Station de ski
Plage
Port de plaisance
Golf
Parc naturel
ALGARVE Régions touristiques du Portugal

Une fenêtre dans le quartier de l'Alfama à Lisbonne.

Informations pratiques

Avant le départ

adresses utiles

De nombreux sites Internet peuvent vous aider à organiser votre voyage, rechercher des informations et approfondir votre connaissance du Portugal.

INTERNET

www.ambafrance-pt.org : site de l'ambassade de France à Lisbonne. Brèves d'actualité sur le pays (en français).

www.dree.org/portugal : site de la Mission économique. Nombreuses cartes et fiches de synthèse sur l'économie et la société portugaise (en français).

www.embaixada-portugal-fr.org : ambassade du Portugal à Paris. Informations sur la situation socio-politique, données touristiques générales (en français et portugais).

www.ipmuseus.pt : tous les musées et agendas culturels du Portugal, informations pratiques et résumés des collections (en portugais).

www.jnoticias.pt, **www.dn.pt**, **www.publico.pt** : sites des principaux organes de presse (en portugais).

www.meteo.fr : prévisions météorologiques de la péninsule Ibérique et des principales villes portugaises (en français).

www.paginasamarelas.pt : équivalent portugais des Pages jaunes (en anglais et portugais).

www.portugalinsite.pt : site de l'office du tourisme portugais. Très complet (en portugais, espagnol, allemand, anglais).

www.portugal.org : site destiné au public américain, mais beaucoup de liens utiles (en anglais).

OFFICES DE TOURISME DU PORTUGAL (ICEP)

Paris – 135 bd Haussmann, 75008 Paris, Mᵒ Miromesnil, ☎ 01 56 88 30 80, www.portugal-icep.fr

Bruxelles – r. Joseph II, 5, boîte 3, 1000 Bruxelles, Mᵒ Arts-Loi, ☎ 02 230 52 50.

Montréal – 275 University Street, Suite 1206, Montréal, Québec H3A 3C6, ☎ (514) 282 12 64/65.

Zürich – Badenerstraße 15, 8004 Zürich, ☎ 01 241 00 01/05.

AMBASSADES ET CONSULATS DU PORTUGAL

Paris – 3 r. de Noisiel, 75016 Paris, Mᵒ Porte Dauphine, ☎ 01 47 27 35 29.

Berne – Weltpoststraße, 20, 3015 Berne. ☎ 01 35 28 329.

Bruxelles – Av. de la Toison-d'Or 55, Bruxelles 1060, ☎ 02 533 07 00.

Montréal – 2020 University Street, Suite 1725, Montréal, Québec H3A 2L1, ☎ (514) 499 06 21.

CENTRES CULTURELS ET LIBRAIRIES

Centre culturel (Instituto Camões) – 26 r. Raffet, 75016 Paris, ☎ 01 53 92 01 00.

Fondation Calouste Gulbenkian – 51 av. d'Iéna, 75016 Paris, ☎ 01 53 23 93 93. Les ouvrages et thèses publiés par la fondation Calouste Gulbenkian sont en vente à la librairie Jean Touzot, 38 rue Saint-Sulpice, 75006 Paris.

Librairie Portugaise – 10 r. Tournefort, 75005 Paris, ☎ 01 43 36 34 37. Littérature, culture, livres de cuisine : tout pour satisfaire votre curiosité sur le monde lusophone, en français et en portugais.

Librairie Lusophone – 22 r. du Sommerard, 75005 Paris, ☎ 01 46 33 59 39. Intégralement dédiée à la langue portugaise, nombreux ouvrages en version originale ou traduits en français.

Librairie Portugal – 146 r. Chevaleret, 75013 Paris, ☎ 01 45 85 07 82. Avec des ouvrages en version originale et de nombreux titres de la presse portugaise, elle est très fréquentée par les Portugais de Paris.

formalités

DOCUMENTS

Pièces d'identité – Les **ressortissants de l'Union européenne** doivent être en possession d'une carte d'identité de moins de 10 ans ou d'un passeport (en cours de validité ou périmé depuis moins de 5 ans). Les mineurs voyageant seuls ont besoin d'un passeport en cours de validité. S'ils n'ont que la carte d'identité, il est demandé une autorisation parentale sous forme d'attestation délivrée par la mairie ou le commissariat de police.

La carte d'identité nationale ou un passeport en cours de validité sont requis pour les **Suisses**. Les **Canadiens**, exemptés de visa pour un séjour inférieur à trois mois, doivent présenter leur passeport en cours de validité.

Véhicules – Le conducteur d'une voiture de tourisme doit être en possession d'un permis de conduire à trois volets ou d'un permis international.

Les papiers du véhicule doivent pouvoir être présentés ainsi que la carte verte, délivrée par la compagnie d'assurances. La plaque réglementaire de nationalité est obligatoire à l'arrière du véhicule.

SANTÉ

Afin de bénéficier de la même assistance médicale que les Portugais, les touristes ressortissants de l'Union européenne doivent se procurer le formulaire **E 111**, soit auprès de leur centre de paiement de Sécurité sociale, soit par l'intermédiaire d'Internet (www.cerfa.gouv.fr). Dès l'arrivée au Portugal, il faut solliciter auprès de la Segurança Social un livret d'assistance sociale, qui sera remis en échange de l'imprimé E 111.

ANIMAUX DOMESTIQUES

Pour les chats et les chiens, un certificat de vaccination antirabique de plus d'un mois et un certificat de bonne santé de moins d'un mois traduits en portugais sont exigés. Cependant, sachez que les animaux de compagnie sont souvent refusés dans les hôtels et les restaurants, et interdits dans la plupart des lieux publics (y compris les plages).
À partir de juillet 2004, les chiens, chats et autres animaux domestiques devront être munis d'un passeport pour voyager librement en Europe. Adoptée en avril 2003 par le Parlement européen, la mesure s'applique aux déplacements des animaux de compagnie dans l'ensemble des États membres de l'Union Européenne, à l'exception du Royaume-Uni, de l'Irlande et de la Suède. Ce passeport, délivré par les vétérinaires, aura valeur de document officiel et fournira la preuve que l'animal a bien été immunisé contre la rage et pourra, le cas échéant, attester d'autres vaccinations.

quand partir

CLIMAT

Le climat du Portugal est relativement doux. Toutefois, l'époque la plus favorable pour le voyage dépend de la région que l'on veut visiter. Le Nord est plus froid que le Sud, en particulier la région du Trás-os-Montes, où les hivers peuvent être très rigoureux. Pour une visite d'ensemble du pays, on préférera le printemps et l'automne.

Printemps – C'est l'époque des maisons fleuries et des paysages verdoyants. C'est une très bonne saison pour visiter le **Sud du pays**, en évitant ainsi les grandes chaleurs et les foules en Algarve. Avril est attirant pour les cérémonies de la Semaine sainte et les nombreuses manifestations folkloriques.

Été – Sec et chaud à l'intérieur, il est tempéré sur le **littoral** par des brises marines. *Romarias*, festivals, compétitions sportives se succèdent. C'est la meilleure saison pour profiter des plages, du Nord au Sud du pays. Température moyenne de l'eau : 16/19 °C sur la côte Ouest, 21/23 °C sur la côte de l'Algarve. Températures moyennes de l'air : Porto 20 °C, Lisbonne 26 °C, Évora 29 °C, Faro 28 °C.

Automne – Dans le **Nord** du pays en particulier, le paysage (où poussent châtaigniers et vignes) prend de jolis tons. La vallée du Douro s'anime au

H. Le Gac/MICHELIN

Quand la tradition tourne le dos à la modernité.

JOURS FÉRIÉS

- le 1er janvier
- Mardi gras
- Vendredi saint

- le 25 avril (anniversaire de la révolution des Œillets, fête de la Liberté)
- le 1er mai (fête du travail)

- le 10 juin (fête nationale : mort de Camões et fête des communautés portugaises)

- Corpus Dei (date variable)
- Le 15 août (Assomption)
- Le 5 octobre (proclamation de la république)
- Le 1er novembre (Toussaint)
- Le 1er décembre (restauration de l'indépendance)
- Le 8 décembre (Immaculée Conception)
- Le 25 décembre (Noël)

En outre, chaque ville célèbre le jour de la fête patronale (saint Antoine à Lisbonne le 13 juin ; saint Jean à Porto le 24 juin) et le férié municipal.

Pour le calendrier festif, reportez-vous p. 40 et aux carnets pratiques des différentes villes.

moment des vendanges (mi-septembre à mi-octobre). C'est le moment idéal pour visiter le Minho et le Trás-os-Montes. Températures moyennes dans ces régions : 13 °C et 8 °C respectivement (entre octobre et décembre).

Hiver – En **Algarve**, où l'on peut se baigner de mars à novembre (mer à 17 °C et air à 18 °C), sur la Costa do Estoril (mer à 16 °C et air à 17 °C), et surtout à **Madère** (mer et air à 21 °C), l'hiver est très doux et ensoleillé. La floraison des amandiers d'Algarve, vers fin janvier, métamorphose le paysage. On peut pratiquer les sports d'hiver dans la serra da Estrela.

DÉCALAGE HORAIRE

L'heure légale du Portugal est celle du méridien de Greenwich, soit une heure de moins par rapport à la France.

budget

Malgré un alignement progressif sur les prix européens, Lisbonne reste l'une des grandes villes les moins chères d'Europe.
Afin de vous aider à préparer votre voyage, nous vous proposons des budgets indicatifs calculés en fonction des trois catégories d'établissements mentionnées dans les carnets pratiques des villes. Ces différentes catégories sont représentées par des piécettes : ⊖ (À bon compte), ⊖⊖ (Valeur sûre) ou ⊖⊖⊖ (Une petite folie !) *Pour les équivalences entre ces symboles et les tarifs, voir la rubrique Hébergement et restauration p. 23.*
Chaque budget indiqué **(par jour et par personne)** comprend la nuit dans une chambre double (en principe le petit déjeuner est inclus), le déjeuner et le dîner. Les autres types de frais (transports, visites des monuments) n'ont pas été pris en compte. Cependant, voici quelques prix à titre indicatif : un café à partir de 0,40€, un thé à partir de 1€, un ticket de bus à l'unité 1€, un ticket de cinéma à partir de 4€, un journal quotidien à partir de 0,80€, les entrées de musées de 1 à 3€.

PETITS BUDGETS

Environ 50€ : choisissez votre hébergement dans la catégorie « 1 piécette » : vous descendrez dans une pension, une *residencial* ou un hôtel simple et convivial. L'un des deux repas sera pris dans un établissement de la rubrique « Sur le pouce » (restauration légère), et le dîner dans un restaurant simple de la catégorie « 1 piécette » (moins de 15€).

BUDGETS MOYENS

Environ 90€ : avec ce budget journalier, vous pourrez faire étape dans des établissements « 2 piécettes ». Dans cette catégorie, vous trouverez des maisons d'hôte, souvent de charme, des hôtels confortables et agréablement aménagés. Vous effectuerez un repas léger, et l'autre sera pris dans un restaurant plus haut de gamme (entre 16 et 30€ par personne).

BUDGETS PLUS LARGES

À partir de 120€ : votre séjour s'effectuera dans des conditions très confortables. Vous passerez la nuit dans des hôtels de standing, dans de luxueuses chambres d'hôte ou dans de splendides *pousadas* de la catégorie « 3 piécettes ». Vous pourrez également vous offrir un repas gastronomique dans un établissement renommé (plus de 30€).

tourisme et handicapés

Le Portugal s'équipe peu à peu selon les normes de l'Union européenne afin de faciliter le quotidien des personnes handicapées. Si les nouvelles installations ont des infrastructures adaptées, les autres n'ont pas encore modifié les leurs. L'aéroport et les grandes gares disposent d'un accès pour fauteuils roulants, tout comme certaines stations du métro lisboète. Le Secretariado Nacional de Reabilitaçao, avenue Conde Valbom 63, à Lisbonne (☎ 00 351 217936517 ; fax 00 351 217965182), propose un guide des transports adaptés et des accès dans les musées. Il est téléchargeable sur le site Internet www.snripd.mts.gov.pt (en portugais uniquement).
Les bureaux d'informations touristiques *(voir plus haut)* fournissent des adresses d'hébergement sans problèmes d'accessibilité (ce sont souvent des établissements de catégorie supérieure, et quelques auberges de jeunesse).

Transports

Les renseignements pratiques spécifiques aux archipels de Madère et des Açores se trouvent dans les chapitres les concernant.

comment arriver

EN AVION

LIGNES RÉGULIÈRES

Il est conseillé de réserver les billets plusieurs mois à l'avance pour les départs en été compte tenu des nombreux retours des Portugais résidant à l'étranger, surtout au mois d'août. La TAP (compagnie aérienne portugaise) et Air France assurent plusieurs liaisons quotidiennes directes de Paris (ou Zürich, Genève, Bruxelles) vers Lisbonne, Porto et Faro, avec correspondance pour Funchal (île de Madère) ou pour les Açores. Il n'existe pas de vols directs du Canada vers le Portugal : envisagez une correspondance à Paris.

TAP Air Portugal – 11 bis/13 bd Haussmann, 75009 Paris, ☎ 01 44 86 89 89, www.tap.pt

Air France – 119 av. des Champs-Elysées, 75008 Paris ; n° centrale de réservation en France ☎ 0 820 821 821. 3615 AF ou www.airfrance.fr

Virgin Express – Cette compagnie belge *« low fares »* propose des vols directs de Bruxelles à Lisbonne et Faro, www.virgin-express.com

VOLS DÉGRIFFÉS ET CHARTERS

Vous avez également la possibilité de consulter les organismes suivants, qui proposent des voyages dégriffés à prix doux.

Anyway – 128 quai de Jemmapes, 75010 Paris, ☎ 0 825 008 008 (n° indigo), fax 01 53 19 67 10. www.anyway.com

Degriftour, Last minute – www.degriftour.com et 3615 DT, www.lastminute.fr.

En outre, le site **www.opodo.fr**, créé en partenariat par différentes compagnies aériennes (parmi lesquelles Air France, Austrian Airlines, British Airways, Iberia, KLM, Lufthansa), vous permet de comparer les différentes possibilités de vols qui s'offrent à vous, et de passer votre commande en ligne.

En été, de nombreux vols charters desservent Faro, Lisbonne et Porto. Adressez-vous par exemple aux organismes suivants, présents dans toute la France :

Look Voyages – ☎ 0 825 31 36 13 (centrale de réservation), www.look-voyages.fr. Les catalogues disponibles dans les agences de voyages proposent des vols secs à prix compétitifs, des circuits et des séjours.

Nouvelles Frontières – ☎ 0 825 000 825 (centrale de réservation), www.nouvelles-frontières.com. Vols secs ou formules de séjour à tous les prix, que vous pourrez consulter dans les différentes brochures à thème qui existent (séjours, circuits, escapades,...).

Wasteels – ☎ 0 825 88 70 70 (centrale de réservation), www.wasteels.fr

VOYAGISTES

SPÉCIALISTES DU PORTUGAL

Lusitania offre diverses formules de séjours sur le Portugal continental et les archipels, en individuels ou en groupe. Rens. : 6 r. Paul-Cézanne, 75008 Paris, ☎ 01 42 89 42 99.

Marsans international, spécialiste des destinations latines, propose par exemple une croisière sur le Douro et la visite de Lisbonne le temps d'une semaine.
☎ 0 825 16 4000 (n° indigo), www.marsans.fr

VOYAGES « CULTURE »

Association Arts et Vie – De nombreuses propositions, allant du week-end à Lisbonne à la découverte de Madère ou d'un circuit des *pousadas*. Rens. : cinq agences en France (Paris, Grenoble, Lyon, Marseille et Nice), ☎ 01 40 43 20 21, www.artsvie.asso.fr

Clio – Visiter le pays avec un conférencier vous tente ? Voyage historique et culturel de Porto à Lisbonne, ou le temps d'une croisière sur le Douro. Rens : 27 r. du Hameau, 75015 Paris (M° Porte-de-Versailles), ☎ 01 53 68 82 82, www.clio.fr

Ikhar – Escapade à Funchal, sur l'île de Madère, accompagnée par un conférencier. Rens. : 32 rue du Laos, 75015 Paris, ☎ 01 43 06 73 13, www.ikhar.com

La gare de Porto.

Nomade Aventure propose des treks à pied dans les archipels de Madère et des Açores, pour individuels ou en famille. Rens. : www.nomade-aventure.com. Diverses agences en France, informations au 0 826 100 326

Terre d'aventures offre aussi des treks dans les deux archipels portugais, et un sur le continent, dans les vignobles du Douro. Rens. : www.terdav.com. ☎ 0 825 847 800 (n° indigo qui vous oriente vers l'agence la plus proche de chez vous).

EN TRAIN

De Paris – Il existe une liaison quotidienne entre Paris et Lisbonne ou Porto (comptez au moins 16 heures de trajet). Autre option : par TGV (départ à 15h) jusqu'à Irun, en Espagne, puis correspondance vers Lisbonne ou Porto par train-couchettes.

De Bruxelles – Aucune liaison directe, prenez le Thalys jusqu'à Paris. www.thalys.com

De Genève ou Zürich – Direct jusqu'à Barcelone, changements à Barcelone et Madrid.

EN AUTOCAR

De France – La compagnie **Eurolines** dessert une centaine de villes portugaises. Les cars se prennent dans les gares routières de nombreuses villes de province. À Paris, la gare routière internationale Paris-Gallieni se situe 28 av. du Général-de-Gaulle, 93541 Bagnolet ; ☎ 08 92 69 52 52 (numéro national de réservation, 0,34€/mn). 3615 Eurolines ; www.eurolines.fr

De Belgique – Les cars Eurolines desservent les principales villes portugaises à partir des gares du Midi et Rue du Progrès à Bruxelles, ainsi que de quelques autres villes belges. ☎ 02 274 1350 (centrale de réservation). www.eurolines.be

EN VOITURE

De Paris – La route la plus directe de Paris passe par Bordeaux, Bayonne, Vitoria, Burgos, Salamanque, ce qui représente 1 360 km jusqu'à la frontière portugaise, via **Vilar Formoso**. Pour aller dans le Sud, suivez le même parcours jusqu'à Salamanque (1284 km), où vous bifurquerez par Cáceres et Badajoz pour passer par le poste frontière de **Elvas-Caia** (plus 316 km).

De Bruxelles – Rejoignez Paris (310 km) et suivez les indications ci-dessus.

De Genève – 1400 km jusqu'à Salamanque. Le plus court passe par Lyon, Clermont-Ferrand, Bordeaux. Suivez ensuite les indications données pour rejoindre le Portugal depuis Paris.

Choix d'itinéraires – Le service de planification d'itinéraires des Éditions des Voyages Michelin indique des

Curral das Freiras vu d'Eira do Serrado (Madère).

J. Santos Ramirez/MICHELIN

trajets selon votre préférence (le plus court, le plus rapide, sans péage,...), les distances entre localités, des restaurants et des hôtels. 3615 MICHELIN ou www.ViaMichelin.com

voyager moins cher

VOYAGER EN TRAIN À TOUT ÂGE

– La **carte Inter-Rail** permet de circuler librement dans 29 pays regroupés par zones géographiques : la zone F comprend l'Espagne, le Portugal et le Maroc. Différentes formules s'offrent à vous, à des tarifs plus avantageux pour les moins de 26 ans (validité de 12 à 22 jours pour une zone, jusqu'à un mois si plusieurs zones). Procurez-vous cette carte auprès de la SNCF, ☎ 08 92 35 35 35 (0,34€/min), www.scnf.com

– La **carte Euro Domino** vous autorise, quel que soit votre âge, à prendre le train dans 28 pays d'Europe et du Maghreb grâce à un système de coupons valables de 3 à 8 jours sur une période d'un mois. La carte Euro Domino Jeunes est environ 25 % moins chère pour les moins de 26 ans.

– La **carte Railplus**, valable un an, donne droit à des réductions de 25 % sur l'achat de certains billets de train, à condition que le voyage comporte au moins le passage d'une frontière. Elle n'est pas valable sur le réseau SNCF ; moins chère pour les moins de 26 ans et les plus de 60 ans.

VOYAGER JEUNE...

Sur place, certaines cartes de réductions réservées aux jeunes donnent droit à des tarifs préférentiels sur les transports, l'hébergement, l'entrée des musées et des sites.

– Les collégiens, lycéens et étudiants peuvent se procurer l'**ISIC** (International Student Identification Card) moyennant 12€ sur présentation d'une pièce d'identité et d'un document attestant leur statut d'étudiant. Cette carte est délivrée par les agences Wasteels Voyages, l'OTU Voyages, les CROUS et les centres d'information jeunesse. Pour plus d'informations, adressez-vous à ISIC-France, 119 r. St-Martin, 75004 Paris, ☎ 01 49 96 96 49, www.isic.tm.fr

– Pour le même prix, la **carte Go 25**, ou Carte jeune internationale, offre aux moins de 26 ans (étudiants ou non) sensiblement les mêmes réductions que l'ISIC. Pour vous la procurer, contactez l'OTU Voyages, ☎ 0 820 817 817.

– Pour les moins de 26 ans uniquement, le billet **BIJ** (billet nominatif valable deux mois à compter du début du voyage) offre des tarifs intéressants sur certains trajets en train et en bateau. Renseignez-vous auprès de Wasteels Voyages, ☎ 0 825 887 070 (0,12€/mn), www.wasteels.fr

... ET MOINS JEUNE

Munis de leur carte Senior, les ressortissants de l'Union européenne de 60 ans et plus ont droit à une réduction sur les billets de train ainsi que sur certaines entrées de musées et de sites.

Voyager en famille, voyager en couple

Pour la partie du voyage en territoire français, la SNCF propose diverses offres « Découverte » (Enfant +, A deux, Prem's...) ou les avantages liés à la carte famille nombreuse. Se renseigner en agence, au 08 92 35 35 35 ou sur www.sncf.com

sur place

Au volant

CODE DE LA ROUTE

La **vitesse** est limitée à 120 km/h sur autoroute, 90 km/h sur route, 50 km/h en agglomération. **Avec traction**, les limitations sont de 100 km/h sur autoroute, 70 km/h sur route et 50 km/h en agglomération.

Le port de la **ceinture** de sécurité est obligatoire à l'avant et à l'arrière. La carte verte est obligatoire. La circulation se fait à droite. Dans les croisements, la **priorité** appartient en principe aux véhicules venant de droite. Les sens giratoires fonctionnent comme en France.

Une **grande prudence** est recommandée aux automobilistes. En effet, les Portugais roulent à vive allure. En traversant les villes et les villages, il faut faire très attention aux enfants qui gambadent au bord de la chaussée, et se frayer lentement un passage, dans la soirée, lorsque la population est dans la rue. Dans le Nord, de nombreuses routes sont encore pavées. De nombreux camions,

chariots ou bicyclettes encombrent les routes, rendant la circulation difficile. Pour réduire le nombre d'accidents, le **programme « Tolérance zéro »** est appliqué sur certaines grandes voies, par un renforcement des contrôles de police et une application rigoureuse du code de la route (par exemple, tout dépassement de la vitesse autorisée est sanctionné par une amende). Le **taux d'alcoolémie** dans le sang ne doit pas être supérieur à 0,5 grammes/litre.

ROUTES PAYANTES

Au Portugal, les autoroutes sont largement payantes, mais quelques tronçons sont libres de péage. Sur les cartes Michelin, les sections de routes payantes et leur longueur sont signalées en rouge ; les sections gratuites en bleu.

PARKING

Il existe des places exclusivement réservées aux handicapés. Le non-respect de ces places est puni d'amendes importantes.

CARTES ET PLANS

Voir le chapitre Cartographie en début de guide.

Le service de **planification d'itinéraires** de Michelin, disponible sur Internet, vous indique des trajets selon votre préférence (plus court, plus rapide...), les distances entre les localités, ainsi que des restaurants et des hôtels : www.ViaMichelin.fr

ASSISTANCE AUTOMOBILE

Le numéro national d'urgence est le 112.

La carte internationale d'assurance, dite « carte verte », est valable. Les véhicules circulant dans l'Union européenne doivent être assurés au moins au tiers. L'Automovél Club de Portugal (ACP) met à disposition de ses membres un service d'assistance médicale, juridique et technique ; ☎ 213 18 02 02. Service 24h/24 : ☎ 228 34 00 01 (au Nord de Pombal), 219 42 91 03 (au Sud de Pombal). Pour faire effectuer une réparation sur votre véhicule, vous pouvez vous informer auprès des succursales, des concessionnaires ou des agents des grandes marques d'automobiles que vous trouverez dans la plupart des villes.

ESSENCE (GASOLINA)

Les stations d'essence sont généralement ouvertes de 7h à 24h ; certaines fonctionnent 24h/24. En 2003, les prix au litre étaient environ : essence super 1,01€ ; sans plomb 95 *(sem chumbo)* 0,99€ ; sans plomb 98 1,01€ ; gasoil 0,74€ ; GPL 0,49€.

LOCATION DE VOITURES

Les principales sociétés de location de voitures sont bien représentées au Portugal dans les aéroports et les gares

Un tramway de Lisbonne.

S. Ollivier/MICHELIN

ferroviaires ayant des départs internationaux. L'âge minimum pour louer une voiture est 21 ans. **Avis** : ☎ 218 43 55 50 et 800 20 10 02 (uniquement depuis le Portugal) ou www.avis.com.pt ; **Hertz** : ☎ 218 43 86 00 ou 219 42 63 00 (réservations) ; **Europcar** : ☎ 219 40 77 90 (réservations) ou à l'aéroport de Lisbonne : ☎ 218 40 11 76.

EN AVION

En raison de leur coût élevé et des faibles distances à parcourir, les vols domestiques présentent peu d'intérêt *(à l'exception des archipels de Madère et des Açores, traités dans les chapitres les concernant)*.

AÉROPORTS INTERNATIONAUX

Sur le continent – Lisbonne, Porto, Faro.
À Madère – Funchal, Porto Santo.
Aux Açores – Ponta Delgada, Santa Maria, Terceira.
Exemples de durée des trajets – Lisbonne-Porto : 1/2h ; Lisbonne-Faro : 1/2h ; Lisbonne-Funchal : 1h30 ; Lisbonne-Ponta Delgada : 2h15.

COMPAGNIES AÉRIENNES

TAP-Air Portugal – Aéroport de Lisbonne – ☎ 218 41 35 00 ; av. de Berlim, Ed. Oriente – ☎ 213 17 91 00. Réservations ☎ 707 205 700. www.tap.pt
Portugália – Aéroport de Lisbonne – ☎ 218 42 55 00. Réservations ☎ 218 42 55 59. www.pga.pt
SATA – Air Açores – Av. Infante D. Henrique, 55, Ponta Delgada. Réservations ☎ 296 20 97 20. www.sata.pt
Air France – Av. 5 de Outubro, 206 – ☎ 217 90 02 27 ; aéroport – ☎ 218 48 21 77/7. www.airfrance.fr

EN TRAIN

Des **liaisons journalières** sont assurées toute l'année entre Lisbonne, Porto, Castelo et Guarda (auto-express). D'autres liaisons très rapides et fréquentes existent entre Lisbonne, Coimbra, Porto (Alfa) et diverses autres villes.

Des **billets touristiques** valables pour 7, 14 ou 21 jours (forfaits de 100 à 250€) peuvent être achetés dans les gares portugaises, et permettent de voyager sur tout le réseau de la Companhia dos caminhos de ferro portugueses : ☎ 21 321 57 00. www.cp.pt

Pour des **informations** sur les chemins de fer à Lisbonne : ☎ 808 208 208. www.cp.pt (en anglais et portugais).

EN AUTOCAR

Le Portugal dispose d'un réseau dense de lignes d'autocars, desservi par plusieurs compagnies, dont Rede Expressos. Rens. : Rede Nacional de Expressos, av. Joao Crisostomo, Estaçao Arco do Cego, 1050 Lisboa, ☎ 213 545 439, www.rede-expressos.pt (en portugais)

Hébergement, restauration

les adresses du guide

Pour comprendre les symboles et les abréviations utilisés dans les adresses du guide, voir la légende du carnet pratique p. 9.

L'HÉBERGEMENT

Notre sélection de lieux d'hébergement est répartie en trois catégories, sur la base du prix d'une chambre double en haute saison. À noter l'éventualité d'un écart de prix important entre les périodes de haute et de basse saison, surtout dans les régions très touristiques (comme l'Algarve) ; c'est pourquoi nous vous recommandons de bien vérifier le tarif lors de la réservation.

☺ (À bon compte) **Moins de 50€**
☺☺ (Valeur sûre) **De 51 à 80€**
☺☺☺ (Une petite folie !) **Plus de 80€**

LES HÔTELS

Au Portugal, il existe différentes catégories d'hôtels, depuis la **pensão** (pension), modeste, la **residencial**, plus confortable mais sans restaurant, jusqu'à l'**estalagem**, plus luxueux, et l'**hôtel**, de une à cinq étoiles. Le prix du petit déjeuner est presque toujours compris dans le tarif de la chambre. Nous recommandons dans ce guide une sélection d'hôtels dans les carnets d'adresses des principales villes.

LES POUSADAS

Voir le symbole ⌂ sur la carte des types de séjour p. 13 et sur la carte Michelin n° 733. Comparables aux *paradors* espagnols, ces 46 établissements dépendent de l'ENATUR. Construites dans un site choisi ou installées dans des villes étapes et des centres d'excursion, les *pousadas* offrent des prix contrôlés et un accueil particulièrement soigné. Elles sont souvent complètes et il est prudent de réserver. Adressez-vous directement à **ENATUR**, rua Sta Joana Princesa, 10, 1749-090 Lisboa, ☎ 21 844 20 01. www.pousadas.pt (en anglais ou portugais).

LES CHAMBRES D'HÔTE

Il y a plusieurs possibilités de logement chez l'habitant. La plus luxueuse est le « **Turismo de Habitação** ». Particulièrement développé dans le Nord du Portugal, il offre une magnifique opportunité de loger dans des fermes paisibles de campagne ou dans de splendides manoirs (*solar* ou *quinta*). Il est prudent de réserver.
On peut réserver auprès de **Associação do Turismo de Habitação**, praça da República, 4990-062 Ponte de Lima, ☎ 258 74 28 27/29 ou 258 93 17 50, fax 258 74 14 44. www.turihab.pt (en anglais ou portugais), turihab@mail.telepac.pt

LES AUBERGES DE JEUNESSE

Les auberges de jeunesse (*pousadas de juventude*) sont au nombre de 41 au Portugal (dont 39 sur le continent). Attention, la carte de membre des auberges de jeunesse (Hostelling International Card) est partout exigée.

La morue (bacalhau) figure en bonne place sur les menus.

Il est possible de se la procurer lors de son arrivée à l'auberge de jeunesse. Contacter **MOVIJOVEM** – Pousadas de Juventude – rua Lúcio de Azevedo, 27, 1600-146 Lisboa, ☎ 217 23 21 00, www.pousadasjuventude.pt (en anglais, espagnol et portugais). Les **réservations** se font au 707 20 30 30, fax 217 23 21 02, reservas@movijovem.pt

LE CAMPING-CARAVANING

Le camping « sauvage » n'est pas autorisé. Les offices de tourisme fournissent une liste des terrains aménagés : ceux-ci sont classés officiellement par ordre de confort croissant de une à quatre étoiles et en campings privés. On peut se procurer le *Roteiro campista*, guide décrivant les terrains de camping et leur accès, auprès de Roteiro campista, rua do Giestal, 5, 1300-274 Lisboa, pour un prix d'environ 5€, ou sur Internet : www.roteiro-campista.pt (en français, anglais et portugais).

Le carnet international de camping est exigé à l'entrée des terrains ; pour l'obtenir, s'adresser à la Fédération française de camping-caravaning, 78 r. de Rivoli, 75004 Paris (☎ 01 42 72 84 08, fax 01 42 72 70 21). Le règlement du séjour s'effectue le plus souvent en espèces.
Pour tout renseignement, s'adresser à la Federação Portuguesa de Campismo e Caravanismo, avenida Coronel Eduardo Galhardo, 24D, 1199-107 Lisboa, ☎ 218 12 68 90/1.

LA RESTAURATION

Vous trouverez une sélection de restaurants dans les carnets d'adresses des principales villes. Ils sont répartis en trois catégories de prix :

⊖ (À bon compte)   **Moins de 15€**
⊖⊖ (Valeur sûre)   **De 16 à 30€**
⊖⊖⊖ (Une petite folie !) **Plus de 30€**
Dans les restaurants populaires, surtout dans le Nord, deux prix différents sont affichés pour le même plat. L'un concerne la **demi-portion** (*meia dose*), déjà bien copieuse, et l'autre la **portion entière** (*dose*). Dans la plupart des cas, avant le plat choisi, sont servis de petits hors-d'œuvre (fromage, jambon cru, chouriço, olives, pâté de thon, etc.) qui sont inclus dans l'addition lorsqu'ils sont consommés.

LES DISTRACTIONS

Dans certains carnets pratiques, vous trouverez des sections du type « Petite pause, Sorties, Achats, Spectacles,... ». Elles proposent une liste d'établissements variés où il fait bon s'arrêter (bars, cafés, boutiques, théâtres, etc.).

B. Kaufmann / Michelin

- ☐ a. **Studios d'Hollywood (Californie)**
- ☐ b. **Mini Hollywood Tabernas (Espagne)**
- ☐ c. **Studio Atlas Ouarzazate (Maroc)**

Vous ne savez pas quelle case cocher ?
Alors plongez-vous dans Le Guide Vert Michelin !

- tout ce qu'il faut voir et faire sur place
- les meilleurs itinéraires
- de nombreux conseils pratiques
- toutes les bonnes adresses
Le Guide Vert Michelin, l'esprit de découverte

... et aussi

Le Guide Rouge Michelin Portugal

Il contient une sélection de ressources hôtelières. On trouvera dans l'édition annuelle de cet ouvrage, également édité en portugais, un choix d'hôtels agréables, tranquilles, bien situés, avec l'indication de leurs équipements : piscine, tennis, golf, jardin.

La sélection du Guide Rouge Michelin Portugal vous permettra également de connaître les restaurants les plus gastronomiques. Les localités du Portugal citées dans Le Guide Rouge Michelin sont soulignées en rouge sur la carte n° 733.

à table

Pour plus d'informations sur la gastronomie et les vins du Portugal, consultez les chapitres correspondants dans l'Invitation au voyage de ce guide.

Constitution d'un repas

Trois repas principaux.
On commence avec le **pequeño almoço**, ou petit déjeuner, en général pas très copieux (sauf dans les *pousadas* et grands hôtels). Puis vient l'heure de l'**almoço**, ou déjeuner : servi vers 13h, il peut durer deux heures... Enfin, le **jantar** (dîner) se prend entre 19h et 22h, voire plus tard dans les grandes villes ou centres touristiques.

Pourboire

On laisse généralement un pourboire d'environ 10 % du montant de l'addition.

Spécialités *(le lexique général se trouve à l'intérieur de la couverture)*

Açorda de Marisco Panade de palourdes et de gambas mélangée à de l'ail, des œufs, de la coriandre et des épices

Amêijoas à Bulhão Pato Petites palourdes cuites dans l'huile d'olive, ail et coriandre

Arroz de Marisco Riz cuisiné avec des palourdes, des crevettes, des moules et de la coriandre

Bacalhau Morue

Cabrito Chevreau rôti

Caldeirada Sorte de bouillabaisse

Caldo verde Bouillon de pommes de terre et de choux

Canja de Galinha Bouillon de poulet avec riz et jaunes d'œufs bouillis

Carne de porco Dés de porc cuits dans une sauce à l'huile d'olive,

à Alentejana ail, coriandre, avec pommes de terre coupées en dés et petites palourdes

Cataplana Fruits de mer cuits à l'étouffé, avec des morceaux de jambon

Chouriço Saucisse fumée

Cozido Pot-au-feu avec viandes, saucissons et légumes

Feijoada Fèves avec viande de porc, choux et saucisson

Gaspacho Soupe de légumes froide

Leitão assado Cochon de lait grillé, servi chaud ou froid

Presunto Jambon fumé

Salpicão Saucisson fumé et épicé

Sopa à Alentejana Soupe à l'ail et au pain, avec œuf poché et coriandre

Sopa de Feijão verde Soupe de haricots verts

Sopa de Grão Soupe de pois chiches

Sopa de Legumes Soupe de légumes

Sopa de Marisco Soupe de fruits de mer

Sopa de Peixe Soupe de poisson

Le Portugal au quotidien

bon à savoir

Urgences
Police et SOS : 112.

Ambassades et consulats
Ambassade de France – Rua de Santos-o-Velho, 5, 1200-718 Lisboa, ☎ 213 93 91 00 ou 213 90 81 21. www.ambafrance-pt.org

Consulats de France – Calçada Marquês de Abrantes, 123, 1200-718 Lisboa, ☎ 213 93 91 00. www.consulfrance-lisbonne.org ; Rua Eugénio de Castro, 352 2°, 4100-225 Porto, ☎ 226 09 48 05. www.consulfrance-porto.org

Ambassade/Consulat de Belgique – Praça do Marquês de Pombal, 14-6°, 1269-024 Lisboa, ☎ 213 17 05 10.

Ambassade du Canada – Av. da Liberdade, Ed victoria, 196/200, 3°, 1269-121 Lisboa, ☎ 213 164 600. www.dfait-maeci.gc.ca/lisbon

Ambassade de Suisse – Travessa do Jardim, 17 1350-185 Lisboa, ☎ 213 94 40 90.

Devise

MONNAIE
Membre de la zone euro, le Portugal a remisé ses *escudos* pour l'euro en janvier 2002. L'**euro** est ainsi la seule monnaie utilisée. Pour les voyageurs suisses, un **franc suisse** vaut 0,64€ (ou 1€ équivaut à 1,55 CHF). Pour les canadiens, un **dollar canadien** vaut 0,65€ (ou 1€ équivaut à 1,55 CAD). *Taux de change de novembre 2003.*

BANQUES
Les guichets sont généralement ouverts de 8h30 à 15h du lundi au vendredi. Bon nombre de banques proposent des guichets automatiques, en service 24h/24.

CHANGE ET CARTES DE CRÉDIT
Le change de monnaies étrangères en euros peut se faire dans les banques et les bureaux de change. Il existe également des machines automatiques de change devant certaines banques. Très courants, les distributeurs automatiques de billets appelés « multibanco » permettent de retirer de l'argent avec la plupart des cartes de crédit.
Cartes perdues ou volées : Pensez à demander à votre agence le numéro à composer de l'étranger pour faire opposition si besoin est. Au cas où, serveur vocal valable pour tous les types de cartes : ☎ 08 92 705 705 (0,34€/min).

CHÈQUES DE VOYAGE
Pratiques en cas de sommes importantes, ils existent en coupures de 50, 100 et 200 euros. Ils sont acceptés dans toutes les banques et la majorité des bureaux de change portugais, en revanche leur usage n'est pas très courant dans les hôtels. D'autre part, les frais de commission sont élevés (notamment la part fixe, près de 12,50€).

Poste
On trouvera les bureaux de poste *(correios)* à l'enseigne CTT. Ils sont en général ouverts du lundi au vendredi, de 8h30 à 18h. La poste de l'aéroport de Lisbonne est ouverte 24h/24. Pour envoyer du courrier en poste restante, indiquez : « Posta Restante » et « Estação de Correios Central » avec le nom de la ville où on l'adresse.

Les timbres *(selos)* sont en vente dans les bureaux de poste et certains kiosques à journaux.

Téléphone
Avant le départ – La carte France Télécom permet d'appeler de n'importe quel pays, de n'importe quel téléphone, sans payer directement. Les communications sont directement reportées sur votre facture habituelle France Télécom. Renseignements sur le site **www.cartefrancetelecom.com** ou dans une agence France Télécom. Les opérateurs de **téléphonie mobile** proposent des options internationales, variables selon votre forfait habituel. Les appels hors forfait sont souvent chers. Informez-vous auprès de votre service client.
Chez Bouygues Télécom : normalement, le changement de réseau se fait automatiquement au passage des frontières européennes. Contactez votre service client en cas de doute.
Chez Orange : vous devez appeler votre service client à l'avance pour activer l'option « Orange sans frontières », et capter une fois dans le pays.
Chez SFR : selon votre forfait (option « monde » ou non), il est préférable d'appeler votre service client 48h à l'avance.

Sur place – La plupart des cabines téléphoniques sont équipées pour recevoir des cartes : la carte **Portugal Telecom** fonctionne surtout à Lisbonne et Porto, tandis que **Credifone** est plus courante dans le reste du pays. Certaines cabines permettent l'utilisation de certaines cartes de crédit. Les cartes téléphoniques sont en vente dans les boutiques Telecom Portugal, dans les bureaux de poste et dans certains kiosques et bureaux de tabac.

APPELS INTERNATIONAUX

Pour téléphoner au Portugal depuis la France, composer le 00 + 351 + numéro à 9 chiffres du correspondant ; du Portugal en France le 00 + 33 + numéro du correspondant sans le premier 0.

APPELS EN PCV

Pour appeler en PCV *(pagar no destino)* et passer par un opérateur qui parle plusieurs langues, composer le ☎ 172.

APPELS LOCAUX

Il faut composer l'intégralité du numéro, avec l'indicatif régional, soit 9 chiffres où que vous soyez. Les numéros commençant par 800 (ligne verte) sont gratuits, ceux qui commencent par 808 (ligne bleue) sont facturés au prix d'un appel local.

NUMEROS UTILES

Police et SOS : ☎ 112
Renseignements téléphoniques : ☎ 118
Renseignements internationaux : ☎ 177
Prévisions météorologiques : ☎ 150
Réveil téléphonique : ☎ 161
Aide aux touristes (n° vert) : ☎ 800 296 296

INTERNET

De plus en plus, cafés, musées, bibliothèques et bureaux de poste disposent de bornes Internet, gratuites pour certaines. Ce guide vous indique des adresses de cybercafés dans les carnets pratiques de chaque grande ville.

JOURNAUX ET TÉLÉVISION

Les principaux **quotidiens** sont le *Diário de Notícias*, le *Correio da Manhã*, le *Público* et, à Porto, le *Jornal de Notícias*. Les hebdomadaires sont *Expresso*, le plus lu, et *O Independente*. La **télévision** comprend cinq chaînes : RTP1, RTP2, SIC, TVI et RTPI sur satellite, s'adressant plus particulièrement aux communautés portugaises à travers le monde.

SHOPPING

Les magasins sont, dans l'ensemble, ouverts de 9h à 13h et de 15h à 19h, et ferment en principe le samedi après-midi et le dimanche. Les centres commerciaux sont généralement ouverts tous les jours, de 10h à 22h.

horaires de visite

Se reporter aux conditions de visite de chaque site ou monument pour plus de détails.

Le jour de fermeture hebdomadaire des **musées** est en général le lundi. Dans les villes, la majorité des musées sont ouverts entre 12h et 14h.

Les **monuments** se visitent en général entre 10h et 12h et entre 14h et 18h. Certaines **églises** ne sont ouvertes que pendant les offices religieux.

A.Leprince / Michelin

- [ ] a.  **_Hôtel agréable de grand luxe_**
- [ ] b. **_"Bib hôtel" : bonnes nuits à petits prix_**
- [ ] c. **_Hôtel très tranquille_**

Vous ne savez pas quelle case cocher ?
Alors plongez-vous dans Le Guide Michelin !

MICHELIN
**FRANCE
2004**

De l'auberge de campagne au palace parisien, du Bib Hôtel au , ce sont au total plus de 45000 hôtels et restaurants à travers l'Europe que les inspecteurs Michelin vous recommandent et vous décrivent dans ce guide. Plus de 300 cartes et 1600 plans de villes vous permettront de les trouver facilement.

Le Guide Michelin Hôtels et Restaurants, le plaisir du voyage

Propositions de séjours

idées de séjours de 3 à 4 jours

LISBONNE ET SINTRA

Ville dynamique, méditerranéenne, où se mêlent affaires et culture ; lieu fascinant où il fait bon se perdre... Deux jours à **Lisbonne** vous laisseront découvrir les quartiers de la **Baixa** et de l'**Alfama**, de **Belém**, du **Chiado** et du **Barrio Alto**, et un musée parmi le musée de l'Azulejo, la fondation Gulbenkian ou les jardins du palais des marquis de Fronteira. Atmosphère tout autre lors d'une journée à **Sintra**, véritable havre de paix entre parcs romantiques et exubérants palais perdus dans la serra. *Voir les chapitres Lisbonne et Sintra.*

PORTO ET LA VALLÉE DU DOURO

Malgré des apparences de ville austère et industrieuse, **Porto** se révèle une cité attachante avec son **vieux quartier médiéval** pittoresque, ses **quais** agréables le long du Douro. Le **quartier de la cathédrale** et de la **praça de Batalha** sont très animés. Dans le « **Porto moderne** », à l'Ouest, quelques musées ont pris place. De Porto à Vila Real, 177 km le long de la **basse vallée du Douro** vous offriront une escapade enivrante entre vignes du *vinho verde* et patrimoine religieux. *Voir les chapitres Porto et vallée du Douro.*

FARO ET LA POINTE DE SAGRES/LE CAP ST-VINCENT

Porte de la région Sud de l'Algarve, **Faro** occupe le point le plus méridional du Portugal. Après la visite de la veille ville, un itinéraire jusqu'au **cap St-Vincent** vous ouvre des vues splendides sur la côte Atlantique, tour à tour escarpée et bordée de belles plages. L'arrière-pays ne manque pas de charme avec des paysages peuplés de figuiers, d'amandiers et d'orangers. *Voir les chapitres Faro et Parque do Sudoeste Alentejano e Costa Vicentina.*

idées de séjours d'une semaine

Pour les séjours sur le continent, voir les circuits de découverte ci-après.

Randonneurs au Pico de Arieiro (Madère).

J. Malburet/MICHELIN

MADÈRE

La « perle de l'Atlantique » est une île subtropicale, dont la douceur du climat, la variété des paysages et la beauté de la flore constituent tous les ingrédients d'un séjour réussi. **Funchal** est la capitale de l'île de Madère, et la seule grande localité, d'où vous pouvez aisément rayonner dans les environs. Pour réaliser le tour de l'île, comptez 2 jours minimum, mais prévoyez 2 ou 3 jours supplémentaires pour effectuer des randonnées le long des *levadas*, ces canaux d'irrigation qui sillonnent l'île pour le plus grand bonheur des amoureux de la nature. Sur l'île voisine de **Porto Santo**, à 40 km au Nord-Est, une plage de sable s'étale sur 8 km le long de la côte Sud (pour une excursion à la journée).

LES AÇORES

Renseignez-vous soigneusement sur les liaisons entre les îles.
Neuf îles qui surprennent par leurs paysages volcaniques spectaculaires, leur flore riche et leur mode de vie paisible et isolé, à 1 300 km du continent. L'île de **São Miguel** est la plus vaste et la plus peuplée, et aussi la plus visitée de l'archipel. Elle peut se visiter en 2 jours. Tout près, l'île de **Santa Maria** est reliée à São Miguel : faites-y une agréable escale avant de reprendre le bateau pour rejoindre l'île de **Terceira**. Là, passez deux jours au cœur de la vie traditionnelle des habitants. Enfin, comptez deux jours pour profiter de l'île de **Faial** au charme très particulier, reliée directement à Lisbonne par avion.

Circuits de découverte

Comptez une semaine pour chaque circuit.

1 LE MINHO

**Circuit de 450 km au départ de
Porto** – La nature exubérante du
Minho et ses vignes omniprésentes en
font une zone de tourisme rural fort
appréciée. Ce circuit vous fait
découvrir **Viana do Castelo**, où la
rivière Lima rencontre l'Océan. Une
échappée jusqu'à la frontière
espagnole vous permet de longer la
côte Atlantique puis le **Parque
Nacional de Peneda-Gerês** avant de
rejoindre les villes de **Ponte de Barca**
et **Ponte de Lima**. Enfin, le retour sur
Porto traverse le berceau historique du
pays, dont le principal centre religieux
Braga et la première capitale du
Portugal, **Guimarães**.

2 TRÁS-OS-MONTES ET LA VALLÉE DU DOURO

**Circuit de 500 km au départ de
Porto** – Pour les amateurs de
vignobles... Le long du Douro, au
cœur de vignes en terrasses,
s'élaborent deux vins fameux, le *vinho
verde* et le porto. De **Porto** à **Vila
Real**, vous êtes dans la basse vallée,
celle où est conçu le *vinho verde*. Tout
près, le manoir de **Mateus** est une
réussite de l'architecture baroque. À
partir de là, les vignobles du porto
prennent place jusqu'à **Torre de
Moncorvo**. Lors de votre remontée
vers **Bragança**, vous verrez de
nombreux barrages sur le fleuve, dans
des paysages à consonance désertique.
La fin de l'itinéraire passe par la ville
fortifiée de **Chaves** et la **haute vallée
du Cávado**, avant de rejoindre le
centre religieux de **Braga**. Dans les
environs, ne manquez pas le
sanctuaire de **Bom Jesus do Monte**.

3 CENTRE ET BEIRA LITTORALE

**Circuit de 350 km au départ de
Coimbra** – Les Beiras sont une terre
de contrastes profonds. La partie

Dans la région de Moura, Alentejo.

H. Champollion/MICHELIN

littorale est bordée de vastes plages et
de villages de pêcheurs : **Figueira da
Foz**, **Mira** et **Ílhavo**. **Aveiro** est connu
pour sa lagune et les bateaux très
colorés, les *moliceiros*, qui voguent sur
les canaux de la ville. Plus au centre,
Viseu allie une vieille ville au cachet
ancien et un centre artisanal et
agricole encore important. Après la
station thermale de **Luso**, la **forêt
(mata) de Buçaco** cache un palais
royal du 19e s., aujourd'hui transformé
en palace.

4 SERRA DA ESTRELA ET BEIRA BAIXA

**Circuit de 350 km au départ de
Coimbra** – Plus on s'éloigne de
l'Atlantique, plus la densité de la
population diminue. À l'extrême
orient, une ligne de forteresses datant
du 12e s. part de **Guarda** (« la
gardienne ») et se poursuit jusqu'à
Castelo Blanco. Elle révèle
l'importance stratégique et la
splendeur médiévale de ces villes
frontalières avec l'Espagne.
Au cœur de la région, la **serra da
Estrela** (ou « montagne de l'étoile »)
est la plus haute chaîne du Portugal
continental. Randonneurs et skieurs y
trouveront leur bonheur.

5 L'OUEST HISTORIQUE

**Circuit de 400 km au départ de
Lisbonne** – Le long des côtes
rocheuses de l'Atlantique, en passant
par la verdure de **Sintra** clairsemée de
palais anciens, vous traverserez des
villages de pêcheurs comme **Ericeira**.
Plus au Nord, dans une région
agricole, une belle abbaye cistercienne
s'élève à **Alcobaça**, et un monastère
se dresse à **Batalha**. Le site de **Nazaré**
est magnifique, tenaillé entre falaises
abruptes et belles plages de sable.
L'itinéraire passe ensuite par **Fátima**
et **Tomar**, tous deux abritant de beaux
édifices religieux. Enfin, le retour sur
Lisbonne se fait le long de la **vallée du
Tage**.

6 VALLÉE DU TAGE ET HAUT-ALENTEJO

**Circuit de 450 km au départ de
Lisbonne** – D'abord, les rives du Tage,
domaine des taureaux et des petits
villages ensoleillés, bordées de
localités intéressantes : **Alpiarça**, le
petit château d'**Almourol**, les maisons
soulignées de jaune d'**Abrantes**. Puis,
en s'éloignant du bord du fleuve, vers
l'Est, le paysage devient plus
vallonné : on est dans l'Alentejo, « au-
delà du Tage ». En s'approchant de la
frontière castillane, les cités se parent
et protègent leurs ruelles pavées
médiévales : **Castelo de Vide**,
Marvão, **Portalegre**, **Elvas**, **Vila
Viçosa** et **Estremoz**. Et, pour finir en

beauté, la capitale **Évora**, précieux témoignage du mélange des influences tout au long de l'histoire.

7 ALENTEJO

Circuit de 400 km au départ de Lisbonne – Loin de l'activité de Lisbonne, en route vers les grandes plaines de blé du Sud portugais... Direction l'Espagne via le bel **Évora**, et son voisin fortifié **Monsaraz**. De ces confins, redescendez vers **Beja**, perché sur sa colline. De là, direction la côte Atlantique, de **Zambujeira do Mar** à **Sétubal**, pour une fascinante découverte de la côte Alentejane. Avant Lisbonne, l'**estuaire du Sado** est aujourd'hui une réserve naturelle.

8 ALGARVE

Circuit de 450 km au départ de Faro – De **Faro** à **Cabo de Saõ Vicente**, reportez-vous aux propositions de séjours de 3 à 4 jours. Du cap, la côte Ouest est restée plus sauvage, avec de belles plages et des villages ou petits ports de pêche qui ont gardé un certain cachet : **Vila do Bispo**, **Arrifana**, **Aljezur**. Du beau village blanc d'**Odeceixe**, reprenez vers l'Est, à travers l'arrière-pays. La **serra de Monchique** est un havre de fraîcheur, avec de jolis points de vue sur la région. À côté, la **serra do Caldeirão** est parsemée de cités à la physionomie traditionnelle : **Silves**, **Alte**, **Loulé**, **São Brás de Alportel**. Enfin, de **Mértola** à **Vila Real de Santo António**, le long de la vallée du Guadiana, c'est un parcours bucolique, entre sérénité et tradition.

Itinéraires à thème

Certains voyagistes cités dans la partie « Transports » proposent des circuits à thème (les vins, les pousadas, les azulejos, etc.) Renseignez-vous auprès d'eux.

routes des vins

VINS D'ALENTEJO

De nombreux vignobles émaillent les **plaines de l'Alentejo**. Le temps de parcourir une route historique, qui traverse notamment la belle ville d'Évora, dégustez les vins de la région. Ce sont des blancs fruités, légèrement acidulés, et des rouges doux et équilibrés lorsqu'ils sont jeunes. Des coopératives (Adegas Cooperativas) se trouvent à Borba, Redondo et Reguengos.

LE PORTO

C'est dans les haute et moyenne vallées du Douro, à l'Est de la ville de Porto, qu'est fabriqué ce fameux vin né au 18ᵉ s. L'aire de production du porto s'étend sur 240 000 ha, de **Vila Real à la frontière espagnole**. En bateau, en train ou en voiture, la remontée du Douro avec pauses-dégustation est grandiose.

LE VINHO VERDE

Autre vin du Nord du Portugal, le *vinho verde* (blanc ou rouge) de la région du Minho, de **Porto à Vila Real** : il est obtenu à partir d'un raisin pas encore arrivé à maturité. Faiblement alcoolisé, frais et pétillant, il a un goût fruité et légèrement aigrelet.

Découvrir le pays autrement

avec des enfants

Le Portugal propose de nombreuses activités pour les enfants. Voici quelques idées d'endroits qui devraient plaire aux jeunes ainsi qu'à leurs parents.

À **Lisbonne**, les montées en funiculaire et les trajets en tramway par les ruelles pentues de la capitale ne manqueront pas d'amuser les enfants. Pour les activités plus spécifiquement destinées aux jeunes, reportez-vous à la rubrique détaillée « Lisbonne des enfants » p. 227.
Si vous ne deviez choisir qu'une attraction, emmenez-les absolument à l'Océanorium du parc des Nations.

Portugal dos Pequeninos (Coimbra).

B. Brillion/MICHELIN

Les parcs à thème – Avec ses maisons et monuments miniatures et son musée de l'Enfant, le Portugal dos Pequeninos à Coimbra ravira les tout-petits.

Vous trouverez également de nombreux parcs aquatiques en Algarve *(voir plus loin la rubrique Sports et loisirs)*.

Les musées – Le musée du Jouet de Sintra qui rassemble des pièces du monde entier ou, plus modeste, celui de Faro feront rêver petits et grands. Parmi les musées **interactifs**, le Centro Ciência Viva d'Estremoz présente de façon didactique la géologie aux enfants.

Escapade en Espagne

Selon votre lieu de séjour, vous pouvez en profiter pour faire une escapade de deux jours en Espagne. Michelin Éditions des Voyages met à votre disposition Le Guide Vert Espagne, Le Guide Vert Andalousie et Le Guide Rouge España, ainsi que les cartes nécessaires pour réussir votre séjour.

FORMALITÉS D'ENTRÉE

L'Espagne faisant partie de l'Union européenne, les formalités d'entrée sont les mêmes que pour le Portugal.

LIEUX INTÉRESSANTS PROCHES DE LA FRONTIÈRE PORTUGAISE

AU NORD

230 km de Porto (ou des villes côtières) à Santiago de Compostela – Troisième grande ville de pèlerinage du monde après Jérusalem et Rome, St-Jacques-de-Compostelle attire des foules de pèlerins depuis le Moyen Âge. C'est encore aujourd'hui l'une des plus remarquables cités d'Espagne : labyrinthe en pierre des quartiers anciens, monuments baroques et néoclassiques, bars et tavernes où se mêlent étudiants, visiteurs et habitants.

166 km de Bragança à Salamanca – Les rues aux façades de belle pierre dorée, la splendeur de ses nombreux monuments et le prestige de sa vie universitaire font de Salamanque une cité tout à la fois vivante et évocatrice du passé. L'une des plus belles villes d'Espagne !

AU CENTRE

116 km de Marvão à Cáceres – Cette paisible capitale de province possède un remarquable centre historique, déclaré patrimoine de l'humanité en 1986, dont la visite ramène le visiteur quelques siècles en arrière. Ses murailles arabes défendues par des tours protègent un ensemble de maisons seigneuriales gothiques et Renaissance, unique en Espagne par son homogénéité.

265 km d'Évora, ou 218 km de Monsaraz à Sevilla – Dans la plaine du Guadalquivir, Séville, capitale de l'Andalousie... En plus d'un magnifique patrimoine artistique et architectural, c'est aussi les *sevillanas*, le flamenco, les *tablaos*, les petits cafés aux étonnantes gammes de tapas et, les jours de corrida, la grande animation autour des fameuses arènes de la Maestranza, du 18e s.

AU SUD

200 km de Faro (ou 163 km de Tavira) à Sevilla et Parque National de Doñana – Après la visite de Séville *(décrite ci-dessus)*, le parc de Doñana présente d'extraordinaires richesses. Trois écosystèmes différents (marécages, dunes mouvantes et *cotos*) et sa situation stratégique aux limites d'un continent en font une étape clé pour de nombreux oiseaux migrateurs.

Sports et loisirs

sports nautiques

Voile – Elle est pratiquée sur tout le littoral, dans l'estuaire du Tage et dans de nombreuses retenues d'eau à l'intérieur des terres. Des régates et des compétitions internationales sont organisées en saison dans les grandes stations.

Pour toute information concernant la voile, renseignez-vous auprès de la Federação Portuguesa de Vela, Doca de Belém, 1300-038 Lisboa, ☎ 213 65 85 00 ; www.fpvela.pt (en anglais et portugais).

Planche à voile – C'est un sport très répandu qui se pratique surtout sur le littoral d'Estoril (Praia do Guincho), sur les plages de l'Algarve et sur les côtes de Madère. La pratique de ce sport est réglementée sur les plages : s'adresser aux clubs de voile.

Plongée sous-marine – D'excellents lieux pour la plongée sous-marine se trouvent dans les secteurs escarpés du littoral (île de Berlenga, Peniche, côte de Sesimbra) et les grottes marines qui caractérisent la côte de l'Algarve entre Albufeira et Sagres.

Navigation de plaisance – *Voir le symbole ☋ sur la carte des types de séjour p. 13 et sur la carte Michelin n° 733.*
Les ports de plaisance qui apparaissent sur la carte n° 733 ont été sélectionnés pour leurs équipements et leurs infrastructures. Avant de partir en mer, il est important de consulter le bulletin météorologique.

Parcs aquatiques – Ils font partie du paysage de l'Algarve et sont pour la plupart situés le long de la N 125.
Zoomarine s'adresse surtout aux enfants. Il dispose de piscines, d'un aquarium, et présente des spectacles de dauphins et de perroquets ainsi que d'autres attractions *(N 125 à 1 km à l'Ouest de Guia, en direction de Portimão)* ; à 5 km à l'Ouest de Guia, après Alcantarilha, se trouve le **Big One**.
Slide & Splash est situé entre Lagoa et Estômbar, près du Zoomarine.
Atlantic Park est également sur la N 125, 1,5 km après le carrefour avec la N 396 vers Quarteira et Loulé, en venant d'Almancil. **Aqua Show** se trouve sur la N 396, en direction de Quarteira.

Plages – *Voir le symbole ⛱ sur la carte des types de séjour p. 13 et sur la carte Michelin n° 733.*
Du Nord au Sud, le littoral portugais n'est qu'une succession de plages. Les plus fréquentées sont les plages de l'**Algarve** s'allongeant le long de falaises ocre ou sur des cordons littoraux. Elles bénéficient d'un climat chaud et d'une eau de température agréable (17 °C en hiver et jusqu'à 23 °C en été).
Entre le cap St-Vincent et Setúbal, la côte est plus accidentée, avec des plages souvent nichées au pied de hautes falaises et une mer froide et mouvementée (15 °C en hiver et 19 °C en été).
La **costa de Lisboa**, de Setúbal au Cabo da Roca, comprend les agréables plages de la serra da Arrábida, bien

Dans le port de Sagres.

R. Mattes/MICHELIN

protégées, celle de Costa da Caparica au Sud de l'estuaire du Tage, et celles d'Estoril et Cascais, très fréquentées par les Lisboètes.
La **costa de Prata** du Cabo da Roca à Aveiro est constituée d'immenses plages de sable rectilignes où l'on peut assister à la pittoresque remontée des bateaux.
La **costa Verde**, entre l'estuaire du Douro et la frontière espagnole, est aussi formée de longues plages sur fond d'arrière-pays agreste verdoyant.

chasse

La chasse est très pratiquée dans le Portugal continental, surtout au Sud. Selon la saison, on chasse le pigeon, le canard, la caille, la perdrix, le lièvre, le lapin et le renard.
Permis de chasse temporaire délivré par la Direcção Geral das Florestas, av. João Crisóstomo 26-28, 1069-040 Lisboa, ☎ 213 12 48 00.
Pour emporter son fusil, il faut payer une caution à la douane portugaise. Si l'on passe par l'Espagne, un permis de port d'armes est nécessaire.

pêche

Pêche en eau douce – Elle se pratique surtout dans le Nord : truite, saumon, barbeau, alose (rio Minho, Douro) et dans les nombreuses rivières de montagne dans la serra da Estrela (carpe, barbeau, truite).
On peut se procurer une licence à la Direcção Geral dos Serviços Florestais e Agrícolas *(adresse ci-dessus)*. Pour des informations d'ordre général, contactez la Federação Portuguesa da Pesca Desportiva, rua Eça de Queiroz, 3 – 1ª, 1050-095 Lisboa, ☎ 213 14 01 77. Pour connaître les dates d'ouverture de la pêche en rivière, adressez-vous aux offices de tourisme.

Pêche en mer – Sur les côtes du Nord, on pêche des poissons d'eau froide : la raie, la merluche, la roussette, le bar, tandis que le Sud est plus riche en espèces méditerranéennes. L'Algarve est réputé pour sa pêche au gros en haute mer (espadon, thon, squale).

golf

Voir le symbole ⛳ sur la carte des types de séjour p. 13 et sur la carte Michelin n° 733.
La douceur du climat et les nombreux terrains de golf de haut niveau du Portugal (en particulier ceux de l'Algarve, réputés dans le monde entier) permettent de pratiquer ce sport toute l'année.

C. Faurie / Michelin

☐ a. *Les dunes de Merzouga (Maroc)*
☐ b. *La dune du Pilat (France)*
☐ c. *La "Grande Mer" de sable de Dakrur (Egypte)*

Vous ne savez pas quelle case cocher ?
Alors plongez-vous dans Le Guide Vert Michelin !

- tout ce qu'il faut voir et faire sur place
- les meilleurs itinéraires
- de nombreux conseils pratiques
- toutes les bonnes adresses

Le Guide Vert Michelin, l'esprit de découverte

Le pont du 25-Avril à Lisbonne.

Renseignements auprès de la Federação Portuguesa de Golfe, av. das Túlipas, 6 (Ed. Miraflores 17°), 1495-161 Algés, ☎ 214 12 37 80, www.fpg.pt, et des offices de tourisme. Les terrains de golf les plus importants sont signalés dans **Le Guide Rouge Michelin Portugal**.

courses de taureaux

La saison commence à Pâques et se termine en octobre. Pour se renseigner sur les dates et les lieux où l'on peut assister à une **tourada** (corrida à cheval), adressez-vous aux offices de tourisme locaux.

Forme et santé

stations thermales

Voir le symbole ♨ sur la carte des types de séjour et sur la carte Michelin n° 733.

Nombreuses au Portugal, elles attirent de nombreux curistes par la grande gamme de leurs eaux minéro-médicinales : radioactives, titaniques, sulfurées, sulfatées... *(voir notamment les chapitres Chaves et Coimbra)*

Souvenirs

La richesse de l'artisanat traditionnel portugais est séduisante, et les prix modérés. Du Nord au Sud, la variété s'exprime souvent dans la couleur et dans les matières naturelles : broderies à la main sur du lin ou du coton (nappes et linge de maison, chemisiers, tabliers...) et les fameux bijoux en filigrane d'or ou d'argent ; couvre-lits brodés à la main, tapis faits main, céramiques et poteries, travail du bois (objets décoratifs, ustensiles de cuisine, jouets), ferblanterie (*almotolias*, récipients pour l'huile d'olive), verres de Marinha Grande, azulejos, objets et casseroles en cuivre (dont la typique *cataplana* de l'Algarve)...

La céramique et la poterie – Dans les villages, les potiers *(oleiros)* restent nombreux à fabriquer au four des objets en argile cuite d'usage domestique ou décoratif, dont la forme et les coloris diffèrent suivant les régions. À **Barcelos**, les poteries sont vernissées, de couleurs vives (jaune et marron) et ornées de rameaux et de fleurs ; on y fabrique également de très jolis coqs multicolores. Dans la région de **Coimbra**, les verts se nuancent de jaune et de marron ; le décor est plus géométrique. Les

poteries de **Caldas da Rainha**, d'un vert éclatant, ont des formes inattendues, parfois irrévérencieuses ou grivoises. Dans la lignée de Rafael Bordalo Pinheiro *(voir p. 271)*, les pots à eau, les saladiers, les assiettes se chargent d'un décor de feuilles, de fleurs, d'animaux ; les poteries d'**Alcobaça** et de **Cruz da Légua**, plus classiques, se distinguent par la variété de leurs teintes bleues. Dans le Haut-Alentejo, à **Redondo**, **Estremoz** et **Nisa**, les argiles s'incrustent d'éclats de quartz et de marbre. En Algarve, les amphores s'inspirent des vases grecs ou romains. Enfin, dans le **Trás-os-Montes**, les artisans couvrent leur four en fin de cuisson, ce qui donne à la vaisselle une teinte noire.

Les dentelles – Un dicton populaire assure que « là où il y a des filets, il y a des dentelles ». Effectivement, la dentelle se fabrique presque exclusivement le long du **littoral** (Caminha, Póvoa de Varzim, Vila do Conde, Azurara, Peniche, Setúbal, Lagos, Olhão) ou à proximité (Valença do Minho, Guimarães, Silves) ; Nisa fait exception à cette règle. Les motifs décoratifs sont des pins, des fleurs, et du trèfle à **Viana do Castelo**, où la dentelle elle-même prend l'aspect du tulle ; des algues, coquillages, poissons à **Vila do Conde**.

Broderie – On connaît surtout les broderies de **Madère**, mais sur le continent aussi on trouve des châles, des nappes, des couvre-lits *(colchas)* merveilleusement brodés, les plus raffinés étant ceux de **Castelo Branco** brodés avec de la soie sur de la toile de lin. D'une lointaine origine, ces broderies exigent un travail très long et sont devenues une part importante du trousseau de la mariée.

Le filigrane – Le travail à la main de fils d'or ou d'argent, qui connut une période de splendeur sous le règne de Jean V, est encore en honneur au Portugal. Le centre principal en est la petite ville de **Gondomar**, près de Porto. Grâce à sa très grande malléabilité, le fil d'or sert à fabriquer des bijoux en forme de cœur, de croix, de guitare, et surtout de caravelle, qui prennent des formes vaporeuses. Dans le **Minho**, les boucles d'oreilles et les broches en filigrane mettent en valeur le costume régional.

Le tissage et les tapis – Malgré la concurrence des produits industriels, le tissage artisanal est encore actif dans quelques villages de montagne : sur d'antiques métiers se tissent de grosses toiles de bure qui deviendront des pèlerines ou des capes. À **Guimarães**, on produit des couvre-lits et des rideaux en toile grossière brodée de motifs classiques de couleurs vives. Les tapis de chanvre ou de lin brodés de laine, dont les plus célèbres sont ceux d'**Arraiolos**, ont des dessins d'inspiration plus populaire. Enfin, les tapisseries de **Portalegre** font la fierté du pays.

Le travail du bois – Les objets en bois peint sont nombreux dans l'artisanat traditionnel du Portugal, et l'on verra au hasard de pérégrinations les jougs ouvragés (les plus célèbres sont ceux de la région de **Barcelos**), les carrioles bariolées (sur les routes de l'Alentejo et de l'Algarve), les bateaux de pêche

Boutique d'artisanat à Monsaraz.

sculptés et ornés de scènes naïves ou d'un œil dans la **ria de Aveiro** et sur de nombreuses plages portugaises. En Alentejo, on trouve des plateaux, des chaises, des armoires, décorés de motifs naïfs dans des couleurs gaies.

La vannerie – Le travail de l'osier, du roseau, des tiges de saule et de la paille de seigle sert à la fabrication de corbeilles et de paniers décoratifs ou utilitaires : dans le **Trás-os-Montes** se tressent des bâts équipés de paniers cylindriques doubles.

Les objets en liège – Dans les régions où pousse le chêne-liège (Alentejo, Algarve) s'est développé un artisanat utilisant ce matériau : boîtes, porte-clés, ceintures, sacs, etc.

LES MARCHÉS TRADITIONNELS LES PLUS CONNUS

Les marchés qui ont lieu une fois par semaine dans la plupart des bourgades, et surtout les foires réputées pour leur animation, donnent une idée de cette richesse.

Barcelos : foire tous les jeudis matin (poterie).

São Pedro de Sintra : 2e et 4e dimanche du mois, foire aux antiquaires.

Estremoz : marché le samedi (poterie).

Estoril : foire artisanale (feira do Artesanato) en juillet et août.

Santarém : foire agricole en octobre.

Golegã : foire du cheval en novembre.

Calendrier festif

Ce tableau ne prétend pas donner une liste exhaustive des manifestations au Portugal. Vous trouverez dans les offices de tourisme des calendriers des fêtes régionales. Pour les Açores, voir le cahier des informations pratiques des Açores. Les coordonnées indiquées après certaines localités renvoient à la carte Michelin n° 733.

Semaine avant le Mardi gras
Fêtes du carnaval : défilés de chars. — **Ovar (J 4)**
Fêtes du carnaval : défilés de chars. — **Torres Vedras (O 2)**
Bataille de fleurs et Fête des amandiers. — **Loulé**

Semaine sainte
Processions et cérémonies religieuses. — **Braga**

Dimanche de Pâques
Pèlerinage à Nossa Senhora da Piedade, renouvelé deux dimanches plus tard. — **Loulé**

3 mai
Fête « das Cruzes », foire à la poterie, danses populaires. — **Barcelos**

3 au 5 mai
Fête « do Senhor das Chagas » : fête des pêcheurs datant du 16ᵉ s. Procession le 4 mai. — **Sesimbra**

1ᵉʳ dimanche qui suit le 3 mai
Fête du château. — **Monsanto**

2ᵉ week-end de mai
Fête des roses : cortège des « Mordomas » (maîtresses de maison) portant sur la tête des plateaux fleuris, pesant plus de 40 kg et représentant les blasons des diverses provinces. — **Vila Franca do Lima**

12 et 13 mai
Premier grand pèlerinage annuel. 12 mai : procession des Cierges à 21h30 ; 13 mai : messe internationale. Les deux manifestations se répètent les 12 et 13 de chaque mois jusqu'en octobre. — **Fátima**

2ᵉ quinzaine de mai
Foire-exposition (agricole et artisanale) avec fête de la ville le 22 mai (processions, danses...). — **Leiria**

Le mardi suivant la Pentecôte
Fête « do Senhor de Matosinhos » : danses folkloriques. — **Matosinhos**

6, 7 et 8 juin
Fêtes de São Gonçalo. — **Amarante**

1ᵉʳ-10 juin
Foire nationale d'agriculture : folklore. — **Santarém**

12 au 29 juin
Fête des saints populaires : défilés (marchas). — **Lisbonne**

13 juin
Fête de Santo António : procession, feu d'artifice. Foire de Santo António du 6 au 17 juin. — **Vila Real**

23-24 juin (St-Jean)
Fête de São João (saint Jean). — **Braga**
Fêtes des saints populaires. — **Porto**
Défilé de dentellières. — **Vila do Conde**

Dernière semaine de juin-première semaine de juillet
Fête de São Pedro. — **Póvoa de Varzim**

28 et 29 juin
Grande Foire de São Pedro. — **Sintra**
Foire de São Pedro. — **Vila Real**

Première semaine de juillet (tous les 4 ans, prochaine en 2007)
Fête des « Tabuleiros ». — **Tomar**

Juillet et août
Foire des artisans, qui viennent de toutes les régions exposer leurs produits. **Estoril**

1ᵉʳ week-end de juillet (années paires)
Fête « da Rainha Santa » (la Reine sainte). **Coimbra**

1ᵉʳ week-end de juillet
Fête du « Colete Encarnado » (gilet rouge). **Vila Franca de Xira**

En juillet et une partie du mois d'août
Festival de la ria, avec concours de proues décorées de moliceiros. **Aveiro**

Dernière semaine de juillet-première semaine d'août
Foire de Santiago : *touradas* – groupes folkloriques. **Setúbal**

1ᵉʳ week-end d'août
Fête des « Gualterianas » : foires, rues décorées, géants, etc. **Guimarães**
Fête de la « Senhora da Boa Viagem ». **Peniche**

3ᵉ semaine d'août
Fête de « Nossa Senhora da Agonia ». **Viana do Castelo**

3ᵉ dimanche d'août
Fête de Santa Bárbara : danse des *pauliteiros*. **Miranda do Douro**

Fin août - début septembre
Pèlerinage de « Nossa Senhora dos Remédios ». **Lamego**

1ʳᵉ semaine de septembre
Fête des vendanges : bénédiction des raisins, lâchers de taureaux, feux d'artifice, etc. **Palmela**

8 septembre
Pèlerinage à « Nossa Senhora do Nazo », à Póvoa *(11 km au Nord)*. Une foire précède le pèlerinage et une fête le clôture. **Mirando do Douro**

À partir du 8 septembre
Fête de Notre-Dame de Nazaré. **Nazaré**

4 au 12 octobre
Foire d'artisanat, lâchers de taureaux, *touradas*. **Vila Franca de Xira**

2ᵉ dimanche d'octobre
Festival national de la gastronomie : gastronomie, artisanat, folklore, etc. **Santarém**

12 et 13 octobre
Dernier grand pèlerinage annuel. **Fátima**

3ᵉ dimanche d'octobre
Foire d'octobre (agriculture et artisanat) depuis le 17ᵉ s. **Castro Verde**

1ʳᵉ quinzaine de novembre
Foire nationale du cheval et de la Saint-Martin (São Martinho) : présentation des chevaux. Tradition remontant au 17ᵉ s. **Golegã (N 4)**

Tarif ombre ou soleil ?

Kiosque

OUVRAGES GÉNÉRAUX, TOURISME

Portugal, par Christian AUSCHER *(Seuil, coll. Points Planète).*

Le Portugal, par Paul TEYSSIER *(PUF, coll. Nous partons pour...).*

Le Portugal, par Yves BOTTINEAU *(Arthaud, coll. Pays).*

Lisbonne, par Pierre-Jacques HÉLIAS *(Autrement).*

Portugal, par Miguel TORGA *(José Corti).*

Le Fil rouge portugais, par Jean-Pierre PERONCEL-HUGOZ *(Éditions Bartillat).*

Lisbonne, cité atlantique, collectif dirigé par Michel CHANDEIGNE *(Autrement).*

L'or des Tropiques. Promenades dans le Portugal et le Brésil baroques, par Dominique FERNANDEZ, photos Ferrante Ferranti *(Grasset).*

Lisbonne, dans la ville noire, par Jean-Yves LOUDE *(Actes Sud, coll. Aventure).*

GÉOGRAPHIE, HISTOIRE

Le Portugal et sa vocation maritime, par Yves BOTTINEAU *(De Boccard).*

Histoire du Portugal, par Albert-Alain BOURDON *(Chandeigne).*

Histoire de Lisbonne, Dejanirah COUTO *(Fayard).*

Amélie, princesse de France, reine de Portugal, par Laurence CATINOT-CROST *(J & D-Atlantica).*

Histoire du Portugal, par Robert DURAND *(Hatier).*

Voyages de Vasco de Gama (relation des expéditions de 1497-1499 et 1502-1503) *(Chandeigne).*

Géographie du Portugal, par François GUICHARD *(Masson).*

Lisbonne hors les murs. 1415-1580. L'invention du monde par les navigateurs portugais, collectif dirigé par Michel CHANDEIGNE *(Autrement).*

ART

Portugal roman *(Zodiaque, coll. La Nuit des temps).*

L'Art de vivre au Portugal, par Anne de STOOP *(Flammarion).*

La Frontière : azulejos du palais Fronteira, Lisbonne, par Pascal QUIGNARD *(Chandeigne).*

Azulejos du Portugal, par Rioletta SABO et Jorge Nuno FALCATO *(Citadelles).*

Foz Côa, par João Paulo SOTTO MAYOR *(Afrontamento).*

F. Soreau/MICHELIN

GASTRONOMIE ET VINS

Portugal *(Romain Pagès, coll. Saveurs du monde).*

Recettes du Portugal, par Jean-Pierre LÉGER *(Éditions du Laquet).*

Saveurs de Porto *(L'Escampette, coll. Jumelles).*

Le Porto, par Chantal LECOUTY *(Robert Laffont).*

TRADITIONS

Le Fado, par Agnès PELLERIN *(Chandeigne, coll. Lusitane).*

Le Fado d'Amalia : les textes des fados chantés par Amália Rodrigues en portugais et en français *(Actes Sud).*

Fado et musiques traditionnelles du Portugal, par Salwa EL-SHAWAN CASTELO-BRANCO *(Actes Sud).*

La Tauromachie équestre au Portugal, par Fernando SOMMER D'ANDRADE *(Chandeigne).*

LITTÉRATURE

Eugénio de ANDRADE, **Écrits sur la Terre** (poésies) *(La Différence).*

Agustina BESSA-LUÍS, **Fanny Owen** *(Actes Sud).*

Camilo CASTELO BRANCO, **Amour de perdition** *(Actes Sud).*

Luís de CAMÕES, **Les Lusiades** (bilingue) *(Robert Laffont).*

Vergílio FERREIRA, **Le Matin perdu** *(Havas Poche).*

Lídia JORGE, **Le Rivage des murmures, Le Jardin sans limites, La Couverture du soldat** *(Métailié).*

Nuno Júdice, **Voyage dans un siècle de littérature portugaise** *(Chandeigne).*

Nuno Júdice, Jorge Maximimo, Pierre Rivas, **18 + 1 contemporains de la langue portugaise** *(bilingue) (Chandeigne).*

Joseph KESSEL, **Les Amants du Tage** *(Folio)*.

António LOBO ANTUNES, **Le Cul de Judas** *(Métailié)*, **La Splendeur du Portugal** *(Point)*, **Que ferai-je quand tout brûle ?** *(Éditions Christian Bourgois)*.

Eduardo LOURENÇO, **Mythologie de la saudade** *(Chandeigne)*.

Vitorino NEMÉSIO, **Gros Temps sur l'archipel** *(La Différence)*.

Fernando PESSOA : toute son œuvre, dont **Le Livre de l'intranquillité**, est publiée aux *Éditions Christian Bourgois*.

José Cardoso PIRES, **Lisbonne, livre de bord : voix, regards, ressouvenances** *(Gallimard)*.

Aquilino RIBEIRO, **Casa Grande** *(Bibliothèque cosmopolite Stock)*.

Eça de QUEIRÓS, **Les Maia** *(Chandeigne)*.

José SARAMAGO, **L'Année de la mort de Ricardo Reis** ; **L'Évangile selon Jésus-Christ** ; **L'Aveuglement** *(Seuil)* ; **Le Dieu manchot** *(Seuil, coll. Points)*.

Antonio TABUCCHI, **Requiem** *(Christian Bourgois)* ; **Une Malle pleine de gens** (Christian Bourgois).

Miguel TORGA, **Vendanges** ; **Contes et nouveaux contes de la montagne** *(José Corti, coll. Ibériques)*.

Lisbonne n'existe pas, par un collectif de neuf écrivains *(Le temps qu'il fait, coll. Balcon sur l'Atlantique)*.

Anthologie de la poésie portugaise contemporaine -1935-2000- *(Gallimard)*.

La chapelle Nossa Senhora da Rocha à Armação de Pêra.

B. KAUFMANN/MICHELIN

Invitation
au voyage

Les Portugais et le monde

D'un côté, un peuple de poètes très attaché à sa terre et empreint de « saudade », cette douce mélancolie en forme de mal du pays ; de l'autre l'expansion maritime et le goût de l'aventure, une ténacité et une frugalité à toute épreuve, alliés à la foi du charbonnier. Les marins portugais de la Renaissance ont sillonné toutes les mers du globe et semé des comptoirs commerciaux sur les rivages de l'Afrique, de l'Asie et des Amériques, faisant ainsi rayonner l'influence lusitanienne. Depuis les Grandes Découvertes et l'administration de l'empire colonial jusqu'au statut de pays « pauvre » et déclassé (sous la dictature et jusqu'à la révolution de 1974), le Portugal, pourtant peu peuplé, a connu une forte tradition d'émigration et d'exil. Après les récentes et profondes transformations dues à l'adhésion à la Communauté européenne, il est devenu aujourd'hui un pays d'immigration.

L'appel de l'outre-mer

Un imaginaire marin

Dans le roman *Le Radeau de pierre* de l'écrivain portugais José Saramago (prix Nobel de littérature 1998), le Portugal se détache du reste de l'Europe et vogue sur l'Atlantique. Les innombrables motifs marins de l'art manuélin sont aussi les symboles de cette fascination maritime. À l'image de la sphère armillaire des Découvertes, dont les anneaux concentriques figurent le système du monde et rappellent le globe des vieux astronomes, les Portugais ont longtemps endossé une vocation à la fois maritime et universaliste. Aujourd'hui encore, 90 % de la population vit à proximité immédiate de l'Atlantique et le transport maritime demeure vital pour le commerce extérieur du pays. Mille kilomètres de côtes font du Portugal un pays tourné vers le large. Pourtant, l'entrée du Portugal dans la Communauté européenne en 1986 a changé la donne et l'a durablement ancré au continent : le pays, qui s'est rapidement modernisé, réalise

Museu Nacinal do Azulejo - F/ Matias/ANF-IPM

Sphère armillaire (15ᵉ s.).

Mosaïque en marbre
au pied du monument des
Découvertes (Lisbonne).

aujourd'hui l'essentiel de ses échanges avec les Quinze. Mais l'outre-mer et les aventures océanes continuent de hanter l'imaginaire portugais, un thème repris pour l'Exposition universelle de Lisbonne en 1998, laquelle tenta aussi de promouvoir la protection des océans.

Une thalassocratie aux épices

Dès la fin du 15e s., le Portugal, à peine délivré des Maures, se lance dans de fulgurantes épopées ultramarines. Ce minuscule pays d'alors à peine un million d'âmes, ce « peuple navire » en quête de précieuses épices et d'âmes à convertir ouvre les voies maritimes, mettant notamment en contact l'Occident et l'Asie. Au **traité de Tordesillas** de 1494, l'Espagne et le Portugal se partagent le monde de part et d'autre d'une ligne fictive : l'or des Amériques pour l'Espagne, les épices d'Orient pour le Portugal. Les **Grandes Découvertes** lui assureront, au 16e s., une domination maritime presque universelle : les côtes africaines, puis l'Inde et l'océan Indien, le Brésil, l'Asie du Sud-Est et le Japon. Afin de contrôler ces territoires, les navigateurs se font bâtisseurs, dressent croix catholiques et forteresses, ports et bastions. Plutôt que de s'aventurer à l'intérieur de terres beaucoup trop vastes pour eux, ils construisent ou commercent sur des îles ou le long des côtes (estuaires, baies ou caps). Grâce à l'habileté des « rois marchands », ils installent une véritable thalassocratie aux épices. Les comptoirs maritimes prospèrent : Goa, Daman et Diu sur les côtes indiennes, Macao et Timor, Nagasaki au Japon, etc. Encore aujourd'hui, bien des confettis du bout du monde, jadis marqués par les grands navigateurs, commerçants ou missionnaires portugais, conservent une lointaine influence lusophone, notamment visible dans le bâti.

Colonisation et décolonisation

Alors que les bénéfices provenant d'Asie déclinent au 17e s., la colonisation du Brésil s'intensifie et se poursuit pendant le 18e s. Après l'indépendance de ce dernier (1822), les Portugais cherchent de nouvelles colonies, reviennent en Afrique, qu'ils connaissent depuis quatre siècles, annexent le Mozambique (1895), l'Angola (1905) et consolident les anciennes possessions : Guinée-Bissau, Cap-Vert, São Tomé e Príncipe. La décolonisation, commencée avec la révolution de 1974, a connu son terme final avec la rétrocession de Macao à la Chine en décembre 1999.

La légende voudrait que les Portugais aient été des pionniers exemplaires guidés par un esprit d'exploration, à l'inverse des brutaux conquistadors espagnols. En fait, outre le désir d'aventure, c'est aussi l'appât du gain et la volonté de convertir les « infidèles » qui ont lancé sur les océans cette poignée d'hommes intrépides. Cependant, avec les Portugais, les prises de contact se sont effectuées généralement plus en douceur. C'est la valorisation du métissage, mais aussi le mythe d'un modèle d'« intégration raciale voluptueuse », dont les avatars plus récents sont la supposée « démocratie raciale » brésilienne ou plus généralement le lusotropicalisme,

La rétrocession de Macao à la Chine (19 décembre 1999).

AFP

cette façon lusitanienne d'aimer, de penser et de vivre sous les tropiques, en bonne harmonie. Il faut cependant rappeler que les Portugais, parmi les premiers négriers, furent de redoutables et efficaces commerçants du « bois d'ébène » et que l'esclavage n'est aboli au Brésil qu'en 1888. De plus, les tardives guerres de décolonisation portugaises en Afrique (Angola, Mozambique, Guinée) figurent parmi les plus dures de l'histoire de la décolonisation, et ont laissé le champ libre à des guerres civiles particulièrement meurtrières et désastreuses.

La question du Timor-Oriental
Le Timor a été découvert par les Portugais au début du 16ᵉ s. puis rapidement évangélisé, la partie orientale de l'île devenant une possession portugaise.
La partie occidentale, sous domination hollandaise, est annexée par l'Indonésie en 1949. En 1975, avec la fin de la dictature au Portugal, le Timor-Oriental s'apprête à recevoir son indépendance, quand il est brutalement envahi par l'Indonésie. Le peuple maubère, en majorité chrétien, refuse le rattachement et le conflit pour la libération du pays s'enlise. Le principal leader de cette lutte, Xanana Gusmão, est jeté en prison en 1992. En 1996, le prix Nobel de la paix est décerné à deux figures de la résistance, José Ramos-Horta et l'évêque Ximenes Belo. La question du Timor devient une cause nationale au Portugal. Dans l'ordre juridique international, l'État portugais, qui reste l'administrant de cette partie de l'île, tente par tous les moyens de prévenir les autorités internationales sur la répression sanglante qui s'abat sur le pays. En 1999, un référendum a enfin lieu, et 80 % de la population se prononce pour le « oui » à l'indépendance. Néanmoins, le départ des forces indonésiennes provoque un déchaînement de violence des milices pro-indonésiennes, entraînant le massacre d'un millier de civils et l'exode de 200 000 personnes. Au Portugal, plusieurs manifestations attirent l'attention mondiale. Après une période de transition et de gouvernement provisoire sous l'égide de l'ONU, les Timorais célèbrent leur indépendance le 20 mai 2002, dans la capitale, Dili. Gusmão devient président et Ramos-Horta ministre des Affaires étrangères.

De l'émigration à l'immigration

Une émigration économique
Découvreurs de tant de territoires nouveaux, les Portugais ont souvent dû émigrer pour aller chercher fortune ailleurs. Au 19ᵉ s., le **Brésil** devient la destination de prédilection, suivi par l'Amérique du Nord, l'Argentine et le Venezuela. Au début du 20ᵉ s., les colonies africaines (surtout Mozambique et Angola) attirent aussi leur lot d'immigrants portugais. À partir des années 1950, l'émigration, provoquée par une situation économique difficile, s'oriente vers les **pays européens** industrialisés qui cherchent de la main-d'œuvre bon marché, en particulier la France, l'Allemagne, le Luxembourg et le Royaume-Uni. Les principaux foyers d'émigration sont les archipels de Madère et des Açores, ainsi que les provinces intérieures du Nord du pays. Dans les années 1960, aux problèmes économiques s'ajoutent les guerres de libération de l'Angola, de Guinée-Bissau et du Mozambique ; de nombreux jeunes émigrent pour ne pas être enrôlés. Entre 1960 à 1972, plus d'un million et demi de Portugais ont quitté leur pays. Ce flot est interrompu en 1974, la révolution des Œillets ayant renversé la situation politique et les pays industrialisés commençant à être touchés par la crise. Plus de 4 millions de Portugais vivent aujourd'hui à l'étranger, soit 40 % de la population, répartis essentiellement, par ordre d'importance, entre le Brésil, la France, l'Amérique du Nord, le Venezuela et l'Afrique du Sud.

L'inversion des flux migratoires

Avec la fin des guerres coloniales, les **retornados** commencent à gagner la métropole. Durant l'été 1974, en quelques semaines, Lisbonne reçoit environ 700 000 personnes (Blancs et Noirs) alors qu'elle comptait moins d'un million d'habitants. Plus généralement, les flux migratoires se sont inversés avec le retour de certains émigrés des années 1960 et 1970 et l'arrivée d'importants groupes d'immigrés venus des anciennes colonies, en particulier du Cap-Vert, de la Guinée-Bissau, des îles de São Tomé e Príncipe, d'Angola, du Brésil et d'Inde. Plus récemment, le courant migratoire le plus important se compose de ressortissants des pays de l'Europe de l'Est et de l'ex-URSS. Près de 400 000 étrangers vivent désormais au Portugal, un faible taux en comparaison avec d'autres pays européens. Néanmoins, les prévisions annoncent un triplement de ce chiffre dans les vingt prochaines années. Le nombre des ressortissants d'Afrique lusophone, essentiellement Cap-Verdiens, Guinéens et Angolais, est estimé à plus de 150 000 personnes. Les *Africanos*, qui travaillent surtout dans le bâtiment et les travaux publics, suscitent quelques crispations identitaires et réactions de rejet. Essentiellement concentrés à Lisbonne, il font de la capitale une ville métisse, moins cependant que durant la Renaissance, période pendant laquelle la capitale a compté jusqu'à 10 % d'esclaves noirs.

Le monde lusophone

« De ma langue, on voit la mer » (Vergílio Ferreira)

Bien que le territoire portugais ait été occupé par différents peuples (Phéniciens, Wisigoths, Celtes, Arabes), la langue portugaise, dans son vocabulaire comme dans sa syntaxe, dérive directement et principalement du latin parlé par les Romains qui ont séjourné dans la péninsule Ibérique. Plus tard, les Wisigoths et les Suèves (du 6e au 8e s.) sont passés sans laisser de traces dans la langue. Le portugais a été fortement influencé par l'arabe qui, à partir du 8e s., a enrichi le lexique avec des mots ayant trait aux techniques introduites par ce peuple. Toutefois, à mesure que celles-ci évoluaient, ces termes ont été progressivement remplacés par d'autres. Il en subsiste cependant un certain nombre, en particulier tous les mots commençant par « al ».

À l'époque des Grandes Découvertes, les Portugais ne se sont pas contentés de disséminer leur langue dans le monde, ils ont aussi importé, en même temps que les précieuses épices, de nouveaux vocables exotiques, qui sont le condiment de cette langue.

Une langue parlée sur quatre continents

La lusophonie est une idée ancienne mais elle a tardé à s'inscrire en terme de projet politique. « Ma patrie est la langue portugaise » affirmait déjà Fernando Pessoa, qui par ailleurs parlait couramment l'anglais et le français. Deux cents millions de personnes (dont 165 millions de Brésiliens) s'expriment en portugais dans le monde, sur quatre continents ; c'est la septième langue parlée après le chinois, l'anglais, l'espagnol, les langues indiennes (hindi et bengali), le russe et l'arabe. C'est aussi la troisième langue européenne parlée dans le monde (devant le français). Outre le Portugal et ses anciens comptoirs asiatiques (Timor, Macao et Goa), le monde lusophone forme toujours un important ensemble pluricontinental : Brésil, Angola, Guinée-Bissau, Mozambique et Cap-Vert, Açores, Madère, São Tomé e Príncipe. Un important projet fédérateur, à dimension culturelle mais aussi politique et économique, a vu le jour en 1996 : la **Communauté des pays de langue portugaise** (CPLP), regroupant le Brésil, le Portugal et ses cinq anciennes colonies africaines.

Longtemps distendus, les liens avec le Brésil se sont retissés depuis les années 1990, essentiellement dans le domaine économique, tandis qu'une importante communauté brésilienne vit désormais au Portugal (environ 70 000 personnes). Les Portugais ont gardé un fort attachement affectif et des liens culturels avec l'Afrique lusophone, mais les liens économiques sont relativement modestes (2 % des échanges internationaux du Portugal contre 25 % à la fin des années 1970). L'État portugais développe aussi une politique de coopération avec ses anciennes colonies africaines et sert de médiateur dans le conflit angolais.

La physionomie du pays

Le Portugal s'inscrit dans un rectangle de 560 km de long sur 220 km de large, au Sud-Ouest de la péninsule Ibérique. Sur cette superficie relativement faible (88 944 km²), il présente une grande diversité de paysages et compte environ mille kilomètres de côtes atlantiques. L'altitude décroît de la frontière espagnole à l'Océan et du Nord au Sud. Le Tage sépare une région montagneuse au Nord d'une région de plateaux et de plaines au Sud.

Le relief

Au Nord du Douro, la cordillère Cantabrique est prolongée par des montagnes massives séparées par des vallées aux versants violemment érodés.

Entre le Douro et le Tage on rencontre des reliefs particulièrement vigoureux qui prolongent les sierras de Castille : la serra da Estrela culmine au **mont Torre** (1 993 m), sommet le plus élevé du Portugal continental ; les vallées du Mondego et du Zêzere ceinturent cette échine.

Au Sud du Tage s'étend un grand plateau qui descend vers l'Océan ; les immenses horizons sont à peine barrés par les affleurements des serras de Monchique et do Caldeirão.

Les 837 km de littoral offrent une incroyable variété de sites : interminables grèves, plages de sable fin abritées au creux de falaises rocheuses, criques et caps : Carvoeiro, Espichel, St-Vincent. Les vastes estuaires sont occupés par les principaux ports : Porto sur le Douro, Lisbonne sur le Tage, Setúbal sur le Sado. Quelques baies offrent leur abri aux ports de pêche comme Portimão, quelques promontoires les protègent du vent : à Peniche, à Lagos, mais la majeure partie du littoral est une côte sablonneuse plate parfois doublée par un cordon littoral (côte Est de l'Algarve, ria de Aveiro). La fraîcheur de l'eau qui baigne les côtes est due au courant froid des Canaries.

Les régions et les paysages

Cette description par région reprend les limites des anciennes provinces qui correspondent à des régions naturelles ; les divisions administratives sont les districts *(voir carte des régions p. 78)*. Les archipels de Madère (782 km²) et des Açores (2 335 km²) sont décrits en fin de guide.

Le Nord

Il comprend les anciennes provinces du Minho, du Douro, très cultivées, et à l'intérieur du pays, les régions plus sèches du Trás-os-Montes et des Beiras Alta et Baixa.

Le Minho (districts : Braga et Viana do Castelo) et **le Douro** (district : Porto) – Cette région fait partie de la zone touristique appelée **Porto et Nord du Portugal**. Ces deux provinces sont essentiellement formées de collines granitiques couvertes d'une abondante végétation. Seules les serras de Gerês, de Soajo et de Marão, qui constituent le parc national de Peneda-Gerês, présentent des sommets dénudés parsemés d'éboulis de rochers. Les champs entourés de haies et de vignes grimpantes produisent parfois deux récoltes par an ; çà et là apparaissent quelques boqueteaux

Le rio Douro près de Pinhão.

d'eucalyptus, de pins (sur la côte) et de chênes. Vignes, arbres fruitiers et pâturages complètent une économie de terroir. Sur les pentes bien exposées poussent des oliviers, des pommiers et parfois des orangers. La population très dense vit dans des villages petits et extrêmement nombreux, reliés entre eux par des routes tortueuses et souvent pavées. Des vallées verdoyantes comme celles du rio Lima ou du rio Vez servent d'axes de circulation. La côte est appelée Costa Verde (Côte Verte) en raison de son paysage verdoyant, et ses eaux sont fraîches à la baignade toute l'année.

Porto est la capitale de cette région active qui regroupe plus du quart de la population du pays. Les industries sont nombreuses autour de Porto et de Braga.

Le Trás-os-Montes (districts : Bragança et Vila Real) – Son nom signifie « au-delà des monts » : c'est en effet au-delà des serras de Marão et de Gerês que s'étire cette province constituée de hauts plateaux surmontés de crêtes rocheuses et coupés de profondes vallées. Les plateaux, dominés par des sommets pelés, couverts d'une végétation rabougrie, sont le domaine de la lande à moutons. Les villages isolés, bâtis en granit ou en schiste, se confondent avec le paysage. Les bassins plus peuplés, autour de Chaves, Mirandela et Bragança, ressemblent à de véritables oasis où croissent arbres fruitiers, vignes, maïs et légumes. Cette région a toujours été un grand foyer d'émigration et aujourd'hui les petites villes se voient grossies par les constructions des immigrants de retour au pays.

L'Alto Douro au Sud fait exception. Les rebords des plateaux et les versants du Douro et du Tua ont été aménagés en terrasses sur lesquelles poussent oliviers, figuiers, amandiers et surtout le célèbre vignoble produisant le porto et le vinho verde.

La Beira Alta (districts : Guarda, Viseu) et **la Beira Baixa** (district : Castelo Branco) – Cette région, la plus montagneuse du Portugal, prolonge vers l'Ouest la cordillère centrale hispanique. Le paysage comporte une succession de blocs surélevés et de bassins d'effondrement. Les montagnes – les principales sont les **serras da Estrela et da Lousã** – montrent des versants fortement boisés que déterminent des sommets herbeux, parfois hérissés de chicots rocheux, où paissent les moutons. Quelques lacs de barrage occupent les emplacements d'anciens cirques glaciaires ou de gorges creusées dans les quartz. De vieux villages se dressent au-dessus des fonds de vallées quadrillés de cultures en terrasses (maïs, seigle, oliviers).

La population s'est établie dans les vallées du Mondego et du Zêzere. La vallée du Mondego, vaste couloir d'effondrement qu'empruntent les principales voies de communication, est couverte de riches cultures ; les versants bien exposés deviennent le domaine des vignobles de crus (région du Dão). La haute vallée du Zêzere, appelée Cova da Beira, est plus orientée vers l'élevage ; Covilhã, la principale ville, maintient une industrie lainière importante. Aux environs de Guarda, la plupart des vil-

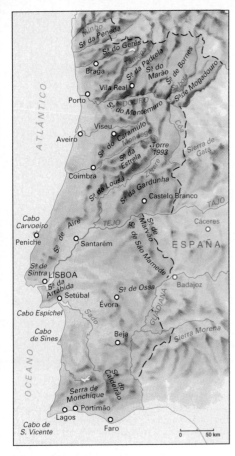

lages, construits en granit, sont encore protégés par un château fort ou des remparts, témoins des luttes qui opposaient autrefois Portugais et Espagnols.

Le Centre

La Beira Littorale (districts : Coimbra, Aveiro) – Cette région sillonnée de nombreux canaux correspond à peu près aux basses vallées du Vouga, du Mondego et de la Lis ; les rizières s'étendent dans les zones irriguées autour de Soure et d'Aveiro. Cette partie de la côte, qui avec celle de l'Estrémadure est appelée Costa de Prata (Côte d'Argent), possède de longues plages rectilignes fixées par d'immenses pinèdes (Pinhal de Leiria, Pinhal do Urso) ; la ria de Aveiro forme un paysage original. L'arrière-pays se couvre de petits champs de blé ou de maïs bordés d'arbres fruitiers et de vigne, ainsi que de belles forêts comme celle de Buçaco. Les deux grands pôles d'activité sont Coimbra, célèbre pour son université, Aveiro et sa ria.

L'Estrémadure (districts : Leiria, Lisbonne, Setúbal) – Jadis, c'était la limite méridionale des territoires reconquis sur des musulmans, d'où son nom qui signifie extrémité. Aujourd'hui, cette région regroupe un tiers de la population du pays. De Nazaré à Setúbal le paysage est vallonné et verdoyant : entre les bosquets de pins et d'eucalyptus, le blé, le maïs, les oliviers, la vigne et les arbres fruitiers sont l'objet de soins minutieux. Les exploitations, petites dans le Nord, plus vastes dans le Sud, s'ordonnent autour de villages aux maisons basses.

Sur la côte où alternent de hautes falaises et de belles plages de sable, les villages de pêcheurs sont nombreux. Dans les stations balnéaires de Cascais et Estoril, à proximité de Lisbonne, les plages sont plus urbaines. La serra de Sintra, située elle aussi près de la capitale, est un agréable massif boisé. Au Sud du Tage, la serra da Arrábida abrite de petites stations balnéaires.

Lisbonne, qui est le grand pôle d'activité de la région, centralise le pouvoir politique, administratif, financier, ainsi que de nombreux sièges sociaux et commerciaux.

Le Ribatejo (district : Santarém) – La « rive du Tage » (Riba do Tejo) est une plaine alluviale formée aux ères tertiaire et quaternaire. Sur les collines de la rive droite, les habitants pratiquent une polyculture à base d'oliviers, de vignes et de légumes. Sur les terrasses de la rive gauche s'étendent de grandes propriétés où se pratique la culture du blé et des oliviers. La plaine inondable est occupée par des rizières, des cultures maraîchères, et surtout par de grandes prairies vouées à l'élevage des chevaux et des taureaux noirs de combat. Cette région, dont le principal centre est Santarém, est connue pour ses *touradas*, corridas à la portugaise.

Le Sud

L'Alentejo (districts : Beja, Évora, Portalegre) – Alentejo signifie au-delà du Tage (Além Tejo). Cette région, l'une des plus pittoresques et des plus belles du Portugal, couvre près du tiers de la superficie du pays. Elle est uniforme et sans grand relief, exception faite de la serra de São Mamede. La végétation naturelle y est presque inexistante : « en Alentejo, il n'y a pas d'ombre », dit un proverbe. Cependant, malgré les difficultés d'irrigation, le sol est rarement laissé à l'abandon. L'Alentejo, grenier à blé du Portugal, est aussi le domaine du chêne-liège, du chêne vert et de l'olivier ; on y cultive également le prunier aux environs de Vendas Novas et d'Elvas. Moutons et porcs noirs pâturent sur les mauvais sols.

Ponta da Piedade (Lagos).

Traditionnellement c'est une région de grandes propriétés avec des domaines immenses s'étendant autour du *monte*, grosse ferme blanchie à la chaux, isolée sur une butte, où habite le propriétaire ; les autres habitants se groupent dans des villages aux maisons basses, surmontées d'énormes cheminées. À la suite de la révolution des Œillets, la réforme agraire de juillet 1975 a réparti les terres entre de nombreuses coopératives. Cette réforme n'ayant pas eu le succès attendu, on est revenu progressivement au régime de la moyenne et de la grande propriété.

La côte est en général peu hospitalière, cependant quelques stations balnéaires s'y développent. Les ports sont rares à part celui bien équipé de Sines.

Il n'y a pas de villes importantes ; Évora avec ses 35 000 habitants et une grande université joue le rôle de capitale de la région mais vit surtout du tourisme.

L'Algarve (district : Faro) – Son nom vient de l'arabe El Gharb qui signifie Ouest ; c'était en effet la contrée la plus occidentale des territoires conquis par les Arabes. Cette région, séparée de l'Alentejo par des collines schisteuses, ressemble à un jardin ; les fleurs (géraniums, camélias, lauriers-roses) se mêlent aux cultures (coton, riz, canne à sucre) et aux vergers (caroubiers, figuiers, amandiers, orangers) ; la plupart des jardins sont clôturés de haies d'agaves. Les villages rassemblent des maisons éblouissantes de blancheur, décorées de jolies cheminées. À l'Ouest se dresse un massif de roches volcaniques, la serra de Monchique, que couvre une végétation luxuriante.

La côte est très sablonneuse. À l'Est de Faro (Sotavento), elle est protégée par des cordons littoraux ; à l'Ouest (Barlavento), les plages sont agrémentées de hautes falaises qui forment au cap St-Vincent un impressionnant promontoire.

L'Alentejo, le domaine du chêne-liège.

Avec un climat méditerranéen, l'Algarve a connu ces dernières années un immense succès touristique, parfois au détriment des activités traditionnelles : la pêche, les conserveries, l'horticulture et l'industrie du liège. Les petits villages de pêcheurs sont devenus pour la plupart d'énormes stations balnéaires au style hélas international. Les principales villes sont Faro, Lagos et Portimão.

La végétation

La multiplicité et la diversité des essences végétales témoignent des contrastes climatiques et des différences de nature des sols. Les forêts couvrent au Portugal une superficie de 3,2 millions ha, soit 36 % du territoire, et appartiennent à près de 600 000 petits propriétaires. Le domaine sylvicole compte 58 % de feuillus pour 42 % de résineux et les essences se répartissent principalement entre pins maritimes (30 %), chênes-lièges et chênes verts (22 %), et eucalyptus (21 %). 162 000 ha de forêts ont brûlé pendant les incendies de l'été 2003, soit près de 5 % du couvert forestier.

Au Sud du Tage et dans la haute vallée du Douro qui connaît un été très sec, on rencontre des peuplements considérables de **chênes verts** et de **chênes-lièges** voisinant avec des garrigues et des landes à cistes où poussent aussi lavande, romarin et thym. Bien que représentés dans tout le pays, les chênes-lièges sont surtout la dominante des paysages de l'Alentejo. Le Portugal est le premier producteur mondial de liège, lequel représente 34 % des exportations de la filière forestière.

Sur les sommets très arrosés dont l'altitude dépasse 500 m (dans le Nord du pays et dans les serras de São Mamede et de Monchique au Sud) croissent le chêne rouvre, le **chêne tauzin**, accompagnés de **châtaigniers**, de **bouleaux** et d'**érables**. Bien que très décimé, le **chêne lusitanien** se rencontre encore dans le Centre et le Sud.

L'**eucalyptus**, introduit dans le pays à la fin du 19e s., pousse surtout le long du littoral, espace qu'il partage avec les **pins maritimes** et les pins parasols pour former de vastes forêts le long des plages de la côte près de Leiria, de Coimbra et d'Aveiro. En Algarve, les plantes méditerranéennes s'acclimatent bien et l'on trouve notamment des **agaves**, des **caroubiers**, des **amandiers**, des **figuiers**, des **orangers** et des **oliviers**. Depuis les années 1970 la plantation d'eucalyptus (pour la pâte à papier) et des pins s'est intensifiée.

La faune

La diversité des paysages favorise la grande variété de la faune portugaise, mélange d'**espèces européennes et nord-africaines**. On trouve au Portugal des espèces très peu répandues en Europe continentale. Les animaux les plus communs sont le lièvre ibérique, le lapin et le renard, présents dans tout le pays. À l'intérieur des terres, on trouve aussi cochons sauvages, chèvres et cervidés. La structure princi-

LES PARCS ET RÉSERVES DU PORTUGAL

Des zones de protection de la nature ont été créées afin de conserver intacte la beauté de certains paysages et de préserver la faune et la flore.

Parc national – Le Portugal ne compte qu'un parc national, celui de **Peneda-Gerês** (72 000 ha), dans l'extrême Nord du pays (description à son nom).

Parcs naturels – Des régions ont été décrétées parcs naturels et font l'objet d'une protection particulière.

Il s'agit, du Nord au Sud, des parcs naturels de **Montesinho** (75 000 ha) près de Bragance, du Douro Internacional (86 500 ha) dans un cadre naturel grandiose et inaltéré, de **Alvão** (7 220 ha) près de Vila Real, de la **serra da Estrela** (100 000 ha), des **serras de Aire et Candeeiros** (34 000 ha) près de Fátima, très beau paysage calcaire avec de nombreuses grottes, de **Sintra-Cascais** (23 280 ha), entre mer et forêt, d'**Arrábida** (10 820 ha plus 5 700 ha marins), de la **serra de São Mamede** (31 750 ha), de la **vallée du Guadiana** (69 600 ha), le long du fleuve, entre les monts de l'Algarve, du **Sudoeste Alentejano et de la Costa Vicentina** (74 788 ha), de la **Ria Formosa** (18 400 ha), un écosystème où nidifient des espèces rares d'oiseaux marins. Tous ces parcs naturels se trouvent dans des zones montagneuses, à l'exception des deux derniers, situés en Algarve et destinés d'une part à préserver les zones où ils se trouvent de la dégradation du littoral provoquée par les méfaits du tourisme (grands aménagements, constructions non contrôlées, pollution), d'autre part de faire face à l'intense érosion de cette côte.

palement rurale du pays jusqu'à il y a encore une vingtaine d'années a permis de fidéliser quelques animaux, comme les cigognes blanches qui n'ont jamais abandonné les tours des églises et les cheminées, surtout dans l'Alentejo, le Ribatejo et dans quelques parties du Nord.

Une biodiversité menacée – Néanmoins, cette situation change rapidement. Les transformations dans l'usage de la terre, l'agriculture intensive, la monoculture d'arbres, la chasse excessive, ainsi que l'expansion urbaine et l'aggrandissement du réseau des transports menacent désormais la biodiversité. Les grands mammifères sont menacés tels le **loup gris**, en voie d'extinction, qui vit encore dans certaines forêts comme la serra da Estrela et dans des régions cultivées, où il attaque souvent les animaux domestiques. Le **lynx ibérique**, très menacé lui aussi car sa survie dépend de la préservation du lapin sauvage, vit dans les forêts de chênes de l'Alentejo et dans les montagnes de Beira et de l'Algarve. On trouve dans les zones montagneuses du Douro une espèce de vipère propre à la péninsule Ibérique.

Le sanctuaire des oiseaux migrateurs – Parmi les oiseaux, la grande outarde, une espèce très rare dans le monde, survit difficilement dans les plaines de l'Alentejo. Le Portugal connaît aussi une très grande variété d'oiseaux migrateurs, le pays se trouvant sur la route de migration des oiseaux venus de l'Europe nordique et centrale. Une colonie de plus de 400 **flamants roses** est établie dans l'estuaire du Tage ; ils sont aussi nombreux dans l'estuaire du Sado, et dans les zones de salines de l'Algarve. Le cap Saint-Vincent, pointe la plus occidentale de l'Europe, sert aussi de relais aux oiseaux migrateurs entre Europe et Afrique. Les côtes portugaises sont par ailleurs très poissonneuses, tandis que quelques dauphins vivent autour du Tage et dans l'estuaire du Sado.

Écorces de chênes-lièges.

Le Portugal traditionnel

Au début des années 1970, il était courant de croiser des charrettes tirées par des chevaux, des femmes toutes vêtues de noir portant des jarres d'eau sur la tête ou des pêcheurs en costume traditionnel. Mais ces scènes se font rares aujourd'hui. Après des années de stagnation d'une économie fonctionnant en régime autarcique, le Portugal est devenu membre de la Communauté européenne, le réseau routier et l'ensemble de l'économie se sont modernisés, désenclavant ainsi les régions les plus reculées, tandis que les émigrés sont revenus au pays avec d'autres habitudes. Pendant la forte croissance économique des années 1980 et 1990 les Portugais ont plongé avec une certaine frénésie dans la société de consommation. Cependant les traditions ne se sont pas toutes perdues, et les fêtes folkloriques sont toujours à l'honneur. La culture populaire reste vivace et le mode de vie rural conserve certaines prérogatives, en particulier dans le Nord-Est du pays, en Alentejo et aux Açores.

L'architecture populaire

Le Portugal a conservé une architecture populaire bien différente selon les régions. L'architecture traditionnelle a été surtout préservée dans le Nord et au Sud dans l'Alentejo et l'Algarve.

Les maisons rurales

Le Nord – Le matériau le plus utilisé est le granit. Les maisons sont massives, recouvertes de tuiles. Les cheminées sont très petites, voire inexistantes, et la fumée s'échappe par les interstices du toit, la porte ou les fenêtres. L'escalier extérieur débouche sur un balcon de bois ou de pierre ou sur une véranda qui peut se transformer en pièce d'habitation.

Dans le Trás-os-Montes, c'est le schiste qui prime et les maisons sont couvertes d'ardoises. Dans la vallée du Douro, à côté des maisons paysannes, on admirera les manoirs (*solares*) des propriétaires terriens, souvent blanchis à la chaux.

Centre : Estrémadure et Beira Littorale – Le calcaire donne aux habitations une allure plaisante ; la façade s'orne souvent de corniches et de stucs ; l'escalier extérieur disparaît.

Alentejo – Pour lutter contre la luminosité et la chaleur de l'été, on a bâti des maisons très basses, sans étage, aux murs blanchis à la chaux, et réduit les dimensions des ouvertures. Cependant, les rigueurs de l'hiver ont obligé à ériger une énorme cheminée, souvent rectangulaire ou cylindrique (à Mourão). Le matériau de construction utilisé varie selon les régions ; c'est en général de la *taipa* (argile séchée) ou de l'*adobe* (boue et paille coupée mélangées, séchées au soleil), couramment employé par les musulmans. On se sert également de brique, surtout

La tourada : un spectacle d'adresse, d'élégance et de courage.

pour la décoration (cheminées, créneaux, vérandas), ou de marbre autour d'Estremoz. Les encadrements de portes et de fenêtres peuvent être peints en bleu, rose ou orange.

Algarve – La maison basse, blanchie à la chaux, est composée généralement de plusieurs blocs juxtaposés. Le toit de tuiles rondes est parfois remplacé, dans l'Est, par une terrasse, utilisée pour récupérer l'eau de pluie ou faire sécher le poisson et les fruits. Elle donne à Olhão et Fuseta l'aspect des villes d'Afrique du Nord. À la terrasse se substitue exceptionnellement un toit à quatre pans recourbés *(telhado de tesouro)* que certains attribuent à l'influence chinoise ; ce système est encore bien conservé à Faro, Tavira et Santa Luzia. Les portes sont surmontées d'arcs et de voussures. Les cheminées, fines et élégantes, sont délicatement ajourées et couronnées d'une boule, d'un fleuron, d'un vase ou d'un ornement curieux (lance, faux) ; elles sont peintes en blanc ou utilisent les combinaisons décoratives de la brique.

Madère et les Açores – À Madère, les maisons paysannes traditionnelles (à Santana) ont un toit de chaume à deux pans descendant jusqu'au sol et recouvrant toute la maison. Sur la façade, la porte est flanquée de deux petites fenêtres et, parfois, surmontée d'une troisième. Toutes ces ouvertures sont encadrées de bandes de couleur.

Les maisons açoriennes ressemblent à celles de l'Algarve dont étaient originaires les premiers habitants des îles.

Cependant, les **Impérios do Espírito Santo** sont des édifices propres à l'archipel. Peints de couleurs vives, ayant l'aspect de chapelles éclairées par de grandes fenêtres, ils abritent les objets affectés au culte du Saint-Esprit *(voir en introduction à la visite des Açores le paragraphe consacré aux traditions)*. Le plus souvent, les bâtiments sont blanchis et ourlés de basalte noir.

Maison du Minho.

Maison de l'Algarve.

Quelques éléments d'urbanisme traditionnels

Les trottoirs – Dans tout le pays, les trottoirs et les places sont recouverts de belles compositions dessinées par l'alternance des pavés de basalte noir, de grès doré, de calcaire blanc et de granit gris. Ce sont les **empedrados** *(voir encadré à Lisbonne p. 244).*

Les greniers à grain (espigueiros) – Très répandus dans le Minho, les greniers à grain, dont les plus beaux exemples se trouvent à Lindoso et Soajo (parc national de Peneda-Gerês), sont des constructions de granit sur pilotis. On y sèche le maïs, des fentes de ventilation étant ménagées dans les parois de granit *(illustration p. 356)* Les croix qui les surmontent évoquent le caractère sacré du grain.

Les moulins (moinhos) – Le Portugal comptait plus de 2 000 moulins à vent il y a encore quelques années, mais, inutilisés, la plupart ont été laissés à l'abandon et tombent aujourd'hui en ruine. On en aperçoit encore sur les crêtes des collines autour de Nazaré, d'Óbidos, de Viana do Castelo. Le type de moulin le plus répandu est le moulin méditerranéen formé d'une tour cylindrique en pierre ou en terre battue qui supporte une coupole conique à laquelle est fixé un mât porteur de quatre voiles triangulaires.

Les piloris (pelourinhos) – Au centre des petites villes et des villages se dresse le pilori où l'on exposait autrefois les brigands. Au Moyen Âge, le pilori devint le symbole du municipalisme triomphant ; seuls pouvaient l'ériger ceux qui avaient droit de justice. Ce fut le prélude aux libertés municipales, aussi les trouve-t-on souvent près de la mairie, de la cathédrale ou d'un monastère, tous sièges de juridiction. Au 12ᵉ s., c'était une simple colonne que surmontait la cage où l'on enfermait le malfaiteur. Au fil des ans, la cage perdit de l'importance et on la remplaça par des crochets de fer auxquels étaient enchaînés les contrevenants. La **colonne**, le plus souvent cylindrique, mais parfois prismatique, pyramidale, conique ou torse (au 17ᵉ s.), peut être décorée de stries droites ou en spirale, de roses, de disques sculptés, d'écailles, de nœuds ou de figures géométriques. Le **couronnement** est une pièce ornementale qui dérive souvent de la cage primitive : une cage miniature avec colonnettes, ou une sorte de pomme de pin, ou un prisme ou tout simplement une plate-forme agrémentée de colonnettes, une sphère lisse ou armillaire (époque manuéline).

Maison de Madère.

Il est parfois surmonté de girouettes ou de bras tenant une épée de justice. Dans la région de Bragança, la plupart des piloris se terminent par quatre bras de pierre en croix auxquels sont suspendus les crochets de fer *(voir illustration p. 171)*.

Le padrão – C'est un monument public, un mémorial portant la croix et les armes du Portugal, que les explorateurs portugais dressaient quand ils abordaient une terre nouvelle. On les trouve dans les anciennes colonies ou dans les îles.

Maisons de l'Alentejo.

Chants et danses du Portugal

Le fado

Un chant nostalgique de marin – Mélopée dérivée des poésies chantées par les troubadours du Moyen Âge, chant d'origine mauresque ou afro-brésilienne, les hypothèses ne manquent pas sur les origines du fado. Il apparaît au Portugal à la fin du 18e s. sous la forme d'un chant nostalgique de marin, et se développe au début du 19e s. dans une période agitée par les guerres napoléoniennes et l'indépendance du Brésil. Ces circonstances expliqueraient le succès de ce chant triste dont les principaux thèmes évoquent les fluctuations du destin (son nom viendrait du latin *fatum* : destin). Le fado acquiert sa popularité à Lisbonne dès 1820 avec la chanteuse **Maria Severa**. En 1833 s'ouvrent les premières maisons de fado. À partir de 1870, les aristocrates l'adoptent et s'exercent à exprimer leurs émotions romantiques à travers ces chants. À la fin du siècle, le fado devient un genre littéraire et les grands poètes et écrivains du moment s'y essaient. Dans le roman apparaît le personnage du *fadista* qui traîne de maison de fado en maison de fado en buvant et en écoutant ces airs nostalgiques, les yeux mi-clos dans un nuage de fumée. Au début du 20e s., le fado sert de support aux luttes idéologiques. **Amália Rodrigues**, avec une voix incomparable et un choix de textes de grande qualité, a dépassé les frontières. Considérée comme la plus grande interprète de ce chant, elle a conféré au fado une gloire internationale telle qu'il est devenu le symbole du Portugal et de sa *saudade*. Ces dernières années, le fado a trouvé un nouveau souffle, dans les voix de chanteurs qui s'expriment exclusivement ou ponctuellement à travers ce chant : Camané, Filipa Pais, Marta Dias, Misia, Paulo Bragança, Sofia Varela, Mariza, Bevinda (qui chante le « Fado de Paris »), Cristina Branco, et surtout la chanteuse du célèbre groupe Madredeus, Teresa Salgueiro.

Pratique du fado – Le chanteur *(fadista)*, souvent une femme, est accompagné par un ou deux joueurs de viole. La viole *(guitarra portuguesa)*, dont l'un des plus grands maîtres fut Carlos Paredes, est un instrument créé au Portugal et utilisé exclusivement pour accompagner le *fadista* ou comme instrument soliste.

LA SAUDADE

Un mal qui fait du bien, un bien qui fait du mal : ainsi Camões qualifiait la *saudade*. Le mot, sans traduction équivalente dans d'autres langues, désigne un sentiment qui pour beaucoup caractérise l'« âme » portugaise. Le fado est une forme d'expression privilégiée de la *saudade*, qui « avant d'être pensée, a été chantée » comme affirme l'essayiste Eduardo Lourenço.

Le fado parle des amours inaccomplis, des départs, des ruptures, des difficultés de la vie, d'un destin contre lequel on ne peut rien. Néanmoins, cette fatalité et ce chagrin chantés dans le fado expriment parfaitement le sentiment contradictoire qui constitue la *saudade* : une mélancolie joyeuse, la douceur d'exprimer une douleur, une souffrance qui se contente et se satisfait d'elle-même...

Elle diffère de la guitare espagnole *(viola)* par sa forme plus ovale et par le nombre de ses cordes (douze au lieu de six) qui lui permettent plus de nuances dans les tonalités et un son plus aigu. Le *fadista*, souvent vêtu de noir, se tient droit, la tête rejetée en arrière, les yeux mi-clos, et frappe par la force de sa voix souvent grave. C'est très beau, très émouvant, très prenant. L'évolution de ce type de musique est à l'origine de quelques tentatives pour créer un « fado gai » au rythme varié ; ce nouveau style est controversé par certains amateurs. Le fado de Lisbonne est presque pur et plus proche des origines que le fado de Coimbra, chanté uniquement par des hommes portant les grandes capes noires des étudiants. Ce fado raconte traditionnellement les aventures des étudiants avec les femmes du peuple.

Où l'écouter – À Lisbonne, des spectacles de fado sont donnés tous les soirs dans les quartiers de l'Alfama et du Bairro Alto. Malheureusement, nombre de ces maisons de fado sont devenues extrêmement touristiques et le chant y perd un peu de son âme. Parfois, dans un petit restaurant, on peut avoir la chance de se trouver à côté de *fadistas* amateurs qui chantent pour leur plaisir... et le nôtre. Si vous voulez tout savoir sur le fado, visitez la **Casa-Museu de Amália Rodrigues** *(voir p. 272)* et la **Casa do Fado e da Guitarra Portuguesa** *(voir p. 251)*, à Lisbonne.

La vie régionale et les danses folkloriques

Elles reflètent les particularités provinciales et les différences de caractère des habitants.

Minho et Douro Littoral – Les habitants, effacés mais très sociables, se groupent pour effectuer les travaux agricoles (vendanges, moissons) et chantent pour se donner du cœur à l'ouvrage ; cette gaieté se retrouve dans leurs danses qui sont les plus réputées du Portugal. Les **viras**, de rythme vif, sont des sortes de rondes exécutées sur des paroles de chansons anciennes. La **vota** *(ou vira galagos)* est encore plus mouvementée. Les danses populaires – **malhão, perim** – mettent en valeur la beauté féminine ; les costumes sont très jolis, parfois ornés de bijoux et de bracelets en or.

Amália Rodrigues, la figure emblématique du fado.

M. Gurfinkel/MICHELIN

Trás-os-Montes et Beira – Dans ces provinces montagneuses où l'habitant mène une vie rude, les pratiques communautaires n'ont pas tout à fait disparu. Il existe encore un four, un moulin et un pressoir communaux. Les danses – **chutas** et **dança dos Pauliteiros** – soulignent l'attitude effacée de la femme.

Beira Littorale, Estrémadure, Ribatejo – Les distractions revêtent moins d'importance, sauf entre Var et Nazaré où la **vira** réapparaît. C'est ici une danse de pêcheurs, remarquable par l'harmonie de ses figures ; à Nazaré, les jeunes filles lui donnent une grâce particulière par le jeu de leurs jupons.

Les grandes prairies du Ribatejo sont le domaine des *campinos*, gardians aux costumes rutilants, qui surveillent les taureaux destinés aux *touradas*.

Beau parleur et quelque peu hâbleur, l'Estremenho est considéré comme le « Gascon » du Portugal, alors que le Ribatejan, plus réservé, aime danser seul le **fandango** et **l'escovinho** ; la femme est vêtue très simplement : jupe courte, blouse claire, souliers aux talons larges et bas, fichu de laine sur la tête.

Alentejo – Le costume féminin répond aux besoins des durs travaux des champs. L'homme, taciturne et peu démonstratif, danse en chantant des **saias** et des **balhas** au rythme lent et triste.

Algarve – Le peuple, grave, déborde, les jours de fête, de joie et de dynamisme. Le **corridinho** se danse sur un rythme vif. Le vêtement féminin est très coloré, avec une pointe de coquetterie.

Les romarias, des fêtes religieuses

Les *romarias* sont célébrées en l'honneur d'un saint patron. Les plus importantes ont lieu dans le Nord du pays, surtout dans le Minho. Les petites *romarias* se tiennent dans des chapelles de montagne et ne durent qu'une journée. Les grandes *romarias*, qui se déroulent dans les villes, peuvent s'étaler sur plusieurs jours. Certaines sont réservées à des catégories professionnelles, comme la *romaria* des pêcheurs à Póvoa de Varzim.

P. Boussard/MICHELIN

La quête – Quelques jours avant la fête, les responsables organisent une quête pour subvenir aux frais de la *romaria*. Les dons en nature sont recueillis dans des paniers ornés de fleurs et de guirlandes, puis vendus aux enchères. Ces quêtes sont déjà l'occasion de réjouissances auxquelles participent le **gaiteiro** (joueur de cornemuse), le **fogueteiro** qui lance les fusées et, en Alentejo, le **tamborileiro** qui joue du tambour. Les rues sont jonchées de tapis de fleurs.

Le cierge – L'essentiel de la cérémonie religieuse consiste en la conduite solennelle d'un cierge (d'où le nom de *círio* donné à la *romaria*) ou d'une bannière, depuis une localité parfois éloignée jusqu'au sanctuaire ; le cierge est transporté sur un char à bœufs ou sur une charrette fleurie. Il est suivi par une procession d'où émerge la statue du saint ou de la Vierge couverte de guirlandes, de dentelles. Le **gaiteiro** ouvre la marche.

Costume du Minho.

À l'arrivée, le cortège accomplit deux ou trois fois le tour du sanctuaire dans un vacarme de pétards, de musiques et de cris. Le cierge et la bannière sont ensuite déposés près de l'autel, puis les dévots vénèrent la statue du saint.

Les « saints avocats » – Pour obtenir la faveur particulière de certains saints, les croyants accomplissent des rites de pénitence tels que faire le tour du sanctuaire à genoux en priant. Les ex-voto en cire offerts à cette occasion peuvent avoir la forme de l'organe dont on demande la guérison : cœur, rein, yeux, oreilles. Les saints faiseurs de mariages (saint Jean, saint Antoine, saint Gonzalve) étaient très populaires jadis ; les saints protecteurs du bétail (saint Mamede, saint Marc, saint Sylvestre) voient les animaux participer à la procession.

Certains villages pratiquent encore le culte du **Saint-Esprit**, resté vivace surtout aux Açores *(voir île de Terceira)* et au Brésil. La célèbre Fête des Tabuleiros à Tomar, organisée autrefois par les fraternités du Saint-Esprit fondées au 14e s., s'est perpétuée jusqu'à aujourd'hui.

Les réjouissances populaires – Une fois les dévotions achevées, les participants passent aux fêtes profanes : le repas, les danses folkloriques, les feux d'artifice. Chaque *romaria* s'accompagne de la vente d'objets d'artisanat.

Romaria à Viana do Castelo.

Les courses de taureaux : les touradas

Les Portugais se refusent à voir dans le combat qui oppose l'homme au taureau la lutte de l'intelligence contre l'instinct ; pour eux, c'est un spectacle d'adresse, d'élégance et de courage ; le taureau n'est qu'un instrument. À la différence de la corrida, une partie de la *tourada* se passe à cheval et le taureau n'est pas tué. La mise à mort fut interdite au 18e s. par le marquis de Pombal, après l'accident du comte d'Arcos. À l'origine, la *tourada* fut créée par les nobles pour s'exercer à la guerre, en recourant au cheval lusitanien, connu depuis toujours pour sa dextérité et son intelligence *(voir Vila Franca de Xira)*.

Déroulement

Dans l'arène, les acteurs – cavaliers, toreros *(toureiros)* et *forcados* – se présentent selon un vrai cérémonial sur fond de musique « tauromachique » et saluent le public et les autorités.

Puis la *tourada* commence. Le premier cavalier *(cavaleiro)*, vêtu d'un costume style Louis XV (casaque de soie ou de velours brodée d'or, tricorne à plumes, bottes vernies, éperon d'argent), entre dans l'arène monté sur un étalon magnifiquement harnaché. Il est accompagné des *toureiros*, dans leur habit de lumière, brandissant leurs capes jaune et rose. Le *cavaleiro* provoque le taureau et s'approche assez près pour pouvoir placer les banderilles *(farpas)*. Le spectacle de la course est magnifique ; le cheval se dérobe adroitement devant l'assaut du taureau qui pèse souvent près de 500 kg et dont les cornes sont gainées de cuir *(emboladas)* pour leur ôter tout pouvoir perforant. Le cavalier change de monture. Tandis que les *toureiros* à pied distraient le taureau dans de grands mouvements de cape, le cavalier plante 4, 5, 6 banderilles dans l'échine de l'animal qui devient furieux.

Dès que le *cavaleiro* plante le nombre de banderilles exigé, il cède la place aux valets, les *forcados*, du nom d'une espèce de fourche dont ils étaient armés jadis. Ces derniers, en général au nombre de huit, pénètrent en file indienne, vêtus de beige, marron et rouge. Celui qui est à la tête, coiffé d'un long bonnet vert, avance en se dandinant et en excitant le taureau par des appels. Le rôle des *forcados* est de maîtriser le taureau : c'est la *pega*. Le chef de file tente de saisir l'animal par les cornes tandis que ses équipiers l'immobilisent ; si l'opération se révèle trop difficile, le chef doit saisir le taureau par le garrot en se plaçant de côté. L'un des aides tire sur la queue de l'animal et tournoie avec.

Au final, un troupeau de vaches, clochettes de cuivre au cou, est amené par deux hommes (les *campinos*) dans l'arène pour inciter le taureau à rentrer dans le toril. Le taureau vaincu est en général abattu le lendemain ou achève sa vie à la campagne comme reproducteur.

La *tourada* traditionnelle compte 3 cavaliers et plusieurs *toureiros*. Une partie du spectacle peut se passer à pied et le combat se déroule à peu près comme en Espagne. Les différences sont l'absence de picador et, la mort du taureau étant interdite au Portugal, elle est simulée avec une banderille qu'on plante à la place de l'épée.

La saison tauromachique

Au Portugal, elle s'étend de Pâques à octobre ; les spectacles ont lieu en général deux fois par semaine (jeudi et dimanche) ou presque tous les jours pendant la semaine de fêtes populaires d'un village ; les plus réputés se tiennent dans les arènes *(praças de touros)* de Lisbonne, Santarém et Vila Franca de Xira, à proximité des centres d'élevage des taureaux de combat situés dans le Ribatejo.

Le football, une passion nationale

Le football est sans conteste le sport national du Portugal. Les jours de matchs, les cafés se remplissent et les drapeaux apparaissent aux balcons, surtout si la compétition concerne l'une des trois grandes équipes : le Benfica et le Sporting, tous les deux de Lisbonne, et le FC Porto, de Porto.

Les clubs et les joueurs

Le Benfica, les rouges « *encarnados* », né en 1904, est une « institution » de la capitale. Ayant remporté le plus grand nombre de palmarès, il a sa base aujourd'hui au stade de la Luz. Son joueur le plus célèbre, Eusébio, né dans un bidonville de Maputo (Mozambique), a marqué l'histoire du club ainsi que celle du football portugais.

Le Sporting de Lisboa, les verts surnommés les « Lions d'Alvalade », est le berceau de grands joueurs portugais, dont le célèbre Luís Figo, qui y a commencé sa carrière.

Le FC Porto, les « dragons bleu et blanc », né en 1893, a dominé les championnats nationaux de la dernière décennie. En 2003, il a remporté la Coupe UEFA, l'une des plus importantes compétitions européennes. Plusieurs joueurs portugais jouent aujourd'hui dans des équipes européennes. Pauleta, connu comme « le cyclone des Açores », joue en France, où il a été par trois fois désigné meilleur joueur.

Euro 2004

Le prochain Championnat d'Europe de football aura lieu au Portugal. Toute la compétition sera suivie notamment par *A Bola*, le journal ayant le plus grand lectorat du pays. Depuis Braga, au Nord, jusqu'à Faro, capitale de l'Algarve méridionale, cinq nouveaux stades ont été construits et cinq autres ont été remis à niveau, dont ceux des trois grandes équipes nationales. Certains de ces nouveaux stades, dotés d'une architecture et d'infrastructures très modernes, ont été dessinés par des grands noms de l'architecture portugaise. Le Lisboète Tomas Taveira a conçu le nouvel Estádio do Beira Mar à Aveiro et a été le responsable de la restauration de deux autres stades, dont celui du Sporting de Lisbonne. Eduardo Souto Moura a développé le projet de l'Estádio do Braga. L'architecture particulière de ce stade attire l'attention en raison de son enclavement dans une carrière.

Littérature et cinéma

Luís de Camões.

Ouverte aux influences extérieures qu'elle assimile avec promptitude et succès, la littérature portugaise n'en est pas moins originale et capable d'imagination. L'âme lyrique et nostalgique du peuple est imprégnée de la fameuse « saudade » – comme dans le fado – mais aussi de sens critique, vite enclin à la satire des injustices ou des aspects ridicules de chaque époque. C'est pourquoi la poésie y a toujours occupé une place privilégiée, avec, pour figure de proue défiant les siècles, l'œuvre monumentale de Camões.

Une littérature d'envergure

Une longue tradition de poètes

Moyen Âge – Le Portugal entre dans la littérature à la fin du 12e s. avec la poésie des troubadours, influencée par le lyrisme provençal. On distingue les **cantigas de amor** interprétées par des voix masculines, les **cantigas de amigo** plus populaires, les **cantigas de escárnio** satiriques ; toutes sont réunies dans des *cancioneiros* dont le plus célèbre, le *Cancioneiro Geral*, œuvre de l'Espagnol Garcia de Resende, réunit toute la poésie produite en portugais et en castillan pendant plus d'un siècle. Le roi Denis Ier, poète lui-même, imposa l'usage officiel du portugais. **Fernão Lopes** (né vers 1380/1390), chroniqueur des rois de Portugal *(Crónicas de D. Pedro, D. Fernando, D. João I, D. Dinis)*, fut le grand nom de la littérature médiévale.

Renaissance – Le 16e s. introduit l'humanisme et un renouveau de la poésie et de l'art dramatique qu'illustrent **Francisco Sá de Miranda** (1485-1558), **Bernardim Ribeiro** (1500-1552) (auteur du fameux *Menina e Moça* traduit *Fillette et jouvencelle*), **António Ferreira** (1528-1569) *(Poèmes lusitaniens, Castro)*, mais surtout **Gil Vicente** (1470-1536), grand auteur dramatique qui, au fil de ses 44 pièces de théâtre, dépeint un tableau satirique de la société portugaise au début du 16e s. Il commence par des *autos* (actes), souvent inspirés par des thèmes religieux, puis poursuit avec des tragi-comédies et des farces *(voir encadré p. 209)*.

La grande figure de cette époque reste **Luís de Camões** ou **Camoens** (1524-1580). Dans sa vaste fresque des *Lusiades* (1572), le grand poète épique retrace l'épopée de Vasco de Gama à la manière de l'*Odyssée*. Il se fait ainsi le chantre des Grandes Découvertes après une vie aventureuse qui l'a mené, entre autres, au Maroc et à Goa.

Classicisme – Au 17e s., durant les soixante années de la domination espagnole, la littérature portugaise se confine dans les académies de Lisbonne et de province ; la préciosité baroque triomphe. Une large part est faite aux chroniques, aux récits de voyages dont ceux de **Fernão Mendes Pinto** (1509-1583) *(Pérégrination)*. Le jésuite **António Vieira** (1608-1697) se signale par ses sermons et ses lettres de missionnaire au Brésil.

18ᵉ s. – Le Siècle des lumières a ses représentants au Portugal : savants, historiens, philosophes. Théâtre et poésie se ressentent de l'influence française. **Manuel M. Barbosa du Bocage** (1765-1805), lui-même d'ascendance française, est un grand poète lyrique.

19ᵉ s. – Le romantisme s'installe grâce à **Almeida Garrett** (1799-1854), poète *(Fleurs sans fruits, Feuilles tombées)* et maître de toute une génération de poètes, réformateur du théâtre portugais *(Frei Luís de Sousa)*, romancier *(Voyages à travers mon pays)*. Le siècle voit s'imposer d'autres remarquables poètes tels **António F. de Castilho** *(Amour et mélancolie)* et **João de Deus**. **Alexandre Herculano** (1810-1877) introduit le roman historique dans un style se rapprochant de celui de Victor Hugo, son *Histoire du Portugal* fut un grand succès ; son contemporain **Oliveira Martins** s'essaie aussi à retracer l'histoire du pays dans un style rappelant celui de Michelet. La transition avec le réalisme se fait avec **Camilo Castelo Branco** (1825-1890) dont le roman le plus célèbre, *Amour de perdition*, offre un reportage sur la société de l'époque. La fin du romantisme est représentée par l'Açorien **Antero de Quental** (1842-1891) ; ses *Odes modernes* sont un instrument d'agitation sociale. **Eça de Queirós** (1845-1900), diplomate et romancier, fait dans son œuvre une critique des mœurs de son temps, c'est le « Flaubert portugais » *(Le Cousin Basile, Les Maias, Proses barbares, Le Crime du Père Amaro)*. **Guerra Junqueiro** (1850-1923) écrit des poèmes satiriques et polémiques.

La littérature contemporaine

La génération autour de Pessoa – Parmi les contemporains de **Pessoa** *(voir encadré)*, citons ses amis **Mario de Sá-Carneiro** (1890-1915) et **Almada Negreiros** (1893-1970) avec qui, entre autres, le grand écrivain fonde en 1915 l'innovatrice et éphémère revue *Orpheu*. Alamada Negreiros, écrivain et peintre, est une figure contestatrice importante dans les mouvements littéraires et artistiques à partir des années 1910. Sá-Carneiro, le plus proche de Pessoa, se suicida à 26 ans en laissant de très beaux poèmes. Influencée par la révolution commencée par *Orpheu*, la revue *Presença* est créée par un groupe de Coimbra, en 1927.

FERNANDO PESSOA ET SES HÉTÉRONYMES
Modeste employé de bureau à Lisbonne, presque inconnu à sa mort, Fernando Pessoa (1888-1935) est considéré aujourd'hui comme le plus grand écrivain portugais depuis la Renaissance. Génie complexe et précurseur, Pessoa, dont le nom signifie « personne », a renouvelé la poésie portugaise en se dissimulant derrière plusieurs hétéronymes. Outre des publications sous son patronyme propre *(Poèmes ésotériques, Message, Le Marin)*, ses identités multiples lui ont permis de s'exprimer dans des styles et des genres très différents ; ainsi entrent en scène Álvaro de Campos *(Œuvres poétiques)*, Alberto Caeiro et Ricardo Reis *(Poèmes païens)* et le « demi-hétéronyme » de Pessoa, Bernardo Soares, qui a définitivement choisi de rêver sa vie plutôt que de la vivre, à l'image de Pessoa lui-même. On doit à ce dernier hétéronyme *Le Livre de l'intranquillité*, chef-d'œuvre de la littérature mondiale, livre inclassable en forme de recueil d'aphorismes et de réflexions. Publiés plus de quarante ans après sa mort, ces feuillets retrouvés presque par hasard au fond d'une malle vont marquer un tournant dans la littérature portugaise des années 1980.

Fernando Pessoa, vu par Almada Negreiros.

José Saramago,
prix Nobel de littérature en 1998
Né en 1922 à Azinhaga, près de
Santarém, José Saramago a vécu dès
l'âge de 3 ans à Lisbonne. Il y exerça
par la suite différents métiers
(mécanicien, dessinateur, employé
à la Sécurité sociale, éditeur,
traducteur, journaliste) avant de
publier son premier roman en 1947
(Terra do Pecado).
Il travailla ensuite dans une maison
d'édition et fut critique littéraire de la
revue *Seara Nova.* Son deuxième livre,
Les Poèmes possibles, ne parut qu'en
1966, et ses grands succès littéraires
datent surtout des années 1980 :
Le Dieu manchot (1982) qui retrace la
construction du couvent de Mafra,
L'Année de la mort de Ricardo Reis
(1984), consacré à Pessoa,
Le Radeau de pierre (1986),
Histoire du siège de Lisbonne (1989),
L'Évangile selon Jésus-Christ (1991),
L'Aveuglement (1998).

Dirigée par **José Régio** (1901-1969) *(Poésies de Dieu et du Diable),* elle révèle le poète et romancier **Miguel Torga** (1907-1995), devenu depuis un ténor de la littérature portugaise. Torga a construit une mythologie particulière, exaltant l'amour de sa terre natale, le Trás-os-Montes, sans pour autant tomber dans le folklore *(Contes de la montagne).* Son journal intime *(Journal),* écrit au fil des décennies, rend aussi compte de l'histoire portugaise. Sur les marges de *Presença,* un autre groupe d'écrivains, se qualifiant de « néo-réaliste », se dédie à une littérature engagée. Parmi eux, citons **Vitorino Nemésio** (1901-1978) et son très beau roman *Gros temps sur l'archipel* qui se déroule aux Açores, Aquilino Ribeiro (1885-1963), **Ferreira de Castro** (1898-1974) qui a tiré parti d'un long séjour au Brésil *(Forêt vierge, La Mission),* la poète Irene Lisboa (1892-1958), **Fernando Namora** (1919-1989) auteur du *Bon Grain et l'Ivraie* et Urbano Tavares Rodrigues (né en 1923).

La littérature d'après-guerre – Après la Seconde Guerre mondiale, la littérature portugaise connaît une évolution, tant dans les romans que dans la poésie. Participent à cette transformation les romanciers **José Cardoso Pires** (1925-1998), **Agustina Bessa Luís** (née en 1922, *La Sibylle, Fanny Owen)* et **Vergílio Ferreira** (1916-1997, *Aparição).* Les deux derniers, dont le style diffère entièrement, ouvrent deux nouvelles voies. Bessa Luís explore minutieusement l'univers de ses personnages, tandis que Ferreira traite des problèmes existentialistes. Parmi les poètes, citons António Ramos Rosa, Herberto Helder (né en 1930), **Carlos de Oliveira** (1921-1981) qui décrit la vie des petits villages *(Une abeille sous la pluie),* **Sophia de Mello Breyner** (née en 1919), Manuel Teixeira Gomes *(Lettres sans aucune morale),* **Eugénio de Andrade,** auteur d'une des œuvres poétiques les plus importantes de l'après-guerre et Jorge de Sena (1919-1978) qui écrit aussi des romans.

Le renouveau des lettres portugaises – Après la révolution de 1974 et plus encore dans les années 1980, la littérature portugaise a connu un autre renouveau notamment avec les écrivains **Lídia Jorge** *(Le Rivage des murmures),* **José Saramago** qui, à travers ses romans *(voir encadré),* brasse les grands mythes de l'histoire du Portugal, **António Lobo Antunes** qui, de son écriture crue, revisite aussi l'identité portugaise *(Le Cul de Judas, Exhortation aux crocodiles, Le Retour des caravelles).* Mentionnons également **Nuno Júdice** dont l'œuvre est surtout poétique *(Théorie du sentiment, Un champ dans l'épaisseur du temps),* **Eduardo Lourenço,** philosophe et essayiste *(Mythologie de la saudade),* et **Almeida Faria** qui chante la mémoire, l'exil et la nostalgie.

L'appport des anciennes colonies – Les anciennes colonies portugaises apportent une notable contribution à la littérature lusitanienne : le Brésil avec **Jorge Amado** (1912-2001) et **Guimarães Rosa,** l'Angola avec sa tradition de conteurs : **Luandino Vieira** *(Autrefois dans la vie, Nous autres de Makulusu),* **Pepetela** *(Yaka),* **José Eduardo Águalusa.** Au Mozambique, la poésie et le conte ont leurs dignes représentants avec **Mia Couto** *(La Véranda au frangipanier)* et **Luís Carlos Patraquim.** Au Cap-Vert, le philologue **Baltazar Lopes** *(Chiquinho)* et le conteur **Manuel Lopes** *(Les Victimes du vent de l'Est)* témoignent de la richesse littéraire de l'archipel.

Un cinéma original et indépendant

Dans les années 1930 et 1940, le cinéma portugais s'épanouit autour de thèmes populaires, de films ruraux ou de comédies de mœurs dont les principales vedettes sont Beatriz Costa et António Silva. Puis l'idéologie salazariste prime avec le réalisateur quasi officiel António Lopes Ribeiro.

Vers un cinéma d'auteur

À partir des années 1950, les réalisateurs portugais de distinguent par leur créativité et leur indépendance. Les ciné-clubs se multiplient et une élite intellectuelle et artistique émerge. Néanmoins, celle-ci souffre de la censure du gouvernement. Pendant cette période les comédies déclinent. Au cours des années 1960, de jeunes Portugais font leurs études cinématographiques en France et en Grande-Bretagne. Les réalisateurs les plus connus sont **Paulo Rocha,** qui a été l'assistant de Jean Renoir, **Fernando Lopes** *(Belarmino)* et **António de Macedo** *(Domingo à Tarde).*

« Dans la ville blanche » d'A. Tanner.

Le « Cinema Novo » – Paulo Rocha se signale par son film *Os Verdes Anos (Les Vertes Années)* en 1963, qui marque la rupture avec les œuvres de la dictature et inaugure le « Cinema Novo », équivalent de la Nouvelle Vague française. Après avoir travaillé quelques années au Japon (*L'Île des amours*), il continue sa carrière au Portugal (*Fleuve d'or*). La plupart des réalisateurs portugais reviennent au pays à la fin de leurs études. C'est aussi le moment de l'après-révolution des Œillets : ils tournent des films influencés par le militantisme et la politique, dans la lignée de *O Recado (Le Message)*, réalisé sous la dictature par **José Fonseca e Costa**. Se distinguent en outre **António Reis** *(Jaime)*, **António Pedro de Vasconcelos** *(O lugar do Morto)* et **Lauro António** *(La Brume de l'aube)*.

La nouvelle génération de cinéastes – La nouvelle génération de réalisateurs (depuis les années 1980) continue à faire preuve d'une grande originalité, donnant ainsi au cinéma portugais les caractéristiques d'un cinéma d'auteur. Parmi eux on peut citer Joaquim Pinto, également producteur important du cinéma indépendant, **João Mário Grilo** *(O Processo de Rei, Longe da Vista, O Fim do Mundo)*, **João Botelho** *(Um Adeus Português, Três Palmeiras, Tráfico)*, **João César Monteiro** *(Souvenirs de la maison jaune, La Comédie de Dieu, Va-et-Vient)*, **Pedro Costa** *(O sangue, Ossos, Dans la chambre de Vanda)*, **Teresa Vilaverde** *(Os Mutantes, Eau et Sel)*, **Luís Rocha** *(Adeus Pai)*. L'actrice **Maria de Medeiros** s'est lancée récemment dans la réalisation *(Capitaines d'avril)*.

La rencontre du cinéma et de la littérature

Le cinéma portugais doit sa notoriété internationale à l'extraordinaire personnalité de **Manoel de Oliveira**, né en 1908. Son premier long-métrage, *Aniki Bobo*, est dédié à sa ville natale, Porto, où il a tourné dès 1931. Pendant la dictature salazariste, Oliveira produira très peu. C'est à partir des années 1980 qu'il réapparaît sur la scène cinématographique portugaise. Associé à Paulo Branco, actuellement le plus important producteur portugais, Oliveira réalise depuis environ un film par an. Il laisse une large part à l'imagination et s'inspire surtout de la littérature, qu'elle soit portugaise, avec les œuvres de Camilo Castelo Branco *(Amour de perdition, Le Jour du désespoir*, une biographie de l'écrivain), de Agustina Bessa Luís *(Francisca* d'après *Fanny Owen, Le Val Abraham, Le Couvent* d'après *Les Terres du risque, Party*, dont elle a signé les dialogues), italienne *(La Divine Comédie* d'après Dante) ou française *(Le Soulier de satin* d'après Claudel, Lion d'or spécial au Festival de Venise en 1985, *La Lettre*, adaptation de *La Princesse de Clèves* de Mme de Lafayette, prix du jury au Festival de Cannes en 1999). À ses acteurs de prédilection, Luís Miguel Sintra et Leonor Silveira, se joignent au cours du temps des stars internationales comme Irène Papas, Chiara et Marcello Mastroianni, Catherine Deneuve, John Malkovitch et Michel Piccoli. Toujours en activité, Manoel de Oliveira est aujourd'hui le seul cinéaste vivant ayant réalisé des films du temps du cinéma muet.

Lisbonne, ville rêvée des cinéastes

Sept collines, des maisons colorées, des impasses, recoins et jardins, des perspectives tous azimuts, une lumière si particulière et surtout une ambiance de ville à la fois en mouvement et arrêtée dans le temps... Lisbonne semble faite pour le cinéma. En tous cas elle est depuis longtemps source d'inspiration pour nombre de réalisateurs portugais ou étrangers. Le Suisse Alain Tanner y est venu filmer *Dans la ville blanche*, où Lisbonne tient le rôle principal. *Lisbonne Story* de Wim Wenders raconte l'histoire d'un preneur de son à la recherche d'un ami, et qui finit par se perdre lui-même dans cette ville propice aux errances. D'autres réalisateurs étrangers comme Robert Krammer ou Aleksandr Sokourov y ont aussi trouvé matière à leur travail. Chez les cinéastes portugais, João César Monteiro, récemment disparu, s'est révélé être un des meilleurs portraitistes de sa ville grâce à son personnage, l'inénarrable et iconoclaste João de Deus. Dans *Les Vertes Années* de Paulo Rocha et *Belarmino* de Fernando Lopes, films de la période du Cinema Novo, la capitale jouait aussi déjà un rôle essentiel. Depuis quelques années, certains réalisateurs de la nouvelle génération préfèrent filmer la ville depuis ses coulisses et ses arrière-salles ou aller en périphérie, dans l'envers du décor. Ainsi Teresa Vilaverde, dans *Les Mutants*, ou Pedro Costa avec *Dans la chambre de Vanda* donne à voir une autre réalité de la ville.

Les Grandes Découvertes

Comme l'a écrit le poète Camões, les marins portugais de la Renaissance donnèrent « de nouveaux mondes au monde ». Encore aujourd'hui, les Grandes Découvertes demeurent pour les Portugais un motif d'orgueil national et le souvenir de l'empire alimente la nostalgie.

R. Mattes/MICHELIN

Le monument des Découvertes à Lisbonne.

D'ambitieux desseins

Le 25 juillet 1415, une flotte de plus de 200 navires quitte Lisbonne, commandée par le roi Jean Iᵉʳ et trois de ses fils dont l'infant Henri. Par la **prise de Ceuta**, les Portugais mettent fin aux actes de piraterie barbaresque sur leurs côtes, ils s'assurent le contrôle du détroit de Gibraltar et espèrent obtenir à prix avantageux l'or et les esclaves du Soudan. L'esprit de croisade n'est pas complètement étranger à cette lutte qui oppose chrétiens et musulmans. En abordant l'Afrique, les Portugais voudraient faire la jonction avec le royaume chrétien du prêtre Jean (l'Éthiopie), qui, dit-on, se trouve au-delà des contrées islamiques.

« Faire reculer les bornes du monde »

Par ailleurs, le sentiment qu'il existe des terres à découvrir et que l'on peut « faire reculer les bornes du monde » préoccupe les esprits de l'époque. Dans cette fin du Moyen Âge, la richesse appartient à ceux qui ont le monopole du commerce des épices et des parfums provenant d'Extrême-Orient. Or, ce commerce est aux mains d'une part des Maures, qui contrôlent le passage des caravanes entre le golfe Persique et la Méditerranée, d'autre part de la république de Venise. Pour les éviter, il faut trouver une voie maritime : Henri le Navigateur va consacrer sa vie à ce rêve.

L'école de Sagres

L'infant Henri (1394-1460), surnommé **Henri le Navigateur**, se retire sur le promontoire de Sagres *(voir p. 340)* et là, entouré de nombreux cosmographes, cartographes et navigateurs, il essaie de trouver une route maritime directe qui relie l'Europe aux Indes ; l'idée de contourner le continent africain par le Sud germe déjà dans son esprit. Il fait appel à des navigateurs expérimentés et leur demande à chaque voyage de pousser plus avant vers le Sud : l'île de **Madère** est découverte en 1419 par João Gonçalves Zarco et Tristão Vaz Teixeira, **les Açores** en 1427 probablement par Diogo de Silves ; en 1434, **Gil Eanes** franchit le **cap Bojador** (Sahara-Occidental). Sous le règne de Henri, les Portugais découvrent les côtes africaines jusqu'à la hauteur de la Sierra Leone, soit sur environ 4 000 km. Pour assurer le succès des expéditions, l'école de Sagres met au point la caravelle et perfectionne les instruments de navigation. Les marins se font aussi commerçants. À partir de 1441, les esclaves noirs constituent la principale richesse recherchée sur cette côte. Ces expéditions visaient aussi à entrer en contact avec le mythique royaume chrétien du prêtre Jean (dans l'actuelle Éthiopie) avec lequel l'infant Henri voulait faire une alliance contre les ennemis de la foi catholique. Les Portugais inaugurent de nouvelles méthodes de colonisation : la *feitoria*, factorerie ou comptoir (établissement de commerce ou de banque fondé par des particuliers, qui parfois a donné naissance à des villes indépendantes du pouvoir local, comme Goa), la « compagnie » (société créée pour contrôler le trafic d'un produit), la « donation » (terrain octroyé – en général à un capitaine de vaisseau – avec mission de le mettre en valeur), comme ce fut le cas pour les capitaines-donataires des archipels de Madère et des Açores. Henri meurt en 1460, mais l'élan est donné.

Un siècle de découvertes

C'est sous le règne de Jean II, petit-neveu de Henri le Navigateur, que se précise le moyen d'arriver en Inde par voie maritime. **Diogo Cão** atteint l'embouchure du Congo en 1482. Toute la côte angolaise devient possession portugaise. Et en 1488, **Bartolomeu Dias** dépasse le cap des Tempêtes, rebaptisé aussitôt « cap de Bonne-Espérance » par le roi Jean II. Sur chaque nouvelle côte, les navigateurs plantent un « **padrão** », sorte de borne portant une croix et les écussons des armes du Portugal.

Le partage d'un monde à venir

Quelques années plus tôt, **Christophe Colomb**, navigateur génois marié avec une Portugaise, avait eu l'idée de gagner les Indes en partant vers l'Ouest. Refusée à Lisbonne, sa proposition devait conduire, en 1492, à la découverte du Nouveau Monde pour le compte des Rois Catholiques. En 1494, par le **traité de Tordesillas** et avec l'accord du pape, les souverains portugais et castillans se partagent les terres à découvrir au grand dam du roi de France qui écrit à Jean II : « Puisque vous et le roi d'Espagne avez décidé de vous partager le monde, je vous serais bien obligé de me communiquer la copie du testament de notre père Adam qui vous institue seuls légataires universels » ; à l'Ouest d'un méridien tracé à 370 lieues marines des îles du Cap-Vert, les terres reviendront à la Castille, à l'Est au Portugal. Le choix d'une telle ligne laisse supposer à certains historiens que les Portugais connaissaient l'existence du Brésil avant sa découverte officielle, en 1500, par **Pedro Álvares Cabral**.

Les routes des Indes

L'exploration des côtes africaines continue : après la signature du traité, le roi Jean II commence à préparer une expédition dont la mission est d'atteindre les Indes en doublant le cap de Bonne-Espérance. Le roi meurt pendant les préparations, mais son successeur, Manuel Ier, poursuit la mission. Le 8 juillet 1497, une flotte

Henri le Navigateur (polyptyque de S. Vicente – 15ᵉ s.).

Museu Nacional de Arte Antiga

Vasco de Gama (peinture du 15ᵉ s.).

de quatre navires dirigée par l'amiral Vasco de Gama quitte Lisbonne. Ils touchent le Mozambique en mars 1498 et réussissent à rallier Calicut le 20 mai : la route maritime des Indes est ouverte. Manuel Iᵉʳ fête le retour de Gama et le fait enfin accompli : commençait ainsi un nouveau cycle dans l'histoire portugaise. Camões célèbre cette épopée dans les Lusiades. En 1501, **Gaspar Corte Real** arrive à Terre-Neuve, mais c'est l'Asie qui intéresse le roi Manuel. En quelques années, les Portugais explorent le littoral asiatique. En 1515, ils contrôlent l'océan Indien. Goa, conquit par **Afonso de Albuquerque** en 1510, devient le principal centre portugais en Asie. Une cité européenne y est construite avec des immeubles de style renaissance. Un plan d'intégration raciale est mis en place en favorisant le mariage des hommes portugais et des femmes de Goa. De Goa

part un vaste mouvement d'expansion du catholicisme. Les missionnaires jésuites arriveront, au début du 17ᵉ s., jusque dans les régions inaccessibles du Tibet. Mais c'est pour le compte du roi d'Espagne que le Portugais **Fernão de Magalhães** (Magellan) atteint les Indes par l'Ouest (1519-1521). Il est assassiné aux Philippines par les indigènes, mais l'un de ses navires boucle cependant le premier tour du monde (1522).

La conquête de l'Est

La **Chine** constitue aussi un centre d'intérêt pour le royaume portugais, Manuel Iᵉʳ ayant le projet de substituer la route terrestre de la soie par une route maritime. En 1517, Manuel Iᵉʳ tente d'envoyer un ambassadeur en Chine, mais l'expédition est un échec. Il faut attendre 1554 pour que les Portugais soient autorisés à commercer avec Canton. En 1557, ils reçoivent la petite île de Macao, utilisée comme comptoir. Les Portugais arrivent au **Japon** en 1543, y introduisent des armes à feu et bouleversent la politique intérieure. Leur principal centre d'activité est la ville de Nagasaki et ils maintiennent des relations commerciales entre Chine et Japon. Les jésuites, dont la compagnie avait été fondée en 1540, s'y montrent particulièrement zélés : en 1581 le Japon compte près de 150 000 chrétiens et les historiens japonais appellent cette période (1540 à 1630) le « siècle chrétien ». Les nombreux termes d'origine portugaise dans le lexique japonais, et *vice versa*, sont un vestige de ce contact.

La nouvelle carte du monde

Survenues dans la période troublée du Moyen Âge finissant, les Découvertes ont eu les plus importantes conséquences sur l'évolution du monde à l'aube de la Renaissance.

Un bilan positif

Un immense empire colonial – Dès le début du 16ᵉ s., le monopole du commerce avec les Indes, détenu jusque-là par les Arabes et les Turcs, passe aux mains des Portugais ; les centres commerciaux de la Méditerranée (Venise, Gênes) et de la Baltique (Lübeck) périclitent au profit des ports de l'Europe occidentale, en particulier Lisbonne ; les peuples nordiques viennent y échanger des armes, des céréales, de l'argent et du cuivre contre l'or et l'ivoire d'Afrique, les fameuses épices (poivre, cannelle, gingembre, clou de girofle) des Indes, les soieries et porcelaines de Chine, les tapis de Perse, les métaux précieux de Sumatra. De nouveaux produits sont introduits, d'abord au Portugal, et ensuite en Europe (patate douce, maïs, tabac, cacao, noix de coco, indigo). L'or d'Afrique et d'Amérique afflue sur les rives du Tage.

Le Portugal et l'Espagne accèdent au rang de grandes puissances dotées d'immenses empires coloniaux. Grâce aux richesses ramenées d'Orient, Manuel Ier « le Fortuné » connaît un règne d'une opulence inégalée et s'attribue le titre de « Seigneur de la Conquête, de la Navigation et du Commerce de l'Éthiopie, de l'Arabie, de la Perse et des Indes ».

Un monde en profonde mutation – La découverte de nouveaux pays, de nouvelles civilisations provoque des bouleversements dans l'histoire universelle dans tous les domaines : politique, économique, mais aussi culturel et religieux. La cuisine traditionnelle est transformée, ainsi que la vie quotidienne, l'architecture et les décors. Des plantes et animaux exotiques sont ramenés au Portugal en grand nombre et deviennent des motifs de tapisseries et de manuscrits enluminés. La révélation de l'existence de peuplades inconnues pose aussi certains problèmes métaphysiques : les hommes du Nouveau Monde ont-ils une âme, sont-ils marqués par le péché originel, etc. ? L'apparition de l'esprit critique prélude à la naissance des sciences ; l'anthropologie et la géographie se développent.

Le besoin d'une main-d'œuvre à bon marché entraîne aussi le trafic du « bois d'ébène » qui amorce le peuplement noir en Amérique.

Une richesse illusoire

Le Portugal a cependant présumé de ses forces : la population du pays est passée de 2 à 1 million d'habitants, en raison des départs outre-mer ; les richesses font augmenter le nombre des oisifs et des aventuriers ; la terre n'est même plus cultivée et il faut importer du blé et du seigle ; l'artisanat périclite ; la vie est devenue très chère. L'or est échangé contre les produits venant de Hollande et de France, et la fortune du Portugal n'est bientôt plus qu'une illusion. Le glas de cette époque sonne vraiment le 4 août 1578 avec la mort du jeune roi Sébastien Ier pendant la bataille de El-Ksar-el-Kébir, au Maroc. Deux ans après sa mort, le Portugal passe sous le contrôle de l'Espagne.

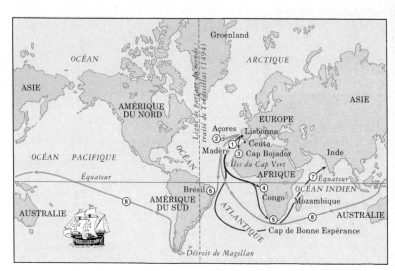

Principales expéditions portugaises (1419-1522)

① Madère (João Gonçalves Zarco et Tristão Vaz Teixeira - 1419)
② Açores (1427)
③ Cap Bojador (Gil Eanes - 1434)
④ Embouchure du Congo (Diogo Cão - 1482)
⑤ Cap de Bonne-Espérance (Bartolomeu Dias - 1488)
⑥ Brésil (Pedro Álvares Cabral - 1500)
⑦ Mozambique et Inde (Vasco de Gama - 1498)
⑧ Tour du monde (Magellan - 1522)

Brève histoire du Portugal

British Library - London/BRIDGEMAN - GIRAUDON

Après avoir affirmé son identité lors de la Reconquête (9ᵉ-13ᵉ s.), le Portugal, la plus vieille nation européenne, a lutté vaillament pour défendre son indépendance et affirmer sa spécificité face aux prétentions de son puissant voisin espagnol. Grâce à l'expansion maritime pendant la Renaissance et à l'empire commercial qu'il s'est constitué, le Portugal a joué dans la cour des grands jusqu'au 18ᵉ s. : il a alors connu un âge d'or inégalé, un rayonnement international. Déclin économique et marasme politique ont marqué les 19ᵉ et 20ᵉ s., jusqu'au tournant de la révolution des Œillets de 1974 et de l'entrée dans l'Europe (1986).

L'antiquité

- **9ᵉ-7ᵉ s. avant J.-C.** – Grecs et Phéniciens fondent des comptoirs sur les côtes de la péninsule Ibérique dont l'Ouest est occupé par les tribus lusitaniennes, d'origine celtibère.
- **3ᵉ-2ᵉ s. avant J.-C.** – Les Carthaginois soumettent le pays. Les Romains interviennent lors de la deuxième guerre punique et administrent la Lusitanie, baptisée ainsi par Auguste. Le chef lusitanien Viriathe organise la résistance ; il est assassiné en 139.
- **5ᵉ s. après J.-C.** – Les Suèves puis les Wisigoths occupent la majeure partie de la péninsule.

L'occupation musulmane

- **711** – Invasion par les musulmans venus d'Afrique du Nord.
- **8ᵉ-9ᵉ s.** – La reconquête de la péninsule Ibérique par les chrétiens part de Covadonga dans les Asturies en 718 avec Pélage à sa tête. Dès le 9ᵉ s., la région de Portucale, au Nord du fleuve Mondego, est libérée.

La formation du royaume

En 1087, Alphonse VI, roi de León et de Castille, entreprend la reconquête de la Nouvelle-Castille, actuelle Castille-La Manche, alors sous domination musulmane. Il reçoit l'aide de plusieurs chevaliers français dont Henri de Bourgogne, descendant du roi de France Hugues Capet, et son cousin Raymond de Bourgogne. Les musulmans vaincus, il accorde à ces princes la main de ses filles. Urraca, l'héritière du trône, épouse Raymond ; Thérèse apporte en dot le comté *« portucalense »* à **Henri de Bourgogne**, qui devient comte du Portugal. Ce comté s'étend entre les rios Minho et Douro.

En 1112 ou 1114, Henri meurt ; Thérèse devient régente en attendant la majorité de son fils **Alphonse Henriques**, né en 1109. Mais en 1128 ce dernier oblige sa mère à renoncer au pouvoir ; en 1139, il rompt les liens de vassalité que lui avait imposés Alphonse VII de Castille et se proclame roi du Portugal sous le nom d'Alphonse Iᵉʳ ; la Castille s'incline en 1143. Par ailleurs, Alphonse Henriques

La bataille d'Aljubarrota (miniature du 15e s.).

poursuit la Reconquête et, après la victoire d'Ourique (1139), s'empare de Santarém, puis de Lisbonne (1147), grâce à l'aide d'une flotte de la deuxième croisade. La prise de Faro en 1249 marque la fin de l'occupation musulmane. Le Portugal est reconnu officiellement par le pape Alexandre III en 1179, Lisbonne en devient la capitale en 1256.

La dynastie des Bourgogne (1128 à 1383) : conflits avec la Castille

● **1279-1325** – Règne du roi **Denis Ier**. Il fonde l'université de Coimbra et instaure comme langue officielle le « portugais », dialecte de la région de Porto.

● **1369-1383** – Règne de **Ferdinand Ier**. Profitant de troubles en Castille, le roi tente d'agrandir son territoire ; il échoue et doit marier sa fille unique, Beatriz, au roi de Castille Jean Ier.

La dynastie des Avis (1385 à 1578) : les Grandes Découvertes *(voir p. 66)*

● **1385** – À la mort de Ferdinand Ier en 1383, son gendre Jean de Castille a fait valoir ses droits à la succession ; mais c'est un frère bâtard de Ferdinand, Jean, grand maître de l'ordre d'Avis, que la bourgeoisie choisit. Les Cortes de Coimbra le proclament roi du Portugal sous le nom de **Jean Ier**. Sept jours plus tard, le 14 août, Jean de Castille affronte Jean d'Avis lors de la **bataille d'Aljubarrota**, mais échoue. Celui-ci, pour célébrer sa victoire, fait construire le monastère de Batalha. Il se marie avec Philippa de Lancastre, s'assurant ainsi l'alliance de l'Angleterre, alliance qui se maintiendra tout au long de l'histoire du Portugal.

● **1415** – La **prise de Ceuta** par Jean Ier et ses fils, dont l'infant Henri, marque le début de l'expansion portugaise.

● **1419-1444** – L'archipel de Madère, découvert en 1419, et celui des Açores, à partir de 1427, commencent à se peupler. Dinis Dias arrive au Cap-Vert en 1444.

● **1481-1495** – Jean II, surnommé « le Parfait », encourage la science nautique ; il fait cependant l'erreur de ne pas accepter le projet de Christophe Colomb. C'est sous son règne que Bartolomeu Dias franchit le cap de Bonne-Espérance (1488) et qu'est signé le **traité de Tordesillas** (1494), partageant le Nouveau Monde en deux zones d'influence : castillane et portugaise. Les îles de São Tomé et Príncipe sont découvertes, ainsi que le Groenland (1492).

● **1495-1521** – Règne de **Manuel Ier**. Pour épouser Isabelle, la fille des Rois Catholiques d'Espagne, il doit s'engager à expulser tous les juifs par un arrêt lancé en 1496. Mais, se voyant privé de nombreux commerçants, banquiers et savants, il préfère les obliger à se convertir. **Vasco de Gama** arrive aux Indes en 1498 et **Pedro Álvares Cabral** accoste au Brésil en 1500 ; l'expédition de **Magellan** accomplit le premier tour du monde entre 1519 et 1522. Pendant cette période, se met en place l'empire portugais en Asie avec la conquête d'importants centres commerciaux comme Goa et Malacca.

Sébastien Iᵉʳ par Cristóvão Morais (16ᵉ s.).

● **1521-1557** – Sous le règne de Jean II, l'évangélisation et l'expansion portugaise continuent en Extrême-Orient, avec de nouvelles conquêtes en Chine (Macao) et au Japon, entre autres. En 1536, à Lisbonne, le tribunal du Saint-Office (l'Inquisition) est créé par le roi.

● **Août 1578** – Au cours de la bataille de El-Ksar-el-Kébir, au Maroc, le jeune roi Sébastien Iᵉʳ est tué ; c'est la fin de la suprématie du Portugal dans le monde. Mais sa mort provoque aussi un problème de succession et, bientôt, trois de ses cousins prétendent à la couronne : Antoine, prieur de Crato, la duchesse de Bragance, et le roi d'Espagne, Phi-lippe II, fils de l'infante Isabelle. Philippe II, qui avait rallié à sa cause des personnages de haut rang, triomphe et entre dans Lisbonne en 1580. Le prieur de Crato va chercher du soutien aux Açores *(voir ce nom)*.

La domination espagnole (1580 à 1640)

● **1580** – **Philippe II** d'Espagne envahit le Portugal et s'en fait proclamer roi sous le nom de Philippe Iᵉʳ. La domination espagnole va durer soixante ans.

● **1ᵉʳ décembre 1640** – Soulèvement contre les Espagnols. C'est la guerre de Restauration. Le duc Jean de Bragance est proclamé roi sous le nom de Jean IV : la **dynastie de Bragance** régnera jusqu'en 1853.

● **1668** – Après une longue guerre, l'Espagne reconnaît l'indépendance du Portugal. La domination commerciale et maritime du Portugal en Asie entre en déclin.

SÉBASTIEN Iᵉʳ, LE « ROI-CHEVALIER » (1554-1578)

Sébastien monta sur le trône en 1557 à l'âge de 3 ans. Il fut élevé par un jésuite qui lui inculqua les valeurs déjà désuètes de la chevalerie auxquelles le prédisposait son esprit rêveur et altier.

Il se crut investi d'une mission : conquérir l'Afrique sur les infidèles. En 1578, il décida d'accomplir son destin et embarqua pour le Maroc après avoir levé une armée de 17 000 hommes encadrée par la fine fleur de la noblesse portugaise. Mais les soldats mal préparés souffrant du soleil accablant sous leurs riches armures, l'équipée se termina brutalement sur les bords de l'oued Makhazen près de El-Ksar-el-Kébir, où la moitié de l'armée périt et l'autre fut capturée. On ne retrouva jamais le corps du roi. Aussi, la période de domination espagnole qui suivit fut-elle propice au développement du **sébastianisme**, un mythe national faisant du jeune roi disparu un messie éternellement attendu pour sauver le Portugal et lui offrir un empire universel.

Le 18ᵉ siècle

● **1683-1706** – Règne de **Pierre II**.

● **1703** – Le Portugal signe avec l'Angleterre le traité de Methuen, favorisant l'exportation du vin de Porto.

● **1706-1750** – Le règne de **Jean V** « le Magna-nime » a laissé le souvenir d'une magnificence inouïe alimentée par les richesses du Brésil, or et diamant, et conforme au faste d'un roi de l'époque baroque *(voir Mafra)*.

● **1ᵉʳ novembre 1755** – Un tremblement de terre détruit Lisbonne.

● **1750-1777** – Règne de **Joseph Iᵉʳ** qui laisse son ministre, le **marquis de Pombal**, gouverner le pays d'une main de fer, donnant l'exemple d'un despotisme éclairé. Pombal, qui est aussi le responsable de la reconstruction de Lisbonne, fait expulser les jésuites du Portugal en 1759.

Les guerres napoléoniennes

Le Portugal, allié de l'Angleterre depuis le traité de Methuen (1703), participe à la première coalition qui se constitue en 1793 contre la France révolutionnaire. En 1796, l'Espagne se détache de la coalition et s'allie à la France. Le Portugal se trouve isolé. Il n'en refuse pas moins de dénoncer l'alliance anglaise et de participer au blocus continen...¹. Mais pour éviter les représailles

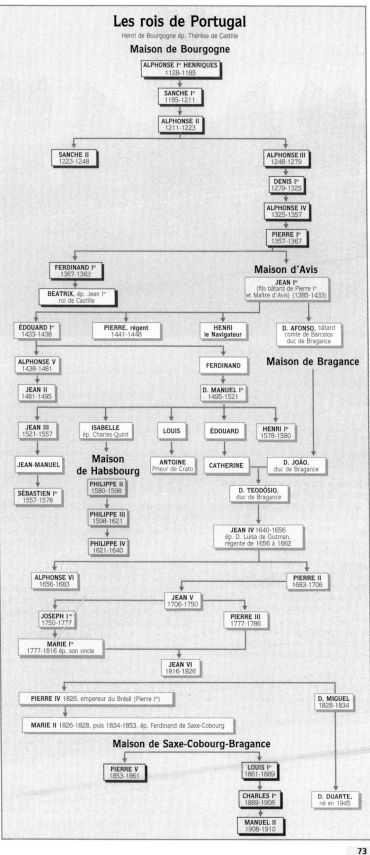

Les rois de Portugal

Henri de Bourgogne ép. Thérèse de Castille

Maison de Bourgogne

ALPHONSE Ier HENRIQUES
1128-1185

SANCHE Ier
1185-1211

ALPHONSE II
1211-1223

SANCHE II
1223-1248

ALPHONSE III
1248-1279

DENIS Ier
1279-1325

ALPHONSE IV
1325-1357

PIERRE Ier
1357-1367

FERDINAND Ier
1367-1383

BEATRIX, ép. Jean Ier
roi de Castille

Maison d'Avis

JEAN Ier
(fils bâtard de Pierre Ier
et Maître d'Avis) (1385-1433)

D. AFONSO, bâtard
comte de Barcelos
duc de Bragance

ÉDOUARD Ier
1433-1438

PIERRE, régent
1441-1448

HENRI
le Navigateur

Maison de Bragance

ALPHONSE V
1438-1481

FERDINAND

JEAN II
1481-1495

D. MANUEL Ier
1495-1521

JEAN III
1521-1557

ISABELLE
ép. Charles-Quint

LOUIS

ÉDOUARD

HENRI Ier
1578-1580

Maison de Habsbourg

JEAN-MANUEL

PHILIPPE II
1580-1598

ANTOINE
Prieur de Crato

CATHERINE

D. JOÃO,
duc de Bragance

SÉBASTIEN Ier
1557-1578

PHILIPPE III
1598-1621

D. TEODÓSIO,
duc de Bragance

PHILIPPE IV
1621-1640

JEAN IV 1640-1656
ép. D. Luisa de Guzman,
régente de 1656 à 1662

ALPHONSE VI
1656-1683

PIERRE II
1683-1706

JEAN V
1706-1750

JOSEPH Ier
1750-1777

PIERRE III
1777-1786

MARIE Ire
1777-1816 ép. son oncle

JEAN VI
1816-1826

PIERRE IV 1826, empereur du Brésil (Pierre Ier)

D. MIGUEL
1828-1834

MARIE II 1826-1828, puis 1834-1853, ép. Ferdinand de Saxe-Cobourg

Maison de Saxe-Cobourg-Bragance

PIERRE V
1853-1861

LOUIS Ier
1861-1889

CHARLES Ier
1889-1908

D. DUARTE,
né en 1945

MANUEL II
1908-1910

Les nœuds, symbole de la maison de Bragance.

de l'armée espagnole, il cède Olivença (Olivenza) à l'Espagne au terme de la guerre des Oranges, en 1801 *(voir Elvas)*.

Pour assurer une stricte application du blocus, Napoléon envoie alors son armée au Portugal ; mais trois expéditions successives menées par Junot (1807), par Soult (1809) et par Masséna (1810) ne viennent pas à bout du pays que soutiennent des renforts venus d'Angleterre commandés par Wellesley, futur duc de Wellington. Les troupes françaises sont contraintes à la retraite par un ennemi insaisissable.

Le pays a subi les déprédations des deux armées ; les dégâts matériels, les conséquences politiques et morales sont tragiques : pendant le long exil au Brésil du roi Jean VI (1807-1821), le Portugal est devenu une dépendance britannique.

QUAND LE PORTUGAL ÉTAIT GOUVERNÉ PAR UN GÉNÉRAL BRITANNIQUE

Général d'origine irlandaise, **William Carr** (1768-1854) servait à la fin du 18ᵉ s. dans les lointaines colonies britanniques.

Lorsque Napoléon s'allie à l'Espagne par le traité de Fontainebleau en 1807, le Portugal resserre ses liens avec la Grande-Bretagne et se place sous son autorité en vue d'une guerre prochaine contre la France.

Carr est alors envoyé au Portugal afin de réorganiser et professionnaliser l'armée portugaise.

Nommé en 1909 généralissime (ou maréchal commandant) de l'armée portugaise, il vainc Soult à La Albuera (près de Badajoz) en 1811.

L'année 1814 le verra entrer à Bordeaux aux côtés du duc d'Angoulême et recevoir du prince-régent George le titre de vicomte de Beresford.

Revenu au Portugal et détenant un fort pouvoir au sein de l'armée, Beresford fait du Portugal une « colonie » anglaise : les Anglais l'imposent au roi du Portugal et du Brésil Jean VI, qui, resté à Rio de Janeiro, le nomme régent du Portugal en 1816.

Mais la tyrannie qu'il exerce provoque contre lui une conspiration en 1817.

Celle-ci ayant échoué, c'est seulement à la fin de l'année 1820 que Beresford est chassé du pays par les forces libérales portugaises.

La fin de la monarchie

● **1828-1834 – Guerre civile entre libéraux et absolutistes** : en 1822, le Brésil s'est proclamé indépendant et a pris comme empereur le fils aîné du roi **Jean VI**, Pierre IV, sous le nom de Pierre Iᵉʳ du Brésil. À la mort de Jean VI en 1826, Pierre Iᵉʳ conserve le trône du Brésil et installe sur celui du Portugal sa fille **Marie II** en adoptant une Constitution libérale où l'autorité royale est sous la suprématie du pouvoir parlementaire. Son frère **Miguel**, qui a le titre de régent, se fait alors le champion de la monarchie absolue et réclame la couronne qu'il finit par obtenir en 1828. Une lutte acharnée s'instaure entre les absolutistes et les libéraux qui soutiennent Pierre. Celui-ci, aidé par les Anglais, vient rétablir sa fille sur le trône en 1834 ; la **convention d'Evoramonte** met fin à la guerre civile. L'abolition du tribunal du Saint-Office a lieu en 1832.

● **1836** – Abolition de l'esclavage. Marie II épouse Ferdinand de Saxe-Cobourg-Gotha.

● **1851-1890** – En 1851, débute une période d'alternance parlementaire *(rotativismo)*. Sous les règnes de **Pierre V** (1855-1861), de **Louis Iᵉʳ** (1861-1889) et de **Charles Iᵉʳ** (1889-1908), la vie politique, bien qu'agitée, n'empêche pas la reconstitution d'un troisième empire en Angola et au Mozambique. L'Angleterre s'oppose à l'entreprise du gouverneur **Serpa Pinto** qui veut conquérir des territoires entre l'Angola et le Mozambique afin de les réunir.

● **1906-1908** – Avec l'aggravation de la crise politique, la Chambre est dissoute en 1906. Le pays vit une dictature de 1907 à 1908.

● **1er février 1908** – Assassinat à Lisbonne du roi Charles Ier et du prince héritier. Le sang-froid de la reine Amélie permet de sauver son plus jeune fils qui monte sur le trône sous le nom de **Manuel II**.

● **5 octobre 1910** – Abdication de Manuel II et proclamation de la République, faisant du Portugal le troisième État républicain en Europe.

La république

● **1910-1926** – La Ire République ne parvient pas à restaurer l'ordre. L'entrée en guerre contre l'Allemagne en 1916 et l'envoi de troupes en France aggravent la situation intérieure, menant à un coup d´État militaire en 1926. Le général Carmona devient président du Conseil. C´est la fin de la Ire République qui aura connu huit présidents. Entre temps, le Parti communiste portugais a été fondé en 1921.

● **1927-1933** – En 1927, une tentative de rétablir la république échoue. L'élite de l'opposition s'exile au Brésil et en France. La situation économique devient critique en 1928. Le général Carmona fait alors appel à un professeur de l'université de Coimbra, António de Oliveira Salazar. **Salazar**, nommé ministre des Finances, rétablit la stabilité monétaire et politique. En 1932, Il est nommé président du Conseil et promulgue en 1933 la Constitution de « l'État nouveau » (Estado Novo), instituant un régime dictatorial (censure des journaux et police secrète : la PIDE).

● **1939-1945** – Le Portugal reste neutre pendant la Seconde Guerre mondiale. Après la guerre, le mouvement de libéralisation devient plus fort.

● **1949** – Le Portugal est l'un des membres fondateurs de l'Otan.

● **1961** – L'Inde annexe Goa (portugais depuis 1515), Damião et Diu. Le MPLA (Mouvement populaire de libération de l'Angola) commence ses actions en Angola. C'est le début de la guerre coloniale, qui s'étend à la Guinée-Bissau (en 1963) et au Mozambique (en 1964). Pendant les années 1960 et 1970, en raison des difficultés économiques, se constitue une importante vague d'émigration vers la France, issue principalement des régions rurales.

● **1968-1970** – Salazar, qu'un accident écarte des affaires fin 1968, meurt en juillet 1970. Son successeur, Caetano, poursuit une lutte anti-guérilla ruineuse et impopulaire en Afrique.

● **1973** – Le leader nationaliste Amilcar Cabral est assassiné en Guinée-Bissau. L'indépendance du pays est proclamé par le PAIGC (Parti africain pour l´indépendance de la Guinée et du Cap-Vert).

● **25 avril 1974** – **Révolution des Œillets** : prise du pouvoir par le Mouvement des forces armées mené par le général Spínola.

● **1974** – Indépendance de la Guinée-Bissau.

● **1975** – Indépendance des îles du Cap-Vert, du Mozambique, de l'Angola, de São Tomé.

● **1976** – Nouvelle Constitution socialiste. Le général Ramalho Eanes est élu président de la République.
Indépendance de Timor. Autonomie de Macao (territoire chinois sous administration portugaise) et des archipels de Madère et des Açores.

● **1980** – Le parti conservateur remporte les élections législatives. Sá Carneiro forme un gouvernement, mais il trouve la mort le 4 décembre dans un accident d'avion. Le mandat présidentiel du général António Ramalho Eanes est renouvelé.

● **1986** – Le Portugal entre dans la CEE. Le socialiste Mário Soares est élu président de la République.

● **1991** – Réélection de Mário Soares.

● **1994** – Lisbonne, capitale européenne de la culture.

● **1996** – Élection de Jorge Sampaio à la présidence de la République.

● **1998** – **Expo' 98** : Exposition mondiale à Lisbonne.

● **1999** – Le territoire de Macao est cédé à la Chine. Succès du parti socialiste d'António Guterres aux élections législatives.

● **2001** – Réélection de Jorge Sampaio.

● **2002** – Les élections législatives anticipées amènent au pouvoir une coalition de droite. Le social-démocrate José Manuel Durão Barroso est nommé Premier ministre.

De la révolution des Œillets au Portugal moderne

Le pays dort encore la nuit du 24 avril 1974, quand le Rádio Clube Português diffuse la chanson interdite « Grândola Vila Morena » de José Afonso. C'est le feu vert du coup d'É-tat militaire qui renverse en une seule journée le gouvernement en place et amorce une nouvelle ère politique et économique pour le pays.

La révolution des Œillets

Une première tentative de coup d'État avait échoué le 16 mars, suite à la destitution des généraux Spínola (ancien commandant en chef de Guinée-Bissau et chef d'état-major) et Costa Gomes. Mais cette fois-ci, avec la complicité des civils, la rébellion organisée par les capitaines Otelo Saraiva de Carvalho et Vitor Alves ne rencontre pas de résistance.

Une révolution éclair et pacifique

En ce début d'après-midi mémorable du 25 avril, une junte militaire (dont Spínola et Costa Gomes font aussi partie) déclare assumer provisoirement le pouvoir. Le **MFA** (Mouvement des forces armées) annonce la libération des prisonniers politiques, la restitution des libertés civiques, ainsi que l'organisation d'élections libres, la fin de la censure et de la PIDE (police secrète). La population envahit les rues de Lisbonne, fraternisant avec les militaires. Les œillets rouges, emblème de la révolution, sont accrochés aux bouts de fusils et dans les cheveux des femmes. Dans les jours qui suivent, les exilés politiques commencent à revenir au pays. Le 1er mai 1974 est célébré par de grands rassemblements dans toutes les villes fêtant la Révolution.

Contestations sociales et décolonisation

Les mois suivants sont marqués par les grèves et les manifestations. Le général **Spínola**, devenu président de la République, entre en conflit avec certains capitaines plus radicaux. Ces derniers défendent les mouvements sociaux, tandis que Spínola est plus modéré. En juillet, le MFA impose le colonel Vasco Gonçalves comme Premier ministre. La situation devient de plus en plus critique, le point de clivage central concerne la décolonisation de l'Angola, que Spínola souhaite progressive alors que les militaires du MFA la veulent immédiate. Le 27 septembre Spínola quitte le gouvernement.

La question de la décolonisation était alors levée : la Guinée-Bissau et le Cap-Vert deviennent officiellement indépendants le 10 septembre 1974, les autres colonies africaines obtiendront l'indépendance en 1975, le Mozambique le 25 juin, São Tomé e Príncipe le 12 juillet et l'Angola le 11 novembre.

25 avril 1974 : une révolution pacifique.

Une période d'instabilité politique

Cependant, même après le départ de Spínola, une nouvelle fracture surgit entre deux pôles du gouvernement. La tentative d'un nouveau putsch a lieu en mars 1975 et Spínola, étant reconnu comme l'instigateur, doit s'exiler. Les premières élections législatives libres depuis un demi-siècle se déroulent ainsi le 25 avril 1975. La population vote en masse avec un taux de participation de 92 %, et la majorité est accordée au Parti socialiste. Cependant, sous le contrôle du général Vasco Gonçalves, l'instabilité continue avec de fréquents changements de gouvernement. Vasco Gonçalves finit par démissionner au cours de l'été 1975. Le pays, sombrant dans l'anarchie, voit s'affronter deux partis aux objectifs politiques contradictoires : un parti prônant la construction d'un socialisme proche de celui des pays de l'Est et l'autre, plus modéré, celui du Parti socialiste plus en accord avec les modèles de l'Europe de l'Ouest.

L'apprentissage de la démocratie

Fin 1975, le pays voit la retraite forcée des militaires et le pouvoir retransmis aux civils. Les mesures modérées de normalisation, lancées à partir du 25 novembre 1975, indiquent le début d'un recul du processus révolutionnaire.
Une **nouvelle Constitution** est adoptée le 2 avril 1976 et des nouvelles élections législatives ont lieu le 25 du même mois. Elles sont remportées par le Parti socialiste, suivi de près par le PPD (Parti populaire démocratique).
La stabilité politique ne réapparaît pas d'un jour à l'autre : le Portugal connaît treize gouvernements jusqu'en 1987. Les deux principales formations politiques qui assument le pouvoir alternativement sont le Parti socialiste (PS) et le Parti social-démocrate (PSD). La démilitarisation du système et des institutions se fait lentement. La Constitution, révisée deux fois, en 1982 et en 1989, s'éloigne de plus en plus du texte « révolutionnaire » d'origine.
La démocratie se stabilise. **Mário Soares** est élu, en 1986, le premier président civil depuis 1926. L'alternance politique est une réalité jusqu'à présent. Les grandes formations politiques ne dominent plus spécifiquement certaines régions du pays, alors qu'il y a quelques années le Nord était acquis en majorité au PSD, le Centre et le Sud au PS, l'Alentejo étant connu comme une région communiste.

Les changements économiques et sociaux

Cinquante ans de retard à rattraper

Au moment de la révolution des Œillets, le Portugal a accumulé cinquante ans de retard, faute d'investissements dans l'industrie et les infrastructures sous le régime de Salazar. Le pays dispose par ailleurs de grandes réserves d'or provenant en partie de l'exploitation des anciennes colonies. Les activités traditionnelles restent alors

PROVINCES ET DISTRICTS

○ Braga   Limites et capitale de district

MINHO   Nom des anciennes provinces

prédominantes : production agricole et vinicole, extraction de liège et de pierre, pêche.

La Révolution apporte des changements politiques mais l'économie portugaise reste dans une situation critique. La nationalisation précipitée de certains secteurs, le départ des cadres industriels et commerciaux vers l'étranger, en particulier au Brésil, la baisse de productivité, les grèves successives ainsi qu'un taux de chômage élevé collaborent à augmenter le chaos. La banqueroute est évitée grâce aux aides internationales. Des mesures drastiques sont prises, subordonnées au FMI et en accord avec d'autres partenaires européens : dévaluation de la monnaie, augmentation des tarifs publics, ainsi que des mesures sociales et économiques mettant en cause les « acquis » révolutionnaires. La reforme agraire, point important de la Révolution, échoue.

L'adhésion à la Communauté européenne

En mars 1977, la demande officielle d'adhésion du Portugal à la Communauté européenne est effectuée. Il faudra attendre huit ans avant qu'elle ne soit acceptée. L'entrée dans la CEE en 1986 a permis au pays de franchir un pas décisif dans le développement, grâce en partie aux aides communautaires. À partir de l'année 1985 et jusqu'en 1992, l'économie portugaise a connu une croissance de plus de 4 % par an. Après 1993, elle se ralentit pour arriver en 2001 et 2002 à moins de 2 % par an. Le Portugal fut un des premiers pays à répondre aux critères de convergence qualificatifs de l'intégration à la zone euro.

La modernisation du Portugal – L'adhésion à l'économie de marché et à la concurrence internationale ont profondément changé la donne. Les activités traditionnelles se sont modernisées. Le liège, le mobilier, les vins de Porto et de Madère, restent des produits phares. Malgré sa forte tradition maritime, le pays importe aujourd'hui plus de la moitié de sa consommation de poisson. L'important secteur du textile et de l'habillement (de qualité mais non griffé) continue de perdre des emplois. Dans le domaine industriel, de la transformation et de l'énergie, qui regroupe un tiers des emplois, se détachent aussi les secteurs du papier, les industries automobiles, métallurgiques et mécaniques, les moules pour plastique. La modernisation des infrastructures ainsi que la réalisation de l'Expo' 98 et de l'Euro 2004 ont fait du BTP et des matériaux de constructions un secteur important de l'économie. Comme dans l'ensemble de l'Europe, les activités du tertiaire (60 % de la population active) ont rapidement supplanté le secteur primaire et secondaire. Le tourisme enregistre une croissance significative : il occupe près de 5 % de la population active et représente 5 % du PIB.

Une économie encore fragile – Bien que le Portugal connaisse l'un des taux de chômage les plus bas de l'Union européenne (5,1 % en 2002), sa productivité est encore des plus faibles. Le pays demeure très dépendant de ses importations, et son déficit budgétaire préoccupe la Commission européenne. Le Portugal reste un pays de PME familiales et l'économie portugaise ne possède pas une image de marque bien définie. Son atout résidait jusqu'ici dans une main-d'œuvre moins chère que dans les grands pays européens, un avantage désormais menacé par l'élargissement de l'Union aux pays à faibles coûts d'Europe centrale. Le pays ambitionne de jouir du même niveau de vie que ses partenaires européens : il a déjà rattrapé en grande partie son retard avec 75 % du PIB européen moyen par habitant.

Un changement de modes de vie

L'européanisation, avec toutes les aides et les impératifs de la Communauté, a apporté une croissance et une ouverture économique, une modernisation des structures, mais aussi des changements dans les modes de vie et de consommation. Le pays, qui compte plus de 10 millions d'habitants et une densité moyenne de 112 hab./km² (un taux assez faible, comparable à celui de la France), connaît un exode rural depuis les vingt dernières années ; les villes accueillent aujourd'hui près des deux tiers de la population. Par ailleurs, le taux d'analphabétisme diminue, le pouvoir d'achat augmente ainsi que le nombre des femmes dans la population active. Le rythme de vie est comparable à celui des autres pays européens, on y retrouve les mêmes modes de consommation et les mêmes problématiques sociales. Ainsi l'européanisation des modes de vie apporte également une série de problèmes propres à ces transformations : une nouvelle forme de pauvreté, l'augmentation de l'individualisme et des inégalités sociales, ainsi que de nouveaux problèmes urbains (délinquance, drogue, trafic automobile).

L'organisation politique

La **Constitution** du 2 avril 1976, révisée en 1982, 1989, 1992 et en 1997 a instauré un régime semi-présidentiel. Le **pouvoir exécutif** est détenu par le **président de la République** élu au suffrage universel pour un mandat de cinq ans, renouvelable une seule fois consécutive. Il nomme le **Premier ministre**, représentant de la majorité parlementaire et, sur proposition de ce dernier, les autres ministres ; il dispose d'un droit de veto sur les lois approuvées par l'Assemblée. Le **pouvoir législatif** est représenté par une chambre unique comprenant 240 à 250 députés élus pour quatre ans. Les archipels de Madère et des Açores constituent deux régions autonomes, dotées d'un gouvernement régional et d'une assemblée régionale élue au suffrage universel. Le président de la République y nomme un **ministre de la République** qui représente la souveraineté de la République et désigne à son tour le **président du gouvernement régional**.

LE DRAPEAU PORTUGAIS
Vert et rouge, il présente en son centre une sphère armillaire jaune sur laquelle se détachent les armoiries de l'État : un écusson aux cinq **quinois** (petits écussons) d'azur rangés en croix, portant chacun cinq **besants** d'argent (points blancs) représentant les plaies du Christ, et à la bordure des gueules (rouge) chargée des sept **châteaux** d'or (les places fortes reconquises aux Maures).

L'organisation administrative

Le Portugal était autrefois divisé en 10 provinces : le Minho, le Trás-os-Montes, le Douro, les Beiras Alta, Baixa, Littorale, le Ribatejo, l'Estrémadure, l'Alentejo, l'Algarve. Les noms de ces provinces sont toujours utilisés et servent à désigner les principales régions naturelles du pays. Mais le découpage actuel, dans le cadre de l'Union européenne, distingue cinq grandes régions administratives avec des commissions de coordination délimitées : le Nord, le Centre, Lisbonne et Vallée-de-Tage, l'Alentejo et l'Algarve.
Aussi, on distingue :
– les **districts** : il y en a 18 dans le Portugal continental, 3 aux Açores et 1 à Madère. De nombreuses administrations publiques fonctionnent au niveau du district : santé, éducation, finances...
– les **concelhos**, au nombre de 305 pour tout le pays, représentent le pouvoir municipal. Ils sont l'équivalent de certaines communes urbaines ou de cantons. Le concelho est doté d'une mairie *(Paços do concelho)*, d'un conseil exécutif *(câmara municipal)*, dont le président joue le rôle de maire. Il est élu, ainsi que l'assemblée municipale, tous les quatre ans au suffrage universel.
– chaque concelho compte plusieurs **freguesias** (environ 4 200 pour l'ensemble du pays) qui dans certains cas peuvent représenter un village, dans d'autres un quartier. C'est à leur niveau que s'effectuent la tenue de l'état civil, l'entretien du patrimoine, l'organisation des fêtes et autres manifestations locales.

ABC d'architecture

Architecture religieuse

Coupe d'une église

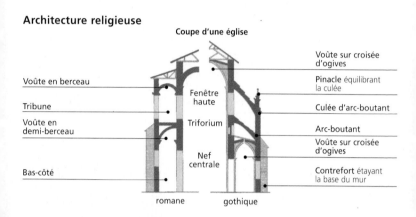

Voûte en berceau

Tribune

Voûte en demi-berceau

Bas-côté

Fenêtre haute

Triforium

Nef centrale

Voûte sur croisée d'ogives

Pinacle équilibrant la culée

Culée d'arc-boutant

Arc-boutant

Voûte sur croisée d'ogives

Contrefort étayant la base du mur

romane   gothique

LISBONNE – Plan de l'église Sta Maria de Belém (couvent des Hiéronymites)

Église de type **église-halle** (la nef centrale et les collatéraux sont de même hauteur ; quand la hauteur est différente, on distingue alors nef centrale et bas-côtés).

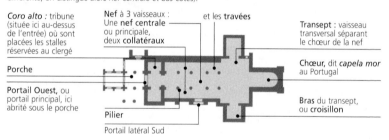

Coro alto : tribune (située ici au-dessus de l'entrée) où sont placées les stalles réservées au clergé

Porche

Portail Ouest, ou portail principal, ici abrité sous le porche

Pilier

Portail latéral Sud

Nef à 3 vaisseaux : Une **nef centrale** ou principale, deux **collatéraux**

et les **travées**

Transept : vaisseau transversal séparant le chœur de la nef

Chœur, dit *capela mor* au Portugal

Bras du transept, ou **croisillon**

FREIXO DE ESPADA-À-CINTA – Portail latéral Sud de l'église

Attribuée à Boytac, la petite église paroissiale présente les caractères essentiels du **style manuélin** : colonnes torses entrecoupées d'anneaux, décor végétal, pinacles en spirale. Cette décoration, prolongement du style mudéjar *(voir pages suivantes)*, n'est pas sans rappeler le style plateresque appliqué en Espagne. Limitée ici aux portails, elle va rapidement se multiplier et envahir façades et intérieurs.

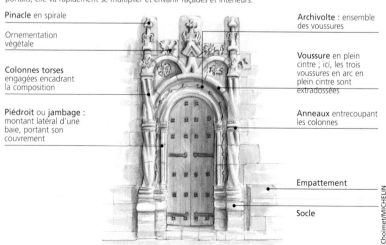

Pinacle en spirale

Ornementation végétale

Colonnes torses engagées encadrant la composition

Piédroit ou **jambage** : montant latéral d'une baie, portant son couvrement

Archivolte : ensemble des voussures

Voussure en plein cintre ; ici, les trois voussures en arc en plein cintre sont extradossées

Anneaux entrecoupant les colonnes

Empattement

Socle

RATES – Chevet de l'église S. Pedro (12ᵉ-13ᵉ s.)

Représentative de l'art roman portugais, cette église est l'un des vestiges d'un monastère fondé par Henri de Bourgogne pour les moines de Cluny.

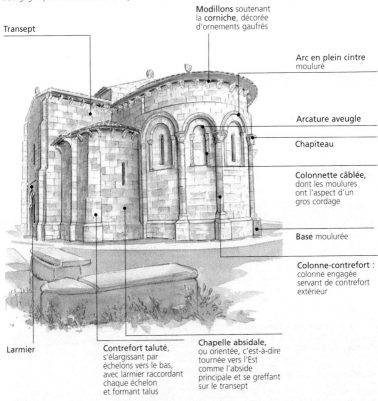

Modillons soutenant la **corniche**, décorée d'ornements gaufrés

Transept

Arc en plein cintre mouluré

Arcature aveugle

Chapiteau

Colonnette câblée, dont les moulures ont l'aspect d'un gros cordage

Base moulurée

Colonne-contrefort : colonne engagée servant de contrefort extérieur

Larmier

Contrefort taluté, s'élargissant par échelons vers le bas, avec larmier raccordant chaque échelon et formant talus

Chapelle absidale, ou orientée, c'est-à-dire tournée vers l'Est comme l'abside principale et se greffant sur le transept

BATALHA – Monastère : chapelle du Fondateur (15ᵉ s.)

Splendide exemple de gothique triomphant, la chapelle où reposent le roi Jean Iᵉʳ, son épouse, Philippa de Lancastre, et leurs fils, parmi lesquels Henri le Navigateur, est une salle carrée surmontée d'une lanterne octogonale à deux étages et d'une voûte d'ogives nervurée en étoile à huit pointes.

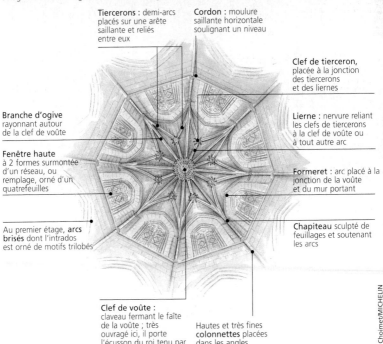

Tiercerons : demi-arcs placés sur une arête saillante et reliés entre eux

Cordon : moulure saillante horizontale soulignant un niveau

Clef de tierceron, placée à la jonction des tiercerons et des liernes

Branche d'ogive rayonnant autour de la clef de voûte

Lierne : nervure reliant les clefs de tiercerons à la clef de voûte ou à tout autre arc

Fenêtre haute à 2 formes surmontée d'un réseau, ou remplage, orné d'un quatrefeuilles

Formeret : arc placé à la jonction de la voûte et du mur portant

Au premier étage, **arcs brisés** dont l'intrados est orné de motifs trilobés

Chapiteau sculpté de feuillages et soutenant les arcs

Clef de voûte : claveau fermant le faîte de la voûte ; très ouvragé ici, il porte l'écusson du roi tenu par deux anges

Hautes et très fines **colonnettes** placées dans les angles de l'octogone

MAFRA - Basilique du palais-couvent (18ᵉ s.)

Chef-d'œuvre de l'architecture portugaise du 18ᵉ s. où prédominent les influences du néoclassicisme italien et du baroque allemand, la basilique s'inspire de la basilique de Saint-Pierre du Vatican et de l'église du Jésus à Rome.

Arc doubleau transversal jumelé renforçant la voûte en berceau et orné de caissons

Fronton triangulaire servant de base à un groupe sculpté (le Christ en croix, en gloire, entre deux anges en adoration)

Arc en plein cintre garni de fleurons

Pendentif : espace triangulaire concave assurant le raccord entre la surface de la coupole et les murs

Corniche à larmier souligné par des denticules entre deux corps de moulures

Lunette : portion de voûte en berceau ne se développant pas jusqu'à la clef de voûte et dégageant les parties hautes d'une baie

Écoinçon : surface triangulaire comprise entre un arc et son encadrement

Chapiteau toscan

Frise en marbre rose

Cordon régnant au niveau des chapiteaux

Architrave à deux **fasces** (bandeaux délimités par des filets), couronnée d'un corps de moulure

Colonnes de marbre rose encadrant le maître-autel

Orgue

Tribune d'orgue en surplomb

Retable

Autel

Pilastres jumelés ornés de cannelures

Chapiteau composite

Triforium

H. Choimet/MICHELIN

82

Architecture civile et militaire

ÓBIDOS – Château (13e-14e s.)

Sur le site d'un oppidum luso-romain, les Arabes élevèrent une forteresse qui fut considérablement modifiée après la reconquête d'Óbidos. Toutefois, l'influence arabe demeure sensible, notamment dans la forme pyramidale donnée aux merlons de la tour dite de Dom Ferdinand et l'absence d'éléments tels que les mâchicoulis couronnant les murailles hautes de 13 m.

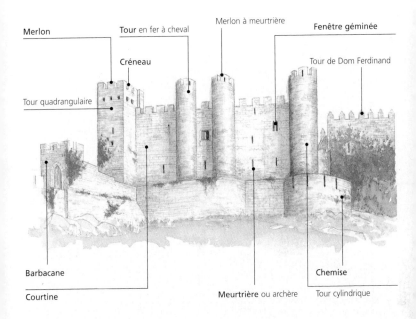

Merlon — Merlon à meurtrière — Fenêtre géminée — Tour en fer à cheval — Créneau — Tour de Dom Ferdinand — Tour quadrangulaire — Barbacane — Courtine — Meurtrière ou archère — Tour cylindrique — Chemise

L'influence mudéjare (13e au 16e s.)

Après la Reconquête se développe dans la péninsule Ibérique une forme d'art qui emprunte certaines formes décoratives à l'art islamique et que l'on qualifie de mudéjar, d'après le nom donné aux musulmans restés sous le joug chrétien. Au Portugal, cette influence fut particulièrement sensible dans la région d'**Évora**, où le roi Manuel Ier fit édifier un palais dont il ne subsiste qu'un pavillon.

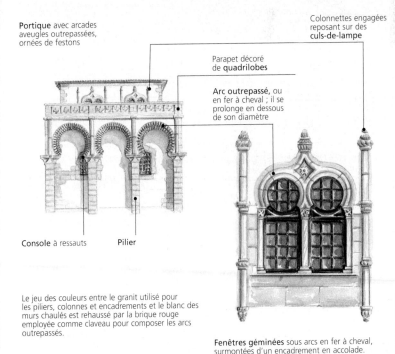

Portique avec arcades aveugles outrepassées, ornées de festons

Colonnettes engagées reposant sur des **culs-de-lampe**

Parapet décoré de **quadrilobes**

Arc outrepassé, ou en fer à cheval ; il se prolonge en dessous de son diamètre

Console à ressauts — Pilier

Le jeu des couleurs entre le granit utilisé pour les piliers, colonnes et encadrements et le blanc des murs chaulés est rehaussé par la brique rouge employée comme claveau pour composer les arcs outrepassés.

Fenêtres géminées sous arcs en fer à cheval, surmontées d'un encadrement en accolade.

GUIMARÃES – Palais des ducs de Bragance (15ᵉ s.)

Élevé par le premier duc de Bragance, le château, d'inspiration à la fois normande et bourguignonne, a retrouvé après restauration son aspect d'origine. S'il garde un caractère défensif par ses massives tours d'angle, ses créneaux et ses mâchicoulis, il préfigure les bâtiments de la Renaissance par ses toitures pentues hérissées de cheminées et ses larges baies.

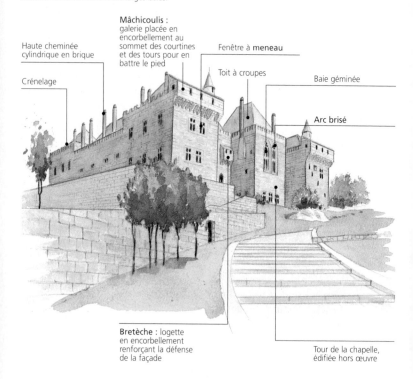

Mâchicoulis :
galerie placée en
encorbellement au
sommet des courtines
et des tours pour en
battre le pied

Haute cheminée
cylindrique en brique

Crénelage

Fenêtre à meneau

Toit à croupes

Baie géminée

Arc brisé

Bretèche : logette
en encorbellement
renforçant la défense
de la façade

Tour de la chapelle,
édifiée hors œuvre

ÉVORA – Cloître de l'ancienne université (16ᵉ s.)

L'ancienne université jésuite s'inspire de la Renaissance italienne. L'avant-corps central à trois travées, délimité par des pilastres dont l'amortissement est constitué par des statues, donne accès à la salle des Actes. À l'aplomb de la travée centrale, un attique de couronnement orné d'un écusson porte un fronton brisé dans lequel s'inscrit un groupe sculpté. Remarquer de part et d'autre les arcades en plein cintre, reposant sur des colonnettes à piédestal dans la galerie haute et sur des colonnes au niveau du portique.

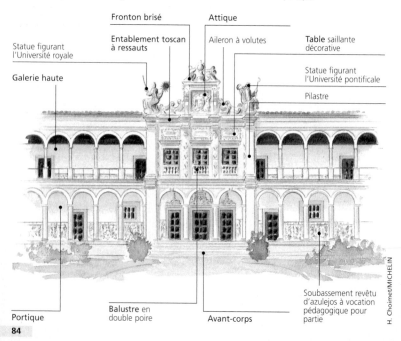

Fronton brisé

Attique

Statue figurant
l'Université royale

Entablement toscan
à ressauts

Aileron à volutes

Table saillante
décorative

Galerie haute

Statue figurant
l'Université pontificale

Pilastre

Portique

Balustre en
double poire

Avant-corps

Soubassement revêtu
d'azulejos à vocation
pédagogique pour
partie

H. Choimet/MICHELIN

LISBONNE – Praça do Comércio (18ᵉ s.)

Après le tremblement de terre du 1ᵉʳ novembre 1755, le ministre Pombal prend le parti de raser et remodeler le quartier de la Baixa. Entre le Terreiro do Paço, rebaptisé Praça do Comércio, et le Rossio, il fait édifier un quartier régulier de rues se coupant à angle droit, dont tous les immeubles comptent trois étages. Seuls quelques détails décoratifs distinguent les rues. Ce nouveau style, en partie inspiré du passé architectural de la ville, prendra le nom de **style pombalin**.

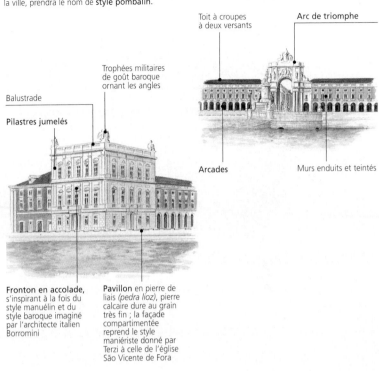

Toit à croupes à deux versants

Arc de triomphe

Trophées militaires de goût baroque ornant les angles

Balustrade

Pilastres jumelés

Arcades

Murs enduits et teintés

Fronton en accolade, s'inspirant à la fois du style manuélin et du style baroque imaginé par l'architecte italien Borromini

Pavillon en pierre de liais *(pedra lioz)*, pierre calcaire dure au grain très fin ; la façade compartimentée reprend le style maniériste donné par Terzi à celle de l'église São Vicente de Fora

LISBONNE – Gare centrale, place du Rossio (19ᵉ s.)

Édifiée en 1886-1887 par José Luis Monteiro, elle cache derrière sa façade, bel exemple du style néomanuélin, une architecture en fer. Les trois compartiments sont rythmés à l'étage par des colonnettes polygonales engagées reposant sur les épaulements talutés du rez-de-chaussée. Un édicule de couronnement abrite l'horloge. Les éléments de décoration (cordages, anneaux, pinacles en spirale) sont typiquement manuélins.

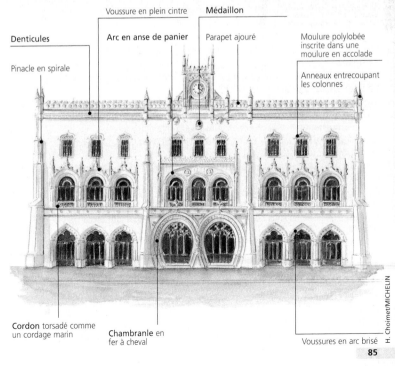

Voussure en plein cintre

Médaillon

Denticules

Arc en anse de panier

Parapet ajouré

Moulure polylobée inscrite dans une moulure en accolade

Pinacle en spirale

Anneaux entrecoupant les colonnes

Cordon torsadé comme un cordage marin

Chambranle en fer à cheval

Voussures en arc brisé

H. Choimet/MICHELIN

Quelques termes d'art

(Cadeiral : les mots en italique sont en portugais ou en espagnol)

Abside : extrémité arrondie d'une église, derrière le chœur.

Ajimez : baie géminée.

Altar mor : maître-autel.

Arbre de Jessé : représentation de la généalogie du Christ qui descendait de David, fils de Jessé.

Arc en tiers-point : arc brisé dans lequel s'inscrit un triangle équilatéral.

Arc outrepassé : arc en fer à cheval.

Arc triomphal : dans une église, arcade se trouvant à l'entrée du chœur.

Arcature lombarde : décoration en faible saillie, faite de petites arcades aveugles reliant des bandes verticales. Caractéristique de l'art roman.

Artesonado : plafond à marqueterie où des baguettes assemblées dessinent des caissons en étoile. Décor mauresque, né sous les Almohades.

Atlante (ou télamon) : statue masculine servant de support.

Atrium : dans la maison romaine c'était le patio.

Azulejos : carreaux de faïence vernissée *(voir chapitre suivant).*

Cadeiral : désigne l'ensemble des stalles.

Campanile : clocher isolé, souvent près d'une église.

Castro : du latin *castrum :* ville fortifiée d'époque romaine ou préromaine et aussi camp romain, destiné à retarder l'assaillant.

Chicane : passage en zigzag ménagé à travers un obstacle.

Chrisme : monogramme du Christ, formé des lettres grecques *khi* (X) et *rhó* (Π) majuscules, qui sont les deux premières lettres du mot Christos.

Churrigueresque : dans le style des Churriguera, famille d'architectes espagnols du 18ᵉ s. Désigne un décor baroque surchargé.

Citânia : terme désignant dans la péninsule Ibérique les ruines de forteresses romaines ou préromaines.

Coro : lieu réservé aux chanoines ou autres membres du clergé dans une église. Endroit où se trouvent les stalles.

Dôme : toit galbé, le plus souvent hémisphérique, surmontant la partie la plus haute d'un édifice.

Empedrado : pavage caractéristique des trottoirs et des ruelles portugaises, constitué de pierres de types et de couleurs différents afin de former un motif décoratif.

Enfeu : niche pratiquée dans le mur d'une église pour recevoir une tombe.

Entablement : couronnement horizontal d'une ordonnance d'architecture comprenant une corniche, une frise et une architrave.

Gâble : pignon décoratif très aigu.

Gisant : effigie funéraire couchée.

Glacis : talus d'un ouvrage fortifié en pente douce (où l'on glisse comme sur de la glace).

Grotesque : de *grotta* (grotte en italien) : nom donné aux ornements fantastiques utilisés pendant la Renaissance, inspirés des monuments antiques italiens.

Hypocauste : chauffage souterrain dans les maisons romaines.

Impluvium : dans l'atrium d'une maison romaine, bassin pour recueillir la pluie.

Jalousie : dispositif de fermeture de fenêtre composé de lamelles mobiles.

Judiaria : ancien quartier juif.

Lanterneau : construction basse à la périphérie d'un dôme, destinée à assurer un éclairage latéral.

Lavabo : dans un cloître, fontaine destinée aux ablutions des moines.

Levada : canal d'irrigation coulant entre des remblais, ou levées.

Modillon : petite console soutenant une corniche.

Moucharabieh : grillage en bois tourné placé devant une fenêtre.

Mouraria : ancien quartier maure.

Mozarabe : se dit de l'art des chrétiens vivant sous la domination musulmane après l'invasion de 711.

Mudéjar : se dit de l'art des musulmans restés sous le joug chrétien après la Reconquête et caractérise les œuvres (13e au 16e s.) où interviennent des réminiscences mauresques.

Ostensoir : *custódia* : pièce d'orfèvrerie composée d'une lunule en cristal entourée de rayons servant à exposer l'hostie consacrée.

Padrão : monument commémoratif élevé par les Portugais sur les terres qu'ils découvraient.

Péristyle : colonnes disposées autour ou en façade d'un monument.

Plateresque : style né en Espagne au 16e s., caractérisé par un décor finement ciselé rappelant le travail des orfèvres d'où son nom venant de *plata* : argent.

Prédelle : partie inférieure d'un retable.

Púlpito : chaire.

Remplage : réseau léger de pierre découpée garnissant tout ou partie d'une baie, d'une rose ou la partie haute d'une fenêtre.

Retable : architecture de marbre, de pierre ou de bois qui compose la décoration de la partie postérieure d'un autel.

Rinceaux : ornements de sculpture ou de peinture empruntés au règne végétal et formant souvent une frise.

Rococo : style qui succéda à la fin du 18e s. au style baroque. Comme celui-ci, il se caractérise par le goût des ornements avec plus de joliesse mièvre.

Salomonique : nom donné aux colonnes torses décorées d'un réseau végétal.

Sé : du latin *sedes* qui signifie siège. Désigne le siège épiscopal, donc la cathédrale.

Sphère armillaire : globe formé de cercles symbolisant la course des astres. Elle est très représentée dans l'art manuélin et fut l'emblème du roi Manuel.

Stuc : matière que l'on peut mouler, composée principalement de plâtre.

Talha dourada : boiseries sculptées et dorées, caractéristiques de l'art baroque portugais.

Triptyque : ouvrage de peinture ou de sculpture composé de trois panneaux articulés pouvant se refermer.

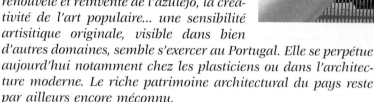

L'art et l'architecture

L'inspiration maritime et exotique de l'art manuélin, l'exhubérance baroque de la « talha tourada », l'art décoratif toujours renouvelé et réinventé de l'azulejo, la créativité de l'art populaire... une sensibilité artisitique originale, visible dans bien d'autres domaines, semble s'exercer au Portugal. Elle se perpétue aujourd'hui notamment chez les plasticiens ou dans l'architecture moderne. Le riche patrimoine architectural du pays reste par ailleurs encore méconnu.

De la préhistoire au Haut Moyen Âge

Quelques sites préhistoriques (gravures rupestres de la vallée du Côa, mégalithes autour d'Évora) ou protohistoriques comme celui de Briteiros datant de l'âge du fer, quelques ruines romaines à Conimbriga, à Tróia, à Évora retiennent l'amateur d'archéologie. De petites églises préromanes rappellent les différentes influences qui se sont succédé dans la péninsule Ibérique, venant du Nord ou de l'Est : wisigothique (São Pedro de Balsemão près de Lamego, Santo Amaro à Beja), mozarabe (São Pedro de Lourosa à Oliveira do Hospital), byzantine (São Frutuoso près de Braga). Mais c'est au 11ᵉ s., avec l'accession du pays à l'indépendance, que l'art portugais acquiert ses caractères propres.

Le Moyen Âge (11ᵉ-15ᵉ s.)

L'art roman

Entre France et Galice – Il n'a pénétré que tardivement au Portugal (11ᵉ s.), importé de France par des chevaliers bourguignons et des moines de Cluny et de Moissac ; aussi a-t-il gardé dans son ensemble les traits du roman français. Cependant, le rayonnement de St-Jacques-de-Compostelle lui a donné dans le Nord du pays, où il est le mieux représenté, un style plutôt galicien encore accentué par l'emploi du granit. De ce fait, les édifices ont un aspect massif et fruste : les chapiteaux montrent la résistance que ce matériau offre au ciseau du sculpteur.

Des cathédrales aux allures de forteresse – Les cathédrales, souvent édifiées par des architectes français, de préférence sur une éminence au centre de la cité, ont été construites en même temps que les châteaux forts pour soutenir l'action entreprise contre les musulmans, d'où leur allure de forteresse si visible dans les cathédrales de Coimbra, de Lisbonne, d'Évora, de Porto et de Braga. Les églises de campagne, plus tardives, présentent des portails parfois richement sculptés. L'intérieur, où apparaît souvent l'arc brisé et même la voûte d'arêtes, a été transformé par des adjonctions manuélines ou baroques.

L'art gothique

Les grands monastères – Alors que le style roman s'était épanoui dans le Nord du pays avec la construction de cathédrales et de chapelles, l'art gothique s'est développé à la fin du 13ᵉ s. dans les régions calcaires de Coimbra et de Lisbonne avec l'éclosion de grands monastères. Les églises, qui sont à trois nefs avec abside et absidioles polygonales, conservent encore les proportions et la sobriété de l'art roman. Le monastère d'Alcobaça, reflet de l'ancienne abbaye de Clairvaux en

Le pont Vasco-de-Gama vu du Parc des Nations (Lisbonne).

France, a servi de modèle pour les cloîtres cisterciens (14ᵉ s.) des cathédrales de Coimbra, de Lisbonne et d'Évora. Le gothique flamboyant, qui fut de brève durée, a trouvé sa meilleure expression dans le monastère de Batalha, bien que celui-ci ait été achevé à l'époque manuéline.

Les tombeaux sculptés – La sculpture gothique s'est développée au 14ᵉ s. dans l'art tumulaire (ou tombal), négligeant la décoration des tympans et des portails ; les chapiteaux et les corniches n'ont guère reçu que des décors géométriques ou végétaux, à l'exception de quelques animaux stylisés ou de rares sujets humains (chapiteaux du monastère de Celas, à Coimbra).

L'art tumulaire s'est épanoui à partir de trois foyers : Lisbonne, Évora et surtout Coimbra dont l'influence, sous la direction de **maître Pero**, s'étendit sur le Nord du Portugal, en particulier à Porto, Lamego, Oliveira do Hospital et São João de Tarouca, malgré les difficultés d'emploi du granit. Les plus beaux tombeaux, ceux d'Inés de Castro et de Pierre Iᵉʳ au monastère d'Alcobaça, ont été sculptés dans le calcaire. Le rayonnement de Coimbra persista au 15ᵉ s., avec **João Afonso** et **Diogo Pires le Vieux** ; un second centre se créa à Batalha sous l'inspiration du **maître Huguet** (tombeaux de Jean Iᵉʳ et de Philippa de Lancastre).

La statuaire, influencée par l'art français, en particulier à Braga, est caractérisée par la finesse des détails, le réalisme des têtes et la douceur de l'expression.

L'architecture militaire

Pour lutter contre les musulmans, puis contre les Espagnols, les Portugais édifièrent de nombreux châteaux forts qui constituent un des éléments marquants du paysage. Les premiers jalonnent les étapes successives de la Reconquête, les seconds, édifiés du 13ᵉ au 17ᵉ s., gardent les voies de passage les plus fréquentées. La plupart, bâtis au Moyen Âge, ont un air de famille avec leur double enceinte entourant le donjon *(torre de menagem)*, carré, massif, couronné de merlons pyramidaux où l'on reconnaît un ultime rappel de l'influence musulmane.

La période manuéline

Le style manuélin marque, au Portugal, la transition du gothique à la Renaissance. Son nom, qui lui a été donné au 19ᵉ s., rappelle que ce style s'est épanoui sous le règne de **Manuel Iᵉʳ**. Il est en dépit de sa brièveté (1490-1520), mais en raison de son indéniable originalité, d'une importance capitale dans l'histoire de l'art portugais. Il reflète tout naturellement la passion de la mer et des territoires lointains récemment découverts qui anime alors le pays, et il manifeste la puissance naissante et la richesse qui s'installent sur les bords du Tage.

Une architecture tournée vers le large – Les églises demeurent gothiques par leur plan, la hauteur de leurs piliers et le réseau de leurs nervures ; mais la nouveauté et le mouvement apparaissent dans les piliers qui se tordent en spirale. Les arcs triomphaux accueillent des moulures représentant des câbles marins. Les voûtes, d'abord sur simples croisées d'ogives, reçoivent de grosses nervures en relief, rondes ou quadrangulaires, dont le dessin se transforme en étoile à quatre pointes ; des cordages décoratifs y apparaissent, faisant quelquefois des nœuds ; la forme des voûtes évolue, elles s'aplatissent, reposent sur des arcs segmentés, les collatéraux s'élèvent, donnant naissance à d'authentiques églises-halles.

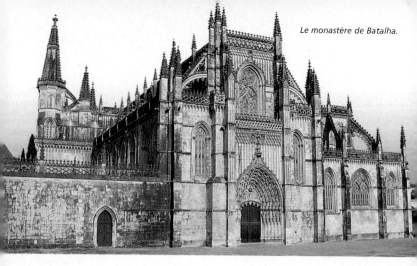

La sculpture – C'est dans le domaine de la décoration que le style manuélin prend tout son caractère. Les fenêtres, les portes, les rosaces, les balustrades se couvrent alors de rameaux de laurier, de capsules de pavot, de roses, d'épis de maïs, de glands, de feuilles de chêne, de grappes d'ombelles, d'artichauts, de chardons, de perles, d'écailles, de cordages, d'ancres, de globes terrestres, de sphères armillaires et enfin de la croix du Christ qui régnait sur ces ensembles décoratifs.

Les artistes – **Boytac**, d'origine française, est l'auteur du premier édifice manuélin, l'église de Jésus à Setúbal, et de la cathédrale de Guarda ; il a participé à la construction du monastère des Jerónimos (Hiéronymites) à Belém, ainsi qu'à celle de l'église du monastère de Santa Cruz à Coimbra et du monastère de Batalha. Son art évolue dans le sens de la complication : les colonnes torsadées dont il est le spécialiste se recouvrent de feuilles de laurier et d'écailles et sont entrecoupées d'anneaux. Ses portails, élément majeur de l'art manuélin, s'inscrivent dans une composition rectangulaire que bordent des colonnes torses surmontées de pinacles en spirale ; au centre de la composition ou au-dessus d'elle sont disposés les emblèmes manuélins : écusson, croix de l'ordre du Christ, sphère armillaire.

Mateus Fernandes donne à Batalha une tournure manuéline. Son art est nettement influencé par l'élégance du style gothique flamboyant. Le décor, surtout composé de thèmes végétaux, géométriques ou calligraphiques qui se répètent à l'infini, prime sur le volume. Le portail des Chapelles inachevées de Batalha frappe par sa richesse décorative.

Auteur de l'exubérante fenêtre de Tomar, **Diogo de Arruda** est l'artiste le plus original du style manuélin. Chez lui, les thèmes nautiques sont devenus une véritable obsession. Concepteur de la tour de Belém à Lisbonne, **Francisco de Arruda** rejette les excès décoratifs de son frère, préférant la sobriété de l'art gothique, qu'il agrémente de motifs mauresques.

Les frères Arruda furent également les « maîtres d'œuvre de l'Alentejo », où ils surent colorer l'art manuélin d'éléments d'art musulman, donnant ainsi un style original : la plupart des résidences seigneuriales et des châteaux de cette région ainsi que les palais royaux de Sintra et de Lisbonne sont marqués par ce style « luso-mauresque », caractérisé par l'arc outrepassé, aux moulures très fines, des portes et des fenêtres.

Parallèlement à l'épanouissement de l'art manuélin, la sculpture portugaise subit à la fin du 15e s. l'influence flamande sous l'impulsion d'**Olivier de Gand** et de **Jean d'Ypres** (leur chef-d'œuvre est le retable en bois de l'ancienne cathédrale de Coimbra). Puis **Diogo Pires le Jeune** reprend les thèmes manuélins : la cuve baptismale du monastère de Leça do Balio (1515) en est le meilleur exemple.

Au début du 16e s., plusieurs maîtres, venus de Galice et de Biscaye, exercent leur art dans le Nord du Portugal ; ils participent à la construction des églises de Caminha, de Braga, de Vila do Conde et de Viana do Castelo. Leur art tient du gothique flamboyant et du platéresque espagnol. À partir de 1517, deux artistes biscaïens, **João** et **Diogo de Castilho**, travaillent successivement à Lisbonne, Tomar et Coimbra ; leur art proche du platéresque s'intègre au style manuélin comme on peut le voir dans le monastère des Jerónimos.

Les arts mineurs – Le goût manuélin se traduit dans les arts mineurs par une exubérance des motifs de décoration, souvent inspirés de l'Orient. L'orfèvrerie religieuse, particulièrement fastueuse aux 15e et 16e s., se ressent de l'exotisme oriental. La faïence subit l'influence de la porcelaine chinoise ; le mobilier adopte des procédés de décoration venus d'Orient : emploi de laques (Chine) ou de marqueterie de nacre et d'ivoire.

La peinture de 1450 à 1550

En se dégageant des influences étrangères, les peintres portugais traduisent à leur manière, mais plus tardivement que les architectes et les sculpteurs, la prodigieuse ascension politique du pays.

Les primitifs (1450-1505) – Les premiers peintres subissent l'influence de l'art flamand dont la pénétration au Portugal est favorisée par l'existence de relations commerciales étroites entre Lisbonne et les Pays-Bas. Seul **Nuno Gonçalves**, auteur du célèbre polyptyque de l'Adoration de saint Vincent (au musée d'Art ancien à Lisbonne), a su faire preuve d'originalité ; son tableau évoque, par sa composition, l'art de la tapisserie ; malheureusement, on ne lui connaît guère d'autres œuvres, à l'exception des cartons et tapisseries représentant la prise d'Asilah et de Tanger qui se trouvent dans le trésor de l'église de Pastrana près de Guadalajara en Espagne. Deux copies de ces tapisseries ornent une salle du palais des ducs à Guimarães. Une floraison de « maîtres » anonymes dont le « **Maître de Sardoal** » ont laissé de nombreuses œuvres bien représentées dans les musées du pays sous le nom de « primitifs portugais ».

Parmi les peintres flamands venus s'installer au Portugal, **Francisco Henriques** et **Frei Carlos** se distinguent par leurs compositions amples et la richesse chromatique.

Les peintres manuélins (1505-1550) – Ils créent une véritable école portugaise de peinture caractérisée par la finesse du dessin, la beauté et la vérité des couleurs, la composition réaliste des arrière-plans, la dimension en grandeur nature des personnages, le naturalisme expressif des visages cependant tempéré d'idéalisme.

Les principaux artistes ont travaillé à Viseu ou à Lisbonne. L'école de Viseu est dirigée par **Vasco Fernandes**, dit « Grão Vasco » (Vasco le Grand) ; les premières œuvres de cet artiste (retable de Lamego) révèlent l'influence de la peinture flamande ; son art devient ensuite plus original par son réalisme, la richesse de sa palette, le sens dramatique de la composition (tableaux de la cathédrale de Viseu aujourd'hui au musée Grão Vasco). **Gaspar Vaz** pratique une peinture plus raffinée (tableaux de l'église São João de Tarouca), et, bien que formé à l'école de Lisbonne, réalise ses meilleures toiles dans la région de Viseu. Les deux maîtres ont probablement collaboré au polyptyque de la cathédrale de Viseu.

La célèbre fenêtre manuéline du couvent du Christ (Tomar).

L'**école de Lisbonne** voit se développer, autour de **Jorge Afonso**, peintre officiel du roi Manuel, l'art de plusieurs peintres de talent :

– **Cristóvão de Figueiredo** dont la technique évoque l'impressionnisme (utilisation de la tache à la place du trait) et qui utilise les noirs et les gris pour représenter les portraits ; son style fut imité par plusieurs artistes (Maître de Santa Auta : retable de l'église primitive de la Madre de Deus à Lisbonne) ;

– **Garcia Fernandes**, parfois archaïsant, affecte dans ses portraits une certaine préciosité ;

– **Gregório Lopes**, plus dur dans le dessin et le modelé, est le peintre de la vie de cour ; il excelle dans les arrière-plans qui évoquent toujours de façon précise un paysage ou une scène de

Museu Nacional de Arte Antiga - L. Pavão/ANF-IPM

« L'Annonciation », par Frei Carlos.

la vie portugaise (retables de l'église São João Baptista à Tomar) ; son influence est visible chez le Maître d'Abrantes, au style cependant déjà baroque.

La Renaissance

La Renaissance conserve au Portugal ses traits essentiels, venus d'Italie et de France. Elle s'épanouit dans la sculpture, à partir de Coimbra, sous l'impulsion d'artistes français.

Dans son style resté fidèle aux principes de la Renaissance italienne, **Nicolas Chanterene** se charge de la décoration du portail Nord du couvent des Jerónimos à Belém avant de devenir le principal sculpteur de l'école de Coimbra, où il réalise son chef-d'œuvre, la chaire de l'église de Santa Cruz. **Jean de Rouen** excelle dans l'art des retables et des bas-reliefs. **Philippe Houdart** succède, à partir de 1530, à Chanterene comme grand maître de la statuaire de Coimbra ; on reconnaît ses sculptures à leur réalisme.

L'architecture connaît un essor plus tardif, sous la direction d'architectes portugais. **Miguel de Arruda** introduit à Batalha une note de classicisme à partir de 1533. **Diogo de Torralva** achève le couvent du Christ à Tomar. **Afonso Álvares** assure la transition avec l'art classique en faisant prendre aux édifices un aspect monumental et sobre.

L'art classique

La période classique voit le succès du style jésuite avec **Philippe Terzi**, architecte italien venu au Portugal en 1576, et **Baltazar Álvares** (1550-1624) ; les églises adoptent un plan rectangulaire, sans transept ni chevet. La peinture protobaroque portugaise, peu connue jusqu'à une date récente, a néanmoins produit de grands artistes. Le maître incontesté de la nature morte est **Baltazar Gomes Figueira** (1604-1674). Ses œuvres ont été souvent attribuées aux peintures plus naïves mais débordantes de vie de sa fille, **Josefa de Ayala**, appelée Josefa de Óbidos. **Domingos Vieira** (1600-1678) est considéré comme le plus grand peintre portugais du 17e s. Tout comme **André Reinoso** (1610-1641), il a surtout peint des motifs religieux. **Diogo Pereira** (mort en 1658) s'est distingué dans les scènes mytologiques et romantiques, figurant des paysages et des incendies.

Le goût pour les compositions classiques apparaît également dans l'orfèvrerie. Le 17e s. est par ailleurs la grande époque du mobilier indo-portugais dont le secrétaire à incrustations de bois précieux et d'ivoire est l'exemple le plus courant.

L'art baroque (fin 17ᵉ-18ᵉ s.)

Le style baroque doit son nom au mot portugais *barroco* qui désigne une perle irrégulière. Il correspond, dans le domaine de l'art, à l'esprit de la Contre-Réforme qui, au 16ᵉ et au 17ᵉ s., pour combattre les hérésies, opposa à l'austérité protestante les séductions d'un art savant et populaire au service de la foi catholique.

Une architecture flamboyante – Opposé aux dispositions symétriques de l'art classique, le baroque manifeste un sens du mouvement, du volume et de la profondeur, une prédilection pour les lignes courbes et une recherche de la grandeur.

Au 17ᵉ s., l'architecture, à peine libérée de l'influence espagnole imposée par Philippe II, prend un aspect austère et simple sous la direction de **João Nunes Tinoco** et **João Turiano**. Mais dès la fin du siècle, les façades s'animent de festons, de figures d'anges et de jeux de courbes, en particulier à Braga ; **João Antunes** prône l'adoption du plan octogonal pour les édifices religieux (église de Santa Engrácia à Lisbonne). Au 18ᵉ s., le roi Jean V fait appel à des artistes étrangers : l'Allemand **Friedrich Ludwig** et le Hongrois **Mardel**, formés à l'école italienne, importent un art sobre et monumental dont le plus beau chef-d'œuvre est le monastère de Mafra. Le véritable baroque portugais se développe dans le Nord du pays, tant dans les églises que dans les constructions civiles ; l'esthétique des façades est soulignée par le contraste des murs blancs, crépis à la chaux, avec les pilastres et les corniches de granit qui les entourent. À Porto, **Nicolau Nasoni**, d'origine italienne, orne les façades de motifs floraux, de palmes et de draperies. À Braga, l'architecture évolue vers le rococo (palais du Raio, église Santa Maria Madalena à Falperra).

La décoration – Les azulejos et la *talha dourada* connaissent alors une grande faveur. Cette dernière expression désigne les bois dorés qui ornent l'intérieur des églises et, à partir de 1650, le retable du maître-autel ; celui-ci est alors en bois sculpté, puis doré. Au 17ᵉ s., le retable ressemble à un portail : de chaque côté de l'autel, que surmonte un trône à plusieurs degrés, se dressent des colonnes torses ; des motifs décoratifs (pampres, grappes, oiseaux, angelots, etc.) en haut relief se multiplient. Au 18ᵉ s., le retable prend souvent des proportions démesurées et envahit le plafond et les murs du chœur. Son ordonnance se modifie : des entablements à fronton brisé coiffent les colonnes accompagnées d'atlantes ou de statues. Il est surmonté d'un baldaquin.

La statuaire – En bois généralement, les statues se disséminent dans la multitude des retables qui ornent les églises. Au 18ᵉ s., la statuaire est en grande partie tributaire des écoles étrangères : à Mafra, l'Italien **Giusti** forme de nombreux sculpteurs portugais dont **Machado de Castro** ; à Braga, Coimbra et Porto, **Laprade** représente l'école française. Cependant à Arouca, le Portugais **Jacinto Vieira** donne à ses œuvres un style très personnel et très vivant.

Venu d'Italie du Sud, le goût pour les crèches *(presépios)* baroques se développe. Au Portugal, elles sont de caractère plus populaire (leur composition s'inspire des pèlerinages traditionnels), mais ne manquent pas de valeur artistique ; les figurines, en terre cuite, sont souvent l'œuvre de **Machado de Castro**, **Manuel Teixeira** ou **António Ferreira**.

*Détail de l'« Arbre de Jessé »
(église de São Francisco à Porto).*

H. Champollion/MICHELIN

Le talent des sculpteurs baroques se manifeste également dans les innombrables fontaines qui parsèment le Portugal et plus particulièrement la région du Minho. Le monumental escalier de Bom Jesus, près de Braga, est en fait constitué par une succession de fontaines de style rococo.

La peinture – Elle est représentée par Vieira Lusitano (1699-1783) et surtout Domingos António de Sequeira (1768-1837), portraitiste et dessinateur remarquable.

De la fin du 18ᵉ s. au 19ᵉ s.

L'architecture – La seconde moitié du 18ᵉ s. voit le retour aux formes classiques avec les œuvres de **Mateus Vicente** (1747-1786) à Queluz, **Carlos da Cruz Amarante**, et des architectes lisboètes dont **Eugénio dos Santos** qui crée le style « pombalin ». À la fin du 19ᵉ s., le courant romantique affectionne les styles « néo » ; le néomanuélin, évocation de la période prestigieuse des Grandes Découvertes, triomphe avec le château de Pena à Sintra, le palace-hôtel de Buçaco et la gare du Rossio à Lisbonne. À la même époque, les façades des maisons se couvrent d'azulejos.

La sculpture – **Soares dos Reis** (1847-1889) tente de traduire la *saudade* (nostalgie) portugaise ; **Teixeira Lopes** (1866-1918), son élève, dévoile une technique élégante, en particulier pour les bustes d'enfants.

La peinture – Les peintres portugais découvrent le naturalisme de Barbizon : **Silva Porto** (1850-1893) et **Marques de Oliveira** (1853-1927) appartiennent au mouvement naturaliste tandis que **José Malhoa** (1855-1933), peintre des fêtes populaires, et **Henrique Pousão** (1859-1884) se rapprochent de l'impressionnisme ; **Sousa Pinto** (1856-1939) excelle dans les pastels ; enfin **Columbano Bordalo Pinheiro** (1857-1929), frère du célèbre céramiste, est réputé pour ses portraits et ses natures mortes.

Les 20ᵉ-21ᵉ s.

Une architecture moderne et novatrice

L'Art nouveau a un certain succès à Lisbonne, Coimbra et Leiria. Le style Art déco voit l'une de ses plus belles réalisations dans la Casa Serralves à Porto. Dans les années 1930, l'architecte **Raul Lino** réalise la Casa dos Patudos à Alpiarça.

Les années 1950 marquent un tournant avec la construction de logements sociaux et de bâtiments comme le musée Gulbenkian. L'école de Porto se signale par son modernisme, son inventivité, son élégance et son attention portée au patrimoine historique. De son fondateur, **Fernando Távora** (né en 1923), citons les deux récents travaux d'aménagement : celui du couvent à Refóios do Lima et du couvent de Oliveira de Guimarães, converti en pousada. La transformation en pousada d'un autre couvent, celui de Santa Maria do Bouro, a été conçue par **Eduardo Souto Moura** (né en 1953), architecte lui aussi lié à cette école. **Álvaro Siza** (né en 1933), le plus renommé des architectes portugais, est responsable d'importantes réalisations, comme le musée d'Art contemporain de Porto, le pavillon du Portugal de l'Exposition universelle de 1998 et la réhabilitation du quartier du Chiado, à Lisbonne, en partie détruit par l'incendie de 1988. L'école de Lisbonne est plus controversée. Parmi ses architectes, citons **Tomás Taveira**, qui a conçu les tours postmodernes des Amoreiras dans la capitale, principal événement architectural des années 1980, Egas José Vieira ou Manuel Graça Dias.

La sculpture

Francisco Franco (1885-1955) fut le représentant de la sculpture officielle, celle des monuments commémoratifs très appréciés sous Salazar. Plus récemment, **João Cutileiro** s'est fait connaître par l'originalité de ses statues (le roi Sébastien à Lagos, Camões à Cascais, monument célébrant la révolution des Œillets dans le parc Eduardo VII à Lisbonne), tandis que les artistes contemporains **José Pedro Croft, Rui Sanches** et **Rui Chafes** se définissent comme des sculpteurs plus conceptuels (installations). **Croft** (né en 1957), qui a d'abord commencé à travailler la pierre puis le bronze, détourne aujourd'hui les objets quotidiens de leurs fonctions d'origine. Le bois et les agglomérés sont à la base des créations de **Saches** (né en 1954), dont le travail questionne la perception du corps humain. **Rui Chafes** (né en 1965), fait un travail de sculpture violent et exalté. L'œuvre de **Pedro Cabrita Reis** (né en 1956) a évolué du dessin et de la peinture à la sculpture et l'installation. Ses réalisations sont marquées par l'affirmation du monumental. Il représente le Portugal à la Biennale de Venise de 2003.

Piliers palmés et jeux de prismes pour la Gare d'Orient à Lisbonne

La peinture de la première moitié du 20ᵉ s.

La peinture portugaise du début du 20ᵉ s. s'était en partie figée dans le naturalisme ; seuls quelques artistes suivirent l'évolution générale de la peinture ; à Paris, **Amadeo de Souza Cardoso** (1887-1918), ami de Modigliani, assimila les leçons de Cézanne. En constante recherche, il sera influencé par les mouvements artistiques de l'époque, du cubisme au dadaïsme, en passant par le futurisme, l'abstraction et l'expressionnisme. Avec une peinture haute en couleur, Amadeo de Souza est une figure très importante de l'art moderne portugais. Quant à son ami **Santa Rita** (1889-1918), mort prématurément, il apportera une contribution importante au mouvement futuriste portugais. Figure majeure de la scène artistique et intellectuelle portugaise, **José de Almada Negreiros** (1893-1970), fut le principal protagoniste du mouvement futuriste. Il marque aussi la naissance du modernisme au Portugal avec l'article *Manifesto anti-Dantas*, une réponse au critique Julio Dantas qui avait attaqué la toute récente revue *Orpheu*, crée par Almada Negreiros et Fernando Pessoa, entre autres. Dessinateur de talent, il se dédie principalement à la peinture. Entre 1943 et 1949, il réalisa les grandes fresques des gares maritimes de Alcântara et de Rocha do Conde de Óbidos, à Lisbonne.

Les artistes contemporains

Plusieurs artistes portugais partent vivre ou étudier à l'étranger pendant la dictature salazariste. Proche de l'école de Paris, ville où elle résida à partir de 1928, **Maria Helena Vieira da Silva** (1908-1992), épouse du peintre hongrois Arpad Szenes, recrée un espace imaginaire et on retrouve parfois dans ses compositions la juxtaposition et les tons des azulejos, tout comme chez **Manuel Cargaleiro**, connu surtout pour son travail de céramiste.

Júlio Pomar (né en 1926), installé en France depuis 1963, est un artiste polyvalent aussi bien dans les thèmes – protestation politique, tauromachie, nature morte, portrait, œuvre érotique – que dans les techniques – peinture, gravure, dessin, sculpture, « assemblages », azulejo, tapisserie.

Paula Rego (née en 1935) vit et travaille à Londres. Avec une peinture principalement figurative et narrative, « ses tableaux commencent par une histoire, un événement, un titre ». Influencé par le Pop Art, Rego introduit le collage dans son travail, technique qu'elle utilise jusqu'aux années 1980. En 1990, elle devient la première « artiste associé » à la National Gallery de Londres, où elle conçoit une série d'œuvres directement liées à cette collection.

Citons aussi **Lourdes Castro** (peintre), **José de Guimarães** (peintre et sculpteur), **Alberto Carneiro** (installations), **Graça Morais** (né en 1948), **Pedro Calapez** (abstraction et formes volumétriques), **Pedro Casqueiro** (abstraction), **Álvaro Lapa** et **Julião Sarmento** (né en 1948). Sarmento, créateur multifacettes, est le premier artiste portugais invité à présenter son travail à la « Documenta » de Kassel, en Allemagne. Son parcours cohérent avec la réalité artistique internationale fait de lui une référence pour les plus jeunes artistes. En plus de la peinture, Sarmento utilise aussi la photographie et l'illustration.

L'EXPOSITION UNIVERSELLE DE 1998
Plusieurs réalisations architecturales (pavillons) ont vu le jour sur le site de l'Exposition universelle de Lisbonne en 1998. L'Exposition a également engendré une opération d'urbanisme de vaste envergure : nouveau réseau de transport (gare d'Orient, pont Vasco de Gama), transformation de tout le quartier d'Olivais au Nord-Est de la ville, réhabilitation des berges du fleuve.
Voir Lisbonne p. 221.

Au début des années 1980, un groupe d'artistes organise le Grupo Homeostético, dont fait partie **Pedro Portugal**, mais aussi Xana, Manuel Vieira, Ivo et Fernando Brito et **Pedro Proença**. Ce groupe, présenté par un manifeste, organise des expositions et des initiatives collectives.

Parmi les artistes plus jeunes, citons Francisco Tropa, Rui Toscano, Rui Moreira, Rui Patalho (né au Mozambique) et João Onofre qui utilise principalement la vidéo.

Les azulejos

*Toujours très utilisés en dé-
coration, les panneaux d'azulejos, dont l'origine remonte
au 15ᵉ s., constituent une
sorte de peinture-tapisserie
sur carreaux de faïence vernissée. L'azulejo fait partie
du domaine architectural portugais et a été une des compo-
santes des différents styles qui se sont succédé au fil des siècles.*

Bien qu'en majorité bleu et blanc, le nom de ces carreaux ne viendrait pas de *azul*
(bleu en portugais) mais plutôt de l'arabe *al zulaycha*, qui désigne un morceau de
terre cuite et lisse.

Les origines

Les premiers azulejos venaient d'Espagne, plus précisément d'Andalousie, où ils
décoraient les alcazars et autres palais. Ils furent introduits au Portugal par le roi
Manuel Iᵉʳ qui, revenu ébloui par l'Alhambra de Grenade, fit décorer son palais de
Sintra de ces riches carreaux. À l'époque, les azulejos étaient des **alicatados**, morceaux de faïence monochromes découpés et assemblés pour dessiner des motifs
géométriques. Ce procédé fut remplacé par celui de la **corda seca** : un fin cordon
fait d'huile et de manganèse qui permettait d'isoler les différents émaux et qui noir-
cissait à la cuisson, dessinant les contours des différents motifs. Un autre principe
d'isolation consistait à dessiner des arêtes – **aresta** – avec la terre même du carreau.
À partir du 16ᵉ s., l'Italien Francesco Nicoloso introduit la technique italienne de la
majolique dont le principe est de recouvrir la terre cuite d'une couche d'émail blanc
sur laquelle se fixent les pigments. Les azulejos deviennent un support comme les
autres, un format « standard » est adopté établissant à 14 cm les côtés du carreau,
et les Portugais ouvrent des ateliers à Lisbonne.

Style Renaissance et maniériste

Vers le milieu du 16ᵉ s., l'influence flamande supplante les modèles espagnols avec
des panneaux plus complexes utilisant des motifs comme la pointe de diamant
(transept de São Roque à Lisbonne). Les azulejos sont alors très demandés pour
la décoration des pavillons d'été et des jardins. Les plus beaux exemples sont ceux
de la Quinta de Bacalhoa réalisés en 1565. De la même époque date le panneau
de Nossa Senhora da Vida (au musée de l'Azulejo à Lisbonne).

Le 17ᵉ s.

Sous la domination espagnole, le Portugal entre dans une période d'austérité. Pour
décorer sans trop de frais les murs des églises, on utilise de simples carreaux
monochromes que l'on dispose de façon géométrique. Un très bel exemple en est
donné par l'église de Marvila à Santarém. Les compositions vont évoluer jusqu'à
donner le style *tapete* (tapis) évoquant les tentures orientales par leurs motifs géométriques ou floraux se reproduisant à partir des modules de 4, 16 ou 36 carreaux.
Ces grands panneaux polychromes couvrant les parois des églises sont produits à
grande échelle dans des ateliers. La restauration des Portugais sur le trône est
suivie d'un essor créatif. On revient aux panneaux figuratifs décrivant des scènes
mythologiques ou des « singeries » caricaturant les scènes de mœurs contemporaines. Les jaunes et bleus traditionnels sont relevés par le vert du cuivre et le
violet du manganèse (très beaux exemples au palais des marquis de Fronteira à
Lisbonne). Cette polychromie laisse peu à peu la place au bleu de cobalt sur fond
d'émail blanc (salle des Batailles dans le palais des marquis de Fronteira).
Parallèlement on assiste à une grande diffusion des carreaux à motif isolé reproduisant un animal, une fleur, une allégorie, qui s'inspirent des modèles hollandais.
Ces carreaux sont utilisés pour décorer les cuisines ou les corridors.

Panneau (1670) du musée de l'Azulejo à Lisbonne.

Le 18ᵉ s.

Au 18ᵉ s., les azulejos seront presque exclusivement bleu et blanc ; cette mode vient des porcelaines chinoises mises au goût du jour par les Grandes Découvertes. Les azulejos sont décorés par de vrais artistes, des maîtres, dont les principaux noms sont **António Pereira**, Manuel dos Santos et surtout **António de Oliveira Bernardes** et son fils **Policarpo**. Parmi leurs œuvres, citons : la chapelle de Remédios à Peniche, l'église de São Lourenço à Almancil et le fort São Filipe à Setúbal. La période du règne de Jean V (1706-1750) se caractérise par sa magnificence. L'or du Brésil permet des folies architecturales. Le goût est à l'extériorisation, à la théâtralité, et cela se manifeste tout particulièrement dans les azulejos. Les panneaux, de véritables tableaux représentant des personnages sur fond de paysages raffinés, sont entourés de bordures où s'entremêlent lambrequins, franges, anges voltigeurs, pilastres. C'est la pleine expression du **style baroque**. **Bartolomeu Antunes** et **Nicolau de Freitas** sont les grands noms de cette époque. Les azulejos se multiplient sur le continent, à Madère, aux Açores et au Brésil. La seconde moitié du 18ᵉ s. est marquée par le **style rocaille**. On revient à la polychromie : le jaune, le marron et le violet dominent ; la peinture se fait plus fine, les petits motifs plaisent et la décoration des encadrements utilise les ailes de chauve-souris, les éléments végétaux et les coquillages. De beaux exemples de ce style se trouvent au palais de Queluz, notamment le long du canal.

Après le tremblement de terre de Lisbonne, l'azulejo joue un rôle primordial dans la reconstruction. Il égaie une architecture épurée, parfois austère. La création de la fabrique royale de faïence au Rato en 1767 va permettre des productions en quantité. On revient au style *tapete* (tapis). Le **style néoclassique** sous le règne de Marie Iʳᵉ frappe par la sérénité et la fraîcheur des sujets, les encadrements formés de rubans, de guirlandes, de pilastres, d'urnes, de feuillage.

Le 19ᵉ s.

Vers 1830, des Portugais partis faire fortune au Brésil reviennent dans leur pays et couvrent les murs extérieurs de leurs maisons d'azulejos. Cette pratique était courante au Brésil où l'on protégeait ainsi les façades des fortes pluies tropicales et de l'humidité. Petit à petit cette mode se répand et des rues entières, des façades d'églises se couvrent de petits carreaux de faïence produits de façon industrielle par le système de l'estampille. L'azulejo devient aussi l'un des principaux éléments de décoration des magasins, des marchés (Santarém) et des gares (Évora, Aveiro) avec des sujets se rapportant au commerce, aux traditions de la région ou à l'histoire.

Le **romantisme** trouve toute son expression avec **Rafael Bordalo Pinheiro** qui, après la fondation de la fabrique de Caldas da Rainha en 1884, édite des carreaux avec des motifs en relief couverts de nouveaux émaux irisés. Il est le grand inspirateur de l'**Art nouveau** au Portugal. L'un des principaux artistes de cette époque fut **José António Jorge Pinto** qui réalisa de nombreux panneaux allégoriques. Avec le style **Art déco**, c'est la géométrie des formes qui prime, facilitant ainsi la production industrielle. À la même époque, on trouve aussi des œuvres d'inspiration historique et folklorique. **Jorge Colaço** (1868-1942) décore la gare São Bento de Porto et le palais de Buçaco. Il privilégie les thèmes historiques et les illustre par d'immenses fresques bleu et blanc.

L'époque contemporaine

Dans les années 1940 et 1950, l'azulejo retrouve un certain prestige. Parmi les artistes qui l'utilisent, citons Manuel Cargaleiro, Querubim Lapa, Rolando Sá Nogueira, Carlos Botelho et Maria Keil. Les azulejos, présentés sous forme de grandes fresques géométriques, de frises recouvrant essentiellement les façades, sont partie prenante de l'architecture générale et intégrés à elle. **Eduardo Nery**, artiste célèbre pour son art urbain, est l'auteur de la fresque de la station de métro Campo Grande. Depuis 1987, la décoration en azulejos des stations de métro de Lisbonne a été confiée à des peintres célèbres : **Vieira da Silva** (Cidade Universitária), **Júlio Pomar** (Alto dos Moinhos). En 1997, une grande fresque murale a été conçue par l'Américain Ivan Chermayeff pour l'Expo' 98.

Les vins

Septième producteur mondial de vin, le Portugal possède une gamme très riche de crus. Le porto et le madère ont une renommée internationale, en partie redevable aux Anglais, mais on trouve sur place, à des prix très abordables, des vins d'excellente qualité appropriés à toutes les occasions.

Le porto

Les vignes des vallées du Haut-Douro et de ses affluents produisent des vins généreux, exportés après traitement au port de Porto qui leur a donné son nom.

Le porto et les Anglais

Au 14ᵉ s., certains vins de Lamego étaient déjà exportés en Angleterre. Au 17ᵉ s., en échange de leur aide contre les Espagnols, les Portugais accordèrent aux Anglais des privilèges commerciaux. Ainsi, à la fin du 17ᵉ s., quand la formule du porto fut mise au point, de nombreux Anglais se portèrent acquéreurs de *quintas* dans la vallée du Douro et se lancèrent dans la production de ce vin. Le **traité de Methuen** (1703) avait attribué le monopole du commerce des vins portugais à la couronne britannique, mais le roi Joseph Iᵉʳ et le marquis de Pombal créèrent en 1756 la **Compagnie générale de l'agriculture des vignes du Haut-Douro**, établissement public qui fixerait désormais le prix à l'exportation. L'année suivante, cette compagnie entreprend de déterminer les limites du vignoble ayant droit à l'appellation. Les maisons anglaises se multiplièrent : Cockburn, Campbell, Offley, Harris, Sandeman, Dow, Graham, etc. ; les Portugais attendirent 1830 pour créer leurs propres compagnies : les Ferreira, les Ramos-Pinto... En 1868, le phylloxéra s'abattit sur la région, mais le vignoble fut rapidement reconstitué et l'on produisit des *vintage* dès la fin du 19ᵉ s.

Le vignoble

Il est cultivé dans la région délimitée du Douro, créée par la loi de 1756. Celle-ci recouvre 240 000 ha, dont 1/6 en vignes qui s'étendent sur une centaine de kilomètres le long du Douro jusqu'à la frontière espagnole. Le centre du vignoble se trouve approximativement au niveau du bourg de Pinhão. On compte 25 000 propriétaires viticulteurs. Les conditions exceptionnelles du climat (été chaud, hiver froid) et du sol schisteux de cette région, associées au vieillissement que l'on fait subir au vin, assurent au porto des caractéristiques uniques. Le vignoble cultivé sur les versants raides du Douro, complètement sculptés en gradins, forme un paysage exceptionnel.

L'élaboration du porto

Les vendanges ont lieu fin septembre. Les grappes sont transportées à dos d'homme dans des hottes en osier. Le raisin cueilli est porté au pressoir où le foulage mécanique s'est substitué au foulage au pied, qui offrait jadis, avec ses chansons et ses rythmes, un spectacle fort pittoresque. Le moût fermente jusqu'à ce qu'il atteigne le degré de sucre souhaité, puis on y ajoute de l'eau-de-vie – de raisin du Douro, obligatoirement – pour en faire cesser la fermentation et retenir

Vendanges dans la vallée du Douro.

le sucre. Au printemps, le vin est transporté jusqu'aux chais de Vila Nova da Gaia.

Jusqu'en 1964, ce transport s'effectuait à bord des pittoresques *barcos rabelos* qui descendaient le Douro sur 150 km jusqu'à Porto. On peut voir certains de ces bateaux à Pinhão ou à Vila Nova da Gaia.

Les différents portos

La teneur en alcool du porto varie entre 19 et 22 %. Il existe une grande variété de portos en fonction de la marque et du procédé d'élaboration. Vieillis en fût, ils mûrissent par oxydation et prennent une belle couleur ambre ; vieillis en bouteille, ils mûrissent par réduction et se caractérisent par leur teinte rouge sombre.

Depuis 1963, les Français ont supplanté les Anglais et sont devenus les premiers importateurs de porto. Ils consomment surtout du *tawny*, demi-sec et doux, vendu après trois à cinq ans d'âge, alors que les Anglais sont amateurs de portos de grande qualité.

Les portos les moins chers sont les **blancs**, les rouges **ruby** ou les jeunes **tawnies**. Ce sont des vins de coupage (*blended* en anglais) faits avec des mélanges de vins de différentes productions et de différentes années. Mis en bouteille entre deux et quatre ans après la vinification, il faut les consommer rapidement pour en apprécier toute la subtilité. Les meilleurs portos, et les plus chers, sont les **vintage** et les **LBV.**

Porto blanc ou **branco** – Ce porto, moins répandu, provient de cépages blancs. Sec ou extra-sec, d'une teneur en alcool de 16,5° minimum, il constitue un excellent apéritif à servir frais.

Ruby – De couleur rouge, c'est un vin jeune, d'environ deux ans, assez vigoureux.

Tawny – Vin de mélange, ayant en général passé trois ou quatre ans en fût, sa couleur est blond doré. Il existe également des *tawnies* avec indication d'âge et des *tawnies* de « *colheita* ».

Porto avec indication d'âge – La mention (10, 20, 30 ans...) correspond au temps passé en fût. Ce vin de très bonne qualité est à boire dans les années suivant la mise en bouteille.

Colheita – Ce porto avec mention de la date de récolte *(colheita)* est réalisé avec des vins de même année, la mise en bouteille se faisant au bout de sept ans minimum (cette date est mentionnée sur l'étiquette).

Vintage – C'est un porto obtenu à partir d'un raisin de qualité remarquable, produit généralement sur un seul domaine en une année exceptionnelle. Il est impérativement mis en bouteille après deux ou trois années passées en fût. La bouteille, qui porte le nom de l'exportateur, est millésimée et ne doit être ouverte qu'au bout de huit à dix ans.

LBV – Ces portos, dont les initiales signifient « Late Bottled Vintage », sont réalisés aussi avec une seule récolte et mis en bouteille entre la 4e et la 6e année après la vendange. Les *vintage* ou les LBV peuvent être gardés de nombreuses années, pourvu que l'on prenne certaines précautions (température adéquate, bouteille couchée). Le *vintage* doit être servi dans une carafe et consommé rapidement, de préférence le jour de l'ouverture de la bouteille.

POUR EN SAVOIR PLUS
À Porto, l'**Institut du vin de Porto** *(www.ivp.pt)*, en association avec d'autres organismes officiels, notamment le **Cabinet de la route du Vin de Porto**, situé à Peso da Régua *(voir carnet pratique de la Vallée du Douro)* et les offices de tourisme de la région, propose une route du Vin de Porto dans la région délimitée du Douro. L'itinéraire passe par 54 sites *(quintas, caves coopératives, œnothèques, etc.)* : une bonne occasion pour découvrir la région et ses beaux paysages à la saveur de son précieux nectar...

Les chais de Sandeman à Porto.

Le madère

L'historique et l'élaboration du madère sont décrits dans l'introduction de l'île de Madère.

Les autres vins

Plusieurs régions produisent des vins dignes d'intérêt, faisant l'objet depuis 1987 d'un classement en VQPRD (Vin de qualité produit dans une région déterminée), qui comprend les DOC (Dénomination d'origine contrôlée, correspondant à l'AOC française), les IPR, les vins régionaux et les vins de table. Dans les restaurants, on peut demander le *vinho da casa*, vin de la maison, généralement très convenable.

Le vinho verde (vin vert) – *Voir également l'encadré.* Il est blanc (tendant au jaune) ou rouge foncé *(tinto)*, et son appellation de « vin vert » indique la précocité des vendanges et la brièveté de la fermentation qui donne un vin à faible teneur alcoolique (8 à 11,5°), léger, pétillant, fruité, un peu acidulé même. Il est produit dans le Nord-Est du pays, dans le Minho et la basse vallée du Douro. Le vinho verde se boit jeune et bien frais. Idéal en apéritif, il accompagne agréablement le poisson et les fruits de mer. Le vinho verde le plus réputé est produit avec le cépage alvarinho et, contrairement aux autres, il peut être conservé plus longtemps.

Douro – Réputée pour le porto, la région délimitée du Douro produit aussi des vins de qualité, d'appellation « douro », généralement rouges, robustes et charpentés, parfois blancs.

Dão – Sur les terrains granitiques des vallées du Dão et du Mondego, on obtient un vin blanc frais et un vin rouge très doux, velouté et chargé d'arômes, dont la qualité peut être comparée à celle des crus du Bordelais. Les vins de *« quinta »* sont d'ailleurs l'équivalent des vins de « château » français.

Alentejo – À côté du vin blanc de Vidigueira prédominent les vins rouges ronds et corsés : **reguengos**, **borba** et **redondo**.

Bairrada – Région viticole très ancienne, la Bairrada donne naissance à un vin rouge robuste et parfumé. Elle produit également un mousseux naturel très apprécié au Portugal, qui accompagne à merveille son fameux porcelet rôti.

Colares – Près de la serra de Sintra, la vigne pousse sur un terrain sablonneux, au-dessus d'une couche d'argile, produisant un vin renommé depuis le 13ᵉ s.

Bucelas – C'est un vin blanc sec, acidulé, jaune paille, produit sur les rives du rio Trancão, affluent du Tage.

Autres vins de table – Les vignobles du Ribatejo produisent de bons vins ordinaires, vins rouges corsés de la région de Cartaxo, vins blancs de Chamusca, Almeirim et Alpiarça, sur la rive opposée du Tage. Citons encore les vins de la région de Sado, de Torres Vedras, d'Alcobaça, de Lafões et d'Águeda, les vins rosés de Pinhel, de Mateus (le plus vendu).

En Algarve, une petite production se maintient autour de Lagoa, dont la coopérative est la plus ancienne du pays.

Vins de dessert – Le **moscatel de Setúbal**, dont le vignoble se situe sur les pentes argilo-calcaires de la serra da Arrábida, est un vin généreux, fruité, qui acquiert avec l'âge une saveur particulièrement agréable. Le **carcavelos**, également fruité, est très apprécié.

Sur la route du Vin Vert : suggestions pour une visite du Minho

Profitez de votre séjour dans le Minho pour découvrir les *quintas* et les caves coopératives où l'on produit et élabore le fameux vinho verde. Dans tous ces établissements, vous pourrez goûter et acheter le vin. Certaines *quintas* font partie du réseau du « Tourisme d'habitation » *(voir chapitre Informations pratiques)* et proposent des chambres d'hôte dans un cadre traditionnel et raffiné des plus agréables. Certaines maisons disposent d'un restaurant. Près de Porto, sur l'itinéraire IP4 en direction d'Amarante, à Paredes, la **Quinta da Aveleda** donne son nom à l'une des marques de vin vert les plus connues. Intégrée dans un beau site naturel, elle comprend un restaurant (visite des caves, dégustation et achat de vin. ☎ 255 71 82 00, fax 255 71 11 39).

Près de la belle ville de Guimarães, à Santo Amaro, se trouve la magnifique **Casa de Sezim**, dont la fondation remonte au 14ᵉ s. Entourée d'un bois et de 21 ha de vigne, disposant de neuf chambres d'hôte, elle offre une occasion unique de connaître l'élaboration du vin, de le goûter et de jouir de la nature environnante. La maison possède des chevaux que l'on peut monter pour des balades accompagnées, une piscine, un bar, et peut organiser des séminaires et des réunions d'entreprises (☎ 253 52 30 00, fax 253 52 31 96). Propriétaire : M. José Paulo Mesquita.

Les environs de Braga, dans la zone d'Amares, concentrent plusieurs quintas.

La Quinta do Paço, au lieu-dit de Lago, offre la possibilité de visiter ses caves sur rendez-vous, de déguster et d'acheter ses vins (☎ 253 31 17 80).

Le Solar das Bouças, au lieu-dit de Ancede, à Prozelo, dans un beau paysage, propose également des visites et des dégustations sur rendez-vous (☎ 253 90 90 10, fax 253 90 90 19).

À 3 km de Viana do Castelo, la **Quinta do Paço d'Anha**, fondée au 15ᵉ s., fait partie de l'histoire du Portugal. Elle fut la propriété de Dom Afonso, 1ᵉʳ duc de Bragance, dont le blason est encore visible à différents endroits du domaine. Jouissant d'une belle vue sur la mer, elle dispose de six appartements.

Les hôtes peuvent participer aux travaux de la *quinta* et se promener dans la propriété : 50 ha dont 35 de forêt, visite des caves et dégustation sur rendez-vous ; vente de vin (☎ 258 32 24 59, fax 258 32 39 04). Propriétaire : António Júlio d'Alpoim.

POUR D'AUTRES RENSEIGNEMENTS SUR LES VINS VERTS :
Região de Turismo do Alto Minho
Castelo de São Tiago da Barra
4900 Viana do Castelo
☎ 258 82 02 70/1/2, fax 258 82 97 98.
Região de Turismo Verde Minho
Praça Dr. José Ferreira Salgado,
90-6° – 4700-525 Braga
☎ 253 20 27 70, fax 253 20 27 79.
www.rtvm.pt ou
www.vinhoverde.pt

VINS ET GASTRONOMIE

Vignoble   *Bucelas* Principaux crus

La gastronomie

À la seule évocation de la cuisine portugaise, on pense aussitôt à la morue (bacalhau), qui occupe une place particulière dans l'histoire maritime du pays. Pour les Portugais, qui la surnomment « l'amie fidèle », elle est l'aliment populaire par excellence, le plat traditionnel de Noël, la friandise omniprésente sous forme de beignets...

Les repas portugais comptent plusieurs plats généralement préparés à l'huile d'olive, ail et relevés par de nombreux aromates (romarin, laurier, coriandre, etc.). La viande et les produits de la mer constituent la base des repas. Comme garniture, les Portugais préfèrent le riz, dont ils ont acquis le goût à la suite de leurs voyages en Orient, la pomme de terre ou plus rarement une salade mixte (salade, tomate et oignon).

Les soupes – La soupe manque rarement au repas. On y mêle les composants les plus divers : volaille et riz *(canja de galinha)*, poisson *(sopa de peixe)*, fruits de mer *(sopa de mariscos)*, lapin *(sopa de coelho)*, pois chiches *(sopa de grão)*. La plus réputée est le **caldo verde** (Minho), très répandu au Nord du Mondego. Elle est à base de purée de pommes de terre et de chou galicien vert, émincé en fines lamelles ; on y ajoute de l'huile d'olive et des rondelles de saucisson fumé *(chouriço)*.

Au Sud, le **gaspacho**, soupe pimentée et vinaigrée aux tomates, oignons, concombres, est servi glacé avec des croûtons de pain grillé.

Les **açordas**, une sorte de purée au pain, peuvent être dégustés partout et connaissent de nombreuses variantes ; en Alentejo on la prépare avec des feuilles de coriandre, de l'huile d'olive, de l'ail, du pain ainsi qu'un œuf poché *(açorda alentejana)*.

Produits de la mer – Le Portugal est le pays d'Europe qui a la plus grande consommation de poisson par habitant. La **morue** *(bacalhau)* est particulièrement appréciée, surtout dans le Nord du pays. Pêchée dans les lointaines eaux froides de Terre-Neuve, il faut la saler pour la garder jusqu'au retour des bateaux. Mais, en raison de la surpêche, les stocks diminuent et les prix de la morue ont fortement augmenté, ce qui n'en fait plus du tout un plat économique. Il y a, dit-on, 365 manières de la préparer. La plus traditionnelle est la morue cuite au four et garnie de pomme de terre *(bacalhau cozido com batata ao murro)*. Originaire de Lisbonne, le **bacalhau à Brás** *(voir encadré)* est aujourd'hui servi dans tout le pays.

On accommode toutes sortes de poissons : sardines grillées dont l'odeur parfume les rues de toutes les villes du littoral, poissons-épées, lamproies, lottes, saumons du Minho, aloses du Tage, thon de l'Algarve, **caldeirada**, sorte de bouillabaisse que les pêcheurs préparent sur la plage.

Les fruits de mer *(mariscos)* et les poulpes sont abondants et garnissent nombre de plats. Toujours cuits, les coquillages, dont le plus connu

BACALHAU À BRÁS

Pour 4 personnes, il faut 500 g de morue, 500 g de pommes de terre, 350 g d'oignons, 5 œufs, 2 gousses d'ail, 4 cuillers à soupe d'huile, persil haché, olives noires, sel et poivre.

Faire dessaler la morue pendant une journée en changeant l'eau plusieurs fois. L'effiler en enlevant la peau et les arêtes et la sécher dans une toile. Éplucher les pommes de terre et les couper en fins bâtonnets. Couper les oignons en rondelles très fines. Faire chauffer l'huile dans une poêle avec l'ail que l'on retire lorsqu'il a blondi. Faire blondir les oignons et ajouter la morue. Laisser frire 5mn et ajouter les pommes de terre préalablement frites et l'ail. Saler et poivrer, puis ajouter les œufs battus en mélangeant bien le tout. Saupoudrer avec le persil et parer avec les olives.

Sur la plage de Nazaré.

est l'**almeijoa** (praire), sont délicieux et variés, surtout en Algarve, où un plat spécial en cuivre, la *cataplana*, sert à les préparer. Agrémentés d'aromates, de tomates et de saucisses, ils acquièrent à la cuisson une saveur agréable. La langouste *(lagosta)* à la mode de Peniche, cuite à l'étouffée, est justement célèbre.

Viandes – Le porc est accommodé et préparé de multiples façons ; le porcelet rôti – **leitão assado** – de Mealhada (au Nord de Coimbra) est délicieux. On consomme aussi la viande de porc en ragoût, en saucisses de langue fumée – **linguiça** –, en filets fumés *(paio)*, en jambon fumé *(presunto)* comme à Chaves et Lamego. Accompagné de haricots rouges ou blancs, de choux et de saucisson fumé *(chouriço)*, le jambon devient un des composants de la **feijoada**. Jambon et saucisses entrent dans la préparation du **cozido à Portuguesa**, pot-au-feu de bœuf, légumes, pommes de terre et riz ; dans celle des tripes à la mode de Porto – **dobrada** –, plat à base de tripes ou de gras-double de veau et de haricots blancs. La viande de porc à l'alentejane – **carne de porco à Alentejana** – est marinée dans le vin et préparée avec des *almeijoas* (praires) et des pommes de terre (sans les praires – *carne de porco à portuguesa*). Le bœuf est souvent mangé sous forme de steak comme le fameux *bife a cavalo* (steak surmonté d'un œuf frit, « à cheval »). On fait aussi, plus rarement, rôtir à la broche cabris et agneaux.

Fromages – On appréciera les fromages de brebis (d'octobre à mai) : ceux de la serra da Estrela *(queijo da Serra)*, de Castelo Branco, d'Azeitão, de Serpa très crémeux ; les fromages de chèvre comme les *queijos secos* (fromages secs) mais aussi le *cabreiro*, le *rabaçal* (région de Pombal) ; les petits fromages blancs *(quejinhos)* de Tomar, souvent servis en hors-d'œuvre, de même que le fromage de chèvre frais *(queijo fresco)* et le fromage de Nisa. Enfin, partout au Portugal, on dégustera le *queijo da Ilha*, provenant des Açores.

Desserts – Le Portugal compte un nombre infini de gâteaux, presque tous à base d'œufs, hérités de vieilles recettes conventuelles, comme le **toucinho-do-Céu** (lard du ciel), les **barrigas de Freira** (ventres de nonne) et les **queijadas de Sintra**, aux amandes et au fromage de brebis frais. Le **pudim flan**, sorte de crème renversée, a sa place dans la plupart des menus. Avec les mêmes ingrédients, on obtient le **leite-creme** plus crémeux. L'**arroz doce** (riz au lait), saupoudré de cannelle, est souvent réservé aux repas de fête.

En Algarve, figues et amandes permettent la confection de délicieuses friandises. Dans les pâtisseries, si nombreuses au Portugal, on se procurera notamment des **pastéis de nata** : flan, dans une pâte feuilletée, saupoudré de cannelle.

Sur le quai de la Ribeira à Porto.

Villes et sites

Abrantes

Au centre du Portugal, Abrantes occupe un site bien exposé sur le versant d'une colline dominant la rive droite du Tage. Au Sud du fleuve, sur la route forestière de Tramagal, vous aurez d'excellentes perspectives sur cette belle ville blanche aux maisons soulignées de jaune, qui fut jadis un important centre du commerce fluvial. On y déguste la « palha de Abrantes », délicieuse pâtisserie composée de filaments d'œufs. À quelques kilomètres de là, ne manquez pas le paisible bourg de Constância et le chateâu fort d'Almourol, dressé sur un îlot du Tage.

La situation

42 436 habitants. Carte Michelin n° 733 N 5 – District de Santarém. Au Nord-Est de la province du Ribatejo. Accessible par l'IP 6. 75 km au Nord-Est de Santarém et 139 km au Nord-Est de Lisbonne. 🖪 *Largo 1° de Maio, 2200-320,* ☎ *241 36 25 55 ou 249 73 00 52.*

Vous pouvez poursuivre votre voyage en visitant : TOMAR, MARVÃO, SANTARÉM.

se promener

Château

Bâti au début du 14ᵉ s. sous le règne de Dinis Iᵉʳ pour protéger la route de Lisbonne, il fut parfaitement inefficace contre les invasions françaises. Le 24 novembre 1807, la ville s'ouvrit sans résistance aux troupes de Junot, qui reçut par la suite de Napoléon Iᵉʳ le titre de duc d'Abrantes. Quelques jours plus tard, les Français s'installaient à Lisbonne, abandonné par la famille royale.

Des ruelles abondamment fleuries mènent aux anciennes fortifications restaurées. À l'intérieur, le donjon est aménagé en **belvédère** : la vue s'étend sur la moyenne vallée du Tage, jusqu'au confluent du Zêzere en aval ; au Sud, des villages piquettent de leurs taches blanches une campagne couverte d'oliviers ; au Nord se dressent la serra do Moradal et les contreforts de la serra da Estrela.

Église de Santa Maria

9h-12h, 13h-18h. Fermé ven., dim. et j. fériés. Gratuit. Reconstruite au 15ᵉ s., elle abrite un petit **musée** où l'on remarque une sculpture de la Trinité (16ᵉ s.) en pierre polychrome, sur le maître-autel, une belle statue de Vierge à l'Enfant du 15ᵉ s., et les tombeaux des comtes d'Abrantes des 15ᵉ et 16ᵉ s. À noter également, sur l'un des murs, des azulejos hispano-mauresques de *cuerda seca* du 16ᵉ s., relativement rares au Portugal. Le musée organise des expositions d'art sacré.

Église et hôpital da Misericórdia

Pour la visite, s'adresser à la Santa Casa da Misericórdia, dans la rue qui monte à droite. Dans cette église datant de 1584 sont conservées six magnifiques peintures sur bois. Du 16ᵉ s., attribuées à Gregório Lopes, elles évoquent l'avènement et la vie du Christ. Remarquer également le très bel autel en bois doré du 18ᵉ s. et un orgue en forme de meuble, de la même époque. Dans l'ancien hôpital, la salle dite *do Definitório*, ornée de beaux panneaux d'azulejos du 18ᵉ s. et surmontée d'un plafond à caissons de bois, contient sept tableaux représentant les sept œuvres de la Miséricorde. Admirer le mobilier, en particulier une *burra* (littéralement, une ânesse) du 16ᵉ s., coffre en fer extrêmement lourd doté d'un incroyable système de fermeture et de dispositifs de fixation au sol, qui servait à transporter les objets précieux dans les navires des Grandes Découvertes. Le centre de la pièce est occupé par une curieuse table ronde pourvue de tiroirs, en bois du Brésil, qui accueillait les réunions des organes sociaux de la Santa Casa.

Église de São João Baptista

À gauche de l'église da Misericórdia, elle a été fondée en 1300 par la reine sainte Isabelle et reconstruite à la fin du 16ᵉ s. À l'intérieur, sous de beaux plafonds en bois, remarquer les autels Renaissance en bois doré.

alentours

Constância★

12 km à l'Ouest d'Abrantes. Petite ville bucolique et paisible, à la confluence du Tage et du Zêzere, Constância, vieille de plus de 2 000 ans et qui fut jadis un important port fluvial, est aujourd'hui une belle endormie. Les maisons blanches s'étagent sur la verte colline, les ruelles pavées et abondamment fleuries sont entrecoupées de petits escaliers et d'arches. Les berges du Zêzere et du Tage, avec

H. Le Gac/MICHELIN

Le château d'Almourol dressé sur un îlot du Tage.

A

leurs saules touffus, et la plage fluviale sont une invitation au repos, à la promenade ou au pique-nique. Le lundi de Pâques s'y déroule une fête des bateliers (ou du Bon-Voyage), au cours de laquelle tous les bateaux sont réunis sur la berge pour y être bénis. Un petit musée fluvial et des arts maritimes a d'ailleurs été inauguré en 1998.

Praça Alexandre Herculano★ – Cette charmante place, avec son pilori du 18ᵉ s. (reconstruit en 1821) et ses façades blanches et ocre, constitue le centre historique du village.

À côté, l'église da Misericórdia, du 17ᵉ s., est ornée d'azulejos polychromes de la même époque.

Église paroissiale (igreja matriz) – Édifiée au 17ᵉ s. au sommet du village, l'église a été très endommagée par les troupes de Napoléon qui, en raison des crues du Zêzere, furent contraintes de faire une halte à Constância lors de leur marche sur Lisbonne, halte qui permit à la famille royale de s'enfuir vers le Brésil. Au plafond, une peinture de José Malhoa réalisée en 1890 représente Notre-Dame-de-Bon-Voyage bénissant l'union des deux fleuves.

> **CAMÕES À CONSTÂNCIA**
>
> Le grand poète **Luís Camões** séjourna à Constância lors de son exil au Ribatejo, vers 1546-47. Sa maison, la **casa de Camões**, rua do Tejo (en cours de restauration), abritera un futur centre d'études camoniennes. À côté de sa statue, le **Jardim Horto Camoniano**, avec son petit amphithéâtre, réunit quelques-unes des essences végétales chantées par le poète.

Château d'Almourol★★

4 km à l'Ouest de Constância. Laissez la voiture sur le quai, juste en face du château.
Ce petit château de conte de fées, hérissé de tours et de créneaux, se dresse sur un îlot rocheux couvert d'arbres et de cactus, au milieu du Tage. Il fut érigé en 1171 par Gualdim Pais, maître de l'ordre des Templiers, à l'emplacement d'un château romain. Cette forteresse, habitée jusqu'en 1600, fit partie de la ligne de défense du Tage pendant la période de la Reconquête, selon la stratégie du premier roi du Portugal, Don Afonso Henriques.
Son cadre particulièrement romantique se prêta à nombre de légendes et récits chevaleresques. L'endroit serait ainsi hanté par une princesse amoureuse de son esclave maure.

Visite – *Possibilité de se rendre au château en barque : de 9h au coucher du soleil. 0,50€. Renseignements auprès de l'office du tourisme de Vila Nova da Barquinha, ☎ 249 72 03 50 ou auprès de Sr João, ☎ 91 450 65 62 (mobile).* De l'embarcadère, belle vue d'ensemble sur le château et son **site★★**. La double enceinte flanquée de dix tours rondes est dominée par un donjon carré dont la plate-forme *(accès par 85 marches puis une porte basse : attention à la tête !)* offre un **panorama★** séduisant sur le fleuve et ses rives.

Albufeira★

Quelques décennies auront suffi pour que cette ancienne place forte maure (Albufeira signifie « forteresse de la mer » en arabe) soit prise d'assaut par les décibels et les immeubles modernes. Dès la nuit tombée, la station balnéaire la plus courue de l'Algarve se transforme en un gigantesque disco-bar, qui fera fuir les amoureux de solitude. Pourtant le vieux village est loin d'avoir rendu l'âme. Tendez bien l'oreille : entre deux tubes joués à plein volume, vous entendrez le cri des mouettes. Prenez les chemins de traverse : non seulement vous éviterez la foule de touristes qui se pressent dans les restaurants et les bars du centre, mais vous découvrirez les charmantes ruelles, intactes et désertes, de l'ancien village de pêcheurs. Accroché au sommet d'une falaise aux tons dorés, il forme un bel ensemble de maisons blanches au-dessus de la plage qui s'incurve en contrebas.

La situation

30 913 habitants. Carte Michelin n° 733 U 5 – District de Faro – Schéma : Algarve p. 192. Le port d'Albufeira est situé à 4 km au Sud de la N 125, à mi-chemin entre Faro et Lagos.

Vous pouvez poursuivre votre voyage en visitant : FARO, LAGOS, la serra de Monchique (chapitre PORTIMÃO), SILVES.

carnet pratique

Transports

Bus – Pour les plages des environs, une dizaine de bus par jour sf w.-ends et j. fériés (horaires disponibles à l'office de tourisme) de la gare routière Caliços, r. da Figueira (assez éloignée du centre). Un service gratuit assure la navette toutes les 20mn de l'av. da Liberdade à la gare routière.

Location de voitures – La plupart des agences, nationales et internationales, sont représentées vers Areias de São João, un quartier à l'Est d'Albufeira, près de la plage d'Oura.

Location de deux-roues – Scooters et motos : **Easy Rider**, av. da Liberdade, 115, ☎ 289 50 11 02 ; **Almoros**, Apartamentos Rodrigues, Loja A (près de la plage d'Oura), Praceta Sol Nascente, Areias de São João, ☎ 289 54 20 59. **Vespa Rent**, r. Alexandre Herculano, Areias de São João, ☎ 289 54 23 77.

Internet

Black & White, r. da Igreja Nova, 4. 10h-13h, 15h-20h ; sam. 10h-13h, 15h-19h.

Windcafé.com, r. Cândido dos Reis, 1 (dans la rue des bars, sous l'hôtel California), shopping Center California.

Hébergement

⊖ **Pensão Residencial Frentomar** – *R. Latino Coelho, 25 - ☎ 289 51 20 05 - frentomar@sapo.pt - fermé oct.-avr. - ⊭ - 13 ch. 35/50€ - ☕ 2,50€.* On accède à cette adresse postée sur la corniche en prenant la petite rue qui part du chevet de S. Sebastião. La maison dispose de grandes chambres avec vue sur la mer (sauf deux sur la rue) dont la plupart ont une terrasse. Incontournable si vous souhaitez être à la fois proche du centre et au calme.

⊖ **Pensão Albufeirense** – *R. da Liberdade, 16 - ☎ 289 51 20 79 - grupo.f.barata @telepac.pt - fermé Noël, 31 déc., 1er janv. et 1 sem. en avr. - 25 ch. 40/60€.* L'atout majeur de cette pension bien tenue réside dans sa localisation très centrale en plein cœur de la vieille ville. En contrepartie, les chambres donnant sur Largo Eng. Duarte Pacheco subissent directement l'animation nocturne de la place. Les chambres avec lit double ont une salle de bain-cabine et celles à deux lits bénéficient d'une salle de bain à part entière.

⊖ **Pensão Dianamar** – *R. Latino Coelho, 36 - ☎ 289 58 78 01 - info@dianamar.com - fermé nov.-mars - ⊭ - 13 ch. 40/65€ - ☕ 4€.* Dans cette rue tranquille qui part de l'église S. Sebastião, une pension tenue par des Suédois. Les chambres du dernier étage ont vue sur la baie d'Albufeira. Deux formules sont possibles : balcon et petite salle de bain ou pas de balcon et grande salle de bain. Patio fleuri et belle terrasse solarium sur le toit avec vue panoramique. Une adresse agréable.

⊖⊖ **Residencial Vila Recife** – *R. Miguel Bombarda, 6 - ☎ 289 58 37 40 - 🏊 - 90 ch. 65€ ☕.* Vous repérerez cette grande pension de style Belle Époque aux trois églises blanches qui l'entourent. Bien qu'une partie moderne ait été rajoutée, elle a su conserver une certaine allure avec sa grille, son perron et son allée de palmiers. Chambres parfois bruyantes et chaudes, d'un confort inégal. Préférez celles avec vue.

Restauration

• ***Sur le pouce***

O Zuca – *Travessa do Malpique, 6 - ☎ 289 58 87 68 - fermé mer. - ⊭ - 12/18€.* Un des rares restaurants d'Albufeira qui ne soit pas touristique, juste derrière le Largo Eng. Duarte Pacheco. Très apprécié des habitants. Le week-end : plat du jour à emporter. Un lieu authentique aux prix tout à fait raisonnables et à l'atmosphère familiale. Cuisine simple.

• À table

A Ruina – *Cais Herculano (sur la place des Pescadores)* - ☎ 289 51 20 94 - *fermé dim. en hiver - 20/35€.* Parmi la cohorte de restaurants touristiques, celui-ci se distingue par sa haute maison de pierre et ses tables disposées sur le sable de la pittoresque plage des Pêcheurs. Le site est enchanteur et se prête admirablement à un élégant dîner au soleil couchant (les poissons sont excellents). On paye donc la situation et la qualité de la cuisine.

PETITE PAUSE

Cafe Latino – *R. Latino Coelho, 59 -* ☎ 289 58 51 32 - *fermé lun.* Cette adresse toute simple à la décoration moderne et agréable dispose d'une terrasse depuis laquelle le village, la baie, l'horizon et les voiliers se découvrent d'un regard. Vous pourrez boire un verre devant ce magnifique panorama ou déguster une *toasta mista* avec la mer en contrebas, tout en jouissant d'un calme absolu. C'est paradisiaque !

Pastelaria Riviera – *Hotel Brisa Sol - Cerro Alagoa* - ☎ 289 58 77 45 - *8h-0h.* Pâtisserie incontournable pour s'initier aux spécialités de l'Algarve telles que le fameux dom Rodrigo, cette adresse voisine de l'hôtel Brissa Sol dans la partie haute de la ville attire les gourmands jusqu'au bout de la nuit.

SORTIES

Bars – Dans le centre-ville, la « rue des bars » est une évidence qui ne nécessite pas d'autres explications. L'animation est dans la rue, il n'y a qu'à choisir un endroit… ou bien ne pas choisir et passer d'un bar à l'autre !

Situé Praia da Oura, le **Capítulo V** est un bar-discothèque dont la terrasse est des plus agréables. À Areias de São João, la route de Santa Eulália concentre le plus grand nombre de bars, dans lesquels on peut généralement danser : **Alabastro, 5ºElemento, Crazy Joe**. Toujours dans ce périmètre, rue Alexandre-Herculano, au nº 19, se trouve l'**Amnésia** et, un peu plus loin, l'un des hauts lieux de la nuit d'Albufeira, le **Liberto's Bar**, discothèque avec piscine, très prisée par les footballeurs et le jet set. Sur la plage de Santa Eulália, le **Bar Atlântico** offre une belle vue sur la mer.

Discothèques – Le **Kiss**, à Areias de São João, est l'une des plus anciennes. Ouverte toute l'année, elle attire un public varié. Surplombant la plage de Santa Eulália, la **Locomia** dispose de plusieurs espaces en plein air. En été, les nuits y sont animées par des DJ's invités. Sur la praça de Touros, **El Divino** présente des concerts dans une atmosphère joyeuse de rythmes latins. Sans oublier le **Kadoc** (estrada de Vilamoura).

ACHATS

A Tralha – *R. João de Deus, 1 -* ☎ 289 58 78 41 - *a.tralha@clix.pt - été : 10h-13h, 15h-23h ; hiver : 10h-13h, 15h-19h.* Juste à côté de l'office du tourisme, la plus belle boutique de décoration d'Albufeira. Dans de très beaux volumes anciens, elle cultive raffinement et belles matières : artisanat de qualité, mobilier, vaisselle, luminaire, linge de maison (très beaux tissages), bijoux, vêtements et accessoires de mode.

se promener

LA VIEILLE VILLE

Albufeira se découvre à pied, en parcourant des ruelles pavées et voûtées d'arcs maures à lanterne. Les rues convergent sur la place principale : le **largo Eng. Duarte Pacheco**, où les terrasses de cafés accueillent les estivants. En été, les rues piétonnes du centre historique, le long desquelles se succèdent les bars et les restaurants, sont prises d'assaut par une foule cosmopolite et festive, qui plus tard s'égaille dans les nombreuses discothèques des environs.

Museu de Arte Sacra

Largo Miguel Bombarda. Tlj sf lun. et j. fériés 10h-0h. 1€. ☎ 289 58 55 26. Installé dans l'ermitage de São Sebastião (18ᵉ s.), ce musée vit à l'heure d'Albufeira et ouvre en nocturne. Laissez-vous guider par la musique liturgique qui s'en échappe et découvrez quelques pièces d'art sacré, dont un beau panneau d'azulejos retrouvé sur les murs d'une cuisine. À gauche de la nef, une salle présente également des clichés d'Albufeira pris entre 1880 et 1970, et on se surprend à rêver devant les photos de ce paisible village de pêcheurs.

> ### POINTS DE VUE
> Pour contempler le superbe site d'Albufeira, montez sur l'une des hauteurs : soit à l'Est au sémaphore au-dessus de la plage des Pêcheurs, soit à l'Ouest en allant vers la plage de Galé.

LA PLAGE

Par un tunnel (à l'extrémité de la rua 5 de Outubro), on accède à la plage dite des Baigneurs, protégée de la houle à l'Ouest par la pointe rocheuse de Baleeira, un curieux bloc calcaire en forme de crosse. Un sentier conduit à l'extrémité de la pointe, d'où l'on surplombe la plage et la nouvelle marina.
À l'Est, la plage est séparée de celle des Pêcheurs (praia dos Barcos) par une falaise. Cette dernière s'est vue malheureusement privée de ses barques colorées, si chères aux photographes, depuis la construction de la nouvelle marina à l'Ouest de la ville. Elle demeure fréquentée par quelques nostalgiques, qui refusent d'abandonner leurs vieilles habitudes, mais vous n'assisterez plus au retour de la pêche à cet endroit.

Pêcheurs d'Albufeira réparant leurs filets.

environs

Albufeira est bondé l'été : ceux qui préfèrent le calme trouveront de part et d'autre de la ville de nombreuses criques ou plages, accessibles par la route ou en bateau. Cette partie de la côte de l'Algarve, appelée « Barlavento » (au vent), est fameuse pour ses étendues de sable au pied de falaises ocre (jusqu'à Vilamoura) et ses eaux turquoise et limpides s'engouffrant dans des grottes marines. Elle est malheureusement en de nombreux endroits victime de son succès et défigurée par l'immobilier. Les petits ports sont maintenant perdus au milieu de hautes tours blanches et, en été, les barques des pêcheurs se découvrent parmi les parasols qui envahissent les plages.

À L'OUEST DE LA VILLE

Derrière la jolie plage de **São Rafael★** (2 km) et la crique de **Castelo** (4 km), **praia da Galé** (7 km), une plage de sable bordée de falaises, s'étend sur plusieurs kilomètres.

Armação de Pêra

12 km. Ce port de pêche est devenu une station balnéaire très urbanisée. Les hautes tours blanches servent de toile de fond à la plage, immense et très sûre.
Promenade en bateau★★ – *Jusqu'au cap Carvoeiro, à l'Ouest, au départ d'Armação (plage Est). Pour louer une embarcation à moteur, adressez-vous aux pêcheurs sur la plage : 10h-17h (18h30 en été). 14€/pers.* La promenade, par mer calme, fait longer des falaises de grès ou des rochers étrangement sculptés par l'érosion, et découvrir 18 **grottes marines★★** considérées comme les plus belles de la côte Algarvienne (Pontal, Mesquita, Ruazes...).
Poursuivez sur la route côtière vers l'Ouest sur 3 km.

Chapelle de Nossa Senhora da Rocha

9h-17h30. À partir de la plage Senhora da Rocha, possibilité de louer des barques pour visiter les grottes.
Cette jolie chapelle blanche au clocher pointu, bien située sur un promontoire de la falaise, a son portail encadré par deux colonnes supportant des chapiteaux sculptés de facture archaïque ; l'intérieur est revêtu d'azulejos et abrite de charmants ex-voto (navires).

À L'EST DE LA VILLE

Plusieurs plages, accessibles par la route, se succèdent presque tous les kilomètres : **Oura** (2 km d'Albufeira), **Balaia**, **Maria Luísa**, **Olhos de Água** et, enfin, l'une des plus belles de la côte, **praia da Falésia★★** *(11 km d'Albufeira. Sur la N 125, suivez la direction « Pine Cliffs » et « Sheraton » pendant 3 km).* Adossée à une gigantesque muraille de falaises rouges coiffée de pins, elle déroule ses kilomètres de sable blond jusqu'à Vilamoura *(voir p. 195).*

Alcobaça★★

Le nom d'Alcobaça demeure associé au monumental monastère de Santa Maria, qui abrite l'une des plus belles abbayes cisterciennes du Moyen Âge, encore hantée par le fantôme d'Inès, la « reine morte ». La petite ville d'Alcobaça mérite elle aussi une visite, voire une halte. Entouré par une campagne fertile, ce petit centre de commerce agricole (fruits et cultures maraîchères) produit du vin et une liqueur de cerise griotte réputée, la « ginginha ». Vous trouverez aussi de jolies faïences locales, décorées de bleu sur fond blanc, sur les trottoirs de la vaste place devant le monastère.

La situation

56 823 habitants. Carte Michelin nº 733 N 3 – District de Leiria. À 98 km au Nord de Lisbonne, Alcobaça est situé au centre de la province d'Estremadura, dans une région agricole au confluent de l'Alcoa et de la Baça (qui lui donnèrent son nom). **∄** *Praça 25 de Abril, 2460-018,* ☎ *262 58 23 77.*

Vous pouvez poursuivre votre voyage en visitant : NAZARÉ, le monastère de BATALHA, ÓBIDOS.

comprendre

Une fondation cistercienne – La légende veut qu'en pleine Reconquête, en 1147, Alphonse Henriques, le premier roi du Portugal, ait fait le vœu de fonder un monastère en cet endroit s'il parvenait à prendre Santarém. On sait que quelque temps plus tard, en avril 1153, le roi fait don à saint Bernard des terres d'Alcobaça, où viennent s'installer des cisterciens de Clairvaux. À cette époque, les terres à défricher étaient souvent confiées à des ordres monastiques qui se donnaient pour mission de les mettre en valeur. Alcobaça devint fille de Clairvaux et en reprit le plan. La construction commença en 1178, mais les premiers bâtiments furent démolis par les Maures. Les travaux reprirent au début du 13ᵉ s. et l'église fut terminée en 1253. Alcobaça se développa rapidement, et son abbé était l'un des personnages les plus importants du royaume.

découvrir

MONASTÈRE DE SANTA MARIA★★

Comptez environ 3/4h – Avr.-sept. : 9h-19h ; oct.-mars : 9h-17h. Fermé 1ᵉʳ janv., Ven. saint, dim. de Pâques, 1ᵉʳ mai et 25 déc. 3€. ☎ *262 50 51 20.*

Vu de l'extérieur, le monastère, d'une longueur de près de 220 m, est formé de trois corps : l'église, dont la façade s'élève à 43 m, et les ailes Nord et Sud qui accueillaient respectivement les appartements du roi et de la cour, et les logements de l'abbé et des moines. De l'extérieur, les bâtiments du 18ᵉ s. ne laissent guère soupçonner les splendeurs de l'architecture cistercienne qu'ils recèlent.

De la façade originale, altérée par des remaniements, ne subsistent que le portail et la rose. La façade a été reconstruite aux 17ᵉ et 18ᵉ s. dans le style baroque. Les statues qui l'ornent représentent de bas en haut saint Benoît et saint Bernard, puis les quatre vertus cardinales (Force, Prudence, Justice, Tempérance) et, dans une niche, Notre-Dame d'Alcobaça.

LA REINE MORTE

Inès de Castro, qui avait accompagné au Portugal l'infante Constance de Castille, se voit exilée par Alphonse IV. Le monarque trouve ainsi le moyen de l'éloigner de son fils, Pierre, époux de Constance, qui n'avait pas su résister à la beauté de la dame d'honneur. En 1345, à la mort de l'infante, la belle Inès rejoint son amant à Coimbra et s'installe au monastère de Santa Clara. La présence d'Inès et de ses enfants irrite Alphonse IV qui, soucieux de préserver son royaume des prétentions castillanes, ne s'oppose pas à l'assassinat de la jeune femme le 7 janvier 1355. Lorsque Pierre succède à son père, deux ans plus tard, il révèle qu'il était uni à Inès par les liens d'un mariage secret. En 1361, il fait exhumer le cadavre d'Inès ; la légende rapporte qu'il le vêt d'un manteau pourpre, le ceint de la couronne et contraint les nobles du royaume à venir baiser la main décomposée de la « reine morte ». Un cortège nocturne solennel accompagne enfin sa dépouille dans l'église du monastère d'Alcobaça. L'histoire s'est transformée en un grand mythe romantique et paradigme de l'amour fou. Après António Ferreira dans sa tragédie *Castro*, et Camões qui puisa dans cette aventure dramatique quelques épisodes des *Lusiades*, Henry de Montherlant en fit en 1942 le sujet de sa pièce de théâtre *La Reine morte*.

Église★★

Classée au patrimoine mondial de l'Unesco, c'est la plus vaste du Portugal et une des plus hautes églises de style cistercien. Sa restauration lui a fait retrouver toute sa noblesse et son dépouillement. Admirez l'ampleur de la **nef★**, dont la voûte sur croisée d'ogives repose, par l'intermédiaire de doubleaux, sur de puissants piliers renforcés de colonnes engagées. En arrêtant ces dernières à 3 m au-dessus du sol, l'architecte a su augmenter considérablement la place disponible pour les convers et donner à l'église une perspective originale. Presque aussi hauts que la nef, les collatéraux surprennent par leur verticalité.

Le transept

Il abrite les tombeaux (14e s.) d'Inès et de Pierre Ier. De style gothique flamboyant, ces monuments ont été sculptés dans un calcaire tendre. Ils furent gravement endommagés en 1811 par des soldats français du général comte Drouet d'Erlon.

Le portail du monastère de Santa Maria.

H. Le Gac/MICHELIN

Tombeau d'Inès de Castro★★ – *Dans le bras gauche du transept* **(1)**. Soutenu par six anges, le gisant repose sur le tombeau dont les quatre faces sont surmontées d'une frise d'armoiries du Portugal et de la famille de Castro. Sur les côtés sont évoquées des scènes de la vie du Christ ; le chevet du tombeau porte une Crucifixion dont on remarque la Vierge de douleur au pied de la Croix. Un intéressant Jugement dernier orne la face située aux pieds du gisant : en bas à gauche, les morts soulèvent les pierres tombales pour se rendre au Jugement ; en bas à droite, les damnés sont précipités dans la gueule d'un monstre qui symbolise l'Enfer.

Tombeau de Pierre Ier★★ – *Dans le bras droit du transept* **(2)**. Au-dessous d'un gisant sévère, le tombeau conte sur ses faces latérales la vie de saint Barthélemy, patron du roi. Le chevet est occupé par une très belle rosace représentant la Roue de la Fortune ou, selon certains archéologues, des scènes de la vie d'Inès et Pierre, thème qui se poursuivrait dans la frise supérieure du tombeau ; la face opposée au chevet est consacrée aux derniers instants du souverain.

Dans une chapelle du transept droit **(3)**, un groupe abîmé en terre cuite, dit **Transit de saint Bernard**, a été réalisé par des moines au 17e s. ; il figure la mort du saint.

Chœur

Il reproduit celui de l'église de Clairvaux et est entouré d'un vaste déambulatoire sur lequel s'ouvrent deux belles **portes manuélines (4)** du 16e s. et neuf chapelles ornées de statues de bois polychrome réalisées aux 17e et 18e s.

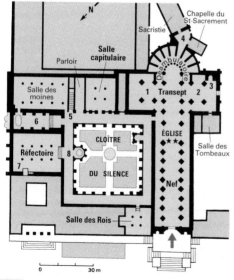

Bâtiments abbatiaux★★

Cloître du Silence★★ (Claustro do Silêncio) – Édifié au début du 14e s., il séduit par la simplicité de ses lignes ; entre des contreforts, de fines colonnettes jumelées soutiennent avec élégance trois arcs surmontés d'une rose. L'étage supérieur a été ajouté au 16e s. par Diogo et João de Castilho.

Salle capitulaire – *Sur la galerie Est du cloître.* Les archivoltes reposent sur de gracieuses colonnettes ; les nervures de la voûte s'épanouissent à partir de piliers centraux et de culs-de-lampe.

Salle des moines – Un escalier y conduit **(5)**. Cette vaste salle gothique frappe par ses dimensions : plus de 60 m de long. Les voûtes de ses trois nefs reposent sur deux rangées de colonnes à chapiteaux.

Cuisine (6) – Reconstruite au 18ᵉ s., la cuisine monumentale, haute de 18 m, aux parois et plafonds revêtus de céramique blanche, surprend par ses énormes cheminées ; l'eau courante y est apportée par un bras de l'Alcoa.

Réfectoire – C'est une grande salle voûtée d'ogives. Aménagé dans l'épaisseur du mur, un escalier surmonté d'une belle colonnade mène à la chaire du lecteur **(7)** ; en face de la porte d'entrée, le **lavabo**, avec fontaine du 17ᵉ s. **(8)**, fait saillie dans l'enclos du cloître.

Salle des Rois (Sala dos Reis) – 18ᵉ s. Une frise d'azulejos illustre la fondation du monastère, et des statues réalisées par les moines représentent les rois portugais jusqu'à Joseph Iᵉʳ. Belle Vierge à l'Enfant gothique.

alentours

Museu Nacional de Vinho

1 km sur la N 8 (vers Leiria), à droite. Visite guidée (3/4h) mai-sept. : tlj sf lun. 9h-12h30, 14h-17h30, w.-end 10h-12h30, 14h-17h ; oct.-avr. : tlj sf w.-end 9h-12h30, 14h-17h30. Fermé j. fériés. 1,50€.

Occupant un hangar d'une coopérative vinifiant la production locale, le **musée du Vin** rassemble des centaines de bouteilles (vieux portos et madères), des cuves à vin, des foudres, pressoirs, alambics et d'énormes jarres de fermentation du 19ᵉ s.

Amarante★

Étagée sur les rives bucoliques du Tâmega, Amarante est une charmante localité, tranquille et provinciale, empreinte de religiosité. Outre son célèbre pont et ses églises, elle compte de vieilles demeures aux balcons de bois et aux grilles de fer forgé. On y déguste de délicieuses pâtisseries (« lérias », « foguetes », « papos de anjo ») autrefois produites par les religieuses. Encadré de forêts (les serras de Marão, d'Alvão et d'Aboboreira), Amarante se trouve en outre au sein d'une région d'architecture romane en pierre de granit et dans une zone fertile qui produit notamment le vinho verde.

La situation

59 620 habitants. Carte Michelin nº 733 I 5 – District de Porto – Schéma : vallée du Douro. Amarante se trouve dans la province du Minho, à 60 km à l'Est de Porto par l'A 4. ⓑ *Alameda Teixeira de Pascoaes, 4600-011,* ☎ *255 42 02 46.*
Vous pouvez poursuivre votre voyage en visitant : la vallée du DOURO, GUIMARÃES, VILA REAL et la serra do Marão.

se promener

Pont São Gonçalo

Construit à la fin du 18ᵉ s. sur le Tâmega, il est en granit. Sur l'un des obélisques qui gardent l'entrée du pont sur la rive gauche du fleuve, une plaque de marbre rappelle les combats qui opposèrent, le 2 mai 1809, le général Silveira, futur comte d'Amarante, aux troupes napoléoniennes commandées par le général Loison.

Église du monastère de São Gonçalo

L'église, érigée en 1540, présente un portail latéral à trois étages de colonnettes de style Renaissance italienne, que couronne un fronton baroque ; la statue de saint Gonzalve se dresse dans la niche centrale du premier étage. À gauche du portail, remarquez, adossées aux piliers d'une loggia, les statues des quatre rois pendant le règne desquels le monastère fut construit. Un dôme, au lanternon revêtu d'azulejos, domine la croisée du transept.

L'intérieur, modifié au 18ᵉ s., abrite un beau mobilier baroque en bois doré : retable du chœur, deux chaires se faisant face, et surtout le **buffet d'orgue★** (début 17ᵉ s.) que supportent trois tritons. Dans la chapelle à gauche du chœur, le tombeau à gisant polychrome de saint Gonzalve est l'objet d'un culte bien particulier *(voir encadré)*. La chapelle de droite, dite des Miracles, contient des ex-voto.

Au fond du bras gauche du transept, une porte donne accès au cloître Renaissance, sobre, mais dont les galeries voûtées encadrent une fontaine à masques.

Hôtel de ville

Il occupe les anciens bâtiments conventuels *(à droite de l'église, place du Marché)*. Au premier étage, un petit **musée** municipal présente des vestiges archéologiques, sculptures et peintures modernes : toiles d'**Amadeo de Souza Cardoso**, peintre cubiste né près d'Amarante. *Tlj sf lun. 10h-12h30, 14h-17h30. Fermé j. fériés. 1€.*

Église de São Pedro

Cette construction du 18e s. présente une façade baroque ornée des statues des saints Pierre et Paul.

La nef unique, sous voûte de stuc en berceau, est décorée de bandeaux d'azulejos bleus et jaunes du 17e s. ; le chœur, sous voûte de pierre à caissons sculptés, abrite un autel de bois doré. La sacristie est couverte d'un **plafond★** à caissons, en bois de châtaignier élégamment sculpté.

alentours

La région, en particulier sur la rive droite du fleuve Tâmega, compte un riche patrimoine architectural de style roman, dont le monastère de Travanca. Sur la rive gauche du fleuve, on trouve quelques églises plus modestes.

Travanca

18 km par la N 15 en direction de Porto – environ 3/4h.

L'**église** (12e s.) fait partie d'un ancien monastère bénédictin qui se dresse au creux d'un vallon boisé. Bâtie en granit, elle présente une façade large et robuste, mais l'intérieur, à trois nefs, frappe par l'harmonie de ses proportions.

Les **chapiteaux★** historiés qui ornent les portails ainsi que l'arc triomphal et le chœur sont remarquables ; parmi les sujets représentés, on reconnaît des oiseaux aux cous enlacés, des dragons, des serpents, des biches, des sirènes, etc.

À gauche de l'église, une tour crénelée avec mâchicoulis s'ouvre par un portail décoré de façon très fruste.

L'ancien monastère est aujourd'hui occupé par un asile.

Serra da **Arrábida**★

Ourlant le Sud de la péninsule de Setúbal, cette petite chaîne montagneuse attire les foules en quête de nature, Lisboètes en tête – en raison de sa proximité avec la capitale. Le versant Sud de la serra tombe dans l'Océan en un abrupt de 500 m. Son rivage échancré, la couleur blanche ou ocre de ses assises calcaires, le bleu de l'Atlantique, une végétation de maquis, où dominent les pins et les cyprès émergeant d'un taillis d'arbousiers, de myrtes et de lentisques, présentent tous les attraits du littoral méditerranéen. Plusieurs plages sont aménagées dans les criques aux eaux turquoise. Le versant Nord, aux reliefs adoucis, porte des vignes, des vergers et des oliviers et, sur ses mauvaises terres, des broussailles et des pins témoins du boisement primitif. Les villages y sont riches et les « quintas » nombreuses.

La situation

Carte Michelin n° 733 Q 2 et Q 3 – District de Setúbal. La serra da Arrábida s'étend sur 6 km de large et environ 35 km de long, du cap Espichel à Palmela. Le Parc naturel da Arrábida, créé pour préserver les paysages et l'architecture de la région, occupe 10 800 ha entre Sesimbra et Setúbal. ✺ *Castelo de Palmela, 2950-221, Palmela,* ☎ *212 33 21 22.*

Vous pouvez poursuivre votre voyage en visitant : LISBONNE, SINTRA.

circuit

AU DÉPART DE SESIMBRA

140 km - environ une demi-journée.

Sesimbra

Située dans une anse au pied du versant Sud de la serra da Arrábida, cette localité de plus de 36 000 habitants occupe un site agréable, et sa plage bordant des eaux limpides est très appréciée des habitants de Lisbonne, comme en témoignent les innombrables voitures à l'affût d'une place de stationnement, en particulier le week-end. C'est un paradis pour la chasse sous-marine et la pêche sportive à l'espadon qui font, à leur manière, une certaine concurrence à la pêche traditionnelle, principale activité de la ville.

La ville – Le petit port de pêche est devenu une station balnéaire importante, et de nombreuses constructions modernes entourent le centre qui conserve ses rues escarpées, parfois coupées de marches, dévalant vers la plage. Le long de ces rues pittoresques, le linge sèche parfois en compagnie de la pêche du jour. Sur le front de mer, les restaurants, nombreux, proposent poissons grillés et fruits de mer. À mi-pente se situe l'**église paroissiale** qui se distingue par sa chaire (17ᵉ s.) en marbre rose de la région et son arc triomphal aux motifs de style manuélin ; dans le chœur, du 18ᵉ s., se dresse un retable de bois doré.

La plage – Très animée pendant les week-ends et durant l'été, elle est, le reste du temps, le domaine des pêcheurs qui, de part et d'autre du **fortin de Santiago**, viennent y démêler leurs lignes et leurs filets.

Le port★ – *1 km à l'Ouest.* Il est pittoresquement adossé au pied de la falaise, à l'écart de l'agglomération. Son importante flottille de chalutiers, décorés, à la proue, d'un œil ou d'une étoile, rapporte quotidiennement, matin et soir, des sardines, daurades, congres, poissons-épées, crustacés... qui sont vendus en partie à la criée.

Château – *6 km au Nord-Ouest par une route en forte montée.* Il occupe, au sommet d'une échine pelée, à plus de 200 m au-dessus de la mer, une position défensive de grande valeur que le premier roi du Portugal, Alphonse Henriques, réussit à enlever aux Maures dès 1165. De ses murailles crénelées qui enserrent le cimetière, belle **vues★** sur Sesimbra et son port.

À Santana, prenez à gauche la direction de Cabo Espichel par la N 379, que vous suivrez jusqu'au bout.

Cabo Espichel★

Au large de ce cap, **Dom Fuas Roupinho**, qui s'était déjà distingué auprès du roi Alphonse Iᵉʳ dans la lutte contre les Maures, remporta sur ceux-ci, en 1180, une brillante victoire navale : les marins portugais, malgré leur inexpérience dans ce genre de combat, réussirent à capturer plusieurs navires ennemis.

Pointe Sud de la serra da Arrábida, le cap Espichel est un véritable finistère violemment balayé par le vent. Vous serez frappé par l'atmosphère des lieux, sorte de bout du monde désolé, en particulier les jours de brume.

La flotille de chalutiers de Sesimbra.

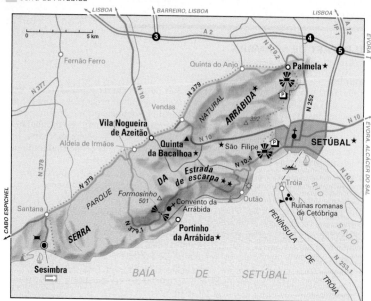

Érigés au 18e s. par les pèlerins, des bâtiments latéraux à arcades, à l'abandon pour la plupart, forment une immense place totalement vide. Au fond, se dresse le sanctuaire de style classique (17e s.) de **Nossa Senhora do Cabo** (N.-D.-du-Cap), qui présente un intérieur baroque décoré de nombreux bois dorés. Ce fut, dès le 13e s., un lieu de pèlerinage fréquenté. *Juin-sept. : 9h30-19h30 ; oct.-mai : 9h30-17h30.*

Contournez le sanctuaire et avancez-vous jusqu'au parapet sur le bord de la falaise.

La falaise domine l'Océan en un à-pic de plus de 100 m. À 50 m vers l'Ouest, en contrebas d'une chapelle ornée d'azulejos, se tapit une petite crique.

De retour à Santana, prenez à droite la N 379, qui sinue entre les collines qu'égaient orangers et moulins à vent.

Reprenez la N 379. 2,5 km avant Vila Nogueira de Azeitão, tournez à droite dans la N 379-1 en direction d'Arrábida.

Après un parcours parmi les oliviers et les vignes, la route s'élève au milieu d'une végétation très dense. L'Océan apparaît en contrebas.

Suivez la signalisation pour Portinho.

Portinho da Arrábida★

Au pied de la serra, l'anse de Portinho forme une courbe harmonieuse que souligne une belle plage de sable blanc très fréquentée le week-end. De ses eaux transparentes émerge un majestueux rocher.

À l'entrée du village, le **fort de Santa Maria da Arrábida**, construit au 17e s. pour protéger la côte et le couvent proche des incursions des corsaires mauresques, abrite aujourd'hui un petit **musée océanographique** (Museu Oceanográfico) présentant de belles éponges et différentes espèces marines. Un escalier à gauche de l'entrée du fort mène à une grotte. *Tlj sf lun. et dim. 10h-16h, sam. 15h-18h. Fermé j. fériés. 1,75€.*

Reprenez la N 379-1 en laissant sur la droite la route de corniche inférieure.

Estrada de escarpa★★ (route de corniche)

Suivant en partie la crête de la serra, cette route offre des vues sur les deux versants. D'emblée, on voit à gauche le mont Formosinho (499 m), point culminant de la serra, et sur la droite le site de Portinho et l'estuaire du Sado. En contrebas, juchés à flanc de pente entre les deux routes de corniche, se remarquent le **couvent d'Arrábida**, fondé par les franciscains en 1542, récemment restauré, et plusieurs chapelles rondes s'étageant dans la montagne. Un abaissement de la ligne de crête permet plusieurs échappées sur l'intérieur du pays, tandis que la presqu'île de Tróia se dessine sur l'Océan. La descente finale, dans le voisinage d'une cimenterie et de sa cité ouvrière, fait apparaître Setúbal au fond de son golfe.

Setúbal★ *(voir ce nom)*

Quittez Setúbal au Nord par la N 252 et prenez, avant l'autoroute, la N 379 à gauche.

Palmela★

Ce pittoresque bourg blanc s'étage sur le versant Nord de la serra da Arrábida, au pied d'une butte coiffée par un important château qui devint en 1423 le siège de l'ordre de St-Jacques.

Château★ – *Suivez la signalisation « pousada ». Laissez la voiture sur le terre-plein extérieur. Tlj sf lun. 10h-12h30, 14h-18h (été 20h).* Occupant une sorte de promontoire, le château, en partie aménagé en *pousada*, domine la campagne environnante.

La visite révèle trois époques de construction ; franchissez d'abord une enceinte édifiée à la fin du 17ᵉ s. et inspirée du système de Vauban, puis montez en chicane jusqu'à une deuxième ligne de fortifications assez grossières, probablement bâtie par les Maures. En prenant à gauche, on passe à proximité des vestiges d'une ancienne mosquée transformée en église (Santa Maria), puis détruite lors du tremblement de terre de 1755. On atteint enfin le donjon et la place d'armes qui datent de la fin du 14ᵉ s. ; le sous-sol est occupé par la citerne qui fut fatale à l'évêque d'Évora *(voir encadré).*

Du haut du donjon *(64 marches)*, très jolie **vue★** à l'Ouest sur la serra da Arrábida ; au Sud, sur un alignement de moulins à vent, Setúbal, la presqu'île de Tróia et l'Atlantique ; à l'Est, sur la plaine de l'Alentejo ; au Nord, sur les toits de Palmela et, dans le lointain, Lisbonne et la serra de Sintra, par temps clair.

L'extrémité Ouest du château est occupée par l'**église Sant' Iago** et son **couvent** édifiés au 15ᵉ s. par les chevaliers de St-Jacques qui s'étaient installés dans le château en 1186. L'église, bâtie dans le style roman de transition, est une construction d'une grande simplicité aux belles proportions ; la voûte romane en berceau se prolonge par un chœur gothique. Les murs sont revêtus d'azulejos qui datent du 16ᵉ s. dans le chœur et du 18ᵉ s. dans la nef. Remarquez, sur le sol, le blason sculpté de l'ordre des chevaliers de St-Jacques, et, dans un enfeu manuélin du bas-côté gauche, le tombeau de Georges de Lancastre, fils naturel du roi Jean II et dernier maître de l'ordre.

Église de São Pedro – *Tlj sf mer. et dim. 10h-13h, 14h-18h.* Elle est située dans la partie haute de la ville, au pied du château. Cette église du 18ᵉ s. est revêtue intérieurement d'**azulejos★** représentant des scènes de la vie de saint Pierre ; remarquer dans le bas-côté droit la pêche miraculeuse, le Christ marchant sur les eaux et la crucifixion de saint Pierre.

Continuez la N 379 puis, à Vendas, prenez à gauche la N 10 en direction de Setúbal. À la sortie de la localité, à gauche de la route, en face de la gare routière (Rodoviária Nacional), se trouve le domaine de Bacalhoa (pas indiqué).

Quinta da Bacalhoa★ (domaine de Bacalhoa)

Cette résidence seigneuriale de la fin du 15ᵉ s., réaménagée au début du siècle suivant par le fils d'Afonso de Albuquerque, vice-roi des Indes, présente des éléments d'architecture à la fois Renaissance et mauresque et une riche décoration d'**azulejos★**.

Dans le manoir, une élégante loggia donnant sur les jardins est ornée de panneaux d'azulejos polychromes représentant des allégories de grands fleuves : le Douro, le Nil, le Danube, l'Euphrate...

Les jardins – *Visite guidée (1h) tlj sf lun. et dim. 9h-17h. Fermé j. fériés.* Harmonieux et frais, l'un d'eux est inspiré des compositions françaises du 16ᵉ s. : les buis taillés alternent avec les fontaines à figures mythologiques. Le jardin potager, où croissent mandariniers, noyers, cinéraires, bambous, se termine par un joli pavillon de repos se mirant dans l'eau d'un bassin : à l'intérieur, les murs sont revêtus d'azulejos espagnols à dessins géométriques, mais on remarquera surtout le panneau d'inspiration florentine représentant **Suzanne et les vieillards★** (1565), connu comme le plus ancien panneau figuratif du Portugal. On achève la visite en longeant une galerie du 15ᵉ s. décorée de bustes.

La N 10 conduit à Vila Nogueira de Azeitão, dans un paysage de vergers et de vignobles.

Vila Nogueira de Azeitão

Ce riche bourg agricole, entouré de belles *quintas*, est célèbre pour son *moscatel* (muscat) et son fromage. La rue principale est bordée de jolies fontaines baroques et des élégants bâtiments et jardins de la **maison viticole José Maria de Fonseca** qui produit du *moscatel* depuis 1834.

Par la N 379 et Santana, regagnez Sesimbra.

Aveiro★

Avec ses petits ponts qu'enjambent des canaux et ses gracieux « moliceiros » décorés à la proue rappellent les gondoles vénitiennes, Aveiro se donne des airs de cité lacustre. Le centre-ville, pourvu de plusieurs beaux édifices Art nouveau, abrite en outre un musée d'art baroque et sacré de premier plan. Tout cela ne doit pas vous faire oublier de découvrir la vaste ria qui s'étend au Nord d'Aveiro, au-delà des salines, dans un paysage de marais et de canaux. Un long cordon de dunes et de pinèdes constitué en partie en réserve naturelle, et que l'on peut atteindre par le Nord, protège en outre la lagune des assauts de l'Atlantique. Comptez au moins une journée pour allier ainsi tourisme culturel et découverte de la nature.

La situation

73 136 habitants. Carte Michelin nº 733 K 4 – District d'Aveiro. Dans la province la Beira Litoral, à 70 km au Sud de Porto, à 60 km au Nord-Ouest de Coimbra et à 90 km à l'Ouest de Viseu. **🛈** *R. João Mendonça, 8, 3800-200,* ☎ *234 42 36 80 ou 243 42 07 60.*

Vous pouvez poursuivre votre voyage en visitant : la forêt de BUÇACO, COIMBRA.

comprendre

Hier... – À l'instar d'Ovar, Ílhavo ou Vagos, situés aujourd'hui à 5 km du rivage, Aveiro était jadis un port de mer. Il connut un essor remarquable à partir du début du 16ᵉ s. grâce à la pêche à la morue pratiquée sur les bancs de Terre-Neuve. Mais, en 1575, une violente tempête ferme la lagune : le port s'envase et la ville, privée de ses activités, décline. L'effort de redressement tenté au 18ᵉ s. par le marquis de Pombal échoue, ainsi que les multiples plans d'aménagement de la barre. En

AVEIRO

Les « moliceiros », barques traditionnelles à fond plat.

1808, enfin, entre les digues édifiées à l'aide des pierres provenant des murailles de la ville, on réussit à rouvrir la passe entre la ria et l'Océan ; le Rio Novo, au Nord de la ville, rectifie le tracé sinueux du Vouga. L'industrie de la céramique et de la porcelaine se développe. La prospérité s'accompagne d'un rayonnement artistique, et Aveiro devient un foyer d'art baroque. Son école de sculpture est réputée : la ville se couvre de nombreux monuments.

... et aujourd'hui – Aveiro continue à exploiter ses salines, ses prairies, ses rizières, ses champs amendés avec des algues récoltées au fond de la baie et transportées par bateau. La pêche demeure fructueuse : anguille dans la lagune, sardine et raie sur la côte. Mais la région tire l'essentiel de ses ressources de l'industrie : fabrication traditionnelle de la porcelaine (Ílhavo, Vista Alegre), usine de cellulose, conserveries de poisson, chantiers navals, industries mécaniques (bicyclettes, tracteurs, montage d'automobiles) et sidérurgie (Ovar). C'est le troisième centre industriel du pays après Lisbonne et Porto.

carnet pratique

TRANSPORTS

Vélo – Mise à disposition gratuite par la municipalité et à utiliser dans les limites urbaines. Plusieurs bornes sont réparties dans la ville.

VISITE

Croisières – Excursions en barque traditionnelle *(moliceiro)* ou promenades en vedettes. Départs très fréquents et tlj en saison. Adressez-vous à l'office de tourisme, sur le quai Nord du canal central. Départs juste en face.

INTERNET

Aveiro Digital – *Praça da República, dans une annexe de la mairie. Gratuit 1/2h.*

RESTAURATION

Bon à savoir – Les gourmets dégusteront des *ovos moles*, sorte de confiture d'œufs, habituellement présentés en barillets de bois peint. Goûtez également aux anguilles de la ria *(sopa de enguias).*

CALENDRIER

Feira do Março – Foire-exposition de fin mars à fin avril.

Fête de la ria – Mi juillet à mi-août : régate de *moliceiros* le 7 août, concours de proues décorées sur le canal central.

découvrir

Comptez 3/4h

Antigo Convento de Jesus★★

Rua Santa Joana. Tlj sf lun. 10h-17h30. Fermé 1ᵉʳ janv., Ven. saint, dim. de Pâques, 1ᵉʳ mai et 25 déc. 1,50€, gratuit dim. et j. fériés au matin. ☎ 234 42 32 97 ou 234 38 31 88.
L'**ancien couvent de Jésus** a été érigé du 15ᵉ au 17ᵉ s. La princesse **Jeanne**, fille du roi Alphonse V et future sainte, s'y retira en 1472 et y vécut ses dix-huit dernières années. Au 18ᵉ s., une façade baroque fut plaquée devant les bâtiments plus anciens. Il a été converti en musée en 1911.

Église★★ – Elle date du 15ᵉ s., ainsi qu'en témoigne sa porte d'entrée, mais la décoration intérieure n'en a été achevée qu'au début du 18ᵉ s. L'intérieur éblouit par la somptuosité de ses bois sculptés et dorés, surtout dans le **chœur★★**, chef-d'œuvre d'exubérance baroque avec ses colonnes, autels, plafond à caissons et à rosaces entremêlées prodigieusement travaillés ; sur quelques panneaux d'azulejos figurent des scènes de la vie de sainte Jeanne. Le **chœur inférieur★** (coro baixo), au plafond compartimenté en bois peint, renferme le **tombeau de sainte Jeanne★★** (début 18ᵉ s.) : cette œuvre de l'architecte João Antunes en marqueterie de marbre polychrome est supportée par des anges assis, également en marbre. Les murs sont revêtus de marbre et de bois doré.

Cloître – De style Renaissance, il est entouré de chapelles ; l'une d'elles abrite le très beau **tombeau de João de Albuquerque** du 15ᵉ s. Le réfectoire est totalement revêtu d'azulejos aux motifs floraux, de la fin du 17ᵉ s.

Musée★★ – Il s'agit du deuxième musée d'art sacré du Portugal par son importance, après le musée d'Art ancien de Lisbonne.

Avec la visite du musée s'effectue celle du **coro alto** de l'église (tribune), orné de tableaux et d'un Christ en croix du 14ᵉ s. dont l'expression change selon l'angle sous lequel on le regarde.

Le musée proprement dit expose diverses collections d'art sacré et d'art baroque : sculptures de l'école de Coimbra (16ᵉ s.) ; peintures sur bois de primitifs portugais (dont un noble **portrait de la princesse Jeanne★** de la fin du 15ᵉ s., attribué à Nuno Gonçalves, étonnant par la dureté hiératique des traits de la jeune fille représentée en costume de cour), italiens (une *Vierge au chèvrefeuille*, anonyme du 15ᵉ s.) ; peintures sur cuivre du 18ᵉ s. ; céramiques ; ornements sacerdotaux, objets de culte et lutrins du 17ᵉ s.

Dans les salles affectées à l'art baroque, on remarque les statues en bois polychrome des anges d'Aveiro, une curieuse sainte Famille en terre cuite due à l'atelier de Machado de Castro, un secrétaire en bois laqué. La chambre où mourut sainte Jeanne en 1490, transformée en oratoire, est décorée de retables et boiseries dorés.

Une galerie lapidaire complète la visite.

se promener

Comptez au moins 2h

Sé (cathédrale)

Cette église est le seul vestige de l'ancien couvent de São Domingos, fondé en 1423. Très remaniée depuis sa construction, la cathédrale arbore une façade baroque et, à l'intérieur, un curieux mélange de styles : azulejos polychromes des 17ᵉ et 18ᵉ s. sur les murs de la nef, orgue du 17ᵉ s. installé dans le croisillon gauche du transept. À gauche de l'entrée, *Mise au tombeau* (début Renaissance) dont tous les personnages, sauf le Christ, figurent en buste.

Cruzeiro de São Domingos

Devant la cathédrale, ce calvaire de style gothique manuélin est une reproduction fidèle de l'original qui est conservé dans l'église.

Église da Misericórdia

Elle s'ouvre par un portail du 17ᵉ s. très ouvragé. À l'intérieur, remarquez la hauteur de la nef et les azulejos (17ᵉ s.) ainsi que, face à la chaire, le banc d'œuvre à dosseret de bois doré.

Estação (gare)

Accès par avenida Dr. Lourenço Peixinho (vers l'Est). Les panneaux d'azulejos décorant les façades extérieure et intérieure (côté quais) de la gare constituent une plaisante et intéressante illustration des monuments d'Aveiro et de sa région ainsi que des métiers et costumes traditionnels de la ria.

Quartier des canaux★ 2h

Certains canaux de la ria ont leur prolongement en pleine ville : ils y sont endigués par des quais sur lesquels l'eau empiète quelque peu à marée haute.

Canal central – En partie longé de demeures patriciennes qui y reflètent leurs façades classiques, il offre le spectacle des barques, *moliceiros* ou vedettes qui y circulent ou stationnent. On en a la meilleure perspective du large pont-tunnel à balustres qui le scinde à mi-parcours et constitue le carrefour principal de la ville (*praça Humberto Delgado*).

Canal de São Roque – Limitant l'agglomération au Nord, il est enjambé (*devant la rua Dr. António Cristo*) par une élégante passerelle de pierre en dos d'âne. Il marque la séparation entre les salines et les magasins à sel qui bordent son quai parmi les maisons basses du quartier des pêcheurs.

Les murs de la gare : un livre d'images en bleu et blanc.

J.-6Y. Grégoire/MICHELIN

alentours

RIA DE AVEIRO★

Remarquable accident hydrographique de la côte Ouest du Portugal, à l'embouchure des rios Vouga et Antuã, la ria se présente comme une vaste zone lagunaire soumise à la marée. Elle est parcourue par un labyrinthe de « chemins d'eau », semée d'îles, quadrillée de chenaux et bordée de marais salants ou de pinèdes. Engendré par la régression marine, un cordon littoral, long de quelque 45 km, large au maximum de 2,5 km, la protège de l'Océan. Il est percé d'un goulet à la passe de Barra. Cette lagune affecte la forme d'un triangle et couvre à haute mer environ 6 000 ha pour une profondeur moyenne de 2 m. Très poissonneuse, fertile dans ses parties émergées, elle est surtout célèbre pour ses algues *(moliço)* qui servent d'engrais. La récolte du goémon se fait traditionnellement avec des barques à fond plat appelées **moliceiros**, dont la proue recourbée en col de cygne est peinte de motifs naïfs aux couleurs vives ; on les manœuvre à la voile et à la perche. Les peignes des râteaux de raclage ou de ramassage des algues encadrent le bec de la proue. Ces bateaux sont malheureusement de moins en moins nombreux (on peut en voir quelques exemplaires devant l'office de tourisme), mais on peut encore admirer quelques-unes de leurs décorations à l'occasion du concours annuel, en juillet ou en août.

Des **promenades en bateau** pendant l'été permettent de découvrir la vie de la ria : barques de sauniers, de pêcheurs, de paysans, *moliceiros* des ramasseurs d'algues.

Nord de la ria

Bico

30 km. Ce lieu-dit que l'on atteint après avoir traversé Murtosa est un petit port où se concentrent certains jours les *moliceiros*.

Torreira

42 km. Sur la ria, ce port de pêche abrite encore quelques beaux *moliceiros* ; sur la mer, belle plage de sable qui a permis à ce village de se développer comme station balnéaire.

Entre Torreira et São Jacinto, de belles vues s'offrent sur la ria et l'on peut contempler tout à loisir les ramasseurs d'algues.

Réserve naturelle des dunes de São Jacinto

2 km avant São Jacinto. Elle couvre 666 ha d'une des zones dunaires les mieux préservées d'Europe, très intéressante pour ses paysages, sa flore et sa faune. Des promenades balisées permettent de découvrir ce milieu naturel de pinèdes et de végétation dunaire. Un **centre d'interprétation** présente des expositions sur cette réserve. *Tlj sf jeu. et dim. 9h-12h, 13h30-17h. Fermé j. fériés.*

São Jacinto

54,5 km. Cette petite station dans les pins est aussi un camp et un port militaires au terminus du littoral Nord sur la passe de Barra.

Sud de la ria

Ílhavo

3,5 km. Dans cette ancienne bourgade de pêcheurs, aujourd'hui très développée, on peut voir quelques belles villas du début du siècle, comme la « Villa Africana », recouverte d'azulejos aux tons jaunes.

Son intéressant **musée★** (Museu Marítimo) consacré à la pêche et à la mer est l'un des plus complets sur la pêche à la ligne de la morue. Un documentaire des années 1970 montre la dure réalité de ces campagnes qui duraient six mois sur les bancs de Terre-Neuve. Il est complété par l'exposition d'embarcations, d'instruments de navigation, de maquettes, mais aussi par l'une des plus vastes collections de coquillages au monde. Une salle abrite quelques porcelaines de Vista Alegre. *Tlj sf lun. 10h-12h30, 14h-17h30, mar. et dim. 14h-17h30. 2€.*

Vista Alegre

6 km. Depuis 1824, c'est le centre d'une industrie de porcelaine et de verrerie réputée. Un **musée** aménagé dans la fabrique, devant une agréable place bordée de grands arbres, reconstitue l'évolution de cette production en exposant les machines, les ustensiles et une grande partie des pièces réalisées depuis la fondation. *Tlj sf lun. 9h-18h, w.-end 9h-12h30, 14h-17h. Fermé j. fériés. 1,50€ (visite guidée de la fabrique : 10€).*

Deux boutiques *(fermé le dimanche)* vendent la célèbre porcelaine, ainsi que d'autres articles artisanaux de la région, notamment de belles nappes en lin brodées.

Praia da Barra

9 km. Cette station balnéaire très urbanisée est abritée par un cordon de dunes littorales derrière lequel commence une immense plage s'étendant vers le Sud au-delà de Costa Nova.

Costa Nova

12 km. Située entre les plages de l'Atlantique et la lagune, cette station balnéaire ancienne, fréquentée depuis la seconde moitié du 19e s., a connu une extension spectaculaire. Ses pimpantes maisons de bois *(palheiros)*, peintes de bandes colorées, sont envahies par les constructions anarchiques qui défigurent le paysage.

excursion

AROUCA

Carte Michelin n° 733 J 5. À 65 km au Nord-Est d'Aveiro, sur la N 224.
Au fond d'une vallée encaissée entre des hauteurs boisées, quelques maisons entourent le monastère d'Arouca. Fondé en 716, mais reconstruit au 18e s. à la suite d'un incendie, il forme un ensemble baroque d'aspect très dépouillé.

Église du monastère

Visite de 9h à 19h. Sa nef abrite de nombreux autels baroques dorés et plusieurs statues en pierre d'Ançã, du sculpteur Jacinto Vieira ; dans la deuxième chapelle à droite, un tombeau (18e s.) en argent ciselé, ébène et cristal contient le corps momifié de la reine de Castille, Mathilde (1203-1252), fille du roi Sanche Ier.
Le **chœur inférieur** *(coro baixo)* est décoré d'un buffet d'orgue doré (18e s.), de stalles au dossier richement sculpté et de gracieuses statues de religieuses sculptées par Jacinto Vieira.

Museu de Arte Sacra

Visite guidée (3/4h) tlj sf lun. 9h30-12h, 14h-17h. Fermé 1er janv., Ven. saint, dim. de Pâques, 1er mai et 25 déc. 2€. Au premier étage du cloître, il présente en particulier des **tableaux★** de primitifs portugais (fin 15e s.-début 16e s.) de l'école de Viseu, des toiles *(Ascension)* de Diogo Teixeira (17e s.) et une statue de saint Pierre (15e s.).

Barcelos

Barcelos est une petite ville riante du Nord du Portugal, située sur la rive droite du Cávado, et disposant d'un agréable quartier ancien autour d'un pont médiéval C'est un centre réputé de fabrication de céramique, avec notamment l'omniprésent coq décoratif, devenu un véritable icone touristique. Si vous passez par Barcelos, ne manquez pas le marché du jeudi matin, à la fois agricole et artisanal, un des plus importants et des plus animés du Portugal.

La situation

121 988 habitants. Carte Michelin n° 733 H 4 – District de Braga. Au cœur de la province du Minho. À 22 km à l'Ouest de Braga et à 57 km au Nord-Est de Porto. ▐ *Largo da Porta Nova (Torre de Menagem), 4750-329, ☎ 253 81 18 82.*

Vous pouvez poursuivre votre voyage en visitant : BRAGA, VIANA DO CASTELO, PONTE DE LIMA.

INTERNET

Biblioteca Municipal – *Largo do José Novais, 47-58.* Gratuit.

CALENDRIER

Festas das Cruzes – Grande *romaria* les premiers jours de mai.

Feira de Barcelos – Fin août-début sept. : artisanat et céramique.

découvrir

Le marché★ du jeudi

Le marché de Barcelos, le jeudi matin, est l'un des plus grands et des plus anciens du Portugal. Il se tient sur le campo da República, vaste esplanade située au centre de la ville.

Très animé, il présente deux parties distinctes : d'un côté, les paysans vendant leurs produits (poules et coqs vivants, montagnes de choux et autres légumes, fleurs...), de l'autre, tout l'artisanat qui déborde largement des frontières régionales : céramique, vannerie, linge de maison en lin brodé à la main, articles en cuir, harnais et, évidemment, d'innombrables coqs peints, de toutes

Les coqs de Barcelos.

P. Martins/MICHELIN

tailles. Façonné en terre cuite par les potiers de Barcelos, le coq, longtemps symbole de la région, est devenu l'emblème touristique du Portugal.

LE COQ DE BARCELOS

Un pèlerin, qui se rendait à St-Jacques-de-Compostelle, se voit accusé de vol au moment de quitter Barcelos. Incapable, malgré sa bonne foi, de se défendre en face de l'apparente évidence des faits, il est condamné à être pendu. Il tente alors une ultime démarche auprès du juge. Comme celui-ci refuse de se laisser convaincre, le pèlerin implore la protection de saint Jacques et, avisant le coq rôti destiné au repas du juge, déclare que, pour preuve de son innocence, le coq se lèvera et chantera. Le miracle a lieu. Le juge, reconnaissant l'innocence du pèlerin, le libère. En souvenir, l'homme fait ériger un monument qui se trouve aujourd'hui au Musée archéologique de la ville.

---

se promener

Les principaux monuments sont regroupés près du **pont médiéval** sur le Cávado, au Sud de la ville.

Église paroissiale – Construite au 13ᵉ s., elle a été modifiée aux 16ᵉ et 18ᵉ s. La façade, très sobre, est flanquée à droite d'un clocher carré ; elle s'ouvre par un portail roman. L'**intérieur★** est rutilant d'ors et bordé de chapelles baroques ; les murs sont revêtus d'azulejos du 18ᵉ s. ; quelques chapiteaux sont historiés.

Pilori – Ce pilori gothique se compose d'une colonne hexagonale portant un gracieux lanternon de granit.

Solar dos Pinheiros – Ce joli manoir gothique construit en granit au 15ᵉ s. s'orne de tours d'angle à trois étages.

Ruines du palais des ducs de Bragance, comtes de Barcelos

La cité fut le siège du premier comté du Portugal et la résidence du premier duc de Bragance, également comte de Barcelos *(voir Bragança)*.

Musée archéologique – *9h-17h (été 17h30). Fermé 1ᵉʳ janv., Ven. saint, dim. de Pâques, 1ᵉʳ mai et 25 déc. Gratuit.* Dans les vestiges de cet ancien palais construit au 15ᵉ s., a été aménagé un petit musée en plein air ; outre les stèles et les blasons de la maison de Bragance, on y voit le monument (14ᵉ s.) qui avait été dressé en l'honneur du coq de Barcelos *(voir encadré)*.

Musée de la Poterie (Museu da Olaria) – *Tlj sf lun. 10h-17h30, w.-end et j. fériés 10h-12h, 14h-17h. Fermé 1ᵉʳ janv., Ven. saint, dim. de Pâques, 15 août, 1ᵉʳ nov., 24 et 25 déc. 1,35€.* Ce musée abrite la plus grande collection de tout le pays. Les pièces figuratives de Barcelos, avec leur style naïf et coloré, s'y trouvent en bonne place. Toute une section est consacrée à la vaisselle noire du village de Prado, avec des illustrations de cette technique ancestrale, aujourd'hui disparue. Ce musée est un bon endroit pour acquérir à juste prix les productions des céramistes encore en activité. Les plus connus sont Mistério (qui perpétue la tradition familiale), Júlia Ramalho (petite-fille de la déjà célèbre Rosa Ramalho).

Église Nossa Senhora do Terço★ – *Côté Nord du campo da República, la grande place du marché.* Elle faisait partie d'un couvent de bénédictins, fondé en 1707. Les murs de la nef sont couverts de beaux **azulejos★** (18ᵉ s.) figurant la vie de saint Benoît. La voûte est constituée de 40 caissons en bois peint représentant des scènes de la vie monastique. La chaire, en bois doré, est richement ornée.

Torre de Menagem – Vestige des remparts du 15ᵉ s., le **donjon** abrite aujourd'hui l'office de tourisme, qui vend aussi des objets d'artisanat.

Église do Bom Jesus da Cruz – De style baroque du Nord, elle présente un intéressant plan en croix grecque. D'après la légende, le 20 décembre 1504, une croix apparut à cet endroit. L'église fut alors édifiée pour commémorer le miracle.

Mosteiro da **Batalha**★★★

Monastère de Batalha

Au creux d'un vallon verdoyant, sur un site malheureusement défavorisé par le voisinage d'une grande route et dans une ville ne présentant guère d'intérêt, se dresse le monastère de Batalha. La gerbe rose doré de son architecture, qui figure au rang des chefs-d'œuvre des arts gothique et manuélin, apparaît dans un jaillissement de gâbles, de pinacles, de contreforts, de clochetons et de colonnettes. Construit après une bataille (« batalha ») victorieuse, celui qui fait aussi office de panthéon royal constitue un symbole de l'indépendance nationale. Au même titre que le monastère d'Alcobaça tout proche, il est inscrit au patrimoine mondial de l'Unesco.

La situation

Carte Michelin nᵒ 733 N 3 – District de Leiria. Sur la route nationale qui relie Lisbonne (118 km) à Porto. 🅱 *Praça Mouzinho de Albuquerque, 2440-109, ☎ 244 76 51 80.*
Vous pouvez poursuivre votre voyage en visitant : ALCOBAÇA, LEIRIA, NAZARÉ.

comprendre

La bataille d'Aljubarrota – Le 14 août 1385, sur le plateau d'Aljubarrota, à 15 km au Sud de Batalha, s'opposent deux prétendants au trône du Portugal : le roi de Castille et le fils naturel de Pierre Iᵉʳ, Jean, grand maître de l'ordre d'Avis *(voir alentours d'Estremoz)*, sacré roi sept jours plus tôt. Les forces en présence sont très inégales : à l'armée organisée et dotée de seize canons des Castillans, le connétable **Nuno Álvares Pereira** ne peut opposer qu'un carré de chevaliers et de piétaille. En cas de défaite, le pays passe sous domination espagnole. Jean d'Avis fait vœu d'élever une superbe église en l'honneur de la Vierge si elle lui accorde la victoire. Après avoir résisté victorieusement à son ennemi, Nuno Álvares le poursuit en Castille même. Le Portugal a gagné son indépendance pour deux siècles. Trois ans plus tard, le monastère Sainte-Marie-de-la-Victoire commence à s'élever ; il deviendra Batalha.

L'édification du monastère – Commencés par l'architecte portugais Afonso Domingues, les travaux sont repris par maître Huguet qui, de 1402 à 1438, érige dans le style gothique flamboyant la chapelle du fondateur où reposent Jean Iᵉʳ, sa femme Philippa de Lancastre et leurs fils. La mort l'empêche de terminer le panthéon octogonal du roi Édouard Iᵉʳ (les Chapelles inachevées).
Pendant le règne d'Alphonse V (1438-1481), l'architecte portugais Fernão de Évora édifie le cloître dit d'Alphonse V dans un style très sobre. C'est Mateus Fernandes le Vieux, l'un des maîtres de l'art manuélin, qui réalise ensuite les remplages des arcades du cloître royal, en collaboration avec le célèbre Boytac *(voir index)*, et poursuit l'édification des chapelles de l'octogone. Mais le roi Jean III (1521-1557) délaisse la construction de Batalha au profit du monastère des Jerónimos à Lisbonne, et les chapelles de l'octogone restent inachevées.

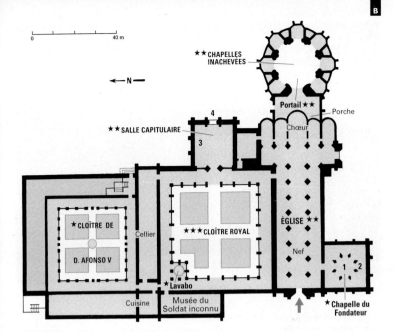

Area labels in image:
- ★★ CHAPELLES INACHEVÉES
- Portail ★★
- Porche
- ← N →
- 4
- Chœur
- ★★ SALLE CAPITULAIRE
- 3
- ★ CLOÎTRE DE
- Cellier
- ★★★ CLOÎTRE ROYAL
- ÉGLISE ★★
- D. AFONSO V
- Nef
- ★ Lavabo
- 1 2
- Cuisine
- Musée du Soldat inconnu
- ★ Chapelle du Fondateur
- 0   40 m

visiter

Comptez 1h

EXTÉRIEUR

Dépourvu de clocher, ainsi que l'exigeait la règle des dominicains, le monastère présente une multitude de pinacles, d'arcs-boutants, de balustrades ajourées, que soulignent des fenêtres gothiques et flamboyantes ; l'ensemble, construit en calcaire fin, a pris avec le temps une jolie teinte ocrée.

L'architecture compliquée du chevet de l'église résulte de l'adjonction, à l'abside primitive, d'une rotonde octogonale au-dessus de laquelle se dressent les piliers inachevés qui devaient supporter la voûte.

Attenante au collatéral droit, la chapelle du fondateur est surmontée d'une lanterne octogonale épaulée par des arcs-boutants.

La façade principale de l'église est divisée en trois par des pilastres et des contreforts. La partie centrale est percée dans sa partie supérieure d'une belle fenêtre flamboyante ; le portail est richement sculpté et porte des statues (refaites) représentant, au tympan, le Christ en majesté, entouré des évangélistes ; sur les côtés, les douze apôtres ; sur les voussures, des anges, des prophètes, des rois et des saints. L'église se trouvait jadis en contrebas par rapport au terre-plein extérieur, ce qui conférait au portail des proportions plus harmonieuses.

INTÉRIEUR

Avr. sept. : 9h-18h ; le reste de l'année : 9h-17h. Fermé 1ᵉʳ janv., Ven. saint, dim. de Pâques, 1ᵉʳ mai et 25 déc. 3€, gratuit dim. et j. fériés 9h-14h. ☎ 244 76 54 97.

Église★★

Très vaste, elle frappe par sa sobriété et l'élan de ses voûtes. Le chœur est agrémenté de **vitraux★** datant de l'époque manuéline (16ᵉ s.) et représentant des scènes de la vie de la Vierge et du Christ.

Chapelle du Fondateur★ (Capela do Fundador) – Cette salle carrée, de 20 m de côté, éclairée de fenêtres flamboyantes, est surmontée d'une lanterne octogonale coiffée d'une coupole étoilée. Des arcs en tiers-point festonnés relient les puissants piliers qui soutiennent la lanterne.

Au centre se trouvent les tombeaux du roi Jean Iᵉʳ et de sa femme Philippa de Lancastre dont les gisants s'abritent sous deux dais délicatement ciselés **(1)**. Sur les côtés Sud et Ouest, des enfeus abritent les tombeaux des infants dont celui de Henri le Navigateur, rehaussé d'un dais **(2)**.

Cloître royal★★★ (Claustro Real)

L'alliance des styles gothique et manuélin s'exprime dans ce cloître de façon heureuse. La simplicité du gothique originel n'a pas été altérée par les apports manuélins ; la balustrade à fleurs de lys et les pinacles fleuris ont contribué à créer une certaine harmonie avec les remplages manuélins des arcades, sculptés dans le marbre et ajourés comme des broderies. Les colonnettes qui soutiennent les remplages sont ornées de torsades, de perles et d'écailles.

Les chapelles inachevées.

Salle capitulaire★★ (Sala do Capítulo)

Cette salle renferme la tombe du Soldat inconnu **(3)**, qui contient en fait les corps de deux soldats portugais, l'un mort en France, l'autre en Afrique, pendant la Grande Guerre.

La **voûte★★★** est d'une hardiesse exceptionnelle ; après deux tentatives malheureuses, l'architecte maître Huguet réussit à lancer une voûte carrée de près de 20 m de côté sans appuis intermédiaires ; ce travail présentait de tels dangers qu'il fut achevé, raconte-t-on, par des condamnés à mort, et qu'Huguet, après que l'on eut retiré les derniers échafaudages, resta seul toute une nuit sous son audacieux ouvrage.

La fenêtre qui éclaire la salle est décorée d'un joli **vitrail★ (4)** du début du 16ᵉ s. représentant des scènes de la Passion.

Lavabo★

Situé à l'angle Nord-Ouest du cloître, il est constitué d'une fontaine avec un bassin à margelle festonnée que surmontent deux vasques. La lumière, filtrant à travers les dentelles de pierre des remplages, donne à l'ensemble une jolie teinte dorée. De là, la vue est très belle sur l'église dominée par le clocher du transept Nord. L'ancien réfectoire, couvert d'une jolie voûte gothique, abrite un musée du Soldat inconnu.

Cloître de D. Afonso V★

Belle construction gothique. Sur les clefs de voûte figurent les blasons d'Édouard Iᵉʳ et d'Alphonse V.

Sortez du cloître par l'angle Sud-Est et contournez la salle capitulaire par l'extérieur.

Chapelles inachevées★★ (Capelas Imperfeitas)

Édouard Iᵉʳ avait rêvé d'un vaste panthéon pour lui et ses descendants. Il est le seul à reposer aujourd'hui, à ciel ouvert, dans les Chapelles inachevées. Plus tard, le roi Manuel fit ajouter par Mateus Fernandes un vaste porche de transition gothique-Renaissance qui relie le chevet de l'église au portail de l'octogone ; ce **portail★★**, initialement gothique, a été orné au 16ᵉ s. de décorations manuélines d'une rare exubérance ; il s'ouvre sous un arc polylobé, renforcé, du côté de l'église, par un arc infléchi. Admirez la découpe des festons et la minutieuse décoration des voussures et des colonnes.

Donnant sur la rotonde octogonale, sept chapelles rayonnantes sont séparées par les fameux piliers restés inachevés ; ces piliers sont couverts de motifs ciselés dans la pierre, ce qui contraste avec la sobriété du balcon Renaissance ajouté à la partie supérieure par le roi Jean III en 1533.

Beja★

Pour vraiment apprécier la capitale du Bas-Alentejo, explorez à pied son cœur historique, récemment restauré : une promenade plaisante bien que la ville, qui fut une brillante colonie romaine (Pax Julia), le siège d'un évêché wisigoth, et qui connut pendant quatre siècles l'occupation musulmane, n'ait pas conservé grand chose de sa riche histoire. Elle est devenue un centre agricole vivant surtout du commerce du blé, de l'huile d'olive, du vin, du chêne-liège et de la laine. Autant de productions que vous découvrirez dans la « Plaine dorée » (Planície Dourada), la campagne alentour où s'étendent les champs de blé et les oliveraies associés à la vigne et aux chênaies. Ces beaux paysages sont ponctués par des « montes », fermes typiques de l'Alentejo transformées, pour certaines, en hébergements pour les touristes.

La situation

35 659 habitants. Carte Michelin n° 733 R 6 – District de Beja – Plan dans Le Guide Rouge Portugal. Située sur une éminence du vaste plateau de l'Alentejo, sur la ligne de partage des eaux entre les bassins du Sado à l'Ouest et du Guadiana à l'Est, Beja est la capitale du Baixo Alentejo (Bas-Alentejo). **⌀** *R. Capitão Francisco de Sousa, 25, 7800-451, ☎ 284 31 19 13.*

Vous pouvez poursuivre votre voyage en visitant : la vallée du GUADIANA.

« IL FAUT AIMER COMME LA RELIGIEUSE PORTUGAISE »
Stendhal, *La Vie de Rossini*

Dans le monde des lettres, Beja est depuis trois siècles la ville de la religieuse portugaise, **Mariana Alcoforado**. Entrée au couvent des clarisses de la Conception sur décision de ses parents, elle s'éprit d'un jeune officier de la marine française, le comte de Chamilly, qui, parti en 1661 faire campagne en Alentejo contre les Espagnols, n'en revint qu'en 1668.

En 1669 est publiée en France la « traduction » des *Lettres de la religieuse portugaise* : les cinq messages d'amour où se mêlent la passion, le souvenir, le désespoir, la supplication, le reproche d'indifférence enflamment le public et connaissent rapidement un très grand succès.

L'authenticité des lettres fut presque aussitôt mise en doute. Jusqu'au milieu du 20e s., la légende, par le caractère si rare de ces sentiments, fit de cette œuvre littéraire le témoignage de l'aventure vécue par le comte de Chamilly. Le véritable auteur, le comte de **Guilleragues**, avait lui-même contribué à cette légende : secrétaire de Louis XIV, il occupait un rang trop élevé pour pouvoir publier ces écrits sous son nom.

En 1972 paraissaient *Les Nouvelles Lettres portugaises*. Œuvre conjointe de Maria Isabel Bareno, Maria Teresa Horta et Maria de Fátima Velho da Costa, cette anthologie réunissant poèmes, lettres fictives et correspondance personnelle fut interdite au Portugal pour aborder librement le sujet de la sexualité et critiquer ouvertement le régime en place. Les auteurs, devenues célèbres sous le nom des « Trois Marias », furent jugées et emprisonnées jusqu'à ce que la révolution des Œillets rende à l'expression artistique sa pleine et entière liberté.

---

visiter

Ancien couvent de la Conception★★

Tlj sf lun. 9h30-12h30, 14h-17h15. Fermé j. fériés. 2€, gratuit dim. matin. ☎ 284 32 33 51. Ce couvent de clarisses, où vécut la célèbre « religieuse portugaise » *(voir encadré)*, fut fondé en 1459 par Ferdinand, duc de Viseu, père du roi Manuel. L'élégante balustrade gothique qui couronne l'église et le cloître rappelle celle du monastère de Batalha. Le couvent abrite aujourd'hui le musée régional.

Museu da Rainha D. Leonor – L'**église** baroque fut décorée aux 17e et 18e s. de bois doré et sculpté à profusion. Sur la droite s'ouvre le cloître dont les murs sont recouverts d'azulejos. La **salle capitulaire** montre une décoration fort riche avec ses murs tapissés de beaux azulejos hispano-mauresques sévillans (16e s.) et sa voûte ornée de motifs floraux du 18e s. Une collection de christs y est présentée. Dans les salles qui la prolongent sont exposés plusieurs tableaux, dont un *Saint Jérôme* de Ribera (17e s.) et un Ecce homo du 15e s.

Au 1er étage a été réunie la collection archéologique Fernando Nunes Ribeiro, composée de dalles gravées de l'âge du bronze et de stèles épigraphiques de l'âge du fer. La fenêtre grillagée par laquelle sœur Mariana pouvait s'entretenir avec Chamilly a été reconstituée.

Par la rua dos Infantes en face du couvent, on rejoint la **praça da República**. La place principale de Beja, où se trouvent le pilori et l'hôtel de ville, devrait redevenir entièrement piétonne après d'importants travaux de rénovation.

De là, suivez la rua da Misericordia, et prenez à droite la rua D. Manuel I jusqu'au château.

carnet pratique

Transports

Location de vélos – L'office de tourisme met des vélos à votre disposition. Tlj sf w.-end 10h-13h, 14h-17h30.

Internet

Iber Café – *R. Fernando Namora (20mn à pied au Sud-Ouest du centre-ville).* 6h-2h sf dim.

Hébergement

⊝ **Residencial Rosa do Campo** – *R. da Liberdade, 12 -* ☎ *284 32 35 78 - residencial.rosa.do.campo@netvisao.pt -* ▭ *8 ch. 25/40€* ☁. Les inconditionnels de la propreté seront enchantés de se garer devant cette coquette pension fraîchement rénovée. Sol lustré, salles de bain modernes, mobilier à l'ancienne, matelas confortables et accueil chaleureux : tout est fait pour que vous passiez un séjour agréable, la propriétaire y veille ! Chambres spacieuses d'un à quatre lits. Très central.

⊝ **Residencial Bejense** – *R. Capitão João Francisco de Sousa, 57 -* ☎ *284 31 15 70 -* ▭ *- 24 ch. 30/42€* ☁. Cette résidence implantée dans la zone piétonne et commerçante du centre-ville propose des chambres confortables aux installations neuves (salles de bain modernes, air conditionné). Petit déjeuner copieux et accueil familial attentif. Si les murs sont tapissés de photos de famille un peu « kitch », la situation demeure idéale et le rapport qualité-prix excellent.

⊝ **Casa da muralha** – *R. das Portas de Beja, 43 - 7830 Serpa -* ☎ *284 54 31 50 - 5 ch. 50/60€* ☁. Une maison d'hôte de caractère (19e s.) pour décor insolite et spectaculaire, l'aqueduc du 17e s. et les remparts de la ville. Chambres spacieuses, balcon à l'étage, accès au salon et au jardin planté d'orangers.

Restauration

⊝ **A Pipa** – *R. da Moeda, 8 -* ☎ *284 32 70 43 - fermé dim. et j. fériés en août -* ✒ *- 12/18€.* Non loin de la praça da República, une taverne typique de la région avec ses murs passés à la chaux et son décor rustique. Vous dégusterez sous de larges voûtes en brique des grillades de viande qui mettent le porc de l'Alentejo à l'honneur. Atmosphère chaleureuse et authentique.

⊝ **Os Infantes** – *R. dos Infantes, 14 -* ☎ *284 32 27 89 - osinfantes@hotmail .com - fermé mer. - 14/18€.* Dans une rue qui part de la praça da República, sous une belle voûte tapissée de briques sombres, une salle d'une sobriété assez moderne. Au menu : cuisine traditionnelle soignée avec soupe de poisson à l'alentejana, lièvre et haricots noirs, porc noir de l'Alentejo et côté desserts, une appétissante exposition sur la table d'entrée. En vedette : le *pão de Rala* (dessert régional).

⊝☺ **Pousada de São Francisco** – *Largo D. Nuno Álvares Pereira -* ☎ *284 32 84 41 - guest@pousadas.pt -* ▭ *- 23,74/29,45€.* À défaut de passer une nuit à la *pousada* de São Francisco, offrez-vous un dîner dans cet ancien couvent. Le restaurant occupe le réfectoire des moines franciscains à la voûte nervurée d'une blancheur absolue. Un lieu élégant aux lignes pures où vous dégusterez du porc noir de l'Alentejo aux herbes et les fameux desserts du couvent. Un bonheur divin !

Petite pause

Casa de Chá – *R. dos Açoutados, 12 - Junto às Portas de Mértola -* ☎ *284 32 15 00 - 9h-20h - fermé dim. et j. fériés.* On raconte à Beja que l'on vient de l'autre bout du Portugal pour les excellentes pâtisseries de la maison et notamment ses gâteaux de couvent (tradition locale oblige). Toutes les générations de gourmands s'y retrouvent pour déguster en priorité *queijo de hóstia*, *pão de Rala* et *pastéis de toucinho*. Une belle carte des thés accompagne le tout.

Luiz da Rocha – *R. Capitão João F. Sousa, 63 -* ☎ *284 32 31 79 - fermé dim. en été.* Bien que ce café soit le plus ancien et le plus fréquenté de Beja, vous ne viendrez pas ici pour sa décoration historique aujourd'hui disparue mais plutôt pour ses deux spécialités : les *porquinhos doces* et les *trouxas de ovos*. Ces derniers totalisent 24 jaunes d'œufs pour 1 kg de sucre : avis aux amateurs de calories !

Sorties

Bar Casa das Artes – *R. do Touro -* ☎ *284 31 19 20 - mar.-dim. 14h-2h sf j. fériés.* Comme alternative au Bar Karas, voici le bar de la Maison des Arts-Musée Jorge Vieira. Ceux qui font la vie culturelle de Beja et les jeunes viennent ici pour prendre un verre au premier étage et discuter de la dernière exposition sous une verrière et sur un sol noir minimaliste. Atmosphère intellectuelle et « arty » assurée !

Karas Bar – *R. da Moeda - ouv. le soir.* « Le » bar branché de Beja où l'on se retrouve pour boire un verre ou faire la fête. Soirées animées par des DJ's.

Château

Été : tlj sf lun. 10h-13h, 14h-18h ; le reste de l'année : tlj sf lun. 9h-12h, 13h-16h. Fermé 1er janv., 25 déc. et pendant les fêtes municipales. 1,24€, gratuit dim. et j. fériés.

13e s. Son enceinte crénelée (abritant un musée militaire), flanquée de tours carrées, est dominée à un angle par un haut **donjon★** que couronnent des merlons pyramidaux. Un escalier à vis conduit au premier étage dont la jolie voûte à nervures étoilées s'appuie sur des trompes d'angle alvéolées, de style musulman. Une galerie sur mâchicoulis court le long de la muraille, peu avant le sommet qui est un remarquable belvédère sur la plaine à blé de l'Alentejo.

H. Champollion/MICHELIN

Le cloître de l'ancien couvent de la Conception.

Église de Santo Amaro

Tlj sf lun. 9h30-12h30, 14h-17h15, mar. 14h-17h15. Fermé j. fériés. 2€, gratuit dim. matin. Dans cette petite église d'origine wisigothique – certaines parties datent du 6ᵉ s. –, la **section d'art wisigothique** du musée Rainha D. Leonor présente une collection de chapiteaux, de colonnes à motifs géométriques ou végétaux. Admirez les beaux pilastres du 7ᵉ s. et la colonne représentant des oiseaux attrapant un serpent.

Museu Botânico★

R. de Pedro Soares s/n. 9h30-12h, 14h30-17h. Gratuit. ☎ 284 3143 00. Visite guidée. De prime abord, les quelques vitrines de cette modeste salle de cours de l'école supérieure agraire de Beja ne recèlent rien d'extraordinaire, tout au plus quelques graines destinées à des férus de botanique. Contre toute attente, la visite guidée vous révèle une foule d'informations et d'anecdotes captivantes sur la relation entre les hommes et les plantes. Observez bien la finesse et la délicatesse de la chemise en fibres d'ananas, l'une des pièces maîtresses du musée.

environs

Serpa★

28 km à l'Est par la N 260 et à 35 km à l'Ouest de la frontière espagnole. En arrivant de Beja, vous apprécierez la vue sur la ville. Située dans le Bas-Alentejo sur la rive gauche du Guadiana, Serpa « la Blanche » couronne une butte au-dessus des vastes étendues de champs de blé piquetés d'oliviers en résille. La cité a conservé ses remparts qu'emprunte partiellement un **aqueduc**. Au cours de votre étape, n'oubliez pas de goûter au fameux *queijo de Serpa*, un délicieux fromage de brebis.

Le quartier intra-muros – À l'intérieur des remparts percés de la **porte fortifiée de Beja**, la ville est un agréable lieu de promenade. Au-dessus de la grand-place, on parvient au **largo dos Santos Próculo e Hilarião**, planté d'oliviers et de cyprès, que domine la façade de l'église Santa Maria. En tournant ensuite à droite, on accède au **château** dont l'entrée évoque une gravure romantique du 19ᵉ s. avec sa tour à moitié écroulée formant porche. Du chemin de ronde, vous aurez une excellente vue sur la ville.

Museu Etnográfico – *Largo do Corro. Prenez la rua dos Figaldos (à gauche de la mairie) puis suivez les panneaux. Tlj sf lun. 9h-12h30, 14h-17h30 (été : 18h). Fermé j. fériés. Gratuit.* Ce petit musée, agréablement présenté, évoque les traditions et les activités artisanales de la région : outils agricoles et instruments destinés au travail de l'osier, à la fabrication de chaussures, à l'extraction de l'huile d'olive, métiers à tisser, etc.

Museu do Relógio – *Convento do Mosteirinho, près de la praça da República. Mer.-ven. 14h-17h, w.-end et j. fériés 10h-17h ; fermé lun. Visite guidée. 2€. ☎ 284 54 31 94.* Amateur ou non d'horlogerie, vous serez impressionné par cette collection privée qui rassemble près de 1 600 montres et horloges provenant des quatre coins du monde. Le carillon des pendules, le cri des coucous suisses, le tic-tac des horloges de nos grands-mères accompagnent cette visite passionnante mais un peu dense.

Chapelle de Guadalupe – *1,5 km. Suivez la signalisation pour la pousada.* Blanche et nue, mauresque par ses coupoles, elle domine la vallée et offre de belles vues sur les paysages environnants.

Villa romaine de São Cucufate

29 km au Nord. Sortez de Beja par l'IP 2 et à Vidigueira tournez à gauche dans la N 258 ; 2 km après Vila de Frades, prenez à droite (panneau). Été : tlj sf lun. 10h-13h, 15h-18h30, mar. 15h-18h30 ; le reste de l'année : tlj sf lun. 9h-12h30, 14h-17h30, mar. 14h-17h. Fermé 1ᵉʳ janv., dim. de Pâques, 1ᵉʳ mai et 25 déc. Gratuit.

Les fouilles ont mis au jour les ruines d'une importante villa romaine du 4ᵉ s., résidence d'un grand propriétaire terrien. L'intérêt de l'édifice réside dans sa construction à deux étages en brique et pierre. Le niveau supérieur est soutenu par une galerie voûtée, ce qui est rare dans la péninsule Ibérique. Au Sud se trouvent les restes d'un temple. Au Moyen Âge, la partie Nord de la villa fut transformée en couvent : l'église conserve des fresques.

Moura

58 km au Nord-Est de Beja via Serpa. Moura, la Maure, groupée autour des ruines de son château du 13ᵉ s., est une petite station thermale de l'Alentejo dont les eaux bicarbonatées calciques sont utilisées dans le traitement des rhumatismes. À quelques kilomètres de la ville, la source de **Pisões-Moura** fournit une eau de table (Água do Castelo) très vendue au Portugal.

Église de São João Baptista★ – Cet édifice gothique s'ouvre par un intéressant **portail** manuélin décoré de sphères armillaires et possède un balcon, utilisé

> ### LA LÉGENDE DE LA MAURESQUE
>
> Moura devrait son nom (Vila de Moura) et ses armes (une jeune fille morte devant une tour) au malheur de Salúquia, fille du seigneur maure du lieu. Le jour de ses noces, elle attendit en vain son fiancé, seigneur d'un château du voisinage. Ce dernier, tombé dans une embuscade tendue par des chevaliers chrétiens, avait été massacré avec toute son escorte. Les chevaliers chrétiens, revêtus des vêtements de leurs victimes, avaient alors réussi à pénétrer dans la place et à s'en emparer. Salúquia, désespérée, se serait précipitée du haut de sa tour.

autrefois pour dire la messe aux détenus de la prison d'en face *(actuel commissariat)*. À l'intérieur de l'église, remarquez l'élégante colonne torse en marbre blanc qui supporte la chaire ; le chœur, couvert d'une voûte en réseau, abrite un joli groupe baroque de la Crucifixion ; la chapelle de droite est ornée d'azulejos (17ᵉ s.) représentant les vertus cardinales.

En face se trouvent l'**établissement thermal** et son jardin public surplombant la vallée *(possibilité de se rafraîchir dans la piscine municipale située en contrebas)*.

La Mouraria – Le nom de ce quartier évoque l'ancienne domination mauresque dont la ville ne fut libérée qu'en 1233. Bordant les rues étroites, les maisons basses sont parfois ornées de panneaux d'azulejos ou de cheminées pittoresques.

Castro Verde

46 km au Sud par l'IP 2. Ce bourg agricole doit son nom à un ancien *castro* préhistorique. Castro Verde célèbre le 3ᵉ dimanche d'octobre une foire agricole et artisanale très connue datant du 17ᵉ s., qui attire des milliers de visiteurs.

Église Nossa Senhora da Conceição – *Adressez-vous à M. le curé, Residência Paroquial, av. Humberto Delgado.* Les murs de cette basilique sont entièrement couverts de magnifiques azulejos. Les panneaux de la partie supérieure de la nef représentent des scènes de la bataille d'Ourique, localité située à 14 km, où, en 1139, Alphonse Henriques mit les Maures en déroute et fut proclamé roi du Portugal.

Belmonte★

Gros bourg isolé et perché à 600 m d'altitude sur l'échine d'une colline proche de la serra da Estrela, Belmonte, avec son ancien château fort au donjon carré, ses églises et ses chapelles, forme un ensemble architectural harmonieux. L'endroit a vu naître l'illustre navigateur Pedro Álvares Cabral, qui découvrit le Brésil en l'an 1500. L'histoire de Belmonte est également liée au judaïsme portugais, et la ville, qui abrite encore aujourd'hui la plus importante communauté juive du pays, officiellement reconnue en 1989, possède une nouvelle synagogue et un rabbin.

La situation

7 591 habitants. Carte Michelin nᵒ 733 K 7 – District de Castelo Branco. Sur la rive gauche du Zêzere, à 25 km au Sud de Guarda. ⌂ *Praça da República, 18, 6250-034,* ☎ *275 91 14 88.*

Vous pouvez poursuivre votre voyage en visitant : la serra da ESTRELA, GUARDA.

se promener

Château

10h-12h30, 14h-17h. Fermé 1ᵉʳ janv., Ven. saint, dim. de Pâques, 1ᵉʳ mai et 25 déc. Gratuit.
Bâti aux 13ᵉ et 14ᵉ s. par le roi Denis Iᵉʳ, il n'en reste que le donjon crêté de merlons et l'enceinte en partie démantelée, restaurés en 1940. La tour d'angle à droite du donjon arbore des balcons à consoles du 17ᵉ s., et le pan de muraille attenant à celui-ci, à gauche, une fenêtre manuéline géminée surmontée du blason des Cabral. Le château a fait l'objet d'un plan de réaménagement et abrite désormais un amphithéâtre où sont organisés des spectacles et des concerts. Par ailleurs, le donjon accueille un centre muséologique.
Longez l'enceinte pour profiter de la **vue**★ sur Belmonte et la campagne.

Église de São Tiago★

Visite guidée (1/2h) 9h-12h, 14h-18h. Fermé 1ᵉʳ janv., Semaine sainte et 25 déc. Gratuit. Pour d'autres horaires de visite, adressez-vous à l'office de tourisme.
Voisine du château, cette église romane (12ᵉ-13ᵉ s.) remaniée au 16ᵉ s., conserve à l'intérieur des éléments intéressants : une cuve baptismale romane, des fresques du 16ᵉ s. sur le maître-autel et d'autres plus anciennes sur le mur de droite. La chapelle de Nossa Senhora da Piedade, construite au 14ᵉ s., abrite une curieuse chaire à abat-voix et une pietà polychrome taillée dans un seul bloc de granit, ainsi que des chapiteaux historiés évoquant les hauts faits de Fernão Cabral, père de Pedro Álvares Cabral.

Panthéon des Cabral – *Visite guidée 11h-12h. Pour d'autres horaires de visite, adressez-vous à l'office du tourisme de Belmonte, praça da República, 6250 Belmonte. Fermé 1ᵉʳ janv., Semaine sainte et 25 déc. Gratuit.*
Attenante à l'église de São Tiago, cette chapelle de la fin du 15ᵉ s. renferme les tombeaux de Pedro Álvares Cabral et de ses parents.

Chapelle de Santo António

Demandez la clé au curé de Belmonte, le père José Martins. Faisant face au château, cette chapelle du 15ᵉ s. a été construite à l'initiative de la mère de Pedro Álvares Cabral.

Église paroissiale

Visite pendant la journée. Si elle est fermée, demandez la clé au curé de Belmonte, le père José Martins.
Édifiée en 1940, elle contient la statue de Notre-Dame-d'Espérance qui, selon la tradition, aurait accompagné Pedro Álvares Cabral dans son voyage de découverte officielle du Brésil, ainsi qu'une réplique de la croix qui présida à la célébration de la première messe au Brésil, l'original se trouvant dans la cathédrale de Braga.

La tour romaine de Centum Cellas.

P. Martins/MICHELIN

Tour romaine de Centum Cellas★

4 km au Nord. Prenez la N 18 vers Guarda, puis, à droite, la route de Comeal, d'où se détache une route permettant d'accéder au pied de la tour.
Cette ruine majestueuse, d'après des fouilles récentes, faisait partie d'une villa romaine du 1ᵉʳ s. liée au commerce de l'étain, proche de la voie de Mérida à Braga. Sa masse carrée, faite de blocs de granit rose posés à joints vifs, semble s'élever sur trois niveaux percés d'ouvertures rectangulaires.

LES JUIFS AU PORTUGAL

Arrivés dans la péninsule Ibérique dès l'Antiquité, les juifs y eurent au Moyen Âge un rôle économique, administratif et culturel très important. Les rois portugais étaient entourés de banquiers et de médecins juifs auxquels ils accordaient une grande confiance. Avec l'expulsion des Juifs d'Espagne en 1492, beaucoup se réfugièrent au Portugal. Mais en 1496, le roi Manuel Iᵉʳ, pour épouser Isabelle, la fille des Rois Catholiques, décréta à contrecœur la conversion forcée des Juifs, ce qui se transforma en un désastre pour l'économie du pays. Ceux qui ne s'enfuirent pas vers le Maroc (beaucoup périrent lors de la traversée) furent baptisés de force. La plupart des « nouveaux chrétiens » – bien qu'ils aient choisi des noms à consonance catholique comme Cruz (croix), Trindade (trinité) ou Santos (saints) – continuèrent à pratiquer en secret la religion hébraïque (crypto-judaïsme). Les marranes (*mahrán* signifiant interdit en arabe) étaient ainsi nombreux à Belmonte, Faro, Porto, Tomar, Amarante ou Castelo de Vide.

Braga★

Bienvenue aux amateurs d'art baroque, mais ceux que l'architecture religieuse rebute devront passer leur chemin. À Braga la pieuse, la « Rome » du Portugal, recouverte d'églises et de couvents, les clochers tintent en permanence. La ville reste attachée à ses traditions religieuses et agricoles (romarias, foire hebdomadaire) et pendant les fêtes d'équinoxe (Semaine sainte) et du solstice (Saint-Jean), elle se transforme en un véritable théâtre de plein air. Pourtant, la capitale du Minho, qui compte une université depuis 1973, est aussi un centre industriel et économique actif. Aux alentours de Braga, l'escalier Bom Jesus do Monte illustre à merveille le baroque portugais.

La situation

163 981 habitants. Carte Michelin n° 733 H 4 – District de Braga. À la confluence des rios Este et Ávado, au pied de la serra da Falperra, Braga se trouve à 54 km au Nord-Est de Porto et à 22 km au Nord-Ouest de Guimarães. 🛈 *Av. da Liberdade, 1, 4700-251, ☎ 253 26 25 50 ; Região de Turismo Verde Minho, Praça Dr José Ferreira Salgado, 90, ☎ 253 20 27 70.*

Vous pouvez poursuivre votre voyage en visitant : la haute vallée du CÁVADO, GUIMARÃES, PORTO.

carnet pratique

comprendre

Une ville très religieuse – De Bracara Augusta, importante place romaine, les Suèves firent, au 5ᵉ s., leur capitale. Conquis ensuite par les Wisigoths (à qui l'on doit l'église São Frutuoso) et les Maures, Braga ne retrouva sa prospérité qu'après la Reconquête, lorsqu'il devint le siège d'un archevêché. Il fut marqué dès lors par l'influence prépondérante du clergé qui contribua à son enrichissement architectural : au 16ᵉ s., l'archevêque mécène Dom Diogo de Sousa dota la ville de palais, d'églises et de calvaires Renaissance ; au 18ᵉ s., deux prélats, Dom Rodrigo de Moura Teles et Dom Gaspar de Bragança, firent de la ville le foyer de l'art baroque au Portugal. Siège du primat des Espagnes, Braga est encore imprégné de fortes traditions religieuses.

De spectaculaires processions s'y déroulent pendant la Semaine sainte, qui est célébrée avec une solennité exceptionnelle. La Saint-Jean, les 23 et 24 juin, attire des environs et même de Galice une foule considérable, venue assister aux défilés, cortèges, danses folkloriques et feux d'artifice dans la ville magnifiquement décorée et illuminée. Le centre-ville est très commerçant et vivant et, dans la **rua do Souto**, un grand nombre de boutiques continuent à vendre objets pieux et articles liturgiques.

découvrir

Sé★ (cathédrale)

Comptez 1h1/2. En été : 8h-19h ; le reste de l'année : 8h-18h. ☎ *253 26 33 17.* De la construction romane d'origine, d'influence clunisienne, il ne subsiste guère que le portail Sud et les voussures du portail principal ornées de scènes du *Roman de Renart.*

Le portique à arcs festonnés gothiques est l'œuvre d'artistes de Biscaye, attirés à Braga au 16ᵉ s. par Diogo de Sousa. Les encadrements moulurés des fenêtres sont du 17ᵉ s.

Ce même prélat fit édifier le chevet hérissé de pinacles et de balustres ; la gracieuse **statue★** de Notre-Dame-du-Lait (Senhora do Leite) qui l'agrémente, protégée par un baldaquin flamboyant, serait due à Nicolas Chanterene.

Intérieur★ – Il a été transformé au 18ᵉ s., et les boiseries dorées contrastent par leur exubérance baroque avec la sobriété architecturale de la nef. La cuve baptismale **(1)** est de style manuélin ; à droite, dans une chapelle fermée par une grille du 16ᵉ s., se trouve le tombeau en bronze (15ᵉ s.) de l'infant Dom Afonso, fils de Jean Iᵉʳ.

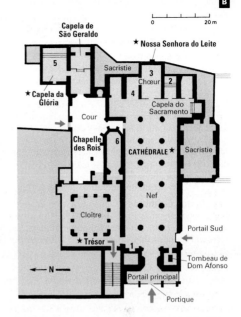

La chapelle du St-Sacrement (capela do Sacramento) possède un bel autel du 17ᵉ s. en bois polychrome représentant le Triomphe de l'Église, inspiré d'un tableau de Rubens **(2)**.

Le chœur, œuvre de João de Castilho, protégé par une **voûte★** à nervures complexes de caractère flamboyant, abrite – *au-delà d'une barrière en interdisant l'approche* – un **autel★** flamboyant en pierre d'Ança dont le devant est orné de scènes figurant l'Ascension ainsi que les apôtres **(3)**. Au-dessus de l'autel, statue de sainte Marie de Braga (14ᵉ s.). À gauche du chœur, une chapelle **(4)** est décorée d'azulejos (18ᵉ s.) d'António de Oliveira Bernardes, évoquant la vie de saint Pedro de Rates, premier prélat de Braga.

Les deux **buffets d'orgues★** (18ᵉ s.), placés en vis-à-vis de part et d'autre de la balustrade sculptée de la tribune, constituent un ensemble baroque fourmillant de statues.

Tesouro★ – *Visite guidée (3/4h) en été : 8h30-18h30 ; le reste de l'année : 8h30-17h30.* 2€. Le **trésor** de la cathédrale conserve une belle collection d'habits sacerdotaux du 16ᵉ au 18ᵉ s. ainsi que de remarquables pièces d'orfèvrerie : un calice manuélin, une croix en cristal de roche du 14ᵉ s., une croix-reliquaire en argent doré du 17ᵉ s., un coffret mozarabe du 10ᵉ s. en ivoire, un calice du 16ᵉ s. à clochettes, de même qu'un ostensoir du 17ᵉ s., l'ostensoir de Dom Gaspar de Bragança du 18ᵉ s., en argent doré, orné de diamants, quelques statues dont un Christ du 13ᵉ s., celles des saints Crépin et Crépinien, patrons des cordonniers. On y remarquera aussi quelques azulejos du 16ᵉ s.

La **tribune** est occupée par des stalles en bois doré du 18ᵉ s. et offre une belle vue sur l'intérieur de l'église.

Capela de São Geraldo – Cette jolie chapelle gothique dont les murs sont plaqués d'azulejos (18ᵉ s.) évoque la vie de saint Gérard, premier archevêque de Braga.

Capela da Glória★ – *En cours de restauration.* Le centre de cette construction, ornée de peintures murales de style mudéjar (14ᵉ s.), est occupé par le **tombeau★** gothique **(5)** du fondateur, Dom Gonçalo Pereira ; en faisant le tour du tombeau, on reconnaît les sujets suivants : la Crucifixion, les apôtres, la Vierge et l'enfant Jésus, des clercs en prière.

Capela dos Reis – La **chapelle des Rois**, dont la voûte gothique repose sur de jolies consoles à tête humaine, abrite les tombeaux (16ᵉ s.) de Henri de Bourgogne et de sa femme Thérèse, parents du premier roi du Portugal **(6)**, ainsi que la momie d'un archevêque de Braga, Dom Lourenço Vicente (14ᵉ s.), qui combattit à Aljubarrota.

se promener

Antigo Paço Episcopal

Constitué de trois édifices des 14ᵉ, 17ᵉ et 18ᵉ s., l'**ancien palais épiscopal** abrite une très riche bibliothèque (documents du 9ᵉ s.) : la salle de lecture possède un joli plafond à caissons dorés. L'aile Nord médiévale donne sur les agréables jardins de Santa Bárbara (fontaine de sainte Barbe, 17ᵉ s.).

Fonte do Pelicano

Devant l'hôtel de ville. Belle fontaine baroque dont les jets d'eau sont soufflés par un pélican et des amours de bronze.

Museu dos Biscaínhos★

Tlj sf lun. 10h-12h15, 14h-17h30 (dernière entrée 1/2h av. fermeture). Fermé 1er janv., Ven. saint, dim. de Pâques, 1er mai et 25 déc. 2€, gratuit dim. et j. fériés au matin. ☎ *253 20 46 50/3.*

Ce palais des 17e et 18e s., aux plafonds peints ornés de stucs et aux murs couverts de panneaux d'azulejos, donne un très bon aperçu de la vie seigneuriale et raffinée qu'on y menait au 18e s. La **casa dos Biscaínhos** est décorée d'un mobilier portugais ou étranger de l'époque ; remarquez notamment les *contadores*, petits meubles de rangement de style indo-portugais, incrustés d'ivoire. La maison abrite aussi des tapis d'Arraiolos, de l'argenterie portugaise, des porcelaines de Chine et de la Compagnie des Indes, des tables de jeu ou des instruments de musique, etc. L'élégante suite de salons donne sur de beaux jardins avec bassin et statues, dans le goût du 18e s.

Capela dos Coimbras

Visite uniquement le Jeudi saint 9h-19h. Construite au 16e s., contiguë à une église du 18e s., sa tour crénelée, ornée de statues, est de style manuélin. À côté de la chapelle, la **casa dos Coimbras**, de la même époque, présente un beau portail et des fenêtres de style manuélin.

Église de Santa Cruz

Église de style baroque maniériste du 17e s. L'intérieur surprend par sa profusion de boiseries dorées.

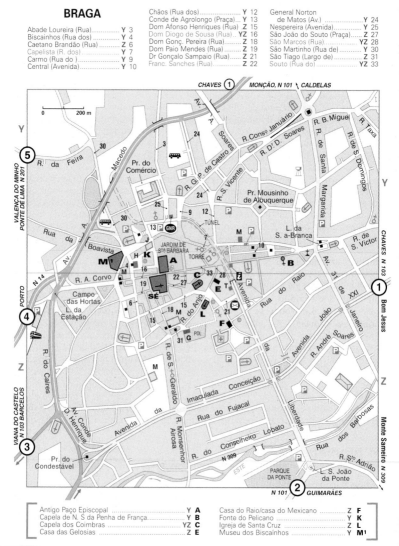

Casa das Gelosias (maison des Jalousies)
Cette curieuse maison du 17ᵉ s. doit son nom à ses grilles et **jalousies** d'aspect arabe.

Casa do Raio (maison du Rayon)
Également appelée **palais du Mexicain**, cette maison dessinée par André Soares est une résidence du 18ᵉ s. avec une façade baroque de style rocaille revêtue, au 19ᵉ s., d'azulejos bleus. L'encadrement des fenêtres est en granit sculpté.

Capela da Nossa Senhora da Penha de França
Pour visiter, adressez-vous à la résidence (Lar) D. Pedro V.
L'intérieur est agrémenté de beaux azulejos, dus à Policarpo de Oliveira Bernardes, et d'une chaire baroque en bois doré.

alentours

Bom Jesus do Monte★★
6 km à l'Est par ① du plan. Le sanctuaire de Bom Jesus s'élève au sommet d'un escalier monumental qui est l'une des plus surprenantes réalisations de style baroque au Portugal. Taillé dans l'austère granit gris que rehausse la blancheur des murs crépis à la chaux, il est représentatif du baroque du Nord du pays (début du 18ᵉ s.). Le sanctuaire vers lequel conduit l'escalier est plus austère : il a été construit entre 1784 et 1811 dans le style néoclassique, par Carlos Amarante.

Sens symbolique de la voie sacrée – La voie sacrée, que le pèlerin gravissait à genoux, se compose d'un sentier, bordé de chapelles correspondant aux stations du chemin de la Croix, et se poursuit par l'escalier des Cinq-Sens et celui des Trois-Vertus. Elle représente le parcours spirituel du croyant qui doit apprendre à maîtriser ses sens et acquérir les trois vertus que sont sa foi, la charité et l'espérance pour obtenir le salut.

Elevador do Bom Jesus do Monte – *Voir encadré.* Inauguré en 1882, ce funiculaire fut le premier construit dans la péninsule Ibérique. Il est actuellement le plus ancien au monde utilisant la seule force de gravité de l'eau, grâce à deux réservoirs faisant contrepoids.
Un élégant portique donne accès au sentier en lacet bordé de chapelles dont chacune abrite une scène de la Passion évoquée par des personnages en terre cuite, grandeur nature, d'un réalisme étonnant ; auprès de chaque chapelle se trouve une fontaine ornée de motifs mythologiques.

Escalier des Cinq Sens – Il est à double volée ; la base en est constituée par deux colonnes où s'enroule un serpent ; l'eau sort de la gueule du serpent et s'écoule en tournoyant le long de son corps. Au-dessus de la fontaine des Cinq-Plaies (l'eau jaillit par les cinq besants figurant dans les armes du Portugal), chaque palier est décoré de fontaines allégoriques se rapportant aux cinq sens : l'eau jaillit des yeux pour la vue, des oreilles pour l'ouïe, du nez pour l'odorat, de la bouche pour le goût. Le toucher est représenté par un personnage tenant des deux mains une cruche d'où s'écoule l'eau.

Escalier des Trois-Vertus – Il est orné de fontaines évoquant la foi, l'espérance et la charité ; chaque balustrade est décorée d'obélisques et de statues évoquant des personnages de l'Ancien Testament.
Du parvis de l'église, la **perspective★** se développe sur l'escalier baroque et sur la ville de Braga.
L'**église** renferme des reliquaires et des ex-voto. Le chœur est décoré d'un calvaire de même style que les chapelles du chemin de croix.

> **ACCÈS À L'ÉGLISE DE BOM JESUS DO MONTE**
> – par le funiculaire qui, en quelques minutes, franchit 116 m d'altitude. 7h30-18h (été 19h30). Dép. toutes les 1/2h. 1€ AR ;
> – par la route qui monte en lacet dans la verdure ;
> – par l'escalier, ou voie sacrée (comptez 15mn), emprunté par les pèlerins : ce dernier accès est le plus intéressant ; il permet d'apprécier la magnificence de l'architecture baroque et la beauté du cadre naturel. Dans ce cas, laissez la voiture sur le parking près du départ du funiculaire.

L'escalier des Cinq Sens de Bom Jesus do Monte.

Chapelle São Frutuoso de Montélios★

3,5 km. Quittez Braga par ⑤ du plan en direction de Ponte de Lima ; à Real, prendre à droite vers São Frutuoso. Tlj sf lun. 9h30-12h30, 14h-17h30. 0,50€.

Cette chapelle wisigothique a été englobée dans l'église São Francisco au 18ᵉ s. Édifiée au 7ᵉ s., elle aurait été en partie démolie par les Maures et reconstruite au 11ᵉ s. En forme de croix grecque, elle montre une influence byzantine. Elle se composait de quatre bras qui étaient surmontés de coupoles et d'arcs en fer à cheval que supportaient 22 colonnes. Les chapiteaux et les frises sont décorés de feuilles d'acanthe. Une porte à droite donne accès à une petite exposition présentant quelques vestiges et retraçant l'histoire de cette chapelle, dont une maquette reconstitue l'aspect d'origine. Dans le prolongement, la sacristie abrite un retable en bois doré placé sur un grand meuble à tiroirs. Cette chapelle se trouve sur l'un des chemins portugais de Saint-Jacques-de-Compostelle.

À proximité, l'**église de São Francisco** abrite dans sa tribune les stalles Renaissance de la cathédrale de Braga.

circuit

À L'EST DE BRAGA PAR BOM JESUS DO MONTE★

44 km – environ 3h. Quittez Braga par ① du plan.

Bom Jesus do Monte★★ – *Voir ci-dessus.*

Monte Sameiro★ – Lieu de pèlerinage très fréquenté, le mont est couronné par un sanctuaire marial (fin 19ᵉ s.-début 20ᵉ s.). Dans l'église, un escalier (devant une salle remplie d'ex-voto) de 265 marches mène à la lanterne de la coupole (alt. 613 m) qui offre un **panorama★★** immense sur le Minho : on aperçoit au Nord-Ouest le mont de Santa Luzia qui domine Viana do Castelo, au Nord-Est la serra do Gerês, au Sud-Est la serra do Marão ; on distingue en contrebas les vestiges de la cité préhistorique de Briteiros et, à l'opposé, Braga.

Citânia de Briteiros – Sur une butte de 337 m d'altitude, ruines d'une cité datant de l'âge du fer (8ᵉ au 4ᵉ s. avant J.-C.). Protégée par trois ceintures de murailles, elle s'étendait sur 250 m de long et 150 m de large, et comprenait plus de 150 huttes dont deux ont été reconstituées par l'archéologue Martins Sarmento. Les objets découverts lors des fouilles sont exposés au musée Martins Sarmento à Guimarães *(voir ce nom)*.

Serra da Falperra – Sur une pente boisée de cette petite serra se dresse l'**église Santa Maria Madalena**. Due à un architecte auquel on attribue également la casa do Raio à Braga *(voir plus haut)*, elle arbore une curieuse façade de style rocaille (18ᵉ s.) d'où toute ligne droite est bannie.

La N 309 ramène à Braga.

Bragança★

Ville au passé prestigieux, son nom évoque une des plus grandes familles du pays, la dynastie des Bragance qui régna 1640 à 1910 (ainsi que sur le Brésil de 1822 à 1889) et restaura l'indépendance face à la couronne espagnole. Au-dessus de la ville nouvelle qui ne cesse de s'étendre, la cité médiévale semble immuable à l'abri de ses remparts. Bragança constitue aussi un point de départ pour la visite du Parc naturel de Montesinho.

La situation

34 689 habitants. Carte Michelin nº 733 G 9 – District de Bragança. Aux confins de l'austère province du Trás-os-Montes, Bragança occupe à 660 m d'altitude une haute combe de la serra de Nogueira. Elle se trouve à 138 km au Nord-Est de Vila Real et à 90 km à l'Est de Chaves. À la frontière espagnole, Portelo, au Nord, n'est distant de Bragança que de 18 km. **🖪** *Av. Cidade de Zamora – 5300-111 – ☎ 273 38 12 73.*

Vous pouvez poursuivre votre voyage en visitant : CHAVES, MIRANDELA.

carnet pratique

INTERNET

Espaço Municipo Digital – *Derrière la Câmara Municipal.* Gratuit.

CALENDRIER

Feira das Cantarinhas – Grand marché d'artisanat, du 2 au 4 mai.

Romaria de Nossa Senhora das Graças – Fête de la ville, du 10 au 22 août.

Romaria de São Bartolomeu – Fête de la Saint-Barthélemy sur le mont São Bartolomeu, le 24 août.

A. J. Cassaigne/MICHELIN

La cité médiévale à l'abri de ses remparts.

comprendre

Le fief de la maison de Bragance – La cité médiévale fut érigée en duché en 1442 pour Dom Afonso, comte de Barcelos et fils naturel du roi Jean Ier, devenant ainsi le fief de la famille de Bragance. Celle-ci, qui revendiqua la couronne à la mort du roi Sébastien en 1578, régna sur le Portugal de 1640 (date de la fin de l'occupation espagnole) à 1910. Pendant toute cette période, l'héritier du trône recevait le titre de duc de Bragance.

se promener

LA VILLE MÉDIÉVALE★

Entourée de sa longue enceinte fortifiée et de ses tours, elle couronne la colline. Pour en avoir la meilleure **vue★**, rendez-vous à la pousada de São Bartolomeu *(2 km au Sud-Est)* ou au belvédère de la chapelle voisine. Il se dégage de la vieille ville aux ruelles pavées, tranquilles et fleuries, où l'on entend gazouiller les oiseaux, une atmosphère désuète.

Château – *Tlj sf jeu. 9h-12h, 14h-17h (été 17h30). Fermé j. fériés. 1,50€, gratuit dim. matin.* Édifié en 1187, il comprend un donjon carré, haut de 33 m, flanqué d'échauguettes et de plusieurs tours, qui abrite un petit **musée militaire** ; deux salles sont éclairées par des fenêtres gothiques géminées. La plate-forme du donjon offre un panorama sur la vieille ville, la ville basse et les collines proches.

Pilori – De style gothique, il repose sur un sanglier taillé dans le granit qui daterait de l'âge du fer.

Église de Santa Maria – D'origine romane mais totalement remodelée au 18e s., elle présente une élégante façade percée d'un portail encadré par deux colonnes torses garnies de ceps. À l'intérieur, un beau plafond, peint en trompe-l'œil, représente l'Assomption.

Domus municipalis – *Tlj sf jeu. 9h-12h, 14h-17h. Fermé j. fériés. Gratuit.* Cette construction à cinq pans, du 12e s., est le plus ancien hôtel de ville du Portugal. Elle est percée de petites ouvertures en plein cintre. Sous le toit court une frise à modillons sculptés. L'intérieur est une vaste salle dont le sous-sol est occupé par une citerne ancienne.

LA VILLE BASSE

Elle fut construite aux 17e et 18e s.

Place de la cathédrale – Elle est ornée d'un ancien pilori devenu calvaire baroque, édifié devant la cathédrale, dont l'intérieur, décoré d'azulejos, abrite des autels baroques en bois doré.

Église de São Bento – Cette église du 16e s., d'une seule nef, est couverte par un plafond peint de style Renaissance. Le chœur, surmonté d'un beau **plafond mudéjar**, contient un riche retable en bois doré du 18e s.

Église de São Vicente – Cette église d'origine romane a été entièrement reconstruite au 18e s. L'intérieur présente une grande profusion de bois doré du 17e s. et le chœur est orné d'une voûte peinte et dorée. Selon la légende, c'est là que le futur Pierre Ier et Inès de Castro se seraient secrètement mariés *(voir Alcobaça)*.

Museu do Abade de Baçal★ – *Tlj sf lun. 10h-17h, w.-end et j. fériés 10h-18h. Fermé 1ᵉʳ janv., Ven. saint, dim. de Pâques, 1ᵉʳ mai et 25 déc. 2€, gratuit dim. et j. fériés 10h-14h.* Installé dans l'ancien palais épiscopal, cet agréable musée expose des collections régionales d'archéologie, de peinture, d'ethnologie, de numismatique et d'art sacré. À l'entrée, un film vidéo présente les coutumes de la région de Trás-os-Montes et une borne interactive fournit des informations sur le musée, la région et ses monuments. Au rez-de-chaussée, belle collection de stèles funéraires, de bornes milliaires et de sangliers en pierre *(berrões)*. Au deuxième niveau, dans la chapelle de l'ancien palais, décorée d'un plafond peint, sont exposés des parements religieux datant du 15ᵉ au 18ᵉ s. et des images baroques polychromes de saints. Admirez, dans la salle n° 7, une Vierge à l'Enfant en bois polychrome et doré du 15ᵉ s. Intéressante collection d'orfèvrerie religieuse.

alentours

Parc naturel de Montesinho

Renseignements sur la faune et la flore, les cartes, les circuits de randonnée pédestre ou cycliste, l'hébergement : R. Cónego Albano Falcão, Lt 5 Apart. 90 (ville basse, dans le bairro Rubacar). ☎ 273 38 12 34/44, fax 273 38 11 79, pn_montesinho@ip.pt. info
Ce parc très verdoyant, qui englobe les serras de Montesinho et de Coroa, s'étend sur 75 000 ha entre Bragança et la frontière espagnole. La faune très riche (sangliers, renards, loups, rapaces) y est préservée. La végétation dominante est constituée de chênes et de châtaigniers. Sur les hauteurs poussent la bruyère et le ciste. Cette région écartée a conservé des traditions rurales particulières, encore visibles dans l'architecture et le mode de vie des habitants. À **Rio de Onor**, village à la fois portugais et espagnol, où la frontière est matérialisée par un petit pont, on peut encore voir les femmes laver le linge dans la rivière. Les coutumes communautaires y sont encore assez vivaces, de même qu'à **Guadramil**, autre hameau frontalier.

Église du monastère de Castro de Avelãs★

3 km à l'Ouest. Prenez la route de Chaves. Passez à droite d'un viaduc et après le pont tournez immédiatement à gauche. Suivez les indications signalant « Mosteiro ».
Cette église faisait partie d'un monastère bénédictin du 12ᵉ s. aujourd'hui disparu. Il n'en reste que le chevet roman, avec son abside et ses absidioles en hémicycle, et ses arcatures aveugles superposées. Unique au Portugal par sa forme et son appareil de brique, elle s'apparente à des églises espagnoles de l'ordre de Cluny et est associée au chemin de Saint-Jacques-de-Compostelle.

Forêt de **Buçaco**★★

Mata do Buçaco

Au-dessus de la paisible station thermale de **Luso** aux sources curatives et à la célèbre eau minérale, le Parc forestier de Buçaco, enclos dans son mur de pierre percé de plusieurs portes, couronne l'extrémité Nord de la serra do Buçaco. Au centre de ce sanctuaire végétal, dense et ombragé, où se mêlent les essences les plus variées, tant indigènes qu'exotiques, se dresse dans une vaste clairière un palais-hôtel aux allures de château fantasmagorique. L'ensemble forme un lieu à part, frais et reposant, pour une cure de chlorophylle et de silence, d'air pur et d'eau bienfaitrice.

La situation

Carte Michelin nº 733 K 4 – District d'Aveiro. À 25 km au Nord de Coimbra. 🄱 *R. Emídio Navarro, Almas do Buçaco, 3050-201 LUSO, ☎ 231 93 91 33.*
Vous pouvez poursuivre votre voyage en visitant : AVEIRO, COIMBRA et alentours.

comprendre

Une forêt bien protégée – Dès le 6e s., les bénédictins, établis à Lorvão, édifient un ermitage à Buçaco, parmi les chênes et les pins de la forêt primitive. Du 11e s. au début du 17e s., la forêt est jalousement entretenue par les prêtres de la cathédrale de Coimbra qui en ont hérité ; en 1622, le pape Grégoire XV interdit aux femmes de pénétrer dans la forêt sous peine d'excommunication.

En 1628, les carmes déchaux construisent un monastère et ferment leur domaine d'une muraille continue. Ils poursuivent l'aménagement de la forêt en procédant à de nouvelles plantations : érables, lauriers-tins, rouvres, cèdres (ou cyprès) du Mexique. En 1643, ils obtiennent du pape Urbain VIII une **bulle** d'excommunication contre quiconque dégraderait les arbres de leur domaine.

> ### LE CYPRÈS DE LUSITANIE, UN ARBRE VÉNÉRABLE
>
> Planté en abondance par les premiers moines dès le début du 16e s., ce magnifique conifère a été pendant longtemps objet de méprise. D'où le nom de son espèce, *Cupressus Lusitanica*, autrement dit, « cyprès de Lusitanie », reçu d'un savant du 18e s. qui supposait qu'il avait été rapporté de Goa (Inde) par les Portugais. Depuis que, en 1839, on en découvrit une variété au Mexique, le « cèdre de Goa » ou « cèdre du Buçaco » est souvent appelé « cyprès du Mexique ».

Mais les carmes doivent quitter Buçaco après l'abolition des ordres religieux au Portugal (28 mai 1834). La forêt échoit à l'administration royale puis à celle des Eaux et Forêts qui accentue le rythme des plantations.

Aujourd'hui, les 105 ha de la forêt de Buçaco comprennent plus de 400 essences indigènes (chênes, châtaigniers, lentisques, etc.) datant pour certaines d'une forêt primitive des premiers siècles de notre ère, et environ 300 espèces exotiques (ginkgo, araucaria, cèdre, sapin de l'Himalaya, thuya, épicéa d'Orient, palmier, arbousier, séquoia, camphrier du Japon, etc.) introduites par les moines à la fin du Moyen Âge. Entre les arbres poussent des fougères arborescentes, des hortensias, des mimosas, des camélias, des magnolias, des philarias et même du muguet.

La bataille de Buçaco – En 1810, après deux tentatives d'invasion du Portugal, Napoléon organise une troisième expédition commandée par le général Masséna, qu'accompagnent Junot et Ney. Le 26 septembre, l'armée française arrive en vue des hauteurs de Buçaco sur lesquelles sont installées les troupes anglo-portugaises dirigées par Wellington. Le 27, Masséna, ignorant les positions et l'importance de ces troupes, donne à ses soldats, affamés et épuisés, l'ordre de monter à l'assaut. Dans un brouillard dense, l'une des divisions escalade les pentes, suivie par les autres, mais l'élan des Français est brisé par une décharge d'artillerie et par une contre-attaque à la baïonnette. L'armée française, qui a perdu 4 500 soldats en trois heures, réussit cependant à gagner Coimbra.

se promener

LUSO★ ET ENVIRONS

Le bourg de Luso, à partir duquel on peut facilement rejoindre à pied la forêt de Buçaco, est une station thermale réputée, fréquentée par des curistes depuis plus d'un siècle. Ses eaux radioactives sont notamment utilisées dans le traitement des affections rénales. Par ailleurs, l'eau minérale de Luso est l'une des plus connues et consommées du Portugal.

Ses kiosques, ses parcs et ses fontaines en font un endroit calme et reposant, qui peut constituer une agréable base de séjour.

On y déguste notamment un délicieux cochon de lait rôti (*leitão assado*). Le confortable **hotel das Termas**, des années 1940, a été conçu par l'architecte Raúl Lino.

Mealhada

À 6 km à l'Ouest de Luso par la N 234 et à proximité de la grande route (IC 2). Mealhada est également réputé pour son *leitão assado* que proposent les nombreux restaurants alignés le long de la route. C'est aussi le centre de production du vin de Bairrada, une appellation contrôlée *(visites de caves possible).*

Cúria

13 km au Nord-Ouest de Luso. Les Romains exploitaient déjà cette petite station (Aquæ Curiva), de nos jours exclusivement consacrée aux cures thermales. Ses eaux sont indiquées dans le traitement des maladies métaboliques et endocriniennes, musculaires et du squelette, dans l'hypertension et les rhumatismes. On y trouve de grands hôtels construits au début du 20ᵉ s.

AU CŒUR DE LA FORÊT DE BUÇACO

Accessible de 8h à 21h.

carnet pratique

HÉBERGEMENT

☎ Pensão Astória – *R. Emídio Navarro, 144 (à côté de l'office de tourisme) - 3050–224 Luso -* ☎ *231 93 91 82 -* ⊡ *-12 ch. 40€* ⊑ *- restaurant.* Avec ses boiseries et ses meubles en bois sombre, cette pension au charme provincial allie rusticité et confort. Au rez-de-chaussée, agréable bar et restaurant de cuisine traditionnelle avec cheminée. Une atmosphère calme qui convient parfaitement à cette petite ville de curistes. Bon rapport qualité-prix, mais l'accueil pourrait être meilleur. Réservation vivement conseillée en été.

☎☎ Vila Duparchy – *R. José Duarte Figueiredo, 148 (1,5 km de Luso sur la route de Mealhada par la N 234) - 3050-235 Luso -* ☎ *231 93 07 90 - principe.santos@clix.pt -* ⚐ *- 6 ch. 75€* ⊑. Sur une colline verdoyante, l'ingénieur français Jean Alexis Duparchy fit construire en 1895 cette villa cossue, qu'il habita alors qu'il supervisait la construction du chemin de fer de la Beira Alta. Superbes volumes et belle hauteur sous plafond, mobilier d'époque, cheminée dans certaines chambres et grand calme font de cette maison d'hôtes une étape de charme. Véranda avec vue sur le parc luxuriant de 6 ha. Table d'hôte sur commande.

☎☎☎ Palace-Hotel do Buçaco – *Floresta do Buçaco - 3050-261 Luso -* ☎ *231 93 79 70 - bussaco@almeidahotels.com -* ⊡ *- 60 ch. 180€* ⊑ *- restaurant 40€.* Un séjour inoubliable dans un palace exceptionnel. Les chambres sont décorées avec des meubles anciens de valeur.

CALENDRIER

Commémoration de la bataille de Buçaco – 27 septembre : tirs au canon.

Palace-Hotel★

Commandé par le roi Charles et exécuté par l'architecte italien Luigi Manini, ce pavillon de chasse, élevé entre 1888 et 1907, ressemble à un décor de théâtre. C'est un pastiche de l'art manuélin où l'on retrouve le profil de la tour de Belém et la décoration du cloître des Jerónimos de Lisbonne. Le tout est flanqué d'une petite tour surmontée par une sphère armillaire. À l'intérieur, la décoration est tout aussi exubérante et les dimensions de la cage d'escalier impressionnantes ; ses parois sont recouvertes d'immenses panneaux d'azulejos de Jorge Colaço représentant des épisodes des *Lusiades* de Camões et des scènes de bataille de l'histoire du Portugal.

Le Palace-Hotel do Buçaco.

P. Martins/MICHELIN

Couvent des Carmes-Déchaux (convento dos Carmelitas Descalços)

En contrebas de l'hôtel. Tlj sf lun. et dim. 10h-12h30, 14h-17h30. Fermé j. fériés. 0,50€. Du couvent, construit entre 1628 et 1630, subsistent la chapelle, le cloître et plusieurs cellules que les moines avaient tapissées de liège pour lutter contre le froid.

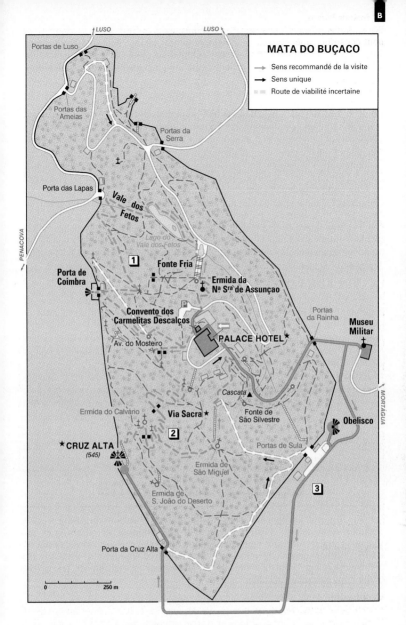

circuits

Plusieurs promenades à pied permettent de découvrir la forêt de Buçaco, parsemée d'ermitages construits par les moines au 17ᵉ s. On peut aussi y voir un intéressant chemin de croix (*Via Sacra, voir promenade* **2**). *Les itinéraires décrits ci-dessous partent du parking des voitures et des bus près de l'hôtel.*

FONTE FRIA ET VALE DOS FETOS★★ **1** *Circuit de 1h1/4 à pied*

Ermida da Nossa Senhora de Assunção – C'est l'un des dix ermitages isolés dans la forêt où les moines se retiraient.

Fonte Fria – La **Fontaine froide** sourd dans une grotte d'où ses eaux se déversent en cascade le long d'un escalier de 144 marches ; en bas, dans le bassin de réception entouré d'hortensias et de magnolias, se reflètent de majestueux conifères.

Le sentier bordé de magnifiques fougères arborescentes, de rhododendrons et d'hortensias longe ensuite le cours d'un ruisseau et conduit à un lac au bord duquel se dressent plusieurs thuyas.

Vale dos Fetos – Agrémentée de pins et de séquoias gigantesques, l'**allée des fougères arborescentes** mène vers la porte das Lapas.

Porta de Coimbra – Élevée en même temps que le mur d'enceinte au 17ᵉ s., elle a reçu une décoration rocaille ; deux plaques de marbre apposées sur sa façade extérieure reproduisent le texte des deux bulles papales. Les arches s'ouvrent sur une jolie terrasse aménagée en belvédère : vue particulièrement agréable au coucher du soleil.

Revenez par l'avenida do Mosteiro bordée de superbes cèdres.

LA VIA SACRA ET LA CRUZ ALTA★★ ② *Circuit de 1h à pied*

Partez par l'avenida do Mosteiro sous le couvent, puis tournez à gauche pour suivre la Via Sacra.

Via Sacra★ – Le chemin de croix, construit à la fin du 17ᵉ s. dans le style baroque, se compose de chapelles s'égrenant le long du chemin. Dans ces chapelles, les différentes stations de la montée au calvaire sont représentées par des personnages en terre cuite grandeur nature.

Cruz Alta★ – *Alt. 545 m.* De là, le **panorama** est immense : à droite, la barrière de la serra do Caramulo ; en face, une multitude de villages blancs de la plaine côtière ; en contrebas, l'hôtel émergeant d'un flot de verdure ; à gauche, au loin, l'agglomération de Coimbra ; à l'extrême gauche, à l'horizon, par-delà la vallée du Mondego, les hauteurs des serras do Lousã et da Estrela.

Revenez par des sentiers en sous-bois qui passent à côté de différents ermitages.

LA CRUZ ALTA PAR LA ROUTE ③ *6 km*

À quelques centaines de mètres de la place de l'hôtel, jetez un œil à la cascade qu'alimente la **fontaine de São Silvestre**, nichée dans les fougères et les hortensias.

Museu militar – *Tlj sf lun. 10h-12h, 14h-17h. Fermé 1ᵉʳ janv., Ven. saint, dim. de Pâques et 25 déc. 1€.* Situé à l'extérieur de l'enceinte, il évoque la bataille de Buçaco et les différents épisodes de la guerre de 1810 au Portugal.

Obelisco – Surmonté d'une étoile de verre, l'obélisque commémore la bataille ; de là, jolie **vue★** sur la serra da Estrela et la serra do Caramulo.

La route s'élève ensuite parmi les pins jusqu'à la porte donnant accès à la Cruz Alta.

Caldas da Rainha

Les sources d'eaux chaudes et sulfurées de cette station thermale sont de réputation ancienne. Connu aussi pour ses faïences et céramiques aux motifs variés (feuilles de vigne, escargots, figurines caricaturales), Caldas da Rainha est un centre agricole aux marchés très fréquentés. Ville un peu terne cependant, elle ne connaît pas l'agitation touristique de ses voisins Óbidos ou Nazaré.

La situation

48 563 habitants. Carte Michelin nᵒ 733 N 2 – District de Leiria. À 35 km à l'Est de Peniche, 7 km au Nord d'Óbidos et à une centaine de kilomètres au Nord de Lisbonne. 🏛 *R. Engᵒ Duarte Pacheco, 2500-198,* ☎ *262 83 97 00.*

Vous pouvez poursuivre votre voyage en visitant : ALCOBAÇA, NAZARÉ, ÓBIDOS et sa lagune, PENICHE.

comprendre

Les bains de la reine – En 1484, la **reine Leonor**, femme de Jean II, en se rendant à Batalha à l'anniversaire des obsèques de son beau-père, Alphonse V, aperçoit au bord de la route des paysans qui se baignent dans des mares d'où émanent des vapeurs malodorantes. Intriguée, elle se renseigne et apprend que cette eau guérit les rhumatismes. Elle décide alors de s'y baigner, puis reprend la route vers Batalha. Elle n'a pas fait 6 km qu'elle commence à ressentir les effets bénéfiques de ces eaux sulfureuses et n'hésite pas à interrompre son voyage pour poursuivre sa cure. Le village où elle a fait demi-tour portera désormais le nom de Tornada (« retour de voyage »).

En 1485, sa générosité de cœur la pousse à vendre ses bijoux et ses dentelles pour trouver les ressources permettant la fondation d'un hôpital dont elle prend la direction ; elle fait ensuite aménager un vaste parc et construire une église.

Parque Dom Carlos I★

Redessiné à la fin du 19ᵉ s. pour servir de lieu de promenade aux patients de l'hôpital thermal, ce parc est agrémenté de saules pleureurs, palmiers, fleurs, gazon, statues et pièces d'eau, qui lui confèrent charme et fraîcheur. Les principaux monuments se trouvent à proximité.

Musée José Malhoa

Tlj sf lun. 10h-12h30, 14h-17h. Fermé 1ᵉʳ janv., Ven. saint, dim. de Pâques, 1ᵉʳ mai et 25 déc. 2€, gratuit dim. et j. fériés au matin.
Érigé dans le parc, le musée abrite une collection de peintures, de sculptures et de céramiques des 19ᵉ et 20ᵉ s. On remarquera les œuvres de José Malhoa (1855-1933), peintre de scènes populaires dont les plus connues sont *Les Promesses (As Promessas)* et *L'Ultime Interrogatoire du marquis de Pombal*. Son art est caractérisé par l'utilisation intense de la lumière et des couleurs, et par le réalisme des thèmes. Un autre peintre, Columbano (1857-1929), surnommé le « mage de la pénombre », a laissé de bons portraits dont une *Tête de garçon (Cabeça de Rapaz)*.

Église de Nossa Senhora do Pópulo

Bâtie à la fin du 15ᵉ s. par Mateus Fernandes (l'architecte du monastère de Batalha) sur l'initiative de la reine Leonor, elle est couronnée d'un élégant clocher dont les fenêtres gothiques portent une décoration manuéline.
À l'intérieur, les murs sont entièrement recouverts d'azulejos du 17ᵉ s. ; les devants d'autels sont tapissés de beaux azulejos mauresques en relief du 16ᵉ s. Au-dessus de l'arc triomphal, de style manuélin, joli **triptyque★** de la Crucifixion attribué à Cristóvão de Figueiredo (début 16ᵉ s.).

Museu do Hospital e das Caldas

Tlj sf w.-end 9h30-12h, 14h-17h. Fermé j. fériés. Gratuit.
Ce musée est installé dans l'ancien palais où résidait la famille royale lorsqu'elle se déplaçait dans cette ville. Il présente des collections de peintures, de sculptures, des azulejos, des éléments baroques en bois doré du mobilier et des ornements sacerdotaux du 16ᵉ au 18ᵉ s. La salle des Rois expose les portraits de presque tous les rois du Portugal.

Museu da Cerâmica

Tlj sf lun. 10h-12h30, 14h-17h. Fermé j. fériés. 2€, gratuit dim. L'ancien palais romantique du vicomte de Sacavém, décoré d'azulejos de différentes époques et enchâssé dans un jardin agréablement fleuri, abrite une intéressante collection de céramiques, principalement de Caldas da Rainha. On y remarque en particulier les œuvres exubérantes de Rafael Bordalo Pinheiro (plats, brocs, pichets, vases...), peuplées de plantes, de fleurs, d'animaux et de caricatures.

Fábrica e Museu de Faianças Rafael Bordalo Pinheiro

Tlj sf w.-end 10h-12h, 14h30-16h30. Fermé j. fériés. 1,50€. Cette fabrique fondée en 1884, encore en activité, abrite un musée consacré à la production du grand céramiste : vaisselle, pièces caricaturales et décoratives. Dans la boutique attenante, on pourra acheter quelques modèles de faïences anciennes encore fabriquées avec les moules d'origine, ou des articles plus récents, mais de la même inspiration.

Caminha

Contrôlant l'estuaire du Minho, Caminha est placé au point le plus septentrional du littoral portugais. Juste en face, se trouve la rive espagnole, que surplombe le mont Santa Tecla. Grâce à sa position stratégique, la ville fortifiée défendit longtemps la frontière Nord du Portugal contre les ambitions galiciennes. C'est maintenant un petit port de pêche et un centre artisanal (cuivres). Une étape de charme malgré le grand nombre de touristes espagnols le week-end.

La situation

17 107 habitants. Carte Michelin nᵒ 733 G 3 – District de Viana do Castelo. À l'extrême Nord-Ouest du pays, au confluent du Coura et du Minho. **🖪** *R. Ricardo Joaquim de Sousa, 4910-155,* ☎ *258 92 19 52.*
Vous pouvez poursuivre votre voyage en visitant : VALENÇA DO MINHO, VIANA DO CASTELO.

carnet pratique

HÉBERGEMENT

☜ **Residencial Galo d'Ouro** – *R. da Corredoura, 15 -* ☎ *258 92 11 60 -* ⊟ *- 35/45€.* Une pension simple dans une maison ancienne jouxtant la charmante praça do Conselheiro Silva Torres. La grande gentillesse de l'accueil, les plafonds moulurés et la situation très centrale font oublier l'âge de la robinetterie. Notez que l'escalier menant au premier étage est très raide, difficile à patiquer pour les petits enfants et les personnes âgées.

☜☜ **Quinta da Graça** – ☎ *258 92 11 57 -* ⊼ *- 10 ch. 55/75€* ⊡. Prendre la rue qui monte le long des remparts pour arriver à un imposant portail dominant les hauteurs de Caminha. Une fois franchi, vous découvrirez dans la lumière verte d'une treille couverte de vigne cette superbe demeure du 16ᵉ s. dont les chambres sont pleines de charme et qui compte aussi deux appartements indépendants dans le jardin. Piscine et vue magnifique sur l'estuaire, la mer et l'Espagne.

☜☜ **Casa da Eira** – *R. do Ingusto, 274 (Gateira - Moledo) -* ☎ *258 72 21 80 - casadaeira@vantag.com -* ⊟ *-* ⊼ *- 4 ch. 60/80€* ⊡. Au-dessus de la plage du Moledo, une ravissante petite route bordée d'hortensias serpente dans les hauteurs et conduit à cette maison d'hôte au cadre enchanteur. Le bâtiment principal propose une chambre et les deux autres trois appartements chacun, le tout jouxtant un superbe jardin planté d'orangers, d'eucalyptus, de citronniers et de lavande avec la mer à l'horizon et une piscine-bassin en granit.

☜☜ **Quinta da Cantareira** – *Caminho do Ranhada, Marinhas - Vilar de Mouros -* ☎ *258 72 41 67 - cantareira@netcabo.pt -* ⊟ *-* ⊼ *- 5 ch. 60/70€* ⊡. Véritable petit paradis pour passer des vacances entre mer et montagne, cette maison en schiste offre une vue magnifique sur la serra d'Arga qui se déploie face à la piscine. La tranquillité des lieux n'a d'égal que la gentillesse des propriétaires et vous goûterez ici à une atmosphère d'artiste (le mari est un sculpteur célèbre au Portugal). Trois chambres et deux autres dans un ancien pressoir transformé en annexe indépendant. Petit déjeuner succulent.

☜☜☜ **Pousada de Vila Nova de Cerveira** – *4920-296 Vila Nova de Cerveira -* ☎ *251 70 81 20 - www.pousadas.pt - 29 ch. 106,50€.* Cette pousada fait partie de celles qui occupent un lieu unique et historique puisqu'elle a investi un hameau de granit du 14ᵉ s., blotti à l'intérieur des remparts. Les maisonnettes sont converties en chambres et suites dont sept avec terrasse. Seul le restaurant à une vue panoramique sur le fleuve. Un endroit infiniment paisible.

RESTAURATION

☜☜ **Ancoradouro** – *4910-264 Moledo - de déb. juin à mi-sept. : fermé lun. et mar. midi ; de mi-sept. à fin mai : jeu., sam. et dim. - 16/25€.* Derrière la plage du Moledo, à l'orée de la pinède avant Caminha, une maison aux volets rouges attire tous les vacanciers par son cadre rustique chaleureux et son menu typique composé de viandes et de très bons poissons.

SPORTS & LOISIRS

Centro de Interpretação da Serra d'Arga – *Arga de Baixo -* ☎ *251 79 47 84 - celtasdominho@mail.pt.* Cette association vise à faire découvrir la magnifique serra d'Arga et ses environs. Visites guidées et promenades thématiques vous mèneront sur des chemins ornithologiques, dans les dunes ou la forêt et des activités telles que le VTT, le trekking ou l'escalade vous seront aussi proposées. Ateliers sur le cycle du lin, du miel ou la fabrication du pain.

ACHATS

Garrafeira Baco – *R. de S. João, 42 -* ☎ *258 92 11 21.* Aux abords de la vallée du Minho, terre du *vinho verde*, n'hésitez pas à entrer chez ce fin connaisseur pour découvrir toute la gamme des vins régionaux et bénéficier de conseils avisés en vue d'acheter le meilleur d'entre eux : l'*alvarinho*.

CALENDRIER

Festa de Santa Rita – Aux alentours du 10 août.

se promener

Praça do Conselheiro Silva Torres

Ordonnées autour d'une belle **fontaine** circulaire du 16ᵉ s. en granit, plusieurs constructions anciennes confèrent à cette place un harmonieux cachet médiéval. Le **palais des Pitas** (15ᵉ s.), au Sud, est un édifice gothique dont la façade blasonnée présente d'élégantes fenêtres en accolade.

L'**hôtel de ville**, à l'Est, montre, dans la salle des séances, un joli plafond à caissons. La **tour de l'Horloge** (torre do Relógio), au Nord, est un vestige des fortifications (14ᵉ s.).

En franchissant cette porte, on débouche sur la rua Ricardo Joaquim de Sousa qui conduit à l'église paroissiale.

Église paroissiale

Fermé pour travaux. C'est une église-forteresse bâtie en granit aux 15ᵉ et 16ᵉ s. par des architectes venus de Galice et de Biscaye. En dehors de quelques éléments gothiques (pinacles), l'essentiel est de style Renaissance, en particulier les portails des façades ; le portail latéral Sud est encadré de pilastres sculptés qui supportent une galerie ; le fronton abrite une Vierge entourée de deux anges. L'intérieur est couvert d'un magnifique **plafond mudéjar★** en érable, dû à un sculpteur espagnol ; encadré de chaînes stylisées, chaque panneau central octogonal est occupé en son milieu par une rose.

À l'entrée, à droite, statue colossale de saint Christophe, patron des bateliers.

La chapelle du St-Sacrement, à droite du chœur, contient un tabernacle en bois doré, du 17ᵉ s., illustré de scènes de la Passion par Francisco Fernandes.

L'estuaire et la plage★

2 km. Longez à pied les berges du fleuve Minho, le long de la grande avenue puis, au niveau du petit port, prenez le premier sentier à droite qui longe l'estuaire, à l'orée de la forêt de résineux. De même, en voiture, prenez la première route goudronnée à droite, qui traverse la forêt.

Promenez-vous sur les dunes jusqu'à l'embouchure de l'estuaire, qui s'ouvre sur l'Océan en une très belle et longue plage de sable bordée de pins, la **praia de Moledo**. Au large, telle une sentinelle marine, une vieille **forteresse** portugaise *(forte da ínsua)* veille encore.

Castelo Branco

Proche de la frontière espagnole, cette ancienne place forte dominée par les ruines d'un château des Templiers a subi maintes invasions, dont celle des troupes napoléoniennes, en 1807. La capitale de la Beira Baixa, entourée d'une vaste zone industrielle, vit notamment du commerce du liège, du fromage, du miel et de l'huile d'olive. Si Castelo Branco se trouve sur votre route, faites-y une halte mais la ville ne mérite pas forcément un détour.

La situation

55 909 habitants. Carte Michelin nᵒ 733 M7 – District de Castelo Branco. À 82 km au Nord de Portalegre ; la frontière espagnole est à 20 km à vol d'oiseau au Sud et à 58 km à l'Ouest (Segura). 🖪 *Praça do Municipio, 6000-458,* ☎ *272 33 03 39.*
Vous pouvez poursuivre votre voyage en visitant : les places fortes au Sud de GUARDA.

se promener

Jardim do Antigo Paço Episcopal★★

Été : 9h-19h ; le reste de l'année : 9h-17h. Fermé 1ᵉʳ janv. et 25 déc. 1€.

Derrière le musée, les **jardins de l'ancien palais épiscopal** s'étagent sur plusieurs terrasses et forment un amusant ensemble, créé au 17ᵉ s., de buis taillés, de massifs de fleurs, de pièces d'eau et de statues baroques (signes du zodiaque, docteurs de l'Église, saisons, vertus, etc.).

Étrange procession dans les jardins de l'ancien palais épiscopal.

H. Champollion/MICHELIN

Longeant le lac des Couronnes, une allée, terminée par deux escaliers, est bordée de balustres peuplés de statues : les apôtres et les évangélistes, à droite, font face aux rois du Portugal, à gauche. Remarquez avec quelle ironie le sculpteur a représenté les rois de la domination espagnole en leur donnant des dimensions réduites et des sobriquets vengeurs. Cet espace ludique et merveilleux invite à la contemplation. *Le palais épiscopal a été transformé en musée (voir dans « visiter »).*

Passez sous l'escalier à arcades qui enjambe la rua Frei Bartolomeu da Costa.

Cruzeiro de São João

La colonne torse, de style manuélin (16ᵉ s.), est surmontée d'une croix sculptée placée sur une couronne d'algues.

Reprenez la voiture et garez-vous près de l'église Santa Maria do Castelo. À gauche des vestiges du château des Templiers, un escalier descend sous une voûte de tamaris au belvédère de São Gens.

Miradouro de São Gens

Cette esplanade ombragée et fleurie offre une vue étendue sur la ville et ses environs piquetés d'oliviers.

En descendant, on pénètre dans la ville médiévale.

Ville médiévale

Ce quartier, aux ruelles étroites et pavées, avec du linge et des cages à oiseaux suspendus aux fenêtres, possède quelques édifices intéressants, dont l'ancien hôtel de ville situé praça Velha, datant du 17ᵉ s., mais remanié, et, sur la belle praça Luís de Camões, l'**Arco do Bispo**, du 17ᵉ s., ainsi que quelques beaux palais.

visiter

Museu Francisco Tavares Proença Júnior

Tlj sf lun. 10h-12h30, 14h-17h30. Fermé 1ᵉʳ janv., Ven. saint, dim. de Pâques, 1ᵉʳ mai et 25 déc. 2€, gratuit dim. et j. fériés au matin.

Aménagé dans l'ancien palais épiscopal, il présente des collections variées. Au rez-de-chaussée : vestiges archéologiques et lapidaires, monnaies, faïences et armes antiques, flacons et tessons de poteries romains ; à l'étage, tapisseries flamandes du 16ᵉ s., tableaux de l'école portugaise du 16ᵉ s. (dont un *Saint Antoine* attribué à Francisco Henriques), meubles portugais anciens (belle armoire sculptée du 17ᵉ s.) et couvre-lits brodés *(colchas)* aux coloris variés, qui ont fait la réputation de Castelo Branco depuis le 17ᵉ s.

À l'étage encore, une salle expose un métier à tisser et de l'outillage rural, et une autre est dévolue à l'art moderne.

Convento da Graça (Museu de Arte Sacra da Misericórdia)

Visite guidée tlj sf w.-end 9h-12h, 14h-17h30. Fermé j. fériés. Gratuit.

Situé devant le palais, le couvent da Graça garde de sa construction primitive du 16ᵉ s. un portail manuélin. À l'intérieur, où est installée la Santa Casa da Misericórdia, un petit musée d'art sacré présente notamment les statues de la reine sainte Isabelle et de saint Jean-de-Dieu avec un pauvre, une Vierge à l'Enfant et un saint Matthieu du 16ᵉ s. ainsi que deux crucifix en ivoire.

circuit

150 km. Environ une journée. Carte Michelin nᵒ 733 M7, M8, L 8.

Penamacor

Au Nord-Est de Castelo Branco par la N 233. Perché à 600 m d'altitude, ce village d'origine romaine est couronné par son château. Construit en 1209 par Sanche Iᵉʳ, il en reste des pans de muraille et le donjon. Outre les vues panoramiques sur la plaine et les collines environnantes, le vieux Penamacor offre une agréable promenade.

L'**église da Misericórdia** présente un beau portail manuélin et, à l'intérieur, au maître-hôtel, un retable en bois doré. *Visite sur demande préalable.* ☎ 277 31 43 16.

Fondé au 16ᵉ s., le **couvent de Santo António** abrite une chapelle ornée d'une tribune et d'un plafond somptueux en bois doré. *Fermé pour travaux.*

Descendez vers le Sud par la N 332 jusqu'à Medelim où vous prendrez la N 239 vers l'Est.

Monsanto★★

Monsanto s'accroche aux pentes d'une colline de granit aride et déchiquetée, qui se dresse au milieu de la plaine, à 758 m d'altitude. Vieux village d'origine préhistorique, puis occupé par les Romains, il fut donné en 1165 par le roi Alphonse Henriques à Gualdim Pais, maître de l'ordre des Templiers qui a élevé sa citadelle inexpugnable. On n'en distingue guère de loin que les toits rouges, ses maisons et les murailles de son château se confondant avec le chaos rocheux environnant.

Des ruelles escarpées sillonnent le village composé de vieilles maisons de granit qui prennent souvent appui sur la roche, se confondant avec elle et épousant les courbes de ces immenses blocs ; les façades, parfois écussonnées, sont percées de fenêtres géminées et de portails manuélins.

Chapelle Santo António – De style manuélin, elle possède un portail à cinq arcades à arc brisé.

Chapelle São Miguel – À côté du château, cette chapelle en ruine d'origine romane conserve un beau portail avec quatre arcades en plein cintre et des chapiteaux historiés.

Château – Une ruelle puis un sentier en très forte montée conduisent au château à travers un chaos impressionnant de blocs rocheux où il n'est pas rare de trouver, dans des abris formés par les rochers, des poules, des lapins ou, dans quelque ruine romaine, un cochon, un mouton. Du château, rebâti par le roi Denis, les nombreux sièges n'ont laissé que des ruines. Du donjon, un immense **panorama**★★ se développe au Nord-Ouest sur la serra da Estrela et au Sud-Ouest sur le lac du barrage d'Idanha et la vallée du Ponsul.

En revenant au village, remarquez le clocher isolé d'une ancienne église romane, puis plusieurs tombes creusées dans le rocher.

Revenez à Medelim et reprenez la N 332 vers le Sud.

H. Champollion/MICHELIN

Accroché aux pentes d'une colline de granit aride, Monsanto.

LA FÊTE DU CHÂTEAU
Chaque année à Monsanto, en mai, des jeunes filles jettent par-dessus les remparts des cruches remplies de fleurs, en souvenir du veau à qui on fit subir le même sort lors d'un siège afin de décourager les assaillants qui comptaient sur la famine pour s'emparer du château. Les petites poupées ou *marafonas*, qu'ont coutume de porter les filles à cette occasion font allusion à Maia, la déesse de la fécondité et montrent la survivance de rites païens.

Idanha-a-Velha★

Ce village de 90 habitants fut autrefois une ville romaine prospère, située près de la voie reliant Mérida à Astorga. C'est une sorte de musée en plein air où de nombreuses fouilles nous entraînent vers le passé. En suivant le parcours archéologique signalisé, on passe devant une tour construite par les Templiers au 13ᵉ s. sur les fondations d'un temple romain, une cathédrale d'origine paléochrétienne mais reconstruite cinq fois et qui conserve des traces de tous ces remaniements, un pont romain rebâti au Moyen Âge et de nombreux autres vestiges.

Reprenez la N 332 vers le Sud jusqu'à Alcafozes, où vous empruntez la N 354 vers Ladoeiro. De là, revenez à Castelo Branco par la N 240.

Castelo de Vide★

Groupé au pied de son château, Castelo de Vide, avec ses ruelles pentues et fleuries, ses nombreux édifices religieux, ses vieilles maisons blanches étagées en gradins, séduit par sa douce quiétude. Conquise aux Maures en 1148, faisant face à l'Espagne, la cité fut autrefois une importante forteresse frontalière. C'est aujourd'hui une petite station thermale aux nombreuses fontaines, et ses eaux sont réputées pour soigner diabète, hypertension et hépatites.

La situation

3 875 habitants. Carte Michelin nᵒ 733 N 7 – District de Portalegre – Schéma : serra de São Mamede (voir Portalegre). Au Nord-Est de l'Alentejo, sur une colline verdoyante et allongée de la serra de São Mamede, Castelo de Vide se trouve à 20 km au Nord de Portalegre et à 12 km au Nord-Ouest de Marvão. 🏛 *Praça D. Pedro V, 7320-117,* ☎ *245 90 13 61.*

Vous pouvez poursuivre votre voyage en visitant : MARVÃO, la serra de São Mamede (PORTALEGRE).

se promener

Praça Dom Pedro V

Sur cette place s'élève l'église Santa Maria qui fait face au palais Torre (construction baroque du 17e s.) et à l'hôpital Santo Amaro, également du 17e s. À l'opposé, se dressent une belle demeure du 18e s. et l'hôtel de ville datant de la fin du 17e s.

Derrière l'église Santa Maria, prenez une rue qui mène à la fonte da Vila et à la Judiaria.

Quartier juif★ (Judiaria)

Profitant des fortifications médiévales, une communauté judaïque s'était établie dans le vieux bourg. On arrive d'abord sur une charmante place où se trouve la **fonte da Vila★**, belle fontaine Renaissance en granit, datant probablement du 16e s.

On parcourt ensuite, au pied du château, les ruelles escarpées et fleuries de l'ancien quartier juif, bordées de maisons chaulées aux portes gothiques et manuélines. Au croisement de la rue qui monte vers le château et d'une rue transversale, la **synagogue médiévale** évoque le passé de ce quartier.

Château

9h-17h (été 19h). Gratuit. Franchissez les fortifications, un escalier au pied d'une tour ronde du 12e s. conduit au **donjon** : d'une salle à coupole gothique avec citerne, on jouit d'une **vue★** pittoresque sur la ville, la chapelle Nossa Senhora da Penha et le village de Marvão.

excursion

Monte da Penha

5 km. De la N 246-1, à 2 km au Sud, se détache une petite route goudronnée.

La route grimpe parmi les pins et les rochers jusqu'à la chapelle Nossa Senhora da Penha (alt. 700 m) : de là s'offre un beau **coup d'œil★** sur Castelo de Vide.

Haute vallée du **Cávado**★

Alto Vale do Rio Cávado

Le Cávado s'encaisse en amont de Braga entre la serra do Gerês au Nord et les serras da Cabreira et do Barroso au Sud. Dans une haute vallée rocheuse ainsi que dans celle de son affluent, le Rabagão, une succession de barrages retiennent les eaux d'un bleu profond, composant avec les versants boisés et les cimes pelées un paysage varié.

La situation

Carte Michelin no 733 H 4, 5 et G 5, 6, 7 – Districts de Braga et Vila Real – Schéma : Parc national de PENEDA-GERÊS. À cheval entre les provinces du Haut-Douro et du Trás-os-Montes.

Vous pouvez poursuivre votre voyage en visitant : BRAGA, CHAVES, le Parc national de PENEDA-GERÊS.

comprendre

Mise en valeur – Avec une longueur de 118 km, le rio Cávado prend sa source à 1 500 m d'altitude dans la serra do Larouco, très près de la frontière espagnole. Après la traversée du plateau de Montalegre, sa pente s'accentue brutalement (dénivellation de 400 m en 5 km) tandis que son cours prend une direction Nord-Est/Sud-Ouest imposée par une ligne de failles. L'équipement hydroélectrique de cette haute vallée, favorisé par l'imperméabilité des roches granitiques dans lesquelles la rivière a creusé son lit, a été entrepris à partir de 1946 : barrages d'Alto Cávado, de Paradela, de Salamonde et de Caniçada sur le Cávado, d'Alto Rabagão et de Venda Nova sur le Rabagão, et de Vilarinho das Furnas sur le rio Homem. Ces ouvrages produisent annuellement environ 18 % de la production hydroélectrique portugaise.

circuit

DE BRAGA À CHAVES

Voir le schéma du Parc national de PENEDA-GERÊS.
235 km – environ une demi-journée.

Braga★ *(voir ce nom)*

Quittez Braga par la N 103 vers le Nord-Est en direction de Chaves. Dès la sortie de Braga, la vallée du Cávado, à gauche, se fait profonde et sauvage ; la route en escalade le versant Sud, couvert de pins et d'eucalyptus. À 8 km, sur le bord gauche de la route, un belvédère offre une vue sur le dernier élargissement, verdoyant, de la vallée. On remarque ensuite, en avant puis à droite, une butte couronnée de rochers aux allures de forteresse médiévale, et, 3 km plus loin, le château de Póvoa de Lanhoso dressant son donjon derrière Pinheiro. Après ce village, la vallée du Cávado se soustrait au regard tandis qu'apparaît, à droite, la vallée, parallèle, riante et parsemée de hameaux, du rio Ave. Puis la route s'élève au milieu d'un paysage aux crêtes pelées et rocailleuses souvent hérissées de rocs ruiniformes ; sur les pentes apparaissent de beaux rochers « en boule », mais aussi des greniers à grains sur pilotis *(espigueiros)* et quelques bovins.

Peu avant Cerdeirinhas, la N 103 revient, en descente, vers le Cávado qu'elle va suivre et dominer désormais, en bordure du Parc national de Peneda-Gerês.

La route devient ensuite sinueuse, offrant des **vues★** plongeantes sur la **retenue de Caniçada★**, longue de 15 km, et sur celle de Salamonde, au pied des pentes piquetées de pins de la serra do Gerês dont on voit la succession de sommets grisâtres et ravinés.

Quittez la N 103 pour la route de Paradela, à gauche, qui passent sur la crête du barrage de Venda Nova ; au croisement suivant, prenez à droite.

La route tracée en corniche s'élève rapidement, offrant de belles **vues★★** sur l'enfilade de la vallée et sur la serra do Gerês. Peu avant Paradela, on remarque à gauche un village au pied d'une butte schisteuse déchiquetée et creusée, au revers d'une carrière géante.

La route traverse Paradela et aboutit au barrage du même nom, dans les limites du Parc national de Peneda-Gerês.

À Paradela, on pénètre dans la partie Est du **Parc national de Peneda-Gerês** *(voir ce nom)*, appelée région de Barroso, où les traditions sont restées extrêmement vivaces : dans les villages, les habitants partagent toujours le four communal ainsi que le bœuf, utilisé pour les travaux des champs.

Retenue de Paradela★

La retenue à 112 m au-dessus du lit du Cávado occupe un beau **site★** de montagne. À 15 km de Paradela, à **Pitões das Júnias**, on peut voir les ruines romanes d'un monastère bénédictin dont les fondations remontent à la période wisigothique (9ᵉ s.). Le granit taché de lichen s'orne, autour du portail, de frises de feuillage stylisé ; quelques arcades permettent d'évoquer le cloître.

Revenez à la N 103.

La route longe la **retenue de Venda Nova** festonnée de presqu'îles.

Dans la haute vallée rocheuse du Cávado.

Vila da Ponte

Gros village sur le bord d'un éperon boisé.

Après Pisões, prenez à droite la route goudronnée qui conduit au barrage do Alto Rabagão.

Barrage do Alto Rabagão★

Cette imposante muraille de béton longue de 2 km, au tracé en baïonnette, est flanquée, côté amont, de trois porches cubiques commandant les vannes.

Gagnez l'extrémité de la route de crête pour avoir la meilleure **vue** sur la retenue.

Revenez à la N 103 pour suivre la rive Nord du lac avant de tourner à gauche vers Montalegre.

Montalegre

À l'altitude de 966 m, les vieilles maisons à toits rouges de Montalegre entourent l'enceinte d'un château du 14ᵉ s., à demi ruiné, dans un joli **site★**. Du pied du donjon, on domine le plateau montagneux et sauvage traversé par le Cávado, et l'on aperçoit au Nord-Est la serra do Larouco où ce fleuve prend sa source.

La N 308, route de plateau, bordée de pins et de landes, rejoint la N 103. Cette dernière parcourt aussi les landes rocheuses désolées, couvertes de bruyère et sillonnées de petits torrents, jusqu'à ce que le plateau s'effondre brusquement : la **vue★★** embrasse alors un immense bassin cultivé et verdoyant au fond duquel sont tapis les vieux villages de **Sapiãos** et **Boticas**.

Serra do Barroso★

En prenant la N 311 à Sapiãos, on traverse **Carvalhelhos**, célèbre pour ses eaux *(voir les alentours de Chaves)*.

Sur une hauteur voisine, à laquelle on accède par un chemin de terre, se trouve le **castro de Carvalhelhos**, structure fortifiée datant de l'âge du fer dont les fondations, portes et murailles sont bien visibles.

De Carvalhelhos, une route conduit à **Alturas do Barroso**, village traditionnel de cette montagne isolée et austère.

De là, on atteint **Vilarinho Seco★**, le plus caractéristique de ces hameaux de montagne. Aucune construction moderne, seulement des maisons rustiques en pierres sèches sombres, à étage (le rez-de-chaussée est réservé à la paille et aux animaux), pourvues d'un balcon et d'un escalier extérieur en bois, et couvertes d'un toit de chaume. Les poules et les chèvres errent en liberté sous les *espigueiros* en granit et les rues sont fréquentées par des attelages de bœufs de la belle race *barrosã*. Pour résister à la rudesse de ce milieu, l'homme y a perpétué des pratiques communautaires, avec des troupeaux et des prés communs, des fours et des moulins collectifs. La descente vers la N 311 se fait dans un paysage de blocs erratiques arrondis et polis par l'érosion.

Vous rejoignez à Viveiro la N 311, que vous empruntez à nouveau jusqu'à Sapiãos, où vous reprenez la N 103 vers Chaves.

Chaves *(voir ce nom)*

Chaves

Dans l'aride province du Trás-os-Montes, la ville de Chaves, fraîche et discrète, garde un cachet ancien avec son donjon autour duquel se pressent de pittoresques maisons blanches avec balcons en encorbellement. C'est une agréable station thermale, également connue pour son pont romain qui enjambe le rio Tâmega et pour son excellent jambon fumé (presunto). Aux portes de la ville, la vallée du Tâmega compte aussi plusieurs stations thermales.

La situation

43 558 habitants. Carte Michelin nᵒ 733 G 7 – District de Vila Real. Au centre d'un fertile bassin d'effondrement, Chaves se trouve à 63 km au Nord-Est de Vila Real et à 10 km de la frontière espagnole. ◨ *Terreiro de Cavalaria, 5400-531,* ☎ *276 34 06 61.*

Vous pouvez poursuivre votre voyage en visitant : BRAGANÇA, la haute vallée du CÁVADO, VILA REAL.

ADRESSES UTILES

Região de Turismo Alto Tâmega e Barroso – *Av. Tenente Valadim, 39, 1ᵉʳ étage à droite.* Promotion de la région du Haut-Tâmega et du Barroso,

Internet – P.I.J. (adjacent à l'office de tourisme). Accès gratuit limité à 30mn.

CALENDRIER

Festas da Cidade – 8 juillet.
Festa do Folar – Samedi de Pâques.
Feira dos santos – 30 oct.-1ᵉʳ nov. : grande foire du Trás-os-Montes.

A. J. Cassaigne/MICHELIN

Le battage des foins près de Chaves.

comprendre

Chaves, qui signifie « clés » en portugais, occupa longtemps une position straté-gique, servant de verrou territorial face aux nombreuses invasions.

Grâce au pont bâti sur le fleuve par Trajan, la petite cité d'Aquæ Flaviæ, déjà appréciée par les Romains pour ses eaux thermales, devint une importante étape sur la voie d'Astorga à Braga. Repris aux Maures en 1160, Chaves fut fortifié pour assurer le contrôle de la vallée face à la forteresse espagnole de Verín. Au 17ᵉ s., on y aménagea des remparts dans le style de Vauban.

visiter

Pont romain
Le beau jardin sur les rives du fleuve en offre une bonne vue d'ensemble. Dépourvu de ses bords de pierre et de quelques arches, ce pont confère cepen-dant au site un certain charme. Les bornes milliaires qui l'encadrent au Sud portent encore des inscriptions romaines.

Praça de Camões
Au cœur du quartier ancien de Chaves, cette élégante place regroupe plusieurs monuments. Au centre se dresse la statue de Dom Afonso, premier duc de Bragance.

Église da Misericórdia★ – La façade de ce petit édifice baroque du 17ᵉ s. s'agré-mente de balcons et de colonnes torsadées. L'intérieur est tapissé d'azulejos figurant des scènes de la vie du Christ et de la Bible, attribués à Oliveira Bernardes, et abrite un grand retable de bois doré ; le plafond est décoré de peintures du 18ᵉ s. dont, au centre, une Visitation.

Museu da Região Flaviense – *Tlj sf lun. 9h-12h30, 14h-17h30, w.-end 14h-17h30. Fermé j. fériés. 0,50€ comprenant la visite du Musée militaire.*
Installé dans l'ancien palais des ducs de Bragance, bel édifice du 17ᵉ s., ce musée abrite des collections archéologiques et ethnographiques. Il comprend une salle de vestiges lapidaires préhistoriques – dont la pièce maîtresse est une **figure à forme humaine** mégalithique (environ 2 000 ans avant J.-C.) – et romains (sculp-tures, bornes milliaires). À l'étage, on peut voir des monnaies et une planche à billets anciennes, une lanterne magique, des récepteurs de radio.

Hôtel de ville – Il présente sur la place une noble façade d'époque classique.

Église paroissiale – Certaines de ses parties sont romanes, mais elle fut recons-truite à la Renaissance comme en témoigne son portail à pilastres sculptés. Sur un mur de l'abside polygonale, une niche abrite la statue en granit de Santa Maria Maior, considérée comme l'une des plus anciennes statues portugaises. Le chœur est surmonté d'une voûte à nervures.

De l'autre côté de l'église, sur une autre place, se trouve un **pilori** de style manuélin.

Donjon

Tlj sf lun. 9h-12h30, 14h-17h30, w.-end 14h-17h30. Fermé j. fériés. 0,50€ comprenant la visite du Museu da Região Flaviense.

Unique vestige du château fort disparu, c'est une puissante tour carrée crénelée, à échauguettes, encore entourée de sa chemise, également quadrangulaire. Bâti par le roi Denis, le château servit de résidence au premier duc de Bragance, bâtard du roi Jean Ier.

Museu militar – Il occupe quatre étages du donjon, les deux premiers exposant des armes et armures anciennes, le troisième évoquant la guerre de 1914-1918 (mitrailleuses, uniformes), le quatrième les guerres coloniales (armes portugaises et indigènes). De la plate-forme au sommet *(121 marches)*, on bénéficie d'un beau panorama sur la ville, les remparts et le bassin cultivé de Chaves.

alentours

La zone de Chaves est riche en **sources thermales**, nées de la ligne de fracture Nord/Sud de la région du Haut-Tâmega. Toutes ont des eaux minérales aux propriétés thérapeutiques et font partie d'un ensemble appelé « système thermal du Haut-Tâmega ».

Caldas de Chaves

Établissement thermal moderne situé dans un parc bordant le Tâmega. Visite guidée (1/2h) 9h-12h, 17h-19h, dim. et j. fériés 9h-12h. Réservez 15j. à l'avance. Fermé 1er janv. et 25 déc. Gratuit. ☎ 276 33 30 29.

Ces sources d'eau chaude (73 °C) étaient déjà un lieu de villégiature pour les Romains, qui donnèrent à la ville le nom d'Aquæ Flaviæ. Les eaux, alcalines, bicarbonatées et hyperthermales, sont indiquées dans le traitement des maladies de l'appareil digestif, des rhumatismes et de l'hypertension artérielle.

Termas de Vidago

11 km au Sud-Ouest de Chaves. Tlj sf dim. 8h-12h, 16h-19h. Fermé de nov. à mi-mai.

Située dans un beau parc arboré, cette station thermale totalement rénovée est actuellement de celles qui proposent le plus grand nombre de services. Face à l'entrée, la majestueuse façade rose du **Vidago Palace-Hotel**, de style Art déco, nous transporte au début du siècle. L'atmosphère raffinée de la grande époque se retrouve à l'intérieur, superbement décoré, dans un cadre reposant. L'eau bicarbonatée de Vidago est vendue dans tout le pays, et l'on y soigne les maladies des appareils digestif et respiratoire et du système nerveux.

Termas de Pedras Salgadas

31 km au Sud-Ouest de Chaves. Tlj sf dim. 8h-12h, 16h-19h. Fermé oct.-mai.

Le magnifique parc de 40 ha où sont situés les thermes permet une agréable promenade. Dans cette station fondée en 1904, les marques du temps, progressivement réparées, produisent une atmosphère d'abandon et de nostalgie. Belles fontaines, établissements de bains et casino du début du siècle. Les eaux bicarbonatées de Pedras Salgadas sont indiquées dans le traitement des maladies des os et de l'appareil digestif.

Caldas Santas de Carvalhelhos

30 km à l'Ouest de Chaves. Visite guidée (40mn) juil.-sept. : 8h-12h30, 15h-18h.

La station thermale de Carvalhelhos est installée dans un agréable parc traversé par de petits cours d'eau et entouré des belles montagnes de la serra do Barroso, à côté de l'usine de mise en bouteilles de cette eau célèbre au Portugal, bicarbonatée et sodique, réputée pour traiter les maladies des appareils digestif et circulatoire.

Coimbra★★

Dominée par la haute tour de sa vieille université, Coimbra s'accroche au versant d'une colline baignée par le Mondego. Maints poètes, inspirés par ce site romantique, ont immortalisé le charme de la ville, ancienne capitale du Portugal après Guimarães, contribuant à en faire la cité des arts et des lettres. Pour une vue d'ensemble préalable sur Coimbra, rendez-vous sur le pont de Santa Clara ou même au belvédère de Vale do Inferno. Bien que la ville, entourée de quartiers modernes, se soit considérablement étendue ces dernières décennies, on distingue bien, dans le centre, la partie haute (a Alta), traditionnellement le quartier universitaire et épiscopal, et la ville basse (a Baixa), où se trouvent les commerces. Comptez au moins une journée pour arpenter Coimbra, tout en relief et en déclivités, riche de nombreux édifices, musées et jardins, et animée par une intense vie estudiantine. De là, plusieurs échappées vers la mer ou la forêt sont aussi possibles.

La situation

148 122 habitants. Carte Michelin n° 733 L 4 – District de Coimbra. Capitale de la province de la Beira Litoral, Coimbra se trouve à 200 km au Nord-Est de Lisbonne et à 122 km au Sud de Porto. 🚩 *Largo D. Dinis, 3020-123,* ☎ *239 83 25 91 ; Praça da República, 3000-343,* ☎ *239 83 32 02.*
Vous pouvez poursuivre votre voyage en visitant : Luso et la forêt de BUÇACO, les ruines de CONÍMBRIGA, FIGUEIRA DA FOZ, la serra da LOUSÃ.

comprendre

De l'Hélicon aux rives du Mondego : l'université – « Le premier [le roi Denis] mit en honneur à Coimbra le noble art de Minerve et convia les Muses à quitter l'Hélicon pour fouler les riantes prairies du Mondego. » C'est en ces termes que Camões décrit dans *Les Lusiades* la création de l'université de Coimbra. En réalité c'est à Lisbonne, en 1290, que le roi Denis fonda l'université. Transférée à Coimbra en 1308, elle n'y fut définitivement fixée qu'en 1537 par le roi Jean III qui l'installa dans son propre palais. Faisant appel à des professeurs des universités de Paris, de Salamanque et d'Italie, il fit de la cité l'un des plus importants foyers d'humanisme de l'époque. L'université connut rapidement la concurrence des collèges jésuites et ne retrouva tout son éclat qu'après l'expulsion de la Compagnie de Jésus par Pombal en 1759.

L'école de sculpture de Coimbra – Au début du 16ᵉ s., plusieurs sculpteurs français appartenant au groupe d'artistes protégés par le cardinal-mécène Georges d'Amboise, promoteur en Normandie des « usages et modes d'Italie », viennent exercer leur art à Coimbra. Nicolas Chanterene, Jean de Rouen, Jacques Buxe et Philippe Houdard s'associent aux Portugais João et Diogo de Castilho pour créer, vers 1530, une école de sculpture : leur art, savant et raffiné, s'inspire de la décoration italienne ; les portails, les chaires, les retables et les bas-reliefs des autels sont délicatement ciselés dans la pierre d'Ança, du calcaire blanc très fin. Ce nouveau style de décoration s'imposera progressivement dans tout le pays.

Coimbra accrochée à sa colline baignée par le Mondego.

carnet pratique

HÉBERGEMENT

😊 **Pensão Santa Cruz** – *Praça 8 de Maio, 21 -* ☎ *239 82 61 97 - mail@pensao santacruz.com -* 📠 *- 14 ch. 23/30€.* L'église Santa Cruz vous fait face ainsi que le célèbre café homonyme : vous êtes sur la praça 8 de Maio au cœur du centre historique de Coimbra. Le seul charme de cette pension très simple et désuète aux installations vieillissantes réside dans sa vue imprenable sur la place piétonnière et l'université. Chambres avec ou sans douche. Accueil sympathique. N'oubliez pas que la place s'anime le soir...

😊 **Residencial Vitória** – *R. da Sota, 11-19 -* ☎ *239 82 40 49 -* 🖳 *- 18 ch. 25/40€ -* ☕ *2,50€.* Implanté à deux pas du fleuve et de la gare dans une rue calme du centre historique, cet hôtel affiche un confort et un standing étonnamment modernes pour ces tarifs. Les chambres n'ont aucune vue mais sont bien tenues et disposent de salles de bain récentes ainsi que de l'air conditionné. L'accueil est sympathique. Sans doute l'adresse la plus intéressante de Coimbra !

😊 Residencial **Domus** – *R. Adelino Veiga, 62 -* ☎ *239 82 85 84 -residencialdomus @sapo.pt - 20 ch. 30/40€* ☕. Vous apprécierez l'accueil familial de ce petit hôtel simple mais de bon confort. Ses chambres au mobilier rustique disposent pour la plupart d'une salle de bain complète.

😊😊 **Astória** – *Av. Emídio Navarro, 21 -* ☎ *239 85 30 20 - astoria@almeidahotels .com - 62 ch. 80/95€* ☕ *- restaurant 25€.* Magnifiquement situé devant le Mondego, dans un immeuble cossu, cet hôtel fréquenté jadis par de nombreux artistes a conservé un certain charme, en particulier sa salle à manger et son salon de lecture.

😊😊 **Das Termas** – *(Tamengos) - 3780-541 Cúria -* ☎ *231 51 21 85 -termasdacuria@ termasdacuria.com -* 🅿 *-* 🏊 *-* 🖳 *- 57 ch. 80/100€* ☕ *- restaurant 23€.* Cet hôtel s'élève dans un grand parc (dont l'entrée est payante) à la végétation dense et pourvu d'un lac sur lequel on peut se promener en barque. Érigé dans les années 1930, le bâtiment possède une belle piscine et offre une grande variété de traitements.

😊😊😊 **Grande H. da Curia** – *(Tamengos) - 3780-541 Cúria -* ☎ *231 51 57 20 - grhotelcuria@hoteis-belver.pt -* 🅿 *-* 🏊 *-* 🖳 *- 81 ch. 90€* ☕ *- restaurant 19,25/26,50€.* Cet établissement des années 1920 a moins de charme que le premier mais il offre tout le confort moderne avec des chambres spacieuses et décorées de meubles Art déco. Traitements très complets, suivi médical, piscine couverte et à ciel ouvert.

RESTAURATION

• Sur le pouce

Jardim da Manga – ☎ *239 82 91 56 - fermé sam.* Tout l'intérêt de cette adresse réside dans la découverte du petit jardin situé derrière l'église Santa Cruz. Pour y accéder, contournez la *camara municipal* ou prenez les escaliers de la rua Martins de Carvalho. Idéal pour prendre un verre en terrasse ou un repas très simple en self-service.

Shmoo Café – *R. Corpo de Deus, 68 - lun- sam. 12h-2h.* Dans une rue en pente derrière l'église Santa Cruz, petit café aux couleurs toniques et actuelles. Un parti très vitaminé et frais comme la carte qui arbore de belles salades sucrées-salées aux fruits exotiques et aux légumes, des jus de fruits et des *batidos*, de bonnes tartines, de la charcuterie et des fromages servis sur des planches de bois. Un lieu contemporain au cœur de la vieille ville.

Snack-Bar Daniel Sun – *R. da Lousa, 80- 52 -* ☎ *934 83 08 81 - fermé sam. ap.-midi et dim.* Ce petit bar niché dans une ruelle en contre bas de la praça 8 de Maio ne « paie pas de mine » mais demeure très authentique. Comme les habitués, vous vous installerez au comptoir et choisirez les plats en vitrine entre salade de poulpe, moules, morue frite et charcuterie. Pour une tranche de vie quotidienne à Coimbra.

• À table

😊 **Real das Canas** – *Vila Méndes, 7 -* ☎ *239 81 48 77 - fermé 1er-15 août, mer. et j. fériés -* 🖳 *- 9,83/17,70€.* Restaurant à prix modérés proposant une cuisine portugaise typique. Particulièrement agréable le soir pour la belle vue sur la ville et le fleuve.

😊 **Adega Paço do Conde** – *R. Paço do Conde, 1 -* ☎ *239 82 56 05 - fermé dim. - 13/16€.* En plein cœur de la vieille ville derrière praça do Comércio, un restaurant typique de grillades. Dans une cour intérieure, viandes et poissons en vitrine pour vous accueillir et une petite terrasse pour vous attabler en toute simplicité.

😊 **Casa de Pasto - Taberninha** – *Praça do Comércio, 77 -* ☎ *239 84 03 81 -* 📠 *- 13/18€.* Tout en longueur et sur deux niveaux reliés par un escalier de pierre, cette taverne rustico-moderne propose des plats simples : moules, poulpe en salade ou au riz, morue au four et petits légumes, viande de porc de l'Alentejo... Vous pourrez les savourer dans son décor de bois ou en terrasse, sur la sympathique praça do Comércio.

😊 **Feb** – *R. do Corvo, 8-16 -* ☎ *239 82 31 24 - 13/20€.* Au cœur de la vieille ville, dans une ruelle partant de la praça 8 de Maio, un lieu très apprécié par les habitants pour sa carte variée et son cadre soigné. Le rez-de-chaussée abrite un bar très fréquenté dans la journée et l'étage, un restaurant au calme apaisant. Spécialités de la maison : la morue gratinée accompagnée de purée et de jambon ou le bœuf servi avec des pommes de terre et de la crème.

😊😊 **D. Luís** – *Santa Clara -* ☎ *239 80 21 20 -hotel.d.luis@ mail.telepac.pt -* 🖳 *- 23,50/32,50€.* Cuisine portugaise et internationale dans un décor moderne. Belles vues sur Coimbra.

PETITE PAUSE

Café Santa Cruz – *Praça 8 de Maio -* ☎ *239 83 36 17 - 7h30-1h.* On se doit de faire une halte dans ce magnifique café, véritable institution de Coimbra. Il fait littéralement partie de l'église Santa Cruz puisqu'il occupe une ancienne chapelle. On prend donc un café sous les superbes voûtes nervurées, installé dans des sièges en cuir patiné et clouté, tandis qu'un vieux ventilateur brasse tranquillement l'air.

S. Soreau/MICHELIN

SORTIES

Très calme en été, la ville s'anime pendant l'année scolaire. Pour commencer la soirée, les étudiants se réunissent aux terrasses de la praça da República. Ensuite, ils peuvent se retrouver dans l'un des bars entourant la cathédrale (**Boémia Bar, Piano Negro, Bigorna Bar**), dont certains proposent des concerts, ou bien dans les discothèques **Via Latina** (*r. Almeida Garret, 1*, dotée d'une terrasse), **Vinyl** (*av. Alfonso Henriques*), **Broadway** (*Vales da Pedrulha*) ou **Scotch Club** (*Quinta da Insua – à Santa Clara*, celle qui ferme le plus tard). Les endroits situés de l'autre côté du fleuve sont appréciés. Devant l'un des portails latéraux du Portugal dos Pequeninos, on trouve la **Galeria de Santa Clara**, galerie d'art et bar, avec un agréable jardin, et plus loin le **Bar de São Francisco**, le **Famous Mouse** (*Av. Sá da Bandeira*), **le Calhabar** (*Rua do Brasil*), **Noites Longas** (*Rua Ameida Garrett*).

Foyer do TAGV – *Praça da República (u.p.s. Produção de Ambientes)* - ☎ 239 85 56 30 - *lun.-sam. 9h30-1h*. Praça da República, là où bat le cœur nocturne de Coimbra. Le foyer du théâtre académique de Gil Vicente fait salle comble dans un décor très « design » de fauteuils en plexiglas, de poufs, de carrelages vert d'eau et d'immenses baies vitrées. Une atmosphère culturelle et décontractée très recherchée pour boire un verre en soirée. Fréquenté aussi en journée par les étudiants.

Quebra Costas – *R. do Quebra Costas, 45-49* - ☎ 239 82 16 65. Parce que l'activité nocturne de Coimbra ne tourne pas exclusivement autour de la praça da República, attablez-vous en haut des escaliers de la rua do Quebra Costas en chemin vers la Sé Velha. Une charmante placette y fait office de terrasse : idéal pour prendre un verre et contempler l'animation d'une rue regroupant certaines adresses « tendance » du centre historique, comme la librairie XM.

ACHATS

Espaço Internet – *Praça 8 de Maio - lun.-ven. 10h-20h, sam.-dim. 10h-22h*. Sur la praça 8 de Maio, un espace Internet gratuit ouvert par la municipalité pour des connections de 30mn, sur rendez-vous. Impression possible si l'on fournit le papier.

CALENDRIER

Festa da Rainha Santa – *1er week-end de juillet (années paires). Voir encadré « la Fête de la reine sainte ».*

LES RÉPUBLIQUES

Les républiques ont été créées à la fin du 18e s. par les étudiants, désireux de transposer dans leurs communautés les idéaux révolutionnaires français de l'époque. Foyers de contestation et de revendication, elles sont devenues au fil du temps un moyen pratique et économique de se loger. Elles sont composées d'associations de 12 à 20 étudiants, généralement originaires de la même région, qui occupent de vastes appartements et gèrent leur budget commun à tour de rôle. Traditionnellement, ils louaient les services d'une bonne *(tricana)* pour préparer les repas, pris en commun. Au gré de vos déambulations, vous pourrez voir certaines de ces républiques, qui se distinguent par leurs drapeaux ou dessins sur les façades. Fondée en 1933, la **República dos Kágados** *(rua do Correio, 98)* est actuellement la plus ancienne. La **Real República Corsário das Ilhas** *(couraça dos Apóstolos, 112)* arbore le drapeau des corsaires. La plupart portent des noms humoristiques (jeux de mots).

La vie estudiantine – Somnolente en période estivale, la ville retrouve son animation pendant l'année universitaire avec ses 20 000 étudiants. Certains ont conservé des traditions vieilles de quatre siècles, codifiées en latin burlesque. Drapés dans leur vaste cape noire flottante frangée d'autant de coups de ciseaux qu'ils ont de déceptions sentimentales, ils portent un cartable garni de rubans dont la couleur symbolise leur faculté. Volontiers romantiques, ils jouent de la guitare et chantent des fados qui se distinguent de ceux de Lisbonne par le caractère intellectuel ou sentimental de leurs thèmes. Beaucoup d'entre eux vivent dans des communautés dites « républiques ».

Économie – Aujourd'hui, Coimbra est riche de nombreuses activités industrielles et commerciales qui en font un centre très animé. Les principales sont le textile (bonneterie et lainages), l'industrie alimentaire, la tannerie, la faïence, auxquelles s'ajoutent une usine de matériel photographique et une chaîne de montage de camions.

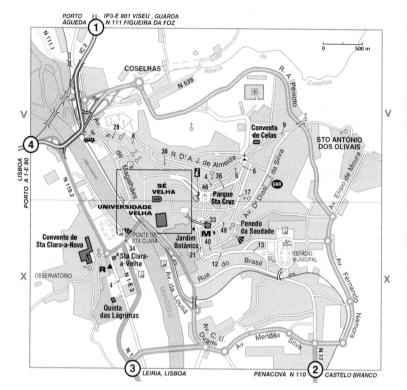

De nombreux magasins de maroquinerie et de textile, dans les pittoresques rues piétonnes du centre, autour de la **praça do Comércio** et de la rua Ferreira Borges, vendent les productions locales. On trouve la célèbre céramique de Coimbra, bleu et blanc ou polychrome, ainsi que l'artisanat de la région, le long des escaliers qui conduisent à la vieille cathédrale.

visiter

LA VIEILLE VILLE★ ET L'UNIVERSITÉ *3h*

Laissez la voiture dans un parking le long

La vieille ville est située sur la colline de l'Alcáçova ; on y accède par un enche-vêtrement de ruelles étroites et pittoresques, parfois entrecoupées d'escaliers au nom significatif comme celui de Quebra-Costas (brise-côtes).

Museu da Cidade

Rua Ferreira Borges, 85, Edifício Chiado (belle architecture métallique). Tlj 11h-19h sf lun. 1,5€. ☏ *239 84 07 54.*

Ouvert en 2001, le Musée municipal présente, outre des expositions temporaires, d'importantes collections réunies par Telo de Morais. Au premier étage, vous découvrirez la peinture portugaise des 19e et 20e s. (romantisme, naturalisme, modernisme, académisme) ; au deuxième étage, le mobilier portugais (17e et 18e s.) ainsi que la sculpture religieuse (15e et 16e s.), la peinture religieuse (17e et 18e s.) et le dessin (18e-20e s.). Enfin, le troisième étage est occupé essentiellement par des porcelaines et céramiques chinoises (du 2e s. avant J.-C. au 19e s.), en particulier des 17e et 18e s. (dynasties Ming et Qing).

Porta de Almedina

Cette porte de la ville au nom arabe (*medina* en arabe signifie « ville ») est sur-montée d'une tour et ornée d'une statue de Vierge à l'Enfant entre deux blasons. C'est l'un des derniers vestiges de l'enceinte médiévale.

Núcleo da Cidade Muralhada

Arco de Almedina (en bas de la rua de Quebra-Costas). Oct-mars : mar.-ven. 10h-18h ; w.-end et j. fériés 10h-13h, 14h-18h. Avril-sept. : mar.-ven. 11h-19h ; w.-end et j. fériés 11h-13h, 14h-18h. Fermé lun. ☎ 239 83 37 71.
Cette annexe du Museu da Cidade propose une exposition virtuelle et multimédia sur le noyau antique de la cité.

Paço de Sub-Ripas

Cet hôtel particulier fut élevé au début du 16ᵉ s. dans le style manuélin. La rue passe sous une aile de la **Casa do Arco**.

Torre de Anto

Cette tour de l'enceinte médiévale abrite le centre d'artisanat de la région de Coimbra.

Museu da Santa Casa da Misericórdia★

Rua de Sub-Ripas, 49. Lun.-ven. 10h-12h30, 14h-17h. Fermé w.-end et j. fériés. 1€. ☎ 239 82 34 03.
Des objets relatifs à la confrérie de la Miséricorde, une institution de bienfaisance à caractère religieux, sont exposés dans les deux premières salles et le couloir de ce musée, qui fut inauguré en l'an 2000 à l'occasion du 500ᵉ anniversaire de la Confrérie. Observez notamment les panneaux de faïences du 18ᵉ s. (2ᵉ salle) et Renaissance (dans le couloir où sont présentés les portraits des bienfaiteurs de la confrérie).

Chapelle de la Miséricorde★ – La voûte du grand autel (1630) est ornée de symboles religieux mais aussi profanes, relatifs aux Grandes Découvertes (feuillage, masque grimaçant d'Adamastor à gauche, visage du petit griffon à droite). Remarquez notamment les chaires maniéristes et les autels du baroque tardif.

Sacristie★★ – Cette salle aux murs entièrement revêtus d'azulejos du 17ᵉ s. renferme, en particulier, un immense coffre en châtaignier incrusté d'ivoire, sur lequel sont posés des chandeliers et un ciboire doré baroque.

Cloître – Intimiste et inachevé, ce petit cloître possède des panneaux d'azulejos datant du 16ᵉ s.

Tour de l'Horloge★ – Elle fut construite par la confrérie au milieu du 19e s. pour abriter la grande cloche de l'ancienne chapelle. L'ascension de l'escalier jusqu'au sommet est un peu périlleuse, avec un passage étroit, mais vous serez récompensé par une **vue★★** splendide sur la ville.

Sé Velha★★ (ancienne cathédrale)

Tlj sf dim. 10h-13h, 14h-18h, ven. 10h-13h. Fermé j. fériés. 0,75€. ☎ 239 82 52 73.

La construction de l'ancienne cathédrale fut décidée par le roi Alphonse Henriques. À cette époque, Coimbra se trouvait à la frontière du monde chrétien et du monde musulman, ce qui explique qu'elle soit fortifiée et couronnée de merlons pyramidaux. Cette cathédrale, la première du pays, fut érigée entre 1140 et 1175 par deux maîtres d'œuvre français, Bernard et Robert, et l'on y trouve des similitudes avec les églises romanes auvergnates et clunisiennes.

Extérieur – La façade principale, très sobre, contraste avec le portail Nord ajouté vers 1530. Celui-ci, attribué à Jean de Rouen, est malheureusement très endommagé : c'était l'une des premières manifestations de la Renaissance au Portugal. Du côté du **chevet**, remarquez, intégrée à la tour que défigure fâcheusement un lanternon baroque, une belle galerie à arcades dont les chapiteaux dénotent une influence orientale.

Intérieur – Au-dessus des collatéraux, une large tribune s'ouvre sur la nef par un élégant triforium aux chapiteaux byzantins d'inspiration orientale comme la lanterne à la croisée du transept.

Le **retable★** gothique flamboyant du maître-autel, en bois doré, est dû aux maîtres flamands Olivier de Gand et Jean d'Ypres ; à la base, les quatre évangélistes sont disposés autour de la Nativité et de la Résurrection ; au-dessus, entouré de quatre saints, un bel ensemble célèbre l'Assomption de la Vierge dont on admirera le gracieux visage ; un calvaire reposant sur un joli baldaquin couronne le sommet du retable.

À droite du chœur, dans la **chapelle du St-Sacrement★**, belle composition Renaissance, de Tomé Velho, disciple de Jean de Rouen ; en dessous du Christ bénissant entouré de dix apôtres, les quatre évangélistes font face à la Vierge à l'Enfant et à saint Joseph, de part et d'autre du tabernacle. Devant la chapelle, cuve baptismale de style manuélin et Renaissance réalisée en 1520 par Jean de Rouen. À gauche du chœur, dans la chapelle de St-Pierre ornée d'azulejos de style mudéjar, retable Renaissance (en mauvais état) de Jean de Rouen, évoquant la vie du saint.

Cloître – *Accès par la première porte du bas-côté droit.* Construit à la fin du 13e s., c'est un ensemble de style de transition roman gothique, restauré au 18e s. ; des baies rondes au fenestrage varié surmontent les arcatures.

Au Sud du cloître, dans la salle du chapitre, tombeau de Dom Sesnando, premier gouverneur chrétien de Coimbra, mort en 1091.

Museu Nacional Machado de Castro★★

Fermé pour travaux. Nous ne pouvons donner une description très précise du musée, et nous nous contenterons de citer les principales œuvres, dont certaines sont exposées dans le cryptoportique.

Il occupe l'ancien palais épiscopal remanié au 16e s. et porte le nom du sculpteur Machado de Castro né à Coimbra en 1731. Le porche Renaissance ouvre sur une cour-patio. Sur le côté Ouest, une loggia réalisée par Philippe Terzi ménage une charmante vue sur le sommet de l'ancienne cathédrale et la ville basse jusqu'au Mondego.

Sculptures – Ce musée est particulièrement riche en sculptures. Près du hall d'entrée, vous découvrez les quelques arches et colonnes d'un cloître roman du 12e s. Dans les salles de l'aile gauche, les statues du Moyen Âge – petite statue équestre d'un **chevalier médiéval★**, *Vierge enceinte* (Nossa Senhora do Ó), due à maître Pero – introduisent à celles de l'école de Coimbra réalisées à la Renaissance par les sculpteurs Chanterene (*Vierge lisant*), Houdart et Jean de Rouen (*Mise au tombeau à huit personnages*), et par le maître des tombeaux royaux : *Vierge de l'Annonciation*. Nombre de statues du 17e s. (pietà en bois polychrome par le frère Cipriano da Cruz) et du 18e s. complètent cet ensemble.

Objets d'art, peintures – Dans les salles de l'étage, dont on remarquera quelques beaux plafonds en bois (plafond mudéjar du « salon arabe »), est exposée une riche collection de porcelaines et de céramiques portugaises.

La peinture religieuse flamande et portugaise, du 15e au 17e s., est représentée par des œuvres comme les panneaux du retable de Santa Clara, dus à Isembrand, une Assomption du 16e s. par le maître Vicente Gil, une Ascension et une Nativité par les maîtres Vicente Gil et Manuel Vicente (16e s.), trois tableaux de Josefa de Óbidos.

L'orfèvrerie compte des pièces remarquables comme le **calice de Gueda Mendes** (1152) et la **statue-reliquaire de la Vierge et l'Enfant** provenant du trésor de la reine sainte Isabelle.

Cryptoportique – *9h-12h30, 14h-17h30. Fermé 1ᵉʳ janv., dim. de Pâques, 1ᵉʳ mai et 25 déc. Gratuit.* ☎ *239 82 37 27.* Au sous-sol, une impressionnante enfilade de portes en plein cintre est la première vision que l'on a de ce cryptoportique, base du forum de la ville romaine d'Æminium, qui se trouvait à l'emplacement de Coimbra.

Sé Nova (nouvelle cathédrale)

Tlj sf lun. 10h-12h, 14h30-17h30. Fermé 1ᵉʳ janv., Ven. saint, dim. de Pâques, 1ᵉʳ mai et 25 déc.

La « nouvelle cathédrale » a été installée en 1772 dans l'ancienne église du collège des jésuites des Onze-Mille-Vierges. Édifiée à partir de 1598, sa façade à deux corps superposés est couronnée de petits frontons à pinacles. Quatre niches dans la partie inférieure abritent des statues des saints de la Compagnie de Jésus. L'intérieur, très vaste, d'une seule nef, est couvert par une voûte en berceau surmontée d'une haute lanterne. Le style baroque prédomine dans les chapelles latérales et au maître-autel, où se distinguent un imposant retable en bois doré et un magnifique trône d'argent. La cuve baptismale à gauche de l'entrée est de style manuélin et provient de l'ancienne cathédrale.

Universidade Velha** (vieille université)

Visite sur demande préalable. De avr. à fin-oct. : 9h-19h20 ; de déb.-nov. à fin mars : 10h-17h. Fermé 25 déc. Bibliothèque, musée, salle des Actes et chapelle : 4€. ☎ *239 85 98 00.*

Elle occupe depuis 1540 les bâtiments de l'ancien palais *(paço)* royal, restaurés et aménagés pour devenir le « Paço dos Estudos ».

Porta Férrea – La porte qui donne accès à la cour de l'université fut élevée au 17ᵉ s.

La cour – Elle est dominée par une tour du 18ᵉ s. À gauche, la cour se termine par une terrasse d'où s'offre un beau panorama sur le Mondego et la plaine. En face se trouvent la bibliothèque et la chapelle et, sur la droite, l'élégant bâtiment du palais des Écoles.

Paços da Universidade – Le **palais des Écoles**, de style manuélin, a été enrichi à la fin du 18ᵉ s. d'une galerie à colonnade appelée Via Latina. Le corps central est surmonté d'un fronton triangulaire *(prenez les tickets d'entrée dans ce bâtiment)*. Un escalier mène au premier étage à la loge, jadis réservée aux dames, qui donne sur la **salle des Actes** (sala dos Capelos), où se déroulent les grandes cérémonies comme l'intronisation du recteur, les soutenances de thèse ou la remise des diplômes. Elle doit son nom au bonnet

LA TRISTE DESTINÉE DES RUBANS...

Les rubans qui ornent les capes noires des étudiants indiquent leur discipline : bleu pour les lettres, jaune pour la médecine, rouge pour le droit. Début mai, la place de l'Ancienne Cathédrale est le théâtre d'une grande fête qui marque la fin de l'année scolaire. Les rubans sont brûlés dans de grands chaudrons. Cette cérémonie est suivie d'une sérénade, de bals et, pour clore les festivités, d'un thé dansant.

La cour intérieure de l'Université.

(capelo) qui était remis aux licenciés. Cette vaste salle, autrefois grand salon du palais, est couverte d'un beau plafond peint du 17ᵉ s. et ornée de portraits des rois du Portugal. À côté se trouve la salle de l'Examen privé, remodelée en 1701 : plafond peint, portraits des anciens recteurs.

Du balcon qui longe l'extérieur du bâtiment, belle **vue★** sur la ville, l'ancienne cathédrale et les quartiers plus modernes proches du Mondego.

Chapelle★ – De style manuélin, cette chapelle au portail élégant est l'œuvre de Marcos Pires. Décorée d'azulejos du 17ᵉ s. et d'un plafond peint, elle abrite un beau **buffet d'orgue★★** du 18ᵉ s. Un petit **musée d'art sacré** est attenant à la chapelle.

Bibliothèque★★ – Édifiée par le roi Jean V en 1724, elle compte trois vastes salles dont le mobilier en bois précieux est rehaussé d'une somptueuse décoration baroque en bois doré.

Des motifs chinois dorés sont peints sur une laque de couleur différente selon la salle : vert, rouge et or. Les plafonds peints en trompe-l'œil sont dus à des artistes italianisants de Lisbonne. L'accès aux rayons supérieurs se fait par des échelles encastrées dans les rayonnages. 30 000 livres et 5 000 manuscrits y sont classés par matière.

Sortez de l'université et rejoignez la porte d'Almedina par la rua Dr Guilherme Moreira.

AUTOUR DE LA VIEILLE VILLE

Église de São Tiago

Cette petite église romane donne sur la vaste **praça do Comércio**, centre du quartier commerçant de la ville basse. D'intéressants chapiteaux ornent ses portails.

Monastère de Santa Cruz★

9h-12h, 14h-17h45. Sacristie, cloître et musée : 1€.
Bâti au 16ᵉ s. sur les ruines d'un couvent du 12ᵉ s., qui avait été fondé par Alphonse Henriques, ce monastère est précédé d'un portail Renaissance, œuvre de Nicolas Chanterene et Diogo de Castilho (1520), qui a malheureusement beaucoup souffert des intempéries et a été défiguré au 18ᵉ s.

Église★ – Son plafond manuélin est soutenu par des colonnes torsadées et des consoles (remarquer les clefs autour desquelles s'articule le rayonnement de la voûte), et ses murs sont ornés d'azulejos qui représentent la vie de saint Augustin. La **chaire★** Renaissance exécutée par Nicolas Chanterene compte parmi les chefs-d'œuvre de la sculpture. De chaque côté du maître-autel, deux enfeus contiennent les tombeaux des deux premiers rois du Portugal, Alphonse Henriques et Sanche Iᵉʳ ; ils sont encadrés et surmontés d'une riche décoration de fleurs, de statues, de médaillons datant de la fin du gothique et du début de la Renaissance. Par une porte au fond du chœur, on accède à la **sacristie** où sont conservés quatre tableaux portugais du début du 16ᵉ s. On traverse ensuite la **salle capitulaire** à la belle voûte manuéline et aux azulejos du 17ᵉ s.

Cloître du Silence★ – Œuvre de Marcos Pires (1524), c'est un modèle de style manuélin pur et dépouillé ; ses galeries sont décorées d'azulejos illustrant les paraboles de l'Évangile ; sur trois bas-reliefs figurent des scènes de la Passion empruntées à des gravures de Dürer.

Tribune – *Accès par la sacristie.* Située à l'entrée de l'église, elle renferme de jolies **stalles★** en bois sculpté et doré (16ᵉ s.), exécutées par des Flamands et le Français François Lorete ; leur couronnement est composé de sphères armillaires, de croix du Christ et de galions évoquant les voyages de Vasco de Gama.

Jardim da Sereia ou Parque de Santa Cruz

À l'Est de la Praça da República. On pénètre dans ce beau jardin romantique, créé au 18ᵉ s., entre deux tours surmontées d'arcs au décor végétal de mousse et de troncs d'arbres. Un escalier à plusieurs volées, agrémenté de bancs décorés d'azulejos anciens, conduit à une fontaine en forme de grotte, décorée de statues. Des tables de pique-nique, un lac entouré de massifs de buis taillés formant une sorte de labyrinthe, des arbres exotiques, offrent une halte de fraîcheur et de repos au milieu de l'agitation de la ville.

Casa Museu Bissaya-Barreto

Visite guidée (1/2h-1h) tlj sf lun. 15h-18h. Fermé lors des festivals et les w.-ends d'oct. à Pâques. 2,50€.
L'ancienne résidence du professeur Bissaya-Barreto (1886-1974), chirurgien, député et ami de Salazar, conserve sa décoration originale. Construite en 1925 dans un style néobaroque, elle est entourée d'un petit jardin romantique orné de statues et d'azulejos. L'intérieur révèle les goûts esthétiques de son ancien propriétaire : salon français du 19ᵉ s., azulejos de différentes époques, plafonds peints de fresques, porcelaines de la Compagnie des Indes, ou de Saxe, argenterie, marbres italiens, une intéressante bibliothèque renfermant des livres des 16ᵉ et 17ᵉ s., une collection de peintures placée sous le thème de la mère et de l'enfant (*Vierge à l'Enfant* de Josefa de Óbidos), et plusieurs toiles de José Malhoa, Sousa Pinto et António Vitorino.

Jardim Botânico

9h-17h30 (été 20h). 2€. Créé au 18e s. dans le cadre des réformes de Pombal, le **Jardin botanique** en terrasses présente une grande variété d'arbres rares.

Penedo da Saudade

Non loin du Jardin botanique, ce parc fleuri et boisé est un très agréable lieu de promenade offrant des vues sur la vallée du Mondego.

Couvent de Celas

À 700 m au Nord-Est de la Praça da República, par les rues Lourenço de Almeida Azeved, Augusta Rochaet ou Bernardo Albuquerque. Ouv. sur demande 15h-18h.
Cet ancien couvent de bernardines du 12e s. fut remanié au 16e s. L'église est voûtée en étoile. La sacristie, à droite du chœur, conserve d'un **retable★** de Jean de Rouen (16e s.) deux panneaux représentant l'un saint Jean l'Évangéliste, l'autre le partage du manteau de saint Martin. Le cloître, de style roman (13e s.), avec quelques éléments gothiques, a de jolis chapiteaux historiés.

SUR L'AUTRE RIVE DU MONDEGO

Couvent de Santa Clara-a-Velha

Fermé pour travaux. Les sables du Mondego ont peu à peu réduit à l'état de ruine cette belle église gothique qui reçut le corps d'Inès de Castro avant son transfert à Alcobaça *(voir ce nom).*

Couvent de Santa Clara-a-Nova

Visite du cloître et du chœur inférieur tlj sf lun. et dim. 9h-12h, 14h-17h. 1,50€.
L'église baroque de ce vaste couvent abrite, dans le chœur, le tombeau en argent (17e s.) de la reine sainte Isabelle, dont on voit la statue en bois sculptée par Teixeira Lopes.
Derrière les grilles de clôture, dans le chœur intérieur, on peut voir le **tombeau★** primitif de la reine (14e s.), en pierre d'Ança peinte, exécuté de son vivant. Le gisant, en habit de clarisse, garde les yeux ouverts. La frise qui parcourt le tombeau représente, d'un côté, des clarisses et leur évêque, de l'autre, le Christ et les Apôtres ; au pied, sainte Claire et deux effigies de saintes couronnées ; au chevet, la Crucifixion.

LA FÊTE DE LA REINE SAINTE

Les années paires, au début du mois de juillet, la ville fête sa sainte patronne, la reine Isabelle. Le jeudi soir, la statue de la sainte sort du couvent de Santa Clara-a-Nova. Transportée sur un brancard processionnel, elle traverse le pont, parcourt les rues de la ville jusqu'à l'église da Graça, où elle reste jusqu'au dimanche suivant, et retourne ensuite au couvent. Les rues sont envahies par une immense foule, et la statue met des heures pour parcourir quelques mètres. Certains font le chemin pieds nus ou agenouillés. Les plus jeunes sont déguisés en angelots, en roi Denis et reine Isabelle, pour commémorer le **miracle des Roses** : la reine, qui portait dans son giron du pain destiné aux pauvres, interrogée par le roi sur ce qu'elle transportait lui aurait répondu : « Ce sont des roses, mon seigneur... », et, ouvrant les pans de sa jupe, elle aurait laissé s'échapper quantité de pétales de roses. C'est pourquoi les habitants ont coutume de lancer sur la statue des pétales de rose de leurs fenêtres décorées de couvre-lits et de grands drapeaux colorés. À minuit, un grand feu d'artifice illumine le Mondego.

Portugal dos Pequeninos (Portugal des tout-petits)

De juin à mi-sept. : 9h-20h ; mars-mai : 10h-19h ; le reste de l'année : 10h-17h. 4€ (1€ pour la visite des musées) (-13 ans : 2€ et 0,50€ pour la visite des musées). ☎ 239 80 11 70.
Les monuments et les architectures traditionnelles du pays et des anciennes colonies d'outre-mer (Brésil, Angola, Mozambique, Goa, Macao, etc.) sont reproduits à l'échelle des enfants. L'une des maisons est aménagée en **musée de l'Enfant** (Museu da Criança). Pour les adultes, c'est le voyage de Gulliver chez les Lilliputiens.

Quinta das Lágrimas

Accès en longeant un practice de golf. 14h-17h. 0,75€.
D'après une légende née de quelques vers de Camoens, Inès de Castro aurait été assassinée en ces lieux, d'où le nom de « villa des Larmes ». En fait, il s'agit d'un petit parc romantique planté d'espèces exotiques, agrémenté d'une source et d'un bassin : un havre de paix dans la ville. La *quinta* dont il est question abrite désormais un hôtel de luxe.

Miradouro do Vale do Inferno

4 km. Sortez par ③ du plan et prenez une petite route à droite en direction de Vale do Inferno (forte montée ; à une bifurcation, prenez à droite).
De ce belvédère, beau **point de vue★** sur le site de Coimbra.

Arrêt sur la plage.

J.-Y. Grégoire/MICHELIN

excursions

Luso★ et la forêt de Buçaco★★ *(voir Buçaco)*
90 km – Environ une journée. Quittez Coimbra par ② du plan, N 17, et, après 27 km, prenez à gauche vers Penacova.
La route vallonnée offre de jolies vues sur la vallée du Mondego et le site perché de Penacova ; franchissez le Mondego à la hauteur de Penacova et prenez la N 235 jusqu'à Luso.

Ruines de Conímbriga★ *(voir ce nom)*
Circuit de 60 km – environ 2h1/2. Quittez Coimbra par ③ du plan, N 1. À 14 km, tournez à gauche vers Condeixa.

Penela
30 km au Sud de Coimbra par la N 110. Village commandé par un château fort des 11ᵉ et 12ᵉ s. ; du donjon, construit à même le rocher, **panorama★** sur le château, le village et la serra da Lousã, à l'Est. Au Sud du château, dans l'église Santa Eufémia, retable Renaissance de l'école de sculpture de Coimbra (Assomption surmontée d'une Trinité).

circuit

DE COIMBRA À L'OCÉAN
45 km (hors trajet retour) – comptez 1h
Quittez Coimbra au Nord par l'IC 2 sur 4 km, puis suivez la N 111 à l'Ouest sur 5 km, prenez à droite la N 234-1, en direction de Cantanhede, situé 19 km plus au Nord-Ouest.
Entre **Ançã** et Cantanhede *(10 km plus haut)*, on extrait le fameux calcaire blanc connu sous le nom de pierre d'Ançã. Aussi facile à travailler que le bois, prenant avec le temps une teinte ocrée, il fut très apprécié par les architectes et les sculpteurs de la région, principalement ceux de l'école de Coimbra.

Cantanhede
Gros bourg agricole, Cantanhede est un centre de commerce du vin, des céréales et du bois.

Église paroissiale – Elle abrite plusieurs œuvres (16ᵉ s.) attribuées à Jean de Rouen, en particulier : dans la deuxième chapelle à droite, le retable de la Vierge auxiliatrice et, dans la chapelle du St-Sacrement, à droite du chœur, deux tombeaux surmontés de statues.

Varziela
4 km de Cantanhede. Prenez la route de Mira et, à 2 km, tournez à gauche (panneau).
La chapelle renferme un **retable★** en pierre d'Ançã attribué à Jean de Rouen. Très minutieusement travaillé, il représente la Vierge auxiliatrice, entourée de deux anges et de dignitaires de l'Église et de la cour agenouillés.

Praia de Mira
17 km au Nord-Ouest de Cantanhede par les N 334 et 234. Sur cette portion du littoral s'étend à l'infini une vaste plage de sable, battue par les vagues et bordée de pinèdes dans les rares endroits qui ne sont pas construits. Le week-end et en été, la plage est noire de monde. Des scènes de pêche traditionnelle, telle qu'on la pratiquait autrefois à Nazaré, sont encore parfois visibles. En l'absence de port, les grosses barques de pêche colorées sont installées sur la plage. Pour aller jeter leurs filets au large, les pêcheurs font glisser leur embarcation sur des rondins et la poussent en s'arc-boutant contre la coque. Une fois la barque mise à l'eau, ils bondissent à l'intérieur et rament rapidement pour lui faire franchir le ressac. Au retour, la barque est ramenée sur la plage de nouveau à l'aide de rondins et d'un câble qu'enroule un tracteur ou un attelage de bœufs.

Ruines de **Conímbriga**★

Situées sur un éperon triangulaire limité par deux vallées encaissées et ravinées, les ruines romaines de Conímbriga, avec leurs mosaïques fort bien conservées, comptent parmi les plus belles de toute la péninsule Ibérique.

La situation
Carte Michelin n° 733 L 4 – District de Coimbra. À 14 km au Sud de Coimbra.
Vous pouvez poursuivre votre voyage en visitant : COIMBRA, FIGUEIRA DA FOZ, la serra da LOUSÃ.

comprendre

Dès l'âge du fer s'élevait là une cité celte. Mais les ruines que l'on voit actuellement sont celles d'une ville romaine qui, fondée au 1er s. de part et d'autre d'une voie importante reliant Lisbonne à Braga, connut une longue période de prospérité. Au 3e s. cependant, devant la menace des invasions barbares, les habitants construisirent un rempart, laissant en dehors une partie de la ville (dont ils utilisèrent cependant les matériaux pour édifier leur muraille). En dépit de ces mesures, Conímbriga tomba, en 468, aux mains des Suèves et la ville déclina au profit de l'actuelle Coimbra, dont le nom vient de Conímbriga.

visiter

Comptez 1h
De mi-mars à mi-sept. : 9h-20h ; mi-sept à mi-mars : 9h-18h. 3€, gratuit dim. et j. fériés (billet combiné avec la visite du musée). ☎ *239 94 11 77.*
Laissez la voiture devant le musée, prenez le chemin qui se dirige vers l'entrée des ruines et suivez l'itinéraire indiqué sur le plan.

Vestiges de la maison au Svastika.

H. Champollion/MICHELIN

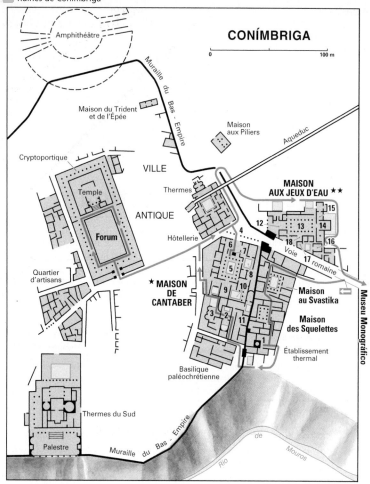

Traverser la **maison au Svastika** (motif en forme de croix gammée) et la **maison des Squelettes**, pavées de belles mosaïques.

On visite ensuite un établissement thermal avec un intéressant exemple de *laconicum* (genre de sauna) **(1)**.

Maison de Cantaber★

Cette demeure, l'une des plus grandes du monde occidental romain, aurait appartenu à un nommé Cantaber dont la femme et les enfants furent emmenés en captivité lors d'une attaque de la ville en 465 par les Suèves, envahisseurs germaniques.

On visite d'abord les thermes privés : le frigidarium **(2)** avec ses piscines pour bains froids, le tepidarium (bains tièdes) et le caldarium (bains chauds – **3**), installés sur un hypocauste (salle de chauffe) dont on aperçoit l'emplacement des foyers et le système souterrain de circulation d'air chaud ; quelques tuyauteries en plomb sont encore visibles.

On arrive ensuite devant l'entrée de la maison orientée vers le Nord : une colonnade **(4)** précédait l'atrium **(5)** ; en passant de l'atrium au péristyle central **(6)**, remarquez sur le sol une curieuse pierre **(7)** avec une rosace qui permet d'entrevoir l'égout. Autour de l'impluvium **(8)** qui se trouve à gauche du péristyle se distribuent des chambres à coucher. Du triclinium **(9)**, qui était à la fois un salon et une salle à manger, on voit trois bassins ; le plus intéressant **(10)** est bordé de colonnes dont une a gardé son revêtement primitif de peinture rouge. Prenant appui sur le rempart, un ensemble de trois pièces **(11)** retient l'attention par son joli bassin décoratif à plates-bandes en forme de croix.

Ville antique

Au Nord-Ouest de la maison de Cantaber, on a découvert le centre de la ville antique : le **forum**, une hôtellerie et des thermes, tandis qu'au Sud-Ouest les fouilles ont mis au jour un quartier d'artisans et des thermes monumentaux.

Aqueduc

Long de 3,5 km jusqu'à Alcabideque où l'eau était captée, il aboutissait à la tour de distribution près de l'arc (reconstitué) attenant à la muraille.

Maison aux Jeux d'eau★★

Une passerelle a été aménagée au Nord pour en faciliter la visite.
Cette villa, qui appartenait à un certain Rufus, date de la première moitié du 2e s., mais fut construite sur l'emplacement d'un édifice du 1er s. On en voit très clairement la disposition des pièces à partir des bases des colonnes et du pavement en grande partie constitué de magnifiques mosaïques. À l'intérieur, on reconnaît l'atrium **(12)** ou vestibule d'entrée, le péristyle **(13)** et le triclinium **(14)** ; celui-ci était bordé d'un bassin. Autour de ces pièces se répartissaient les locaux d'habitation et les communs. Leur sol est recouvert de **mosaïques**★★ d'une extraordinaire variété.
Dans une pièce à gauche du triclinium, une belle composition polychrome **(15)** représente des scènes de chasse, les quatre saisons et un quadrige.
Une autre des pièces **(16)** donnant sur l'impluvium présente une scène de chasse au cerf dont on admirera l'élégance des attitudes.
Le pavement d'une chambre à coucher (cubiculum – **17**) comprend des motifs géométriques et végétaux qui encadrent Silène chevauchant un âne tiré par la longe. À côté, un salon **(18)** s'ouvrant sur le péristyle est décoré d'une remarquable mosaïque : au centre d'une décoration représentant des échassiers, des dauphins et des dragons de mer, un centaure marin entouré de dauphins brandit un étendard et un poisson. Enfin, dans l'angle Sud-Ouest du péristyle, on remarquera Persée tenant dans sa main droite la tête de Méduse qu'il semble offrir à un monstre marin.
La maison longe un tronçon de la voie romaine que l'on reprend pour rejoindre le musée.

Museu Monográfico

De mi-mars à mi-sept. : tlj sf lun. 10h-20h ; le reste de l'année : tlj sf lun. 10h-18h.
Céramiques, sculptures, épigraphes, mosaïques et petits objets évoquent les conditions socio-économiques dans lesquelles vivaient les habitants de cette ville romaine du début de l'Empire romain à la fin du 6e s.

Vallée du **Douro**★★

Le cours inférieur du Douro, un des fleuves les plus importants de la péninsule Ibérique, traverse le Nord du Portugal d'Est en Ouest et débouche dans la ville de Porto pour se jeter dans l'Atlantique. Trois siècles de labeur et de passion pour la terre ont transformé les sols arides et rocheux en rangs de terrasses et de vignes. Le long des versants de cette vallée qui jouit d'un superbe climat méditerranéen, les vignes produisent le célèbre vin de Porto sur plus d'une centaine de kilomètres jusqu'à la frontière espagnole ; sans oublier les vins blancs et rouges, les eaux-de-vie, ainsi que les mousseux et les muscats. Quel bonheur de suivre le cours de l'eau ou de grimper sur les rives en voiture, au milieu des vignobles, des champs d'oliviers et des vergers. Les paysages sont ponctués de quintas (les maisons de domaines vinicoles), de solares (manoirs), de couvents, de petites églises romanes, gothiques ou même baroques. On pourra aussi serpenter en train le long de la rive ou respirer les parfums fluviaux lors d'une croisière nautique. Au début de l'automne, les vendanges constituent l'événement le plus important d'une région qui, par ailleurs, continue de célébrer ses traditions (romarias séculaires, artisanat rustique, gastronomie). Pour le meilleur ou pour le pire, il existe désormais une volonté politique et économique de faire de la vallée du Douro, en particulier autour des vignobles du porto, un grand pôle touristique du pays, à l'image de Lisbonne, de l'Algarve ou de Madère.

La situation

Carte Michelin n° 733, de I 5 à I 10, H 10 et H 11. Le Douro naît en Espagne, à 2 060 m d'altitude, dans la sierra de Urbión appartenant à la cordillère ibérique. Il serpente à travers la Meseta pendant près de 525 km. Puis, sur 112 km, il marque la frontière entre les deux pays dans une région accidentée, sa pente s'accentue et son lit se creuse entre de hautes parois granitiques.
En aval de Barca de Alva, il devient complètement portugais sur les 215 derniers kilomètres de son cours. Son profil s'adoucit alors, mais il reste prisonnier des granits et des schistes jusqu'à son estuaire que contrôle Porto. Le régime annuel du fleuve, tributaire des fortes pluies d'automne et d'hiver, est ici très irrégulier : aux étiages, surtout marqués en amont de Régua, s'opposent de fortes crues d'automne et d'hiver dans la région de Porto. **🚉** *R. da Ferreirinha, Peso da Régua,* **☎** *254 31 28 46.*

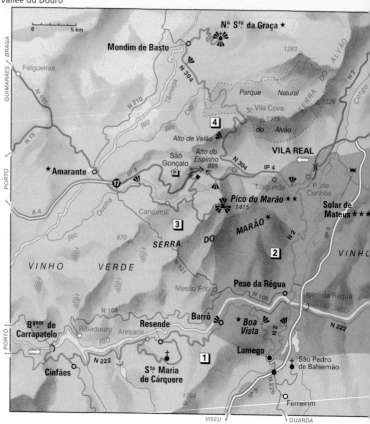

Vous pouvez poursuivre votre voyage en visitant : le Haut-Douro aux environs de MIRANDA DO DOURO, le Parque Arqueológico do VALE DO CÔA, le manoir de Mateus aux environs de VILA REAL.

carnet pratique

VISITE

Croisières fluviales – Une dizaine de compagnies de navigation se partagent le marché des croisières sur le Douro *(voir aussi le carnet pratique de Porto)*. Départs de Peso da Régua, où la plupart des compagnies sont représentées, avec une portion navigable principale entre Mesão et Tua. Des parcours beaucoup plus longs sont possibles (jusqu'à huit jours). Autres départs depuis Vila Nova de Gaia (juste en face de Porto) ou Barca de Alva (à la frontière espagnole).

Train touristique – *Voir encadré sur le train bucolique.*

ADRESSES UTILES

Internet – *Casa do Povo - largo da Estação, 57 (non loin de la gare) - Pinhão. Gratuit.*

Rota do Vinho do Porto – *R. dos Camilos, 90, Apartado 108 (2e étage) - Peso da Régua -* ☎ *254 32 01 45/6, Fax 254 32 01 49, www.rvp.pt.* Renseignements touristiques et pratiques sur la vallée du Douro, liste des quintas.

Instituto do Vinho do Porto – *R. dos Camilos, 90 - Peso da Régua -* ☎ *254 32 01 30.*

Instituto de Navegabilidade do Douro – *R. dos Camilos, 90 (2e étage) - Peso da Régua -* ☎ *254 32 00 21 - www.ind.pt*

Capitainerie – ☎ *223 38 96 59.*

HÉBERGEMENT

☜☜ **Casa da Torre** – *4640-403 Ribadouro -* ☎ *255 55 12 32 - casatorre@mail.pt -* 🖅 🏊 *- 8 ch. 60/70€* ☖*. Dans un site enchanteur d'une beauté rare et d'un calme absolu, quatre maisons d'hôte (une à trois chambres chacune) s'étagent sur la rive du Douro. Vue spectaculaire, piscine surplombant le fleuve, tonnelles couvertes de vigne pour conduire aux bâtiments : c'est l'idéal pour se ressourcer.*

PETITE PAUSE

A Casa – *Santa Leocadia - 4640-450 Baião -* ☎ *255 55 10 22.* Lorsque vous ferez la route de la vallée du Douro depuis Entre-os-Rios jusqu'à Peso da Régua, n'hésitez pas à vous arrêter dans ce petit bar ouvert au lieu-dit Santa Leocadia. On y tutoie les collines, et les vignes s'étendent à perte de vue en un magnifique panorama. L'étape s'impose !

comprendre

Une voie de navigation – À partir du 18ᵉ s., le Douro a joué un rôle important dans le développement de la région. Portant les « barcos rabelos », typiques embarcations à fond plat et à haute voile carrée conçues pour franchir les rapides, il assurait le transport des fruits et surtout du vin de Porto. Mais la création de routes carrossables et d'une voie ferrée suivant la vallée, de la frontière espagnole à hauteur de Cinfães, a mis un terme à cette activité.

Une réserve d'énergie – Dans les années 1960, on a tiré parti de la précieuse réserve d'énergie que représente pour le Portugal le bassin du Douro, favorisé, sous ce rapport, par l'imperméabilité des roches, le profil des cours d'eau et l'encaissement des vallées. Au total, ce sont une dizaine de grands barrages qui ont été alors dressés en quelques années sur le Douro, aussi bien sur son cours portugais que sur son cours international *(voir Miranda do Douro)*. Avec la quinzaine de barrages édifiés également sur les affluents, le bassin du Douro contribue à fournir une grande partie de l'énergie électrique consommée dans le pays.

En outre, les lacs de retenue ainsi formés permettent d'assurer l'irrigation des terres cultivables. Le système d'écluses dont sont pourvus les barrages a permis la reprise de la navigation sur le Douro, favorisant ainsi l'exploitation des nombreuses ressources du sous-sol (gisements d'étain et de wolfram au Nord de Miranda, de fer dans la serra do Reboredo près de Torre de Moncorvo, et à Vila Cova, dans la serra do Marão). Des dispositions ont été prises pour faciliter le passage des poissons migrateurs.

circuits

LE BAS-DOURO★

Du barrage de Carrapatelo à Lamego ①

62 km – environ 2h1/2

La basse vallée du fleuve, au voisinage de Porto, n'est pas le domaine du grand vin du même nom, mais ici débute la zone du *vinho verde* (vin vert), dont le cœur de la production se trouve cependant plus au Nord du pays, dans le Minho. Le porto proprement dit s'élabore beaucoup plus en amont du fleuve Douro, de Peso da Régua jusqu'à la frontière espagnole.

Le Douro, élargi par ses barrages successifs, coule encaissé entre les pentes de collines qu'il contourne en d'amples méandres. Les versants schisteux ou granitiques sont plus boisés rive droite et plus cultivés rive gauche, où les petits villages blancs semblent suspendus au milieu des vignes, oliveraies ou champs de maïs disposés en terrasses. Le tout compose avec le fleuve un paysage des plus riants, malgré les rappels de la civilisation industrielle que constituent la voie ferrée, le barrage de Carrapatelo, quelques usines, ainsi que les installations d'acheminement du charbon des mines de Pejão (rive gauche).

Deux routes sinueuses mais souvent pittoresques, parfois en corniche, parfois au ras de l'eau, épousent les rives du Douro entre Porto et Peso da Régua : la N 108 au Nord, la N 222 au Sud.

Barragem de Carrapatelo

Long de 170 m, c'est un barrage-poids qui comporte, rive gauche, une usine hydro-électrique et une écluse à poissons ; rive droite, l'écluse navigable longue de 90 m présente une dénivellation de 43 m.

Les fameux vignobles de la vallée du Douro.

H. Champollion/MICHELIN

Cinfães

Centre de commercialisation du *vinho verde*.

Continuez par la N 222 jusqu'à Anreade. Tournez à droite par la route d'Ovadas, au Sud. 5,5 km après, prenez à gauche.

Priorado de Santa Maria de Cárquere

Ne subsistent du **prieuré** que l'église et la chapelle funéraire des seigneurs de Resende, reliées par une arche monumentale. L'église, retouchée aux 13ᵉ, 14ᵉ, 16ᵉ et 17ᵉ s. (tour carrée à créneaux et chœur gothiques, façade et nef manuélines), a conservé un portail roman orné de colonnettes et de chapiteaux à entrelacs ; le chœur, sous croisée d'ogives, présente *(à gauche)* une porte à fronton aigu et à double cordon de billettes. La chapelle, percée d'une remarquable fenêtre romane aux chapiteaux sculptés de pélicans, abrite quatre sarcophages de pierre sculptés d'animaux (chèvres) et d'inscriptions.

De retour sur la N 222, tournez à droite au niveau de **Resende**, *un important centre viticole.*

Barrô

Jolie vue sur les versants boisés de la vallée ; l'église romane du 12ᵉ s. *(prenez le chemin à gauche à la sortie Est du village)* possède un tympan sculpté et une jolie rosace.

À 6 km, tournez à droite par la N 226.

Miradouro da Boa Vista★

Ce belvédère dispense une **vue** dominante sur le Douro et le versant Nord de sa vallée, zébré de vignes sur échalas et d'oliviers en terrasses ; quelques villages et *quintas* (propriétés) sont disséminés çà et là ; au bord du fleuve s'entassent les maisons blanches de Régua ; les sommets arides et grisâtres de la serra do Marão se découpent sur l'horizon.

Lamego *(voir ce nom)*

VIGNOBLE DU PORTO★★

Circuit au départ de Lamego ②

112 km – environ 3h

« Dieu créa la Terre et l'homme le Douro », dit un proverbe local. Il faut avoir vu les rives du Douro complètement sculptées en hauts gradins soutenant chacun quelques rangs de vigne pour comprendre l'immense travail réalisé par les hommes depuis des siècles.

Des vignes sont ainsi cultivées sur près de 40 000 ha répartis dans la « région délimitée du Douro ». Le spectacle est particulièrement fascinant de mi-septembre à mi-octobre, quand ces gradins deviennent le domaine de milliers de vendangeurs. Près de la moitié de la production est dévolue à l'appellation d'origine « porto » et c'est des meilleurs raisins, mûrissant au cœur de cette vallée où la température estivale atteint facilement 40 °C, que naît le précieux breuvage. Le reste est utilisé principalement pour la production des vins d'appellation « douro », forts délectables eux aussi.

Lamego *(voir ce nom)*
Par la N 2 qui franchit le Douro, puis s'élève au-dessus de la vallée du rio Corgo, gagnez Vila Real.

Vila Real *(voir ce nom)*
Quittez Vila Real par la N 322 à l'Est, en direction

Solar de Mateus★★★ *(voir Vila Real)*

Sabrosa
La ville natale de Magellan compte plusieurs demeu

Route★★ de Sabrosa à Pinhão
Quittant Sabrosa, la N 323 dégringole vers le Dou
encaissée du rio Pinhão, à gauche. Les pentes se strient
vigne parmi lesquelles surgissent les propriétés *(quintas*
révèle une belle **vue★** d'ensemble sur le méandre du Do
dernier avec le rio Pinhão.

Pinhão
Joli bourg et important centre viticole, Pinhão est situé au confluent du rio Pinhão et du Douro. D'ici, le vin partait en bateau ou en train depuis la **gare** ornée de 25 panneaux d'azulejos illustrant les sites et les costumes traditionnels de la vallée. Aujourd'hui, le vin est acheminé par camion. Près de la rivière s'alignent des cuves blanches.

Pour ceux qui ont le temps, une excursion jusqu'à la bourgade de plateau de **São João da Pesqueira** *(retraverser le fleuve et faire 18 km de route en lacet par la N 222 à l'Est)* permet de découvrir d'autres paysages de vignobles en terrasses dans la vallée du rio Torto. La place principale de São João da Pesqueira s'orne d'une chapelle, d'arcades et de maisons blanches à balcons. Le petit **musée Eduardo Tavares** a ouvert ses portes en 2003 ; il compte une salle où sont exposées les œuvres de ce sculpteur du crû, une salle consacrée à l'archéologie locale, ainsi qu'une petite bibliothèque sur la région du Douro.

À partir de Pinhão, la route *(N 222)* suit le fond de la vallée entre des versants schisteux aménagés en terrasses que soutiennent des murettes : la vigne revêt ici l'aspect d'une véritable monoculture.

Peso da Régua
Au confluent du Corgo et du Douro, ce centre économique régional sans grand charme organise l'expédition par train des vins du « Haut-Douro » à destination de Porto. Porte du vignoble, il est le siège des deux puissants organismes qui réglementent le porto : la Casa do Douro et l'Institut du vin de Porto, où l'on peut obtenir des renseignements sur la « **route du Vin de Porto** » *(voir Rota do Vinho do Porto dans le carnet pratique)*.

Peso da Régua mise sur le développement du tourisme régional, mais les constructions récentes gâchent quelque peu le paysage et la route des berges est bruyante et encombrée. C'est le point de départ de promenades en bateau sur le fleuve, le long des célèbres vignes et des beaux paysages du Douro.

Pour rejoindre Lamego par la route, prenez la N 2 vers le Sud. La route s'élève dans un paysage d'une agréable fraîcheur ; de l'un des tournants s'offre une belle **échappée** (autel de la Vierge) sur le site étagé de Peso da Régua.

UN PETIT TRAIN BUCOLIQUE
Au départ de la gare de Peso da Régua (Av. 5 de Outubro), un charmant petit train à vapeur du début du 20ᵉ s., roulant à la vitesse décoiffante de 30 km/h, a été remis en circulation. Il parcourt deux tronçons distincts.
Ligne du Corgo – Il relie Régua à Vila Real, 25 km plus au Nord, en serpentant, sur une seule voie très escarpée, au milieu des vignobles du vin de Porto et du rosé de Mateus. Un parcours enchanteur de 50mn environ. cinq départs par jour (quatre le samedi, trois le dimanche).
Ligne du Douro – Sur une autre portion, partant de Régua, il longe les berges du Douro vers l'amont en remontant jusqu'à Pinhão (25 km, 50mn. env.) et Tua (38 km, 1h30 env.). Informations et réservation : Spidouro, ☎ 259 30 98 18, fax 259 30 98 19. Tlj 9h-23h.

LA SERRA DO MARÃO★ *Voir circuits aux environs de VILA REAL.*

De Vila Real à Amarante ③

De Vila Real à Mondim de Basto ④

Elvas★

À ... kilomètres de la citadelle espagnole de Badajoz, Elvas est une ... te place forte encore entourée de ses remparts. Occupée par les ...s jusqu'en 1226, elle résista par la suite victorieusement à maintes ...taques espagnoles, mais fut investie en 1580 par les troupes de Philippe II. Gros centre agricole – ses prunes confites sont appréciées des gourmets et son commerce de produits textiles (coton) attire de nombreux visiteurs du pays voisin –, la ville ne manque pas de charme, notamment dans les ruelles de son vieux quartier populaire, où il fait bon flâner.

La situation
23 025 habitants. Carte Michelin n° 733 P 8 – District de Portalegre. Elvas est situé à une dizaine de kilomètres de la frontière espagnole. ◪ *Praça da República, 7350-126, ☎ 268 62 22 36.*

Vous pouvez poursuivre votre voyage en visitant : VILA VIÇOSA, ESTREMOZ.

se promener

Le tour des remparts★★
Pour bien sentir la puissance du système défensif d'Elvas, faites le tour des remparts *(5 km).*

Exemple le plus accompli de l'architecture militaire portugaise au 17e s., les fortifications d'Elvas, dont les sombres merlons bien appareillés contrastent avec les façades blanches des maisons qu'elles protègent, ont été édifiées selon les techniques de Vauban. Avec leurs portes fortifiées, leurs fossés, leurs courtines, leurs bastions et leurs glacis, elles forment un ensemble défensif remarquable, que complètent, au Sud, le fort de Santa Luzia (17e s.) et, au Nord, celui de Graça (18e s.), perchés sur deux collines.

> #### LA GUERRE DES ORANGES
> En février 1801, l'Espagne, sous la pression du consul Bonaparte, envoie un ultimatum au Portugal, le sommant de mettre un terme à l'alliance avec l'Angleterre et de fermer ses ports à tout navire anglais. Devant le refus du Portugal, l'Espagne lui déclare la guerre et ses troupes dirigées par Godoy, le favori de la reine, envahissent l'Alentejo. Olivença se rend sans offrir aucune résistance. À l'annonce de cette nouvelle, Godoy, qui vient d'entreprendre le siège d'Elvas, envoie comme trophée à Marie-Louise d'Espagne deux rameaux d'oranger cueillis par ses soldats au pied des remparts de la ville. Le fait amuse les Madrilènes à qui la guerre devra son surnom. Malgré la résistance d'Elvas et de Campo Major, la paix, signée en septembre à Badajoz, retire au Portugal Olivença et son territoire et l'oblige à interdire ses ports aux Anglais.

Aqueduc de Amoreira★
Bâti de 1498 à 1622, sur les plans de Francisco de Arruda, il s'étend sur 7,5 km au Sud-Ouest de la ville, qu'il alimente encore en eau.

Pénétrez à l'intérieur des remparts par le Sud jusqu'à la rua da Cidadela ; passez à gauche sous l'arco do Relógio (16e s.) qui donne accès à la praça da República.

Praça da República
Limitée au Sud par l'ancien hôtel de ville et au Nord par l'ancienne cathédrale, elle forme une mosaïque de pavés de basalte, de marbre et de grès géométriquement ordonnés.

> **Petit train touristique** – Circuit historique de la ville (1h). Départs de la praça da República : lun.-ven. toutes les heures 17h-20h ; w.-end et j. fériés toutes les heures 9h-12h, 17h-20h. 1,50€.

Sé (cathédrale)
D'origine gothique, la cathédrale a été réédifiée au 16e s. dans le style manuélin par Francisco de Arruda, ainsi qu'en témoignent le clocher et les deux portails latéraux.

L'intérieur, dont les piliers ont été décorés à l'époque manuéline, abrite un chœur (18e s.) entièrement plaqué de marbre.

À droite de la cathédrale, prenez la rue qui mène au largo de Santa Clara.

Largo de Santa Clara★
C'est une pittoresque placette triangulaire bordée de maisons à grilles en fer forgé et façades écussonnées ; une porte arabe flanquée de deux tours et surmontée d'une loggia constitue un vestige de l'enceinte primitive (10e s.). Au centre de la place, le pittoresque **pilori★** (16e s.) en marbre a conservé ses quatre crochets de fer fixés au chapiteau.

Église Nossa Senhora da Consolação★

Située au Sud du largo de Santa Clara, elle a été construite au 16ᵉ s. dans le style Renaissance. C'est un édifice octogonal dont l'intérieur, surmonté d'une coupole s'appuyant sur huit colonnes peintes, est complètement revêtu de beaux **azulejos**★ polychromes du 17ᵉ s. La chaire, soutenue par une colonne de marbre, présente un appui en fer forgé du 16ᵉ s.

Passez sous l'arc arabe et remontez la rue qui conduit au largo da Alcáçova où prendre à gauche, puis à droite une ruelle étroite et fleurie qui aboutit au château.

Château

9h30-17h30. Fermé 1ᵉʳ janv., 1ᵉʳ mai et 25 déc. 1,30€, gratuit dim. et j. fériés 9h30-14h.

Il a été construit par les Maures et consolidé aux 14ᵉ et 16ᵉ s. Le donjon (15ᵉ s.) en occupe l'angle Nord-Ouest. Du haut des remparts, panorama sur la ville entourée de fortifications et sur les alentours piquetés d'oliviers.

C. Champagnon/MICHELIN

Le pilori du largo de Santa Clara.

Serra da **Estrela**★

Massif le plus élevé du pays, la serra da Estrela, barrière montagneuse longue de 60 km et large de 30 km, abrite un parc naturel protégé de plus de 100 000 ha. Au-dessus de ses versants cultivés et boisés, les sommets apparaissent arides et hérissés de blocs rocheux. Cieux limpides, lacs miroitants, magnifiques panoramas, autant d'arguments expliquant que le tourisme se soit développé dans cette région autrefois isolée. Elle attire des skieurs en hiver (Penhas da Saúde est devenu une station de sports d'hiver) ; en été, campeurs, randonneurs et pique-niqueurs profitent de la fraîcheur d'altitude et de la beauté des paysages. Covilhã, Seia, Gouveia et Manteigas, bourgades situées au contact de la plaine, sont des centres d'excursions en montagne. Attention, en hiver, et souvent jusqu'en avril, certaines routes sont fermées à cause de l'enneigement.

La situation

Carte Michelin nº 733 K 6 et K 7, L 6 et L 7. Districts de Beira Baixa et de Beira Alta. La serra da Estrela s'étend au Sud-Est de Viseu, au Sud-Ouest de Guarda et à l'Est de Coimbra. Le mont Torre (1 993 m) est son point culminant. **🄴** *R. Dr Esteves de Carvalho, 2, Manteigas, ☎ 275 98 11 29 ; Av. dos Bombeiros Voluntários, Gouveia, ☎ 238 49 21 85 ; R. Pintor Lucas Marrão, Seia, ☎ 238 31 77 62. Parque Natural da Serra da Estrela (principal centre d'information sur le parc proposant guides, cartes, itinéraires balisés et documentation variée), r. 1º de Maio, 2, Manteigas, ☎ 275 98 00 60, www.rt-serradaestrela.pt*

Vous pouvez poursuivre votre voyage en visitant : COIMBRA, les places fortes aux environs de GUARDA.

comprendre

La serra d'Estrela est un bloc granitique qui prolonge, vers le Sud-Ouest, la cordillère centrale espagnole. Elle est limitée au Nord et au Sud par deux escarpements de failles qui dominent de plusieurs centaines de mètres les vallées du Mondego et du Zêzere. Vers l'Ouest, elle se termine en abrupt au-dessus des croupes schisteuses de la serra da Lousã. Si l'on excepte la profonde entaille de la haute vallée glaciaire du Zêzere, le relief est assez uniforme, la plupart des sommets atteignant 1 500 m. Le boisement (pins, chênes) disparaît vers 1 300 m d'altitude pour laisser place à une herbe rase, à quelques fleurs et aux rochers. Seuls les fonds de vallées sont cultivés (maïs, seigle). Sur les sommets, qui reçoivent plus de 2 m de pluie et de neige par an, les gelées durent neuf mois, et les étés sont en général chauds et très secs.

Autrefois, seuls quelques bergers prati-
quant la transhumance hantaient ces
lieux. De nos jours, des troupeaux de
moutons et de chèvres venus de la vallée du Mondego estivent encore dans la
montagne, ce qui permet le développement de l'industrie lainière à Covilhã et
Fundão, et la fabrication, en hiver, d'un
délicieux fromage, le *queijo da serra* (fromage de la montagne), préparé avec un
mélange de laits de brebis et de chèvre.

> ### LE CHIEN SERRA DA ESTRELA
>
> Cette race autochtone, parmi les plus anciennes
> de la péninsule Ibérique, a partagé pendant des
> siècles la vie des bergers de la montagne, en leur
> tenant compagnie et en protégeant leurs trou-
> peaux. Ce sont des animaux assez corpulents mais
> agiles, affectueux et courageux. Leur poil aux tons
> jaunes est ras (variété plus rare) ou, plus souvent,
> long avec deux couches qui les protègent du froid.
> Leur mâchoire puissante et leurs dents acérées leur
> permettaient de vaincre les loups.

circuits

LA ROUTE DU MONT TORRE★★ de Covilhã à Seia ①

49 km – environ 2h.

Cet itinéraire emprunte la route la plus élevée du Portugal *(souvent interdite à la circulation jusqu'à fin avril en raison de l'enneigement).*

Covilhã

Étalé sur les premières pentes boisées du flanc Sud de la serra, au contact de la riche vallée du Zêzere, appelé Cova da Beira, Covilhã est une station climatique, un centre d'excursions qui dessert la station de sports d'hiver de **Penhas da Saúde** et une localité animée grâce à la présence des étudiants de son université. Il est également connu pour son fameux fromage, le *queijo da serra* ; enfin, cette petite ville industrielle produit les deux tiers des lainages du Portugal, dont vous pourrez voir certaines fabriques en ville, près de la rivière.

Museu de Lanifícios – *Tlj sf lun. 9h-12h, 14h30-18h. Fermé 1er janv., 1er mai et 25 déc.* 2€.

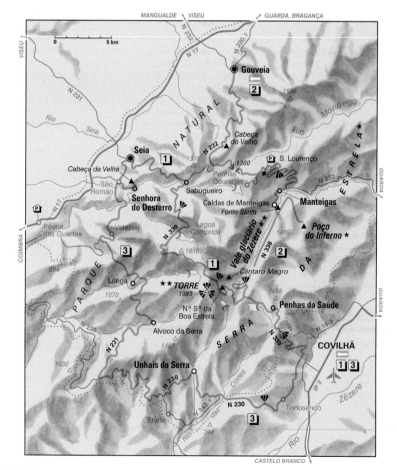

Intégré dans les bâtiments de l'université de la Beira Interior, cet intéressant musée a été aménagé dans l'ancienne Fabrique royale des étoffes, construite à la demande du marquis de Pombal en 1763. Sa restauration a permis de mettre au jour ses structures primitives. La visite invite à suivre, dans une succession de salles, tout le processus de fabrication des étoffes. Des objets, des machines et des ustensiles liés à cette activité (rouets, cannetières, métiers à tisser manuels, machines à vapeur) y sont exposés.

À la sortie de Covilhã, la route s'élève rapidement parmi les pins et les chênes qui disparaissent bientôt tandis que les vues prennent de l'ampleur.

Vous parvenez à **Penhas da Saúde**, station de sports d'hiver et villégiature d'été. Puis le paysage devient plus accidenté ; quelques lacs de barrage, ou d'origine glaciaire, sont disséminés çà et là dans les anfractuosités.

Laissez à droite la route de Manteigas, décrite ci-dessous.

Après un replat correspondant à la haute vallée d'un affluent du Zêzere, de nombreux blocs de granit tailladés par l'érosion donnent au **paysage★** un aspect ruiniforme ; dans un abri creusé dans la roche, à droite de la route *(on peut stationner)*, se dresse la statue de Nossa Senhora da Boa Estrela, sculptée dans les années 1940 ; une fête religieuse s'y déroule chaque année le deuxième dimanche d'août.

Peu avant le sommet, d'un belvédère aménagé dans un virage à gauche, on a une **vue★** intéressante sur un lac de barrage et la haute vallée glaciaire du Zêzere dont la source est cachée par un cône de granit de 300 m de hauteur, appelé « la cruche fine » (Cântaro Magro) et débité par le gel en blocs réguliers.

Tournez à gauche dans la route d'accès au sommet du Torre.

Torre★★

Le point culminant (1 993 m) du Portugal, à sommet plat d'entablement glaciaire, se dresse dans un paysage dénudé, à l'herbe rare. Des constructions diverses (dont des radars) y sont installées. Du centre, marqué par un socle portant une croix, se révèle un immense **panorama** sur le moutonnement de reliefs des serras da Estrela et da Lousã, et sur les vallées du Zêzere et du Mondego.

La route serpente ensuite sur la crête parmi les rochers, les mousses et les lacs.

Retenu par un barrage qui borde la route, le « lac Long » (**lagoa Comprida**), aux eaux d'un bleu profond, est le plus vaste de la serra. La descente sur la vallée du Mondego, où se mêlent cultures et villages, est très rapide ; les **vues★★** sont magnifiques.

Après **Sabugueiro**, village aux maisons de granit où l'on peut acheter des articles en pure laine (couvertures, pulls) et en cuir, ainsi que du fromage de la montagne, l'altitude décroît très vite : les arbres réapparaissent.

> **HÉBERGEMENT**
>
> ⊜⊜ **Camelo** – *Av. 1º de Maio, 16 - 6270-479 Seia -* ☎ *238 31 01 00 -* hotelcamelo@mail.telepac.pt - **P** *- 79 ch. 67€* ⊡ *- restaurant. En plein centre-ville, cet hôtel moderne de standing propose des chambres spacieuses et confortables, avec balcon. Le cadre un peu impersonnel est compensé par un service impeccable et par une large gamme de prestations (belle piscine, tennis, jardin, billard, espaces pour enfants…). Possibilité de tarifs dégressifs.*

Seia

Bourgade située au pied de la serra, elle constitue un point de départ pour les randonnées dans la montagne. *Pour tous renseignements, brochures et itinéraires de randonnées, adressez-vous au Posto de Turismo,* ☎ *238 31 77 62.*

LA HAUTE VALLÉE DU ZÊZERE★★
de Gouveia à Covilhã par Manteigas ② 77 km – environ 2h1/2

Cet itinéraire traverse le massif en empruntant la haute vallée du Zêzere au départ de **Gouveia**, petite ville bâtie à mi-pente en bordure de la vallée du Mondego.

Les hauts plateaux parsemés de rochers sont atteints très rapidement ; quelques boules de granit façonnées par l'érosion prennent parfois des formes étonnantes, comme la **Cabeça do Velho** (Tête de Vieillard) qui se dresse sur un amas rocheux à gauche de la route. Le Mondego, le plus long des fleuves entièrement portugais, prend sa source *(signalée)* à 1 360 m d'altitude. La route passe le long de la pousada de São Lourenço d'où s'offre un beau point de vue sur Manteigas et la vallée du Zêzere en face. C'est ensuite la descente brutale en lacet sur la haute vallée du Zêzere ; un belvédère aménagé offre bientôt une **vue★** d'enfilade sur l'amont de la vallée que contrôle **Manteigas**, village de montagne aux maisons du 17e s. avec balcons de bois.

À Manteigas, laissez la N 232 et tournez à droite.

Peu après la petite station thermale de **Caldas de Manteigas**, remarquez, en bordure de la route, le **vivier** *(posto aquícola)* de **Fonte Santa**. *9h-12h, 13h-17h.*

On trouve encore quelques bergeries, puis la solitude montagnarde s'installe ; des cultures en terrasses s'étagent cependant sur les pentes inférieures.

La vallée glaciaire du Zêzere.

Passé le pont sur le Zêzere, la route remonte le cours du torrent et vient buter contre la paroi de sa vallée glaciaire *(ci-dessous)*, qu'elle escalade ensuite.
Prenez à gauche une petite route non revêtue vers « Poço do Inferno » (6 km).

Poço do Inferno★
La route offre de belles échappées sur le site de Manteigas ; le **Puits de l'Enfer** est un défilé sauvage mais boisé qu'agrémente une belle **cascade★**.

Vallée glaciaire du Zêzere★★
Parfait spécimen du relief glaciaire, la vallée du Zêzere en présente toutes les caractéristiques : profil en auge – et donc versants abrupts –, vallées affluentes « suspendues » et gorges de raccordement, cirque à l'extrémité amont ; cascades, énormes blocs erratiques, végétation rabougrie.
À mi-parcours de cette section rectiligne apparaissent les dentelures qui en face et à droite cernent le cirque glaciaire : la dent du Cântaro Magro et la pyramide du Torre.
La route s'infléchit à l'Ouest et passe à proximité de la source du Zêzere – signalée « Cântaros » – *(invisible de la route mais que l'on peut gagner à pied parmi de gigantesques rochers)*. Un peu plus loin, à hauteur d'une fontaine, admirez la belle **vue★** sur la vallée glaciaire. Au col terminal, ensellement de cuvette glaciaire, on atteint la bifurcation de la N 339.
Prenez, à gauche, la N 339 vers Covilhã.

Covilhã *(voir ci-dessus)*

LE « QUEIJO DA SERRA »
Le fromage de brebis d'appellation « serra da Estrela » est le plus réputé du Portugal. Le meilleur est toujours fabriqué à la main, pendant les mois froids, à partir de lait filtré avec une infusion de chardon, qui favorise le caillage. Il est ensuite déposé sur des faisselles qui lui donnent sa forme et pressé délicatement plusieurs fois afin d'acquérir une certaine consistance. Après quarante jours, sa pâte est devenue semi-molle et il est prêt à être consommé. Chaque fromage pèse de un à deux kilos. D'un goût très fin, il peut être mangé à la cuiller ou en tranches, accompagné du pain de maïs de la région ou de *marmelada* de coing ou de potiron. On peut l'acheter dans les villages ou les nombreuses fromageries de la serra (Arcozelo da Serra, Folgozinho, São Romão, Celorico da Beira, Linhares). À Celorico da Beira, des foires au « fromage de la montagne » ont lieu un vendredi sur deux.

LE VERSANT OUEST★ de Covilhã à Seia par Unhais da Serra ③
81 km – environ 2h
Cet itinéraire contourne la serra par l'Ouest en empruntant un tracé qui évolue à une altitude pratiquement constante (600-700 m) ; la route offre continuellement des vues intéressantes à gauche, d'abord sur la vallée du Zêzere et la serra da Gardunha, ensuite sur les moutonnements schisteux de la serra da Lousã, enfin sur la vallée du Mondego.

Covilhã *(voir ci-dessus)*
Quittez Covilhã au Sud par la N 230.
Après Tortosendo, les sommets de la serra da Estrela se profilent à droite.
Vous parvenez à **Unhais da Serra**, petite station thermale et climatique occupant un très joli **site★** au sortir d'une vallée torrentielle.

Les villages sont accrochés à mi-hauteur sur les versants, comme **Alvoco da Serra**, ou bien perchés sur un éperon dans la vallée même comme **Loriga** ; chaque fond de vallée est mis en valeur par des cultures en terrasses (maïs) aux courbes régulières.

À São Romão, tournez à droite vers Senhora do Desterro.
La route remonte la vallée de l'Alva jusqu'à Senhora do Desterro.

Senhora do Desterro
Laissez la voiture et prenez à gauche le chemin, taillé dans le roc, qui conduit *(1/4h à pied AR)* à la Cabeça da Velha (Tête de la Vieille), rocher granitique sculpté par l'érosion.
Revenez à la route qui mène à Seia.

Seia *(voir plus haut)*

alentours

Oliveira do Hospital
À 21 km au Sud-Ouest de Seia par la N 231 (sur 2,5 km) puis à gauche par la N 17 (sur 17 km), puis route à droite.
Quelques collines couvertes de vignes, d'oliviers et de pins encadre ce bourg dont le nom rappelle la vieille appartenance (12e s.) à l'ordre des Hospitaliers de St-Jean-de-Jérusalem *(voir Leça do Balio)*.
Église paroissiale★ – *9h-18h.* Romane à l'origine, elle a été reconstruite à l'époque baroque, comme l'attestent son clocher en spirale et sa façade à pignon, volutes et balcon encadré de statues. L'intérieur, avec joli plafond peint en trompe-l'œil, abrite la chapelle funéraire des Ferreiros (13e s.) où se trouvent les tombeaux (fin 13e s.) de Domingos Joanes et de son épouse ; leurs gisants, sculptés dans la pierre d'Ança *(voir p. 162)*, reflètent déjà par leur délicatesse l'évolution du roman vers le gothique. Une **statue★** équestre d'un chevalier (14e s.) semblable à celle du musée Machado de Castro à Coimbra est fixée au mur au-dessus des tombeaux. Un beau **retable★** (14e s.) en pierre polychrome représente la Vierge à l'Enfant entre ses parents, saint Joachim et sainte Anne.

Église de Lourosa
10 km au Sud-Ouest de Oliveira do Hospital par la N 230, la N 17 et une route à gauche.
Cette église préromane (édifiée vers 950) basse et trapue, de plan basilical, est précédée d'un porche. L'intérieur est typiquement mozarabe par ses arcs outrepassés le divisant en trois nefs et reposant sur de courts piliers ronds (anciennes colonnes romaines), et par les élégantes petites fenêtres géminées perçant chaque pignon de la nef centrale. Un linteau roman primitif est visible dans le faux bras droit du transept. Des fouilles ont mis au jour les vestiges d'un baptistère et de nombreuses sépultures. Près de l'église, campanile du 15e s. et pilori manuélin.

Estremoz★

En arrivant par le Sud, vous découvrirez la vieille ville perchée sur la colline au-dessus de la ville moderne, toute blanche. Dans une région où abondent les carrières de marbre, Estremoz est une plaisante cité encore entourée de remparts à la Vauban et dominée par un château médiéval. Sur la place centrale (Rossio) de cet important centre potier, célèbre depuis le 16e s., vous flânerez entre les pittoresques étalages de poteries le samedi matin.

La situation
15 657 habitants. Carte Michelin n° 733 P 7 – District d'Évora. Estremoz se trouve à 46 km au Nord-Est d'Évora et à 70 km à l'Ouest de Badajoz (Espagne). **B** *Largo da República, 26, 7100-505,* ☎ *268 33 35 41.*
Vous pouvez poursuivre votre voyage en visitant : ELVAS, ÉVORA, VILA VIÇOSA, MONSARAZ.

comprendre

Les poteries et figurines d'Estremoz – Outre les *bilhas*, cruches à col large, et les *barris*, à col étroit, on fabrique ici des poteries particulièrement décoratives, destinées à garder l'eau fraîche ou à la servir à table. Les *moringues*, pourvues d'une anse et de deux becs, les *púcaros dos reis* (vases des rois), dont le nom rappelle la faveur dont ils jouissaient à la cour, sont des poteries mates, ornées de motifs géométriques ou de feuillages stylisés, polis ou gravés et incrustés d'éclats de marbre blanc. On y colle parfois des rameaux de chêne, selon un procédé plus récent, mais moins élégant. Les *fidalgos* sont de grands vases pansus, vernis, agrémentés de petits bouquets.

Estremoz est également célèbre pour ses figurines naïves en terre et de couleurs vives : les personnages religieux (santons, saints) ou profanes (paysans accomplissant leurs tâches quotidiennes, personnages satiriques), les animaux sont reproduits d'après des modèles anciens dont le réalisme et le pittoresque ont gardé toute leur saveur.

se promener

LA VILLE HAUTE★ *1h*

Prenez, sur le Rossio, une ruelle en montée à droite du pilori ; une porte du 14ᵉ s. marque l'entrée de la vieille ville aux maisons gothiques et manuélines.

Donjon

Il abrite aujourd'hui la pousada Rainha Santa Isabel, l'une des plus fameuses du Portugal. Bâti au 13ᵉ s., il est couronné de petits merlons pyramidaux et flanqué dans sa partie haute de balcons et de consoles *(pour y monter, pénétrez dans la pousada)*. Au 2ᵉ étage, une belle salle octogonale est éclairée par des fenêtres trilobées. Du sommet, vue circulaire sur la ville et l'Alentejo, où pointent au Sud les hauteurs de la serra de Ossa.

Capela da Rainha Santa Isabel

Contournez sur la gauche le donjon et le palais du roi Denis et franchissez une très belle grille ancienne. Tlj sf lun. 9h30-11h30, 14h-17h. Fermé j. fériés. En cas de fermeture de la chapelle, adressez-vous à la Galeria de Desenho, largo D. Dinis.

Les murs sont recouverts de beaux azulejos représentant des scènes de la **vie de la reine sainte Isabelle d'Aragon**, épouse du roi Denis. Remarquez la scène du miracle des Roses : surprise par le roi alors qu'elle portait du pain aux pauvres, la reine, pour dissiper les soupçons de son mari, dut ouvrir les plis de sa robe où n'apparurent que des roses.

R. Mattes/MICHELIN

Les carrières de marbre autour d'Estremoz.

Église de Santa Maria

16ᵉ s. De plan carré, cette église, qui faisait partie de l'ancienne citadelle, abrite quelques tableaux de primitifs portugais, notamment dans la sacristie qu'agrémente un joli lavabo en marbre.

Salle d'audience du roi Denis

Une belle **colonnade gothique★** en marbre caractérise cet ensemble aux voûtes en étoile, refaites à l'époque manuéline. La reine sainte Isabelle y mourut en 1336 et le roi Pierre Iᵉʳ en 1367.

Musée municipal

Tlj sf lun. 9h-12h30, 14h-17h30. Fermé j. fériés. 1,03€, gratuit sam. Dans une belle maison en face du donjon, ce musée rassemble des poteries et des santons d'Estremoz, de l'art religieux, des reconstitutions d'intérieurs traditionnels, etc. Dans la petite cour du musée, on peut voir des artisans à l'œuvre et acheter certaines de ces pièces typiques.

LA VILLE BASSE *1h1/2*

Une porte dans les remparts du 17ᵉ s. donne accès à la ville moderne.

Musée rural

Au n⁰ 62 b de la place principale. Tlj sf lun. et dim. 10h-12h30, 14h-17h30. Fermé j. fériés. 1€. Cet intéressant petit musée retrace, sous forme de maquettes de produits de l'artisanat et de costumes régionaux, les scènes de la vie alentejane.

Centro Ciência Viva

Sur la place principale. Mar-ven. 10h-18h ; w.-end 11h-19h. Fermé lun. 5€ (enf., étudiants et enseignants 2,50€). Un des pôles de l'université d'Évora est installé dans l'ancien **convento das Maltezas★** (couvent des Maltaises), superbe édifice du 16ᵉ s., dont le cloître abrite des fresques des 16ᵉ-17ᵉ s. ainsi qu'une singulière fontaine sphérique. Le couvent, récemment rénové, accueille depuis fin 2003 un **musée interactif de géologie**. Les expériences et les thèmes présentés de façon très didactique s'adressent aussi bien aux jeunes qu'aux adultes.

Église Nossa Senhora dos Mártires

2 km au Sud (route de Bencatel). Église datée de 1744 et présentant un monumental chevet gothique. Dans la nef, dont l'entrée se signale par un arc triomphal manuélin, beaux azulejos (Fuite en Égypte, Cène, Annonciation), ainsi que dans le chœur (Nativité, Présentation au Temple).

alentours

Avis

52 km au Nord-Ouest d'Estremoz par la N 245 et la N 243. Dans la traversée monotone de l'Alentejo, où prédominent les chênes-lièges et les oliviers, Avis, qui a gardé des vestiges de fortifications, domine le confluent des rivières de Seda et d'Avis, noyées par la retenue qui alimente la centrale hydroélectrique de Maranhão située 15 km en aval. La N 243, au Sud, offre la meilleure **vue★** sur le site.

Outre les remparts, quelques tours médiévales et l'église du couvent de São Bento, reconstruite au 17ᵉ s., témoignent du brillant passé de la cité. Avis est en effet le berceau d'une dynastie qui régna sur le Portugal à partir de 1385, lorsque Jean, grand maître de l'ordre d'Avis, fut sacré roi sous le nom de **Jean Iᵉʳ**. Cette dynastie s'éteignit à la mort d'Henri Iᵉʳ en 1580.

L'ORDRE D'AVIS

C'est à Avis que s'installa, au début du 13ᵉ s., l'ordre militaire fondé en 1147 par Alphonse Henriques pour combattre les Maures. Cet ordre de chevalerie, le plus ancien d'Europe, reçut plusieurs désignations et obéit à plusieurs règles avant de devenir l'ordre de St-Benoît d'Avis. Il rayonna dans le bassin du Tage jusqu'en 1789.

Évora★★★

À peine franchi les fortifications, vous succomberez au charme de l'une des plus belles cités du Portugal. Entourée de murailles depuis l'époque romaine, Évora, ville déclarée patrimoine mondial de l'Unesco, séduit par le caractère mauresque de ses ruelles, coupées d'arcs, et de ses maisons d'une blancheur éclatante aux terrasses fleuries, aux balcons ajourés et aux patios dallés. De son riche passé, elle conserve de nombreux palais médiévaux et Renaissance, féériques de nuit lorsqu'ils se détachent sur un ciel étoilé (éclairages de 21h à minuit, en saison). Une visite-éclair de quelques heures permet de faire le tour des principaux monuments, mais la ville mérite que l'on s'y attarde au moins deux ou trois jours, pour prendre le temps de flâner et de profiter des environs.

La situation

56 359 habitants. Carte Michelin nᵒ 733 Q 6 – District d'Évora. Capitale de l'Alentejo située à env. 150 km à l'Est de Lisbonne. 🅱 *Praça do Giraldo, 73, 7000-508,* ☎ *266 73 00 32 ; r. de Avis, 90, 7000-591,* ☎ *266 73 00 32.*

Vous pouvez poursuivre votre voyage en visitant : ELVAS, ESTREMOZ, VILA VIÇOSA, MONSARAZ.

comprendre

Florissante à l'époque romaine et tombée en décadence sous le règne des Wisigoths, Évora est occupé en 715 par les musulmans. Sous leur longue domination, la cité devient une importante place agricole et commerciale groupée autour de son château et de sa mosquée.

Geraldo Sempavor – Au 12ᵉ s., les luttes qui opposent les musulmans entre eux favorisent l'action des chrétiens dirigés par Alphonse Henriques. L'un d'eux, Geraldo Sempavor (Gérard sans Peur), réussit à gagner la confiance du roi musulman d'Évora, ce qui lui permet de réaliser un audacieux coup de main : une nuit de septembre 1165, il prend par surprise une tour de guet au Nord-Ouest de la ville, alerte la garnison musulmane qui se précipite en direction de la tour, puis, ayant rejoint ses compagnons d'armes, s'empare de la ville qui passe alors sous le sceptre du roi Alphonse Henriques.

Un foyer d'humanisme – Dès la fin du 12ᵉ s., Évora devient la capitale d'élection des souverains portugais ; elle connaît un éclat exceptionnel aux 15ᵉ et 16ᵉ s. Un cortège d'artistes et de savants accompagne la cour : les humanistes Garcia et André de Resende, le chroniqueur Duarte Galvão, le créateur du théâtre portugais Gil Vicente *(voir p. 62)*, le sculpteur Nicolas Chanterene *(voir p. 92)*, les peintres Cristóvão de Figueiredo et Gregório Lopes. Partout se dressent des palais et des couvents de style manuélin ou Renaissance ; l'art décoratif musulman est remis à l'honneur par quelques architectes et contribue à la création d'un style hybride, le luso-mauresque. Une université jésuite est fondée en 1559 sur l'initiative du cardinal mécène Dom Henrique, futur roi Henri Iᵉʳ. Mais, en 1580, le Portugal est annexé par l'Espagne ; Évora décline. Malgré la révolte de 1637 qui aboutit à la restauration de l'indépendance portugaise, la ville ne retrouve pas son éclat passé. En 1759, le marquis de Pombal chasse les jésuites et supprime l'université, portant ainsi un coup décisif à Évora, qui plonge pour des siècles dans une profonde léthargie.

De nos jours, la ville demeure un important centre agricole, le siège de quelques industries et d'artisanats dérivés de l'agriculture (liège, tapis de laine, peaux, meubles peints).

se promener

Comptez une demi-journée. Suivez l'itinéraire sur le plan au départ de la praça do Giraldo.

Laissez la voiture à l'extérieur de la ville ou, hors saison, sur le largo Conde de Vila Flor près de la pousada.

LA VIEILLE VILLE

Praça do Giraldo

Centre animé de la ville, cette vaste place partiellement bordée d'arcades est ornée d'une fontaine en marbre du 18ᵉ s. d'Afonso Álvares qui a pris la place d'un ancien arc de triomphe romain.

carnet pratique

TRANSPORTS

Location de vélos – Casa Bicicletas (senhor Cágado), r. Cândido dos Reis. *Lun.-ven. 9h-19h30, sam 9h-13h, fermé dim. 8€ la journée (enfants 5€).*

ADRESSES UTILES

Rota dos Vinhos do Alentejo – *Praça Joaquim António de Aguiar, 20-21, Apartado 2146 - 7001-901 Évora -☎ 266 74 66 09/ 64 98, fax 266 74 66 02 - rota@vinhosdo alentejo.pt, www.vinhosdoalentejo.pt - lun.-ven. 9h-12h30, 14h-18h.* Organisme de promotion des vins de l'Alentejo et vente de bouteilles sur place.

Internet – Câmara municipal (hôtel de ville). *Tlj sf w-end et j. fériés 9h-12h, 14h-17h.* Gratuit ; PostNet, r. da República, 5 (praça do Giraldo). *☎ 266 73 02 70. Lun.-ven. 9h-19h30, 21h-0h, sam. 10h-14h. 1€/15mn.*

HÉBERGEMENT

☺ **Residencial Policarpo** – *R. da Freiria de Baixo, 16 - ☎ 266 70 24 24 - residen _policarpo@mailcity.com - ✉ 🅿 - 20 ch. 25/50€ ☕.* Probablement l'hôtel d'Évora qui a le plus de charme et de cachet avec son petit côté désuet. Si les salles de bain sont parfois un peu vieillottes, le petit déjeuner sur la terrasse surplombant la vallée demeure un instant délicieux et l'on appréciera l'avantage indéniable du parking privé. Reconversion réussie pour cette maison au noble passé et bon rapport qualité-prix pour le client !

☺ **Residencial Giraldo** – *R. dos Mercadores, 27 - ☎ 266 70 58 33 - 🔲 - 25 ch. 32/59€.* Une pension simple et centrale en retrait de la praça do Giraldo qui propose des chambres avec douche ou baignoire et d'autres avec toilettes uniquement.

☺ **Residencial Diana** – *R. Diogo Cão, 2-3 - ☎ 266 70 20 08 - residencialdiana @mail.telepac.pt - 12 ch. 43/77€ ☕.* Cette petite pension tranquille et très centrale à deux pas de la praça do Giraldo vous placera au cœur de la zone piétonne. Meublée comme une maison de famille avec un mobilier à l'ancienne, elle dispose de chambres spacieuses et de salles de bain plus ou moins grandes. Petit déjeuner servi dans le café d'en face, très sympathique.

☺ **Santa Clara** – *Travessa da Milheira, 19 - ☎ 266 70 41 41 - hotelsantaclara @mail.telepac.pt - 🔲 - 43 ch. 48/60€ ☕.* Hôtel d'un certain standing qui a choisi de privilégier le confort et la modernité plutôt que le charme. Petit déjeuner sur la terrasse. Agrément d'un patio ressemblant à un puits de lumière fleuri. Chambres au mobilier quelconque.

☺☺ **Albergaria Solar de Monfalim** – *Largo da Misericórdia, 1 - ☎ 266 75 00 00 - reservas@ monfalimtur.pt - 🔲 ♿ - 26 ch. 65/80€ ☕.* Ce beau manoir du 16e s. implanté dans le centre historique d'Évora offre tout le confort d'un hôtel moderne allié au charme d'un bâtiment historique.

☺☺ **Casa de S. Tiago** – *Largo Alexandre Herculano, 2 -☎ 266 70 26 86 - 5 ch. 65/75€ ☕.* Vous apprécierez certainement dans cette superbe maison du 16e s. : sa situation en plein cœur historique, ses chambres décorées de meubles anciens, ses petits déjeuners composés de confitures et de produits maison, son minuscule verger et son jardin intérieur.

☺☺ **Estalagem Monte das Flores** – *Estrada de Alcáçovas (monte das Flores) - ☎ 266 74 96 80 - monflor@clix.pt - 🅿 🔲 - 17 ch. 67/75€ ☕ - restaurant 20€.* Située à 6 km au Sud-Ouest d'Évora dans la belle campagne de l'Alentejo, cette charmante auberge est installée dans un ensemble de bâtiments traditionnels offrant un cadre paisible et reposant.

☺☺ **Residencial Riviera** – *R. 5 de Outubro, 49 - ☎ 266 73 72 10 - res.riviera @mail.telepac - 🔲 - 22 ch. 70/77,50€ ☕.* Murs blancs, plafonds en brique sombre, parquet, couvre-lits raffinés et salles de bain en marbre : cet élégant hôtel entièrement rénové et très bien situé à deux pas de la praça do Giraldo allie tradition et modernité. Jolie salle de petit déjeuner, à l'image de la décoration des chambres. Confort assuré.

☺☺☺ **Da Cartuxa** – *Travessa da Palmeira, 4 - ☎ 266 73 93 00 - reservas @hotel cartuxa.pt - 🔲 ♿ - 85 ch. 130€ ☕.* Hôtel moderne près des murailles de la ville.

☺☺☺ **Pousada dos Lóios** – *Largo Conde de Vila Flor - ☎ 266 70 40 51 - guest@pousadas.pt - 🔲 - 30 ch. 166,03€ ☕ - restaurant 30€.* Ce couvent du 16e s., initialement lieu de repos et de méditation, conserve certains détails et des peintures d'origine. Les tables nappées de blanc du restaurant encerclent son patio planté d'orangers tandis que derrière un superbe arc manuélin, une petite salle voûtée abrite une table débordant de victuailles. C'est que le chef (une femme) s'y entend pour revisiter la tradition : soupe de poisson à la menthe et champignons farcis à l'honneur. Chambres sobres.

RESTAURATION

• Sur le pouce

Botequim da Mouraria – *R. da Mouraria, 16-A - ☎ 266 74 67 75 - fermé dim. et j. fériés - ✉ - 15/25€.* Cette petite maison basse peinte en blanc et jaune abrite un minuscule bistrot où l'on mange au coude à coude les assiettes du jour, juché sur de hauts tabourets. C'est simple et délicieux, concocté par le patron et servi avec de bons vins. Un endroit authentique très fréquenté par les habitués. Les places sont donc chères... dépêchez-vous !

• À table

☺ **San Luís** – *R. do Segeiro, 30-30A-32 - ☎ 266 74 15 85 - www.local.net.pt/ restaurantesluis - fermé dim. - 12/20€.* Une jolie adresse cachée derrière la praça 1° de Maio, dans une maison ancienne voûtée. Parti pris de simplicité et d'authenticité avec nappes en lin et toile de Jouy, rideaux en gros tissu et, dans l'assiette, des recettes d'hier à base d'herbes sauvages. Choix de soupes à l'ancienne, viande de porc. Un peu cher.

1/4 Para AS 9 – *R. Pedro Simoês, 9-A -* ☎ 266 70 67 74 *- fermé mer. - 14/20€.* Un restaurant qui a eu l'heureuse idée de prendre ses quartiers d'été en terrasse et d'investir la ruelle attenante. Un large choix de plats de viande (porc de l'Alentejo essentiellement) et du poisson. Une atmosphère agréable et séduisante.

O Taco – *Largo Luis Canões, 19-20 -* ☎ 266 70 33 01 *- fermé lun. -* ⌷ *- 15/19€.* Une adresse de référence pour les habitants qui ont ici leurs habitudes depuis des décennies et vont les yeux fermés manger « comme à la maison ». Mais les propriétaires ont vieilli et le service aussi, parfois un peu distrait. Pour une cuisine simple et locale.

O Antão – *R. João de Deus, 5 -* ☎ 266 70 64 59 *- jassis@mail.telepac.pt - fermé 15-30 juin et mer. -* ▤ *- 15/22€.* Cuisine typique à prix modérés.

Jardim do Paço - Palácio das Cinco Quinas - ☎ 266 74 43 00 *- jardim.paco@clix.pt - fermé lun. - 17,50/27,50€.* Vous retiendrez plus ce restaurant pour son cadre exceptionnel (un palais et son jardin) que pour sa cuisine sans relief. Le paisible jardin-patio est enchanteur et la salle tout aussi séduisante sur fond d'opéras. Un buffet régional vous permettra tout de même de goûter aux saveurs de l'Alentejo.

O Aqueduto – *R. de Cano, 13-A -* ☎ 266 70 63 73 *- fermé lun. - 18/23€.* Son nom vous indique où le trouver. Ce restaurant typique sert des plats régionaux comme le riz au lièvre, les côtelettes d'agneau ou de porc grillées, le porc frit et les asperges. En apéritif : fromage sec d'Évora ou crémeux de Serpa, saucissons de l'Alentejo tels que *linguiça* et *farinheira*.

Luar de Janeiro – *Travessa de Janeiro, 13 -* ☎ 266 74 91 14 *- rest.luardejaneiro @clix.pt - 22,50/30€.* Sa réputation le place parmi les meilleurs restaurants de la ville ; c'est en tout cas celui qui mérite le plus d'être remarqué pour sa qualité constante et son inventivité. Une vraie table gastronomique préparée par un passionné et qui se savoure dans un cadre teinté d'élégance. Prix honnêtes.

Fialho – *Travessa das Mascarenhas, 14 -* ☎ 266 70 30 79 *- fermé 1er-23 sept., 24 déc.-2 janv. et lun. -* ▤ *- 25/36,50€.* Bonne cuisine locale dans un décor régional. Un classique à Évora.

PETITE PAUSE

Pastelaria Conventual Pão de Rala – *R. do Cicioso, 47 -* ☎ 266 70 77 78. Comme son nom l'indique, ce salon de thé propose « la » spécialité locale : le *pão de Rala*, un gâteau aux amandes et oranges confites. Mais dans cette région de couvents, il se devait avant tout de perpétuer la tradition des recettes « ecclésiastiques » d'où le nom de certaines pâtisseries : *convento das Chogas*, *convento santa Clara* ou *convento santa Helena Calvário*. Déroutant mais délicieux.

Rua 5 de Outubro

Cette rue étroite qui monte vers la cathédrale est bordée de boutiques d'artisanat et de maisons aux balcons en fer forgé.

Au n° 28, remarquez la **niche** décorée d'azulejos, construite pour rendre grâce au Seigneur des Tremblements de Terre d'avoir épargné Évora lors du séisme de 1755, responsable de la destruction de Lisbonne.

Sé★★ (cathédrale)

Bâtie à la fin du 12e s. et au 13e s. dans le style gothique de transition, la cathédrale présente des éléments romans, mais fut terminée sous l'influence des formes gothiques.

> **LES FORTIFICATIONS**
> Des trois enceintes qui protégèrent successivement la ville, il reste d'importants vestiges. Quelques traces de la muraille romaine (1er s.), renforcée par les Wisigoths (7e s.), sont encore visibles entre les palais des ducs de Cadaval et des comtes de Basto (largo dos Colegiais). La muraille médiévale (14e s.) limite la ville au Nord et à l'Ouest ; pour en avoir une vue intéressante, suivez les avenues qui la longent par le Nord, entre les places Portas de Raimundo et Portas de Machede. Les fortifications érigées au 17e s. dans le style de Vauban délimitent le jardin public au Sud de la ville.

Extérieur – Sa sévère façade en granit est flanquée de deux puissantes tours couronnées de flèches coniques érigées au 16e s. ; la flèche de droite est constituée de plusieurs clochetons semblables à ceux de la tour-lanterne romane de style saintongeais. Cette dernière surmonte la croisée du transept. Les murs de la nef et des bas-côtés sont découpés en créneaux.

Le portail occidental est orné d'une représentation des Apôtres placés sur des consoles ; ils furent probablement réalisés à la fin du 13e s. par des artistes formés en France.

Intérieur★ – *Gratuit.* La nef centrale, voûtée en berceau brisé, est dotée d'un élégant triforium ; elle surprend par son ampleur. À gauche, un autel baroque abrite une Vierge enceinte du 15e s. en pierre polychrome ; en face, une statue en bois doré (16e s.), attribuée à Olivier de Gand, représente l'ange Gabriel.

Une très belle **coupole**★ octogonale sur trompes, d'où descend un luminaire, couvre la croisée du transept dont les bras sont éclairés par deux roses gothiques : à gauche, l'étoile du matin, à droite, la rose mystique. Dans le bras gauche du transept, le portail Renaissance d'une chapelle est décoré d'un marbre sculpté par Nicolas Chanterene. Dans le bras droit se trouve le tombeau de l'humaniste André de Resende (16ᵉ s.).

Le chœur a été refait au 18ᵉ s. par Friedrich Ludwig, architecte du monastère de Mafra.

Stalles★ – *Billet combiné avec le musée.* Situées dans la tribune, le *coro alto*, les stalles en chêne furent sculptées à la Renaissance par des artistes d'Anvers. Elles sont ornées de motifs sacrés et profanes. Remarquez sur les panneaux du bas les scènes de la vie quotidienne des paysans (vendanges, abattage du cochon, tonte des moutons, etc.). En milieu d'après-midi, le lieu est baigné d'une très belle lumière. Le grand orgue Renaissance (1562) est considéré comme le plus ancien d'Europe.

Musée★ – *De mi-juil. à mi-sept. : 9h-17h ; le reste de l'année : 9h-12h30, 14h-17h. Fermé 25 déc. 3€.* ☎ *266 75 93 30.* Il comprend des ornements sacerdotaux et une importante collection d'orfèvrerie religieuse dont une très belle **Vierge ouvrante★★** en ivoire, œuvre française du 13ᵉ s., et le **reliquaire de la Vraie Croix★** *(Santo Lenho)*, du 17ᵉ s., en argent doré et émaux polychromes, décorée de 1 426 pierres précieuses.

Cloître★ – Construit de 1322 à 1340, ce cloître gothique garde une allure massive, accentuée par l'emploi du granit, malgré les baies rondes à fenestrage rayonnant qui lui confèrent une certaine élégance. Chaque angle est orné d'une statue d'évangéliste ; de l'angle Sud-Ouest, belle vue sur le clocher roman. Une chapelle annexe contient le tombeau (14ᵉ s.) de l'évêque fondateur ainsi que les statues (14ᵉ s.) de l'ange Gabriel et de la Vierge polychrome dont le déhanchement révèle une influence française. De la terrasse du cloître, accessible par des escaliers dans les angles, **vues** sur Évora.

Faites un crochet par la rua Vasco da Gama.

Paço de Vasco da Gama (palais de Vasco de Gama)

R. Vasco da Gama, nº 15. Sonnez pour entrer. Cette maison construite au 15ᵉ s. aurait appartenu au célèbre navigateur, qui y aurait vécu de 1507 à 1519, après son retour des Indes. Elle fut vendue en 1597 par le 4ᵉ comte de Vidigueira, petit-fils de Vasco de Gama, à l'Inquisition, qui y installa son tribunal. Aujourd'hui, cette résidence en partie privée héberge des prêtres jésuites. Un centre de conférences de la fondation Eugénio de Almeida *(voir ci-dessous)* devrait s'y installer.

Il reste de la construction primitive une fenêtre géminée à arcs outrepassés, un cloître avec des arcades en plein cintre et des voûtes en ogive fermées par des écussons héraldiques, reposant sur des consoles de style manuélin, ainsi qu'une petite chapelle. La principale curiosité réside dans les remarquables **fresques★★** qui envahissent les murs et plafonds de l'oratoire et de la galerie donnant sur le cloître et de l'oratoire. Ces peintures évoquent les Grandes Découvertes et l'on peut y voir une profusion d'êtres fantastiques, de monstres, de sirènes, d'animaux exotiques et d'oiseaux formant un bestiaire allégorique extraordinaire.

Temple romain★

Ce monument est l'un des symboles d'Évora. Probablement consacré à Diane, ce temple de type corinthien a été édifié au 2ᵉ s. : les chapiteaux et les bases sont en marbre d'Estremoz, les fûts des colonnes en granit. Il doit sa relative conservation au fait d'avoir été transformé en forteresse au Moyen Âge et dégagé seulement au siècle dernier.

La cathédrale et le temple romain : un télescopage d'époques.

Couvent dos Lóios★

Le couvent dos Lóios (ou de St-Éloi), consacré à saint Jean l'Évangéliste, a été fondé au 15ᵉ s. et abrite aujourd'hui une pousada.

Église★ – *Tlj sf lun. 10h-12h30, 14h-18h. 3€ (5€ combiné avec les salles d'exposition du paço dos Duques de Cadaval).* ☎ *266 70 47 14.* La façade a été modifiée après le tremblement de terre de 1755, à l'exception du porche qui abrite un portail gothique flamboyant : sous un dais se trouve le blason des Melo, comtes d'Olivença, pour lesquels l'église servit de nécropole.

La nef, recouverte d'une voûte à liernes et tiercerons, est tapissée de beaux **azulejos★** (1711), œuvre d'António de Oliveira Bernardes, figu-

ÉVORA

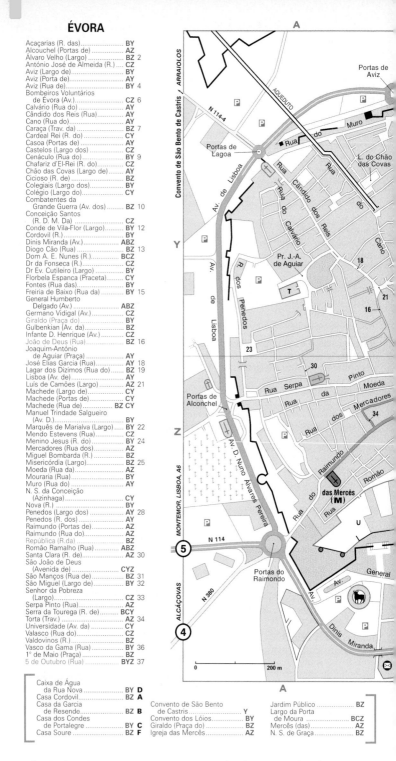

rant la vie de saint Laurent Justinien, patriarche de Venise, dont les écrits in-
fluencèrent la congrégation des Lóios. Deux trappes dans le dallage permettent de
découvrir à droite la citerne de l'ancien château, à gauche un ossuaire.

Bâtiments conventuels – Ils sont occupés par la *pousada* et ne peuvent être
visités librement. Le cloître, de style gothique tardif, a été surhaussé au 16e s. d'une
galerie Renaissance. La salle du chapitre s'ouvre par une remarquable **porte★**
d'une élégante architecture ; c'est un exemple type du style composite luso-
mauresque ; l'accolade qui coiffe l'ensemble et les piédroits surmontés de pinacles

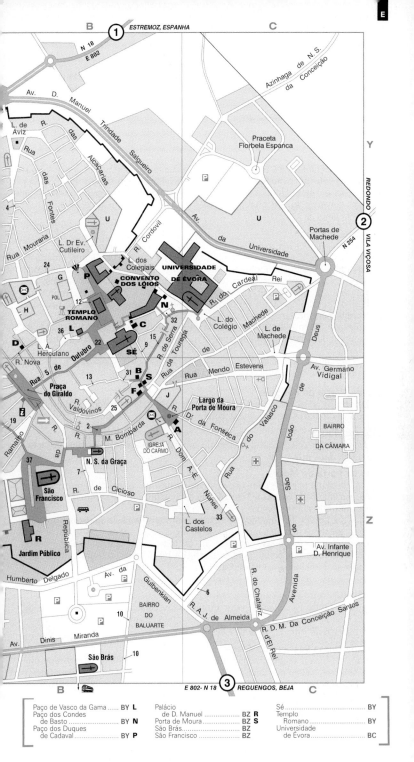

qui constituent l'encadrement sont d'inspiration gothique et les colonnes torses, de style manuélin ; les baies géminées à arcs outrepassés, ainsi que les chapiteaux, sont des réminiscences de l'art musulman.

Paço dos Duques de Cadaval (palais des ducs de Cadaval)

Tlj sf lun. 10h-12h30, 14h-17h (été 18h). Fermé j. fériés. 2,50€. Ce palais est séparé du couvent des Lóios par la cour du restaurant Jardim do Paço. Protégé par deux tours couronnées de créneaux, cet édifice dont la façade a été refaite au 17e s., fut donné en 1390 par le roi Jean Ier à son conseiller Martim Afonso de Melo, alcade d'Évora. Les rois Jean III et Jean V y résidèrent. En raison de sa forme pentagonale, l'une des deux tours, qui faisait partie des murailles médiévales de la cité, a valu à ce bâtiment son surnom de « palais des cinq coins ».

Revenez sur vos pas, prenez la rue entre le couvent dos Lóïos et le Musée régional (en travaux pour plusieurs années) qui donne sur le chevet baroque de la cathédrale. Vous parvenez à une petite place (sur votre droite la casa dos Condes de Portalegre ; à gauche l'entrée de la fondation Eugénio de Almeida).

Casa dos Condes de Portalegre

C'est une charmante demeure gothique et manuéline (16ᵉ s.) agrémentée d'un patio qu'entourent un jardin suspendu et un balcon ajouré.

Paço dos Condes de Basto

Une allée vous conduira à travers ce bel ensemble architectural occupé par la **fondation Eugénio de Almeida**, consacrée au développement de la région. Vous y découvrirez un palais gothique à la façade percée de fenêtres géminées de style mudéjar, construit sur les murailles romaines incluant la tour do Sertório.

Sortez côté largo de São Miguel.

Université d'Évora★

Largo do Colégio. 8h-18h (été 20h), w.-end 10h-14h, 15h-18h. Fermé j. fériés. 1,25€, gratuit du lun. au sam. matin. L'actuelle université occupe l'ancienne université jésuite dont on visitera au moins la cour intérieure, de style Renaissance italienne (16ᵉ s.) : les bâtiments s'ordonnent autour du **cloître★** général des Études, gracieuse cour qu'entoure une galerie à arcades ; face à l'entrée, le fronton du portique de la salle des Actes est décoré de statues figurant l'Université royale et l'Université pontificale.

Les salles de classe qui s'ouvrent sur la galerie sont ornées d'**azulejos★** (18ᵉ s.) représentant des sujets en rapport avec la discipline enseignée (physique, histoire, philosophie).

Revenez au largo de São Miguel, et prenez à gauche la rua da Freiria de Baixo, puis encore à gauche.

Casa da Garcia de Resende

Maison du 16ᵉ s. où aurait vécu l'humaniste Garcia de Resende ; remarquez, à l'étage, trois fenêtres géminées à décoration manuéline.

Porta de Moura

Elle faisait partie de l'enceinte médiévale. Au pied de la tour de gauche, observez un crucifix dans une niche.

Largo da Porta de Moura

Cette pittoresque place se compose de deux parties. Le centre de la plus vaste est occupé par une belle **fontaine★** Renaissance, constituée d'une colonne surmontée d'une sphère de marbre blanc.

La place est bordée par quelques jolies demeures ; au Sud, la **maison Cordovil**, du 16ᵉ s., présente une élégante loggia avec arcades géminées, arcs outrepassés à festons et chapiteaux de style musulman ; un toit crénelé surmonté d'une flèche conique couronne l'ensemble. À l'Ouest, en contrebas, admirez le **portail** baroque de l'église de l'ancien couvent do Carmo.

L'Est de la place est occupé par le bâtiment moderne du palais de justice.

Casa Soure

Cette demeure du 15ᵉ s. faisait partie du palais de l'infant Dom Luís. La façade de style manuélin montre une galerie à arcades que domine une flèche conique.

Par la travessa da Caraça, on atteint le largo da Graça.

Église de Nossa Senhora da Graça

Bâtie au 16ᵉ s. dans le style de la Renaissance italienne, cette église possède une façade en granit avec portique à colonnes toscanes, pilastres classiques et décoration de macarons. Au sommet, assis au bord de la corniche, quatre géants de pierre, portant des globes terrestres, laissent pendre leurs jambes dans le vide.

Église de São Francisco

Précédée d'un portique percé d'arcades en plein cintre, en arc brisé et en fer à cheval, cette église du début du 16ᵉ s. est couronnée de créneaux et de flèches coniques dont certaines torses.

Le portail, de style manuélin, est surmonté du pélican, emblème du roi Jean II, et de la sphère armillaire du roi Manuel.

L'**intérieur★**, voûté d'ogives, surprend par la largeur du vaisseau. Dans le chœur se dressent deux tribunes, l'une Renaissance à droite, l'autre baroque à gauche.

Pour visiter l'ancienne salle du chapitre et la chapelle des Os, sortez de l'église et entrez par la première porte à gauche.

Traversez le cloître, décoré d'une belle colonnade. L'ancienne salle du chapitre abrite une balustrade à colonnes de marbre, cannelées, et d'ébène, torsadées ; des azulejos, représentant des scènes de la Passion, recouvrent les murs.

Capela dos Ossos★ – *Tlj 9h-13h, 14h30-17h30. 1€.* ☎ *266 70 45 21.* L'impressionnante chapelle des Os fut construite au 16ᵉ s. par un frère franciscain pour inciter ses confrères à la méditation ; les ossements et les crânes de 5 000 personnes – certains marqués d'inscriptions – couvrent les murs et les piliers. À l'entrée de la chapelle, une inscription met en garde : « Nous, os qui sommes ici, attendons les vôtres ».

Jardin public

Il est situé juste en contrebas de l'église de São Francisco. Une partie du **palais du roi Manuel** (16ᵉ s.), malheureusement très remaniée, ainsi que les vestiges d'un autre palais du 16ᵉ s. s'y dressent encore. Remarquez les fenêtres géminées à arcs outrepassés, de style luso-mauresque.

Église das Mercês (musée des Arts décoratifs)

Fermé pour travaux. L'intérieur de cette église (1670), revêtu d'azulejos polychromes, abrite la **section d'art**

La chapelle des Os de l'église de São Francisco.

M. Gurfinkel/MICHELIN

sacré du Musée régional *(également en travaux).* On y voit notamment une pietà et d'autres statues, dont une petite Vierge à l'Enfant *(chapelle de gauche)*, deux retables dorés, un oratoire indo-portugais et des ornements sacerdotaux.

Revenez à la praça do Giraldo par la rua dos Mercadores. De là, terminez votre itinéraire en faisant un crochet par la rua Nova.

Caixa de água da rua Nova

Cette « **boîte à eau** » a été construite en 1536 dans le style Renaissance par l'architecte de l'aqueduc, Francisco de Arruda. Décorée de colonnes toscanes, elle servait à distribuer l'eau de l'aqueduc qui s'y terminait.

HORS LES MURS

Ermitage de São Brás

Curieuse église fortifiée du 15ᵉ s., à contreforts cylindriques coiffés de toits en poivrière ; le chœur, de plan polygonal, est surmonté d'une coupole sur trompes et revêtu d'azulejos verts et blancs de style sévillan.

Couvent de São Bento de Cástris

3 km au Nord-Ouest par la N 114-4. Passez l'aqueduc et prenez à gauche vers l'ancien couvent de St-Benoît-de-Castris. Visite guidée (1/4h) tlj sf w.-end 9h-16h. Fermé j. fériés. L'**église**, de style manuélin, est voûtée en réseau ; les murs sont revêtus d'azulejos du 18ᵉ s. illustrant la vie de saint Bernard ; la salle capitulaire, gothique, est décorée de quelques éléments Renaissance.

Le **cloître★** de style luso-mauresque (16ᵉ s.) a conservé toute sa fraîcheur et son élégance ; au-dessus d'une galerie à arcades géminées en fer à cheval, remarquez les arcs surbaissés de la galerie supérieure.

alentours

Évoramonte★

29 km au Nord-Est par la N 18 en direction d'Estremoz. 1,5 km au départ du village moderne en suivant les panneaux « Castelo ». Après avoir longé le pied des remparts (14ᵉ-17ᵉ s.), franchissez la porte d'entrée.
Ce petit bourg fortifié occupe un **site★** remarquable au sommet d'une haute colline de l'Alentejo. On est aussitôt frappé par le calme des lieux et le charme qui se dégage des coquettes maisons basses, blanches et fleuries, qui entourent la curieuse forteresse et une église à clocher-peigne.

Château★ – *Juin-sept. : 10h-13h, 14h30-18h30 ; oct.-mai : 10h-13h, 14h30-17h. Fermé 1ᵉʳ janv., dim. de Pâques, 1ᵉʳ mai et 25 déc. 1,30€, gratuit dim. et j. fériés 10h-13h.* ☎ *268 95 00 25.*

> **LA CONVENTION D'ÉVORAMONTE**
> À Évoramonte fut signée, le 26 mai 1834, la convention qui marqua la fin de la guerre civile *(voir le chapitre Brève histoire du Portugal)* ; par celle-ci, Pierre Iᵉʳ, empereur du Brésil et fils de Jean VI, de tendance libérale, obligeait son frère Miguel, absolutiste, vaincu à la bataille d'Asseiceira, à abdiquer en faveur de sa nièce Marie et à s'exiler. Dans le village, une plaque commémorative désigne la maison où fut signée la convention.

Paquet cadeau laissé par les ducs de Bragance : le château d'Évoramonte.

B. Brillion/MICHELIN

Romain puis arabe, cet édifice profondément modifié au 14ᵉ s. est resté une bâtisse de style gothique militaire, malgré des remaniements au 16ᵉ s. Sa silhouette de donjon médiéval est ceinturée de cordages formant des nœuds au centre des façades. La maison de Bragance, dont la devise était « *Depois de vós, nós* » (« Après vous, nous »), avait adopté les nœuds pour symbole en raison du double sens du mot *nós* (« nous » et « nœuds »).

À l'intérieur, le corps central présente trois étages de vastes salles, dont chacune est couverte de neuf voûtes gothiques qui s'appuient sur de robustes piliers centraux, ceux du rez-de-chaussée étant énormes et torsadés.

Du sommet, **panorama**★ sur la campagne tachetée d'oliviers et de villages blancs et, au Nord-Est, sur le site d'Estremoz (*voir p. 175*).

Arraiolos

22 km au Nord-Ouest. Quittez Évora par la N 114-4, puis prendre à droite la N 370. Ce village coquet, perché sur une colline dans la grande plaine de l'Alentejo, est connu pour ses tapis, vendus dans de nombreux magasins de la ville ou à la coopérative. Au pied du château du 14ᵉ s., les rues sont bordées de maisons aux façades blanches rehaussées par le bleu lavande des encadrements de portes et de fenêtres.

Château – Du château, dont l'enceinte a été restaurée, belle vue sur le village

> **LES TAPIS D'ARRAIOLOS**
>
> À partir de la seconde moitié du 17ᵉ s. se développa dans la région d'Arraiolos une petite industrie de tapis en laine brodée au point de croix sur une toile de lin ou de chanvre. Ces tapis étaient utilisés à l'origine comme couvertures de coffre ou tapisseries murales. Imités d'abord des modèles indo-perses (nombreuses figurations animales et motifs végétaux), ces tapis s'en différencient bientôt, abandonnant les thèmes orientaux et la polychromie pour un dessin plus populaire où prédominent le bleu et le jaune.

et au-delà sur les oliveraies, la retenue du Divor et le **couvent dos Lóios** (du 16ᵉ s.), maintenant aménagé en *pousada* (Nossa Senhora da Assunção).

Montemor-o-Novo

30 km à l'Ouest par ⑤ et la N 114. Petite ville calme de l'Alentejo et marché agricole, Montemor-o-Novo s'étale au pied d'une colline que couronnent les ruines d'une cité médiévale fortifiée ; les **remparts**, dont l'édification remonte à l'époque romaine, constituent un belvédère sur la campagne piquetée d'oliviers.

C'est la ville natale de **saint Jean de Dieu** (1495-1550), moine franciscain d'une charité exemplaire, fondateur de l'ordre des Frères hospitaliers. La statue qui se dresse sur la place de l'église paroissiale le représente portant à l'hôpital un mendiant recueilli au cours d'une nuit d'orage. L'hôpital, fondé au 17ᵉ s., porte son nom.

Viana do Alentejo

31 km au Sud. Quittez Évora par ③ et prenez à la sortie de la ville la N 254 à droite. À l'écart des grandes routes, cette cité agricole de la vaste plaine de l'Alentejo cache derrière les murailles de son château une église intéressante.

Château – *Tlj sf lun. et w.-end 10h-13h, 14h-17h.* Bâtis sur un plan pentagonal, les **remparts** présentent des murailles fortifiées que flanque à chaque angle une tour avec toit en poivrière. Le porche est orné de frustes chapiteaux décorés d'animaux (tortue, lion, etc.) ; la cour du château, plantée de néfliers, d'orangers et de palmiers, s'étend à gauche de l'église.

Église – La façade, que surmontent des clochetons coniques et des merlons, s'ouvre par un beau **portail**★ manuélin ; une colonnette torse sert de trumeau aux arcs géminés qu'encadrent deux pilastres en forme de chandelier et soutient le tympan décoré de fleurs stylisées et de la croix du Christ disposée dans un médaillon que surmonte le blason du Portugal. Le gâble, formé par une cordelière torse, se termine par un pinacle flanqué de deux sphères armillaires.

L'intérieur, roman transformé à l'époque manuéline, se distingue par l'ampleur de son vaisseau ; il est décoré d'azulejos du 17ᵉ s. à la base des murs. Le chœur est orné d'un joli Christ.

circuit

LE CIRCUIT DES MÉGALITHES

75 km – comptez 3h1/2.

La région d'Évora est riche en mégalithes élevés entre 4000 et 2000 avant J.-C. et en grottes. Cette promenade, empruntant de petites routes, est aussi l'occasion de découvrir les beaux paysages de l'Alentejo piquetés de chênes-lièges.

Sortez d'Évora par ⑤ du plan, N 114 vers Montemor-o-Novo. À 10 km, tournez à gauche vers Guadalupe et suivez la signalisation « Cromeleque e menir dos Almendres ». Après Guadalupe, prenez une route non goudronnée pendant 3 km.

Cromeleque dos Almendres – Dans une clairière parmi les chênes-lièges, 95 monolithes en granit sont disposés selon un plan ovale de 60 m sur 30 m.

Revenez à Guadalupe. En chemin, près de la coopérative de Água de Lupe, on peut voir un menhir haut de 2,50 m. À Guadalupe, prenez une route de terre vers Valverde, puis suivez la signalisation « Anta do Zambujeiro » sur la route d'Alcáçovas.

Anta do Zambujeiro – Précédé d'un tumulus (galerie d'accès), le dolmen proprement dit forme une vaste chambre funéraire de 6 m de haut. De nombreux objets y furent découverts, qui se trouvent aujourd'hui au musée d'Évora.

Revenez à Valverde et poursuivez vers São Brissos. Ne tournez pas vers São Brissos, mais poursuivez la route sur 2 km.

Capela-anta de São Brissos – Surprenante chapelle dont le narthex est formé par un dolmen.

Avant d'arriver à Santiago do Escoural, tournez à droite.

Grotte d'Escoural – *Tlj sf lun. 9h-12h, 13h30-17h30, w.-end et j. fériés 9h-12h, 13h30-17h. Fermé mar. matin d'oct. à fin mai, 1ᵉʳ janv., Ven. saint, dim. de Pâques, 1ᵉʳ mai et 25 déc. 1,50€.* Dans cette grotte ont été découvertes des peintures et des gravures rupestres, que l'on a datées de 18 000 à 13 000 avant J.-C. (paléolithique supérieur). Elles représentent des bœufs, des chevaux ou des figures énigmatiques.

Poursuivez la N 370 jusqu'à la N 114 et là tournez à droite pour rejoindre Évora.

Le château d'Arraiolos.

M. Gurfinkel/MICHELIN

Faro ★

Séparé de l'Océan par une lagune, Faro semble trop loin des plages pour retenir les touristes qui, à peine ont-ils atterri, se pressent vers d'autres stations balnéaires. Pourtant, tout auréolée de nonchalance provinciale, la capitale de l'Algarve est une ville étonnamment tranquille, où il fait bon séjourner. Attardez-vous ici, vous profiterez de l'air marin sans pâtir des décibels. Et la nuit tombée, franchissez les remparts pour traverser la vieille ville, déserte et silencieuse, véritable décor de théâtre dans la lumière orangée des réverbères... Pour la baignade, le cordon littoral, sorte de barrage contre l'Atlantique, vous offre de belles plages accessibles en bateau ou en voiture ; vous pourrez également vous échapper dans la serra do Caldeirão, loin de l'agitation de la côte.

La situation

57 151 habitants. Carte Michelin n° 733 U 6 – District de Faro. La capitale de l'Algarve occupe le promontoire le plus méridional du Portugal, à l'extrémité d'une plaine dont les vallonnements s'adossent à la serra do Caldeirão. Faro se trouve à 30 km à l'Ouest de Tavira et à 39 km à l'Est d'Albufeira, par la N 125. ▉ *R. da Misericórdia, 8-11, 8000-269,* ☎ *289 80 36 04 ou 289 80 36 67 ; av. 5 de Outubro, 18-20, 8001-902,* ☎ *289 80 04 00.*

Vous pouvez poursuivre votre voyage en visitant : ALBUFEIRA, LAGOS, la serra de Monchique (voir PORTIMÃO), SILVES, TAVIRA.

comprendre

La capitale de l'Algarve – Faro était déjà une cité importante au moment où sa reconquête sur les Maures par Alphonse III, en 1249, marquait la fin de la mainmise arabe sur le Portugal. Aussi le souverain lui accorda-t-il rapidement une charte municipale. Son développement est tel que, dès le 15e s., de l'une de ses officines de typographie appartenant à la communauté juive sortent les premiers livres imprimés au Portugal : des incunables hébraïques.
Malheureusement, au mois de juillet 1596, alors que le pays vit sous la domination espagnole, le comte d'Essex, qui fait campagne contre Cadix, met la ville à sac et l'incendie. Elle se relève de ses ruines lorsque deux tremblements de terre, en 1722 et en 1755 surtout, provoquent son anéantissement. Il faut l'énergie de l'évêque Dom Francisco Gomes, le citoyen le plus célèbre de la cité, pour entreprendre une nouvelle fois son relèvement. En 1756, elle est choisie comme capitale de l'Algarve.

Du sel au tourisme – Faro vivait traditionnellement de l'exploitation du sel recueilli dans les marais salants de sa ria, de la pêche (thon, sardine), du travail du liège et du marbre et d'industries alimentaires (conserveries, traitement des caroubes), plus tard du plastique et du bâtiment. Le tourisme est devenu une activité prépondérante et, grâce à son aéroport international, Faro est la porte de l'Algarve, dont il dessert les stations balnéaires fréquentées toute l'année.

visiter

Garez votre voiture au parking près des remparts, la circulation étant très dense dans le centre-ville, particulièrement aux heures de sortie des bureaux.

LA VIEILLE VILLE★ (VILA-ADENTRO)

La vieille ville est un quartier calme, à l'abri du cercle de ses maisons disposées en **remparts**. De nuit, vous aurez l'impression de traverser un décor de théâtre.

Arco da Vila★

Franchissez les remparts par la plus belle des portes de la muraille alphonsine. Remarquez ses pilastres à l'italienne et, dans une niche, une statue de saint Thomas d'Aquin, en marbre blanc. L'arc est surmonté d'un clocher dont le sommet est occupé depuis toujours par un nid de cigognes.

Sé (cathédrale)

Tlj sf dim. 10h-17h30, sam. 10h-13h. 1,50€. Fermé j. fériés. ☎ *289 80 36 04.* Sur une vaste place plantée d'orangers s'élève la cathédrale de Faro, autre lieu de prédilection des cigognes. De l'église primitive, construite sur une ancienne mosquée en 1251 après la Reconquête, il ne reste que l'imposante tour-portique de l'entrée. Incendiée par les troupes anglaises, elle fut reconstruite au 18e s. Elle présente aujourd'hui un mélange de styles : chapelle gothique sous un plafond lambrissé, revêtue d'azulejos du 17e s., retable Renaissance dans le chœur. Observez le très bel **orgue★** rouge en bois peint orné de motifs chinois. Du sommet de la tour médiévale s'offrent de belles vues sur la ville et la côte.

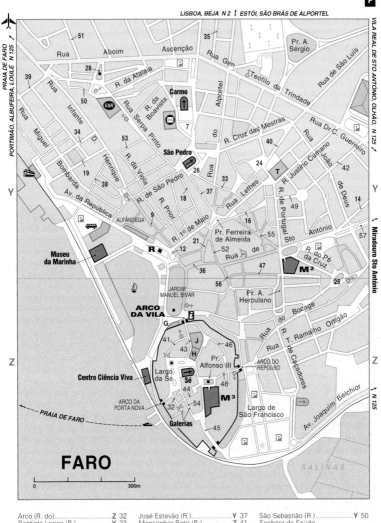

FARO

0 _____ 300m

Museu Municipal

Tlj sf dim. 10h-17h30, lun. et sam. 14h-17h30. Fermé j. fériés. 1,50€. ☎ 289 86 36 04.
Ce musée occupe l'ancien couvent de Nossa Senhora de Assunção, construit au 16ᵉ s. Parmi la **collection archéologique** (Museu Arqueológico Lapidar do Infante Dom Henrique), répartie dans les galeries du très beau cloître Renaissance, se distingue la mosaïque romaine figurant le dieu Océan (4ᵉ s. ap. J.-C.). À l'étage, une salle d'art sacré renferme des peintures (à partir du 16ᵉ s.) ainsi que la **collection Ferreira d'Almeida** comprenant des sculptures, des toiles du 18ᵉ s., des meubles espagnols et chinois.

Plusieurs salles accueillent des expositions temporaires et, les soirs d'été, des concerts (musique classique, jazz, fado...) sont organisés dans la chapelle. On peut en obtenir le programme à l'office de tourisme.

Les galeries municipales

À proximité de la cathédrale, d'anciens édifices militaires ont été transformés en galeries d'art. La **galeria Arco** (rua do Arco) abrite un petit musée du Jouet, où voisinent poupées, voitures et objets en plastique et en aluminium des années

Faro pratique

TRANSPORTS

Aéroport – L'aéroport international se trouve à 8 km à l'Ouest de Faro. Bus n⁰ˢ 14 et 16 pour le centre-ville env. toutes les 1/2h. Pour le même trajet en taxi, comptez env. 10€.

Train – La gare est située au bout de l'av. da República. Il existe une ligne Lagos-Vila Real de Santo António via Faro : six trains par jour pour Albufeira, Portimão et Lagos, quatre trains pour Tavira, douze trains pour la frontière espagnole (Vila Real de Santo António).

Bus – La gare routière se trouve av. da República, derrière le musée de la Marine : bus n⁰ˢ 16 et 14 pour la plage de Faro.

Location de voitures – La plupart des compagnies sont représentées à l'aéroport. En ville : **Hertz**, r. Infante D. Henrique, 91-A, ☎ 289 80 39 56 ; **Lusorent**, av. 5 de Outubro, 19, loja 1, ☎ 289 81 22 77.

VISITE

Visite guidée du centre historique de Faro, 1€ (1,50€ avec l'entrée du Musée municipal). Réservation au moins deux jours à l'avance auprès du musée, ☎ 289 89 74 00.

ADRESSES UTILES

Compagnie aérienne – TAP, r. D. Francisco Gomes, 8, ☎ 289 80 07 31 ou 808 20 57 00 (gratuit). 9h-17h30 sf w.-end.

Internet – EQ Computer Shop, largo do Pé da Cruz, 1 (derrière le musée d'Ethnographie), ☎ 289 87 37 31. 9h30-13h, 14h30-19h30 sf dim. et j. fériés. Également accès Internet au centre Ciência Viva.

HÉBERGEMENT

⊖ Pensão Residencial Central – *Largo Terreiro do Bispo, 12* - ☎ *289 80 72 91 - fermé 1 sem. en mai -* ⊠ *- 8 ch. 30/40€.* Petit hôtel refait à neuf avec des chambres confortables et lumineuses à prix doux. Certaines d'entre elles sont pourvues d'un balcon donnant sur la placette. Salles de bain avec baignoire et accueil charmant. Sans doute la meilleure adresse dans cette catégorie.

⊖ Pensão Residencial Oceano – *Travessa Ivens, 21-1°* - ☎ *289 82 33 49 - fermé Noël -* ⊠ *- 22 ch. 30/40€.* Localisation idéale pour cette adresse de la zone piétonne toute proche de la marina. Les chambres y sont récentes et bien tenues avec un mobilier simple en bois blanc et des couvre-lits roses. Salles de bain avec baignoire. L'escalier menant à la réception est un peu raide.

⊖⊖⊟ Faro – *Praça D. Francisco Gomes, 2* - ☎ *289 83 08 30 - comercial@hotelfaro.pt -* 🅿 ▣ *- 60 ch. 115€.* ⊡. Luminosité et simplicité design caractérisent ce bel hôtel flambant neuf dressé face au port. Chambres et salles de bain très confortables. Le petit déjeuner se prend au restaurant du dernier étage dont la magnifique terrasse rappelle le pont d'un bateau. Vue panoramique sur la marina, les îles et la vieille ville.

RESTAURATION

⊖ O Botequim – *R. Baptista Lopes, 75* - ☎ *289 82 89 59 - fermé lun. - 9/16€.* Un lieu original qui renouvelle avec bonheur la formule portugaise du bar à petiscos. Un festival de petits plats savoureux et inventifs comme la salade de fèves, de crevettes et de fruits, les beignets de haricots coco ou le jambon de porc noir. Bons vins. Excellente adresse dirigée par la propriétaire de l'élégant O Aldeão, tout proche.

⊖ V.I.V.MAR. – *R. Comandante Francisco Manuel, 8* - ☎ *919 18 40 00 - fermé dim. -* ⊠ *- 12/14€.* Sur le bord de mer, au pied des remparts de la vieille ville, le restaurant modeste et populaire de l'Associação dos Viveiristas e Mariscadores da Ria Formosa (l'Association des marins pêcheurs de Ria Formosa). Fréquenté par les gens du milieu. Les produits passent directement du pêcheur au consommateur. Carte selon la pêche du jour.

⊖ Pontinha – *R. Pé da Cruz, 5* - ☎ *289 82 06 49 - fermé dim. - 14/20€.* Derrière la zone piétonne, sur la praça da Liberdade, un restaurant simple proposant un large choix de plats et de spécialités locales comme la *cataplana*, le riz aux fruits de mer et les différentes recettes de morue. Choisissez la salle du premier étage avec son plafond typique en roseaux et poutres apparentes. Accueil chaleureux. Clientèle de groupes parfois.

⊖⊟ Mesa dos Mouros – *Largo da Sé, 10* - ☎ *289 87 88 73 - 12h-15h et 19h30-23h, fermé dim. -* ⊠ *- 20/30€.* Si vous passez sur la place de la cathédrale au cours de votre promenade dans la vieille ville, n'hésitez pas à vous arrêter à la terrasse de ce restaurant pour un dîner raffiné. En plus de jouir du cadre historique et du concert des cigognes, vous devrez choisir parmi six plats de viande ou six plats de poisson. Palourdes à l'ail et à la coriandre, crevettes au curry et steak au poivre sont à des prix raisonnables, comme tout le reste de la carte.

⊖⊖ O Aldeão – *Largo de S. Pedro, 54* - ☎ *289 82 33 39 - fermé dim. - 20/30€.* Sur la paisible place de l'église S. Pedro, un restaurant au charme presque romain avec ses petites haies d'arbustes délimitant son estrade et sa terrasse. À l'intérieur, une décoration soignée vous attend dans laquelle vous prendrez plaisir à découvrir les saveurs de l'Alentejo et de l'Algarve travaillées avec créativité. Une adresse originale.

⊖⊖⊟ Camané – *Av. Nascente - 8000 Praia de Faro - fermé 2 sem. en mai et lun. -* ☎ *289 81 75 39 - res.camane@clix.pt -* ▣ *- 50,50€.* Restaurant avec une agréable terrasse donnant sur la ria Formosa. Spécialités de fruits de mer.

PETITE PAUSE

Café Aliança – *R. Francisco Gomes, 9* - ☎ *289 80 16 21.* Magnifique café dont la décoration des années 1940 est restée intacte avec de splendides azulejos derrière le comptoir et des accolades. Vous serez séduit par son charme nostalgique et son agréable terrasse.

Pastelaria Gardy – *R. de Sto. António, 16 e 33* - ☎ *289 82 40 62.* Le café chic où les élégants de la ville se retrouvent autour d'une pâtisserie.

Versailles – *R. Ivens, 7* - ☎ *289 82 84 35.* Jolie terrasse au cœur de la zone piétonne. Idéale pour prendre un verre dans la journée, ou un jus de fruits frais accompagné de sandwiches et du lot classique de pâtisseries portugaises.

Achats

Loja dos Chapeus – *R. Ferreira Neto, 40 - fermé sam. matin et dim.* Cette boutique de la zone piétonne vend depuis 75 ans des chapeaux dans un décor inchangé de vitrines à l'ancienne et de carreaux de ciment. Vous y trouverez aussi des casquettes et des bobs.

Sabores do Algarve – *R. da Misericórdia, 32* - ☎ *289 96 38 84 - 10h-19h et sam.-dim. 13h-19h.* Avis aux amateurs de saveurs régionales : cette adresse rassemble une délicieuse palette de produits originaux et bien présentés tels que liqueurs de fenouil, de gland, de figue et de caroube ou encore confitures de fabrication artisanale et « bio ». Juste avant l'office de tourisme, un endroit idéal pour des emplettes gourmandes !

1940 aux années 1970. Petit clin d'œil aux occupants des clochers voisins, une cigogne mécanique fabriquée en Allemagne. *Été : tlj sf dim. 10h-18h, lun. et sam. 14h30-18h ; le reste de l'année : tlj sf dim. 9h30-17h30, lun. et sam. 14h-17h30. Fermé j. fériés. 1€.*

La **galeria Trem** (rua do Trem) expose quant à elle les œuvres d'artistes contemporains portugais et étrangers. *Été : tlj sf dim. 10h-18h, lun. et sam. 14h30-18h ; le reste de l'année : tlj sf dim. 9h30-17h30, lun. et sam. 14h-17h30. Fermé j. fériés.*

L'ancienne brasserie, **Fábrica da Cerveja**, adossée aux remparts Sud, passe difficilement inaperçue. Cet imposant édifice jaune, qui a accueilli un temps des expositions temporaires, est fermé jusqu'à nouvel ordre.

LE FRONT DE MER

Faro est avant tout un port, et c'est là que se concentre la vie locale. L'**obélisque** haut de 15 m, érigé au centre de la praça Dom Francisco Gomes, la largeur des avenues, les palmiers de l'avenida da República et surtout ceux du jardin Manuel Bivar font le cachet de ce quartier aux perspectives modernes.

Museu da Marinha

Tlj sf dim. 14h30-16h30. Fermé j. fériés. 1€. Le musée de la Marine est installé dans la capitainerie du port. On y voit en particulier des maquettes de bateaux et d'intéressantes reproductions des différents types de pêche (thon, sardine, poulpe, etc.).

Centro Ciência Viva

Tlj sf lun. 10h-17h, w.-end et j. fériés 15h-19h (de déb. juil. à mi-sept. : également 16h-23h). 2,50€.
Installé près du port de plaisance, ce centre consacré à la science et à la technologie présente des expositions interactives qui permettent au visiteur d'observer les planètes ou de naviguer dans un monde virtuel. L'exposition permanente a pour thème le Soleil et son influence sur notre planète.

La lagune à la lisière de la vieille ville.

H. Champollion/MICHELIN

LE CENTRE-VILLE

Près du port s'étend un quartier piéton très animé, où les boutiques de vêtements succèdent aux vastes terrasses de restaurants et de cafés. Il est agréable d'y faire du lèche-vitrine, et quelques monuments intéressants se trouvent à proximité.

Museu de Etnografia Regional

Tlj sf w.-end 9h-12h30, 14h-17h30. Fermé j. fériés. 1,50€.
Ce musée évoque la vie traditionnelle en Algarve sous forme de photographies, peintures, objets usuels, maquettes (dont celle d'une madrague, gigantesque filet naguère utilisé pour la capture des thons), reconstitutions (épicerie, intérieur paysan avec cuisine, écurie, four à pain), mannequins costumés...

Église de São Pedro

L'intérieur de cette église érigée au 16e s. est décoré d'une frise d'azulejos polychromes du 18e s. L'une des chapelles est entièrement revêtue de panneaux d'azulejos bleu et blanc, tandis que la chapelle du Très-Saint-Sacrement (Santíssimo Sacramento) est couverte de boiseries dorées.

Église do Carmo

Mai-sept. : tlj sf lun. 10h-13h, 15h-18h ; le reste de l'année : tlj sf lun. 10h-13h, 15h-17h. 2,50€ (accès à la chapelle des Os), gratuit dim. et j. fériés jusqu'à 14h.
Cette majestueuse église baroque du début du 18e s. cache, accolée au bras gauche de son transept et près des tombes d'un ancien cimetière, une **chapelle des Os** revêtue d'ossements et de crânes.

Miradouro de Santo António

Accès par l'av. 5 de Outubro. Un escalier abrupt mène au belvédère du clocher de la chapelle : de là, vous bénéficierez d'un beau **panorama★** sur la ville et la lagune *(à voir l'après-midi, lorsque le soleil accentue le relief des cordons littoraux).*
Dans la cour, un petit **musée** est consacré à saint Antoine *(voir encadré p. 254). Tlj sf w.-end 9h-12h, 14h-17h. Fermé j. fériés. 0,55€.*

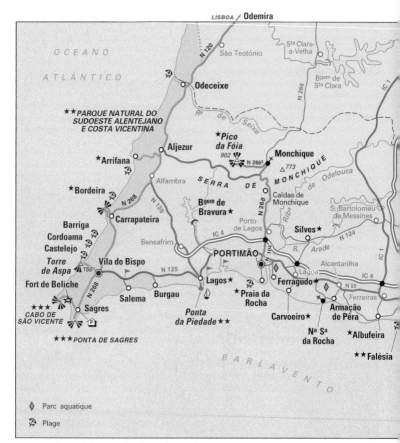

PARQUE NATURAL DA RIA FORMOSA

La partie à l'Est de Faro, appelée « Sotavento » (sous le vent), est dotée d'une lagune fermée par un cordon littoral, donnant lieu à des paysages très particuliers. Les plages, sur le cordon littoral, sont reliées à la terre ferme par bateau ou par des passerelles construites sur la lagune. Pour préserver ce milieu naturel exceptionnel, toute la côte, d'Ancão (près de Quinta do Lago) à Manta Rota (près de Cacela Velha), a été déclarée Parc naturel de la ria Formosa. S'étendant sur 18 400 ha pour une longueur de 60 km, ce parc comprend des dunes, des canaux et des îles d'un grand intérêt ornithologique. C'est aussi une région riche en mollusques et en crustacés et un lieu très important pour la ponte des poissons. Les dunes, la lagune et les espèces qui y vivent y sont désormais protégées. La poule sultane (*caimão comum*), oiseau rare au Portugal, sert d'emblème au parc, où elle se reproduit.

Praia de Faro (ou Ilha de Faro)

9 km. Accès par ① du plan en suivant la direction de l'aéroport, par les bus de l'aéroport n° 14 ou 16 ou par bateau (embarcadère en face de l'arco da Porta Nova).
La plage est un cordon de sable qu'un pont relie au continent, entre l'Océan et la ria Formosa ; la pointe orientale révèle une jolie **vue★** sur Faro dont la blancheur se reflète dans la lagune.

Ilha Deserta (ou Ilha da Barreta)

Quatre bateaux par jour au départ de l'embarcadère de l'arco da Porta Nova.
Comme son nom l'indique, c'est une île déserte... ou presque. Vous y trouverez quelques cabanes de pêcheurs et un restaurant de poisson pour accueillir les estivants. Le point le plus méridional du Portugal est situé sur cette île, au **cap de Santa Maria**.

Quinta de Marim

Très mal indiqué. À 1 km d'Olhão (voir ci-dessous) vers Tavira par la N 125, prenez à droite en direction de la ria Formosa. Allez tout droit et franchissez la voie ferrée. À environ 700 m de la nationale, se trouve l'entrée du centre, en face du snack-bar Vista Formosa.

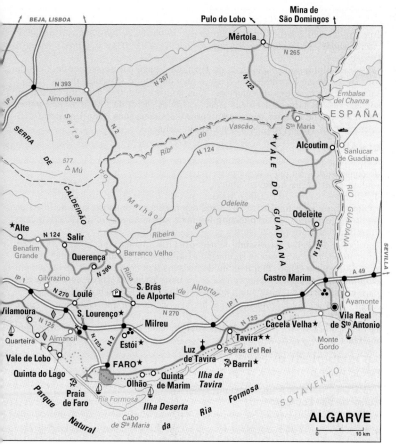

environs pratique

HÉBERGEMENT

🛏 **Pensão Bela Vista** – *R. Dr. Teófilo Braga - 8700 Olhão* - ☎ 289 70 25 38 - 🚫 -23 ch. 25/40€. Voilà une pension bien tenue à proximité du bord de mer qui offre un bon rapport qualité-prix. Ses chambres sont décorées d'azulejos contemporains et donnent soit sur le patio lumineux, soit sur la terrasse commune du toit. Salles de bain modernes et spacieuses.

🛏🛏 **Pedras Verdes** – *Sitio da Boavista - 8700 Quelfes - 6 km au Nord-Est d'Olhão* - ☎ 289 72 13 43 - info@pedrasverdes.com - fermé déc. et janv. - 🏊 - 6 ch. 80/95€. Après une piste jalonnée de pierres vertes (d'où le nom), on atteint une maison d'hôte toute blanche nichée au milieu des amandiers, des orangers et des oliviers. Une atmosphère décontractée règne sur les chambres décorées par thème et sur le jardin à l'air rebelle. Vous prendrez l'apéritif sur le toit et le petit déjeuner sous les caroubiers, tandis que les propriétaires se montreront aux petits soins pour vous. C'est un véritable coin de paradis !

RESTAURATION

🍴 **Casa de Pasto Algarve** – *Praça Patrão Joaquim Lopes, 18-20 - 8700 Olhão* - ☎ 289 70 24 70 - fermé dim. - 🚫 -12/18€. Un restaurant très simple et populaire sur une placette précédant le front de mer. On y mange en toute simplicité des filets d'espadon, de la raie ou du riz à la marinière. Préférez la terrasse à la salle, plutôt quelconque.

🍴 **Churrasqueira Chefe Silva** – *Estrada Nacional, 125 - 8700 Olhão* -☎ 289 72 27 83 - 🚫 - 12/22€. Pour une halte en chemin vers Olhão ou l'arrière-pays, un restaurant sans cachet particulier, car en bordure de route, mais une bonne table pour les amateurs de cuisine du terroir. Chevreau, sanglier, porc noir de l'Alentejo, brochettes de lotte et crevettes.

🍴🍴 **Gigi** – *Praia Quinta do Lago - 8135 Quinta do Lago* - ☎ 289 39 44 81 - fermé nov.-fév. - 🚫 - 20/30€. Une clientèle dorée mais décontractée fréquente ce restaurant aux allures de bar de plage. Un ponton permet d'accéder à la grande cabane qui précède les dunes et où l'on mange nonchalamment du poisson grillé. C'est le rendez-vous incontournable de ce Beverly Hills à la portugaise qu'est Quinta do Lago !

🍴🍴 **Couleur France** – *Vale d'Éguas - 8135-022 Almancil* - ☎ 289 39 95 15 - fermé 10-31 août, 23 nov.-17 déc. et sam. - 22,50/39,50€. De par sa toute nouvelle situation, Couleur France offre plus de confort et d'espace. Pour les petits creux de fin de journée, le restaurant propose en-cas et dîners. Belle sélection de vins français.

Parc : tlj 8h-20h. 1,50€. Centre d'information : tlj 9h-12h30, 14h-17h30. Possibilité de visites guidées, réservations à l'avance ☎ 289 70 41 34. Plan très précis fourni à l'entrée.
Cette *quinta* propose d'explorer la ria Formosa à pied, par un sentier de 3 km de long qui traverse les différents écosystèmes du littoral (pinèdes, dunes, marais salants...). Entre autres découvertes, vous pourrez pénétrer dans un chenil, où sont élevés les fameux « chiens d'eau » (*cão de água*) de l'Algarve, aux pattes palmées, qui aidaient les pêcheurs à poser leurs filets sous l'eau. Un centre d'information sur l'environnement complète la visite.

OLHÃO

8 km à l'Est de Faro. Olhão est un actif port de pêche à la sardine et au thon, doté de conserveries. En dépit de sa pittoresque physionomie de ville mauresque, aux ruelles étroites, aux maisons cubiques blanches, couvertes de terrasses et dotées de cheminées cornières, Olhão ne date pas du temps de l'occupation arabe. La « ville cubiste » fut fondée au 18e s. par des pêcheurs venus par mer de la ria de Aveiro. Elle devrait son architecture originale aux relations commerciales qu'elle entretint avec l'Afrique du Nord.

Du clocher de l'**église paroissiale**, située sur la rue principale menant au port *(accès par la première porte à droite en entrant dans l'église)*, se révèle un **panorama★** curieux sur l'ensemble d'Olhão. Bon nombre de maisons sont couvertes par un étagement de terrasses (*açoteias* et *mirantes*) reliées les unes aux autres par de petits escaliers. L'ensemble forme un lumineux tableau. *9h-11h30, 15h-17h, sam. 9h-11h30. 1€.*

Enfin, de l'agréable promenade en bordure de la ria que constitue le **parc Joaquim Lopes**, on découvre le port de pêche et l'immensité plate des cordons littoraux. Voisines du parc, les **halles** sont, le samedi, entourées d'un important marché.

AU NORD-OUEST DE FARO

Quittez Faro par ① du plan, N 125. 2 km avant Almancil, au Nord de la route, s'élève l'église de São Lourenço.

Église de São Lourenço★

Tlj sf dim. 10h-13h, 14h30-17h, lun. 14h30-17h . ☎ 289 39 54 51. Cet édifice roman, transformé à l'époque baroque, est tapissé d'**azulejos★★** datés de 1730, dus à Bernardo, artiste connu sous le nom de Policarpo de Oliveira Bernardes. Ceux des murs et de la voûte représentent des scènes de la vie de saint Laurent et son martyre. On reconnaît : de part et d'autre du chœur, la guérison des aveugles et la distribution aux pauvres d'argent produit par la vente des vases sacrés ; dans la nef, à droite, la rencontre entre le saint et le pape, le saint en prison, à gauche, les préparatifs du martyre et saint Laurent, sur son gril, réconforté par un ange. Extérieurement, sur le chevet plat de l'église, un vaste panneau d'azulejos représente saint Laurent et son gril sous une coquille baroque.

Centro Cultural de São Lourenço – *Tlj sf lun. et dim. 10h-19h. Gratuit.* Dans une maison typique de l'Algarve située près de l'église, le centre culturel propose toute l'année un programme de musique et d'arts plastiques, avec des œuvres d'artistes portugais et étrangers contemporains.

Poursuivez jusqu'à Almancil, où l'on prend à gauche la route menant aux plages.

Quinta do Lago et Vale do Lobo

Ces deux villages de vacances sont intéressants à visiter en tant qu'exemples d'aménagements de grand luxe : ils comprennent plusieurs terrains de golf, des country-clubs, de grands hôtels et, tout autour, de splendides villas nichées dans une forêt de pins parasols. Leurs plages sont accessibles par des passerelles qui enjambent la lagune.

Poursuivez vers l'Ouest par la route côtière.

Vilamoura

La station balnéaire de Vilamoura et sa voisine **Quarteira** ont vu se construire le long de leurs plages de très vastes complexes touristiques. Les hautes tours de Quarteira bordant un large boulevard voisinent avec les villages de vacances et les hôtels de Vilamoura, son casino, ses quatre terrains de golf et sa marina, qui peut accueillir plusieurs centaines de yachts. Le plus surprenant est de découvrir, au milieu de toutes ces constructions modernes, les ruines d'une cité romaine.

Museu e Estação Arqueológica do Cerro da Vila – *À l'angle Nord-Ouest de la marina. Bâtiment moderne situé 200 m avant le parking Cerro da Vila. Juin-août : 10h-13h, 14h-20h ; avr.-mai : 9h-12h30, 14h-19h ; sept.-mars : 9h-12h30, 14h-18h. Fermé 1er janv., dim. de Pâques et 25 déc. 2€.*

Les fouilles entreprises depuis 1964 ont mis au jour, sous les vestiges maures et wisigothiques, ceux d'une cité romaine comprenant une villa patricienne du 1er s. avec bain privé et cave, un crématorium, des puits, des silos, des étables, un pressoir et, en contrebas, les vestiges de thermes publics du 3e s. La mer venait alors jusqu'ici et ces thermes se trouvaient près du port (mur du quai) ; ils étaient fréquentés par les marins qui faisaient escale.

De beaux panneaux ou fragments de mosaïques, polychromes ou noir et blanc, ornent les sols et bassins (ultérieurement convertis en bacs de salaison et viviers). Le musée présente des vestiges de diverses époques trouvés sur place (pièces de monnaie, céramiques).

Praia da Falésia★★ – *Après la marina, au bout de la route, parking gratuit au soleil et payant à l'ombre.* Une passerelle aboutit à l'extrémité Est de cette magnifique plage. Les falaises qui font sa renommée se trouvent plus loin, en direction d'Albufeira. Les plus courageux pourront marcher, sinon rapprochez-vous en voiture d'Albufeira *(voir ce nom).*

Praia da Falésia, entre mer et falaise.

circuit

SERRA DO CALDEIRÃO

107 km – Prévoyez une journée.

Ce circuit permet de découvrir un aspect peu connu de l'Algarve, entre les collines calcaires du *barrocal* et les monts schisteux de la serra do Caldeirão, à quelques kilomètres seulement de la côte et néanmoins loin de son agitation. Les villages blancs et fleuris, peu peuplés, gardent leur physionomie traditionnelle et l'artisanat y est encore une activité importante. La monotonie est absente de la serra, où le paysage change au fil des saisons : en janvier-février, ce sont les nuées blanches des amandiers en fleur qui envahissent le paysage ; au printemps, la serra est constellée du blanc des fleurs des cistes ; en hiver comme en été, les oranges se détachent dans le vert profond des vergers... Et les senteurs : eucalyptus, pins, lavandes sauvages, cistes, valent à elles seules la visite.

Une fontaine des jardins du palais d'Estói.

H. Champollion/MICHELIN

Quittez Faro par ② du plan, N 2. À 10 km, prenez à droite la route d'Estói (vers Tavira).

LES AMANDIERS DE L'ALGARVE

Si l'Algarve est célèbre pour la beauté de ses plages, sa campagne ne manque pas de charme avec ses vergers peuplés de figuiers, d'orangers et d'amandiers. La légende raconte qu'un émir maure avait épousé une princesse scandinave. Celle-ci se languissait loin des neiges nordiques, et c'est pour rendre le sourire à sa jeune épouse que l'émir ordonna la plantation d'un immense champ d'amandiers dans son domaine. Un matin de janvier, la princesse eut la surprise de voir le paysage couvert de myriades de fleurs d'amandiers dont l'éblouissante blancheur, n'ayant rien à envier à celle des flocons de neige, lui causa une grande joie.

Ruines romaines de Milreu

Avr.-sept. : tlj sf lun. 9h30-12h30, 14h-18h ; oct.-mars : tlj sf lun. 9h30-12h30, 14h-17h. Fermé 1ᵉʳ janv., dim. de Pâques, 1ᵉʳ mai et 25 déc. 1,25€, gratuit dim. et j. fériés au matin. ☎ 289 99 78 23.

Une abside carrée et deux colonnes tronquées en marbre sont les restes d'un temple de l'Ossonoba romaine, ville du 1ᵉʳ s. Autour d'un temple, des soubassements en brique de maisons et de thermes encadrent les aires d'habitation ou des bassins, dont plusieurs ont gardé leur revêtement de mosaïque polychrome : remarquer la **mosaïque aux gros poissons** sur la paroi d'une des piscines.

Jardins du palais d'Estói★

1 km au-delà de Milreu. Dans Estói, à 100 m de l'église. 9h-12h30, 14h-17h30. Fermé dim. et j. fériés.

L'ensemble a un charme tout romantique qui évoque les palais italiens. Une allée de palmiers mène aux jardins bordés d'orangers qui s'élèvent en terrasses jusqu'à la façade baroque d'un petit palais du 18ᵉ s. Les terrasses à balustres, ornées de pièces d'eau, de statues, bustes et vases en marbre ou en terre cuite, d'azulejos bleus ou polychromes à sujets mythologiques ou fantaisistes, d'éléments de mosaïques romaines pris à Milreu, composent un joli tableau. L'édifice, censé accueillir une *pousada*, attend toujours le commencement des travaux de restauration.

Revenez sur la N 2 et reprenez vers le Nord.

São Brás de Alportel

D'origine arabe, l'ancienne Xanabus est une petite ville tranquille, située sur une hauteur et peuplée de maisons blanches surmontées de leurs cheminées typiques. Premier grand centre d'extraction du liège au Portugal, elle conserve encore quelques industries liées à cette activité et possède également une production importante de caroubes, d'amandes et de figues.

Museu do Trajo do Algarve (Casa da Cultura António Bentes) – *Tlj sf dim. 10h-13h, 14h-17h, sam. et j. fériés 14h-17h. 1€.* Installé dans une belle maison bourgeoise du 19ᵉ s., le **musée du Costume de l'Algarve** présente une collection intéressante de charrettes et voitures anciennes, d'instruments agricoles (en particulier pour travailler le liège), de poupées du monde entier et de costumes traditionnels ; il organise en outre des expositions temporaires.

Devant le musée, vous apercevez le beau jardin de l'ancienne résidence des évêques de l'Algarve.

Suivez la N 2 sur 14 km. La route dessine d'innombrables lacets, entre pins et eucalyptus. À Barranco Velho, prenez la N 396 en direction de Querença.

Querença

Ce village occupe les versants d'une colline culminant à 276 m, couronnée par l'**église Nossa Senhora da Assunção**, dont la fondation est attribuée aux Templiers. Entièrement restaurée en 1745, elle conserve néanmoins son portail manuélin. À l'intérieur, on peut admirer de beaux bois dorés. *Si l'église est fermée, demandez les clés en face, à l'office de tourisme.*

Les maisons d'un blanc éclatant ont encore souvent leur four traditionnel. Alentour, dans la garrigue, poussent les arbousiers, dont les fruits servent à produire la célèbre eau-de-vie de l'Algarve, l'**aguardente de medronho**.

Reprenez la route vers Aldeia da Tôr, village à côté duquel on peut voir un pont romain. Suivez la direction de Salir.

Salir

Son château en ruine, érigé par les Maures, offre de belles vues sur la serra.

Rocha da Pena – Au Nord-Est du village, sur cette hauteur sauvage et escarpée (479 m) se trouvent deux murailles datées du néolithique. Un sentier pédestre (4,7 km) permet de découvrir la flore et la faune locales, protégées en raison de leur grande richesse : on peut y observer le grand duc, l'aigle de Bonelli et la buse variable, ainsi que le renard, la genette et la mangouste.

Prenez la N 124 vers Alte.

Alte★

Les maisons blanches de ce joli village aux ruelles étroites et sinueuses s'accrochent aux versants d'une hauteur de la serra. En bas du village, deux fontaines champêtres et ombragées, Fonte Pequena et Fonte Grande, où sont installées des tables en pierre pour les pique-niques, offrent une pause agréable. On y organise des fêtes et des pèlerinages.

Église paroissiale – Cette église fondée avant le 16ᵉ s. possède un beau portail manuélin. À l'intérieur, l'une des chapelles est totalement couverte d'azulejos du 18ᵉ s., tandis que la chapelle de Notre-Dame-de-Lourdes est ornée de précieux azulejos polychromes en relief de type sévillan du 16ᵉ s.

Reprenez la N 124. À Benafim Grande, tournez à droite dans une petite route qui conduit à la N 270, que l'on atteint au village de Gilvrazino. Suivez la direction de Loulé.

Loulé

Cette ville, qui fut habitée par les Romains, garde quelques pans de la muraille de son château maure. Grand centre horticole et artisanal, on y vend les produits provenant des villages de la serra, en particulier dans l'étonnant bâtiment de style néo-mauresque (19ᵉ s.) du marché, très animé, où l'on peut trouver de belles poteries *(tous les matins sf dim.)*. Autour du centre historique, de nombreux artisans exercent leur métier : tressage du palmier nain (pour la confection de chapeaux, de paniers, etc.), sparterie (tapis), travail du cuir, du cuivre, du laiton, sellerie et harnais...

Loulé est également célèbre pour son carnaval qui, dit-on, est à l'origine de celui de Rio de Janeiro. Le pèlerinage de Nossa Senhora da Piedade (Mãe Soberana), le deuxième dimanche de Pâques, a des origines préchrétiennes.

Musée municipal de Arqueologia – *Tlj sf dim. 9h-17h30, sam. et j. fériés 10h-14h. 1€.* Situé à côté du château, il présente de façon attractive des pièces d'archéologie régionale et la reconstitution d'une **cuisine traditionnelle**. Votre ticket d'entrée vous donne également accès aux **remparts**.

Église paroissiale – *Entrée par la porte latérale.* Fondée au 13ᵉ s., cette église consacrée à saint Clément a été remaniée au fil des siècles. Elle présente un portail à arc brisé. L'intérieur, à trois nefs, contient des chapiteaux ornés de motifs végétaux. Remarquez une chapelle manuéline et une autre, Renaissance. Le chœur est surmonté d'une fenêtre géminée.

Église Nossa Senhora da Conceição – L'intérieur, tapissé de beaux azulejos du 17ᵉ s., abrite un retable en bois doré du 18ᵉ s.

Revenez à Faro par la N 125-4.

Fátima

En ce lieu jadis isolé, en 1917, la Vierge serait apparue à trois enfants à plusieurs reprises, le 13 de chaque mois, de mai à octobre. Devenu le plus grand sanctuaire catholique du pays, il est aussi l'un des plus connus au monde. Des milliers de fidèles s'y rassemblent en de grands pèlerinages, en particulier à ces mêmes dates. Fátima constitue un ensemble hétéroclite qui mêle lieux saints, boutiques de souvenirs, couvents et résidences hôtelières. Ceux que la spiritualité du lieu n'attire pas pourront s'abstenir d'une visite.

La situation

10 337 habitants. Carte Michelin n° 733 N 4 – District de Santarém. À 31 km au Sud-Est de Leiria, le sanctuaire se dresse au lieu-dit Cova da Iria (alt. 346 m) dans un paysage de collines verdoyantes. 🛈 *Av. José Alves Correia da Silva, 2495-402,* ☎ *249 53 11 39.*

Vous pouvez poursuivre votre voyage en visitant : le monastère de BATALHA, LEIRIA, TOMAR.

comprendre

Les apparitions – Le 13 mai 1917, trois jeunes bergers, **Francisco**, **Jacinta** (frère et sœur) et **Lúcia** (leur cousine), gardent leur troupeau sur le penchant d'une colline, à Cova da Iria, lorsque soudain le ciel s'illumine ; la Vierge leur apparaît dans les branches d'un chêne et leur parle. Son message, répété avec insistance lors des apparitions suivantes, le 13 de chaque mois, est un appel à la paix ; il prend à ce moment-là une résonance particulière : l'Europe est en guerre depuis près de trois ans et le Portugal combat dans les rangs alliés. Le 13 octobre 1917, près de 70 000 personnes attendant le moment de la dernière apparition voient soudain la pluie cesser et le soleil briller et tournoyer dans le ciel comme une boule de feu. En 1930, après une longue enquête, l'évêque de Leiria donne l'autorisation de célébrer le culte de Notre-Dame-de-Fátima. Le 13 mai 2000, année du jubilé, le pape Jean-Paul II, très lié à Fátima, a béatifié les deux enfants, Francisco et Jacinta.

Des milliers de fidèles se rassemblent pour le pèlerinage de Fátima.

découvrir

Fátima présente surtout un intérêt les jours de **grands pèlerinages**, où l'on peut assister à une procession aux flambeaux, une vigile nocturne, la messe solennelle sur l'esplanade, la bénédiction des malades, et, pour clore le pèlerinage, la procession des « adieux » à la Vierge.

La ferveur qui anime la foule des pèlerins en prière, venus du monde entier, parcourant souvent à genoux l'esplanade jusqu'à la chapelle des Apparitions, ne laisse personne indifférent.

Basilique

Fermant l'immense esplanade (540 m x 160 m) qui peut rassembler plus de 300 000 pèlerins, la basilique néoclassique est prolongée de part et d'autre par un péristyle en arc de cercle (abritant un chemin de croix en mosaïque) et dominée par une tour de 65 m. L'intérieur abrite les tombeaux de Francisco, mort en 1919, et de Jacinta, morte en 1920 ; l'aînée, Lúcia, est quant à elle religieuse au carmel de Coimbra.

Chapelle des Apparitions

Sur l'esplanade, un chêne vert, entouré d'une grille, remplace celui près duquel la Vierge apparut. Une chapelle abrite la statue de Notre-Dame-de-Fátima, pour qui s'amoncelle la cire des cierges brûlés.

Museu de Cera (musée de Cire)

Avr.-oct. : 9h30-18h30, sam. 9h30-19h ; nov.-mars : 10h-17h, sam. 9h-18h, dim. et j. fériés 9h-17h30. Fermé 25 déc. 4,50€.

L'histoire des apparitions est racontée dans ce musée à travers 28 « tableaux » dans lesquels l'atmosphère est très bien rendue.

alentours

OURÉM

7 km au Nord-Est de Fátima. À environ 2 km au Sud de la ville moderne d'Ourém, la vieille cité fortifiée coiffe fièrement une butte isolée dont le sommet est occupé par les vestiges d'un château. L'endroit est propice à une agréable promenade. *Laissez la voiture à l'entrée de la cité et prenez à gauche une rue qui s'élève vers le château.*

Le blason du comte Dom Afonso orne la fontaine à l'entrée du village.

Château

Ourém connut une période de faste au 15e s. lorsque le quatrième comte d'Ourém, Dom Afonso, fils du premier duc de Bragance *(voir Bragança)* et neveu du connétable Nuno Álvares Pereira, fit aménager le château en palais et édifier plusieurs monuments. Plus de 2 000 personnes vivaient alors à l'intérieur de l'enceinte.

Deux tours en éperon apparaissent de chaque côté du chemin ; remarquez les curieux mâchicoulis en brique qui couronnent les murailles du château. *Passez sous le porche de la tour de droite.*

Un sentier permet de voir un ancien souterrain. Des escaliers mènent à une tour carrée qui commande l'accès d'un château triangulaire plus ancien ; citerne souterraine arabe (9e s.) dans la cour.

Faites le tour du chemin de ronde pour apercevoir : à l'Ouest le clocher de la basilique de Fátima, au Nord-Ouest le bourg de Pinhel, au Nord-Est Vila Nova de Ourém et, dans le lointain, la serra da Lousã. *Un sentier mène au village et à la collégiale.*

Collégiale

En entrant par le bras droit du transept, une porte s'ouvre aussitôt à droite sur un escalier donnant accès à une crypte à six colonnes monolithes ; elle abrite le **tombeau** du comte Dom Afonso, en calcaire blanc d'un gothique très fleuri ; le gisant est attribué au sculpteur Diogo Pires le Vieux. Deux machines élévatrices sont gravées sur le tombeau.

excursions

PARC NATUREL DES SERRAS DE AIRE* ET CANDEEIROS

Entre Batalha, Rio Maior et Fátima, ce parc naturel recouvre 35 000 ha des serras de Aire et de Candeeiros. Formées de hauteurs calcaires, truffées de grottes, ces forêts présentent des paysages forts où l'aridité n'exclut pas un certain charme. Les routes y serpentent, bordées de rares eucalyptus, au flanc de croupes blanches piquetées d'oliviers et toutes zébrées de murets de pierres sèches.

Les localités les plus importantes en sont : **Porto de Mós**, que signale de loin son château, à la toiture verte, juché sur une butte, et **Mira de Aire**, connu pour ses produits d'artisanat.

Grottes de São Mamede

8 km de Fátima. De Cova da Iria (Fátima), 7,5 km par la N 356 vers Batalha. Prenez à gauche la route de Mira de Aire, puis, à la sortie du village de São Mamede, dirigez-vous à gauche. Visite guidée (20-25mn) juil.-sept. : 9h-19h ; avr.-juin : 9h-18h ; oct.-mars : 9h-17h. 4€.

Ce sont les plus récemment prospectées, en 1971. Une légende, voulant que des bandits y aient précipité le corps d'un voyageur et sa bourse avec lui, dans leur hâte excessive, les a fait baptiser « **grottes de la Monnaie** » (grutas da Moeda). On y dénombre neuf « salles » de teintes variées. Une cascade, ainsi que d'étonnantes concrétions calcaires multicolores, dans la « salle du Berger », sollicitent le regard.

Grottes de Mira de Aire★

21 km de Fátima. Dans le bourg, à droite de la N 243 vers Porto de Mós. Visite guidée (40mn) juil.-août : 9h30-20h ; juin et sept. : 9h30-19h ; avr.-mai : 9h30-18h ; oct.-mars : 9h30-17h30. 4€.

Ces grottes, dites **des Vieux Moulins** (grutas dos Moinhos Velhos), sont les plus grandes du Portugal. Découvertes en 1947, elles sont reliées par des tunnels artificiels totalisant une longueur de plus de 4 km *(dont 600 m se visitent)*, pour une dénivellation de 110 m. Leur parcours, en spirale descendante, compte 683 marches. De salle en galerie, le coup d'œil est impressionnant, surtout dans les deux plus vastes cavités : le « Grand Salon » (60 m de haut, 45 m de largeur praticable) et la « Salle rouge ». La teinte rougeâtre des parois, due à l'oxyde de fer, l'opalescence des concrétions aux contours évocateurs (« joyaux » de la chapelle des perles, la méduse, le martien, l'orgue...), le ruissellement des eaux souterraines exercent une certaine fascination. Dans l'immense galerie terminale, le « Grand Lac », qui collecte les eaux des ruisseaux et de la « Rivière noire » dont la crue, plusieurs jours par an, inonde la partie inférieure des grottes.

Le retour à l'air libre s'effectue par un ascenseur.

Grottes d'Alvados

25 km de Fátima. Accès par la N 361, entre Alvados et serra de Santo António. Visite guidée (35mn) juin et août : 9h30-20h30 ; juil. et sept. : 9h30-19h ; avr.-mai : 9h30-18h ; oct.-mars : 9h30-17h30. 4€ (5-12 ans : 2,50€) ; 7,50€ (billet combiné avec les grottes de Santo António ; enf. : 4,50€).

Découvertes en 1964, au flanc Nord-Ouest de la colline de Pedra do Altar. Elles offrent aux visiteurs un parcours de 450 m à travers une dizaine de salles – reliées artificiellement par de longs tunnels –, chacune avec sa vasque d'eau limpide et ses concrétions. On admirera la teinte dorée de leurs parois, de nombreux stalactites et stalagmites réunies en piliers, les fissures zigzagantes au sol.

Dans la plus grande salle, haute de 42 m, chutaient les animaux égarés (ossements visibles).

Grottes de Santo António

26 km de Fátima. Accès par la N 361, au Nord de Serra de Santo António. Visite guidée (35mn) juin et août : 9h30-20h30 ; juil. et sept. : 9h30-19h ; avr.-mai : 9h30-18h ; oct.-mars : 9h30-17h30. 4€ (5-12 ans : 2,50€) ; 7,50€ (billet combiné avec les grottes de Alvados ; enf. : 4,50€).

Détectées en 1955, près du sommet (583 m) de la colline de Pedra do Altar, les grottes de Santo António ont nécessité d'importants aménagements, dont un tunnel d'accès de 40 m.

Leurs trois salles – la principale, d'une surface de 4 000 m², atteint 43 m de haut – et une courte galerie sont agrémentées de délicates concrétions roses, et, pour l'une des salles secondaires, d'un petit lac. Les stalagmites sont constituées en véritable forêt et certaines d'entre elles évoquent des statues.

Figueira da Foz★

Adossée à la serra da Boa Viagem qui la protège des vents du Nord, Figueira da Foz s'étale à l'embouchure du Mondego et fait face à un paysage de marais salants au Sud, de l'autre côté de l'estuaire. Outre son port de pêche (sardine et morue) et ses chantiers navals, c'est l'une des stations balnéaires les plus fréquentées du Portugal. Le quartier moderne ou Bairro Novo, se prolonge vers l'Ouest, et vers le Nord jusqu'au village de Buarcos. Dans la courbe très ouverte de sa baie, une immense plage de sable fin et un front de mer défiguré par une urbanisation anarchique attirent chaque année de nombreux estivants. Les distractions y sont autant mondaines (casino, concerts, théâtre) que sportives (natation, régates, football de plage) ou folkloriques (fêtes de la Saint-Jean).

La situation

62 224 habitants. Carte Michelin nº 733 L 3 – District de Coimbra – Plan dans Le Guide Rouge Michelin Portugal. Ville d'estuaire sur la côte Atlantique, au Sud de la Beira Litoral, à 43 km à l'Ouest de Coimbra et à 51 km au Nord de Leiria. ⓑ Av. 25 de Abril, 3080-501, ☎ 233 40 28 20/27.

Vous pouvez poursuivre votre voyage en visitant : AVEIRO, COIMBRA.

visiter

Museu Municipal Dr. Santos Rocha
Rua Calouste Gulbenkian. De juin à mi-sept. : tlj sf lun. 9h30-17h30, w.-end et j. fériés 14h-17h30. Fermé 1ᵉʳ janv., 1ᵉʳ mai, 24 juin et 25 déc. 1,30€.

Installé dans un édifice moderne qu'il partage avec la bibliothèque, ce musée présente d'intéressantes collections archéologiques (remarquez une stèle gravée d'inscriptions ibériques) et artistiques : peintures, sculptures, arts décoratifs (faïences, mobilier).

alentours

Serra da Boa Viagem
Circuit de 20 km – environ 3/4h. Quittez Figueira da Foz vers le Nord-Ouest par la route côtière.

On aperçoit **Buarcos**, village de pêcheurs et station balnéaire. Après avoir laissé à gauche une importante cimenterie, la route longe l'Océan et atteint le phare du cap Mondego.

La route se poursuit à travers la forêt de pins, d'acacias et d'eucalyptus qui couvre la serra.

Tournez à droite en direction du village de Boa Viagem, puis à gauche vers Figueira da Foz.

La route passe sous une véritable voûte de verdure (cèdres, eucalyptus) puis, peu avant Boa Viagem, l'horizon se dégage pour offrir de jolies vues sur la baie de Figueira da Foz et l'embouchure du Mondego.

Montemor-o-Velho
16 km à l'Est par l'A 14. Dans la vallée du Mondego, Montemor-o-Velho est dominé par les ruines d'une citadelle bâtie au 11ᵉ s. pour interdire l'accès de Coimbra aux Maures occupant l'Estrémadure.

Château★ – *À l'entrée du bourg en venant de Figueira da Foz. Franchissez la première enceinte et pénétrez dans la cour du château. Été : 10h-21h ; le reste de l'année : 10h-17h. Fermé 1ᵉʳ janv. et 25 déc. 1€.*

Du château initial, il reste une double enceinte ovale crénelée, flanquée de nombreuses tours ; l'angle Nord est occupé par l'église et le donjon. Du haut des remparts, **panorama★** sur la vallée du Mondego où s'étendent d'immenses rizières, quelques champs de maïs et des peupleraies ; la serra da Lousã se profile à l'horizon, au Sud-Est.

Vallée du **Guadiana**★

Longer le Guadiana de son estuaire à la petite ville de Mértola, déjà située en Alentejo, dévoile une autre facette de l'Algarve, plus sereine et traditionnelle, où les habitants préservent des coutumes et des arts ancestraux. Entreprenez cette promenade au printemps ou à l'automne, lorsque la serra se montre verdoyante et fleurie, et que la chaleur n'est pas aussi intense qu'en été. Vous pouvez également naviguer de Vila Real de Santo António à Alcoutim, entre les monts couverts de cistes et de chênes-lièges, parsemés ici et là de maisons blanches isolées : une agréable croisière entre le Portugal et l'Espagne.

La situation
Districts de Faro et de Beja. Carte Michelin n° 733 UT 7 – Schéma : Algarve p. 192. Le fleuve Guadiana fait office de frontière entre le Portugal et l'Espagne entre Pomarão et Vila Real de Santo António. Cet itinéraire dans la vallée du Guadiana est faisable à partir de l'Algarve ou de l'Alentejo (Beja se trouve à 54 km au Nord-Ouest de Mértola).
Vous pouvez poursuivre votre voyage en visitant : BEJA (côté Mértola), TAVIRA (si vous vous trouvez en aval du Guadiana).

DE VILA REAL DE SANTO ANTÓNIO À MÉRTOLA

80 km – comptez une journée.

Vila Real de Santo António

Cette ville frontalière fut fondée en 1774 par le marquis de Pombal pour faire face à la cité andalouse d'Ayamonte sur l'autre rive du Guadiana. De ses beaux jardins qui bordent le fleuve, on aperçoit d'ailleurs la ville espagnole. Vila Real fut édifiée en cinq mois et montre un bel exemple de l'urbanisme de cette époque avec le plan quadrillé des rues bordées de maisons blanches aux toits à pans retroussés. Elle est devenue l'un des plus importants ports de pêche et de commerce de l'Algarve et un grand centre de conserverie de poisson. On y fabrique également des bateaux de plaisance destinés à l'exportation.

Relié à l'Espagne par un bac et depuis 1992 par un pont *(au Nord de la ville)*, Vila Real de Santo António est très fréquenté par les Espagnols qui viennent y acheter des cotonnades (nappes, draps, serviettes, etc.).

Praça do Marquês de Pombal – Entourée d'orangers, c'est la place principale au centre du quartier pombalin. Ses pavés noirs et blancs rayonnent autour d'un obélisque. Les rues piétonnes alentour sont bordées de boutiques de cotonnades.

Prenez la N 122 en direction de Castro Marim (à 6 km).

> **CROISIÈRE SUR LE GUADIANA**
>
> Découvrir le Guadiana en yacht entre Vila Real de Santo António et Alcoutim peut constituer une excellente alternative à la route. Départ de la marina de Vila Real de Santo António à 9h30 et retour à 18h. Réservations 24h à l'avance auprès de Turismar. ☎ 281 95 66 34.

Castro Marim

S'adossant à une hauteur qui domine la basse plaine ocre et marécageuse du Guadiana, près de son embouchure dans le golfe de Cadix, Castro Marim occupe une position forte, face à la ville espagnole d'Ayamonte.

La cité existait déjà à l'époque romaine. Elle devint, en 1321, lors de la dissolution de l'ordre des Templiers au Portugal, le siège des chevaliers du Christ, avant son transfert à Tomar *(voir ce nom)* en 1334. Les ruines de son château fort en grès rouge, démoli par le tremblement de terre de 1755, s'élèvent au Nord du village, alors que les vestiges du fort de São Sebastião (17e s.) couronnent une colline au Sud.

Château – *Laissez la voiture en bas du chemin signalisé « castelo » et montez à pied. L'entrée se trouve à gauche. Avr.-oct. : 9h-19h ; nov.-mars : 9h-17h. Gratuit.*

Les murailles en partie restaurées abritent les ruines d'un château primitif du 12e s. Le chemin de ronde offre une intéressante vue circulaire sur la petite cité et le fort de São Sebastião, les marais salants, le Guadiana, le pont qui relie le Portugal à l'Espagne, Ayamonte à l'Est, Vila Real de Santo António et la côte au Sud.

Réserve naturelle du marais (Sapal) de Castro Marim-Vila Real de Santo António – *Sapal de Venta Moinhos, au Nord de Castro Marim.* Les marais salants autour de la ville ont été transformés en une réserve de 2 000 ha, créée pour protéger une faune et une flore caractéristiques des zones chaudes et humides ; il n'est pas rare d'y voir des flamants roses et des cigognes dans leurs grands nids.

Reprenez la N 122 vers le Nord.

Odeleite

Le barrage d'Odeleite marque l'arrivée dans ce village ancien, fondé au 15e s. près de la rivière du même nom. On peut y voir une **église paroissiale** de style Renaissance.

Après Balurcos, suivez la N 122-1 vers la droite.

Alcoutim

Ce village qui maintient ses traditions est situé à flanc de colline, au bord du Guadiana, face au village andalou de Sanlucar de Guadiana, de l'autre côté du fleuve *(un bateau assure la traversée toutes les heures : 9h-13h, 14h-19h30)*.

Château – *De la praça da República, où se trouve l'office de tourisme, prenez la travessa Pedro Nunes. Après une forte montée, on atteint le château. Été : 10h-13h, 14h-18h ; le reste de l'année : 9h-13h, 14h-17h. 1€.*

Construit au 14e s. pour défendre ce village frontalier, remanié au 17e s., le château abrite un centre archéologique, le **Núcleo Arqueológico de Alcoutim**, qui contient des vestiges des époques néolithique, romaine, wisigothique, islamique et chrétienne. Dans la galerie du château, on pourra admirer la richesse de l'artisanat de cette région : paniers en osier, couvertures, tapis, objets en liège et en terre cuite...

Les murailles offrent de belles **vues** sur la serra et le fleuve.

Église paroissiale de São Salvador – *Près du fleuve et de la place de São Salvador.*
Cette église, construite au 16ᵉ s., offre une vue globale du village, au pied du
Guadiana.

Chapelle de Nossa Senhora da Conceição – *R. Dom Fernando, proche de la route
de V. Real de Santo António et de la ribeira de Cadavais. Été : 10h-13h, 14h-17h ; le
reste de l'année : 9h-13h, 14h-17h. 1€.*
Au sommet d'un escalier baroque, dominant le paysage, cette chapelle gothique-
manuéline conserve un portail du 16ᵉ s. surmonté d'une cloche. Elle abrite un
musée d'art sacré où ont été réunies des pièces provenant de différentes églises
de la région.

*Reprenez la N 122 vers Mértola. Après le village de Santa Maria, on entre dans
l'Alentejo.*

Mértola

Isolé au milieu des vastes paysages de l'Alentejo, Mértola (8 714 habitants) apparaît soudain tout blanc, s'étageant en amphithéâtre sur une colline au confluent
du Guadiana et de la rivière d'Oeiras. Fondé par les Phéniciens, l'ancien Myrtilis
était déjà une importante place commerciale à l'époque préromaine et constituait
le port le plus septentrional de la grande voie fluviale du Guadiana. La ville, qui
a gardé de nombreux vestiges de son passé, est encore dominée par le donjon et
l'enceinte ruinée de son château fort des 12ᵉ et 13ᵉ s.

carnet pratique

HÉBERGEMENT

🛏 **Janelas Verdes** – *R. Dr Manuel Francisco
Gomes, 38-40 - Mértola -* ☎ *286 61 21 45 -
🖅 - 3 ch. 35/50€* 🖃. Dormir chez l'habitant
donne l'occasion de mieux découvrir la vie
locale. Ici, vous goûterez en toute simplicité
l'hospitalité d'une vieille dame qui partagera
avec vous sa maison traditionnelle de village
et la fraîcheur de son patio envahi de
végétation. Chambres délicieusement
vieillottes. Immersion garantie.

ACHATS

Oficina de Ourivesaria – *Largo de
Misericórdia - Mértola -* ☎ *286 61 27 95 -
virgiliolopes@clix.pt.* À l'entrée de la vieille
ville, juste avant l'office de tourisme,
intéressante boutique de céramique et de
verre mêlant antiquités et artisanat. Sa vitrine
présente indifféremment copies, pièces
traditionnelles et créations contemporaines.

Église-mosquée – *Tlj sf lun. 10h-13h, 14h30-16h. En cas de fermeture, contactez sœur
Teresa au* ☎ *286 61 24 43 ou au 286 61 10 89.*
Mértola a conservé de son passé arabe une ancienne mosquée transformée en
église. Il s'agit de l'unique église portugaise dont on reconnaît encore nettement
la fonction première dans le plan carré, l'abondance des piliers, la présence, derrière l'autel, de l'ancien mihrab, niche d'où l'imam dirigeait les exercices du culte
avec le *nimbar* (chaire mobile), dans l'arc outrepassé de la porte qui donne sur la
sacristie. Les jolies voûtes sous croisée d'ogives datent du 13ᵉ s.
Plusieurs centres muséologiques dispersés dans la localité témoignent des peuples
qui s'y sont succédé et éclairent son histoire.

L'église-mosquée de Mértola.

Castelo (château) – Construit au 12e s., il est partiellement en ruine mais son **donjon** restauré abrite une petite exposition de vestiges lapidaires du 6e au 9e s.

Núcleo Romano (Centre romain) – *Été : tlj sf lun. 10h-13h, 15h-19h ; le reste de l'année : tlj sf lun. 9h-12h30, 14h-17h30. Fermé 1er mai, 25 et 31 déc. 5€.* Au sous-sol de la mairie, il contient les vestiges d'une maison romaine, où sont présentés des objets de cette époque.

Núcleo Visigótico (Centre wisigothique) – *Été : tlj sf lun. 10h-13h, 15h-19h ; le reste de l'année : tlj sf lun. 9h-12h30, 14h-17h30. Fermé 1er mai, 25 et 31 déc. 5€.* Il est installé dans une ancienne basilique paléochrétienne, où sont exposés des vestiges lapidaires du 5e au 7e s., provenant du cimetière médiéval de Mértola.

Núcleo Islâmico (Centre islamique) – *R. da Igreja, 2.* On y voit des objets de cette période parmi lesquels une importante collection de céramiques : vaisselle, ustensiles et azulejos de type *corda seca*.

Núcleo de Arte Sacra – L'**église da Misericórdia** abrite une collection d'art sacré provenant des églises de la région.

Núcleo de Tecelagem (atelier de tissage) – *Été : tlj sf lun. 10h-13h, 15h-19h ; le reste de l'année : tlj sf lun. 9h-12h30, 14h-17h30. Fermé 1er mai, 25 et 31 déc. 5€.* Cet atelier montre une activité encore courante dans la région ; les artisans y fabriquent et vendent les traditionnelles couvertures de laine.

Si vous avez le temps, vous pouvez visiter les environs de Mértola.

Mina de São Domingos

17 km à l'Est de Mértola par la N 265. Dans le village, prenez à droite au niveau de la poste (en face de l'église), dépassez le restaurant A Taberna, continuez tout droit puis descendez par le chemin de droite.

Disséminés çà et là dans la végétation, quelques machines et d'anciens rails témoignent de l'activité de cette mine de cuivre, qui fonctionna entre le milieu du 19e s. et la fin des années 1960. L'endroit n'offre pas un intérêt exceptionnel, mais l'ancien réservoir présente des teintes saisissantes sous le soleil.

Praia Fluvial – *Dans le village, suivez les panneaux « Praia Fluvial da Tapada Grande ».* Cette mini plage installée à proximité du barrage de Tapada Grande propose une halte sympathique pour se baigner ou prendre un verre près de l'eau.

Pulo do Lobo

31 km au Nord de Mértola. Suivez la N 122 vers Beja pendant 3 km, puis prenez à droite la direction d'Amendoeira. Dans ce hameau, empruntez la piste de droite jusqu'au site. Pulo do Lobo est également accessible depuis Serpa.

En plein Parc naturel de la vallée du Guadiana le site du « Saut du Loup » est un chaos rocheux assez spectaculaire, au cœur duquel le fleuve devient cascade.

Guarda

Principale place forte de la province de la Beira Alta, à proximité de l'Espagne, la « gardienne » du Portugal est aussi la ville la plus haute du pays. Dans les années 1950 et 1960 elle fut un important centre d'émigration vers la France. Cité plutôt austère, Guarda constitue cependant une base pratique pour découvrir les citadelles médiévales et les forteresses réparties le long de la frontière.

La situation

43 759 habitants. District de Guarda – Carte Michelin nº 733 K 8. Situé à 1 000 m d'altitude sur un contrefort oriental de la serra da Estrela, Guarda se trouve à 43 km à l'Ouest de Vilar Formoso (frontière) et à 75 km au Sud-Est de Viseu. **🛈** *Praça Luís de Camões, 6300-725, ☎ 271 20 55 30.*
Vous pouvez poursuivre votre voyage en visitant : BELMONTE, la serra da ESTRELA, VISEU.

comprendre

Occupé dès la préhistoire, le site de Guarda aurait servi de base militaire à Jules César avant de supporter, croit-on, la ville romaine de Lancia Oppidana, puis une forteresse wisigothique bientôt submergée par la conquête arabe. La ville, reprise aux Maures par Alphonse Henriques, fut agrandie et fortifiée à la fin du 12e s., sous Sanche Ier. Le roi Denis Ier y séjourna.
Après avoir repoussé les Espagnols, Guarda devait néanmoins faillir à son rôle de « gardienne » lors de l'invasion française de 1808.

carnet pratique

INTERNET
Mediateca VIII Centenário/Cibercafé – À côté de l'office de tourisme, face à la cathédrale. Gratuit.

HÉBERGEMENT
☞ Santos – *R. Tenente Valadim, 14* - ☎ 271 20 54 00 - 21 ch. 27,50/42,50€ ☲. Avec cette agréable pension installée dans le bâtiment historique de l'ancien hôtel de ville (où est conservée une porte de l'ancienne muraille), vous faites le choix de vous arrêter en plein centre de Guarda, à deux pas de la cathédrale.
☞☞ Solar de Alarcão – *R. D. Miguel de Alarcão, 25-27* - ☎ 271 21 43 92 - ☱ - 6 ch. 75€. Les amateurs de vieilles demeures apprécieront le cadre historique de ce manoir fin 17e s. qui jouxte la cathédrale.

CALENDRIER
Festas da Cidade – Du 27 juillet au 3 août.

se promener

Ces dernières années, la ville s'est développée ; les quartiers modernes ceinturent le centre médiéval délimité par les vestiges des anciennes fortifications.

Anciennes fortifications
Comme toutes les enceintes élevées avant le règne du roi Denis, les murailles se caractérisent par l'absence de créneaux, qui vinrent parfois couronner ultérieurement certains des ouvrages. Les vestiges les mieux conservés sont la tour dos Ferreiros (forgerons), le donjon des 12e et 13e s., ainsi que les portes d'El-Rei et da Estrela.

Sé★ (cathédrale)
Tlj sf lun. 10h-12h30, 14h-17h (w.-end 17h30). Gratuit. Commencée en 1390 dans le style gothique, la cathédrale ne fut terminée qu'en 1540, ce qui explique la présence d'éléments Renaissance et manuélins dans sa décoration. L'édifice, en granit, est couronné de pinacles et de trèfles qui lui confèrent une certaine ressemblance avec le monastère de Batalha *(voir ce nom).*
Extérieur – La façade Nord, la plus intéressante, est ornée d'un portail de style gothique fleuri que surmonte une fenêtre manuéline. La façade principale, plus dépouillée, présente un portail manuélin encadré par deux tours octogonales : les blasons fixés au pied des tours crénelées sont ceux de l'évêque Dom Pedro Vaz Gavião qui joua un rôle important dans l'achèvement de la cathédrale au 16e s.
Intérieur★ – Remarquez la voûte de la croisée du transept dont la clef est une croix de l'ordre du Christ. Le chœur abrite un retable Renaissance (16e s.) en pierre

d'Ançã, dorée au 18ᵉ s. Attribué à Jean de Rouen *(voir index),* cet ensemble en haut-relief de plus de cent personnages se développe sur quatre étages et représente, de bas en haut, des scènes de la vie de la Vierge et du Christ.

Dans l'absidiole de droite se trouve un retable (16ᵉ s.), également attribué à Jean de Rouen, qui figure la Cène.

La chapelle des Pinas s'ouvre sur le collatéral gauche par une belle porte Renaissance ; elle renferme un joli tombeau gothique avec gisant.

À l'angle du bras droit du transept, un escalier érigé autour d'une colonne torse permet d'accéder aux toits de la cathédrale, d'où la **vue** s'étend sur la ville et la serra da Estrela.

Maisons anciennes

Sur la place Luís de Camões ou largo da Sé, devant la cathédrale et dans les rues Francisco de Passos et Dom Miguel de Alarção (n° 25), se dressent de nombreuses maisons armoriées des 16ᵉ et 18ᵉ s. Sur la place derrière la cathédrale, on découvre le **solar de Alarcão**, beau manoir en granit, qui fait partie du réseau du « tourisme d'habitation » *(voir carnet pratique).*

Musée régional

Tlj sf lun. 10h-12h30, 14h-17h30. Fermé 1ᵉʳ janv., Ven. saint, dim. de Pâques, 1ᵉʳ mai et 25 déc. 2€, gratuit dim. et j. fériés matin.

Il est installé dans l'ancien palais épiscopal au pied des remparts. Datant du début du 17ᵉ s., ce palais a conservé son cloître Renaissance. Collections régionales d'archéologie, d'ethnologie, peintures et sculptures, dont une statue du 13ᵉ s. de Notre-Dame-de-la-Consolation, en granit polychrome.

excursions

LES PLACES FORTES DE L'EST

Distances indiquées au départ de Guarda.

Citadelles médiévales ou places fortes érigées aux 17ᵉ et 18ᵉ s. pour protéger la frontière, de nombreux bourgs ou villages fortifiés semblent encore monter la garde au sommet d'une butte ou d'un promontoire escarpé, au cœur de la Beira Alta.

Linhares

49 km à l'Ouest (les 6 derniers, depuis Carrapichana, par une route sinueuse). La très belle enceinte d'un château du temps de Denis Iᵉʳ, à deux tours carrées crénelées, sur la chape granitique d'un promontoire dominant la haute vallée du Mondego, protège le vieux village où se voient encore quelques constructions du 16ᵉ s. dont un pilori à sphère armillaire.

Celorico da Beira

28 km au Nord-Ouest. Ce bourg actif occupe l'extrémité Nord d'une échine boisée terminale de la serra da Estrela. Le vaste donjon carré de son ancien château fort y culmine, entouré d'une petite enceinte. Dans les ruelles du quartier ancien on peut voir des maisons aux portes gothiques et aux fenêtres manuélines. Vues étendues.

Trancoso

47 km au Nord. Sur le haut du plateau qui prolonge au Nord la serra da Estrela se dresse, intacte, l'enceinte fortifiée médiévale de Trancoso. On en a la meilleure vue d'ensemble depuis un monticule rocheux, à l'entrée Nord de la localité, voisin d'un calvaire et bordant la route de Mêda. La petite cité connut ses jours de gloire aux 13ᵉ et 14ᵉ s., en particulier lorsque fut célébré le mariage du roi Denis et d'Isabelle d'Aragon, le 24 juin 1282.

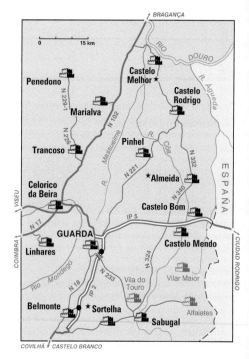

Fortifications★ – *Faites-en le tour en voiture pour apprécier leur puissance.* La muraille, plusieurs fois relevée depuis le 9ᵉ s., est crêtée de merlons pyramidaux et renforcée par de massifs bastions carrés. Deux de ses portes sont décorées et cantonnées de tours.

Château – *9h-17h30, w.-end et j. fériés 10h-17h30. En cas de fermeture, adressez-vous à l'office de tourisme, ☎ 271 81 11 47, ou au poste local de la Garde nationale républicaine.* Dominé par son donjon carré, il occupe l'angle Nord-Est de l'enceinte ; du haut de ses remparts, la vue s'étend sur le relief accidenté de la Beira Alta.

Pilori – Devant l'église, au centre de l'agglomération, il est fait d'une colonne octogonale que surmonte un lanternon portant une sphère armillaire et la croix du Christ.

Maisons anciennes – Elles se reconnaissent à la patine de leurs murs de granit, à leurs blasons et balcons ouvragés. L'une d'elles, sur une placette proche de l'église, montre une façade 16ᵉ s. aux fenêtres soulignées de consoles et de sculptures.

Marialva

69 km au Nord. Au-dessus du village actuel, les vestiges d'un château construit en 1200 couvrent une échine rocheuse offrant des vues étendues sur la plaine. Entre les ruines de l'enceinte, du donjon crénelé et d'une autre tour encore sertie dans sa chemise quadrangulaire, sont disséminées celles des maisons abandonnées de l'ancien village, ainsi qu'un pilori du 15ᵉ s. à chapeau conique et l'église paroissiale à portail manuélin.

Penedono

74 km au Nord. Perché à 947 m d'altitude sur une crête rocheuse de la Beira Alta, le bourg de Penedono est dominé au Nord par un gracieux **château fort** triangulaire couronné de merlons pyramidaux. Un **pilori** du 16ᵉ s. précède les marches qui y mènent. Franchissez les remparts et prenez à gauche vers l'unique porte d'entrée flanquée de deux tourelles à mâchicoulis.

Du chemin de ronde, la vue est étendue au Sud sur le village et, au loin, sur la serra da Estrela ; au Nord, le plateau montagneux annonce le Trás-os-Montes. *9h-17h. Gratuit. En cas de fermeture, demandez la clé dans l'établissement qui se trouve à côté du château, à M. Luís Martins.*

Pinhel

29 km au Nord-Est. La route d'accès à Pinhel *(N 221)* fait traverser une campagne couverte d'oliviers et de vigne. En fin de parcours, aux abords de la localité, des cuves à vin dressent leurs dômes blancs à pointe.

Ancienne place forte située sur un seuil montagneux proche de l'Espagne, Pinhel est un vieux village aux maisons souvent blasonnées et ornées de jolis balcons de fer forgé ; sur la place centrale, plantée d'acacias, se dresse un pilori dont la colonne monolithe est surmontée d'un joli lanternon.

Musée municipal – *Fermé pour travaux.* Il expose quelques vestiges préhistoriques et romains, des œuvres d'art religieux (retable en pierre d'Ança, dû à Jean de Rouen), des armes, étains et faïences portugais ; à l'étage, des peintures populaires naïves et autres tableaux.

Almeida★

49 km au Nord-Est. La belle route d'accès à Almeida depuis Pinhel *(N 324 sur 16 km puis encore 9 km sur les N 340 et N 332)* s'engage sur un plateau désolé, semé d'énormes blocs de granit qui forment un **paysage★** lunaire.

À moins de 10 km de la frontière, la paisible petite cité d'Almeida couronne de ses remparts une butte haute de 763 m. Prise par les Espagnols en 1762, puis par les Français de Masséna en 1810, elle conserve intact son double **système fortifié★** en étoile à six branches de pur style Vauban achevé au 18ᵉ s. Trois portes voûtées disposées en chicane *(klaxonnez en vous y engageant)*, à porches monumentaux précédés de ponts, donnent accès à l'intérieur de la place où l'on peut voir les anciens casernements *(près de la porte Nord)* qui servirent de prison de 1828 à 1833, et quelques beaux hôtels particuliers, certains revêtus d'azulejos.

Castelo Rodrigo

54 km au Nord-Est. Voir la serra da Marofa ci-dessous.

Castelo Melhor★

77 km au Nord-Est. Visible de la N 222, le village s'accroche au flanc d'un piton rocheux piqueté d'oliviers. Une **enceinte★** médiévale renforcée de tours rondes ceinture le sommet herbeux et nu.

Un centre de réception y est installé pour la visite des gravures rupestres du Parc archéologique du vale do Côa *(voir ce nom).*

Castelo Mendo

35 km à l'Est. Entrelaçant ses ruelles pavées sur une butte rocheuse parmi les restes d'une enceinte gothique dont la porte principale est cantonnée de deux tours, le village conserve les marques d'un passé florissant : quelques édifices Renaissance ou datant de la domination espagnole, une église du 17ᵉ s. avec, devant elle, le plus haut **pilori** de la province (7 m), du 16ᵉ s., au fût octogonal surmonté d'une cage à colonnettes. Les maisons paysannes en granit sont bordées d'un double balcon formant porche. Du sommet, qui porte les vestiges du réduit de défense et d'une chapelle à clocher-porche, vous aurez une vue dominante au Sud sur la vallée encaissée du rio Côa que barre un viaduc ferroviaire.

Castelo Bom

39 km à l'Est. Forteresse médiévale du temps du roi Denis Ier, ce village groupé sur une colline ne possède plus qu'une tour ruinée, contiguë à une porte gothique, et une belle maison du 16e s.

Sabugal

33 km au Sud-Est. Groupée sur une butte autour de son château fort, la petite cité domine la vallée du Côa, affluent du Douro. Fondée au début du 13e s. par Alphonse X de León, la ville devint portugaise en 1282, lorsque Isabelle d'Aragon épousa le roi Denis du Portugal.

L'aspect actuel du **château fort** date de la fin du 13e s. ; une double enceinte crénelée, flanquée de tours carrées à merlons pyramidaux, enserre un imposant donjon pentagonal avec balcons à mâchicoulis. *Tlj sf mar. et mer. 9h-12h30, 14h-17h40, dim. 9h-12h30, 14h-18h30. Gratuit.*

Le pittoresque village de Sortelha.

Sortelha★

45 km au Sud. Cette puissante **forteresse★** du 12e s., enserrant l'ancien village aux pittoresques maisons de granit – ainsi qu'un beau pilori manuélin à sphère armillaire –, se dresse à l'extrémité d'un promontoire dominant la haute vallée du Zêzere. On y pénètre par l'une des majestueuses portes gothiques de l'enceinte fortifiée, presque complète, dont les deux tours carrées subsistantes ont leur propre enceinte, aux entrées surmontées de mâchicoulis.

Du chemin de ronde *(attention au vent)*, **vues★** impressionnantes sur la vallée.

Belmonte★

22 km au Sud. Voir ce nom.

LA SERRA DA MAROFA

49 km au Nord-Est de Guarda (et 20 km au Nord de Pinhel) par la N 221. La route qui relie Pinhel à Figueira de Castelo Rodrigo a été surnommée « l'**excommuniée** » par les habitants de la région en raison des innombrables sinuosités qu'elle décrit dans la serra da Marofa.

Après avoir traversé une riche région agricole, cette route s'encaisse entre des versants parsemés de rochers, puis franchit la vallée du Côa, verdoyante de jardins. Elle pénètre ensuite dans la serra da Marofa, sauvage et rocailleuse, avant d'atteindre le plateau de Figueira de Castelo Rodrigo, planté d'arbres fruitiers.

À gauche, le sommet de la serra (976 m) est un bon belvédère, en particulier sur le village fortifié de Castelo Rodrigo dont les ruines se dressent sur une hauteur.

Castelo Rodrigo – Importante cité dès le Moyen Âge, elle fut supplantée au 19e s. par Figueira de Castelo Rodrigo. Belles vues sur la région.

Figueira de Castelo Rodrigo – Ce bourg possède une église baroque (18e s.) aux nombreux autels en bois doré.

Ancien couvent de Santa Maria de Aguiar – *2 km au Sud-Est de Figueira.* Aujourd'hui propriété privée. L'**église** est un édifice gothique à plan cistercien.

Guimarães★★

Première capitale du Portugal, berceau de la nation au 12ᵉ s., Guimarães est aussi une des villes les plus jeunes d'Europe par sa population et, sans conteste, une des plus attirantes du Nord du Portugal. Son centre historique médiéval, bien conservé, réhabilité et restauré dans les règles de l'art, ne semble pas pour autant figé dans le passé. Ensemble architectural d'une grande homogénéité, il a été, en 2001, classé au patrimoine mondial de l'Unesco. La ville, dominée par un fier château, s'étend bien au-delà de ce noyau historique piétonnier. Guimarães est aussi un centre économique dynamique notamment dans le domaine du textile.

La situation

158 897 habitants (dont 9 000 dans le bourg historique). Carte Michelin nᵒ 733 H 5 – District de Braga. Au cœur de la verdoyante vallée de l'Ave, Guimarães se trouve à 22 km au Sud-Est de Braga et à 54 km au Nord-Est de Porto. 🄱 *Alameda de São Dâmaso, 83, 4810-283, ☏ 253 41 24 50 ; praça de S. Tiago, 4810-300, ☏ 253 51 87 90. Vous pouvez poursuivre votre voyage en visitant : BRAGA, PORTO.*

comprendre

Le berceau du Portugal – Une tour de défense assurant la protection d'un monastère et de quelques maisons alentour, telle est, au 10ᵉ s., la configuration du bourg de Guimarães, fondé peu de temps auparavant par la comtesse Nuña Mumadona, originaire du León.

En 1095, Alphonse VI, souverain de León et de Castille, lègue le comté de Portucale *(voir Introduction : Histoire)* à son gendre Henri de Bourgogne. Celui-ci fait aménager en château la tour de Guimarães, capitale du comté, et s'y installe avec sa femme, la princesse Thérèse. De cette union naît, vers 1110, **Alphonse Henriques** qui succède à son père en 1112 (ou 1114). Arguant de l'inconduite notoire de sa mère, qui assure la régence, le jeune prince se révolte et s'empare du pouvoir le 24 juin 1128, à l'issue de la bataille de São Mamede. Puis il engage la lutte contre les Maures, qui se montrent menaçants, et les vainc le 25 juillet 1139 à Ourique. Au cours de l'engagement, il est proclamé roi du Portugal par ses troupes ; ce choix est confirmé en 1143 par les Cortes de Lamego *(voir ce nom)* et par son cousin Alphonse VII, roi de León et de Castille (traité de Zamora).

> **LE CRÉATEUR DU THÉÂTRE PORTUGAIS**
>
> Né à Guimarães vers 1470, **Gil Vicente** est un bourgeois qui vit à la cour des rois Manuel Iᵉʳ et Jean II ; il écrit des divertissements pour le roi et sa suite (farces, tragi-comédies) ou des drames religieux *(autos)*. Son œuvre, composée de 44 pièces, constitue une peinture satirique de la société portugaise au début du 16ᵉ s. La variété de son inspiration, alliée à la légèreté et à la finesse de son style, fait de ce dramaturge l'un des plus grands écrivains de son époque.

GUIMARÃES

Agostinho Barbosa (Rua)...... 3
Alberto Sampaio (Avenida) ... 4
Conde Margaride (Avenida).. 7
Condessa de Mumadona
  (Largo da) 8
Condessa do Juncal
  (Largo da) 11
D. João IV (Avenida)............ 12
Dona Teresa (Rua de)......... 15
Dom Afonso Henriques
  (Avenida)......................... 16
Dr Joaquim de Meira (Rua) ... 17
Duques de Bragança (Rua)... 19
Gen. Humberto Delgado
  (Avenida)......................... 20
João Franco (Largo de) 22
Martins Sarmento (Largo)... 23
Navarros de Andrade (Largo) 25
Nuno Álvares (Rua) 26
Oliveira (Largo da) 28
Paio Galvão (Rua) 29
Rainha (Rua da) 30
São Tiago (Praça de) 32
Santo António (Rua de)....... 33
Serpa Pinto (Rua) 34
Toural (Largo do)
Valentim Moreira de Sá
  (Largo)............................. 38

Museu Alberto
  Sampaio .... **M¹**
Museu Martins
  Sarmento............. **M²**
Paços do Concelho .. **R**
Pousada da Oliveira . **S**

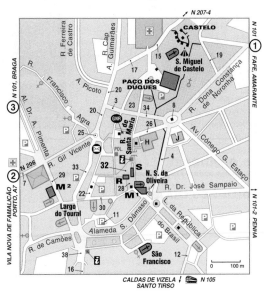

carnet pratique

Visite

A Companhia do Rei – *Av. D. Afonso Henriques (palácio de Vila Flôr)* - ☎ 253 51 65 69/27. Entre théâtre de rue médiéval et visite de la cité, une belle mise en scène des figures historiques du lieu, avec des interprètes relatant l'histoire et les légendes de la ville (env. 1h). Renseignements également à l'office de tourisme.

Hébergement

Residencial das Trinas – *R. das Trinas, 29* - ☎ 253 51 73 58 - 🍽 - 11 ch. 25/35€ 🖵. Une petite pension de la vieille ville très bien tenue et on ne peut plus centrale. Les chambres au mobilier à l'ancienne donnent sur la ruelle pavée das Trinas. Vue un peu moins pittoresque à l'arrière. Le rapport qualité-prix est intéressant.

Residencial Mestre d'Avis – *R. D. João I, 40* - ☎ 253 42 27 70 -15 ch. 35/40€ :. Près du centre historique, derrière la façade en granit d'un immeuble ancien se cachent des chambres confortables, impeccables et très raffinées, au mobilier design italien. Le propriétaire, sympathique et accueillant, vous donnera plein de tuyaux sur la ville. Une excellente adresse, où l'on parle français, anglais et allemand.

Paço de S. Cipriano – *4835-461 Tabuadelo* - ☎ 253 56 53 37 - info@pacoscipriano.com - 📇 🍽 - 7 ch. 78/100€ 🖵. Les amateurs de belles demeures historiques seront comblés par cette maison d'hôte du 15ᵉ s. entourée d'un domaine de 80 ha à l'écart de Guimarães. Les propriétaires accueillent eux-mêmes leurs visiteurs qui découvriront à l'ombre d'une ravissante chapelle un véritable jardin à la française avec des buis taillés, des azalées, des roses et des camélias. Les moutons viennent même paître jusqu'au bord de la piscine !

Pousada de Nossa Senhora da Oliveira – *R. de Santa Maria* -☎ 253 51 41 57 - guest@pousadas.pt - 10 ch. 129€ 🖵 - restaurant 28/42€. Dans le cœur historique de la ville, cette *pousada* accueillante dispose d'un bon restaurant pour goûter aux spécialités régionales.

Restauration

El Rei D. Alfonso – *Praça de S. Tiago, 20* - ☎ 253 41 90 96 - fermé dim. - 🍽 - 12/18€. Ce restaurant dispose ses tables sur la ravissante praça S. Tiago dès les premiers beaux jours. Dans ce décor historique, vous savourerez d'autant mieux la simplicité de la cuisine régionale : apéritif copieux (pain frotté à l'ail, charcuterie locale et melon vert, crème de thon maison), le *caldo verde* (la soupe au chou émincé) et les différentes recettes de morue.

Vira Bar – *Largo Condessa do Juncal, 27* - ☎ 253 51 84 27 - fermé dim. - 🍽 -12/20€. Ne vous méprenez pas : il s'agit d'un restaurant à la présentation et au service soignés, non d'un bar. Sa spécialité : les produits de la mer comme les poissons grillés à la braise, le homard ou la langouste. De la mezzanine, vue sur la rue ombragée d'Almeda S. Dâmasso.

Solar do Arco – *R. de Santa Maria, 48B* - fermé dim. soir - ☎ 253 51 30 72 - restaurante.solar.do.arco.@netc.pt - 13/21,50€. Au menu de ce restaurant du centre historique, les spécialités de poisson ont une place de choix.

Valdonas – *R. Val de Donas, 4* -☎ 253 51 14 11 - 13/19€. Probablement le restaurant le plus agréable de la ville à la belle saison avec ses deux cours intérieures rafraîchies de fontaines en pierre. Attablez-vous à l'ombre d'une glycine, bercée par le bruissement de l'eau, pour savourer le traditionnel *caldo verde* (la soupe de choux vert émincé), du porc grillé, un grand choix de poisson et le dessert régional crème et lait.

Calendrier

Festas Gualterianas –1ᵉʳ w.-end d'août.
Festa de São Nicolas – 29 nov.-7 déc.
Festa de Nossa Senhora da Conceição – 8 déc.
Festa de Santa Luzia – 13 déc.

Sur le largo da Oliveira.

J.-Y. Grégoire/MICHELIN

se promener

COLLINE DU CHÂTEAU

Castelo★

9h30-12h30, 14h-17h30 (dernière entrée 1/2h avant fermeture). Juil.-août : journée continue si affluence. Fermé 1ᵉʳ janv., dim. de Pâques, 1ᵉʳ mai et 25 déc. 1,30€ (donjon). ☎ 253 41 22 73.

Le donjon, haut de 28 m, fut construit au 10ᵉ s. par la comtesse Nuña Mumadona pour protéger le monastère et la bourgade qui l'entourait. C'est au Sud de ce bourg que se développeront les quartiers médiévaux puis modernes. Le château fut ensuite érigé par Henri de Bourgogne et renforcé au 15ᵉ s. Sept tours carrées, bâties sur des affleurements rocheux, entourent le donjon. Du haut des remparts crénelés, vous bénéficierez d'une belle **vue** sur Guimarães, dominé au Sud par le sommet de Penha.

Église de São Miguel do Castelo

9h30-12h30, 14h-17h30 (dernière entrée 1/2h avant fermeture). Fermé 1ᵉʳ janv., dim. de Pâques, 1ᵉʳ mai et 25 déc.

Cette petite église romane du 12ᵉ s. abrite de nombreuses dalles funéraires et les fonts baptismaux sur lesquels aurait été baptisé Alphonse Henriques.

Paço dos Duques de Bragança★ (palais des ducs de Bragance)

9h30-12h30, 14h-17h30 (dernière entrée 1/2h avant fermeture). Fermé 1ᵉʳ janv., dim. de Pâques, 1ᵉʳ mai et 25 déc. 3€. Gratuit dim. et j. fériés matin. ☎ 253 41 22 73.

Ce palais fut construit au début du 15ᵉ s. par le premier duc de Bragance, Afonso, fils naturel du roi Jean Iᵉʳ. Son architecture montre une forte influence bourguignonne, surtout dans les toitures et l'aspect insolite des 39 hautes cheminées de brique. Il fut l'une des plus somptueuses demeures de la péninsule Ibérique, mais à partir du 16ᵉ s., la cour s'étant déplacée à Vila Viçosa, il ne fut plus occupé que par intermittence.

Quatre corps de bâtiment à tours d'angle massives le composent, ordonnés autour d'une cour. Ils sont couronnés de créneaux à mâchicoulis. En 1933, le palais a fait l'objet d'une très importante restauration qui lui a rendu son aspect d'origine. Devant sa façade s'élève la statue en bronze d'Alphonse Henriques réalisée par Soares dos Reis (fin 19ᵉ s.).

Intérieur – Les salles immenses étaient chauffées par de vastes cheminées. Au premier étage, l'attention se porte sur les **plafonds★** de chêne et de châtaignier des salles des Banquets et des Fêtes, ainsi que sur les **tapisseries★** des 16ᵉ et 18ᵉ s. (d'Aubusson, des Flandres et des Gobelins). On remarquera les tapisseries de Tournai, représentant la prise d'Asilah et de Tanger, qui sont les copies de celles exécutées d'après les cartons de Nuno Gonçalves (les originaux font partie du trésor de l'église de Pastrana en Espagne). Des tapis persans, des meubles portugais (du 17ᵉ s.), des porcelaines de Chine, des armes et armures, des tableaux hollandais et italiens complètent cette décoration.

CENTRE HISTORIQUE★★

Ce quartier circonscrit par de larges avenues se prête à une agréable flânerie dans son dédale de rues reliant des places bordées de maisons anciennes en granit, formant un ensemble harmonieux et bien conservé.

Largo da Oliveira

Cette place qui abrite la collégiale Nossa Senhora da Oliveira forme un très bel ensemble médiéval avec ses maisons aux balcons fleuris, sa résidence seigneuriale du 14ᵉ s. transformée en **pousada de Nossa Senhora da Oliveira** *(voir carnet pratique)* et sa galerie d'arcades ogivales du 14ᵉ s. Au-dessus des arcades se tient l'ancien hôtel de ville ou **Antigos Paços do Concelho**, un édifice manuélin du 16ᵉ s. qui abrite un petit musée d'art naïf.

Convento de Nossa Senhora da Oliveira

Tlj sf lun. 10h-12h, 14h-17h30. Fermé 1ᵉʳ janv., Ven. saint, dim. de Pâques, 1ᵉʳ mai et 25 déc. 2€.

Le couvent avait été fondé au 10ᵉ s. par la comtesse Mumadona. Plusieurs constructions se sont succédé sur cet emplacement desquelles il ne subsiste que la collégiale gothique qui a conservé un cloître et une salle capitulaire d'époque romane *(occupés par le musée)*.

Collégiale – Le portail principal est surmonté d'un fronton gothique du 14ᵉ s.
À l'intérieur, remarquez l'autel en argent de la chapelle du St-Sacrement.

Devant la collégiale, une **édicule** gothique contient un *padrão (voir index)* qui commémore la victoire des Portugais et des Espagnols sur les Maures à la bataille du Salado, en 1340. La légende raconte que lors de l'achèvement de ce porche, en 1342, le tronc d'olivier qui se trouvait devant l'église se couvrit de feuilles : de cet épisode proviendrait le nom de l'église.

Museu Alberto Sampaio★ – Le musée est installé dans les bâtiments conventuels. Le cloître roman du 13ᵉ s. possède d'intéressants chapiteaux historiés. Dans l'angle Est se trouve la porte de l'ancien monastère fondé par la comtesse Mumadona (10ᵉ s.).

Dans une chapelle gothique à droite de l'entrée, beau **gisant★** en granit de Dona Constança de Noronha, épouse de Dom Afonso, premier duc de Bragance.

Remarquez dans le cloître une curieuse statue (14ᵉ s.) de sainte Marguerite, d'exécution française. Les salles attenantes abritent des peintures de l'école portugaise, en particulier d'António Vaz, artiste né à Guimarães, et des retables baroques. Un beau plafond à caissons (16ᵉ s.) orne la salle capitulaire. Dans les pièces suivantes est exposée une intéressante collection de céramiques, de porcelaines et d'azulejos.

À l'étage, les salles sont consacrées à l'**orfèvrerie★**, l'essentiel du trésor de la collégiale provenant des dons de Jean Ier. Dans la salle Aljubarrota, observez, outre la tunique portée par Jean Ier à la bataille d'Aljubarrota (1385), le **triptyque★** en argent doré que le roi aurait pris aux Castillans lors de la bataille : il représente au centre la Nativité, à gauche l'Annonciation, la Purification et la Présentation au Temple, à droite l'Adoration des bergers et des Mages. Parmi d'autres pièces d'orfèvrerie, citons : un calice gothique en argent doré rehaussé d'émaux, un ostensoir manuélin attribué à Gil Vicente, poète mais également orfèvre, et une **croix★** manuéline en argent finement ciselé (16e s.) où figurent des scènes de la Passion.

Passez sous les arcades du largo da Oliveira pour déboucher sur la praça de Santiago.

Praça de Santiago★

Cette très jolie place au tracé irrégulier typiquement médiéval est bordée de maisons populaires anciennes à encorbellement surmonté du large auvent des toits.

À l'angle Nord de la place, passez devant l'office de tourisme pour déboucher sur la rua de Santa Maria.

Rua de Santa Maria

Elle suit le tracé du chemin qui reliait le couvent fondé par la comtesse Mumadona au château. Il faut la parcourir à pied pour découvrir les maisons des 14e et 15e s. à grilles de fer forgé et corniches de granit ouvragées.

Museu Martins Sarmento

Visite guidée (1/2h) tlj sf lun. 9h30-12h, 14h-17h, dim. 10h-12h, 14h-17h. Fermé pendant les fêtes officielles, 24 juin et 26 déc. 1,50€.

Installé en partie dans le cloître gothique de São Domingos, il comprend de nombreuses pièces archéologiques trouvées dans les cités préromaines de Sabrosa et Briteiros *(voir Braga)*.

Largo do Toural

Cette place pittoresque, au curieux pavage ondé, forme un bel ensemble urbain classique. Elle est bordée de maisons anciennes aux toitures mansardées, aux immenses fenêtres occupant toute la façade et aux belles grilles de fer forgé.

Église de São Francisco

Construite au début du 15e s., elle a été modifiée au 17e s. Seuls le portail et le chevet ont conservé leur caractère gothique d'origine. Les chapiteaux du portail principal évoquent la légende de saint François.

L'intérieur a subi de malheureuses transformations aux 17e et 18e s. Le chœur, qui abrite un autel baroque en bois doré, est décoré d'**azulejos★** du 18e s. figurant la vie de saint Antoine.

Sacristie★ – *Accès par le bras droit du transept. 10h-12h30, 15h-18h. 2,50€.* Elle possède un joli plafond à caissons orné de grotesques ; une table en marbre d'Arrábida s'appuie sur une élégante colonne en marbre de Carrare. La salle capitulaire, qui donne sur un cloître Renaissance (16e s.), est fermée par une belle grille gothique.

Remarquez, à droite de l'église, la façade ornée d'azulejos.

Les façades harmonieuses de Guimarães.

H. Champollion/MICHELIN

alentours

Penha

En téléphérique – *Largo das Hortas (au Sud-Est de la ville). Fonctionne en sem. 11h-19h (août 20h) ; oct-avr. : w.-end et j. fériés 10h-19h. 1,50€ A ; 2,50€ AR (5-12 ans : 1€ A ; 1,50€ AR).* ☎ *253 51 50 85.* Vous pouvez rejoindre Penha par les airs, un trajet plaisant et rapide *(10mn)*. Les cabines passent au-dessus d'une forêt de pins, d'eucalyptus et de mimosas, puis à mesure que l'on s'élève, la végétation fait place à d'énormes blocs de granit polis par l'érosion. La descente offre une vue étendue sur la ville et la campagne environnante.

En voiture – *Circuit de 17 km. Quittez Guimarães par la N 101, direction Felgueiras, au Sud-Est. Après Mesão Frio, prenez à droite vers Penha.* La route s'élève aussitôt en serpentant parmi les pins et les eucalyptus de la serra de Santa Catarina jusqu'au sommet, le mont de Penha (617 m), couronné par la basilique Nossa Senhora da Penha.

Traversez l'esplanade de la basilique Nossa Senhora da Penha et poursuivez jusqu'à la statue de sainte Catherine où vous laisserez la voiture.

De là, **panorama**★ sur la serra do Marão au Sud, sur Guimarães et la serra do Gerês au Nord.

Pour revenir à Guimarães, prenez, après l'esplanade, une route étroite qui descend en lacet parmi les rochers et les arbres.

Trofa★

13 km au Sud-Est. Quittez Guimarães par la N 101, en direction d'Amarante. Trofa est un petit village où les femmes travaillent le filet et la dentelle ; lorsque le temps le permet, elles dressent leurs métiers au bord de la route et exposent leurs travaux (nappes et napperons).

Roriz

17 km au Sud-Ouest. Quittez Guimarães par la N 105. À 3 km de Lordelo, prenez à gauche une route en direction de Roriz.

Auprès d'un ancien monastère se dresse une intéressante **église** romane en granit du 11ᵉ s., rappelant extérieurement celle de Paço de Sousa *(voir ce nom)*. La façade, simple mais harmonieuse, est percée d'un portail aux chapiteaux ornés de feuillages et d'animaux, et aux colonnes agrémentées de coquilles en relief. Comme à Paço de Sousa, des demi-sphères décorent les voussures du portail et la bordure de la gracieuse rosace qui le surmonte. Deux têtes de taureau stylisées servent de linteau. L'avant-toit est bordé d'une frise d'arcatures lombardes. L'intérieur, sobre, à nef unique, ne manque pas d'élégance.

Lagos★

Malgré l'affluence touristique, l'ancienne capitale de l'Algarve – de 1576 à 1756 – a conservé charme et caractère. Ses belles murailles retiennent des ruelles bordées de maisons à la blancheur éclatante, qui semblent prêtes à plonger dans l'Océan. Plongeon que vous n'hésiterez pas à faire dans les criques de cette station balnéaire, réputée pour sa marina et ses compétitions de voile. Dans les environs, ne manquez pas les étonnantes formations rocheuses de Ponta da Piedade, l'une des merveilles naturelles de cette côte tourmentée et émaillée de grottes marines.

La situation

25 264 habitants. Carte Michelin nᵒ 733 U 3-4 – District de Faro – Voir schéma : Algarve p. 192. L'arrivée à Lagos en venant du Nord *(N 120)* ou de l'Ouest de Vila do Bispo *(N 125)* offre une belle **vue**★ sur le site, qui se développe à la faveur de l'ensablement de la baie, et sur la serra de Monchique au Nord. Lagos se trouve à 32 km à l'Est de Sagres et à 19 km à l'Ouest de Portimão. ⚑ *R. Vasco da Gama, 8600-722,* ☎ *282 76 30 31.*

Vous pouvez poursuivre votre voyage en visitant : ALBUFEIRA, FARO, la serra de Monchique (circuit décrit dans le chapitre PORTIMÃO), le cap Saint-Vincent et la pointe de Sagres (Parque Natural do SUDOESTE ALENTEJANO E COSTA VICENTINA).

comprendre

Lagos était déjà un port important à l'époque des Grandes Découvertes, et c'est d'ici que partirent la plupart des **expéditions africaines**. Il servit de base navale principale à l'infant Henri le Navigateur et de port d'attache à Gil Eanes qui, le premier, en 1434, doubla à l'Ouest du Sahara le cap Bojador, considéré alors

carnet pratique

TRANSPORTS

Bus – La gare routière, av. dos Descobrimentos, est située en face de la marina, au Nord du centre historique. Bus n° 12 pour Meia Praia et n° 14 pour praia Dona Ana.

Location de voitures – **A.A. Castanheira** (ex-Budget), Rotunda do Porto de Mós, ☏ 282 76 41 12. **Auto Jardim do Algarve**, r. Víctor Costa e Silva, 18-A, ☏ 282 76 94 86.

Location de deux-roues – **Aluguermoto**, r. José Afonso, lote 23, loja C, ☏ 282 76 17 20.

INTERNET

Snack-bar **Império do Mar** (à côté du cinéma), r. Cândido dos Reis, 117. 10h-4h, dim. 14h-4h. 3€/h.

HÉBERGEMENT

☺ **Pensão Caravela** – R. 25 de abril, 16 - ☏ 282 76 33 61 - ⏚ - 16 ch. 24/35€ ⏛. Cette pension très simple et centrale située dans la rue piétonne principale propose des chambres à deux lits avec ou sans douche. Préférez celles donnant sur le petit patio plutôt que sur la rue. Élégante salle du petit déjeuner décorée d'azulejos anciens. Rapport qualité-prix intéressant.

☺ **Pensão Marazul** – R. 25 de abril, 13 (apartado 388) - ☏ 282 77 02 30 - marazul@clix.pt - fermé nov.-avr. - 18 ch. 43/53€ ⏛. Voilà bien une pension coquette, toute de bleu et blanc parée. La majorité de ses chambres comprennent deux lits (trois sont à lit double), certaines donnant sur la rue principale parfois bruyante et d'autres sur la mer. Petit déjeuner servi dans une salle lumineuse. Cette adresse agréable et confortable conviendra à tous.

☺☺ **Caza D. São Gonçalo** – R. Cândido dos reis, 73 - ☏ 282 76 21 71 - fermé nov.-mars - 13 ch. 70/90€ ⏛. Cette demeure du 18ᵉ s. au centre de Lagos est un véritable hôtel de charme avec ses salons très « cosy » aux sofas et aux fauteuils en velours rose fané ou vert sombre, ses miroirs du 19ᵉ s. en bois doré et son délicieux patio ombragé au bassin miroitant. Vous y retrouverez le reflet d'un certain art de vivre...

☺☺ **Riomar** – R. Cândido dos reis, 83 - ☏ 282 76 30 91 - ⏚ ▤ - 42 ch. 70/90€ ⏛. Un hôtel moderne et confortable ouvert toute l'année dans une rue calme du centre-ville. Presque toutes les chambres ont un balcon, voire une terrasse. Vue sur la rue ou sur les toits de Lagos.

☺☺ **Quinta das Barradas** – 8600-255 Odiáxere - ☏ 282 77 02 00 - info@quintadasbarradas.com - ⏚ - 15 ch. 58/48€. Cette agréable quinta du 19ᵉ s. entièrement rénovée et convertie en maison d'hôte offre la possibilité d'un séjour à la fois champêtre et raisonnablement proche des plages. Végétation dense et fleurie, bassin biologique et canal menant au barrage. À 5 km de Lagos, au milieu des vergers.

RESTAURATION

• Sur le pouce

Bora Cafe – R. Conselheiro Joaquim Machado, 17 - 8h30-0h et dim. ap.-midi. Petit café Internet tout en carreaux de mosaïque bleutés ou chocolat avec décoration en bois brut, raphia et terre cuite. Un esprit nature et gourmand qui se retrouve dans le menu entre cocktails de fruits, quiches aux légumes et gâteaux maison.

Snack Bar Abrigo – Largo Marques de Pombal, 2. Difficile de manquer ce petit bar au milieu du sympathique largo Marques de Pombal : il offre toute l'ombre nécessaire pour grignoter au frais salades, sandwiches et gâteaux en abondance.

• À table

☺ **O Patinhas** – R. Prof. Luis de Azevedo, 10 - ☏ 282 76 32 84 - fermé dim. - ⏚ - 10/13€. Une table populaire et authentique hors des sentiers battus, idéale pour découvrir un autre Lagos. Six viandes, six poissons présentés en vitrine. Un très bon rapport qualité-prix.

☺ **O Carapau Francês** – Largo de Liberdade, 24 (praia da Salema) - 8650 Vila do Bispo - ☏ 282 69 57 30 - fermé déc.-avr., ven. matin en été, jeu. en hiver - ⏚ - 10/20€. Un sympathique restaurant en bord de plage tenu par un couple franco-grec. Mélange de répertoires au programme : cuisine portugaise, recettes de famille grecques, pasta et pizzas. Des plats généreux et un délicieux yaourt grec en dessert.

☺☺ **A Casa do Pintor** – Largo de Sta. Maria da Graça, 15 - ☏ 282 76 40 42 - fermé dim. - ⏚ - 17/20€. Voilà une adresse qui vous changera des spécialités locales. Excentrée sur les hauteurs de la ville, elle propose une carte originale de cuisine méditerranéenne et italianisante que vous prendrez plaisir à consulter, assis en terrasse avec vue sur une placette bien tranquille. Service et présentation soignés.

☺☺ **Millenium Jardim** – R. 25 de abril, 78 - ☏ 282 76 28 97 - fermé dim. en hiver - ⏚ - 18/25€. Derrière de grandes grilles, un restaurant entièrement ouvert sur la rue avec une mezzanine et un patio rafraîchi par une fontaine. L'endroit est particulièrement agréable pour savourer une cuisine portugaise joliment présentée. Brochette de lotte lardée et autres poissons du jour.

☺☺ **Restaurante dos Artistas** – R. Cândido dos reis, 68 - ☏ 282 76 06 59 - 25/35€. Derrière une façade jaune, une excellente table qui cultive le raffinement, l'élégance et la créativité. Grand patio-jardin pour dîner aux chandelles sous la fraîcheur des arbres, dans une atmosphère romantique. Service zélé. Mise en bouche puis soupe au citron et à la coriandre avec dim-sum de crevettes, crevettes royales sur lentilles rouges et sauce curry-coco. Un vrai restaurant gastronomique.

SORTIES

Lounge www.Cocktail – Travessa Sra da Graça, 2 - ☏ 963 82 10 67 - 16h-2h du jeu. au dim. Banquettes félines, camaïeu de bois sombre et de métal, programmation musicale digne des meilleurs lounge bars de Londres : vous trouverez ici une ambiance feutrée et très « trendy » soigneusement entretenue par un patron britannique. Une adresse qui se démarque des autres.

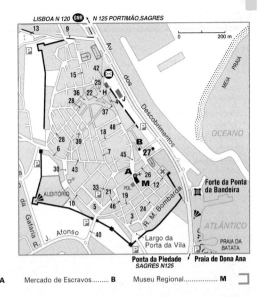

LAGOS

Igreja de Santo António...... **A**   Mercado de Escravos......... **B**   Museu Regional................. **M**

comme la limite du monde habitable. Sous les ordres de l'infant, les expéditions se succédèrent le long des côtes de l'Afrique, permettant de perfectionner la connaissance des courants marins et d'améliorer les techniques de navigation *(voir Sagres et, en introduction, la rubrique consacrée aux Grandes Découvertes)*. En 1578, le jeune roi Dom Sebastião y embarqua avec toute son armada vers El-Ksar-el-Kébir *(voir p. 72)*.

En 1693, au large de la baie de Lagos, Tourville réussit à envoyer par le fond 80 bâtiments d'un convoi anglo-hollandais escorté par l'amiral anglais Rooke, son vainqueur de la Hougue l'année précédente sur le littoral du Cotentin.

se promener

Il est conseillé de se garer sur le port.

Murailles

Les remparts furent édifiés entre le 14ᵉ et le 16ᵉ s. au-dessus de murailles plus anciennes.

Praça Infante D. Henrique

Au centre se dresse la **statue d'Henri le Navigateur**, inaugurée en 1960 pour le 500ᵉ anniversaire de sa mort. À droite, la maison à arcades est l'**ancien marché aux esclaves** (Mercado de Escravos) : à la suite des expéditions africaines, au 15ᵉ s., fut instauré ici le premier marché aux esclaves d'Europe. Le bâtiment actuel a été reconstruit après le tremblement de terre de 1755. Aujourd'hui, des expositions temporaires y sont présentées.

Prenez la rua Henrique Correia da Silva.

Église de Santo António★

L'entrée se fait par le Museu Régional (billet combiné). Tlj sf lun. 9h30-12h30, 14h-17h. Fermé j. fériés. 2€. ☎ 282 76 23 01.

La façade très simple ne laisse pas soupçonner l'exubérance et la virtuosité de la **décoration baroque★** qui règne à l'intérieur : admirer le plafond en trompe-l'œil, les symboles eucharistiques et les statues en bois doré du chœur, les murs et le plafond de la tribune, les azulejos blanc et bleu.

Museu Regional

Pour les conditions de visite, voir ci-dessus. Attenant à l'église Santo António, ce musée a des allures de sympathique bric-à-brac. Il présente une intéressante collection archéologique (monnaies, fragments de mosaïques) et une section ethnographique consacrée à l'Algarve (remarquer les cadres en liège) et, en souvenir du passé de Lagos, à l'Afrique.

Forte da Ponta da Bandeira

Tlj sf lun. 9h30-12h30, 14h-17h. Fermé j. fériés. 1,90€. ☎ 282 76 14 10.

Construit au 17ᵉ s., le fort s'avance dans la mer et protège un petit port d'où partent les bateaux d'excursion pour Ponta da Piedade. Il faut franchir le pont-levis pour parvenir à l'intérieur de la cour. Dans les salles sont présentées des expositions temporaires. La **chapelle** est décorée d'azulejos du 17ᵉ s. La terrasse révèle de belles **vues** sur la ville et le littoral.

Les plages

Pour éviter la foule de **Meia Praia**, la longue plage située en face du quartier historique, de l'autre côté du port de Lagos, vous devrez vous éloigner du centre.

D'agréables criques se succèdent au Sud de la ville jusqu'à Ponta da Piedade : **praia do Pinhão, praia de Dona Ana★** (*également accessible en voiture, voir ci-dessous l'accès pour Ponta da Piedade*) et **praia do Camilo**. *Pour accéder à ces plages, partez du fort de Ponta da Bandeira, prenez l'av. dos Descobrimentos en direction de Sagres et empruntez la première route à gauche. De là part un sentier qui suit le sommet des falaises, puis des escaliers descendent aux plages.*

Une des ruelles de la vieille ville plongeant vers l'océan.

Ponta da Piedade.★★

3 km. Du fort de Ponta da Bandeira, montez l'av. dos Descobrimentos vers le Sud (en direction de Sagres) jusqu'au rond-point orné d'une sphère centrale. Prenez à gauche et suivez la direction de praia D. Ana puis les panneaux « Ponta da Piedade ». Également accessible à pied par le chemin des plages décrit ci-dessus.

Le **site★★** de Ponta da Piedade confère à cette pointe un charme tout particulier : la roche rougeâtre des falaises, débitée par l'Océan en blocs aux formes tourmentées, où se nichent des **grottes marines★**, contraste spectaculairement avec le vert d'une eau limpide. *Pour visiter les grottes en barque, adressez-vous aux pêcheurs que vous rencontrerez sur la plage à Ponta da Bandeira, praia de Dona Ana ou Ponta da Piedade.*

Derrière le phare, la **vue★** s'étend du cap St-Vincent à l'Ouest au cap Carvoeiro à l'Est. Gagnez, par une petite route à gauche du phare, un belvédère qui offre une vue plongeante sur les rochers et la ravissante praia de Dona Ana.

Burgau et Salema

Quittez Lagos par la N 125 en direction de Sagres.

La côte Sud aux alentours de Lagos est moins fréquentée, et ses petits ports de pêche ont gardé un certain cachet.

Burgau. – *13 km de Lagos*. Ce joli village descend jusqu'à une plage coincée entre deux avancées rocheuses. Dépêchez-vous, les nouvelles constructions gagnent du terrain...

En haut du village, suivez la route de gauche vers l'Ouest (parallèle à la mer) au lieu de récupérer la N 125. Cette belle piste passe par Cabanas Velhas et Boca do Rio avant de rejoindre la route en corniche qui descend sur Salema. Cette zone marque le début du Parque Natural do Sudoeste alentejano e Costa Vicentina (voir p. 340).

Salema. – Si cette localité ne possède pas le charme de Burgau, elle est en revanche dotée d'une ravissante petite plage.

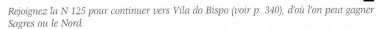

Rejoignez la N 125 pour continuer vers Vila do Bispo (voir p. 340), d'où l'on peut gagner Sagres ou le Nord.

Barrage de Bravura.★
14 km. Quittez Lagos par la N 125, au Nord-Est, en direction de Portimão.

D'Odiáxere au barrage, la route très étroite serpente dans une vallée irriguée où poussent melons, tomates, maïs et figuiers, avant de grimper sur les contreforts de la serra de Monchique en offrant des **vues** étendues sur la chaîne littorale.

Le barrage, de type voûte, ferme la vallée de l'Odiáxere. À l'Ouest du barrage, une conduite forcée recueille l'eau qui alimente la centrale électrique installée en aval, avant d'être utilisée pour l'irrigation de 1 800 ha de champs situés entre Lagos et Portimão.

Lamego

À proximité de la vallée du Douro, dans un paysage de collines verdoyantes couvertes de vigne et de champs de maïs, Lamego est une jolie petite cité épiscopale et commerçante connue pour son vin mousseux et son jambon fumé. Riche en maisons bourgeoises des 16ᵉ et 18ᵉ s., elle est dominée d'un côté par les vestiges d'un château fort du 12ᵉ s., de l'autre par le sanctuaire baroque de Nossa Senhora dos Remédios, réputé pour son pèlerinage annuel.

La situation
28 085 habitants. Carte Michelin nᵒ 733 I 6 – District de Viseu – Schéma : vallée du Douro. À 38 km au Sud de Vila Real et à 68 km au Nord de Viseu. 🮛 *Av. Visconde Guedes Teixeira, 5100-074,* ☎ *254 61 20 05 ; Região de Turismo do Douro Sul, Largo dos Bancos, apt. 36, 5100-099,* ☎ *254 61 57 70.*

Vous pouvez poursuivre votre voyage en visitant : AMARANTE, la vallée du DOURO, VILA REAL et la serra do Marão.

> **INTERNET**
> **Biblioteca Municipal** – *R. de Almacave, 9.* Un poste d'accès à Internet.
>
> **CALENDRIER**
> **Festa de Nossa Senhora dos Remédios** – Fin août-début sept. Un des plus importants pèlerinages du Portugal (procession les 7 et 8 sept.).

se promener

Sé (cathédrale)
De la cathédrale romane primitive (12ᵉ s.), ne subsiste que le clocher carré dont le couronnement date du 16ᵉ s. L'intérieur a été refait au 18ᵉ s.

Capela do Desterro (chapelle de l'Exil)
Adressez-vous à Mᵐᵉ Aurora Rodrigues, r. Cardoso Avelino, 11-2 ou ☎ *254 61 37 88.* Bâtie en 1640, elle est décorée, à l'intérieur, de bois sculpté et doré (18ᵉ s.) et d'azulejos (17ᵉ s.) ; le **plafond★** à caissons peints, illustrant des scènes de la vie du Christ, est remarquable.

Sanctuaire de Nossa Senhora dos Remédios
Accès possible à pied par l'escalier monumental ou en voiture (4 km). Du pied de l'escalier de 686 marches qui conduit au sanctuaire se dessine une jolie perspective sur cet ensemble baroque. La façade de l'église (18ᵉ s.), dont le crépi blanc fait ressortir les élégantes courbes de granit, domine l'**escalier** à double volée, interrompu par des paliers, orné d'azulejos : il est hérissé d'une multitude de pinacles et rappelle celui de Bom Jesus de Braga.

> **LES CORTES DE LAMEGO**
> La première assemblée territoriale des représentants des nobles, des clercs et des villes se réunit à Lamego en 1143 pour reconnaître Alphonse Henriques comme premier roi du Portugal et pour proclamer la loi successorale interdisant à tout étranger l'accès au trône.

Du parvis de l'église, la vue s'étend sur Lamego, dominé à l'horizon par les hauteurs qui bordent la vallée du Douro.

visiter

Musée★
Largo de Camões. Tlj sf lun. 10h-12h30, 14h-17h. Fermé 1ᵉʳ janv., Ven. saint, dim. de Pâques, 1ᵉʳ mai, 8 sept. et 25 déc. 2€, gratuit dim. et j. fériés matin.

Il est installé dans l'ancien palais épiscopal, noble édifice du 18ᵉ s.

La partie droite du rez-de-chaussée abrite essentiellement la section lapidaire : sculpture religieuse du Moyen Âge à l'époque baroque et belle collection de blasons qui ornaient les façades des maisons nobles.

Au premier étage, deux séries d'œuvres méritent une attention particulière. Les **cinq peintures sur bois★** (début 16ᵉ s.) de Vasco Fernandes (« Grão Vasco » – *voir Viseu*) faisaient partie d'un polyptyque ornant le retable de la cathédrale de Lamego. De gauche à droite, on reconnaît la Création, l'Annonciation, la Visitation (scène la plus remarquable), la Présentation au Temple et la Circoncision. Les **six tapisseries de Bruxelles** du 16ᵉ s. représentent des scènes puisées dans la mythologie (histoire d'Œdipe et le *Temple de Latone* dont on notera la richesse de composition). À cet étage, on trouve aussi deux chapelles baroques en bois sculpté et doré, dont celle de Saint-Jean-l'Évangéliste provenant du couvent des Chagas avec niches et statues, un salon chinois, des pièces d'orfèvrerie et des céramiques.

Dans la deuxième partie du rez-de-chaussée, on pourra admirer une autre chapelle baroque et quelques beaux azulejos du 16ᵉ au 18ᵉ s. (remarquez ceux polychromes du palacio Valmor à Lisbonne).

alentours

Capela de São Pedro de Balsemão
3 km à l'Est de Lamego. Suivez la signalisation à partir de la rue qui descend en face de la chapelle do Desterro. Tlj sf lun. 9h-12h30, 14h-17h30, mar. 14h-17h30. Fermé 1ᵉʳ janv., Ven. saint, dim. de Pâques, 1ᵉʳ mai et 25 déc.

La façade du 17ᵉ s. masque le sanctuaire que l'on pense être le plus ancien du Portugal : la chapelle serait d'origine wisigothique et remonterait au 7ᵉ s. Le petit vaisseau trapu témoigne sur ses murs – où courent des frises en « arête de poisson » – du réemploi de matériaux romains. Il est divisé en trois nefs par deux rangées d'arcades retombant sur des colonnes basses couronnées de chapiteaux corinthiens stylisés (l'un d'eux à l'entrée du chœur, à gauche, repose sur un coussinet à rouleau caractéristique de l'art préroman). Remarquez le sarcophage d'Afonso Pires, évêque de Porto mort en 1362, sculpté de bas-reliefs (Cène, Crucifixion, un couple royal) ; le gisant est soulevé par deux anges. Plafond peint et retables baroques du 17ᵉ s.

São João de Tarouca
16 km – 3/4h environ. Quittez Lamego au Sud par la N 226 en direction de Trancoso.
La route passe à proximité de **Ferreirim** *(2 km à gauche)* où, de 1532 à 1536, Cristóvão de Figueiredo travailla, avec Gregório Lopes et Garcia Fernandes *(voir index)*, à la confection du retable que l'on peut voir dans l'église du monastère.
2 km après avoir laissé à droite la route de Tarouca, tournez à droite.

Tapi au creux de la vallée fertile du Barosa que dominent les hauteurs de la serra de Leomil, l'ancien monastère de São João de Tarouca est entouré de quelques maisons.

Église – *Tlj sf lun. 10h-12h30, 14h-17h30.* Érigée au 12ᵉ s., elle a subi d'importantes modifications au 17ᵉ s. L'intérieur a reçu une décoration baroque ; les chapelles abritent plusieurs tableaux attribués au peintre Gaspar Vaz, dont un remarquable **Saint Pierre★** *(3ᵉ chapelle de droite).*

Dans le croisillon gauche, les murs sont tapissés d'azulejos (18ᵉ s.) figurant des scènes de la vie de saint Jean-Baptiste et le baptême du Christ. Le monumental tombeau (14ᵉ s.) en granit, décoré de bas-reliefs représentant une chasse au sanglier, renferme la dépouille de Dom Pedro, comte de Barcelos, bâtard du roi Denis, auteur de la *Chronique générale de 1344*. Dans le chœur, des azulejos illustrent la vie de saint Bernard.

Leiria

Dominée par une colline que couronne un château médiéval, Leiria est une ville dynamique située à la confluence de deux rivières, la Liz et la Lena. Pour accéder aux plages de l'Atlantique et à la station balnéaire renommée de Nazaré, il suffit de traverser de vastes pinèdes. Leiria est aussi un carrefour routier relié au sanctuaire de Fátima ainsi qu'aux magnifiques ensembles architecturaux de Batalha, d'Alcobaça ou de Tomar. Tout cela en fait un lieu de passage ou de séjour privilégié pour l'estivant, le pèlerin ou l'amateur d'art.

La situation

119 319 habitants. Carte Michelin n° 733 M³ – District de Leiria. À mi-chemin entre Lisbonne (71 km au Sud) et Coimbra (71 km au Nord-Est) par l'E 80. ᐥ *Jardim Luís de Camões, 2401-801,* ☎ *244 84 87 70.*

Vous pouvez poursuivre votre voyage en visitant : ALCOBAÇA, le monastère de BATALHA, NAZARÉ, FÁTIMA, TOMAR.

comprendre

Artisanat et folklore – La région de Leiria a conservé ses vieilles traditions d'art populaire et de folklore. Les poteries vernissées et multicolores de Cruz da Légua et de Milagres, les verres décorés de Marinha Grande, les ornements d'osier et les couvertures tissées de Mira de Aire comptent parmi les produits artisanaux les plus connus du district de Leiria.

Les manifestations folkloriques ont gardé toute leur spontanéité. Le folklore de la région de Leiria se rattache à celui du Ribatejo, province voisine ; le costume féminin, discret, se compose d'un petit chapeau de velours noir avec quelques plumes, d'un fichu de couleur, d'une petite blouse claire ornée de dentelles, d'une jupe assez courte et de souliers à talons larges et bas ; seuls quelques colliers en or et boucles d'oreilles le différencient du costume ribatéjan.

Des spectacles de danse folklorique accompagnent chaque année la foire-exposition de Leiria *(2ᵉ quinzaine de mai)*, tout particulièrement le 22 mai (fête de la ville).

se promener

Château★

Comptez 1/2h. 9h-17h30, dim. et j. fériés 10h-17h30 (été 18h30). Fermé 1ᵉʳ janv. et 25 déc. 1,50€.

Dans un **site★** remarquable, déjà habité à l'époque romaine, le premier roi du Portugal, Alphonse Henriques, fit édifier en 1135 un château fort destiné à défendre la frontière Sud de son royaume, Santarém et Lisbonne étant alors sous domination maure. Après la libération de ces deux villes en 1147, le château perdit de son importance et tomba en ruine. Au 14ᵉ s., le roi Denis, entreprenant l'aménagement puis l'extension de la pinède de Leiria, fit rebâtir le château pour y résider avec sa femme, la reine sainte Isabelle.

Modifiés au 16ᵉ s., les bâtiments actuels ont été restaurés. Après avoir franchi la première enceinte du château par une porte flanquée de deux tours carrées crénelées, on pénètre dans une agréable cour fleurie et ombragée. Un escalier à gauche conduit au cœur du château : le palais royal se trouve à gauche, le donjon en face et les vestiges de la chapelle Nossa Senhora da Pena à droite ; celle-ci, du 15ᵉ s., conserve un élégant chœur gothique lancéolé et une arcade décorée de motifs manuélins.

Palais royal – Un escalier mène à la vaste salle rectangulaire avec galerie d'arcades en tiers-point reposant sur des colonnettes doubles ; de cette galerie, autrefois balcon royal, **vue** plongeante sur Leiria.

Le quartier populaire qui s'étend au-dessous du château offre une promenade agréable dans ses ruelles.

excursions

Pinhal de Leiria

Ouest de la ville. Cette immense pinède qui s'étend jusqu'à l'Océan a permis l'essor d'une activité prospère liée au travail du bois et du papier. Certains des premiers incunables portugais ont été publiés à Leiria au 15ᵉ s.

P. Martins/MICHELIN

Vue générale du château.

Pombal

À 29 km au Nord de Leiria par l'IC 2. Au pied de son château médiéval, ce bourg évoque le souvenir du marquis de Pombal qui possédait ici une propriété où il finit ses jours.

Château – *Visite : 1/4h. Prenez à droite, à l'angle du palais de justice, la route d'Ansião puis, à hauteur d'une croix, empruntez complètement à droite une route goudronnée, étroite, en forte montée. Laissez la voiture au pied du château. 8h30-12h30, 14h-17h. Gratuit.*
Construit en 1161 par Gualdim Pais, grand maître de l'ordre des Templiers, il a été modifié au 16ᵉ s. Sa restauration date de 1940.
Du haut des remparts, que domine un donjon crénelé, **vue** sur Pombal à l'Ouest et sur les contreforts de la serra de Lousã à l'Est.

Le despotisme éclairé du Grand Marquis

Né à Lisbonne (1699) dans une famille de petite noblesse, Sebastião de Carvalho e Melo fait ses débuts dans la diplomatie. L'appui de son oncle, chanoine de la Chapelle royale, lui vaut d'être envoyé à Londres, où il s'intéresse à l'économie florissante de la société anglaise, puis à Vienne. À la mort de Jean V en 1750, le roi Joseph Iᵉʳ appelle Carvalho au pouvoir. Le ministre s'attache à relever les finances du pays. Il accomplit une œuvre remarquable, promulguant de nombreux décrets (création de la Banque royale, abolition de l'esclavage des indigènes au Brésil). En 1755, le tremblement de terre de Lisbonne lui donne une autre occasion de montrer ses capacités : c'est lui qui reconstruit la ville basse sur les bases, révolutionnaires pour l'époque, d'un urbanisme moderne et fonctionnel. Parallèlement, il cherche à consolider l'absolutisme royal en expulsant les trop puissants jésuites (1759) et en réduisant la noblesse. Le 2 septembre 1758, le roi est blessé dans un attentat au retour d'une rencontre galante avec Maria Teresa de Távora. Trois mois plus tard, le ministre passe à l'action et fait arrêter le marquis de Távora et les membres de sa famille ; les malheureux sont roués vifs et brûlés, leurs complices pendus. En 1759, le ministre est devenu comte d'Oeiras. Le roi lui donne le titre de **marquis de Pombal** dix ans plus tard. Mais à la mort de Joseph Iᵉʳ en 1777, Pombal doit faire face à de nombreux ennemis. Condamné en 1781 au bannissement, il se retire sur ses terres, où il meurt l'année suivante.

Lisboa★★★

Lisbonne

Le vent de l'Atlantique sous un soleil de Méditerranée, une cité latine à l'extrême Ouest de l'Europe... Lisbonne brouille les cartes pour mieux séduire. À la fois fluviale et océanique, « Lijboa » (prononcé à la portugaise) est construite dans le renfoncement de l'estuaire du Tage. Celle qui fut le port d'attache des grands navigateurs et une cité phare de la Renaissance continue de se remémorer, entre fierté et nostalgie, ses épopées ultramarines et son empire perdu. Ville d'échanges, lieu de brassage des cultures, capitale prestigieuse d'un pays modeste, elle a longtemps été asphyxiée par un régime de dictature. Sortie de sa léthargie, Lisbonne est aujourd'hui le symbole du dynamisme national. L'agglomération, qui compte près de 2 millions d'habitants, détient une écrasante suprématie culturelle, politique et économique sur le reste du pays, même si Porto est la première ville industrielle. Désormais fermement enracinée en Europe, totalement « relookée » après deux décennies de travaux, Lisbonne est devenue une capitale moderne, créative et entreprenante. Et pourtant, la ville du fado et de la saudade, qui conserve une vie de quartiers et de villages, invite irrésistiblement à la flânerie et à la rêverie. Lisbonne distille un charme lusitanien très particulier, un mélange de convivialité et de nonchalance. Ville inattendue, sa poésie incite encore à prendre le large.

LISBONNE TOUT EN NUANCES

La lumière solaire, souvent intense et crue, s'adoucit en soirée dans des tons jaunes chatoyants. Le blanc serait trop éblouissant au soleil d'été et la ville a adopté les tons pastel pour colorer ses façades. La couleur dominante semble être le rose ou l'ocre. Pendant l'hiver pluvieux, Lisbonne peut même se révéler grisâtre, triste et embrumé. Certains quartiers anciens, au charme provincial, continuent de diffuser une légère impression de décadence avec des maisons basses branlantes, des palais décrépits à l'abandon, des bars sans enseigne. La *saudade*, l'état d'âme mélancolique portugais, s'accorde à cette atmosphère urbaine indolente, entre torpeur et douceur de vivre nonchalante. À l'image des ses vieux tramways grinçants ou de ses funiculaires poussifs, Lisbonne sait encore prendre son temps. Le climat y est doux, avec cette petite brise océanique qui rend supportables les plus fortes chaleurs estivales.

La situation

556 797 habitants intra muros (1,9 million avec l'agglomération). Carte Michelin n° 733 P 2 – Plan Michelin n° 39 – Chef-lieu du district de Lisbonne. La capitale du Portugal et de la province de l'Estrémadure se trouve dans le tiers inférieur du pays, sur la façade Atlantique, à 311 km au Sud de Porto et à 196 km au Sud de Coimbra. ◘ *Palácio Foz, praça dos Restauradores, 1250-187,* ☎ *213 46 33 14 ou 213 46 63 07. Vous pouvez poursuivre votre voyage en visitant : la serra da ARRÁBIDA, le palais et couvent de MAFRA, la forêt et la ville de SINTRA, VILA FRANCA DE XIRA. Un peu plus loin, mais faisable dans la journée : ALCOBAÇA, le monastère de BATALHA, ÓBIDOS, SANTARÉM, TOMAR.*

comprendre

UNE VILLE DANS L'HISTOIRE

Les origines – Selon la légende, « Olissipo » devrait sa fondation à Ulysse. Elle a d'abord été plus probablement un comptoir phénicien (1200 avant J.-C.) appelé « Alissubo » (la rade délicieuse), ce qui en ferait la plus ancienne ville d'Europe occidentale. Grecs et Carthaginois venaient y commercer. La conquête et la colonisation romaine, après une brève invasion germanique, est suivie d'une longue occupation arabe (711-1147). Avec l'aide des croisés, la ville est finalement reprise aux Maures. À la fin du 13e s., avec la fondation d'une université, Lisbonne supplante Coimbra et devient définitivement la capitale du royaume.

L'ère des Grandes Découvertes – Cette époque correspond à un véritable âge d'or pour la ville. Dès le début du 15e s., Henri le Navigateur lance ses caravelles intrépides sur les océans. Les côtes africaines sont systématiquement explorées, Vasco de Gama découvre la mythique route des Indes, et Pedro Álvares Cabral accoste au Brésil. Épices de toutes sortes, bois exotiques du Brésil, or et pierres précieuses, soies de Chine, perles du Japon, etc. : toutes ces fabuleuses richesses rapportées des contrées lointaines remplissent les cales des vaisseaux qui viennent mouiller sous les fenêtres du palais royal d'Alcáçova, au cœur de la ville basse. Elles vont faire la fortune de la ville et du pays tout entier.

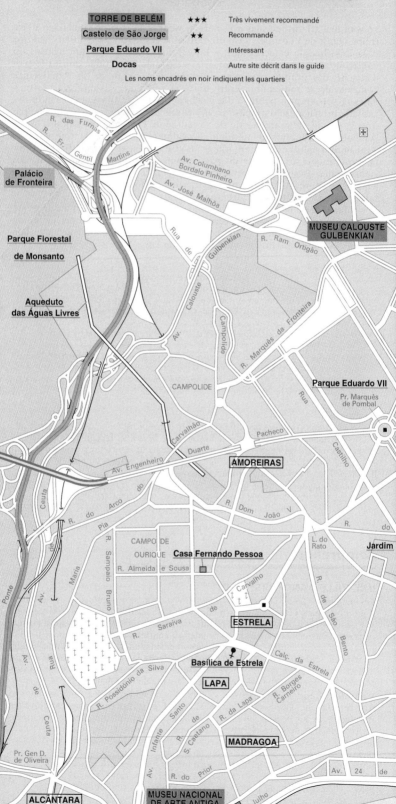

Les plus beaux quartiers et monuments de Lisbonne

TORRE DE BELÉM	★★★	Très vivement recommandé
Castelo de São Jorge	★★	Recommandé
Parque Eduardo VII	★	Intéressant
Docas		Autre site décrit dans le guide

Les noms encadrés en noir indiquent les quartiers

Palácio de Fronteira

Parque Florestal de Monsanto

Aqueduto das Águas Livres

MUSEU CALOUSTE GULBENKIAN

R. das Furnas

R. Fr. Gentil Martins

Av. Columbano Bordalo Pinheiro

Av. José Malhôa

Rua de Gulbenkian

R. Ram Ortigão

Rua de Calouste

Campolide

R. Marquês da Fronteira

Av. Calouste

CAMPOLIDE

Parque Eduardo VII

Pr. Marquês de Pombal

Rua

Carvalhão

Pacheco

Castilho

Duarte

Av. Engenheiro

AMOREIRAS

Ceuta

Arco do

R. Dom João V

R. do

Pia

R. do

R. Sampaio Bruno

CAMPO DE OURIQUE

Casa Fernando Pessoa

R. Almeida e Sousa

L. do Rato

Jardim

R. de São Bento

Maria

R. Saraiva

Carvalho

de

ESTRELA

Ponte

Av. de

Rua

de

Ceuta

R. Possidónio da Silva

Basílica de Estrela

Calç. da Estrela

LAPA

R. Borges Carneiro

Santo

R. de S. Caetano

R. da Lapa

MADRAGOA

Pr. Gen D. de Oliveira

Av. de Ceuta

Av.

R. do Prior

Av. 24 de

ALCÂNTARA

MUSEU NACIONAL DE ARTE ANTIGA

Av. 24 de

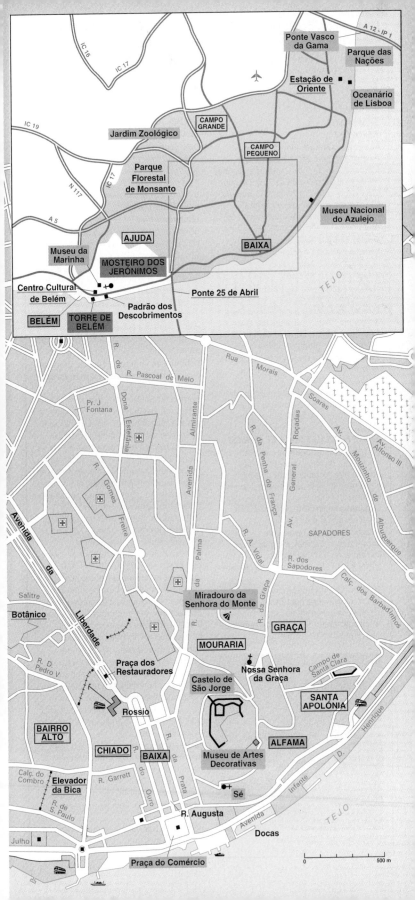

Lisbonne pratique

Vous trouverez ci-dessous des informations générales sur la ville. Pour l'hébergement, la restauration, les lieux de sortie, etc., veuillez vous reporter aux carnets pratiques par quartier.

TRANSPORTS
AÉROPORT

Il se trouve à environ 4 km du centre (Rossio). Des navettes (Aérobus) relient l'aéroport à la praça do Comércio et aux cais do Sodré et fonctionnent de 7h à 21h, avec des départs toutes les 20mn, tous les jours de la semaine. En taxi, la course de l'aéroport au centre-ville coûte environ 6€, avec une surtaxe pour les bagages (1,50€).

GARES FERROVIAIRES

Estação de Santa Apolónia – Lignes internationales et Nord du pays.

Estação do Cais do Sodré – Estoril, Cascais. Service environ toutes les 20mn. Dernier train à 2h30. Durée du trajet : environ 30mn.

Estação do Rossio – banlieue Nord-Ouest dont Sintra. Trains pour Sintra toutes les 15mn en moyenne. Dernier train à 2h30. Durée du trajet : environ 45mn.

Estação Sul e Sueste – Alentejo et Algarve, via le bac qui donne accès à la gare de chemin de fer de Barreiro.

Estação do Oriente – Gare multimodale (autobus, métro, train) qui dessert le Nord, reliée au chemin de fer de Santa Apolónia et Sintra.

GARES FLUVIALES (BACS ET FERRIES)

Les *cacilheiros*, qui desservent les villes industrielles de la rive opposée du Tage, peuvent être l'occasion d'une agréable promenade sur le fleuve. Pendant la journée, les départs ont lieu environ toutes les 15mn. Les billets sont en vente dans les guichets de ces gares. 0,60€ pour Cacilhas.

Estação Fluvial do Terreiro do Paço – Dessert Cacilhas, Montijo, Seixal, Barreiro et les trains en direction de l'Alentejo et l'Algarve. Départs des croisières sur le Tage.

L'embarcadère pour piétons du cais de Alfândega (traversée pour Cacilhas) a été déplacé provisoirement au cais do Sodré en raison des travaux de réaménagement des quais et d'extension du métro.

Embarquement pour le Tage.

Estação do Cais do Sodré – Dessert Cacilhas et Almada.

Estação de Belém – Dessert Porto Brandão et Trafaria.

Estação Fluvial do Parque das Nações – Dessert Barreiro.

SE DÉPLACER À LISBONNE

Dans cette ville compacte, aux rues étroites, la densité de circulation et la difficulté de stationnement font que, en règle générale, il est préférable de se déplacer à pied ou d'utiliser les transports en commun aussi souvent que possible.

Lisbonne à pied – La meilleure façon de découvrir le centre historique de Lisbonne – Baixa, av. da Liberdade, Chiado/Bairro Alto et Alfama – est de le parcourir à pied. La montée depuis la Baixa jusqu'à la colline du Bairro Alto peut se faire par ascenseur en empruntant ceux de Glória ou de Santa Justa. La visite des vieux quartiers du Bairro Alto et de l'Alfama, avec leurs ruelles étroites et pentues, se fait à pied. Une bonne condition physique est préférable.

Lisbonne en voiture – Le visiteur constatera que, souvent, à Lisbonne, la voiture est plus encombrante que pratique. Durant la journée, le trafic peut être très dense et les petites rues des quartiers du centre sont souvent congestionnées ; trouver une place où se garer devient un véritable casse-tête. Les parcmètres n'ayant pas encore envahi les rues de Lisbonne, les voitures stationnent parfois toute la journée au même endroit, et trouver la place voulue relève le plus souvent de la chasse au trésor ! La Baixa dispose de parkings souterrains récents (praça dos Restauradores, Rossio, praça do Comércio), de même que certains quartiers Nord, mais le stationnement est pratiquement impossible dans le dense maillage de ruelles de l'Alfama et du Bairro Alto (ces deux quartiers sont désormais partiellement interdits aux voitures). L'excellent réseau de transports en commun et le caractère compact du centre-ville inciteraient à laisser la voiture à l'hôtel, mais seuls les grands hôtels modernes disposent d'un parking.

Location de voitures – La plupart des compagnies sont représentées à l'aéroport. Leurs tarifs et conditions de location sont également disponibles dans les hôtels ou à l'office du tourisme de Lisbonne (palácio Foz). Ce dernier peut vous conseiller et vous aider à réserver un véhicule auprès de l'agence de votre choix.

Taxis – Nombreux et moins onéreux que dans la plupart des autres villes d'Europe, ils constituent un bon moyen de déplacement dans Lisbonne. On les reconnaît à leur couleur noire et leur toit vert, mais les plus récents sont beiges. Pour les courses en ville, le prix est celui affiché au compteur. Hors du périmètre urbain, le prix est calculé selon un barème kilométrique.

TRANSPORTS EN COMMUN

Voir plan du réseau à l'intérieur de la couverture et p. 230. Dans une ville au relief accidenté comme Lisbonne, les transports en commun se révèlent un moyen de locomotion pratique et parfois ludique (tramways, funiculaires et ascenseurs, ces deux derniers appelés *elevadores*). Le métro d'une part et les bus, tramways et funiculaires d'autre part sont gérés par des compagnies différentes. Aussi les billets ne peuvent-ils être indifféremment utilisés sur l'un ou l'autre réseau.

Horaires et titres de transport – Bus et tramways fonctionnent en règle générale de 7h à 1h du matin avec une fréquence de 11 à 15mn jusqu'à 21h30. Le dernier départ du bus n° 45 (Cais do Sodré, Baixa, Av. da Liberdade...) s'effectue à 1h55. Les funiculaires s'arrêtent vers 23h. Les billets peuvent être achetés à l'unité dans les bus et les tramways. Pour un séjour de quelques jours à Lisbonne, l'achat d'un *passe turístico* valable quatre jours (5,75€) ou sept jours (10,95€) permet d'utiliser le bus, le train et le funiculaire. En outre, il existe des tickets de bus à 0,75€ utilisables pour deux trajets. Ces titres de transport sont en vente dans les stations de métro et dans les kiosques portant la mention *Venda de Passes*. On peut acheter le plan des lignes d'autobus et de tramways (5€) dans ces mêmes kiosques. Informations et brochures gratuites sont disponibles à l'office de tourisme de la praça dos Restauradores.

Un guide urbain de la capitale, le *Guia Urbano*, comprend des plans des transports urbains et des cartes détaillées par quartier (en vente dans les principaux points de vente touristiques et librairies). Des renseignements concernant les bus, les tramways et les funiculaires peuvent être obtenus au ☎ 213 63 20 21.

Bus et tramways ne sont pas aménagés pour les handicapés, mais un service de porte à porte est assuré en minibus pour le prix des transports en commun. Il faut réserver cependant au moins deux jours à l'avance au 217 58 56 76 (tlj 7h-0h).

Elevadores (funiculaires) – Elevador da Bica : R. de S. Paulo/Largo do Calhariz ; Elevador da Glória : Restauradores/São Pedro de Alcântara ; Elevador do Lavra : Largo da Anunciação/R. da Câmara Pestana ; Elevador de S. Justa : R. de Santa Justa (point de vue)

Autocarro (autobus) – Principales lignes : Aérobus (Aeroporto/Cais do Sodré) ; n° 45 (Prior Velho/Cais do Sodré) ; n° 83 (Portela/Cais do Sodré) ; n° 46 (Est. Sta. Apolónia/Damaia) ; n° 15 (Cais do Sodré/ Sete Rios) ; n° 43 (Praça Figueira/Buraca).

Métro – *Les stations de métro sont identifiées sur les plans de ce guide, et un plan du réseau se trouve p. 231 et à l'intérieur de la couverture.* Le réseau comprend quatre lignes : Gaivota (Pontinha/Terreiro do Paço), Girassol (Campo Grande/Rato), Caravela (Cais do Sodré/Campo Grande) et Oriente (Oriente/Alameda). Ces lignes seront prolongées dans les années à venir. Le métro fonctionne de 6h30 à 1h du matin.

Certaines stations ont été décorées d'azulejos d'artistes portugais connus, notamment Cidade Universitária (Vieira da Silva), Alto dos Moinhos (Júlio Pomar), Campo Grande (Eduardo Nery), Marquês de Pombal (Menez) et Baixa-Chiado (Álvaro Sizo Vieira).

Eléctricos (tramways) – Les vieux tramways sont un des charmes incontournables de Lisbonne et une manière agréable de découvrir la ville à travers ses collines. Ils sont peu à peu remplacés par d'autres, plus modernes. Certains trajets sont particulièrement recommandés, comme celui du n° 28, qui traverse Graça, Alfama, Chiado et Estrela.

Deux lignes desservent de nombreux musées et monuments :

n° 15 (Praça da Figueira/Algés) : praça do Comércio – musée des Carrosses – monastère des Hiéronymites (Jéronimos) – musée national d'Archéologie – musée de la Marine – monument des Découvertes – tour de Belém.

n° 28 (Martim Moniz/Prazeres) : église São Vicente de Fora – musée des Arts décoratifs – château São Jorge – cathédrale – Baixa – musée du Chiado – largo do Chiado – São Bento – basilique d'Estrela.

Il existe en outre un tramway touristique, qui circule de mai à septembre. Informations ☎ 213 63 20 21.

VISITE

Bus ou tramway – **Carristur**, Praça do Comércio. ☎ 213 58 23 34. Deux circuits en bus : vers le Nord, le parc des Nations et retour le long de l'estuaire côté Est ; Belém. Deux circuits en tramway rouge : Alfama, Mouraria, Graça ; Chiado et quartiers de l'Ouest.

L'elevador de Santa Justa.

Cityline, praça Marquês de Pombal (terminal et informations), ☎ 213 86 43 22. Grand circuit : ville basse, quais jusqu'à Belém, Estrela, Nord de Lisbonne.

Croisières sur le Tage – *Estação Fluvial do Terreiro do Paço (Estação do Sul e Sueste – en face de la praça do Comércio)* – ☎ *218 82 03 48/9.* Croisières de deux heures sur le Tage : une boucle de la tour de Belém au parc des Nations. Tous les jours à 11h et 17h. 15€, enfants (6-12 ans) et retraités : 8€.

INFORMATIONS UTILES

Lisboa Welcome Center – Situé dans un édifice pombalin des arcades de la praça do Comércio *(entrée par la rua do Arsenal – à gauche, lorsqu'on tourne le dos au Tage)*. Ouvert tous les jours de 9h à 21h, ce nouvel espace dépendant de la mairie de Lisbonne se veut une vitrine de ce que l'on fait de meilleur et de plus novateur à Lisbonne et au Portugal. On y trouve un bureau d'informations touristiques, une boutique de design et de mode, un auditorium, une galerie d'art, un café, un restaurant, une boutique de produits gastronomiques portugais. www.atl-turismolisboa.pt/welcomecenter

Lisboa Card – Une formule intelligente et pratique pour touristes avides de découvertes. La carte donne aux visiteurs des avantages tels que :

– circulation gratuite et illimitée dans les transports publics (bus, métro, tramways et funiculaires) – accès gratuit ou à prix réduit dans la plupart des musées et sites culturels de Lisbonne et des environs (monastère de Belém, palais de Sintra, Queluz et Mafra). Prix : 12,75€ (24h) ; 21,50€ (48h) ; 26,55€ (72h) ; tarif réduit pour les enfants. Pour d'autres informations : ☎ 213 61 03 50 ou 210 31 28 10.

Pass Carris (bus, tram, funiculaire) – 2,35€ (1 jour), 5,65€ (3 jours).

Pass Carris + métro – 2,75€ (1 jour) ; 9,95€ (4 jours) ; 14,10€ (7 jours).

NUMÉROS UTILES

Pour téléphoner au Portugal à partir de l'étranger, composez le 00 351 suivi du numéro de votre correspondant.

Urgences – 112

Pharmacie de service – 118

Police – 213 46 61 41 ou 213 47 47 30

Ligne d'assistance aux touristes – 800 296 296

Renseignements téléphoniques – 118

Chemins de fer – 218 88 40 25 – Trains Intercidades : 217 90 10 04

Taxis – Rádio Táxis de Lisboa 218 11 90 00 – Teletáxi 218 15 20 76

Réveil téléphonique – 161

Télégrammes internationaux – 182

Bureau de poste de l'aéroport – Ouvert 24h/24 – 218 49 02 45

Bureau de poste de Restauradores – *Praça dos Restauradores* – Ouvert de 8 h à 22 h – 213 21 14 50 ou 213 23 89 71

Aéroport de Lisbonne – 218 41 37 00

Tap-Air Portugal – *Aéroport de Lisbonne* – 218 41 35 00 ou Réservations 808 205 700

Portugália – *Aéroport de Lisbonne* – Réservations 218 42 55 59/60/61

Informations touristiques sur Internet – www.cm-lisboa.pt
www.atl-turismolisboa.pt
www.setecolinas.net

SPECTACLES

INFORMATIONS

Publications – L'*Agenda Cultural* est une publication mensuelle contenant le calendrier de tous les événements culturels à Lisbonne. Distribution gratuite dans les principaux bureaux de tourisme, hôtels et kiosques de la capitale. Internet : www.agendacultural.pt Autre publication mensuelle bilingue (portugais/anglais), *Lisboa em* comprend, outre le calendrier culturel, beaucoup d'informations pratiques. Distribution gratuite dans les lieux touristiques et certains bars.

Un certain nombre de publications, vendues en kiosque, rendent compte assez largement des événements culturels à Lisbonne et dans le reste du pays, par exemple : *Público* (journal quotidien) et *Expresso* (journal hebdomadaire).

ABEP – *Praça dos Restauradores* - ☎ 213 42 53 60 - Ce kiosque assure la vente des billets pour différents spectacles : théâtre, sports, concerts...

Quiosque Cultural de S. Mamede – *R. de São Mamede - Príncipe Real.* Ce type de kiosque est une initiative de la mairie de Lisbonne pour informer sur les activités culturelles de la ville.

THÉÂTRES

Teatro Nacional D. Maria II – *Praça D. Pedro IV - Baixa* - ☎ 213 25 08 00. Programmation variée et classique.

Teatro da Trindade – *Largo da Trindade, 7 -Chiado* - ☎ 213 42 32 00. Pièces de théâtre populaire.

Teatro Nacional de S. Carlos – *R. Serpa Pinto, 9 - Chiado* - ☎ 213 46 84 08. Opéras, ballets et concerts de musique classique.

Teatro Municipal São Luís – *R. António Maria Cardoso, 38 - Bairro Alto* -☎ 213 42 71 72. Programmation traditionnelle.

The Lisbon Players – *R. da Estrela, 10 - Estrela* - ☎ 213 97 45 31. Auteurs-interprètes amateurs qui jouent des pièces de théâtre, des opéras, etc. en anglais et invitent les spectateurs à y participer.

Teatro Maria Vitória – *Parque Mayer - av. da Liberdade* - ☎ 213 46 17 40 - *relâche le lundi.* Pièces d'auteurs portugais et étrangers.

Comuna – *Praça de Espanha* - ☎ 217 27 18 18. Outre les programmations de théâtre traditionnel, un café-théâtre très spacieux, style bistrot, accueille chaque samedi à 22h des concerts de musique actuelle (rock, jazz, musiques du monde...).

Teatro Municipal Maria Matos – *R. Frei Miguel Contreiras, 52 - Alvalade - ☎ 218 49 70 07.* Pièces comiques et théâtre pour enfants.

MUSIQUE
Voir aussi les lieux de spectacle ci-dessus.
Grande Auditório Gulbenkian – *Av. de Berna, 45 A - ☎ 217 93 51 31.*

PLAGES
Pour passer leurs vacances, leurs week-ends ou même quelques moments après le travail, les Lisboètes ont à leur disposition un vaste choix de plages, toutes proches de la capitale. Les plages situées le long de la voie rapide entre Lisbonne et Cascais sont moins agréables que celles que nous vous indiquons ci-dessous.

AU NORD-OUEST DE LISBONNE
Praia do Guincho – *Voir le circuit à la fin de ce chapitre.*
Praia das Maçãs – Proche d'Azenhas do Mar, belle plage de sable fin.
Azenhas do Mar – Au pied du village blanc perché sur la falaise, cette petite plage recouverte à marée haute abrite une piscine naturelle.
Ericeira – Plage familiale à côté de la petite ville du même nom.

DE L'AUTRE CÔTÉ DU TAGE
Pour se rendre à ces plages, il faut emprunter le pont 25 de Abril, soit par le train jusqu'à la gare de Fogueteiro, soit en voiture (en évitant les week-ends en raison des embouteillages), ou éventuellement prendre un bateau.
Costa da Caparica – *Accès en voiture par le pont 25 de Abril, en autocar (départ praça de Espanha), en train (départ des stations Entrecampos, Sete Rios ou Campolide jusqu'à Pragal + bus nº 124 ou 194) ou en bateau (départ de la gare maritime Terreiro do Paço à destination de Cacilhas, puis autobus jusqu'à Costa da Caparica). Voir description p. 279.*
Sesimbra – Belle plage proche de la route, bordée de restaurants spécialisés dans le poisson grillé et les fruits de mer. *Voir description p. 115.*
Portinho da Arrábida – Magnifique petite plage de sable fin abritée dans une baie. *Voir description p. 116.*

LISBONNE DES ENFANTS
Jardim Zoológico – *Estr. de Benfica, 158, métro : Jardim Zoológico - ☎ 217 23 29 00 - voir description p. 276.* Jardin zoologique, parc pour enfants, spectacles de dauphins et de perroquets.
Planetário Calouste Gulbenkian *(voir plan de Belém p. 266)* – *Praça do Império, Belém - ☎ 213 62 00 02 - matinées pour enfants le samedi à 15h30 et 17h, le dimanche à 11h, 15h30 et 17h.* Vision du ciel étoilé du Portugal, voyage imaginaire à travers les planètes, visite de la Lune, passage par la région polaire avec projections diverses, éclipses de Lune et de Soleil sont parmi les documents audiovisuels proposés par le planétarium.
Alvito – Parque de Monsanto – *Parque de Monsanto - ☎ 213 63 59 40 – avr.-mai : 9h-*

19h ; oct.-mars : 9h-17h ; été : 9h-20h. Espaces ludiques aménagés pour les enfants. Deux piscines, dont une ouverte au public de juillet à septembre, pour enfants de 3 à 14 ans.

F. Soreau/MICHELIN

Le tramway, un moyen de transport parfois ludique.

Parque dos Índios – *Alto da Serafina, Monsanto - ☎ 217 74 30 21 - ouvert de 9h à 18h (de 9h à 20h d'avril à août).* Un des meilleurs parcs pour enfants à Lisbonne.
Oceanário de Lisboa – *Dans le Parc des Nations. Voir description p. 260.*
Museu das Crianças – *Praça do Império - Belém - ☎ 213 86 21 63 - ouvert le samedi et le dimanche de 10h à 17h.* Au 1er étage du musée de la Marine, jeux pédagogiques interactifs pour enfants de 4 à 13 ans.
Museu das Marionetas – *Largo Rodrigues Freitas, 19 - Alfama - ☎ 218 86 57 94 - ouvert du mardi au vendredi de 10h (11h les samedis et dimanches) à 19h.* Exposition de marionnettes traditionnelles réalisées par la compagnie de São Lourenço et quelques modèles anciens.
Marionetas de Lisboa – *Av. da República, 103B - ☎ 217 96 57 80 - fermé en août.* Spectacle d'animation et ateliers pour enfants de 3 à 12 ans. Fabrication et manipulation de marionnettes.
Associação Cultural da Lanterna Mágica – *Bairro do Alvito, 155 - ☎ 213 62 46 60.* Théâtre de marionnettes pour enfants à partir de 3 ans.
Teatro de Animação « Os Papa Léguas » – *R. Prof. Santos Lucas, 36A -Benfica - ☎ 217 14 18 23 - spectacles du mardi au vendredi à 11h et 14h, le samedi à 16h et le dimanche à 11h.* Programme par voie de presse et renseignements téléphoniques.
Teatro do Calvário - Teatro Infantil de Lisboa – *R. Leão Oliveira, 1 - Alcântara - ☎ 218 46 31 68.* Programme théâtral pour enfants.
Teatro Infantil - Teatro Maria Matos – *Av. Frei Miguel Contreiras, 52, av. de Roma - ☎ 213 63 99 74 - séances le samedi à 14h et 20h et le dimanche à 14h.* Programme théâtral pour enfants.
Feira Popular – *Av. da República - métro : Entrecampos - d'avril à octobre.* La grande foire de Lisbonne, avec manèges, barbe à papa et restaurants populaires...

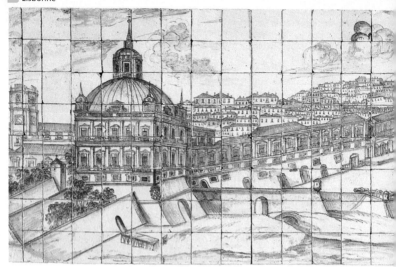

Lisbonne avant le tremblement de terre de 1755, musée de l'Azulejo.

La « Reine du Tage » est alors le cœur battant de l'empire, une cité maritime et commerciale rivalisant avec Venise ou Gênes. La ville se couvre de monuments. Le port connaît une activité incessante. C'est l'apogée de l'art baroque manuelin, dont le style de décoration s'inspire des thèmes marins, avec comme fleuron le monastère des Jerónimos (Hiéronymites) de Belém.

La terre tremble – Situé sur une zone d'importante activité sismique, Lisbonne subit depuis toujours des tremblements de terre récurrents. Mais le 1er novembre 1755, jour de la Toussaint, à l'heure de la grand-messe, un séisme particulièrement destructeur, suivi d'un raz-de-marée, anéantit Lisbonne aux deux tiers et fait au moins 15 000 victimes. La ville basse (la Baixa), le poumon de la cité, est entièrement ravagée. Sa reconstruction sera l'œuvre énergique du **marquis de Pombal**, qui impose le plan en damier et un urbanisme moderne.

Les soubresauts de la république – Après la brève invasion napoléonienne de 1807 et durant tout le 19e s., Lisbonne est le théâtre d'agitations politiques continuelles aboutissant à l'instauration de la république en 1910. Mais l'instabilité demeure, révolutions et coups d'État se succèdent jusqu'à l'arrivée de Salazar en 1917. La neutralité du Portugal pendant la Deuxième Guerre mondiale en fait une capitale de l'espionnage. Le régime dictatorial, qui impose une chape de plomb et correspond à une stagnation économique, ne s'achèvera qu'avec la joyeuse et pacifique révolution des Œillets du 25 avril 1974, qui met un terme aux guerres coloniales (1961-1974). Lisbonne doit alors accueillir en quelques mois plusieurs centaines de milliers de réfugiés *(retornados)* des anciennes colonies africaines.

L'ouverture sur le monde – Depuis les années 1980, Lisbonne change et se modernise très rapidement. À l'image du reste du pays, elle a bénéficié de la manne financière considérable qu'a représenté l'entrée dans l'Union européenne, en 1986. Élue capitale européenne de la culture en 1994, elle a redoré son blason artistique et culturel. L'Exposition universelle de l'été 1998 (6 millions de visiteurs) a été un catalyseur pour la rénovation de la ville, la modernisation des transports, l'aménagement de la rive Nord du Tage. C'est désormais une ville animée et dynamique, qui s'apprête à accueillir les Championnats d'Europe de football (Euro 2004), tandis qu'un nouvel aéroport est prévu pour 2010.

VILLE MÉTISSE, VILLE MODERNE

Cinq siècles d'occupation romaine ont donné à Lisbonne son visage méditerranéen. Les trois grandes religions du Livre y ont cohabité jusqu'à la fin du 15e s., date de l'expulsion des Juifs de la péninsule. Première ville d'Europe cosmopolite au temps des Grandes Découvertes (elle comptait alors de très nombreux esclaves africains), cœur d'un empire colonial qui fut le dernier à disparaître, Lisbonne reste une ville métisse et bigarrée : rapatriés d'Afrique lusophone, Cap-Verdiens, Brésiliens, Indiens de Goa, provinciaux divers, etc.

De la vie de village... – Les Lisboètes, au curieux surnom d'*alfacinhas* (petites laitues) sont généralement affables et plus réservés que leurs voisins espagnols. Lisbonne est une ville d'intimité et de convivialité qui évoque les vieilles cités du monde arabe auquel elle a longtemps appartenu. Dans les *bairros* (quartiers) populaires, les générations se mêlent et le système d'entraide et la solidarité de voisinage pallient les difficultés de la vie. Les relations de proximité s'entretiennent aussi dans les nombreuses tavernes et petites épiceries de quartier (*lugares*).

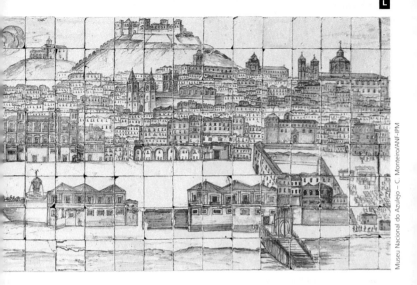

Les ménagères discutent sur le pas de leur porte et font sécher leur linge aux fenêtres, tandis que les nombreux supporters des deux clubs de football de la ville, Benfica et Sporting, sont suspendus au résultat du match. On grille encore les sardines en plein air sur de petits *fogareiros* portatifs. Les vendeurs ambulants, cireurs de chaussures ou autres petits métiers arpentent les rues, notamment dans la ville basse. Cette population des quartiers est en liesse lorsqu'elle fête, en juin, ses saints populaires.

... aux maux d'une capitale moderne – Mais en quelques années, Lisbonne est entrée à marche forcée dans la société de consommation. Le ralentissement économique a succédé aux années fastes (décennies 1980 et 1990) et beaucoup de ses habitants se sont endettés et vivent désormais à crédit. Des problèmes apparaissent : embouteillages asphyxiants, inégalités sociales de plus en plus criantes, consommation de drogues, cités délabrées et bidonvilles (à Benfica ; vers l'aéroport). Certaines constructions, décriées, sont le symbole de ces années de croissance : tours postmodernes des Amoreiras, sièges des banques BNU et Caixa Geral de Depósitos, gigantesque centre commercial Colombo. Mais Lisbonne en a vu d'autres et dispose d'une étonnante capacité à assimiler les éléments nouveaux sans se laisser dénaturer. Les pluies d'hiver font aussi vite reprendre leur patine aux vieux quartiers populaires, parfois rénovés de façon un peu clinquante.

LISBONNE VU D'EN HAUT

Installée sur sept collines surplombant le Tage, Lisbonne est une ville hautement pittoresque qui révèle quantité de points de vue. De nombreux belvédères aménagés, souvent avec café ou buvette en plein air, offrent une halte agréable pour admirer le paysage urbain. Nous vous présentons ici les plus connus. Vous en découvrirez sans doute d'autres au cours de vos flâneries...

DANS LA VILLE...

Castelo de São Jorge – Vues sur la Baixa et le Tage depuis les belles et vastes terrasses autour du château. Restaurant panoramique (Casa do Leão) et café.

Miradouro da Senhora do Monte – Vues panoramiques sur tout le centre. Café.

Largo das Portas do Sol – Cette belle place plantée de palmiers offre des vues plongeantes sur l'Alfama. Café.

Miradouro de Santa Luzia – Longue terrasse agrémentée de bougainvilliers située juste à côté du largo das Portas do Sol. Vues sur l'Alfama et surtout sur le Tage. Café.

Miradouro de São Pedro de Alcântara – Beau jardin ombragé offrant une vue classique de Baixa et du château São Jorge. Le jardin en contrebas, véritable symphonie de bougainvilliers, se repère depuis plusieurs endroits de la ville.

Miradouro do Alto de Santa Catarina – Vues sur le Tage. Café.

Miradouro da Graça – Vues sur le côté Nord du château. Café.

Elevador de Santa Justa – Vues sur Rossio et Baixa depuis la plate-forme supérieure.

Parque Eduardo VII – Belle perspective sur l'axe av. da Liberdade, depuis les terrasses en haut du parc.

Miradouro de Monsanto – *Dans le Parque Florestal de Monsanto.* Accès en voiture. Un peu éloigné du centre, ce belvédère offre de vastes panoramas sur la ville. On remarque surtout les tours des Amoreiras et le pont 25 de Abril. Restaurant panoramique.

ET CÔTÉ FLEUVE...

Les *cacilheiros* traversant le Tage offrent des vues inoubliables sur le beau site de la ville. L'approche de la praça do Comércio est particulièrement majestueuse.

Cristo Rei – Beau panorama depuis le piédestal de la statue *(accès par ascenseur + 74 marches).*

Ponte 25 de Abril – Vue magnifique sur la longue façade fluviale de Lisbonne et Belém.

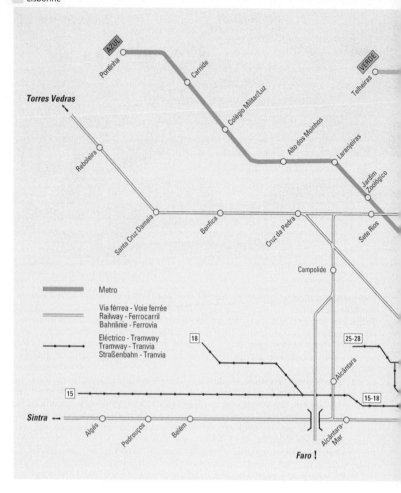

Au Sud, vers le Tage, la vieille cité se recroqueville dans un temps immémorial, tandis que l'agglomération se développe au Nord en direction de Sintra, à l'Est vers Vila Franca de Xíra, et à l'Ouest vers Cascais. Les cités-dortoirs poussent sur les collines environnantes, séparées par des paysages agrestes de cultures maraîchères.

SE PERDRE DANS LES QUARTIERS

Lisbonne s'étage en amphithéâtre sur sept collines, offrant ainsi des vues dégagées. Les constructions dépassent rarement quelques étages et, de partout ou presque, on voit le ciel sans même lever la tête : des perspectives surgissent, qui plongent vers le Tage ou surplombent les toitures. Pas facile pourtant de comprendre la physionomie de cette ville tout en dédales et en vallons. D'autant que le vieux Lisbonne compte peu de très grands monuments : on rencontre surtout des églises baroques et des édifices des 18e et 19e s. aux tons pastel ou recouverts d'azulejos. Il est donc plus aisé de se repérer par rapport au fleuve et en fonction du relief.

LEXIQUE À L'USAGE DU PROMENEUR

Lisbonne est une ville ouverte faite pour le promeneur. Les ruelles animées débouchent sur d'agréables belvédères *(miradouros)*, sur des jardins suspendus ou des parcs tranquilles aux essences tropicales. Le tracé en labyrinthe des vieux quartiers, les innombrables recoins tortueux et impasses *(becos)* sont une invitation à l'errance. N'hésitez pas à affronter les escaliers biscornus *(escadinhas)*, à sillonner les rues pentues *(calçadas)* ou transversales *(travessas)*, ni à entrer dans les courettes *(patios)*. Une multitude de terrasses de cafés ou de restaurants offrent autant de haltes possibles, reposantes et agréables. Les bougainvilliers débordent des murs, les pots de basilic ou les cages à oiseaux garnissent le rebord des fenêtres et les petits pavés blancs et noirs *(empedrados)* dessinent des frises ondulantes.

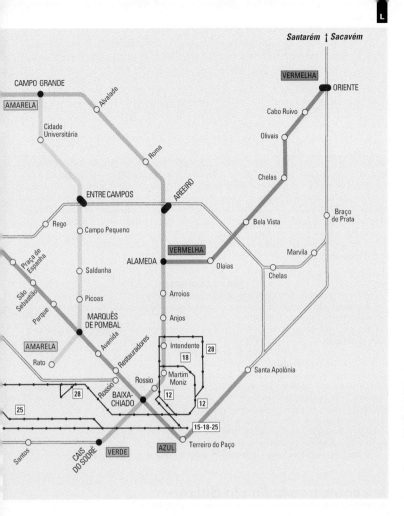

Lisbonne ne s'est pas coulée dans l'uniformisation urbaine, lot de bien des capitales européennes. Elle compte de nombreux quartiers très typés, somnolents ou actifs, chic ou populaires, et qui souvent mélangent les genres. Observons-la depuis le Tage, face au Nord :

La Baixa – Au premier plan se trouve le Lisbonne du 18ᵉ s. et le quadrillage de la Baixa, la ville basse et active qui se prolonge par le Rossio, la praça dos Restauradores et l'avenida da Liberdade. C'est le quartier traditionnellement commerçant et le point névralgique de Lisbonne. Très animé pendant la journée, on y croise des touristes, des badauds et des acheteurs, mais aussi divers travailleurs parmi lesquels des employés de banque, des marins, des vendeurs de billets de loterie ou encore des cireurs de chaussures ; tandis que le soir, désertée par la foule, la Baixa n'est plus qu'un point de passage pour les automobilistes.

Au Nord de la ville basse, les quartiers modernes autour du **parc Eduardo VII** et au-delà (quartiers d'affaires de **Campo Pequeno** et **Campo Grande**) sont quadrillés par un réseau de grandes avenues : Fontes Pereira de Melo, da República, de Roma, de Berna, etc.

Le Chiado – Sur la colline de gauche débute ce quartier commerçant, chic et intellectuel. Le Chiado, en particulier les rues do Carmo et Garrett, était le quartier des grands magasins avant l'incendie de 1988. Depuis sa rénovation, les marques internationales s'y sont implantées, mais il a conservé ses librairies et certaines boutiques anciennes.

Le Bairro Alto – Quartier populaire le jour et branché la nuit, le Bairro Alto, situé sur la colline São Roque, surplombe le Chiado. Depuis les années 1980, une nouvelle population y a élu domicile : des bars, des discothèques, des restaurants et des boutiques de stylistes et de designers en ont fait l'endroit à la mode et le centre le plus connu de la vie nocturne à Lisbonne.

Il se prolonge plus à l'Ouest par les quartiers résidentiels et vallonnés de **Madragoa**, **Estrela** et **Lapa**.

L'Alfama, La Mouraria et Graça – Sur la colline de droite, dominés par le château São Jorge, s'étagent les quartiers médiévaux de l'Alfama et de la Mouraria, aux ruelles sinueuses et pentues, aux ambiances populaires et bigar- rées qui rappellent l'héritage mauresque. Pendant la journée, le quartier est animé par les marchés (marchés des rues São Pedro et dos Remédios, puces du Campo de Santa Clara) ; le soir, comme dans une médina nord-africaine, ses habitants se retirent dans les cours et les maisons (sauf les jours de fête) et la promenade dans l'entrelacs de ruelles peu éclairées peut constituer une expé- rience agréable. Graça, situé sur une colline au-dessus de l'Alfama, est un quartier essentiellement résidentiel, qui offre d'excellents points de vue sur la ville.

Le port et le Tage – Des ambiances interlopes du **cais do Sodré**, zone portuaire située à proximité du centre-ville, aux **Docas**, anciens entrepôts aménagés en lieux de sortie branchés, l'influence du fleuve sur la ville est omniprésente. C'est éga- lement au bord du Tage que l'on trouve les deux quartiers symboles du Lisbonne d'hier et d'aujourd'hui : au Sud-Ouest de la capitale, **Belém**, matrice de l'art manuélin, et à l'autre bout de la ville, au Nord-Est, le **parc des Nations**. Ce parc de loisirs, installé sur le site de l'Exposition universelle de 1998, s'insère dans un programme de revitalisation des berges du Tage à l'emplacement d'une ancienne zone industrielle.

Nos coups de cœur

– Promenade en bateau sur le Tage : l'approche de la praça do Comércio.
– Le tramway n° 28 : dans un vieux tramway, on emprunte un beau parcours de Graça à Estrela, en pas- sant par l'Alfama, la Baixa et le Chiado.
– Dégustation d'un *pastel de nata* et d'un café à la Fábrica dos Pastéis de Belém *(voir Petite pause dans Belém pratique).*
– Chiner à la Feira da Ladra *(voir Achats dans Graça pratique).*
– La vue de l'Alfama depuis le largo das Portas do Sol.
– Déjeuner suivi d'une matinée dansante à la Casa do Alentejo *(voir la Baixa).*
– Paresser aux buvettes des jardins de quartier (jardins d'Estrela ou de Príncipe Real) ou des belvédères (celui de Santa Catarina en soirée).
– Déambuler dans le Bairro Alto nocturne.
– La collection de bijoux Lalique au musée Gulbenkian *(voir p. 269).*
– Le marché aux poissons de la rua de S. Pedro dans l'Alfama.
– Les jardins du palácio dos Marqueses de Fronteira.
– Prendre le train à Cais do Sodré et aller jusqu'à Cascais, en longeant le Tage, puis l'Océan.

---

le centre pombalin : la Baixa★★

Comptez 2h. Suivez l'itinéraire recommandé sur le plan.

Cette partie de la ville, complètement dévastée par le tremblement de terre et le raz-de-marée de 1755, fut reconstruite selon les plans du marquis de Pombal : architecture fonctionnelle, immeubles néoclassiques et plan en damier.

Praça dos Restauradores

Cette place doit son nom aux hommes qui, en 1640, se révoltèrent contre la domi- nation espagnole et proclamèrent l'indépendance du Portugal. Au centre, un obélisque commémore l'événement. L'Ouest de la place est occupé par la belle façade au crépi rouge du **palais Foz**, construit au début du 19e s. par un archi- tecte italien. Ce bâtiment abrite l'office du tourisme de Lisbonne.

La place s'ouvre sur l'avenida da Liberdade, grande artère qui mène au parc Eduardo VII.

À gauche du palais Foz, l'**Éden Teatro**, conçu par l'architecte Cassiano Branco et inauguré en 1937, conserve une partie de sa façade mi-Art déco mi-futuriste et son escalier monumental. Il abrite le magasin de disques Virgin Megastore.

À l'Est de la place se trouve la **rua das Portas de Santo Antão**, rue piétonne très animée en soirée, avec ses grands cinémas (le Coliseu dos Recreios au n° 100), ses cafés et ses commerces traditionnels. Les curieux, en pénétrant dans la **Casa do Alentejo**, au n° 58, découvriront un insolite patio mauresque et des salles de restaurants couvertes d'azulejos. Le lieu promeut l'Alentejo et sert d'amicale aux déracinés de cette région qui vivent à Lisbonne.

Au Sud de la praça dos Restauradores, longez la **façade**★ néo-manuéline (19e s.) de l'**estação do Rossio**. La célèbre gare du Rossio, qui dessert Sintra, présente de grandes ouvertures en fer à cheval.

Autour du Rossio★

Récemment restaurée, la praça Dom Pedro IV, ou Rossio, grand-place très animée de la Baixa, existe depuis le 13e s. et fut le témoin de nombreux autodafés (sous l'Inquisition). Avant le séisme de 1755, elle abritait plusieurs bâtiments principaux

INTERNET

Portugal Telecom – *Praça D. Pedro IV (Rossio). 8h-23h.* Efficace mais du monde en journée. 1€/30mn. L'un des moins chers de Lisbonne.

Snack Abracadabra – *À côté du précédent. 8h-23h.*

HÉBERGEMENT

⊖ **Pensão Imperial** – *Praça dos Restauradores, 78-4° - ☎ 213 42 01 66 - ⊡ - 17 ch. 25/35€.* Petite adresse très sympathique que cette pension ancienne réfugiée sur la praça dos Restauradores et dont on remarque tout de suite la silhouette couverte d'azulejos bleus. Il s'agit d'un grand appartement aux chambres bien tenues avec balcons fleuris. Préférez pour la vue celles donnant sur la place ou la colline du château.

⊖ **Pensão Pérola da Baixa** – *R. da Glória, 10-2° - ☎ 213 46 28 75 - ⊡ - 12 ch. 25/35€.* Une petite pension centrale, simple et proprette. Les chambres sont désuètes à souhait avec leur lot de napperons en dentelle, de dessus-de-lits au crochet et de statuettes pieuses. Accueil très sympathique.

⊖ **Residência Nova Avenida** – *R. Sto-António da Glória, 87 - ☎ 213 42 36 89 - ⊡ - 28 ch. 30/40€.* Pension simple, accueillante et très bien tenue, installée dans une rue calme et centrale proche de la praça da Alegria et du Jardin botanique. Chambres avec ou sans salle de bain-cabine.

⊖⊜ **Internacional** – *R. da Betesga, 3 - ☎ 213 24 09 90 - geral@hotel-internacional.com - 52 ch. 60/75€ ⊡.* Ne vous fiez pas aux apparences : cet hôtel un peu vieillot aménagé dans un style années 1970 possède malgré tout un certain charme avec ses petits balcons et ses vérandas Belle Époque aux vitraux colorés. L'agréable salle du petit déjeuner donne sur la place, et la maison dispose aussi d'un bar et d'une salle télé. Adresse très centrale au carrefour des rues commerçantes et piétonnes.

⊖⊜ **Portugal** – *R. João das Regras, 4 - ☎ 218 87 75 81 - www.hotelportugal.com - ▤ - 59 ch. 60/70€ ⊡.* Chambres spacieuses et confortables pour ce grand hôtel situé juste à côté de la très centrale praça da Figueira. Décoration dans les tons bleus depuis la moquette jusqu'aux azulejos. Accès Internet pour les clients. Sans conteste, un service hôtelier de qualité.

⊖⊜⊜ **Lisboa Tejo** – *Poço do Borratém, 4 - ☎ 218 86 61 82 -hotellisboatejo.reservas @residenciagrupo.com - ▤ - 58 ch. 86,04€ ⊡.* Cet hôtel entièrement rénové proche de la praça da Figueira, dans le quartier de la Baixa, met à votre disposition des chambres propres et confortables à des prix raisonnables. Malgré le double vitrage, les chambres sur rue sont un peu bruyantes, et celles sur cour sont un peu sombres.

PETITE PAUSE

Casa Chinesa – *R. do Ouro, 274-278 - ☎ 213 42 36 80 - lun.-sam.* En plus de proposer de délicieux jus de fruits frais, cette pâtisserie à l'ambiance très typique offre un large choix de sandwiches, de feuilletés, de beignets et de gâteaux. Y aller de préférence pour le déjeuner, afin d'expérimenter un repas à touche-touche au comptoir. Incontournable !

Confeitaria Nacional – *Praça da Figueira, 18 B/C - ☎ 213 42 44 70 - lun.-sam.* Temple de la gourmandise depuis 1829, cette adresse vaut autant le détour pour ses pâtisseries que pour son intérieur d'époque. Un régal pour les yeux et les papilles.

Pastelaria Suiça – *Praça Dom Pedro IV - Rossio.* L'un des endroits les plus fréquentés de la Baixa et un bon point de rencontre. Terrasses côté Rossio et côté praça da Figueira, d'où l'on peut admirer le château São Jorge. Petits en-cas et excellents jus de fruits et pâtisseries.

SORTIES

Café Nicola – *R. 1° Dezembro, 20.* C'est ici que la première femme portugaise osa mettre fin à l'exclusivité masculine dans la fréquentation des cafés. Historiquement lié à bien d'autres événements, ce café est un haut lieu de Lisbonne.

Ginginha do Rossio – *Largo de São Domingos, 8.* Après vos pérégrinations dans la Baixa, allez boire un verre de cette fameuse *ginginha* (eau-de-vie de cerise). Endroit et atmosphère uniques !

ARTS & SPECTACLES

Coliseu dos Recreios – *R. das Portas de Sto. Antão, 92-104 - ☎ 213 24 05 80.* Cette immense salle de spectacle, restaurée en 1994, accueille des opéras, des concerts et des spectacles en tout genre.

ACHATS

Conserveira de Lisboa – *R. dos Bocalhoeiros, 34 - ☎ 218 87 10 58 – tlj sf sam. ap.-midi et dim.* Une visite à cette boutique s'impose, ne serait-ce que pour l'impressionnant empilement de conserves au graphisme délicieusement rétro. Idéal pour faire le plein de boîtes de sardines et autres poissons (thon, anchois) cuisinés au citron, à la tomate, aux poivrons ou tout simplement à l'huile.

Manuel Tavares – *R. da Betesga, 1 A/B - ☎ 213 42 42 09 - www.manueltavares – tlj sf dim.* Cette charcuterie implantée à deux pas de la praça D. Pedro IV fournit depuis 1860 les Lisboètes en produits régionaux de qualité. *Enchido, salpição, morcelas da Guarda* et autres saucisses, saucissons ou boudins y côtoient un bel éventail de fromages qui ravira les connaisseurs. Une adresse incontournable pour les gourmets en quête de spécialités locales.

Mercado da Ribeira Nova – *Av. 24 de Julho - lun.-sam. 6h-14h.* L'ancien marché d'alimentation vend dorénavant des fleurs et des produits d'artisanat.

Oficina de Estética – *R. de Conceição, 85 - ☎ 213 42 57 70.* Cette parfumerie vend ses propres essences, produits de beauté et préparations à base de recettes naturelles dans un décor ancien de boiseries et de flacons travaillés. Voyage dans le temps garanti !

S. Ollivier/MICHELIN

La rua Augusta relie le Rossio à la praça do Comércio.

de la ville. Sa configuration actuelle est l'œuvre de Pombal. En son centre se dresse, en haut d'une colonne, la statue en bronze (1870) du roi Dom Pedro IV, premier souverain du Brésil, ainsi que deux fontaines baroques qu'entoure un petit marché aux fleurs. La place est bordée sur trois côtés d'immeubles des 18e et 19e s., occupés au rez-de-chaussée par des cafés, dont le fameux « Nicola » à la façade Art déco, et de petits commerces ayant gardé leur décoration du début du siècle. Jetez un œil au débit de tabac près de Nicola, décoré d'azulejos signés Rafael Bordalo Pinheiro ou, au coin du largo de S. Domingos et à côté d'une chapellerie fondée au 19e s., à la boutique où l'on boit la fameuse liqueur de cerise *ginginha*.

Le **théâtre national Dona Maria II**, de style néo-classique, ferme la place au Nord. Bâti vers 1840 sur l'emplacement de l'ancien palais de l'Inquisition, il présente une façade à péristyle et fronton surmontée de la statue de Gil Vicente, créateur du théâtre portugais.

À l'Est du Rossio et contiguë à celle-ci, la **praça da Figueira**, de plan carré, avec en son centre une statue équestre de Jean Ier, est bordée d'immeubles classiques. La terrasse arrière du célèbre café-pâtisserie Suíça *(voir Petite pause dans la Baixa pratique)*, dont la façade principale donne également sur le Rossio, constitue un endroit propice pour admirer le château et l'animation de la Baixa.

On accède ensuite au quadrillage de la Baixa dont les rues, en partie piétonnes, sont bordées de magasins. La **rua Augusta**, large et élégante rue piétonne, relie le Rossio au centre de la praça do Comércio, en bordure immédiate du Tage. De part et d'autre, les **rua do Ouro** (rue de l'Or ; aujourd'hui la rue des banquiers, des bijoutiers et des orfèvres) et **rua da Prata** (de l'Argent) rappellent par leur nom qu'elles étaient, aux 15e et 16e s., le centre du commerce des métaux précieux. Les autres rues parallèles portent des noms de corporations comme rua dos Douradores (orfèvres), dos Correeiros (selliers), dos Sapateiros (cordonniers).

À l'angle de la rua dos Correeiros et de la rua da Prata, et au sous-sol du Banco Comercial Português, vous pourrez visiter les vestiges romains du **Núcleo Arqueológico**. L'agréable espace muséologique permet de comprendre l'histoire de la Baixa depuis le début de son occupation, au 7e s. À l'entrée, une salle d'exposition présente des objets de différentes époques trouvés lors des fouilles archéologiques. Le dallage en verre permet de voir la superposition de structures, depuis les immeubles pombalins jusqu'au niveau phréatique. Le site fut occupé par une fabrique de poteries (du 5e au 3e s. avant J.-C.), une nécropole (2e s. avant J.-C.) et, du 1er au 5e s., par un important complexe lié à l'activité portuaire et à la pêche (bacs de salaison). Remarquez notamment la mosaïque du 3e s. et un four à céramique de la période islamique. *Visite guidée (3/4h) jeu. 15h-17h, sam. 10h-12h, 15h-17h. Gratuit. Il est préférable de prévenir de la visite 3j. à l'avance, ☎ 213 21 17 00.*

Praça do Comércio** (ou terreiro do Paço)

Tout au bord de la « Mer de Paille », se dressait ici le palais royal, avant que le séisme et le raz-de-marée de 1755 ne l'engloutissent. En souvenir, les Lisboètes continuent d'appeler cette magnifique place le « terreiro do Paço », l'esplanade du Palais. Longue de 192 m et large de 177 m, elle est bordée sur trois côtés par des corps de bâtiments classiques qui abritent la Bourse et plusieurs ministères. Les étages à façade de crépi jaune safran reposent sur des galeries à arcades, et l'ensemble constitue un excellent exemple de style pombalin, austère et élégant. Un arc de triomphe de style baroque (19ᵉ s.) forme un fond à la statue équestre du roi Joseph Iᵉʳ, œuvre de Machado de Castro (1755).

Point de convergence de nombreux bus et tramways, cette place a également occupé un rôle central à plusieurs reprises dans l'histoire du pays. C'est là que furent assassinés, le 1ᵉʳ février 1908, le roi Charles Iᵉʳ et le prince héritier Louis Philippe. Dans le **café Martinho da Arcada**, où Fernando Pessoa avait ses habitudes, se trouve encore la table sur laquelle il écrivit son œuvre célèbre, *Mensagem*.

Au Sud, comme happée par les eaux, la place débouche sur le fleuve. Au **cais das Colunas★**, des degrés de marbre, encadrés de deux colonnes patinées par la marée, glissent doucement dans l'eau du Tage, dans des tonalités vénitiennes (*actuellement en travaux*).

À l'angle Sud-Est, la **gare maritime (estação fluvial) do Sul e Sueste** est décorée de panneaux d'azulejos représentant les villes de l'Alentejo et de l'Algarve. Les passagers y embarquent pour traverser le Tage et rejoindre sur l'autre rive les quais de chemin de fer. *En raison des travaux de réaménagement des quais et d'extension du métro, l'embarcadère provisoire se trouve quelques centaines de mètres à l'Ouest, au cais do Sodré.*

le Chiado★

Environ 1h30 – Suite de l'itinéraire de la Baixa.

Le Chiado ne désigne pas seulement le largo do Chiado, mais toute une zone piétonne dont les rues principales sont les rues do Carmo et Garrett qui relient le Rossio à la praça Luís de Camões. Pendant la nuit du 25 août 1988, un gigantesque **incendie** a ravagé ce cœur du vieux Lisbonne. Visibles du haut de l'elevador de Santa Justa, les quatre blocs d'immeubles incendiés abritaient notamment grands magasins et boutiques anciennes : le magasin Grandella, le magasin O Chiado, le salon de thé Ferrari... Plus de 2 000 personnes furent alors privées de travail. La mairie nomma aussitôt après le drame le célèbre architecte portugais Álvaro Siza pour reconstruire le quartier. Celui-ci a proposé un projet résolument classique, avec sauvegarde et reconstitution des bâtiments, en ouvrant d'agréables patios entre les immeubles, qui sont désormais occupés par des boutiques de vêtements chic, des galeries commerciales, ainsi que la plus grande Fnac de la péninsule Ibérique. Le quartier a conservé ses librairies et certaines boutiques anciennes.

Elevador de Santa Justa★

Fonctionne de 7h à 23h. 2€. ☎ 218 91 98 98/38. Cet **ascenseur** a été construit en 1901 par Raúl Mesnier de Ponsard, ingénieur portugais d'origine française, influencé par Gustave Eiffel. Avant l'incendie de 1988, il permettait d'accéder directement à la partie haute du Chiado, mais ce passage est désormais fermé. On peut néanmoins faire une pause au café situé sur la plate-forme supérieure, à 32 m au-dessus de la rue, pour profiter de la belle **vue★** sur le Rossio et la Baixa.

Église do Carmo (Museu Arqueológico)★

Largo do Carmo. Été : tlj sf dim. 10h-18h ; le reste de l'année : tlj sf dim. 10h-17h. Fermé 1ᵉʳ janv., 1ᵉʳ mai et 25 déc. 2,50€. ☎ 213 46 04 73 ou 213 47 86 29.

De l'église gothique du Carmo, bâtie à la fin du 14ᵉ s. par le connétable Nuno Álvares Pereira, demeure aujourd'hui une carcasse fantomatique à ciel ouvert. Ses piliers s'élancent vers le ciel, mais ne supportent plus la voûte de la nef, détruite par le tremblement de terre. La vie s'est arrêtée le 1ᵉʳ novembre 1755. Le silence règne en maître, à peine troublé par le roucoulement d'une colombe et le murmure d'une fontaine baroque. Vision romantique : voici un exemple achevé de « ruine-mémoire » dont se nourrit la mythologie lisboète. Le lieu sert de cadre aux collections du musée d'Archéologie qui comprennent des poteries de l'âge du bronze, des bas-reliefs en marbre, des azulejos hispano-arabes et des tombeaux romans et gothiques (gisant de Fernão Sanches, fils illégitime du roi Denis Iᵉʳ).

Cette église donne sur l'une des plus charmantes places de Lisbonne, le **largo do Carmo**, bordé de tilleuls centenaires et de jacarandas.

Rua do Carmo★ et rua Garrett

Ces rues commerçantes et élégantes rassemblent des boutiques aux devantures anciennes, des librairies renommées, des pâtisseries et des cafés dont le fameux « **A Brasileira** » *(voir carnet pratique)* que fréquentait régulièrement le poète Fernando Pessoa. Depuis le centenaire de sa naissance en 1988, Pessoa est revenu s'installer à l'une des tables de la terrasse, pensif dans son habit de bronze.

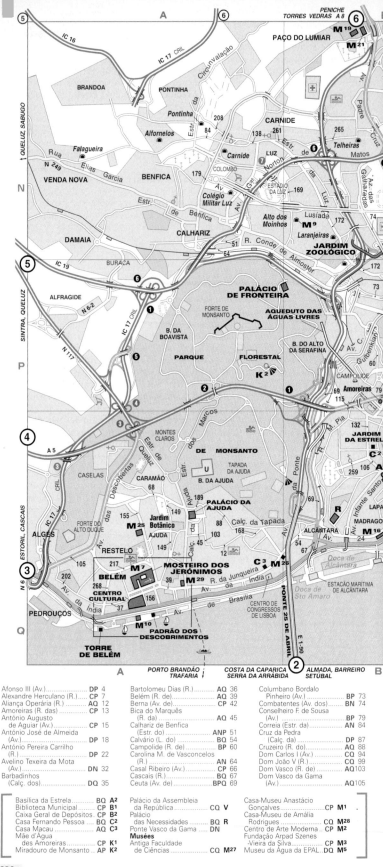

LISBOA

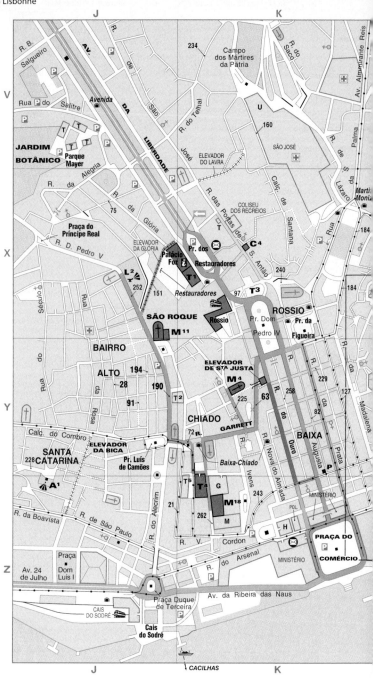

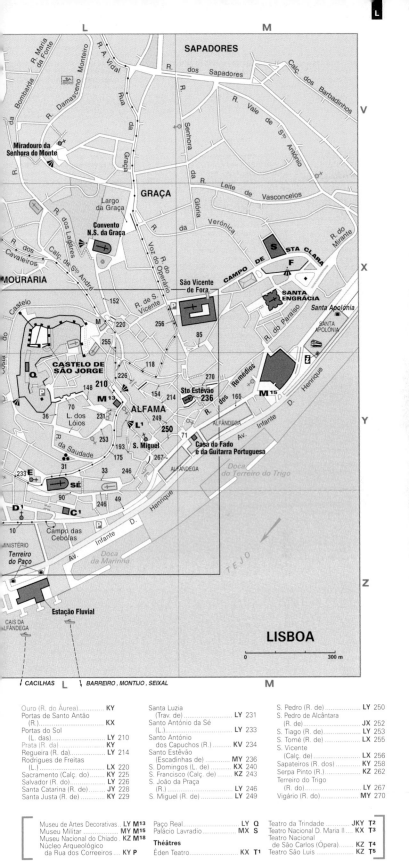

LISBOA

Museu de Artes Decorativas.. **LY M13**
Museu Militar .... **MY M15**
Museu Nacional do Chiado . **KZ M18**
Núcleo Arqueológico
   da Rua dos Correeiros .... **KY P**

Paço Real............................ **LY Q**
Palácio Lavradio................. **MX S**

Théâtres

Éden Teatro........................ **KX T1**

Teatro da Trindade .... **JKY T2**
Teatro Nacional D. Maria II.... **KX T3**
Teatro Nacional
   de São Carlos (Ópera)........ **KZ T4**
Teatro São Luis .... **KZ T5**

RÉPERTOIRE DES RUES ET SITES DE LISBONNE

Chiado pratique

HÉBERGEMENT

Pensão Duque – *Calçada do Duque, 53 -* ☎ *213 46 34 44 -pensao_duque @yahoo.com -* 🚿 *- 20 ch. 18/35€*. L'escalier de cette pension simple est aussi raide que sa rue où fleurissent les terrasses de restaurants. Tenue avec soin par un Breton accueillant et ardent défenseur du beurre salé, elle présente la particularité d'être en pente elle aussi ! Chambres sans salle de bain. En plein centre-ville.

Pensão Estrela do Mondego – *Calçada do Carmo, 25 2° Esq -* ☎ *213 24 08 40 -* 🚿 📺 *– 10 ch. 25/37,50€*. Les chambres de cette pension très bon marché proche de la gare du Rossio sont agréables et disposent de l'air conditionné. Petites salles de bain pourvues de cabines de douche. Vue sur la gare ou l'arrière-cour. Les petits budgets trouveront là une adresse centrale au rapport qualité-prix intéressant.

Residencial Iris – *R. da Glória, 2-A, 1° -* ☎ *213 42 31 57 - 9 ch. 30/35€*. En retrait de l'avenida da Libertade, une adresse centrale et calme pour mini budgets avec des chambres basiques (linoléum, cabines de douche ouvertes sur un côté) mais souvent spacieuses.

Americano – *R. 1° de Dezembro, 73 -* ☎ *213 47 49 76 - 49 ch. 35/65€*. Cet hôtel de standing très confortable et on ne peut plus central à côté de la gare du Rossio et de la praça Dom Pedro IV présente un bon rapport qualité-prix. Les chambres donnent sur la rue piétonne du 1° Dezembro et sur des façades d'immeubles lisboètes quelque peu décaties.

Pensão Residencial Santa Catarina – *R. Dr. Luís de Almeida e Albuquerque, 6 -* ☎ *213 46 61 06 - 16 ch. 38/58€*. Si vous recherchez à la fois le calme et l'atmosphère d'un quartier central et historique, arrêtez-vous dans cette pension du Bairro Alto, voisine du mirador de Santa Catarina. Les chambres à la décoration années 1970 sont bien tenues et disposent de baignoires ou de douches. Certaines ont vue sur la basilica da Estrela, d'autres sur le jardinet de la cour.

Suiço Atlântico – *R. da Glória, 3-19 -* ☎ *213 46 17 13 -suissoatlantico @grupofbarata.com - 90 ch. 48,40/61,50€* 📺. Réfugié dans une rue calme derrière l'avenida da Libertade, ce grand hôtel confortable et bien tenu offre un service de qualité. Ses pièces paraissent toutefois un peu austères en raison de leurs couleurs éteintes et de l'éclairage blafard des couloirs. Les chambres donnant sur la rue sont les plus gaies.

Residência Roma – *Travessa da Glória, 22 A -* ☎ *213 46 05 57 - res.roma@mail.telepac.pt -* 📺 *- 24 ch. 58/68€*. Avec cette adresse en retrait d'avenida da Libertade, vous aurez tous les avantages du centre-ville sans en subir le bruit. Ses chambres refaites à neuf sont particulièrement spacieuses et lumineuses. Possibilité de louer des petits appartements bien conçus avec kitchenette.

Metropole – *Praça do Rossio, 30 -* ☎ *213 21 90 30 - metropole @almeidahotels.com -* 📺 *- 36 ch. 130€* 📺. Très bien situé sur la place animée du Rossio, le Metrópole offre des chambres classiques et confortables dans un bel immeuble du début du siècle. Intérieur agréable et spacieux. Vues splendides sur le château São Jorge depuis le salon et les chambres donnant sur la colonne.

Lisboa Regency Chiado – *R. Nova do Almada, 114 -* ☎ *213 25 61 00 - regencychiado@madeiraregency.pt -* 📺 *- 40 ch. 140€* 📺. En plein quartier du Chiado, à deux pas du Bairro Alto, cet hôtel conçu par le célèbre architecte Álvaro Siza et décoré avec goût dans un style oriental-portugais offre tout le confort moderne et des chambres avec des vues magnifiques sur le Tage, le château et la ville.

RESTAURATION

Café Buenos Aires – *Calçada do Duque, 31 B -* ☎ *936 61 36 72 - fermé lun. -* 🚿 *- réserv. conseillée - 15/22€*. Dans cette rue qui descend du Bairro Alto à Rossio et ménage des points de vue sur le castelo S. Jorge, des Argentins amoureux de Paris et de Lisbonne tiennent un café-restaurant qui mélange avec bonheur les cultures : bœuf argentin, salades à l'accent français (chèvre chaud, roquefort), tagliatelles aux champignons et tartines généreuses. En dessert : le fameux *doce de leche* argentin ou un divin fondant au chocolat. Atmosphère très sympathique et « bohème ».

Restaurante Confeitaria Nacional – *Calçada do Sacramento, 40-46 -* ☎ *213 42 05 72 - 18/30€*. Annexe de la prestigieuse pâtisserie Confeitaria Nacional. Sous la houlette d'une femme très chaleureuse est né un restaurant qui cultive une démarche de qualité avec un concept de cook shop attenant (vins et produits du terroir dont la meilleure huile d'olive du Portugal). Gastronomie traditionnelle préparée à partir de bons produits et servie dans une belle salle voûtée.

Tavares – *R. da Misericórdia, 37 - fermé dim. midi et sam. -* ☎ *213 42 11 12 -* 📺 *- 50/58€*. Ce grand classique propose une cuisine internationale traditionnelle servie avec style dans un richissime décor fin de siècle.

SORTIES

A Brasileira – *R. Garrett, 120 -* ☎ *213 46 95 41 - 8h-2h*. Face à la statue de Fernando Pessoa, le café mythique de Lisbonne. Lieu de rencontre des artistes, stylistes de mode, touristes et résidents dans une atmosphère feutrée (boiseries sombres, plafonds peints).

Café No Chiado – *Largo do Picadeiro, 10-12 -* ☎ *213 46 05 01*. On viendra déguster sous les arbres qui font face au teatro S.Carlos la meilleure mousse de mangue de Lisbonne, faite maison s'il vous plaît. Un délice inoubliable !

Heróis - Café Lounge – *Calçada do Sacramento, 18 -* ☎ *213 42 00 77 - mar.-dim. 10h-2h.* Avis aux amateurs d'ambiances chic et branchées : ce café du Chiado proche de l'église des Carmes attire les créateurs de mode et leur clientèle. On vient ici prendre un verre sur fond de musique « lounge » (DJ's le week-end) ou encore déguster sur deux étages une cuisine d'inspiration méditerranéenne.

ACHATS

Ana Salazar – *R. do Carmo, 87.* Créations de la célèbre créatrice de mode portugaise.

Casa Alegre – *R. Ivens, 58 -*☎ *213 47 58 33 - fermé dim.* Coussins, linge de maison, ustensiles de cuisine et vaisselle design : la prestigieuse manufacture de porcelaine Vista Alegre réinvente tout un univers de confort dans cette boutique au concept très moderne.

Caza das Vellas Loreto – *R. do Loreto, 53,56 -* ☎ *213 42 53 87.* Cette enseigne aux boiseries sombres et au parfum de cire fabrique des bougies depuis 1789 ! Véritable institution à Lisbonne, elle fournit en cierges les églises de la ville.

Chapelaria Azevedo – *Praça Dom Pedro IV, 69-72-76.* Très ancienne chapellerie au charme désuet, fondée en 1886, où l'on trouve toutes sortes de couvre-chefs.

Fábrica Sant'anna – *R. do Alecrim, 95 -* ☎ *213 42 25 37 - fermé w.-end.* Cette fabrique d'azulejos fondée en 1741 offre un large choix de carreaux à tous les prix. Visite des ateliers calçada da Boa Horta, 96 pour assister aux procédés de fabrication hérités du 18e s.

Livraria Bertrand – *R. Garrett, 73.* Cette grande librairie très complète est une enfilade de salles organisées par thème. Livres étrangers et presse internationale.

Luvaria Ulisses – *R. do Carmo, 87 A.* Minuscule boutique de gants, mais énorme choix et grande qualité.

Solar do Vinho do Porto – *R. de S. Pedro de Alcântara, 45 -* ☎ *213 47 57 07 - solarlisboa@mail.ivp.pt - lun.-sam. 14h-0h sf j. fériés.* Cette boutique de vins installée dans le palácio Ludovice du 18e s. propose plus de 150 variétés de porto dont les fameux « vintage ». La dégustation a lieu dans des salons meublés de fauteuils en velours et de tables basses.

Vista Alegre – *Largo do Chiado, 20-23 -* ☎ *213 46 14 01.* Boutique de la manufacture Vista Alegre qui fabrique depuis 1824 de la porcelaine. Une enseigne incontournable, représentative du savoir-faire portugais et de l'histoire des arts de la table au Portugal. Huit autres boutiques dans la capitale.

Museu Nacional do Chiado★

Rua Serpa Pinto, 4. Tlj sf lun. 10h-18h, mar. 14h-18h. 3€, gratuit dim. et j. fériés 10h-14h. ☎ *213 43 21 48.*

Ce couvent du 13e s. fut transformé en musée d'art contemporain en 1911. Après l'incendie de 1988, l'architecte français Jean-Michel Wilmotte l'a élégamment réaménagé en un espace ouvert, relié par des passerelles qui laissent à nu les structures anciennes du bâtiment.

Le musée réunit des peintures, sculptures et dessins d'artistes portugais réalisés entre 1850 et 1950. Sont présentées les périodes romantique, naturaliste et moderniste ainsi qu'un petit ensemble de toiles symbolistes et néo-réalistes.

Le musée abrite également une galerie d'expositions temporaires. La cafétéria s'ouvre sur un agréable jardin, et la terrasse donne sur les toits de Lisbonne.

Théâtre national São Carlos

Rua Serpa Pinto, 9. Situé dans une zone calme et agréable, ce théâtre construit en 1793 dans un style néoclassique, présente une façade inspirée de la Scala de Milan. Il propose une programmation classique de musique et de ballet.

LES JARDINS DE LISBONNE

Un aspect surprenant de Lisbonne : la multitude de petits jardins plantés d'essences exotiques. Au printemps, les jacarandas donnent une teinte mauve à la ville, alors que l'été, le rouge violacé des bougainvilliers explose partout. Ces couleurs s'accompagnent du parfum des citronniers. La plupart des jardins sont cachés derrière de hauts murs qui laissent parfois dépasser quelques branches fleuries.

Jardim Botânico – *Voir description p. 248.*

Jardim da Estrela – Ce grand jardin aménagé en 1852 est planté d'essences exotiques (palmiers, dragonniers...) et agrémenté d'un kiosque à musique, de lacs et de buvettes.

Jardin de la fondation Gulbenkian – Il dispose d'un amphithéâtre en plein air où ont lieu des concerts en été.

Jardim do Príncipe Real – Agréable jardin, avec un restaurant en terrasse. À noter, un cèdre du Buçaco, très bas, mais au feuillage d'un diamètre exceptionnel.

Jardim das Amoreiras – Petit jardin tranquille au milieu de la jolie place des Amoreiras, sous l'aqueduc das Águas Livres, où se trouve la maison Vieira da Silva.

Parque Eduardo VII – *Voir description p. 269.*

Jardim Botânico da Ajuda et jardim das Damas – À quelques pas du palais da Ajuda, le Jardin botanique, aménagé par le marquis de Pombal en 1768, abrite de nombreuses espèces exotiques. À côté, le romantique jardim das Damas est constellé de lacs et de cascades. *Voir description p. 267.*

Jardin du palais Fronteira – Merveilleux jardin décoré d'azulejos d'un style unique. *Voir description p. 276.*

Parque Florestal de Monsanto – *Voir description p. 276.*

Praça Luís de Camões

Cette place recouverte de pavés aux motifs originaux, et dont le centre est occupé par la statue du grand poète épique, fut l'un des théâtres de la révolution des Œillets du 25 avril 1974. Après avoir pris la caserne située largo do Carmo, où se trouvait le président du Conseil, la population escorta les militaires dans leurs voitures blindées qui montaient le Chiado et s'arrêta sur la place pour fêter la liberté recouvrée. Un peu endommagée par un récent parking souterrain qui lui a fait perdre ses arbres, la place Camões restaure peu à peu les façades qui la bordent. Contournée en tous sens par les tramways, elle marque la limite entre le quartier du Chiado et le Bairro Alto. Lieu de rendez-vous, elle est animée lors des fêtes populaires. On voit le Tage au Sud, au bout de la rua do Alecrim (du romarin) en forte pente.

La **rua da Misericórdia** part de la praça Luis de Camões pour conduire au Bairro Alto qui s'étend sur le flanc Ouest.

LES PETITS PAVÉS DE PIERRE

Les *empedrados*, ces pavements constitués de petits cubes de calcaire blanc et de basalte noir, composent une véritable marqueterie de pierre. Le répertoire des frises est inépuisable : figures marines (poissons, vagues), armes de la ville (caravelle et corbeau), symboles historiques, dessins géométriques et même parfois logos commerciaux. Disposés le long des trottoirs, sur les places et les belvédères ou sur le pas d'une porte, ils sont un peu le pendant horizontal des azulejos. Les paveurs municipaux existent depuis le début du 16e s., et disposent du statut d'« artistes artisans ». Les pavages les plus anciens que l'on trouve aujourd'hui ne datent cependant que du siècle dernier. La nuit, leur surface blanche et réfléchissante scintille et illumine la ville. Ce tapis de mosaïque, sorte de tatouage magique sur la peau accidentée de la ville, est à lui seul une invitation à la marche. Il amuse aussi les enfants : selon un jeu de leur invention, « le premier qui marche sur les noirs a perdu ! ». Mais gare à ne pas glisser par temps de pluie... Les Portugais ont exporté cet art et cette technique dans plusieurs villes du monde lusophone : Rio ou Salvador de Bahia, Maputo, Luanda, Macao, etc.

Un petit crochet s'impose, tout à fait en contrebas du Bairro Alto, de l'autre côté de la calçada do Combro (qu'emprunte le tramway 28).

La vie communautaire semble tissée dans le petit quartier pittoresque et animé de **Bica**. Le curieux **elevador da Bica★**, une sorte de mini-funiculaire, improbable machine pleine de poésie, escalade courageusement la calçada da Bica Grande, fortement pentue. Emprunter ce petit tram à crémaillère constitue une expérience insolite : un impressionnant travelling de cinéma doublé d'une coupe transversale du quartier et de sa population, des intérieurs des appartements jusqu'aux palabres animées sur le pas des portes.

Tout près, le paisible belvédère **Alto de Santa Catarina★★** offre un panorama exceptionnel sur le Tage, les docks et le pont du 25-Avril. La vue est particulièrement belle en fin d'après-midi, au coucher du soleil. Ici se dresse la **statue d'Adamastor**, le monstre marin des *Lusiades* de Camões, le géant mythique qui terrorisait les navigateurs du 15e s. D'après la légende, Adamastor fut vaincu par le navigateur Bartolomeu Dias, le premier à dépasser le « cap des Tempêtes », que le roi Jean II rebaptisera du nom du cap de Bonne-Espérance, signifiant ainsi son espoir d'arriver aux Indes. La terrasse, en partie ombragée, de la buvette forme un lieu de détente idéal.

le Bairro Alto★ et alentours

Environ 3h. N'hésitez pas à vous promener à l'aveugle dans ces ruelles. Le quartier, désormais en partie fermé à la circulation automobile, est encadré à l'Est par la rua da Misericórdia, à l'Ouest par la rua do Século et au Sud par la calçada do Combro.

La naissance de ce quartier, au 16e s., est liée à la présence des jésuites. Le Bairro Alto fut d'abord un quartier aristocratique, au tracé rectiligne et aux ruelles pentues (moins cependant que celles de l'Alfama), mais ses palais ont été détruits par le tremblement de terre de 1755. Longtemps habité par une population modeste, il est devenu depuis une vingtaine d'années un épicentre de la « movida » portugaise. Dans les années 1980, de jeunes créateurs (stylistes, artistes peintres, designers) ont d'abord mis le quartier à la mode en y installant des boutiques, en venant y vivre ou travailler dans des ateliers. Les noctambules en ont vite fait un de leurs lieux favoris : bar branchés et boîtes de nuit (dont la célèbre discothèque *Frágil*) jouxtent désormais de petites échoppes traditionnelles, de vieilles tavernes et des restaurants de diverses catégories, ainsi que quelques maisons de fado. Les bâtiments, souvent construits de bric et de broc, et parfois insalubres, ont été en grande partie rénovés. Si la nuit est à la fête, pendant la journée le quartier est plutôt assoupi : quelques livreurs traînent doucement une charrette, des interpellations d'un immeuble à l'autre et des scènes de la vie courante rythment le quotidien. Les rues commerçantes les plus animées sont les **rua do Norte**, **rua do Diário de Notícias**, **rua da Atalaia** et **rua da Rosa**.

Bairro Alto pratique

HÉBERGEMENT

Pensão Globo – *R. do Teixeira, 37 -* ☎ *213 46 22 79 -* 🖂 *- 17 ch. 20/40€.* Une pension fort sympathique dans une rue ravissante et tranquille du pourtant trépidant Bairro Alto. Derrière sa façade bleu ciel agrémentée de mini balcons, les chambres sont petites et bien tenues, et les salles de bain ressemblent à des cabines. Une adresse parfaite pour les budgets serrés en quête de charme.

Pensão Londres – *R. D. Pedro V, 53-1° -* ☎ *213 46 87 39 -pensaolondres @pensaolondres.com.pt - 39 ch. 48/72€* 🖂. Cette pension occupe trois étages d'un bel immeuble à la lisière du Bairro Alto, le quartier d'élection des noctambules de Lisbonne. Certaines chambres ont des plafonds d'origine et de belles vues sur le château São Jorge et sur le ponte 25 de Abril. Un établissement bien situé, soigné et entretenu qui offre des prix raisonnables.

Residencial Alegria – *Praça da Alegria, 12 -* ☎ *213 22 06 70 -mail@alegrianet .com - 35 ch. 48/58€.* Un hôtel charmant avec sa façade pimpante jaune clair et ses balcons fleuris donnant sur la non moins séduisante praça da Alegria. Demandez de préférence les chambres avec vue sur celle-ci. Certaines sont équipées de l'air conditionné. Tenue exemplaire.

Casa de S. Mamede – *R. da Escola Politécnica, 159 -* ☎ *213 96 31 66 -* 🖂 *- 28 ch. 70/85€* 🖂. Cet hôtel de charme installé dans une maison du 18ᵉ s. ressemble à une demeure de famille avec ses azulejos et son mobilier anciens. C'est dire s'il est à sa place dans ce quartier des antiquaires proche de Príncipe Real et du Jardin botanique ! Une adresse rare et abordable.

RESTAURATION

• Sur le pouce

Doce Real – *R. D. Pedro V, 119-121 -* ☎ *213 46 59 23 - fermé dim.* Ce sympathique et minuscule café planté en bordure du Bairro Alto entre Príncipe Real et la rua da Rosa offre juste assez d'espace pour manger sur le pouce plats cuisinés et beignets de morue ou de crevettes. Au comptoir comme à table, c'est un délice !

O Adamastor – *R. marechal Saldanha, 24 -* ☎ *213 47 17 26 - fermé dim.* Minuscule terrasse en pointe prise entre deux rues du Bairro Alto dont l'une mène au mirador de Santa Catarina. On y mange des beignets de poisson, des salades, des omelettes et des plats du jour comme le riz aux crevettes. Une adresse parfaite pour un déjeuner à petit prix.

Pão de Canela – *Praça das Flores, 25/27 -* ☎ *213 97 22 20 - 7h-22h.* Petit déjeuner ou brunch en terrasse, déjeuner léger ou goûter dans un décor de bois clair, le tout à base de cocktails de fruits, de feuilletés ou de quiches : toutes les formules sont possibles dans cet établissement idéalement situé à l'ombre de la praça das Flores dans le Bairro Alto.

• À table

Adega das Cegonhas – *Travessa Conde de Soure, 7 -* ☎ *213 46 45 55 - fermé 2 sem. en août et dim. -* 🖂 *- 8/15€.* Petites tables montées sur des pieds de machines à coudre et grill sur le trottoir à l'ombre d'un parasol : ce minuscule restaurant populaire du Bairro Alto vous initiera à une authentique ambiance de quartier lisboète. Au menu : grillades de sardines et autres poissons. Une adresse on ne peut plus simple à côté de la rua da Rosa.

Esplanada – *Jardim do Príncipe Real -* ☎ *962 31 16 69 -* 🖂 *- 15/23€.* Cette adresse occupe une sorte de verrière au beau milieu de la place-jardin Principe Real. Vous dégusterez donc votre salade ou des plats d'influence méditerranéenne dans un cadre qui tient à la fois de la serre et du jardin d'hiver. Autre alternative : vous mettre en terrasse sous les arbres centenaires ou vous attabler dans l'une des allées bordant les pelouses. Gamme de prix un peu élevée.

Bota Alta – *Travessa da Queimada, 35-37 -* ☎ *213 42 79 59 -* 🖂 *- réserv. conseillée - 18/23€.* Effervescence en salle où les serveurs s'affairent, une queue qui s'allonge dehors : le succès est toujours au rendez-vous pour ce restaurant du Bairro Alto spécialisé dans la morue.

Porco Preto – *R. Marcos Portugal, 5 -* ☎ *213 96 48 95 - reservas@porcopreto .com - lun.-sam. 12h30-15h et 20h-0h - réserv. conseillée - 20/30€.* Sur la ravissante praça das Flores, dans un cadre design raffiné, une excellente table et un concept unique à Lisbonne, à savoir : une carte conçue exclusivement autour du fameux porc noir d'Alentejo (l'équivalent du *pata negra* espagnol). Au menu : jambon cru et viande grillée. Une cuisine épurée pour mettre en valeur l'exception du produit. Atmosphère intimiste.

Pap'Açorda – *R. da Atalaia, 57 -* ☎ *213 46 48 11 - fermé dim. et lun. midi - 21€.* Un must du Bairro Alto. Bonne cuisine dans un décor design théâtral et animé par les célébrités de Lisbonne.

Comida de Santo – *Calçada Engenheiro Miguel Pais, 39 -* ☎ *213 96 33 39 -* 🖂 *- 22/27€.* À côté de Príncipe Real, une bonne table brésilienne. Au menu, la cuisine régionale du Nord-Est du Brésil sans oublier l'incontournable *feijoada* nationale. Plats particulièrement copieux et savoureux. Une clientèle d'habitués dans un cadre simple mais élégant.

XL – *Calçada da Estrela, 57 -* ☎ *213 95 61 18 - fermé 3 semaines en août et dim. -* 🍽 *- 25,50/34€.* Face à l'Assemblée, ce restaurant fera le bonheur des gourmands en leur proposant, entre autres, son poisson au four et ses délicieux soufflés. Enchantement des papilles et des sens dans un cadre agréable aux allures coloniales.

Petite pause

Panificação Reunida de S. Roque – R. D. Pedro, 45 - ☎ 213 22 43 56. Ses carreaux aux motifs floraux stylisés des Années folles donnent un charme tout particulier à cette boulangerie-pâtisserie dans laquelle vous pourrez déguster un bon café, savourer des douceurs et bien sûr acheter votre pain, présenté dans de grands paniers derrière le comptoir.

Sorties

Enoteca Chafariz do Vinho – R. da Mãe d'Agua – ☎ 213 42 20 79 - mar.-dim. 18h-2h. Cette ancienne réserve d'eau à la fois fontaine et lavoir située au pied des marches menant de la praça da Alegria à Principe Real a été reconvertie en bar à vins. Sa carte impressionnante permet de s'initier aux différents vignobles portugais tout en savourant des petiscos au fromage ou une charcuterie de grande qualité.

Frágil – R. da Atalaia, 126-8 - lun.-sam. 23h-4h. Véritable institution de la nuit lisboète. Le décor de ce bar-discothèque est toujours unique et change environ tous les trois mois. Clientèle « branchée » d'habitués de la nuit.

Hot Clube – Praça da Alegria, 39 - mar.-sam. 22h-4h. La plus ancienne cave de jazz de Lisbonne. Des groupes, souvent de renommée internationale, s'y produisent le vendredi et le samedi.

Lojas Inlisboa.com – R. da Atalaia, 153 - ☎ 213 43 19 11 - 11h-0h. Si vous souhaitez surfer sur le net dans un contexte original, choisissez cette petite boutique en plein Bairro Alto. Les étudiants de l'École des arts y ont créé un espace Internet leur permettant en même temps de présenter leurs œuvres (vues de Lisbonne) qu'ils vendent sous forme de cartes postales, de lithographies ou encore d'affiches-plans très bien faites pour les quartiers de la ville.

Pavilhão Chinês – R. Dom Pedro V, 89 - tlj jusqu'à 2h. Ancienne épicerie transformée depuis 1986 en bar, dont les murs sont couverts de vitrines exposant une abondante collection d'objets en tout genre : soldats de plomb, gravures contemporaines, céramiques humoristiques, maquettes d'avions de guerre. Vous pourrez également faire une partie de billard dans la salle du fond.

Pop Mail – R. das Gáveas, 74. Dans le Bairro Alto au-dessus de la praça Luis Camões, un café Internet d'inspiration « minimaliste » où l'on peut prendre un verre, lire ses e-mails et acheter quelques objets de décoration.

Arts & Spectacles

Adega do Machado – R. do Norte, 91 - ☎ 213 22 46 40 - mar.-dim. 20h-3h. Très bon spectacle folklorique en début de soirée, suivi de fado de Lisbonne ou de Coimbra.

Adega do Ribatejo – R. do Diário de Notícias, 23 - ☎ 213 46 83 43 - lun.-sam. 12h-15h, 19h-0h. Une ambiance familiale et animée pour l'une des plus authentiques maisons de fado.

Arcadas do Faia – R. da Barroca, 54/56 - ☎ 213 42 19 23 - lun.-sam. 20h-2h. Authentique fado de Lisbonne. Dans le Bairro Alto, ce chant est une expression populaire.

Café Luso – Travessa da Queimada, 10 - ☎ 213 42 22 81 - lun.-sam. 20h-2h. Établissement très fréquenté par les touristes. Les soirées commencent par un spectacle folklorique et se poursuivent par du fado.

Mascote da Atalaia – R. da Atalaia, 13 - ☎ 213 47 04 08 - lun.-sam. 20h-23h. Peu de touristes franchissent le seuil de cet endroit anodin. Les Portugais du quartier s'y retrouvent entre eux.

Achats

Aleksandar Protich – R. da Rosa, 112 - ☎ 936 33 77 95 - protichalekjandar @hotmail.com - fermé 2 sem. août. Coupes destructurées pour vêtements féminins légers et transparents, matières techniques et originales, audace et séduction caractérisent le travail du styliste croate Aleksandar Protich. Ce chef de file de la mode lisboète s'est installé dans une ancienne boucherie au cœur du Bairro Alto.

Annette – R. da Rosa, 291 - ☎ 213 47 42 11. En haut de la rua da Rosa investie par les créateurs, là où bat le cœur du Bairro Alto, la petite boutique de la styliste allemande Annette. Une mode fluide, ample et féminine mise en valeur par des matières naturelles (lin, maille, etc.).

Antiguidades Cabral Moncada – R. D. Pedro V., 34. L'un des plus célèbres antiquaires de Lisbonne. Organise également des ventes aux enchères.

Antiguidades Jorge Mourão – Praça do Príncipe Real, 33. Peintures, statues, œuvres d'art anciennes.

Carla Amaro - Joalharia & Bijutaria Comtemporânea – Calçada Engenheiro Miguel Pais, 31 - ☎ 213 95 12 64 - www.carlaamaro.com - mar.-sam. 11h-19h. Cette créatrice installée à deux pas de Príncipe Real élabore avec talent des bijoux et des accessoires dont le style contemporain et le prix raisonnable ne pourront que vous séduire. Une adresse idéale pour se faire plaisir ou trouver des cadeaux.

Espaço Fátima Lopes – R. da Rosa, 36. Un espace conçu par cette styliste au style sexy, où l'on peut acheter ses créations ou prendre un verre au café. Fréquenté par le monde de la mode.

Interna Empório Casa – R. da Escola Politécnica, 42 (palacete Condes do Restelo) - ☎ 213 21 12 90 - fermé dim. Ustensiles de cuisine et épicerie fine, librairie-CD, mode, linge de maison, jardin, mobilier design : plusieurs départements se partagent les différents niveaux de ce Conran Shop local, installé dans une ancienne demeure proche de Príncipe Real. Sans doute la plus intéressante boutique « déco » de la ville.

José António Tenente – Travessa do Carmo, 8. Vêtements du talentueux créateur portugais qui a signé les tenues de l'Exposition mondiale de Lisbonne et habille les personnalités du spectacle (chanteuse du groupe Madredeus).

Ler Devagar – R. de São Boaventura, 155-1200 - ☎ 213 24 10 00 - www.lerde vagar.com - lun.-mer. 10h-0h, jeu.-sam. 12h-0h et dim. 15h-2h. Cette librairie, voisine de la rua da Rosa dans la partie haute du Bairro Alto, est ouverte de nuit. On peut donc y venir à toute heure pour feuilleter un livre, confortablement installé dans un canapé, visiter l'une de ses expositions ou encore boire un verre. Grand choix de livres en français. Un vrai lieu à vocation culturelle où il fait bon s'attarder.

Les Enfants d'Ailleurs – *Travessa do Rosário, 18 B -* ☎ *916 77 33 03 -*

anne_bouvet@mail.pt - fermé dim. et lun. matin. Entre praça da Alegria et Principe Real, dans le sillage créatif du Bairro Alto, l'atelier-boutique de la jeune styliste française Anne Bouvet. Une ligne colorée de vêtements pour enfants (3 mois à 10 ans) qui associe tissus classiques avec textiles venus d'ailleurs (Hawaii, Afrique, Inde) pour des pièces à chaque fois uniques. Esprit très original et plein de gaieté.

Église de São Roque★

Largo de Trindade Coelho. Tlj sf lun. 10h-17h. Fermé j. fériés. 1€, gratuit dim. ☎ *213 23 53 81.*

Elle fut bâtie à la fin du 16e s. par l'architecte italien Philippe Terzi, à qui l'on doit également l'église São Vicente da Fora *(voir plus loin)* ; la façade d'origine s'est écroulée lors du tremblement de terre de 1755.

L'**intérieur**★ frappe par l'élégance de sa décoration. Le plafond de la nef, en bois peint, est l'œuvre d'artistes italianisants ; les sujets représentent des scènes de l'Apocalypse. Dans la 3e chapelle de droite, on remarque des **azulejos** du 16e s. et une peinture sur bois de Gaspar Vaz (16e s.) figurant la vision de saint Roch.

La **chapelle São João Baptista**★★ *(4e à gauche)*, chef-d'œuvre d'art baroque italien, a été édifiée sur les plans de Salvi et Vanvitelli en 1742 à Rome, où elle reçut la bénédiction du pape ; 130 artistes participèrent à sa construction ; démontée, transportée à Lisbonne par trois caravelles sur l'ordre du roi Jean V, elle fut rebâtie vers 1750 dans l'église São Roque. Tout y est d'une grande richesse : colonnes en lapis-lazuli, devant d'autel en améthyste, marches en porphyre, anges en marbre blanc de Carrare et en ruine, pilastres en albâtre ; revêtement du sol et tableaux des murs en mosaïques de couleur ; frises, chapiteaux et plafond rehaussés d'or, d'argent et de bronze.

On peut encore voir la première chapelle de gauche, décorée de tableaux attribués à l'école de Zurbarán (Nativité et Adoration des Mages), ainsi que la **sacristie** *(accès par le bras gauche du transept)* avec plafond à caissons (17e s.) et des tableaux représentant des scènes de la vie de saint François, par Vieira Lusitano et André Gonçalves.

Museu de Arte Sacra de São Roque★

Attenant à l'église de São Roque *(accès par la dernière porte à gauche en sortant)*, ce musée, aménagé de façon moderne, expose quelques tableaux portugais du 16e s. et une partie du trésor de la chapelle São João Baptista. Mobilier et pièces d'orfèvrerie d'artistes italiens du 18e s. sont remarquables par la richesse de leur décoration baroque. Le musée abrite également une intéressante collection d'**ornements sacerdotaux**★ en soie et en tissu lamé brodé d'or.

Miradouro de São Pedro de Alcântara★

À la pointe Nord-Est du Bairro Alto, un agréable jardin aménagé forme un balcon au-dessus de la ville basse, offrant ainsi une **perspective**★★ très étendue sur la Baixa, le Tage et la colline du château São Jorge en face *(table d'orientation)*. La vue est particulièrement attrayante en soirée, avec l'illumination nocturne du château et les lointaines rumeurs de la ville en contrebas.

Le castelo de São Jorge vu du miradouro de São Pedro de Alcântara.

F. Fouché/MICHELIN

De là on peut redescendre à la praça dos Restauradores par la calçada da Glória, où se trouve le funiculaire, ou continuer en direction du Rato par la rua D. Pedro V puis, dans le prolongement, la rua da Escola Politécnica.

Autour de la praça do Príncipe Real

Le petit quartier élégant situé autour de cette agréable place et de la rua da Escola Politécnica abrite des galeries d'art et des antiquaires. C'est également un centre de la vie nocturne gay à Lisbonne.

L'agréable **jardim do Príncipe Real★** (ou jardim França Borges) est agrémenté d'une buvette avec terrasse. Au milieu du jardin, un majestueux et séculaire cèdre du Liban (il daterait d'avant le tremblement de terre de 1755) déploie d'immenses tentacules végétales (soutenues par un ingénieux système de tonnelle) de plus de 25 m d'envergure. Cet arbre tutélaire diffuse une ombre bienfaitrice (en été) couvrant le centre de la place, qui devient ainsi un lieu de rendez-vous et de palabre. Ici même se déroule une belle scène de l'ultime film (2003) du réalisateur portugais João César Monteiro, *Vai e vem* (Va-et-vient), ramassée en un seul plan séquence.

Près du bassin, un escalier descend au Museu da Água da EPAL *(voir aussi Museu da Água da EPAL p. 256 et Mãe d'Água das Amoreiras p. 273)*. Construit au milieu du 19e s., remanié en 1995, cet ancien **réservoir d'eau** de la ville, aujourd'hui complètement vide, constitue un lieu insolite : la vaste salle souterraine soutenue par de puissants piliers sert désormais de lieu d'exposition et abrite des événements culturels. *Tlj sf dim. 10h-18h. 2€.*

Jardim Botânico★

Entrée par l'ancienne faculté des sciences, située rua da Escola Politécnica nº 56-58, ou par la rua da Alegria. Été : 9h-20h ; sam., dim. et j. fériés 10h-20h ; le reste de l'année : 9h-18h ; w.-end et j. fériés 10h-18h. Fermé 1er janv. et 25 déc. 1,50€. ☎ 213 96 15 21. Ce vénérable jardin s'étend à flanc de coteau à proximité de l'avenida da Liberdade et dépend de l'Académie des sciences. Fondé en 1873 dans un but scientifique, il est connu comme l'un des meilleurs d'Europe pour sa flore subtropicale. Havre de paix dans un quartier animé, idéal pour pique-niquer, il offre de belles promenades à ceux qui parcourent son allée principale bordée de majestueux palmiers.

Antiga Faculdade de Ciências

Rua da Escola Politécnica, 56-58. L'ancienne faculté des sciences a été fondée en 1799 par Maria Ire sur l'ancien couvent de Jésus dont on peut admirer les couloirs revêtus d'azulejos. Elle abrite le **musée national d'Histoire naturelle (Museu Nacional de História Natural)**, consacré à la zoologie, l'anthropologie et la botanique. *Tlj sf dim. 10h-13h, 14h-17h, sam. 15h-18h. Gratuit. ☎ 213 92 18 00.*

Dans le dynamique **musée de la Science** (Museu de Ciência), vous pourrez réaliser des expériences interactives (de physique, en particulier) et découvrir une collection permanente d'objets liés à la science, un observatoire astronomique vieux de plus d'un siècle *(derrière le bâtiment principal, dans le Jardin botanique)* ainsi qu'un planétarium. *Été : 9h-20h ; w.-end et j. fériés 10h-20h ; le reste de l'année : 9h-18h ; w.-end et j. fériés 10h-18h. Fermé 1er janv. et 25 déc. 1,50€. ☎ 213 96 15 21.*

l'Alfama★★

Environ une demi-journée. L'Alfama se découvre à pied, en flânant à travers le dédale de ruelles, et de préférence le matin, pendant les marchés de la rua de São Pedro et de la rua dos Remédios. L'itinéraire indiqué sur le plan permet cependant de ne manquer aucun des principaux sites à visiter.

Délimité au Nord par le château, au Nord-Ouest par les quartiers de Graça et Mouraria, l'Alfama s'étage sur le flanc Sud d'une colline qui glisse vers le Tage. C'est le quartier le plus connu et le plus ancien de la ville (il a été épargné par le tremblement de terre de 1755), le symbole du Lisbonne populaire et intime. Avec son labyrinthe de ruelles médiévales, ponctué de venelles, de cours et d'impasses, coupé d'escaliers et d'arcs, il forme un bric-à-brac poétique, où la vie s'épanche dans la rue.

Le marché aux poissons de la rua de São Pedro.

H. Champollion/MICHELIN

HÉBERGEMENT

Pensão Ninho das Águias – *Costa do Castelo, 74* - ☎ 218 85 40 70 - ✉ - 16 ch. *25/45€* ☕. On oublierait presque l'apparence un peu décatie de cette pension simple en voyant se profiler la silhouette massive de la sé. Les chambres avec ou sans salle de bain sont toutes pourvues d'un balcon plongeant sur la cathédrale.
Au dernier étage, vue sur toute la ville. Sa situation idyllique permet de partir directement à l'assaut du Castelo S. Jorge ou de l'Alfama.

Solar dos Mouros – *R. do Milagre de Santo António, 6* - ☎ 218 85 49 40 - reservation@solardosmouros.pt - 8 ch. *106€* ☕. Avant d'entreprendre l'ascension de cette rue menant au château São Jorge, posez donc vos bagages dans cet hôtel de charme à la façade ocre-rose. Ses suites de 35 m² sont meublées comme des petits appartements et décorées dans un style moderne : tableaux abstraits et statuettes africaines sur fond de murs colorés. Vue magnifique sur la ville. Une adresse intimiste de caractère.

Palácio Belmonte – *Páteo Dom Fradique, 14* - ☎ 218 81 66 00 - office @palaciobelmonte.com - ⚲ - 8 suites *350€* ☕. Un rêve éveillé : voilà ce qu'évoque ce palais du 17ᵉ s. perché sur la colline du château et restauré par un couple franco-portugais avec le concours des Monuments historiques de Lisbonne. Bâti sur la plus haute partie des remparts, il jouit d'une vue unique dont profite pleinement la suite Himalaya avec son panorama de 360° à couper le souffle. Terrasses privatives et piscine de marbre noir : l'adresse est définitivement exceptionnelle !

RESTAURATION

Pateo 13 – *Calçadinha de Sto Estêvão, 13* - ☎ 218 88 23 25 - fermé jeu. - ✉ - *15/22€*. Dans le dédale de ruelles de l'Alfama, une placette entière occupée par un restaurant typique et très couleur locale. On s'attable ici en toute simplicité pour manger exclusivement des grillades de poisson ou de viande. Grandes tablées et bancs, ambiance animée et conviviale assurée.

Chapitô/Restô – *R. Costa do Castelo, 7* - ☎ 218 86 73 34 - mar.-dim. 19h30-0h ; Bar : 19h30-0h, w.-end 12h-2h - réserv. conseillée - *16/20€*. Ce lieu unique pour sa vue sur Lisbonne et le Tage rassemble une école de cirque (spectacles, événements culturels) et deux restaurants : l'un en plein air pour une cuisine simple, le Chapitô, et l'autre en salle pour une atmosphère et des plats plus élaborés, le Restô. Addition un peu élevée mais le panorama exceptionnel n'a pas de prix. Allez-y de préférence au coucher du soleil lorsque le ponte 25 de Abril scintille.

Mesa de Frades – *R. dos Remédios, 139 A* - ☎ 218 88 45 99 - fermé lun. - ✉ - *18/23€*. Autrefois chapelle et aujourd'hui restaurant, ce lieu vous accueille dans ses murs ornés d'azulejos anciens pour savourer une cuisine brésilienne ou typiquement portugaise. Sa terrasse idéalement située vous permettra d'observer la vie du quartier.

Santo António de Alfama – *Beco de São Miguel, 7* - ☎ 218 88 13 28 - mer.-lun. : soir - ✉ - réserv. conseillée - *18/23€*. Né dans le bouillon artistique de ses deux patrons, l'un pianiste et l'autre acteur, ce restaurant est fréquenté par... les artistes. Aux murs, des photos de comédiens et de musiciens. Trois salles réparties en trois niveaux dans une ambiance de bistrot élégant. Cocktail du jour pour commencer la soirée, croquettes de pommes de terre et « dips » pour continuer, magret de canard et l'irrésistible gâteau au chocolat pour terminer.

Viagem de Sabores – *R. S. João de Praça, 103* - ☎ 218 87 01 89 - ouv. le soir - ✉ - *18/25€*. Au cœur de l'Alfama, une table élégante et chaleureuse qui propose sous la houlette d'un chef français une cuisine inspirée. Salles voûtées, tableaux contemporains et tables colorées pour un voyage plein de saveurs (comme l'indique le nom du restaurant) : steak de thon à la thaïlandaise, veau à la marocaine, escalopes de foie gras.

Divina Comida – *Largo de S. Martinho, 6-7* - ☎ 218 87 55 99 - ✉ - *20/25€*. Sur une petite place proche du mirador Santa Luzia, un restaurant doté d'une agréable terrasse-estrade sous les arbres et d'une salle à la lumière tamisée. Cuisine soignée avec un large choix de plats (grosses crevettes au gingembre, fettuccine au curry) qui change des recettes traditionnelles portugaises.

Restaurante do Teatro Taborda – *R. Costa do Castelo, 75* - ☎ 218 87 94 84 - www.planeta.clix.pt/café-taborda - ✉ - réserv. conseillée - *20/30€*. Dans une atmosphère « arty » de théâtre-galerie d'art, un restaurant avec une vue exceptionnelle sur la ville derrière d'immenses baies vitrées qui rappellent un atelier d'artiste. Jardin pour prendre l'apéritif sur la pelouse. Une alternative confidentielle au Chapitô.

SORTIES

Bar das Imagens/Costa Do Castelo – *Calçada Marquês de Tancos, 1-1B* - ☎ 218 88 46 36 - bardasimagens @mail.telepac.pt - fermé janv. et fév. À mi-chemin dans la montée du château, une adresse sympathique dotée d'une belle vue sur la ville et le ponte 25 de Abril qui combine deux bars en un. Sans changer d'endroit, on passe d'une atmosphère traditionnelle à un cadre plus design avec murs anis et luminaires graphiques, tandis qu'un DJ mixe en terrasse pour les clients qui sirotent *caipirinhas* et *batidos*.

Cerca Moura – *Largos das Portas do Sol, 4 -9h-2h*. À deux pas du musée des Arts décoratifs, ce bar en terrasse offre une vue magnifique sur le fleuve et l'Alfama. Très animé pendant les beaux jours.

Alfama d'hier et d'aujourd'hui – Le quartier était déjà peuplé à l'époque des Wisigoths. La présence romaine est attestée par les ruines du **théâtre romain** (1ᵉʳ s. avant J.-C.), situées rua da Saudade, ou encore par les fouilles à l'intérieur de la cathédrale. Du temps de l'occupation musulmane, le quartier s'appelait al-Alhaman, c'est-à-dire « la fontaine », en référence à une source d'eau chaude située largo das Alcaçarias. Les Arabes y construisirent des demeures nobles, les chrétiens des églises, dont la plupart furent malheureusement démolies lors du tremblement de terre. L'Alfama devint alors un quartier de marins et de pêcheurs. Les maisons souvent délabrées sont décorées de balcons en fer forgé et de panneaux d'azulejos représentant le plus souvent la Vierge entre saint Antoine et saint Martial.

Bien qu'ayant fait l'objet de nombreuses rénovations, l'Alfama garde en partie son aspect traditionnel. Ces dernières années, des projets de réhabilitation ont modernisé les infrastructures existantes (notamment autour du château) sans modifier pour autant la physionomie du quartier. Mais avec le départ progressif de ses habitants traditionnels, l'âme de ce quartier très fréquenté par les touristes va-t-elle survivre longtemps ?

Avant de se perdre dans l'Alfama en redescendant par le flanc Sud-Est du château, il est conseillé de monter jusqu'au château São Jorge pour bénéficier d'un point de vue dominant et saisir la topographie de cette ville vallonnée.

Castelo de São Jorge★★

Berceau de la cité, le **château Saint-Georges** occupe une position stratégique remarquable sur une butte. Bâti par les Wisigoths au 5ᵉ s., agrandi par les Maures au 9ᵉ s., il fut modifié sous le règne d'Alphonse Henriques. Aujourd'hui, il est aménagé en un agréable jardin fleuri et ombragé.

Après avoir franchi l'enceinte extérieure qui abrite le vieux quartier médiéval, on atteint l'ancienne place d'armes ; de là, vous bénéficierez d'une **vue★★★** magnifique sur la « Mer de Paille », les agglomérations de la rive gauche et le pont suspendu, la ville basse et le parc de Monsanto. Le glacis est devenu une agréable promenade.

Le château compte dix tours reliées par de puissantes murailles crénelées. On franchit la barbacane d'entrée du château ; des escaliers mènent au chemin de ronde et au sommet des tours qui sont autant de belvédères sur la ville. Remarquez, en passant, percée dans la muraille Nord, la porte où s'illustra **Martim Moniz** : au prix de sa vie, il empêcha les Maures de refermer cette porte pendant l'attaque d'Alphonse Henriques.

Édifié à la place du palais arabe, le **palais royal** fut du 14ᵉ au 16ᵉ s. le lieu de résidence des souverains portugais.

Près de l'entrée, se trouve **Olissipónia**, une intéressante exposition multimédia sur l'histoire de Lisbonne. Des écouteurs dispensent des commentaires en plusieurs langues, et des ordinateurs permettent d'accéder à des informations détaillées. *Tlj sf mer. 10h-17h. 3€.* ☎ *218 87 72 44.Descendez par les rua de Sta Cruz, rua do Chão da Feira et travessa do Funil, largo do Contador-Mor puis, sur la gauche, la travessa de Santa Luzia jusqu'au belvédère.*

Miradouro de Santa Luzia★

Une placette, attenante à l'église Santa Luzia, a été aménagée en belvédère sur les vestiges des anciennes fortifications arabes. Elle offre une très belle **vue★★** sur le Tage, le port et, juste au-dessous, sur les toits de l'Alfama et le dédale de ruelles d'où émergent les clochers de São Miguel et de Santo Estêvão.

Les murs extérieurs de l'église Santa Luzia sont tapissés de panneaux d'azulejos dont l'un figure la praça do Comércio et l'autre la prise de Lisbonne par les croisés ainsi que la mort de Martim Moniz dans le château São Jorge. Des azulejos représentant une vue générale de Lisbonne recouvrent le mur Sud de la place.

Largo das Portas do Sol★

La porte du Soleil était l'une des sept portes de la cité arabe. Située de l'autre côté de l'église Santa Luzia, cette place dispose d'une petite terrasse agréable, excellent belvédère offrant une belle **vue★★** sur les maisons, São Vicente de Fora et le fleuve.

Museu-Escola de Artes Decorativas★★
(Fundação Ricardo Espírito Santo da Silva)

Largo das Portas do Sol, 2. Tlj sf lun. 10h-17h. Fermé 1ᵉʳ janv., 1ᵉʳ mai et 25 déc. 5€.
☎ *218 81 46 00.* L'ancien palais des comtes Azurara (17ᵉ s.) et les merveilleuses collections qu'il abrite furent légués à la ville de Lisbonne par Ricardo Espírito Santo da Silva. Le musée évoque la vie quotidienne à Lisbonne aux 17ᵉ et 18ᵉ s. à travers une succession de petites salles intimistes décorées d'azulejos et de fresques, sur trois niveaux. Le niveau 4 (2ᵉ étage) est assez élégant, tandis que les intérieurs du niveau 3 montrent un goût décoratif plus simple mais non moins gracieux. Le mobilier portugais et indo-portugais est particulièrement bien représenté, ainsi que des collections d'argenterie, de porcelaine chinoise et plusieurs tapisseries des 16ᵉ et 18ᵉ s. Le niveau 3 dispose d'une salle d'expositions temporaires et d'une cafétéria avec un patio accueillant. Parallèlement et à côté du musée, une école d'arts décoratifs a été créée en 1953.

Du largo das Portas do Sol descendez par les escaliers de la **rua Norberto de Araújo**, qui s'appuient sur la muraille arabe.

Église de São Miguel

Cette église d'origine médiévale, reconstruite après le tremblement de terre de 1755, possède de belles boiseries baroques.

Largo de São Rafael

Du côté Ouest de cette placette entourée de maisons du 17ᵉ s., on remarque les vestiges d'une **tour** ; elle faisait partie de la muraille arabe qui protégea la Lisbonne chrétienne jusqu'au 14ᵉ s., époque à laquelle le roi Ferdinand fit construire une nouvelle muraille.

Rua da Judiaria

Dans cette ruelle qui porte le nom du quartier juif, remarquez une **maison à fenêtres géminées** (casa de Janelas Geminadas, 16ᵉ s.) au-dessus des contreforts de l'ancienne muraille arabe.

Rua de São Pedro

Cette rue est très animée le matin avec son marché aux poissons typique. Bordée de petites boutiques et de tavernes populaires, elle est l'une des plus commerçantes de l'Alfama, avec la rua dos Remédios *(voir ci-après)*.

Casa do Fado e da Guitarra Portuguesa

Largo do Xafariz de Dentro, 1. 10h-13h, 14h-18h (dernière entrée 1/2h av. fermeture). Fermé 1ᵉʳ janv., 1ᵉʳ mai et 25 déc. 2,50€. ☎ 218 82 34 70.
Cette maison du fado et de la guitare portugaise donne à voir, à écouter et à ressentir les atmosphères représentatives du fado grâce à des supports audiovisuels, des dioramas et une riche collection d'objets, dont la guitare portugaise à douze cordes de laquelle dérive la guitare classique. Possibilité d'acheter des disques sur place.

Rua dos Remédios

Remarquez, au début de la rua dos Remédios, du côté gauche, le portail manuélin de l'église Espírito Santo.

Plus loin, le nᵒ 2 de la calçadinha de Santo Estêvão présente également un portail de la même époque.

Scène de rue quotidienne dans l'Alfama.

Escadinhas de Santo Estêvão★

Ces « petits escaliers » (escadinhas) sont composés d'une série de volées diversement orientées, qui forment un cadre très pittoresque. En passant derrière l'église de Santo Estêvão, observez le mur à encorbellement et le panneau d'azulejos. Montez l'escalier qui longe l'église. Le sommet offre une belle **vue★** sur les toits hérissés d'antennes de télévision, sur le port et le Tage. Descendez par ce même escalier et tournez immédiatement à droite, dans le beco do Carneiro.

Beco do Carneiro

Rue très étroite, aux escaliers en pente raide. Au bout de cette venelle, en bas à droite, se trouve un **lavoir public**. En regardant en arrière, on a une belle perspective sur la façade de l'église de Santo Estêvão.

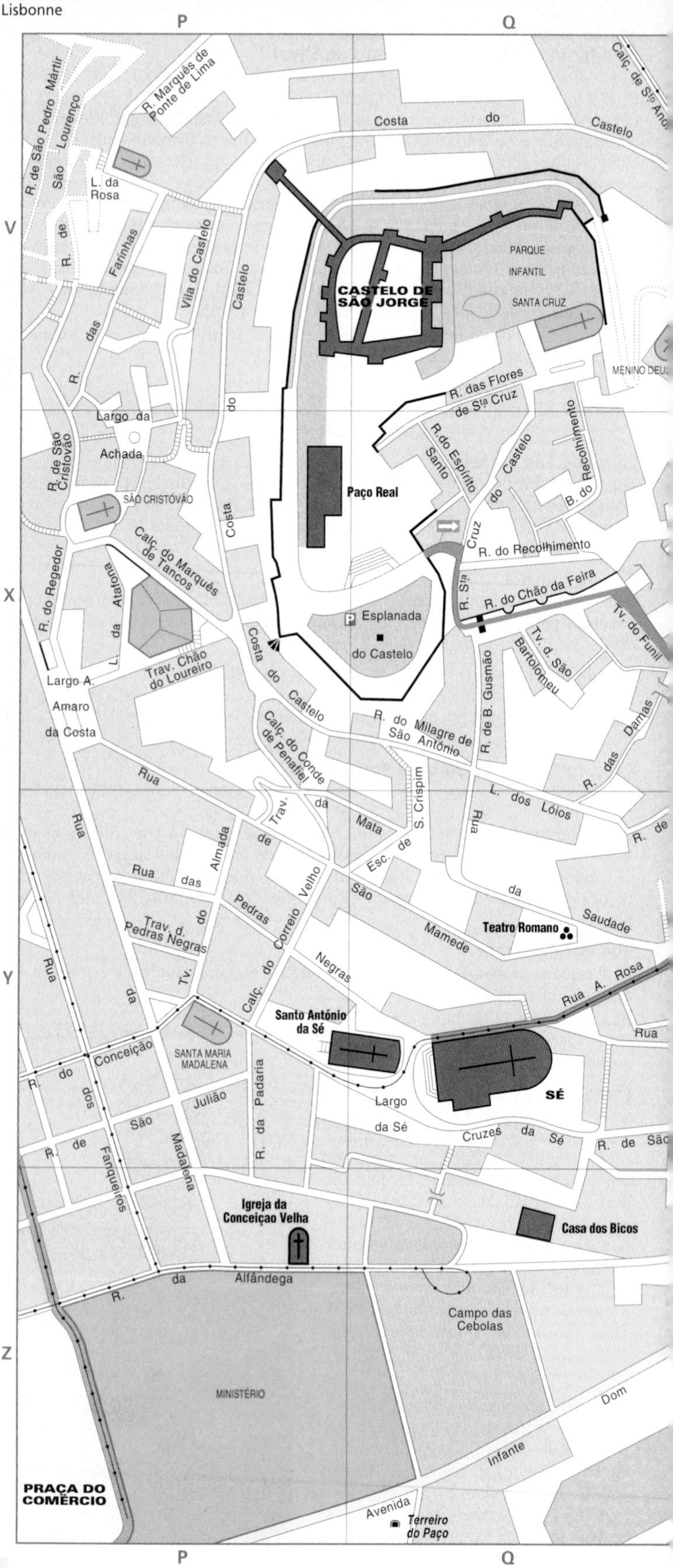

P

Q

R. de São Pedro Mártir

R. Marquês de Ponte de Lima

Costa do Castelo

Calç. de Sta Ana

V

L. da Rosa

R. de São Lourenço

R. das Farinhas

Vila do Castelo

CASTELO DE SÃO JORGE

PARQUE INFANTIL

SANTA CRUZ

MENINO DEUS

Largo da Achada

R. de São Cristóvão

SÃO CRISTÓVÃO

do Castelo

R. das Flores de Sta Cruz

R. do Espírito Santo

B. do Recolhimento

R. do Regedor

Calç. do Marquês de Tancos

L. da Atafona

Paço Real

Costa do Castelo

R. Sta Cruz do Castelo

R. do Recolhimento

X

Largo A. Amaro da Costa

Trav. Chão do Loureiro

Esplanada do Castelo

R. do Chão da Feira

Tv. do Funil

Rua

Calç. do Conde de Penafiel

R. do Milagre de São António

R. de B. Gusmão

Tv. de São Bartolomeu

R. das Damas

Rua

das

Trav. de

Almada

Esc. de S. Crispim

São

Mata

L. dos Lóios

Rua

R. de

Rua das

Trav. d. Pedras Negras

do

Pedras

Calç. do Correio Velho

Negras

Mamede

da

Saudade

Rua A. Rosa

Y

Rua

apa

Tv.

SANTA MARIA MADALENA

Santo António da Sé

Rua

R. do Conceição

dos

São

Julião

R. da Padaria

SÉ

Teatro Romano

R. de São

R. de

Fanqueiros

Madalena

Largo da Sé

Cruzes da Sé

Igreja da Conceição Velha

Casa dos Bicos

R. da

Alfândega

Campo das Cebolas

Z

MINISTÉRIO

Dom

Infante

PRAÇA DO COMÉRCIO

Avenida

Terreiro do Paço

P

Q

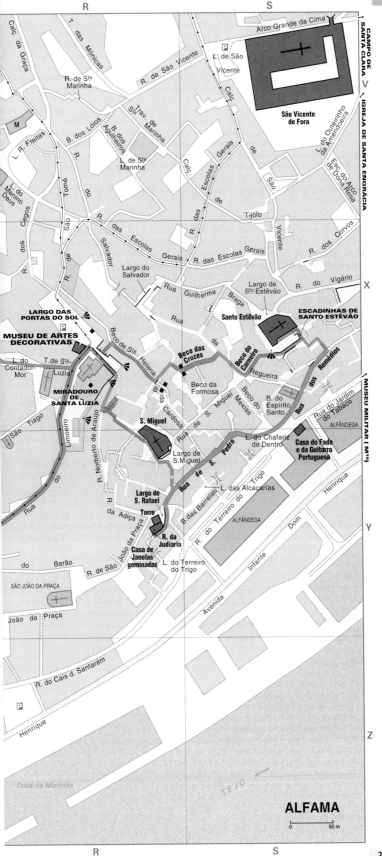

ALFAMA

0   50 m

Beco das Cruzes

À l'angle de la rua da Regueira et du beco das Cruzes se trouve une maison du 18ᵉ s. Au-dessus d'une porte en encorbellement, un panneau d'azulejos représente la Vierge de la Conception ; de là, on a une perspective sur la ruelle en escalier.

Remontez au largo das Portas do Sol par le beco de Santa Helena, et rejoignez le mira-douro de Santa Luzia. De là, redescendez jusqu'à la cathédrale en suivant l'itinéraire du tramway 28 (rua do Limoeiro et rua A. Rosa).

Sé Patriarcal★★ (cathédrale)

Largo de Santo António da Sé. 9h-19h, dim. et lun. 9h-17h. Cloître : été : tlj sf dim. 10h-18h30 ; le reste de l'année : tlj sf dim. 10h-17h. Fermé j. fériés. 1€. ☎ 218 87 66 28. Comme celles de Porto, de Coimbra ou d'Évora, la cathédrale de Lisbonne a joué le rôle de forteresse, comme en témoignent ses deux tours de façade et ses créneaux. Elle fut construite dans le style roman à la fin du 12ᵉ s., peu après la prise de la ville par Alphonse Henriques aidé des croisés. Les architectes seraient les maîtres français Robert et Bernard, auteurs de la cathédrale de Coimbra. Mais elle fut de nombreuses fois remaniée, surtout à la suite des tremblements de terre (celui de 1755 provoqua l'effondrement du chœur et de la lanterne qui surmontait la croisée du transept). Une habile restauration a rendu son allure romane à la façade et à la nef, mais l'on y verra aussi des éléments gothiques et des remaniements des 17ᵉ et 18ᵉ s.

À l'**intérieur**, le vaisseau principal est couvert par une voûte en plein cintre et un élégant triforium. L'ensemble est d'un style roman très sobre.

La chapelle Bartolomeu Joanes *(collatéral gauche)* appartient à l'art gothique : elle abrite une jolie crèche en terre cuite de Machado de Castro.

Le chœur, sous une voûte à nervures soutenue par des trompes, fut reconstruit au 18ᵉ s., mais le déambulatoire, aux fenêtres lancéolées, est de style gothique, correspondant à un remaniement du 14ᵉ s. La troisième chapelle rayonnante à partir de la droite abrite les **tombeaux gothiques★** (14ᵉ s.) de Lopo Fernandes Pacheco, compagnon d'armes du roi Alphonse IV, et de son épouse. Fermant une chapelle proche de l'entrée du cloître, remarquez l'admirable **grille★** romane en fer forgé.

Le **cloître** *(accès par la troisième chapelle du déambulatoire)*, assez endommagé, relève du style gothique cistercien (fin du 13ᵉ s.) et abrite des vestiges lapidaires ; la galerie inférieure est soutenue par de puissants contreforts alternant avec des arcades gothiques ; des oculi en étoile surmontent les arcades. Dans la salle capitulaire se trouve le tombeau du premier évêque de Lisbonne.

Dans les jardins du cloître, des fouilles ont mis au jour des vestiges phéniciens (8ᵉ s. avant J.-C.) et romains, ainsi que les ruines d'une ancienne mosquée (9ᵉ et 10ᵉ s.).

Trésor★ – *Accès à droite, près de l'entrée de l'église. Tlj sf dim. 10h-13h, 14h-17h. Fermé j. fériés. 2,50€. ☎ 218 87 66 28.* Un escalier mène aux salles où sont exposés de magnifiques ornements sacerdotaux, ainsi que des reliquaires et des pièces d'orfèvrerie sacrée. Dans l'élégante salle capitulaire du 18ᵉ s., le très riche **ostensoir** du roi Joseph Iᵉʳ est orné de 4 120 pierres précieuses.

Près de la cathédrale se dresse l'**église Santo António da Sé**, construite en 1812 sur l'emplacement supposé de la maison natale de saint Antoine de Padoue (1195-1231), que les Lisboètes nomment saint Antoine de Lisbonne. Le petit **Museu Antoniano** rassemble diverses représentations de ce saint populaire, patron de la ville de Lisbonne. Figures naïves, peintures ou panneaux d'azulejos. *Tlj sf lun. 10h-13h, 14h-18h. Fermé j. fériés. 1€. ☎ 213 15 19 15.*

On peut terminer la visite du quartier en empruntant, en contrebas de la colline de l'Alfama, les rues parallèles aux docks et qui remontent le Tage en direction de la gare Santa Apolónia.

SAINT ANTOINE, LE PATRON DE LISBONNE

Fernando de Bulhões, plus connu sous le nom de saint Antoine de Padoue, n'était pas italien mais bel et bien portugais. Il naquit à Lisbonne en 1195, s'engagea dans l'ordre des Franciscains, voyagea au Maroc, vécut en France et en Italie du Nord où ses prêches humanistes lui valurent un succès considérable. Il possédait, dit-on, le don d'ubiquité et, comme le Christ, il aurait multiplié des poissons à Rimini. Selon la légende, le jour de sa mort, survenue en Italie en 1231, les cloches de Lisbonne se mirent à sonner toutes seules. Dès l'année suivante, il fut canonisé. Saint Antoine favorise notamment les mariages et le bonheur conjugal. Son invocation permet aussi de retrouver les objets perdus. Les Lisboètes continuent de célébrer avec ferveur le protecteur de la ville. Sa fête se déroule le 13 juin, jour férié à Lisbonne. Partout fleurissent de petits autels à l'effigie du saint. Après la messe dans les églises de la capitale, une procession solennelle et des défilés de groupes folkloriques, la fête bat son plein : fanfares, feux d'artifice, sardines grillées et bals populaires. La fête de saint Antoine est suivie de celles des autres saints populaires, qui ont toutes lieu au mois de juin : saint Jean, saint Pierre et saint Vincent, l'autre patron de Lisbonne.

Église da Conceição Velha

La **façade Sud★** du transept, seul vestige de l'église primitive qui s'est écroulée lors du tremblement de terre, est un bel exemple de style manuélin ; les sculptures du tympan représentent Notre-Dame-de-la-Miséricorde abritant sous son manteau le pape Léon X, le roi Manuel, la reine Éléonore, etc.

Casa dos Bicos (maison aux Pointes)

Au pied de l'Alfama, la façade de cette maison est hérissée de pierres taillées en pointe de diamant. Elle faisait partie d'un palais du 16ᵉ s. appartenant au fils d'Afonso de Albuquerque, vice-roi des Indes. Lors du tremblement de terre de 1755, elle a perdu son premier étage, reconstruit en 1982.

Graça et Santa Apolónia

Environ 2h. Voir plan du centre de Lisbonne.
Au-dessus de l'Alfama, sur une colline aux ruelles pentues, le quartier résidentiel et populaire de Graça offre d'excellents points de vue sur la ville. On peut y voir quelques villas et **cités ouvrières** du 19ᵉ s. (notamment la vila Bertha, située rua do Sol). Le quartier de Santa Apolónia, derrière la gare ferroviaire internationale, abrite plusieurs musées, et développe un complexe en bordure du Tage, le Doca do Jardim do Tabaco.

Miradouro da Senhora do Monte★★

Un des plus spectaculaires belvédères de Lisbonne, avec une **vue★★★** étendue sur le château São Jorge, le quartier de la Mouraria et le centre-ville. La chapelle près du belvédère date de 1796, mais elle fut fondée en 1147, année de la reconquête de Lisbonne.
Vous pouvez redescendre vers le couvent Nossa Senhora da Graça par la calçada do Monte.

Église et couvent de Nossa Senhora da Graça

Largo da Graça. Accessible par le tramway 28. Cet imposant ensemble sur la colline de Graça domine la ville. Sa fondation remonte au 13ᵉ s., mais il a été reconstruit plusieurs fois, en particulier au 16ᵉ s. et après le tremblement de terre de 1755. À côté du portail du couvent s'élève le clocher, bâti en 1738. L'intérieur de style rococo est revêtu de beaux azulejos des 17ᵉ et 18ᵉ s. Devant l'église, un belvédère (**miradouro da Graça**) avec son petit café en terrasse offre une **vue★** étendue sur le site de Lisbonne : à l'Est le château, à l'Ouest le pont et le fleuve.

Graça pratique

Le belvédère de Graça.

B. Juge/MICHELIN

En contrebas, sur le flanc Nord du château Saint-Georges, le petit quartier aux ruelles étroites de la **Mouraria**, distille une ambiance villageoise un peu lugubre. C'est là qu'en 1147, les Maures vaincus furent autorisés à s'établir, hors des murailles. La **rua da Mouraria** est désormais piétonne.

À moins de faire un crochet par la Mouraria, suivez la rua do Voz do Operário, qu'emprunte le tramway 28, jusqu'à l'église de São Vicente de Fora.

Église de São Vicente de Fora

Largo de São Vicente. Accessible par le tramway 28. Tlj sf lun. 9h-18h. Fermé 1ᵉʳ janv., dim. de Pâques et 25 déc. 3€. ☎ 218 82 44 00.

Érigée par l'architecte italien Philippe Terzi de 1582 à 1627, elle était autrefois « hors les murs » *(fora)*, c'est-à-dire à l'extérieur des remparts de la ville. Paradigme de l'architecture religieuse portugaise, cette église jésuite inspirera jusqu'au 18ᵉ s. les églises de toutes les villes de l'empire, du Brésil à Macao.

L'intérieur, que coiffe une jolie voûte à caissons, est remarquable par la rigueur de ses lignes. Au Sud de l'église, le **cloître**, aux murs couverts d'**azulejos★** du 18ᵉ s. évoquant les fables de La Fontaine, donne accès à l'ancien réfectoire des moines, transformé, après le règne de Jean IV, en panthéon de la dynastie des Bragance. Dans la conciergerie *(portaria)* du couvent, au plafond peint par Vicente Bacarelli (18ᵉ s.), un grand panneau d'azulejos représente la prise de Lisbonne sur les Maures : on y reconnaît le château Saint-Georges et la cathédrale.

Campo de Santa Clara★

Cette agréable place, encadrée d'élégantes façades, s'étend entre les églises de São Vicente de Fora et de Santa Engrácia. Elle sert de cadre tous les mardis et samedis à la **Feira da Ladra** (Foire de la voleuse), pittoresque marché aux puces où l'on peut trouver au milieu des articles de brocante et des vêtements quelques belles céramiques anciennes. Son côté Nord est occupé par le **palais Lavradio** (18ᵉ s.), qui abrite le tribunal militaire. Au centre, le petit **jardin Boto Machado** offre une halte parmi ses essences exotiques et un beau point de vue sur la « Mer de Paille » en contrebas.

Église de Santa Engrácia★ - Panthéon national

Campo de Santa Clara. Visite du panthéon national : tlj sf lun. 10h-17h. Fermé 1ᵉʳ janv., dim. de Pâques, 1ᵉʳ mai et 25 déc. 2€, gratuit dim. et j. fériés 10h-14h. ☎ 218 85 48 20.

L'expression « comme les travaux de Santa Engrácia » est passée dans le langage populaire pour désigner une entreprise jamais menée à terme. En effet, cette église, commencée au 17ᵉ s., n'avait jamais été achevée. En forme de croix grecque, elle a été couronnée d'un dôme qui complète harmonieusement sa façade baroque, et inaugurée en 1966. Devenue le panthéon national, elle abrite en son centre les cénotaphes à la mémoire des grands hommes portugais, parmi lesquels : Camões, Henri le Navigateur, Pedro Álvares Cabral, Vasco de Gama, Afonso de Albuquerque et Nuno Álvares Pereira. La grande chanteuse de fado Amália Rodrigues a été la première femme transférée au panthéon national, en juillet 2001.

Museu Militar

Largo do Museu da Artilharia. Tlj sf lun. 10h-18h. Fermé j. fériés. 2,50€. ☎ 218 84 25 13/68.

Au bord du Tage, l'ancien arsenal du 18ᵉ s. a conservé de remarquables boiseries ainsi que des azulejos et des plafonds représentant, pour la plupart, des scènes de batailles. Des maquettes, des tableaux et surtout de nombreuses armes du 16ᵉ s. à la fin du 19ᵉ s., fabriquées ici même ou provenant de l'étranger, évoquent le passé militaire du pays.

Museu da Água da EPAL★

Rua do Alviela, 12. De la praça do Comércio, bus nᵒ 104 ou 105. Tlj sf dim. 10h-18h. Fermé j. fériés. 2,50€, gratuit 22 mars, 18 mai, 1ᵉʳ et 5 juin. ☎ 218 10 02 15.

Ce musée évoque l'histoire de la distribution de l'eau à Lisbonne *(voir encadré)* et plus particulièrement du projet des Águas Livres (eaux libres), conçu par l'ingénieur Manuel da Maia. Il occupe l'ancienne **station de pompage à vapeur des Barbadinhos**, magnifique exemple d'archéologie industrielle du dernier quart du 19ᵉ s. qui allie la brique, le bois, la fonte et le cuivre autour de quatre puissantes machines à vapeur dont l'une est mise en fonctionnement pour les visiteurs. *Voir également l'aqueduc des Eaux libres et la Mãe d'Água das Amoreiras p. 273.*

HISTOIRE D'EAU

Les tentatives d'acheminement vers Lisbonne des eaux des sources qui jaillissent au pied de la serra de Sintra avaient commencé dès 1571, mais il fallut attendre que le roi Jean V donne son autorisation en 1731 pour que l'aqueduc fût érigé (1732 à 1748). Ses eaux se déversaient dans le réservoir de la Mãe d'Água das Amoreiras (1752-1834), d'où elles étaient distribuées vers les fontaines et canalisations de la ville. En 1880 fut installée la troisième structure de ce réseau, la station de pompage des Barbadinhos où se trouve aujourd'hui le siège du Musée da Água da EPAL. Ce système approvisionna la ville en eau pendant près de deux siècles et demi (jusqu'en 1967).

Museu Nacional do Azulejo★★

Voir également dans l'Invitation au voyage : les azulejos.

Rua da Madre de Deus, 4. De la praça do Comércio, bus nº 104 ou 105. Tlj sf lun. 10h-18h, mar. 14h-18h. Fermé 1ᵉʳ janv., Ven. saint, dim. de Pâques, 1ᵉʳ mai et 25 déc. 3€, gratuit dim. 10h-14h. ☎ 218 10 03 40.

Malgré sa localisation un peu éloignée, près du port, au Nord-Est de la gare de Santa Apolónia, ce charmant musée mérite absolument une visite. La grande aventure des azulejos, depuis les carreaux hispano-mauresques du 15ᵉ s. jusqu'aux réalisations modernes, est élégamment présentée dans les bâtiments du **couvent da Madre de Deus**, fondé au 16ᵉ s. et en grande partie reconstruit après le tremblement de terre (admirez le beau portail manuélin de la façade de l'église, côté rue). Au rez-de-chaussée, dans les galeries disposées autour du grand cloître, de beaux exemples d'azulejos importés de Séville aux 15ᵉ et 16ᵉ s., qui furent supplantés par le style majolique italien et repris par les premiers ateliers portugais. Remarquez en particulier le retable de Nossa Senhora da Vida (1580) qui représente la Nativité.

On quitte le cloître pour pénétrer dans l'église par un *coro baixo* dont les murs sont ornés d'azulejos sévillans du 16ᵉ s. L'**église★★** (18ᵉ s.) éblouit par sa profusion de bois doré, en particulier sur la chaire baroque. La nef est couverte d'une voûte à caissons dont les panneaux représentent des scènes de la vie de la Vierge. Sur les murs, des tableaux évoquent à gauche la vie de sainte Claire et à droite celle de saint François. La partie basse est garnie de carreaux de faïence hollandais du 18ᵉ s.

Avant de monter à l'étage supérieur, on passe par le ravissant petit **cloître manuélin**, orné de ses azulejos polychromes d'origine (16ᵉ-17ᵉ s.). Au premier étage sont exposés de magnifiques panneaux d'azulejos représentant des animaux, des batailles et des scènes de la vie quotidienne. La somptuosité et l'exubérance de la chapelle consacrée à saint Antoine et, surtout, de la **salle capitulaire★** surplombant la nef sont impressionnantes. Parmi sa riche décoration, notons en particulier au plafond des caissons peints à encadrement qui sertissent des tableaux des 16ᵉ et 17ᵉ s. Les portraits du roi Jean III et de son épouse Catherine d'Autriche seraient de Cristóvão Lopes. Les murs sont ornés de peintures illustrant la vie du Christ.

Admirez, dans le grand cloître, la célèbre **vue panoramique de Lisbonne** avant le tremblement de terre – belle composition en bleu et blanc, de 23 m de longueur, constituée de près de 1 300 azulejos *(illustration p. 228)*.

Les autres salles, qui reçoivent parfois des expositions temporaires, montrent la continuité de l'art de l'azulejo à travers des réalisations modernes, dont celles qui décorent certaines stations du métro de Lisbonne, œuvres d'artistes de premier plan comme Júlio Pomar et Vieira da Silva.

Le restaurant-café de ce musée *(situé près de l'entrée)*, avec son patio intérieur décoré d'azulejos « alléchants » (jambons, lapins et autres victuailles), offre un cadre rafraîchissant et reposant à ceux qui veulent s'y sustenter.

Lisbonne au fil de l'eau : la « mer de paille »

Le port commercial ne se visite pas, mais on peut se balader sur les berges (notamment dans la zone des docks) ou faire un tour en bateau (voir Lisbonne pratique).

Cité océanique, située sur un finistère aux confins de l'Europe, la capitale de la province de l'Estrémadure (qui signifie « extrémité ») a le regard et l'imaginaire tournés vers le large. À l'image de son rival Porto, sa vie quotidienne est pourtant d'abord rythmée par le fleuve. La vieille ville est lovée sur la rive droite du fleuve, à 15 km de l'Atlantique. Sa baie fluviale de 11 km de large en fait le plus beau port naturel du Portugal. Le Tage, surnommé « mer de paille » en raison de ses reflets dorés au coucher du soleil, forme comme un vaste lac intérieur, dont Lisbonne contrôle l'issue vers l'Océan.

LE PORT ET LE TAGE

Le port de Lisbonne – Il est l'une des principales escales maritimes d'Europe. Son trafic (environ 15 millions de tonnes par an) consiste surtout en marchandises lourdes et en conteneurs ; c'est également un port d'exportation de produits agricoles (vin et liège).

De nombreux paquebots font escale à Lisbonne, devenu le premier port atlantique européen. Les ports de voyageurs, avec un trafic annuel de 140 000 passagers, sont situés à Rocha do Conde de Óbidos, Alcântara et Santa Apolónia. Les promenades sur le Tage permettent d'admirer le site de la ville et d'avoir un bon aperçu du trafic portuaire. Les gabares, barques légères de type vénitien à grande voile triangulaire blanche, ont quasiment disparu. En été, des excursions sont proposées sur des bateaux qui longent la côte de Lisbonne à Cascais *(voir la rubrique Visite dans Lisbonne pratique)*.

le Tage pratique

RESTAURATION

🍴🍴 **Bica do Sapato** – *Av. Infante D. Henrique (cais da Pedra) - Docas -* ☎ *218 81 03 20 - 25€. Sushi-bar au premier étage : 12h30-14h30, 20h à 23h30. Bar-cafétéria-terrasse : 9h-1h.* Un espace multiple « rétro-futuriste » très à la mode créé par le propriétaire du Lux voisin. Savoureuse cuisine fondée sur les traditions culinaires portugaises au rez-de-chaussée.

🍴🍴 **Alcântara Café** – *R. Maria Luisa Holstein, 15 - Alcântara -* ☎ *213 63 71 76 - 30€.* Café-restaurant à l'étonnant décor industriel et baroque situé dans une ancienne fabrique de la zone portuaire (accès dans une rue sombre, un peu difficile à trouver). Il communique avec la discothèque Alcântara-Mar et attire une clientèle jeune, élégante et branchée.

SORTIES

Kapital – *Av. 24 de Julho, 68 - 22h30-4h, fermé lun. et mer.* Cette boîte de nuit est très appréciée de nombreux Lisboètes. Décor élégant et lumineux sur trois étages. Terrasse à l'étage supérieur.

Kremlin – *Escadinhas da Praia, 5 - Av. 24 de Julho - ouv. jusq. 9h du matin ; fermé lun., mer. et dim.* Grande discothèque. Temple de la musique techno, où les noctambules finissent généralement la nuit.

Salsa Latina – *R. do Cais de Alcântara - Alcântara - mar.-sam. 20h-6h.* Situé dans l'ancienne gare maritime d'Alcântara, cet immense bar-restaurant au décor design et chaleureux offre des concerts de musique latino-américaine tous les jours et de jazz le mercredi. Possibilité de dîner sur la terrasse.

Lux – *Av. Infante D. Henrique, Armazém A (cais da Pedra - Santa Apolónia) - Docas.* Créé par l'ancien propriétaire du légendaire Frágil, c'est actuellement l'un des endroits les plus branchés de Lisbonne. Installé dans un ancien entrepôt (armazém) face à la gare de Santa Apolónia, il offre une terrasse sur le Tage. L'espace du premier étage ouvre à partir de 16h pour le thé. Ambiance « cocktail lounge » le soir, avec des sièges et des tables années 1960 (que l'on peut acheter). Accès à la discothèque située au-dessous, ouverte du jeudi au samedi, à partir de minuit.

Les anciens docks de Santo Amaro.

M. Chaput/MICHELIN

L'estuaire – La traversée de l'estuaire dans l'un des ferries réguliers (les *cacil-heiros*) constitue une agréable promenade, et la vue sur Lisbonne et ses collines depuis l'autre rive est inégalable (*voir Transports dans Lisbonne pratique*). L'arrivée en bateau à la **praça do Comércio** donne ainsi l'impression de pénétrer au cœur de la ville. Tôt le matin, de nombreux Portugais, résidant dans les banlieues dortoir de Cacilhas, Barreiro, Seixal ou Almada (la « côte du sommeil ») et travaillant à Lisbonne, débarquent ainsi quotidiennement en centre-ville par bateau, pour repartir en fin d'après-midi.

En aval du Tage à partir de la praça do Comércio

Comptez 1h1/2 à pied ; seules quelques courtes portions ne longent pas le fleuve, obligeant à faire de petits crochets.

Possibilité de monter à bord d'un petit train longeant l'estuaire jusqu'à Belém, Oeiras ou Cascais (gare de Cais do Sodré, 3 à 5 départs/h).

Une bonne option consiste à emprunter un des nombreux tramways (n° 15) ou bus (n°s 14, 27, 28, 29, 43, 49, 51) jusqu'à Belém et regagner le centre-ville à pied par les quais (ou vice-versa).

Pour respirer au plus près les ambiances portuaires et l'atmosphère des docks, le marcheur courageux peut effectuer à pied le trajet entre la praça do Comércio et Belém (ou inversement) par les quais, d'accès encore difficile il y a quelques années. La municipalité libère progressivement les berges et les revitalise, en les transformant en espace de loisirs et de promenade.

LE LISBONNE INDUSTRIEL

Des complexes industriels ont été créés en direction de Vila Franca de Xira : silos pour céréales, cimenteries, dépôts de pétrole, industries sidérurgiques, usines de traitement du liège, installations frigorifiques pour l'emmagasinage de la morue, etc. Les dimensions des quatre cales sèches du chantier naval de Rocha, sur la rive droite du Tage, s'étant avérées insuffisantes pour accueillir les grandes unités modernes, un grand chantier naval (Lisnave) a été construit dans la baie de Margueira, sur la rive gauche. Inauguré en 1967, il est doté actuellement de trois cales sèches, la plus vaste de 520 m de long pouvant recevoir les plus grands pétroliers. Situé dans une zone où évoluent 75 % des pétroliers mondiaux, il propose des infrastructures pour la réparation des bateaux ainsi que pour le dégazage et le nettoyage des réservoirs.

Cais do Sodré – La ville basse s'ouvre directement sur le fleuve à la **praça do Comércio**, tandis que, plus à l'Ouest, la zone portuaire de Cais do Sodré aux ambiances interlopes est un mélange hétéroclite de bars de marins, de tavernes, d'épiceries et de boutiques diverses.

Docas – Entre le cais do Sodré et le pont du 25-Avril, s'étendent les docks et les entrepôts de Santos, puis ceux d'**Alcântara** et de **Santo Amaro**. Ces deux derniers docks sont ainsi devenus un lieu à la mode : les entrepôts, restaurés et réaménagés, abritent désormais des bars et des restaurants avec terrasses ainsi que de nombreuses discothèques. La promenade est agréable en fin d'après-midi ou le soir lorsque l'animation bat son plein *(voir le Tage pratique)*.

Belém – *6 km à l'Ouest du centre-ville.* Les gares maritimes, entrepôts et docks s'étirent le long du fleuve jusqu'à l'avant-port de Belém. Là, un gigantesque centre culturel, placé le long du fleuve entre la tour de Belém et le majestueux monastère des Jerónimos, a été inauguré en 1992, renforçant la vocation monumentale du quartier. *Pour la description de Belém, voir p. 262.*

Avenida Marginal – Importante artère de circulation et voie rapide très meurtrière, celle que les Lisboètes appellent avenue Marginale (avenue des Berges) longe le Tage de Lisbonne à Estoril. Jusqu'à Belém, elle emprunte les noms successifs d'avenida 24 de Julho, avenida da India, puis avenida de Brasilia. Au-delà de Belém, l'urbanisation a grignoté la rive jusqu'à l'embouchure maritime de Cascais.

En amont du Tage

La capitale redécouvre surtout sa rive en amont, avec l'aménagement du site jouxtant l'Exposition universelle de 1998 (**doca dos Olivais**) et la construction du majestueux **pont Vasco-de-Gama★★** *(voir encadré)*. Plus haut vers le Nord, en direction de Vila Franca de Xíra, s'étend une longue zone industrielle *(voir encadré)*. Pourtant, les principaux quartiers industriels (port pétrolier, chantiers navals) sont situés sur la rive Sud du Tage du côté de Barreiro.

UN PONT PEUT EN CACHER UN AUTRE

Pont du 25-Avril★ – Avant son inauguration en 1966, aucun pont ne franchissait le Tage en aval de Vila Franca de Xíra. Après la révolution des Œillets de 1974, le pont Salazar fut vite rebaptisé pont du 25-Avril. D'une longueur totale de 2 278 m, le pont, dont le tablier est suspendu à 70 m au-dessus des eaux, est supporté par deux pylônes, d'une hauteur de 190 m. En juillet 1999, une voie ferrée fixée sous le tablier routier a été inaugurée. Cet axe ferroviaire relie sept gares de banlieue entre Entrecampos et Fogueteiro sur 21 km. Prendre le pont dans le sens Sud-Nord permet d'admirer une **vue★★** panoramique sur la ville qui étage ses façades claires, depuis Belém à l'Ouest jusqu'au château São Jorge à l'Est.

Pont Vasco-de-Gama★★ – Trente ans après, la capitale s'est dotée d'un nouvel ouvrage destiné à alléger le trafic du pont du 25-Avril. Construit entre 1995 et 1998, le majestueux pont routier Vasco-de-Gama, long de 18 km, franchit le Tage entre Sacavém et Montijo, créant ainsi une liaison directe entre le Nord et le Sud du pays, en évitant le centre de Lisbonne. Le pont décrit une courbe tout en douceur. Les deux tiers du parcours ascendant et descendant s'effectuent au-dessus de l'eau, qui reste visible en permanence. Dans sa partie la plus basse, en regardant les rives au loin, on a l'illusion de rouler sur l'Océan. Ce bel ouvrage d'architecture est constitué de plusieurs travées qui s'appuient sur des piliers pouvant atteindre 150 m de hauteur, enterrés jusqu'à 95 m de profondeur. La hauteur du tablier varie de 14 à 30 m pour permettre la navigation.

Le majestueux pont Vasco-de-Gama.

J. Malburet/MICHELIN

LE PARC DES NATIONS** (Parque das Nações)

Métro : Oriente (terminus de la ligne rouge Alameda-Oriente). Comptez une demi-journée pour vous promener dans l'ensemble du parc et visiter au moins le magnifique aquarium.

Transformé en parc de loisirs du 21ᵉ s., le site de l'Exposition universelle de 1998 s'étend au Nord-Est de la ville, sur 60 ha, sur une portion des berges du Tage, aux abords du bassin doca dos Olivais. Il s'insère en fait dans une opération urbanis-

Parc des Nations pratique

INFORMATIONS UTILES

Posto de informação – *Dans le centre commercial en face de la gare.* Cartes et plans, consigne à bagages gratuite, vente de la carte forfaitaire Cartão do Parque.

Turismo de Lisboa – *Kiosque à proximité du pavillon du Portugal.* Informations sur le parc des Nations ; également sur le site www.parquedasnacoes.pt

Cartão do Parque – Cette carte permet de visiter plusieurs attractions à un moindre coût. Son prix comprend la visite de l'Oceanário, de la tour de Vasco de Gama, les trajets en train électrique et en téléphérique. Elle donne droit à des tarifs intéressants sur d'autres attractions. Carte valable deux jours à compter de la première utilisation. 14€, demi-tarif 4-12 ans et plus 65 ans.

TRANSPORTS

Téléphérique – Il longe les quais sur plus d'un kilomètre, juste au-dessus du fleuve : une façon originale et agréable de contempler le parc sans se fatiguer (notamment les jours de chaleur), ou d'admirer le pont Vasco-de-Gama et le coucher du soleil sur la « mer de paille ». *Juin-sept. : 11h-20h, w.-end et j. fériés 10h-21h ; oct.-mai : 11h-19h, w.-end et j. fériés 10h-20h.* 5€ AR, 3€ A. ☎ 218 91 98 98.

Train électrique – Le *comboio de passeio* fait le tour du parc toutes les 1/2h de 10h à 22h (jusqu'à minuit le samedi), avec arrêt au Centro Vasco da Gama. 0,5€.

Location de vélos – Points de location devant le Centro Vasco da Gama ; à l'Oceanário ; près du parque Adrenalina. *12h-20h. À partir de 2€ les 30mn.*

ACHATS

Vasco da Gama – *Parque das Nações - Mᵒ Oriente.* Un centre commercial différent des autres : ludique, avec une décoration autour du thème de l'eau. 164 boutiques, restaurants, aires de loisirs ; dix salles de cinéma.

tique de beaucoup plus vaste envergure : le réaménagement de la partie orientale de la ville et la revitalisation des berges du Tage. Sur une zone industrielle jadis polluée, une véritable ville nouvelle est sortie de terre en quelques années. Expo Urbe s'étend sur 340 ha et 5 km de rives, avec des immeubles résidentiels, des bureaux, des commerces, un port de plaisance, des jardins. Elle bénéficie d'équipements ultramodernes et utilise des moyens de transport non polluants (électriques notamment).

Belle opération d'urbanisme, cette ville futuriste, dont l'aménagement va se poursuivre jusqu'aux années 2015-2020, est desservie par le **pont Vasco-de-Gama** *(voir encadré)* et par l'**estação do Oriente★** (gare d'Orient). Cette grande gare multimodale (trains, métro et gare routière), œuvre de l'architecte espagnol Santiago Calatrava, est recouverte d'une structure arborescente en verre et acier, forte et délicate, d'une grande luminosité. Dans la grande **galerie commerciale Vasco-de-Gama** qui jouxte la gare, les verrières parcourues d'eau fraîche font office de climatisation et diffusent une agréable lumière aquatique, ondulante.

Malgré des prix pratiqués assez élevés, le parc des Nations est devenu un espace de promenade et de divertissement, avec ses attractions et lieux de spectacle, ses bars et restaurants, ses jardins et sa vaste zone piétonne. Le site, bien ventilé, s'ouvre élégamment sur le fleuve et accorde une place prépondérante aux espaces verts et aux jardins. Une vingtaine d'œuvres d'artistes contemporains portugais et étrangers sont éparpillées dans le parc. De nombreux pavements décoratifs égaient les sols, tels ceux de Fernando Conduto devant le Rossio dos Olivais ou de Pedro Proença, à côté de l'Oceanário.

En nocturne, le parc reste animé, en particulier l'été : concerts sur la place Sony et sur les scènes du quai des Olivais et du pavillon de l'Atlantique, présence de nombreux bars et restaurants, au nombre desquels, près du jardin Garcia da Orta, le Peter Café Sport, cousin du célèbre café situé aux Açores et qui porte le même nom.

Oceanário de Lisboa**

10h-18h (été 19h). 9€.(-12 ans 4,50€) ☎ *218 91 70 02.* Vedette incontestée de l'Exposition universelle de 1998, le plus grand aquarium d'Europe (au moment de son inauguration), conçu par l'architecte américain Peter Chermayeff, tient à la fois du musée et du parc océanographique. Il abrite près de 15 000 animaux marins et plus de 250 espèces de plantes.

Les cinq bassins principaux restituent les écosystèmes biogéographiques des océans Arctique, Indien, Pacifique et Atlantique. Plongée directe dans la variété et la richesse des univers marins : dès l'entrée, la vue, mais aussi l'ouïe et l'odorat sont grandement sollicités. Vous ne contemplez pas un aquarium, ce sont la mer et les animaux marins qui viennent à votre rencontre et évoluent autour de vous dans un formidable ballet aquatique.

Dans l'énorme bassin central empli de 7 000 m³ d'eau de haute mer (soit quatre piscines olympiques !), cohabitent en bonne harmonie les placides mérous, les raies impressionnantes, les inquiétants requins, les grands bancs de maquereaux ou de chinchards, etc. Le parcours, tantôt émergé tantôt immergé, permet d'assister au plongeon des cormorans et des manchots de la côte Antarctique, de suivre leurs évolutions tant terrestres que sous-marines ; dans la zone Pacifique tempérée, les loutres de mer se prélassent sur l'eau telles des starlettes ravies de leur succès ; les récifs coralliens des eaux tropicales offrent une explosion de couleurs et de vie aquatique...

Ce gigantesque laboratoire d'étude de la faune des mers du globe est aussi une institution vouée à la protection du monde marin. Le spectacle fascinant des animaux marins s'accompagne ainsi d'informations visant à éveiller la sensibilité écologique des visiteurs, en particuliers des enfants.

Les pavillons

Les grands pavillons de l'Exposition universelle, représentatifs de l'architecture contemporaine, ont désormais des contenus et des fonctions différents.

Impressionnant bâtiment en forme de carène renversée, le **pavilhão Atlântico** peut recevoir jusqu'à 16 000 spectateurs et accueille des épreuves sportives, des concerts, des expositions et des congrès.

Le **pavilhão do Portugal**, avec sa dalle de béton incurvée, fut conçu par le grand architecte portugais Álvaro Siza. Il est devenu le siège du Conseil des ministres (Presidência do Conselho de Ministros).

Le **pavilhão do Conhecimento** est un musée interactif des sciences et des nouvelles technologies (Museu da Ciência Viva), où sont présentées des expositions thématiques et temporaires.

Le **pavilhão da Realidade Virtual** propose quant à lui des attractions thématiques sous forme de voyages virtuels : le dernier en date concerne la vie aventureuse du poète Luís de Camões.

Torre Vasco da Gama★

Située à l'extrême Nord du parc, la tour est un belvédère qui offre des vues panoramiques sur l'ensemble du site et du quartier, ainsi que sur l'estuaire du Tage. Elle abrite le restaurant panoramique O Nobre.

Jardins da Agua★

Dans cet espace ludique placé sous le thème de l'eau, des sculptures coniques recouvertes de céramiques aux couleurs vives expulsent de grands jets d'eau de façon imprévisible et discontinue, pour la plus grande joie des enfants ; l'onde aquatique se déplace ensuite dans les canaux adjacents.

Jardins Garcia de Orta★

Devant le cais dos Olivais, le long du Tage, se trouve ce plaisant jardin du nom du médecin du 16ᵉ s. qui étudia et classifia les plantes asiatiques. Sa végétation est originaire des régions visitées par les Portugais à l'époque des Grandes Découvertes.

Belém★★

Comptez une journée.

Un parfum de grand large flotte encore sur Belém : embarquement pour le rêve et l'imaginaire d'outre-mer. « Bethléem » (en portugais) fut le port d'attache des vaisseaux portugais qui, dès le 15ᵉ s., se lancèrent sur les mers inconnues, à la découverte de terres à conquérir et à convertir, et à la recherche de nouvelles richesses. Les chefs-d'œuvre du monastère des Jerónimos et de la tour de Bélem, matrice de l'art manuélin, marquent l'apogée de l'histoire portugaise.

Padrão dos Descobrimentos (monument des Découvertes)

Avenida de Brasília. Juil.-août : tlj sf lun. 9h-18h30 ; le reste de l'année : 9h-17h. Fermé j. fériés. 1,90€. ☎ 213 03 19 50.

Haut de 52 m, ce monument à l'esthétique néo-réaliste caractéristique des années Salazar fut élevé en 1960 à l'occasion du 500ᵉ anniversaire de la mort d'Henri le Navigateur. Œuvre du sculpteur Leopoldo de Almeida, il représente une proue de navire sur laquelle l'infant ouvre la voie à une foule de personnages : parmi eux, on reconnaît, sur le flanc droit, le roi Manuel portant une sphère armillaire, Camões tenant un extrait des *Lusiades* et le peintre Nuno Gonçalves.

Belém pratique

HÉBERGEMENT

◖◗ **Da Torre** – *R. dos Jerónimos, 8 -*
☎ *213 61 69 40 -hoteldatorre.belem*
@mail.telepac.pt - ▤ *- 59 ch. 73,32/87,46€*
▭. Pour les visiteurs qui préfèrent résider
dans le quartier calme et élégant de Belém,
un peu en dehors de l'agitation du centre-
ville, cet hôtel situé face au célèbre
monastère des Jerónimos est une bonne
solution. Il occupe un immeuble traditionnel
en pierre, avec un toit en tuiles rouges, qui
contraste avec le style années 1950 et 1960
de l'intérieur. Les chambres sont spacieuses
mais certaines sont bruyantes. Possibilité de
se garer dans la rue.

RESTAURATION

◖◗ **Caseiro** – *R. de Belém, 35 -*☎ *213 63*
88 03 - fermé août et dim. - ▤ *-19,85/*
28,33€. Décor hétéroclite dans lequel sont
suspendus oignons et gousses d'ail à côté
de billets de banque de toutes nationalités.
Cuisine portugaise typique.

PETITE PAUSE

**Antiga Confeitaria de Belém - Fábrica
dos Pastéis de Belém** – *R. de Belém, 84/8 -*
8h-23h30. Les petits gâteaux de Belém,
appelés *pastéis de nata*, attirent en masse
tous les Lisboètes et les touristes gourmands.
C'est ici que ces petits flans sont fabriqués
(la recette originale est jalousement gardée)

dans les anciens fours qui leur donnent
ce goût tant apprécié. Vous pouvez en
emporter par boîtes de six ou bien les
déguster chauds sur place dans une des
salles décorées d'azulejos. Une institution
à Lisbonne.

L'Antiga Confeitaria de Belém.

B. Perousse/MICHELIN

ARTS & SPECTACLES

Centro cultural de Belém – *Pr. do Império -*
☎ *213 61 24 00 - www.ccb.pt.* Ce centre
culturel présente les meilleurs spectacles,
concerts et expositions temporaires du pays.
Le programme mensuel est disponible un
peu partout.

Du sommet du monument *(accès par ascenseur)*, une vue s'offre sur le Tage, les
monuments de Belém et les quartiers Ouest de la ville. De cette hauteur, on peut
aussi admirer le dessin de la mosaïque en marbre qui se trouve au pied du monument : une mappemonde au centre d'une rose des vents.

Tour de Belém★★★

Avenida de Brasília. Été : tlj sf lun. 10h-18h ; le reste de l'année : tlj sf lun. 10h-17h.
Fermé 1er janv., Ven. saint, dim. de Pâques, 1er mai et 25 déc. 3€, gratuit dim. et j. fériés
10h-14h. ☎ *213 62 00 34.*
Lieu de ralliement symbolique, cette forteresse-joyau, tel un émissaire en par-
tance, résume les épopées ultramarines portugaises. L'élégante tour manuéline
fut bâtie entre 1515 et 1519 au milieu du Tage pour défendre son embouchure et

Vue sur le Tage de l'intérieur de la tour de Belém.

F. Vidal/MICHELIN

le monastère des Jerónimos. Rapidement obsolète quant à sa fonction militaire défensive, elle servit aussi d'arsenal, de prison, de point de paiement des taxes des navires, ou encore de résidence à la capitainerie du port. En raison du déplacement du cours du fleuve au moment du tremblement de terre de 1755, elle se trouve maintenant au bord d'une plage.

C'est un véritable petit bijou architectural : la construction encore romano-gothique est orné de loggias qui rappellent Venise et de dômes qui évoquent le Maroc où avait voyagé son architecte, Francisco de Arruda. À la tour carrée, aménagée pour l'artillerie, est accolée une plate-forme dont les créneaux, décorés d'écussons, portent la croix de l'ordre du Christ. Malgré cette grande diversité de styles, la tour offre une belle harmonie d'ensemble. Sur la terrasse qui devance le donjon se dresse, face à la mer, une belle statue de Notre-Dame-du-Bon-Succès. La tour compte cinq étages et se termine par une terrasse. Au rez-de-chaussée, on frémit en voyant dans le sol les ouvertures par lesquelles les prisonniers étaient jetés dans des fosses inondées par la marée. Au 3e étage, d'élégants balcons à fenêtres géminées et une magnifique loggia Renaissance, que surmontent les armes du roi Manuel et deux sphères armillaires, viennent adoucir la sévérité originelle de l'ensemble.

Mosteiro dos Jerónimos★★★ (monastère des Hiéronymites)

Praça do Império. Été : tlj sf lun. 10h-18h ; le reste de l'année : tlj sf lun. 10h-17h. Merci de respecter les offices religieux. Fermé 1er janv., Ven. saint, dim. de Pâques, 1er mai et 25 déc. ☎ 213 62 00 34.

L'ensemble architectural a été classé au patrimoine mondial de l'Unesco. Sur l'emplacement d'un ermitage fondé par Henri le Navigateur, le roi Manuel entreprit en 1502 de bâtir ce magnifique monastère destiné aux **hiéronymites** (l'ordre de saint Jérôme), et considéré aujourd'hui comme la pièce maîtresse de l'art manuélin. Cet art glorifiait les Grandes Découvertes : Vasco de Gama rentrait des Indes et ses caravelles avaient accosté dans le port de Restelo près de Belém. Bénéficiant de l'afflux de richesses à Lisbonne, les architectes purent se lancer dans une œuvre de grande envergure. Le Français Boytac adopta le style gothique, mais, après 1517, ses successeurs le modifièrent et y ajoutèrent l'appareil ornemental caractéristique du style manuélin où se retrouvent diverses influences. João de Castilho, d'origine espagnole, donna à la décoration une tournure plateresque ; Nicolas Chanterene mit en relief les thèmes de la Renaissance ; Diogo de Torralva et Jérôme de Rouen (fin 16e s.) apportèrent une note de classicisme.

La beauté du bâtiment tient aussi à la qualité de sa pierre douce et claire, qui se laisse ciseler. Admirez notamment la richesse et la profusion des moulures : motifs marins (chaînes d'ancre, méduses, algues chevelues, coquillages, coraux, cordages...), fleur de pavot, artichauts, têtes de nègres et têtes de navigateurs, feuilles, grappes, ananas, sphères armillaires, grotesques Renaissance etc.

Seuls les bâtiments ajoutés au 19e s. à l'Ouest du clocher affectent quelque peu l'harmonie architecturale de cet ensemble.

Église Santa Maria★★★ – Le **portail latéral Sud**, œuvre de Boytac et de João de Castilho, présente un foisonnement de gâbles, de pinacles et de niches garnies de statues. Il est couronné par un dais surmonté de la croix des chevaliers du Christ. Le trumeau est orné de la statue d'Henri le Navigateur et le tympan décoré de deux bas-reliefs se rapportant à la vie de saint Jérôme. De part et d'autre du portail, admirez les fenêtres décorées de riches moulures.

Le **portail Ouest**, abrité sous le porche (construit au 19e s.) qui mène au cloître, fut réalisé par Nicolas Chanterene. Il est orné de très belles statues, notamment celles du roi Manuel et de sa seconde épouse, Marie d'Aragon, présentés par leurs patrons. Au-dessus du portail, on reconnaît les scènes de l'Annonciation, de la Nativité et de l'Adoration des Mages.

L'**intérieur** surprend par la hardiesse de la **voûte★★** en étoile, soutenue par des gerbes d'ogives jaillissant des piliers octogonaux et se ramifiant à l'infini ; elle a d'ailleurs résisté au tremblement de terre de 1755 en dépit de la légèreté de ses piliers. La nef centrale et les collatéraux, de même hauteur, forment une église-halle. La décoration des piliers, ainsi que la magnifique voûte surmontant la croisée du transept, est due à João de Castilho. Les bras du transept, de style baroque, érigés par Jérôme de Rouen, fils de Jean de Rouen, renferment plusieurs tombeaux d'infants. Dans le chœur, reconstruit à l'époque classique, on voit un tabernacle en argent du 17e s. ainsi que les tombeaux des rois Manuel Ier et Jean III et de leurs épouses. Sous la tribune du *coro alto*, à l'entrée de l'église, se trouvent les tombeaux néo-manuélins de Vasco de Gama et de Camões, dont le gisant est couronné de lauriers.

Cloître★★★ – *Mêmes horaires que l'église. 3€, gratuit dim. et j. fériés jusqu'à 14h.*

Ce chef-d'œuvre de l'art manuélin est d'une richesse sculpturale éblouissante. La pierre revêt en fin d'après-midi une chaude teinte dorée. Quadrilatère de 55 m de côté, le cloître comprend deux étages.

L'étage inférieur, œuvre de Boytac, est percé de larges arcades dont les remplages prennent appui sur de fines colonnettes. Leur décoration s'inspire du gothique finissant et de la Renaissance.

Les gerbes d'ogives de l'église Santa Maria.

H. Champollion/MICHELIN

L'étage supérieur a été érigé par João de Castilho dans un style moins exubérant. La salle capitulaire abrite le tombeau de l'écrivain Alexandre Herculano. La sacristie, donnant sur la galerie Est, et le réfectoire des moines, sur la galerie Ouest, sont couverts de voûtes à liernes et tiercerons.

Un escalier mène au **coro alto** de l'église, offrant une autre perspective sur les voûtes. Les élégantes stalles Renaissance en érable sont l'œuvre de Diogo de Carça.

Museu Nacional de Arqueologia – *Aile du 19ᵉ s. du monastère. Tlj sf lun. 10h-18h, mar. 14h-18h. Fermé 1ᵉʳ janv., dim. de Pâques, 1ᵉʳ mai et 25 déc. 3€. ☎ 213 62 00 00.* Dans la grande galerie, les différentes étapes de l'histoire du territoire portugais depuis les origines jusqu'à la fin de l'époque romaine sont illustrées par les poteries, armes, bijoux, stèles... exposés dans les vitrines. L'époque mégalithique se signale par quelques stèles et statues-menhirs, l'âge du fer par des armes et les curieux *berrões* (sculptures en granit représentant des sangliers) que l'on trouve en nombre dans le Nord-Est du Portugal. L'époque romaine est particulièrement bien représentée, et l'on remarquera une statuette en bronze, *La Fortune* (1ᵉʳ s.), et le sarcophage en marbre d'une petite fille (3ᵉ s.).

Trésor★ – Il abrite une riche collection d'orfèvrerie archaïque provenant de différents lieux de fouilles du Portugal : magnifiques bracelets, torques et boucles d'oreilles en or.

Museu da Marinha★★

Juin-sept. : tlj sf lun. 10h-18h ; oct.-mai : tlj sf lun. 10h-17h. Fermé j. fériés. 3€. ☎ 213 62 00 10. Ce conservatoire du passé maritime du Portugal, composé d'une collection exceptionnelle de **maquettes★★★** d'embarcations de différentes époques, est installé, de part et d'autre de l'esplanade du **planétarium Calouste-Gulbenkian**, dans deux bâtiments distincts : l'aile Ouest du monastère des Hiéronymites et le moderne pavillon des Galiotes.

Après l'entrée, montez l'escalier qui se trouve devant la porte de droite.

Sur la mezzanine, la salle d'Orient présente des porcelaines et des maquettes d'embarcations asiatiques, ainsi qu'une paire d'armures japonaises du 15ᵉ s.

À l'étage se trouvent la salle de la marine de plaisance (maquettes de yachts des 18ᵉ et 19ᵉ s.), celle de la marine marchande et celle de la construction navale, très instructive.

Descendez l'escalier.

Bâtiment principal – Statues géantes en grès de personnages historiques (dont Henri le Navigateur) et canons anciens occupent le hall d'entrée.

Au rez-de-chaussée, dans l'immense salle en équerre consacrée aux découvertes et à la marine militaire du 15ᵉ au 18ᵉ s., des cartes anciennes et des maquettes très fidèles de vaisseaux (*Principe da Beira*, 18ᵉ s.), de nefs, caravelles et frégates voisinent avec des figures de proue et des instruments de navigation, dont les astrolabes du 15ᵉ s. La marine de guerre des 19ᵉ et 20ᵉ s. est aussi représentée (modèles réduits de canonnières, frégates et corvettes, sous-marins modernes). La marine de pêche des différentes régions du Portugal (collection Henrique Seixas) montre la diversité des bateaux qui opéraient naguère dans les estuaires ou le long du littoral portugais. Dans la dernière salle, on a reconstitué le luxueux appartement royal du yacht *Amélia* (fin 19ᵉ s.).

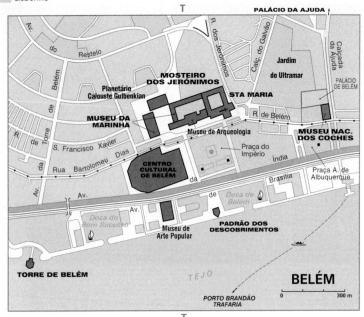

La sortie donne sur le pavillon des Galiotes.

Pavilhão das Galeotas – Il abrite un ensemble de magnifiques galiotes d'apparat. L'embarcation la plus remarquable, par sa décoration due à l'ornemaniste français Pillement, est le brigantin royal construit en 1778 pour les noces du futur roi Jean VI. On y voit également le *Santa Cruz*, hydravion avec lequel Sacadura Cabral et Gago Coutinho réalisèrent la première traversée de l'Atlantique Sud en juin 1922.

Centro Cultural de Belém★

Praça do Império. En face de l'exubérant monastère des Jerónimos, construit dans le même calcaire brut, cet immense bâtiment, conçu par les architectes Vittorio Gregotti et Manuel Salgado et achevé en 1990, tranche par son caractère massif et ses lignes sobres. Il joue un rôle de premier plan dans la vie culturelle de Lisbonne et, d'une manière générale, dans celle du pays. L'ensemble comprend un centre de congrès, deux salles de spectacle dont un Opéra, ainsi qu'un vaste centre d'expositions, qui dépendent de la fondation des Découvertes. Le centre culturel présente une programmation variée de spectacles de musique, de théâtre et de danse, ainsi que d'importantes expositions d'arts plastiques, d'architecture et de photos, modernes et contemporaines. Le bâtiment dispose de plusieurs bars, d'un restaurant et d'une agréable cafétéria-auditorium avec une terrasse donnant sur le Tage.

Museu do Design★ – *Tlj sf lun. 10h-19h (dernière entrée 18h30). 3€. Fermé 25 déc. ☎ 213 61 24 00.* Logé dans une aile du centre culturel, ce nouveau musée a été créé pour recevoir la collection de Francisco Capelo, qui a également réuni les œuvres du musée d'Art moderne de Sintra. La collection permanente comprend des œuvres de près de 230 concepteurs de mobilier et d'objets représentatifs des divers courants du design dans le monde, de 1937 à nos jours. Elle est divisée en quatre thèmes principaux : les décorateurs, le modernisme, le pop, le cool. Une partie du musée accueille des expositions temporaires thématiques.

Museu de Arte Popular

Avenida de Brasília. ☎ 213 01 12 82. Fermé pour travaux.
Situé devant le centre culturel de Belém, ce musée des Arts et Traditions populaires est le vestige de la grande Exposition de 1940 consacrée au « monde portugais ». Il présente des objets traditionnels provenant de différentes régions du Portugal : instruments de musique, ustensiles, vaisselle, mobilier, costumes, accessoires, tapis, ainsi qu'un ensemble de charrettes. À droite de l'entrée, une salle est consacrée aux expositions temporaires.

Museu Nacional dos Coches★★ (musée des Carrosses)

Praça Afonso de Albuquerque, à l'angle de la calçada de Ajuda. Tlj sf lun. 10h-18h (dernière entrée 1/2h av. fermeture). Fermé 1er janv., dim. de Pâques, 1er mai et 25 déc. 3€, gratuit dim. et j. fériés 10h-14h. ☎ 213 61 08 50.
Créé en 1904 par la reine Amália, ce musée occupe l'ancien manège du palais royal de Belém. Il groupe une somptueuse collection de voitures (carrosses, berlines, litières, etc.). La plus ancienne est la magnifique berline peinte que

Philippe II d'Espagne amena de son pays à la fin du 16ᵉ s. Les pièces les plus remarquables sont les trois immenses carrosses construits à Rome en 1716 pour l'ambassade du marquis de Fontes, ambassadeur extraordinaire du Portugal près du pape Clément XI. Véritables chefs-d'œuvre du baroque italien, ils représentent sous forme d'allégories les découvertes et les conquêtes des Portugais. Le carrosse de Jean V frappe par la beauté des peintures d'Antoine Quillard et les sculptures qui l'ornent.

Jardim do Ultramar

Calçada do Galvão, Belém. 10h-17h sf lun. et j. fériés. 1€. Gratuit dim. Derrière la fameuse pâtisserie de Belém *(voir Belém pratique)*, ces jardins d'Outre-Mer abritent palmiers, eucalyptus, ginkgos biloba de Corée, ainsi que de nombreuses essences exotiques des anciennes colonies du Brésil, de l'Angola et du Mozambique. Une odeur entêtante de jasmin au printemps.

Museu Nacional de Etnologia

Avenida Ilha da Madeira, Restelo. Mar. 14h-18h, mer.-dim. 10h-18h. Fermé lun. et j. fériés. 2€. ☎ 213 04 11 60.
Situé entre la tour de Belém et le palais d'Ajuda, dans le quartier de Restelo, ce musée méconnu traite de la société rurale portugaise et organise d'intéressantes expositions temporaires et thématiques sur les anciennes colonies portugaises ou les textiles traditionnels.

Si vous avez du temps, profitez-en pour visiter le quartier populaire d'**Ajuda★**. Situé entre le parc Monsanto et le Tage, il est l'un des plus authentiques de Lisbonne mais demeure méconnu des touristes.

À l'Est du largo da Ajuda, autour de la **rua do Guarda Jóias** et de la **rua do Cruzeiro**, se trouvent des îlots villageois à l'habitat très disparate, où la vie familiale et communautaire, centrée sur une cour ou une ruelle, bat encore son plein. Ces *páteos* étaient à l'origine des petits quartiers solidaires d'artisans ou d'ouvriers. Remarquez notamment le **páteo Alfacinha**, *(r. do Guardo Jóias, 44)*. L'ambiance est généralement à la fête en fin de semaine.

Palácio da Ajuda★

Largo da Ajuda, en haut de la calçada da Ajuda. Visite guidée (1h1/2) tlj sf mer. 10h-17h (dernière entrée 1/2h av. fermeture). Fermé 1ᵉʳ janv., fév., dim. de Pâques, 1ᵉʳ mai et 25 déc. 3€, gratuit dim. et j. fériés 10h-14h. ☎ 213 63 70 95 ou 213 63 02 64.
Situé sur les hauts de Belém, cet ancien palais royal (18ᵉ-19ᵉ s.), construit après le tremblement de terre mais resté inachevé, fut la résidence des monarques portugais Louis et Maria Pia à partir de 1862.
Il présente sur deux niveaux une succession de salles aux plafonds peints, garnies d'une profusion de mobilier, tapisseries, statues (de Machado de Castro notamment), peintures (Domingos Sequeira, Vieira Portuense) et objets décoratifs du 19ᵉ s., et constitue l'un des ensembles romantiques les plus complets d'Europe. Remarquez le plafond du jardin d'hiver, couvert d'agate. La surprenante salle de Saxe est entièrement décorée de personnages et de meubles en porcelaine de Saxe. Certaines pièces, emplies d'objets personnels, comme la chambre et la salle à manger de la reine, exhalent une atmosphère intimiste, comme si l'occupant venait juste de quitter les lieux...
Les salles du premier étage sont généralement plus vastes et solennelles (salle du trône, salle de bal éclairée par trois lustres en cristal, salle des Ambassadeurs). L'atelier de peinture du roi Louis, avec ses meubles en bois doré et sa décoration néo-gothique, est imprévu dans cet ensemble. Le palais abrite une partie des services du ministère de la Culture.

En haut de la calçada da Ajuda, le **jardin botanique d'Ajuda**, composé d'essences exotiques ramenées par les navigateurs, fut créé à l'initiative du marquis de Pombal en 1768. Il communique par un passage avec le romantique **jardin des Dames** (jardim das Damas) du 18ᵉ s., agrémenté de cascades et de bassins, autrefois lieu de promenade des dames de la cour.

Centro Científico e Cultural de Macau★

À l'Est de Belém. Rua da Junqueira, 30. 10h-17h, dim. et j. fériés 12h-18h. Fermé lun. 2,5€. Visite guidée sur réservation mar. et jeu. ☎ 213 61 75 70/71.
Ce centre culturel et scientifique a été inauguré en novembre 1999, au moment de la rétrocession de Macao à la Chine. Dès la deuxième moitié du 16ᵉ s. Macao fut une enclave portugaise en Chine, un trait d'union entre les civilisations d'Occident et d'Asie orientale. Le musée pédagogique du rez-de-chaussée retrace de façon vivante et dynamique, par modules thématiques, l'histoire étonnante du contact entre les Portugais et ce port chinois. Admirez la présentation des modèles de navires, notamment le fameux *Nau do Trato*, un navire de charge de longue distance utilisé dans le commerce entre Macao et le Japon.
Le premier étage expose un nombre impressionnant de très beaux **céramiques★★**, terres cuites, grès et porcelaines chinoises réunis par le collectionneur António Sagape. Remarquez aussi la panoplie d'objets utilisés par les fumeurs d'opium,

ainsi que les étonnantes œuvres d'art chinoises accordées aux canons occidentaux : laques, éventails, peintures, plats et objets en ivoire. On y trouve également une importante collection de monnaies chinoises, de la préhistoire à nos jours. Le musée dispose en outre d'un auditorium et d'une salle polyvalente, d'une petite boutique, d'une cafétéria, ainsi que d'un jardin et d'une terrasse.

les quartiers modernes du Nord

Au Nord de la Baixa s'étendent des quartiers modernes et résidentiels, quadrillés de larges avenues. Cette zone abrite aussi une importante activité économique (bureaux, sièges d'entreprises) et la promenade dans cette partie de la ville, où la circulation est importante, n'est guère passionnante. Ne manquez cependant pas la magnifique fondation Gulbenkian, que vous pourrez par exemple rejoindre à pied depuis la ville basse, en remontant l'avenida da Liberdade et en traversant le parc Eduardo VII.

AUTOUR DE L'AVENIDA DA LIBERDADE

Avenida da Liberdade★

Longue de 1 300 m et large de 90 m, cette avenue, la plus majestueuse de Lisbonne, est un axe central qui ouvre la ville vers les quartiers modernes et affairés du Nord. Agréable à la promenade, son esplanade centrale est ombragée par les arbres et agrémentée de petits jardins. Les trottoirs sont couverts de mosaïques de calcaire et de basalte. De chaque côté, les immeubles de la fin du 19e s. et les constructions plus récentes abritent des hôtels, des agences de voyages, des compagnies d'assurances, d'aviation, des boutiques de luxe, etc. L'avenida da Liberdade est limitée au Nord par la **praça do Marquês de Pombal**, surnommée « Rotunda » par les Lisboètes, centre névralgique de Lisbonne où convergent les grandes avenues. Au milieu de cette place circulaire, bordée de grands hôtels, est érigé le monument au marquis de Pombal. Les inscriptions sur le piédestal évoquent les principales réalisations de ce grand ministre, à la posture toute monarchique.

quartiers du Nord pratique

HÉBERGEMENT

☻☻☻ **Lisboa Plaza** – *Travessa do Salitre, 7 -* ☎ *213 21 82 18 -plaza.hotels @heritage.pt -* ▤ *- 94 ch. 198€ -* ☲ *12,50€ - restaurant 21,50€.* Derrière sa disgracieuse façade des années 1950, ce vaste hôtel dégage une certaine intimité non dénuée de charme. Décoré dans un style classique contemporain avec des sols en marbre, des copies de mobilier ancien, des gravures aux murs et des fleurs fraîches, il offre une tenue irréprochable et une situation pratique, tout près de l'avenida da Liberdade. Chambres confortables mais plutôt petites.

☻☻☻ **NH Liberdade** – *Av. da Liberdade, 180 B -* ☎ *213 51 40 60 - nhliberdade@nh-hotels.com -* ▣ ☲ *- 83 ch. 258€* ☲ *- restaurant 25/35€.* Les amateurs de raffinement et d'horizon dégagé ne manqueront pas de s'arrêter à cet hôtel ultra moderne installé sur la principale avenue de Lisbonne dans une élégante tour de dix étages. Sur le toit, piscine et terrasse panoramique avec vue imprenable sur toute la ville et le Tage. Chambres spacieuses décorées dans un esprit minimaliste. Chic et design.

RESTAURATION

☻ **Os Tibetanos** – *R. do Salitre, 117 -* ☎ *213 14 20 38 - fermé w.-end et j. fériés - 11€.* Ce petit restaurant, un peu caché au premier étage d'un immeuble ayant vue sur le Jardin botanique, propose une cuisine végétarienne fraîche et savoureuse à des prix très raisonnables.

SORTIES

Lojas Inlisboa.com – *Av. da Liberdade, 1 e 7 -* ☎ *213 43 19 11 - loja@inlisboa.com.* Sur le même principe que la boutique du Bairro Alto, cet espace Internet-galerie d'art créé par les étudiants de l'École des arts permet à ces derniers de diffuser leurs œuvres sous le format de cartes postales (pour beaucoup des vues de Lisbonne). Ils réalisent aussi des affiches-plans des quartiers bien réussies.

Cinemateca Portuguesa – *Av. Barata Salgueiro, 39 - av. da Liberdade -* ☎ *213 54 65 29.* Un cinéma convivial pour amateurs et cinéphiles avertis. La cinémathèque portugaise propose une programmation variée, internationale (en version originale) et de qualité. On peut y voir notamment des films portugais d'avant-garde. Possibilité de grignoter quelques plats rapides (quiches et gâteaux de toutes sortes) dans le salon d'attente. Séances tous les jours à 18h30 et 21h30, sauf le dimanche. Musée du Cinéma avec documents et matériel en exposition.

Parque Eduardo VII★

Métro : Parque, Marquês de Pombal, São Sebastião. Été : 9h-17h30 ; le reste de l'année : 9h-16h30. Fermé 1ᵉʳ janv., 25 avr., 1ᵉʳ mai et 25 déc. 1,15€. ☎ 213 88 22 78.

Cet élégant parc à la française couronne l'avenida da Liberdade. Du haut du parc, une magnifique **perspective★** s'offre sur la ville basse et le Tage qu'encadrent les collines du château São Jorge et du Bairro Alto.

Dans l'angle Nord-Ouest se trouvent trois serres *(entrée payante)* où croissent d'innombrables plantes exotiques, au bord de bassins poissonneux et de fraîches cascades. Dans la **serre froide★★** *(estufa fria)*, très agréable en été, la brise circule à travers une toiture japonaise en lattes de bois. Plus petite et plus humide, la **serre chaude** *(estufa quente)* présente des plantes semi-tropicales dans leur climat ambiant ; enfin, une troisième serre renferme des cactées géantes.

Casa-Museu Anastácio Gonçalves

Rua Pinheiro Chagas. Tlj sf lun. 10h-18h, mar. 14h-18h. Fermé 1ᵉʳ janv., dim. de Pâques, 1ᵉʳ mai et 25 déc. 2€, gratuit dim. matin. ☎ 213 54 08 23.

Ce musée est installé dans deux villas ayant appartenu au peintre José Malhoa, et plus tard au Dr. Anastácio Gonçalves, grand amateur d'art et ami de Gulbenkian. L'endroit accueille des expositions temporaires, généralement consacrées aux peintres portugais du début du 20ᵉ s., et une collection permanente constituée de porcelaines de Chine anciennes, de mobilier, de textiles et de joaillerie.

LA FONDATION CALOUSTE-GULBENKIAN

Avenida de Berna, 45 (au Nord du parc Eduardo VII). Métro São Sebastião ou Praça de Espanha. Cette institution privée comprend le musée Gulbenkian, le Centre d'art moderne, un orchestre, un corps de ballet, un chœur. Elle distribue de nombreuses bourses à des étudiants, finance des recherches, organise des expositions et possède deux délégations à Londres et à Paris.

Le siège de la fondation Gulbenkian est installé dans des bâtiments modernes, entourés de très beaux jardins paysagers, qui abritent les musées, quatre amphithéâtres polyvalents, dont un en plein air, une zone de congrès, deux grandes galeries occupées par des expositions et une bibliothèque de 152 000 volumes. La programmation musicale et de danse y est de très haute qualité *(pour les programmes musique et danse, brochure sur place ou site Internet : www.musica.gulbenkian.pt).*

> ### « MONSIEUR 5 % »
> Calouste Gulbenkian (1869-1955), Arménien né à Istanbul en 1869, était surnommé « Monsieur 5 % », pourcentage qui représentait sa part des bénéfices de l'Irak Petroleum Company. Richissime, philanthrope et grand amateur d'art, il devint lisboète d'adoption à partir de 1942. En quatre décennies, il réunit une collection remarquable et éclectique. Il fit don au Portugal de son immense fortune qui servit à créer un an plus tard la fondation Calouste-Gulbenkian.

Museu Calouste Gulbenkian★★★

Tlj sf lun. 10h-18h. Fermé j. fériés. 3€, gratuit dim. 5€ pour les deux musées de la fondation. ☎ 217 82 30 00 ou 217 82 34 57.

Ce musée, aux vastes salles très aérées donnant sur des jardins, a été conçu tout spécialement pour recevoir les collections de Gulbenkian, composées de belles pièces de grande valeur et particulièrement riches en arts oriental et européen. Les œuvres y sont remarquablement présentées. Le niveau inférieur accueille des expositions temporaires d'art contemporain.

Art antique – L'Antiquité est représentée par l'Égypte (coupe d'albâtre vieille de 2 700 ans, statuette en pierre du « juge Bes », barque solaire en bronze et masque de momie en argent doré de la XXXᵉ dynastie), par le monde gréco-romain (superbe cratère attique du 5ᵉ s. avant J.-C., bijoux, une tête de femme attribuée à Phidias, des objets romains en verre irisé et une magnifique collection de monnaies en or et en argent) et la Mésopotamie (stèle assyrienne du 9ᵉ s. avant J.-C., urne parthe).

Art oriental – Céramiques et tapis sont les fleurons de la vaste section orientale. En majorité persans, les fastueux tapis des 16ᵉ et 17ᵉ s., en laine, en soie, voisinent avec de chatoyants velours de Brousse (Turquie) datant de la même période. Les céramiques (12ᵉ au 18ᵉ s.), les costumes en soie et les lampes de mosquée d'Alep évoquent par leur raffinement l'univers des miniatures persanes.

Dans cette section, on admirera aussi les recueils poétiques exposés par roulement, les corans et les manuscrits arméniens.

Art d'Extrême-Orient – La Chine est représentée par de magnifiques porcelaines (bol taoïste du 14e s., vase aux Cent Oiseaux du 17e s., sceptre et support de coiffeuse en porcelaine blanche) et des « pierres dures » (coupe en néphrite verte du 18e s.), et le Japon par des estampes et des laques des 18e et 19e s.

Art européen – Cette section s'ouvre sur l'**art religieux médiéval**, avec des pièces en ivoire d'une extrême délicatesse, des manuscrits enluminés et des livres d'heures.

La visite se poursuit avec la **peinture et la sculpture des 15e, 16e et 17e s.**, l'un des premiers tableaux acquis par Gulbenkian étant la *Présentation au Temple* de l'Allemand **Stephan Lochner**. Les Flamands et les Hollandais sont à l'honneur avec des toiles maîtresses et remarquables telles le *Saint Joseph* de **Van der Weyden**, *L'Annonciation* de **Thierry Bouts**, la *Figure de vieillard* de **Rembrandt** ou le *Portrait d'Hélène Fourment* par **Rubens**. De l'école italienne, on retiendra un ravissant *Portrait d'une jeune femme* attribué à **Ghirlandaio**.

Les salles suivantes sont essentiellement consacrées **aux arts décoratifs** et à la **peinture française du 18e s.** : meubles (luxueuses réalisations de Cressent, Jacob, Œben, Riesener, Garnier, Carlin), tapisseries, dont la très belle série *Jeux d'enfants* exécutée à Ferrare d'après des cartons attribués à Jules Romain, et orfèvrerie, représentée par des chefs-d'œuvre d'argenterie de table créés par A. Durand et F.-T. Germain.

L'école française du 18e s., célèbre pour ses portraits et ses évocations de fêtes, est ici illustrée par **Hubert Robert** *(Scènes dans les jardins de Versailles)*, **Maurice Quentin de La Tour** *(Portrait de Melle Sallé* et *Portrait de Duval de l'Épinoy)*, **Nicolas de Largillière** *(Portrait de M. et Mme Thomas Germain)*. Parmi les sculptures, on admirera l'altière *Diane* en marbre blanc de Houdon.

La peinture du 18e s. est aussi représentée par des œuvres anglaises de **Gainsborough** *(délicieux Portrait de Mrs. Lowndes-Stone)*, **Romney** *(Portrait de Miss Constable)*, **Turner** *(Quillebœuf à l'embouchure de la Seine)* et de **Thomas Lawrence**. Une salle consacrée à Guardi illustre la vie et les fêtes à Venise.

Le 19e s. français est évoqué par **Henri Fantin-Latour** *(La Lecture)*, les impressionnistes **Manet** *(Le Garçon aux cerises, Le Souffleur de bulles)*, **Degas** *(Autoportrait)*, **Renoir** *(Portrait de Mme Claude Monet)* et les nombreuses toiles de **Corot** *(Le Pont de Mantes, La Saulaie)*, ainsi qu'un bel ensemble de bronzes *(Le Printemps)* et de marbres de **Rodin** *(Les Bénédictions)*.

La dernière salle abrite une extraordinaire collection de pièces Art nouveau du décorateur français **René Lalique** (1860-1945), ami personnel de Calouste Gulbenkian. Admirez la minutie et le détail des bijoux, d'une rare beauté.

Centro de Arte Moderna José de Azeredo Perdigão★★

Rua Dr Nicolau de Bettencourt. Tlj sf lun. 10h-18h. Fermé j. fériés. 3€, gratuit dim. ☎ 217 95 02 41. Les fenêtres s'ouvrent sur le jardin, et la végétation semble incorporée aux volumes de ce bâtiment dessiné en 1983 par l'architecte Leslie Martin. Le centre soutient l'activité artistique et abrite la plus grande collection d'art moderne (depuis 1910) et contemporain portugais, avec notamment les œuvres des peintres Amadeo de Souza-Cardoso, Eduardo Viana, José de Almada Negreiros, Maria Helena Vieira da Silva, Júlio Pomar. L'espace, relativement restreint, impose un important roulement dans la présentation des œuvres. Cinq salles sont aussi consacrées aux œuvres de vidéastes. *Le centre propose des activités pour les enfants liées aux expositions et abrite l'ACARTE, un service d'animation, de création artistique et d'éducation par l'art.*

Dans les jardins qui l'entourent sont exposées quelques sculptures, dont *Femme allongée* de **Henry Moore**.

Campo Pequeno pratique

RESTAURATION

◯⊜ **O Funil** – *Av. Elias Garcia, 82 A* - ☎ *217 96 60 07* - *o-funil@clix.pt - fermé dim. soir* - ▤ *- 16,60/24,50€.* La morue façon « Funil » est l'une des spécialités de cette table élégante et incontournable de Lisbonne. Bonne carte des vins.

ARTS & SPECTACLES

Culturgest – Caixa Geral de Depósitos – *R. do Arco do Cego* - ☎ *217 90 51 55* - *www.cgd.telepac.pt/cultgest/index.htm.* Cet énorme édifice de style néoclassique, siège de la Caisse des dépôts, abrite un espace culturel doté de deux auditoriums et de deux salles d'expositions. Programmation musicale de grande qualité, expositions d'artistes contemporains internationaux. Informations dans l'*Agenda Cultural.*

Praça de Touros do Campo Pequeno – *Av. da Republica* - ☎ *217 93 24 42. Tourada tous les jeudis à 22h, de mai à septembre,* dans un remarquable édifice néo-mauresque en brique rouge.

LES QUARTIERS D'AFFAIRES DE CAMPO PEQUENO ET CAMPO GRANDE

Praça de Touros

Av. da República, M°Campo Pequeno. Actuellement en travaux. Les **arènes** du Campo Pequeno, habillées de brique rouge, furent bâties au début des années 1890 dans un style néo-mauresque (dômes à bulbes, arcs outrepassés et croissants de lune). En face des arènes, la **bibliothèque municipale** est installée dans le palais Galveias du 16e s.

Feira popular

Av. da República. M°Entre Campos. 19h-2h, w.-end et j. fériés 15h-2h. Fête foraine fixe et grande sortie populaire des Lisboètes : musiques, jeux, attractions, petits restaurants.

Museu da Cidade

Campo Grande, 345. M°Campo Grande. Tlj sf lun. 10h-13h, 14h-18h. Fermé j. fériés. 1,95€, gratuit dim. ☎ 217 51 32 00.
En haut du jardin do Campo Grande, au voisinage fâcheux d'un échangeur auto-routier, le **Musée municipal** est installé dans le palais Pimenta, élégant édifice construit au 18e s. sous le règne fastueux de Jean V. Les vestiges romains, wisi-gothiques, arabes et médiévaux rappellent les différentes étapes de l'histoire de Lisbonne. Sur de nombreux blasons se retrouve l'emblème de la ville, la caravelle (transportant le corps de saint Vincent) guidée par les corbeaux *(voir p. 343)*. Une maquette reconstitue Lisbonne au début du 18e s. juste avant le tremblement de terre, période évoquée aussi par des azulejos montrant le terreiro do Paço avant la disparition du palais royal. La cuisine du palais est ornée d'azulejos rustiques. Au premier étage, sont exposées des faïences et des gravures représentant Lisbonne. On remarquera la célèbre toile de Malhoa, *Le Fado*.

Museu Rafael Bordalo Pinheiro

Campo Grande, 382. M°Campo Grande. Fermé pour travaux. ☎ 217 59 08 16.
Située de l'autre côté du Campo Grande, cette maison rassemble des dessins, des caricatures et surtout des **faïences★** de Rafael Bordalo Pinheiro (1846-1905), artiste très prolifique qui avec son frère et sa sœur étaient les grands animateurs de la vie sociale lisboète à la fin du 19e s. On lui doit entre autres le grand succès de la fabrique de faïence de Caldas da Rainha.

les quartiers Ouest

MADRAGOA ET ESTRELA

À l'Ouest du Bairro Alto jusqu'à la basilique d'Estrela s'étendent les *bairros* de Madragoa et d'Estrela, moins fréquentés par les touristes. Rien d'exceptionnel à première vue, et pourtant il fait bon errer dans ces quartiers vallonnés, pleins de charme, de recoins et de surprises, en se fiant au hasard. Les immeubles, hété-roclites, sont souvent délabrés, mais ces quartiers sont progressivement rénovés. La première communauté cap-verdienne s'était établie dans le quartier de Madragoa, au pied de São Bento, autour du largo do Conde Barão et de la **rua Poço dos Negros** (le « puits des nègres » qui servit de fosse commune aux esclaves des 16e et 17e s.), mais ses membres partent désormais en banlieue.

Basilique da Estrela★

Praça da Estrela. Terminus du tramway n° 28. Ce blanc sanctuaire un peu solennel fut bâti à la toute fin du 18e s., selon les vœux de la très conservatrice reine Maria, à une époque où le style baroque était largement dépassé. La croisée du transept est surmontée d'une belle **coupole★** que coiffe un lanternon. À l'intérieur, on peut voir une imposante crèche, aux personnages grandeur nature, sculptée par Machado de Castro.

Jardim da Estrela★★

Situé en face de la basilique, ce jardin de quartier construit en pleine époque romantique est l'un des plus paisibles et des plus agréables de Lisbonne, avec ses nombreuses essences exotiques, ses animaux en liberté (paons, cygnes, canards, etc.), ses fontaines et grottes artificielles. Des mères de famille viennent y dis-cuter en surveillant leur progéniture, les retraités prennent le frais ou jouent aux cartes, un vendeur propose des billets de loterie... Le jardin dispose en outre d'un kiosque à musique et d'une agréable buvette ombragée, au bord du bassin.

Casa Fernando Pessoa★

Rua Coelho da Rocha, 16-18, Campo de Ourique (Nord-Ouest du jardin da Estrela). Tlj sf w.-end 10h-18h, jeu. 13h-20h. Fermé j. fériés. Gratuit. ☎ 213 96 81 90/9.

quartiers Ouest pratique

HÉBERGEMENT

York House – *R. das Janelas Verdes, 32 - Lapa -* ☎ *213 96 25 44 - yorkhouse32 @hotmail.com - 34 ch. 166,10€ -* ⊡ *14€ - restaurant 33,50/48,39€.* Cet hôtel entièrement rénové présente dorénavant un visage design, avec des chambres aux décors très différents et toujours épurés. Un parti pris moderne qui sied parfaitement à cet ancien couvent du 18ᵉ s.

Britânia – *R. Rodrigues Sampaio, 17 - Estrela -* ☎ *213 15 50 16 -britania.hotel @heritage.pt -* ▤ *- 30 ch. 198€ -* ⊡ *12,50€.* Grâce à une rénovation réussie qui lui a rendu son élégante physionomie des années 1940, cet hôtel de renom, conçu par Cassiano Branco (architecte de l'Éden Teatro, praça dos Restauradores), est à la fois charmant et confortable. Ses chambres spacieuses et calmes, décorées avec goût, sa localisation pratique et son atmosphère « rétro » font du Britânia une heureuse trouvaille.

As Janelas Verdes – *R. das Janelas Verdes, 47 - Lapa -* ☎ *213 96 81 43 - jverdes@heritage.pt -* ▤ *-29 ch. 225€ -* ⊡ *12,50€.* Située à quelques pas du York House, cette belle maison du 18ᵉ s. a été transformée en hôtel accueillant et confortable, décoré avec des touches personnelles. Les chambres sont un peu étroites et celles donnant sur la très fréquentée rua das Janelas Verdes sont à éviter si l'on craint le bruit du trafic. À l'arrière, petit jardin dans un frais patio où l'on prend le petit déjeuner en été.

RESTAURATION

Picanha – *R. das Janelas Verdes, 96 - Lapa -* ☎ *213 97 55 40 - lun.-ven., sam. soir et dim. soir -* 𝄴 *- 18/25€.* Dans cette rue tranquille et verdoyante, une table brésilienne pour carnivores au bel appétit ! Ici on mange à volonté le *churrasco*, la fameuse spécialité de viande de bœuf cuite au barbecue.

Casa da Comida – *Travessa das Amoreiras, 1 - Estrela -* ☎ *213 88 53 76 - reservas@casadacomida.pt - fermé sam. midi et dim. -* ▤ *- 41/66€.* Ce restaurant soigné et élégamment aménagé dans une cour verdoyante avec une fontaine en azulejos offre une cuisine raffinée et inventive. Une des meilleures tables de la ville.

ARTS & SPECTACLES

Senhor Vinho – *R. Meio Lapa, 18 - Lapa -* ☎ *213 97 26 81 - lun.-sam. 20h30-2h - fado à 21h30.* Fado raffiné et traditionnel qui compte avec la participation de célèbres fadistes. Cuisine portugaise traditionnelle et remarquable carte des vins.

Timpanas – *R. Gilberto Rola, 24 - Alcântara -* ☎ *213 90 66 55 - tlj sf mar. 20h30-2h.* On peut y entendre chanter de l'excellent fado.

ACHATS

Amoreiras Shopping Center – *Av. Eng. Duarte Pacheco - Mᵒ Amoreiras - Amoreiras.* 400 boutiques, un supermarché, 55 restaurants et dix salles de cinéma.

Manuel Alves e José Manuel Gonçalves – *Av. Eng. Duarte Pacheco, 24 (Hôtel D. Pedro) - Amoreiras.* Vêtements élégants pour hommes et femmes, par deux créateurs reconnus.

Les admirateurs du poète, écrivain et merveilleux fabulateur **Fernando Pessoa** *(voir l'Invitation au voyage)* ne peuvent manquer de visiter cette maison, située dans le quartier résidentiel **Campo de Ourique**. C'est dans une chambre de cette maison que le plus mythique des habitants de Lisbonne vécut durant les quinze dernières années de sa vie. Le lieu, très clair, aéré et composé de beaux volumes, a été totalement réaménagé dans un style moderne et fonctionnel. Les œuvres, les archives et d'émouvants objets ayant appartenu à l'écrivain (lunettes, carte d'identité, livres personnels, etc.) y sont rassemblés. Lieu de recherche sur Pessoa, cette maison est aussi un centre culturel axé sur la poésie portugaise et étrangère, un petit lieu d'exposition (peinture, sculpture) accueillant aussi des installations vidéo ou des performances. Sur le mur du couloir intérieur, sont inscrits des poèmes et les horoscopes des différents hétéronymes de l'auteur, qui était aussi un spécialiste en sciences occultes ! Dans l'agréable cour, la terrasse du restaurant-cafétéria jouxte un bassin, où évolue lentement une famille élargie de placides tortues.

Casa-Museu de Amália Rodrigues

Rua de São Bento, 193. Tlj sf lun. 10h-13h, 14h-18h (dernière entrée 1/2h av. fermeture). Fermé j. fériés. 5€. ☎ *21 397 18 96.*

Deux ans après la mort de la grande chanteuse de fado (1920-1999) et quelques jours après le transfert de sa dépouille mortelle au panthéon national (église de Santa Engrácia), la maison où elle vécut la majeure partie de sa vie a été transformée en musée, selon sa propre volonté. La disposition des objets a peu changé, de sorte que la maison paraît encore habitée par la diva, avec ses tableaux, portraits, souvenirs, décorations, vêtements, bijoux... Dans la salle à manger, la table est mise et semble prête à accueillir des invités. Au rez-de-chaussée, se trouve une boutique. Ses recettes ainsi que celles des billets d'entrée sont reversées en grande partie à des institutions de charité.

Palácio da Assembleia da República

En bas de la **rua São Bento**, l'ancien et massif couvent bénédictin de São Bento abrite le parlement portugais avec, au-dessus, la résidence du Premier ministre. Jetez un œil au grand escalier de façade et aux arches ornées des statues des Vertus. À l'intérieur *(visite sur autorisation)*, on peut voir la salle des Pas-Perdus décorée de nombreuses sculptures. Sur la place, quelques fresques naïves rappellent les événements de la révolution des Œillets.

Sur le côté droit du palais, la rua São Bento compte de nombreuses **boutiques d'antiquaires★**.

La rua São Bento remonte jusqu'au Rato et se prolonge ensuite vers les Amoreiras.

LES AMOREIRAS

Le quartier des Amoreiras, situé au Nord du Rato, est dominé par les **tours des Amoreiras**, conçues par l'architecte Tomás Taveira et achevées en 1983. Longtemps décriées, ces trois édifices postmodernes habillés de verre et de plaques de marbre, dans les tons rose, gris et bleu, abritent des bureaux, des appartements de luxe et un très grand centre commercial.

Fondation Arpad Szenes-Vieira da Silva★

Praça das Amoreiras, 56-58. Tlj sf mar. 12h-20h, dim. 10h-18h. Fermé j. fériés. 2,50€, gratuit lun. ☎ 213 88 00 44.

Le nom *amoreiras* (mûriers) évoque les arbres qui existaient à cet endroit pour l'élevage des vers à soie destinés à l'ancienne fabrique de soieries, qui abrite désormais la fondation Arpad Szenes-Vieira da Silva. Situé sur un côté de l'ombragée praça das Amoreiras, près des arcs de l'aqueduc des Eaux libres, ce bel édifice du 18ᵉ s. a été réaménagé avec sobriété et élégance par l'architecte Sommer Ribeiro. **Maria Helena Vieira da Silva** (1908-1992), qui vécut une grande partie de sa vie à Paris avec son mari, l'artiste Arpad Szenes, est le peintre portugais le plus célèbre du 20ᵉ s.

Le musée présente une belle collection d'œuvres, fruit de donations d'artistes et de dépôts de collectionneurs et d'institutions ; il organise aussi des expositions temporaires d'autres artistes.

Mãe d'Água das Amoreiras (réservoir d'eau des Amoreiras)

Praça das Amoreiras. Tlj sf dim. 10h-18h. Fermé j. fériés. 2,50€, gratuit 22 mars, 18 mai, 1ᵉʳ et 5 juin. ☎ 218 10 02 15.

Ce bâtiment terminé en 1834 *(voir Museu da Água da EPAL p. 256)* abrite un réservoir qui recueille les eaux amenées par l'aqueduc. À l'intérieur se trouvent une cascade et l'**arche des Eaux★** (arca da Água), d'une profondeur de 7 m et d'une capacité de 5 500 m³. La terrasse au sommet de l'édifice offre une **vue★★** panoramique sur la ville.

À côté, la maison de registre, où étaient enregistrés les niveaux de l'eau qui partait vers les fontaines de la ville, sert aujourd'hui de cadre à des expositions et des concerts.

Aqueduto das Águas Livres★ (aqueduc des Eaux libres)

Tlj sf dim. 10h-18h. Fermé j. fériés et déc.-fév. 2,50€, gratuit 22 mars, 18 mai, 1ᵉʳ et 5 juin. ☎ 218 10 02 15.

Construit entre 1732 et 1748, cet aqueduc mesure plus de 58 km avec ses ramifications. 35 arches enjambent la vallée d'Alcântara, la plus grande atteignant 65 m de haut pour 29 m de large. *On peut en visiter une portion dans le quartier situé au-dessus des Amoreiras, à Campolide (calçada da Quintinha, 6).*

LAPA

Calme, chic et romantique, le quartier de Lapa, lui aussi très vallonné, avec ses nombreuses ambassades, ses vieilles résidences particulières de l'aristocratie aux façades ornées d'azulejos, ses massifs de bougainvilliers débordant des murets, compte aussi quelques luxueux hôtels.

Museu Nacional de Arte Antiga★★★

Comptez au moins 2h. Rua das Janelas Verdes, 9. Tlj sf lun. 10h-18h, mar. 14h-18h. Fermé 1ᵉʳ janv., Ven. saint, dim. de Pâques, 1ᵉʳ mai et 25 déc. 3€, gratuit dim. matin. ☎ 213 91 28 00.

Tout à fait au Sud du quartier de Lapa, dominant les docks et le Tage, le musée d'Art antique est installé dans le palais des comtes d'Alvor (17ᵉ s.), acquis par la suite par le marquis de Pombal, et dans une annexe moderne construite en 1940. Il possède une remarquable collection d'œuvres d'art provenant en partie de la confiscation des biens des couvents, au moment de la suppression des ordres religieux, en 1833. Ces collections, qui réunissent des peintures, sculptures, arts décoratifs du 12ᵉ s. au début du 19ᵉ s., sont étroitement liées à l'histoire du Portugal : artistes portugais, peintres européens ayant vécu au Portugal ou l'ayant connu, objets provenant des anciennes colonies portugaises.

La principale richesse du musée d'Art ancien est la collection de primitifs portugais avec pour pièce maîtresse le célèbre polyptyque de l'**Adoration de saint Vincent★★★**, peint entre 1460 et 1470 par Nuno Gonçalves. Les panneaux de ce polyptyque, dont on ignorait totalement l'existence, furent découverts en 1882 dans les combles du monastère São Vicente de Fora ; ils constituent un précieux document sur la société portugaise de l'époque. On y reconnaît, autour de saint Vincent, patron du Portugal, Henri le Navigateur et différents groupes sociaux : princes, prélats, chevaliers, moines, marins. L'exécution est remarquable par le flamboiement des couleurs et le réalisme des expressions. Sa facture évoque l'art de la tapisserie du 15ᵉ s.

⑫ Moines cisterciens d'Alcobaça
⑬ Pêcheurs et pilotes

L'**Annonciation**★ de Frei Carlos (1523) est un chef-d'œuvre, une remarquable illustration de la peinture luso-flamande qui s'est développée durant cette période intense d'échanges : flamande dans la façon de traiter les personnages, mais plus originale par la composition. Parmi les autres œuvres portugaises, citons le *Triptyque de Cook* de Grão Vasco et *Le Retable de Santa Ana* : provenant du couvent de Madre de Deus, ce dernier est un témoignage non signé sur l'arrivée au Portugal des reliques de sainte Auta, offertes par l'empereur Maximilien à sa cousine, la reine Dona Leonor, en 1509. Parmi les peintures des autres écoles européennes se détache la fascinante **Tentation de saint Antoine**★★★ de Jérôme Bosch, œuvre de maturité où grouillent dans un décor infernal des êtres hybrides et oniriques mêlés à des représentations de faune, de flore et de figures humaines. Citons aussi une ravissante Vierge à l'Enfant de Hans Memling, un saint Jérôme par Dürer, *La Vierge, l'Enfant et les Saints* par Hans Holbein le Vieux et les portraits des **Douze Apôtres**★ de Zurbarán.

Une salle est consacrée aux précieux **paravents japonais**★★ montrant l'arrivée des Portugais sur l'île de Tanegashima en 1543. Les Japonais appelaient les Portugais les *Nambanajin* (les Barbares du Sud) et cet art est qualifié d'art *namban*. Chaque paravent, constitué de six panneaux articulés, est un magnifique document sur la vision des Japonais fascinés par les longs nez des Portugais, leurs grosses moustaches, leurs pantalons bouffants, leurs chapeaux ronds et la peau noire de certains des marins. Les deux paravents attribués à Kano Domi illustrent le débarquement des marchandises et le cortège des Portugais apportant des cadeaux dans les rues de Nagasaki. Les deux autres attribués à Kano Naizen montrent le départ de Goa et l'arrivée au Japon ; l'auteur japonais, ignorant tout de l'Inde, y a représenté une architecture chinoise.

Le fleuron de la riche collection d'orfèvrerie et d'argenterie du musée est l'**ostensoir du monastère de Belém** (1506), attribué à Gil Vicente, qui aurait été exécuté avec l'or rapporté d'Inde par Vasco de Gama. On remarquera aussi les précieux coffrets indo-européens du 16ᵉ s., la riche collection de mobilier, de tapisseries et de tapis anciens d'Arraiolos.

Détail d'un panneau japonais namban, MNAA.

Museu Nacional de Arte Antiga – J. Pessoa/ANF-IPM

❶ Saint Vincent	❶ Saint Vincent	⓮ Fernando, 2ᵉ duc de Bragance
❷ Le roi Alphonse V	❽ Le prince Ferdinand	⓯ Fernando, son fils aîné
❸ Le prince Jean, futur Jean II	❾ Chevaliers	⓰ João, son fils cadet
❹ L'infant Henri le Navigateur	❿ L'archevêque de Lisbonne	⓱ Chevalier maure
❺ La reine Isabelle	entouré de deux chanoines	⓲ Ecclésiastique présentant l'os du crâne
❻ Isabelle d'Aragon, sa mère	⓫ Le chroniqueur	de Saint Vincent
❼ Nuno Gonçalves	Gomes Eanes de Azurara	⓳ Juif
		⓴ Mendiant devant le cercueil du Saint

Le polyptyque de l'Adoration de saint Vincent.

LES JÉSUITES AU PORTUGAL

Au moment des Grandes Découvertes, alors que se pose la question de l'évangélisation des nouveaux peuples rencontrés, le roi Jean III entend parler de quelques jeunes prêtres réunis au collège Sainte-Barbe à Paris autour d'un certain Ignace de Loyola. Ces hommes, qui veulent consacrer leur vie au prosélytisme, fondent en 1540 la Compagnie de Jésus. Certains vont avoir un rôle extrêmement important comme **François Xavier**, parti dès 1542 évangéliser au nom du Portugal les Indes et le Japon. Dans ce pays, l'influence des jésuites se manifeste surtout dans les tractations commerciales, et il y a un tel engouement pour les Portugais que les Japonais de la cour s'habillent à la mode portugaise (comme on le voit sur les paravents *nambans*). Un autre jésuite, **Manuel da Nóbrega**, fonde São Paulo au Brésil en 1554. Deux siècles plus tard, les jésuites, devenus fort puissants, inquiètent le marquis de Pombal qui n'a de cesse d'amoindrir leur pouvoir. Il interdit les missions du Brésil, supprime le droit de commercer, de prêcher et d'enseigner et, le 3 septembre 1759, obtient un décret d'expulsion pour tous les membres de la Compagnie. Après avoir été arrêtés et incarcérés, ceux-ci sont renvoyés auprès de la maison mère à Rome.

La partie récente du musée englobe la **chapelle**★ de l'ancien couvent des carmes Santo Alberto, remarquable par ses bois dorés et ses azulejos du 16ᵉ au 18ᵉ s.
Le musée dispose d'une boutique, d'une cafétéria qui s'ouvre sur les jardins et la très belle **terrasse**★★ surplombant le Tage, et d'un restaurant installé dans un agréable patio.

ALCÂNTARA

Plus à l'Ouest encore, en longeant le Tage, se tient le quartier d'Alcântara, coincé entre les docks réaménagés (*voir ci-dessus* « *le port et le Tage* ») et les échangeurs routiers au niveau du pont du 25-Avril.

Palácio das Necessidades

Calçada das Necessidades. Cet ancien palais royal du 18ᵉ s., construit pour les frères de Jean V, est aujourd'hui le siège du ministère des Affaires étrangères. L'allée de son jardin clos est orné de jacarandas séculaires.

Museu da Carris

Rua 1º de Maio, 101-103, Alcântara. Mar.-ven. 10h-17h ; sam. 10h-13h, 14h-17h. Fermé lun. et j. fériés. 2, 50€. ☎ 213 61 30 00.
Au niveau des piliers du pont du 25-Avril, sur la route qui mène à Belém, l'intéressant musée de la compagnie des transports urbains de Lisbonne fait aussi office de garage à tramways.

en s'éloignant du centre

Palácio dos Marqueses de Fronteira★★

Au Nord-Ouest. Largo São Domingos de Bemfica, 1º. De la station de métro Jardim Zoológico, marchez 15-20mn à pied par la rua das Furnas puis prenez la passerelle enjambant la voie ferrée. Visite guidée (1h) juin-sept. : tlj sf dim. à 10h30, 11h, 11h30

*et 12h ; oct.-mai : tlj sf dim. à 11h et 12h.
Fermé j. fériés. 5€ (jardin seul : 2€),
sam. : 7,50€ (jardin seul : 3€).*
☎ 217 78 20 23.

Ce palais, situé en lisière Nord du parc de Monsanto *(voir ci-dessous)*, près de Benfica, fut construit par João Mascarenhas, premier marquis de Fronteira, vers 1670. L'ancien pavillon de chasse en pleine nature, désormais cerné par l'urbanisation, est toujours habité par le 12ᵉ marquis de Fronteira. Bien que fortement influencé par la Renaissance italienne – influence surtout visible dans le dessin des jardins – c'est l'uns des plus beaux exemples d'architecture aristocratique portugaise. Il se distingue notamment par la qualité exceptionnelle et la diversité de style de ses panneaux d'**azulejos★★★** du 17ᵉ s. À l'intérieur du palais, ceux de la salle des Batailles évoquent avec une certaine naïveté les grands épisodes de la guerre de Restauration où s'illustra le premier marquis de Fronteira ; la salle

Le palácio dos Marqueses de Fronteira.

à manger est ornée de carreaux de Delft (17ᵉ s.), les premiers à avoir été importés au Portugal.

Terrasses et jardins forment un labyrinthe enchanté. Pas un pan de mur, pas un banc, pas un bassin n'est vierge : les petits carreaux de faïence vernie ont envahi chaque surface plane, même autour des murets qui se terminent en spirale de pierre et jusque dans les grottes profondes incrustées de coquillages et de porcelaines de Chine. Ces azulejos dessinent des tableaux rustiques avec la représentation des saisons et des travaux des champs, ou des scènes grandioses et solennelles comme les douze cavaliers de la galerie des Rois *(sur la terrasse en surplomb)* se reflétant dans les eaux du bassin. Astres, divinités naïves ou figures du zodiaque sont aussi représentés, ainsi qu'un surprenant bestiaire plein d'humour où des singes enseignent la musique à des chats empotés.

Parque florestal de Monsanto★

Au Nord-Ouest. Estrada do Barcal – Monte das Perdizes. Poumon vert de Lisbonne, ce parc de 1 000 ha, très boisé (pins et chênes) et accidenté, qui se visite surtout en voiture, est sillonné de routes offrant des **vues★** panoramiques sur Lisbonne, en particulier depuis le belvédère de Monsanto.

Jardim Zoológico★★

Au Nord. Mᵒ Jardim Zoológico. Pour une vision générale du zoo, prenez le téléphérique qui effectue le tour du parc (20mn environ) au-dessus des animaux. Un petit train (trajet de 15mn) passe également par les principaux endroits. Avr.-sept. : 10h-20h. 11€ (enf. : 8,30€) ; oct.-mars : 10h-18h. Lun.-ven. 9,90€ (enf. : 7,50€) ; w.-end 11€ (enf. : 8,30€). ☎ 217 23 29 00.

Ce parc est à la fois un très beau jardin et un zoo. Il est aménagé sur les 26 ha du parc das Laranjeiras, qui comprenait le palais rose des comtes de Farrobo, que l'on voit à droite de l'entrée. La partie inférieure du parc est plantée d'une belle roseraie ainsi que de fleurs de diverses origines. Là se trouvent les enclos où sont abrités près de 2 500 animaux, dont de nombreuses espèces exotiques. La grande vedette du zoo est son éléphant qui sonne une cloche avec sa trompe lorsqu'on lui donne une pièce de monnaie. Les plus rares sont un couple de pandas et un couple de rhinocéros blancs d'Afrique du Sud. Plusieurs fois par jour ont lieu des spectacles avec des perroquets, des reptiles et des dauphins. Le beau **delphinarium**, dans un bassin très coloré, ne peut être visité que durant les spectacles. Expositions temporaires pour les enfants. Site pour les pique-niques (Aldeia das Merendas) et restaurant-grill.

Museu da Música★

Au Nord. Tlj sf lun. et dim. 10h-18h. 2€. ☎ 217 71 09 90.

Situé à l'intérieur de la station de métro Alto dos Moinhos, il expose une importante collection d'instruments musicaux et de publications sur la musique du 16ᵉ au 20ᵉ s., en particulier un ensemble de clavecins baroques et un grand nombre d'instruments à cordes et à vent. Dans les locaux du musée, équipé de bornes interactives, ont lieu des concerts.

Musées du Costume★ et du Théâtre

Au Nord. Estrada do Lumiar, 12, Lumiar. Dans le vaste domaine de la **quinta de Monteiro-Mor**, que longe la estrada do Lumiar bordée de part et d'autre de belles propriétés, deux palais ont été aménagés pour abriter l'un le musée du Costume, l'autre le musée du Théâtre. Un pavillon près du musée du Costume sert de cadre à un agréable restaurant.

Museu Nacional do Traje★ – *Tlj sf lun. 10h-18h. Fermé 1er janv., Ven. saint, dim. de Pâques, 1er mai et 25 déc. 3€, gratuit dim. 10h-14h (billet combiné avec la visite du Museu Nacional do Teatro).* ☎ 217 59 03 18 ou 217 59 12 24.

L'élégant palais des marquis de Angeja accueille aujourd'hui de remarquables expositions sur le costume. Merveilleusement présentées, elles font revivre une époque, une ville, une profession...

Jardin botanique de Monteiro-Mor – *Tlj sf lun. 10h-18h (dernière entrée 3/4h av. fermeture). Fermé 1er janv., Ven. saint, dim. de Pâques, 1er mai et 25 déc. 1,20€, gratuit dim. et j. fériés 10h-14h.* ☎ 217 59 03 18.

En contrebas du palais, ce jardin séduit par la variété de ses essences, ses bassins et son côté sauvage accentué par les reliefs.

Museu Nacional do Teatro – *Tlj sf lun. 10h-18h, mar. 14h-18h. Fermé 1er janv., dim. de Pâques, 1er mai et 25 déc. 3€, gratuit dim. 10h-14h (billet combiné avec la visite du Museo Nacional do Traje).* ☎ 217 56 74 18.

Dans le palais de Monteiro-Mor, sont présentées des expositions temporaires sur des thèmes relatifs à l'art dramatique.

excursions

Palácio Nacional de Queluz★★

10 km au Nord-Ouest de Lisbonne. Accès facile en train : quatre trains par jours au départ des gares du Rossio et Oriente. Descendez à la station Queluz-Belas. Tlj sf mar. 10h-17h. Fermé 1er janv., Ven. saint, dim. de Pâques, 1er mai, 29 juin et 25 déc. 3€ (jardin seul : 1€). ☎ 214 34 38 60.

Le palais national de Queluz plonge le visiteur au cœur du 18e s. Dans ses jardins à la française ornés de bassins et de statues, sur lesquels donnent des façades rococo crépies de couleurs pastel et percées de nombreuses ouvertures, on s'attendrait à assister à l'une de ces fêtes galantes peintes par Watteau. Bien qu'inspiré par le château de Versailles, ses proportions le rendent intime.

> **ARTS & SPECTACLES**
> **Escola Portuguesa de Arte Equestre** –
> *L. Palácio National de Queluz -*☎ *214 35 89 15 - www.cavalonet.com -*
> *représentation : mai-juil., sept.-oct. : mer. 11h.* Cette école qui perpétue la grande tradition de l'art équestre portugais, avec en particulier des pur-sang de race lusitanienne, a été fondée au 18e s. par le roi Jean V.

Du pavillon de chasse au palais royal – À la fin du 16e s., le marquis de Castelo Rodrigo possédait ici un pavillon de chasse. Après la Restauration et l'accession au trône du roi Jean IV, le domaine fut confisqué et devint en 1654 la résidence des infants. Pierre (1717-1786), fils de Jean V et futur Pierre III, décida d'y construire un palais. De 1747 à 1758, l'architecte portugais Mateus Vicente, formé à l'école de Mafra, construisit la façade d'apparat ainsi que l'aile où plus tard fut installée la salle du trône. En 1758, alors que Mateus Vicente était très occupé à la reconstruction de Lisbonne détruite par le tremblement de terre, les travaux reprirent, menés par l'architecte français Jean-Baptiste Robillon, élève de Gabriel ; celui-ci modifia et aménagea la salle du trône, la salle de musique, puis construisit le pavillon Ouest qui porte son nom. Enfin, une troisième période vit l'édification du pavillon Dona Maria entre 1786 et 1792. Bien que l'ensemble soit de style rocaille, on notera les différences de style entre ces trois périodes.

Le Palais national – On parcourt une suite de salons décorés de meubles et objets rappelant que Queluz est aussi un musée des Arts décoratifs.

VICTIME DE LA RÉVOLUTION...

Ce palais, conçu pour les festivités, n'a pas connu que des réjouissances. La reine Marie Ire y vécut des jours difficiles. D'une piété proche de la superstition, elle considéra la mort, en 1786, de son oncle et époux Pierre III comme un avertissement des malheurs dont allaient être accablés sa famille et son peuple. La disparition en 1788, en moins de deux mois, de deux de ses enfants, le prince héritier Joseph, décédé à l'âge de 27 ans, et l'infante Marie-Anne, épouse d'un infant d'Espagne, ne fit que confirmer ses pressentiments. Peu après, elle perdit son confesseur, ce qui accrut la mélancolie où elle était plongée. Enfin, elle fut si troublée par les premiers événements de la Révolution française que fin 1791 elle manifesta des signes de démence. Son second fils, Jean, gouverna dès lors en son nom, prit la qualité de régent en 1799 et, lors de l'invasion du Portugal par les troupes françaises, l'emmena au Brésil où elle mourut, toujours souveraine en titre, en 1816.

La **salle du trône**★, somptueuse, évoque la galerie des Glaces de Versailles avec ses fausses portes garnies de glaces ; des cariatides soutiennent le plafond à calotte représentant des allégories, d'où pendent de magnifiques lustres en cristal de Venise. Admirez aussi les plafonds de la salle de musique et des chambres des princesses. La salle des Azulejos doit son nom aux magnifiques azulejos polychromes du 18ᵉ s. représentant des paysages de Chine et du Brésil. Dans la salle de la Garde royale, joli tapis d'Arraiolos du 18ᵉ s. La **salle des Ambassadeurs**, décorée de marbre et de glaces, possède un plafond peint où figurent un concert de musique à la cour du roi Joseph et divers motifs mythologiques. Après avoir traversé le boudoir de la Reine, de style rocaille français, on pénètre dans la salle de **Don-Quichotte** dans laquelle huit colonnes soutiennent un plafond circulaire ; des peintures illustrent des scènes de la vie du héros de Cervantès. Dans la salle des Goûters, garnie de bois doré, tableaux du 18ᵉ s. évoquant des pique-niques royaux.

Les jardins – Conçus par Robillon dans le goût de Le Nôtre, ils sont égayés de buis taillés, de cyprès, de statues et de massifs de fleurs qui s'ordonnent autour de pièces d'eau. Du bassin d'Amphitrite, la vue est agréable sur le bassin de Neptune et la façade de cérémonie refaite par Robillon dans le style de Gabriel. En contrebas, un parc, aménagé dans le goût italien, séduit par ses étangs, ses cascades, ses tonnelles de verdure, ses murs couverts de bougainvilliers. Le **Grand Canal** est bordé de murs recouverts d'azulejos du 18ᵉ s. représentant des ports fluviaux et maritimes. La rivière Jamor, qui y coule, est souvent réduite à un filet d'eau. Autrefois, la famille royale s'y promenait en barque. Admirez la façade du pavillon Robillon, précédée du magnifique **escalier des Lions**★ que prolonge une colonnade.

H. Champollion/MICHELIN

Dans les jardins du palais de Queluz.

Almada

Au Sud de Lisbonne. Sortez par ② du plan. 3,5 km à partir du péage Sud du pont du 25-Avril. À la sortie nᵉ 1 de l'autoroute, prenez à gauche en direction d'Almada.

La commune d'Almada est fréquentée par les Lisboètes pour ses nombreux restaurants en bord de quai, spécialisés dans les poissons et les fruits de mer.

Cristo Rei – *Suivez la signalisation et laissez la voiture au parc de stationnement du monument. 1€. Accès par ascenseur 9h30-18h15 (été 19h). 2€. ☎ 212 75 10 00.*

La statue géante du Christ-Roi fut érigée en 1959 pour remercier Dieu d'avoir épargné le Portugal pendant la Seconde Guerre mondiale. Du piédestal *(accès par ascenseur, plus 74 marches)* qui, à 85 m du sol (et 113 m au-dessus du Tage), supporte la statue haute de 28 m – réplique un peu réduite du Christ Rédempteur de Rio de Janeiro –, le **panorama**★★ se révèle sur l'estuaire du Tage, tous les quartiers anciens de Lisbonne et, vers le Sud, sur la plaine jusqu'à Setúbal.

Cacilhas – *Accès en ferry depuis le cais da Alfândega, à côté de la praça do Comércio. Parking pour voitures.* Du débarcadère de Cacilhas, longez les quais (cais do Gingal) sur la droite (vers l'Ouest, en aval du fleuve) sur 1 km jusqu'aux restaurants.

Un peu plus loin au pied de la falaise, l'elevador panorâmico da Boca do Vento permet d'accéder au **castelo de Almada** et à la **casa da Cerca**, une demeure du 18ᵉ s. qui abrite un centre d'art contemporain. Une belle terrasse surplombe le Tage.

Costa da Caparica

14 km au Sud-Ouest. Quittez Lisbonne par le pont du 25-Avril, puis empruntez l'IC 20 à partir de la sortie n° 1 de l'autoroute A 2. Cette station balnéaire, sur l'autre rive du Tage, est la plus proche de Lisbonne. Bénéficiant de vastes plages, moins polluées que celles de la rive Nord, Costa da Caparica est l'un des endroits les plus fréquentés par les Lisboètes le week-end. La station ne cesse de s'agrandir et de s'allonger parallèlement à l'Océan et aux dunes qui l'en protègent.

On peut encore y voir quelques barques de pêche à la proue ornée d'une étoile ou d'un œil peints et assister à la remontée des filets à laquelle se joignent les estivants. *En saison, un petit train littoral dessert, sur 11 km, les accès de l'immense plage rectiligne.*

Belvédère dos Capuchos – *3 km à l'Est de Costa da Caparica par la voie rapide, puis une route s'en détachant à droite (suivez la signalisation). Devant le couvent des Capucins (Capuchos), tournez à droite dans le chemin pavé menant au belvédère, sur la falaise.* Vue intéressante sur la station, les falaises à gauche du belvédère, l'estuaire du Tage et la côte Nord jusqu'à Cascais.

circuit

Env. 95 km AR – Prévoyez une journée. Voir la carte des plus beaux sites p. 10.

LE BORD DE MER ET SINTRA

Sortez de Lisbonne par la route Marginale (N 6, ③ du plan), en suivant le Tage, qui débouche sur l'Océan.

Estoril★

Sur la route de corniche reliant Lisbonne et Cascais. Cette station balnéaire et hivernale est favorisée par la luminosité de son ciel et la douceur de son climat (12 °C de moyenne en hiver). Naguère modeste village connu pour les vertus curatives de ses eaux thermales, rendez-vous des millionnaires et des rois en exil, Estoril est devenu une banlieue chic de Lisbonne. Plaque tournante de l'espionnage et de la diplomatie secrète pendant la Deuxième Guerre mondiale, la ville a conservé l'atmosphère cosmopolite et sophistiquée de cette époque. Le site est agréable avec ses plages de sable fin et la vue sur la baie de Cascais, son parc aux essences tropicales et exotiques, ses somptueuses villas, ses avenues bien tracées et bordées de palmiers. Des distractions (golf, le plus grand casino d'Europe), des compétitions sportives (courses automobiles, régates, concours hippiques) et des festivités (Fêtes de la mer en juillet) attirent une élégante clientèle internationale.

Cascais★

La vocation touristique de Cascais s'est décidée en 1870 lorsque, pour la première fois, la cour vint y passer l'été, entraînant à sa suite une tradition d'élégance et tout un monde d'architectes. Le palais royal (ou *cidadela*) édifié sur le promontoire qui protège la baie au Sud-Ouest est actuellement réservé au chef de l'État. Cascais est donc à la fois un port de pêche traditionnel et une station animée devenue une banlieue élégante de Lisbonne. Son centre est parcouru de rues piétonnes bordées d'agréables boutiques et de restaurants.

Museu e Biblioteca dos Condes de Castro Guimarães – *Visite guidée (1/2h à 3/4h) tlj sf lun. 10h-17h. Fermé j. fériés. 1,54€, gratuit dim.* Sur la route du bord de mer, cette ancienne demeure comtale du 19ᵉ s., à patio central, rassemble de belles collections : meubles portugais et indo-portugais, azulejos du 17ᵉ s., orfèvrerie et céramique portugaises des 18ᵉ et 19ᵉ s., bronzes, tapis, vases de Chine du 18ᵉ s., livres précieux (dont une *Crónica de D. Afonso Henriques* du 16ᵉ s.), et un curieux orgue-armoire de 1753. Dans le parc, fontaine monumentale à azulejos.

> ### CASCAIS À TRAVERS LES ÂGES
>
> Depuis la haute Antiquité, les hommes ont apprécié le site, ouvert sur une belle plage de sable et une baie harmonieuse, ainsi que la douceur d'un climat qui combine salubrité de l'air marin et fraîcheur des vents provenant de la serra de Sintra. Aux peuples préhistoriques ont ainsi succédé les Romains, les Wisigoths et les Maures. Devenu indépendant en même temps que Lisbonne, Cascais acquit dès le milieu du 14ᵉ s. le rang de ville, mais, en 1580, il fut mis à sac par les troupes du duc d'Albe, puis, en 1597, par celles d'Élisabeth Iʳᵉ d'Angleterre ; le tremblement de terre de 1755 le détruisit alors qu'il reprenait son essor. De cette époque subsistent les azulejos qui décorent l'église Nossa Senhora da Assunção.

Prenez la route côtière N 247-7. En sortant de Cascais on dépasse, à gauche, l'ancien palais royal, puis, à droite, le parc municipal.

Boca do Inferno★

Dans un virage à droite, une maison, un café et quelques pins à gauche marquent l'emplacement de ce **gouffre★** d'effondrement marin dans lequel la mer se précipite en mugissant, surtout par gros temps.

La route se poursuit en bordure de l'Océan, ménageant de beaux aperçus sur cette côte sauvage. À partir du cap Raso (fortin), où la route bifurque en direction de la serra de Sintra, le sable fait son apparition parmi les pointes rocheuses, balayées par une mer houleuse.

Praia do Guincho★

Des dunes et un fortin bordent cette immense plage exposée aux vents d'Ouest, tandis qu'à l'horizon s'allonge l'imposant promontoire du Cabo da Roca. Plage de prédilection des véliplanchistes et des surfeurs, elle accueille des épreuves du Championnat d'Europe de planche à voile. Les **vagues** peuvent s'y avérer dignes d'Hawaï ou d'Omazaki, au Japon.

Cabo da Roca★ *(voir Sintra)*

Sintra★★★ *(voir ce nom)*

Serra da **Lousã**★

Mamelons boisés, vallées cultivées et crêtes pelées, où la roche à nu prend une teinte violette, tels sont les paysages de ce massif montagneux. Groupés dans des hameaux aux maisons basses en schiste, les habitants de la région vivaient, il n'y a pas si longtemps encore, de médiocres cultures en terrasses (seigle, maïs) et de l'élevage des chèvres et des moutons.

La situation

Carte Michelin n° 733 M4 et L 5. La serra da Lousã est constituée de croupes schisteuses et de crêtes de quartz, et son point culminant atteint 1 202 m à l'Alto do Trevim. La montagne se termine au Nord en abrupt au-dessus du bassin de Lousã ; elle est séparée de la serra de Gardunha au Sud par la vallée du Zêzere, tandis qu'à l'Est, elle est dominée par le massif granitique de la serra da Estrela.

Vous pouvez poursuivre votre voyage en visitant : selon le sens de votre circuit dans la serra da Lousã, vous choisirez soit LEIRIA soit COIMBRA et CONÍMBRIGA.

circuit

DE POMBAL À COIMBRA PAR LA SERRA

124 km – environ 3h.

À Pombal (voir index), prenez l'IC 8 en direction d'Ansião.

Jusqu'à Pontão, la route serpente sur des collines calcaires piquetées de quelques oliviers, chênes, pins et eucalyptus.

Quittez l'IC 8 à Pontão et empruntez l'ancienne route de Sertã, qui passe par Figueiró dos Vinhos.

Le paysage devient plus accidenté et plus frais, le calcaire cédant la place aux marnes, exploitées dans quelques briqueteries ; le **parcours★**, d'une grande variété, suit en corniche les sinuosités de la montagne ; les vues sur les vallées cultivées ou sur les sommets pelés alternent avec les passages boisés.

Figueiró dos Vinhos

Au pied de la serra, petite ville connue pour sa vaisselle en terre cuite. L'**église**, au chœur décoré d'azulejos du 18ᵉ s. illustrant la vie de saint Jean-Baptiste, possède une belle Trinité dans la chapelle de droite.

À Figueiró dos Vinhos, prenez la N 236-1 vers le Nord, en direction de Lousã.

La route franchit la serra da Lousã. Le versant Sud, d'abord boisé de pins et d'eucalyptus, se dénude à mesure que l'altitude croît.

Castanheira de Pêra

Dans la rue principale du bourg, face à une école, curieux jardin public à ifs, buis et thuyas taillés avec une amusante fantaisie.

Après Castanheira, dans un virage à droite, un belvédère offre une **vue★** étendue, par-delà un rideau de pins, en contrebas sur la petite vallée d'un affluent du Zêzere, plus haut sur une ligne de crêtes et derrière elle la vallée du Zêzere, puis sur une deuxième ligne de crêtes précédant le bassin du Tage.

La **descente★** sur Lousã est très rapide ; la route en corniche procure de jolis coups d'œil sur la vallée de l'Arouce.

Candal

Dans ce vieux village, on voit encore de belles maisons grises faites de schiste s'étageant dans un site original. À sa sortie, remarquez à gauche, en contrebas, plusieurs bergeries.

Belvédère de Nossa Senhora da Piedade★

Très belle **vue** plongeante sur la vallée de l'Arouce, au fond de laquelle se dressent un petit château médiéval et de minuscules chapelles blanches ; en contre-haut, le village perché de **Casal Novo** est entouré de cultures en terrasses. Un peu plus loin se découvrent Lousã et la vallée du Mondego.

Lousã

Paisible village adossé à la montagne, Lousã, comme **Foz de Arouce** situé 6 km plus au Nord, possède encore, dans le quartier qui entoure l'église, un ensemble de maisons patriciennes du 18e s. (admirez le palácio dos Salazires et la Misericórdia), armoriées, dont les fenêtres sont décorées. L'usine à papier, sur les rives boisées de l'Arouce, fonctionne depuis 1716.

Après la traversée du bassin de Lousã, la route *(N 236, puis N 17 à gauche)* passant par Foz de Arouce emprunte les vallées du Ceira, puis du Mondego, et gagne **Coimbra**★★ *(voir ce nom)*.

Palácio e convento de **Mafra**★

Palais et couvent de MAFRA

Cette énorme et froide bâtisse a au moins pour mérite d'être le plus vaste palais-monastère de la péninsule Ibérique. On l'a souvent comparée au monastère de l'Escurial en Espagne du fait de ses dimensions, de sa proximité de la capitale, de son origine votive et de son rôle palatial et religieux. Seule la décoration baroque, où le marbre est omniprésent, adoucit un peu l'austérité de ce bâtiment labyrinthique. Mafra illustre surtout la mégalomanie du roi Jean V « le Magnanime », surnommé aussi le Roi-Soleil portugais ; elle montre également la profonde intrication qui existait alors (18e s.) entre le pouvoir royal et l'institution religieuse.

La situation

Carte Michelin n° 733 P 2 – District de Lisboa. À une quarantaine de kilomètres au Nord-Ouest de Lisbonne. 🛈 *Terreiro D. João V, 2640-492,* ☎ *261 81 71 70.*
Vous pouvez poursuivre votre voyage en visitant : SINTRA et alentours.

comprendre

L'accomplissement d'un vœu – En 1711, le roi Jean V, encore sans enfants après trois ans de mariage, fait le vœu de construire un monastère si Dieu lui accorde un héritier. Une fille naît, Barbara, qui deviendra plus tard reine d'Espagne.

En 1717, les travaux sont confiés à l'architecte allemand Friedrich Ludwig. Cependant, les plans et la décoration sont plutôt conçus par des artistes romains dirigés par le marquis de Fontes, ambassadeur du Portugal auprès du Saint-Siège. L'or du Brésil qui va servir à financer la construction autorise des projets grandioses. À l'origine, le monastère devait compter treize moines ; finalement, il est destiné à en recevoir 300, ainsi que toute la famille royale. Le roi fait alors appel à deux autres architectes. Ainsi apparaissent dans l'ensemble architectural de Mafra des détails d'influences germanique, italienne et portugaise.

50 000 ouvriers travaillèrent pendant treize ans à la construction de ce bâtiment gigantesque couvrant 4 ha, comprenant la basilique, le palais, le couvent, et comptant 880 pièces et 4 500 portes et fenêtres. Un roman de José Saramago, *Le Mémorial du couvent*, évoque ces travaux à la fois titanesques et inutiles, puisque la bâtisse ne servira quasiment jamais. Les matériaux provenaient du Portugal (pins de Leiria, marbre de Pero Pinheiro, chaux de Santarém), de Hollande et de Belgique (carillons), de France (objets du culte), du Brésil (bois précieux) et d'Italie (noyers, statues de Rome ou de Florence, marbre de Carrare). Un parc de 20 km de périmètre prolonge la bâtisse à l'Est.

L'école de Mafra – La présence de nombreux artistes étrangers à Mafra permet à Jean V d'y fonder une école de sculpture ; son premier directeur est l'Italien Alessandro Giusti. Parmi les professeurs figuraient José de Almeida, Jean Antoine de Padoue, qui sculpta la fois les principales statues de la cathédrale d'Évora, et surtout Joaquim **Machado de Castro** (1731-1822), qui œuvra à Lisbonne. Des ateliers de l'école, sont sorties de nombreuses statues de marbre et plusieurs retables en jaspe ou en marbre, souvent traités en bas-relief, que l'on admire dans la basilique.

visiter

Comptez 1h30.

Visite guidée (1h1/4) juil.-sept. : tlj sf mar. 9h30-18h30 ; le reste de l'année : tlj sf mar. 10h-17h. Dernière entrée 1h av. fermeture. Fermé Ven. saint, dim. de Páques, 1ᵉʳ mai, 29 juin (fête locale) et 25 déc. 3€, gratuit dim. et j. fériés 10h-14h. ☎ 261 81 75 50.

Longue de 220 m, la façade est flanquée à ses extrémités de pavillons d'angle d'allure germanique avec leurs dômes bulbeux. La basilique en occupe le centre.

Basilique★★

Construite en marbre comme les pavillons d'angle, la façade de la basilique rompt la monotonie de l'ensemble par sa blancheur et sa décoration baroque. Entre ses tours hautes de 68 m s'alignent deux rangées de colonnes. Des niches abritent, à l'étage supérieur, les statues en marbre de Carrare de saint Dominique et de saint François ; à l'étage inférieur, celles de sainte Claire et de sainte Élisabeth de Hongrie. Le péristyle est orné de six statues dont la plus remarquable est celle de saint Bruno.

L'**intérieur** de l'église frappe par l'élégance de ses proportions et la variété de son revêtement de marbre. La voûte en plein cintre s'appuie sur les pilastres cannelés qui séparent les chapelles latérales ; dans chacune d'elles se trouvent des statues et un retable de marbre blanc en bas-relief ciselé par les sculpteurs de l'école de Mafra. Les retables en jaspe et marbre des chapelles du transept, le fronton du chœur sont également des œuvres de l'école de Mafra ; remarquez celui de la chapelle collatérale de gauche, consacré à la Vierge et l'enfant Jésus. La sacristie et le lavabo sont décorés de marbres de toutes nuances.

À la croisée du transept, quatre arcs finement travaillés soutiennent une magnifique **coupole★** en marbre rose et blanc, haute de 70 m.

On notera aussi la présence de nombreuses torchères en bronze et de six beaux orgues datant de 1807.

Palais et couvent

3ᵉ porte à gauche de la basilique. On visite successivement un musée de sculpture comparée, l'infirmerie des moines, la pharmacie, la cuisine ainsi qu'un musée d'art sacré. Au deuxième étage, la suite des appartements royaux fascine par les dimensions des enfilades. Aux deux extrémités se trouvent le pavillon de la Reine et le pavillon du Roi.

Les plafonds sont peints et les pièces ont été remeublées. Le palais avait atteint l'apogée de sa splendeur au début du 19ᵉ s. sous Jean VI, mais, quand celui-ci partit au Brésil en 1807, il emporta avec lui une partie des objets et meubles qui décoraient Mafra.

On admirera la grandiose et harmonieuse **salle de la Bénédiction**, donnant sur la basilique. C'est de cette galerie, ornée de colonnes et de moulures revêtues de marbre de différentes couleurs, que la famille royale assistait à la messe. Le buste représentant Jean V est l'œuvre du maître italien Alessandro Giusti. On remarquera aussi la salle de chasse décorée de trophées, les cellules des moines et la très belle **bibliothèque★** occupant une galerie longue de 83,60 m au magnifique pavage de marbre rose, gris et blanc. Les murs sont couverts d'étagères en bois de style rocaille dans lesquelles sont classés 40 000 ouvrages reliés en cuir et datant du 14ᵉ au 19ᵉ s.

Mafra, le plus vaste palais-monastère de la péninsule Ibérique.

H. Champollion/MICHELIN

En vous promenant dans le vieux bourg, jetez un œil à l'**église de Santo André**. Construit à la fin du 13ᵉ s., l'édifice présente trois nefs en croisée d'ogives et une abside pentagonale. À l'entrée, deux beaux sépulcres gothiques de Diogo de Sousa et de sa femme. La tradition veut que Pedro Hispano, futur pape Jean XXI (13ᵉ s.), fût ici curé. *Visite sur demande préalable auprès de la Casa da Cultura, ☎ 261 81 44 16.*

alentours

Parc national de Mafra (Tapada Nacional de Mafra)

Entrée du parc (portão do codeçal) à 6 km au Nord de Mafra, sur la N 9-2. Visite guidée tlj à 10h et 14h. Prix variables selon le mode de transport : parcours pédestre (4€), VTT (8€), photo-orientation (4 ou 4,5€), randonnée équestre (☎ 261 81 90 41/2), train touristique (6€ en semaine avec réservation ; w.-end 8,5€). ☎ 261 81 70 50.
Cette ancienne réserve de chasse, créée en 1747 par Jean V, a été transformée en **parc animalier** de plus de 800 ha, dans lequel on peut observer à loisir un grand nombre d'espèces : daims, cerfs, sangliers, renards, blaireaux, oiseaux de proies, amphibiens et reptiles. Également un musée des transports par traction animale et un musée des ajoncs.

Ericeira★

11 km à l'Ouest par la N 116. Perché sur une falaise face à l'Atlantique, ce village devenu station balnéaire très fréquentée, a conservé son quartier ancien autour de l'église, son dédale de ruelles et son pittoresque port de pêche. De là, le 5 octobre 1910, le roi Manuel II s'embarqua pour l'exil, alors que la république était proclamée à Lisbonne.
Port – Au pied de la falaise cuirassée d'un revêtement de maçonnerie dont le sommet forme le parapet des rues en corniche, une plage abritée, protégée en outre par une jetée au Nord, fait office de port. De la place (largo das Ribas) qui la domine, les badauds observent la mise au sec des bateaux de pêche et le déchargement des poissons et des poulpes.
Quartier de l'église – De vieilles ruelles pavées, aux charmantes maisons basses et blanches avec leurs arêtes soulignées de bleu, entourent l'**église paroissiale** (Igreja Matriz) dont l'intérieur séduit par son plafond à caissons et des azulejos à bordure polychrome.

Marvão★★

Village médiéval fortifié surveillant naguère l'Espagne toute proche, Marvão est un véritable nid d'aigle perché au faîte d'une haute muraille de granit. Parfaitement intégrés dans le paysage, ses imposants remparts se confondent avec la crête du piton rocheux. Idéal pour prendre de la hauteur, ce village calme aux maisons blanches et étincelantes offre, notamment à l'aube ou au crépuscule, des panoramas exceptionnels sur la plaine ou la serra de São Mamede.

La situation

4035 habitants (dont 185 dans le village perché). Carte Michelin nᵒ 733 N 7 – District de Portalegre – Schéma : Serra de São Mamede (voir Portalegre). Au Nord de l'Alentejo, sur l'un des sommets (865 m) de la serra de São Mamede, Marvão est situé à proximité de la frontière espagnole. ⏹ *Largo de Sta. Maria, 7330-101, ☎ 245 99 38 86 ; R. Dr. António Matos Magalhães, 7330-101, ☎ 245 99 35 26.*
Vous pouvez poursuivre votre voyage en visitant : CASTELO DE VIDE, la serra de São Mamede (PORTALEGRE).

comprendre

Forteresse d'apparence inexpugnable, Marvão offre un exemple spectaculaire d'architecture militaire défensive, dont les murailles datent du 13ᵉ s. et les contreforts du 17ᵉ s. La position stratégique de la cité lui valut notamment d'être l'enjeu de combats entre libéraux et absolutistes, lorsqu'en 1833 l'Alentejo devint le théâtre de la guerre civile. Les libéraux s'en emparèrent par surprise en décembre et repoussèrent une attaque des troupes de Dom Miguel le mois suivant.
Classé monument national, le village perché, qui ne compte plus que 185 habitants permanents, est candidat à l'inscription sur la liste du patrimoine mondial de l'Unesco.

Le village de Marvão, perché au sommet de sa muraille de granit.

F. Fouché/MICHELIN

se promener

En été, la visite (comptez 2h) est préférable en fin de journée, quand la chaleur est moins accablante. Parking avant l'enceinte.

La route d'accès, qui contourne le piton par le Nord, permet d'apprécier la valeur défensive de ce **site★★** remarquable. Après avoir longé les remparts et jeté un coup d'œil au portail gothique du couvent de Nossa Senhora da Estrela, l'entrée s'effectue par la double porte du Nord-Ouest (porta de Ródão) que flanquent des courtines, des échauguettes et des mâchicoulis.

Une étroite ruelle fleurie mène à une place avec un pilori où l'on peut se garer (peu de places en été).

La place forte est sillonnée de petites rues avec passages sous voûtes et maisons blanches à balcons fleuris, grilles en fer forgé et fenêtres manuélines. Plusieurs chapelles s'ouvrent par un portail Renaissance.

Dans la rua do Espírito Santo qui mène au château, remarquez deux magnifiques **balustrades★** en fer forgé du 17ᵉ s.

Église Santa Maria

9h-12h30, 14h-17h30. 1€. Au pied du château et en face de l'office de tourisme (câmara municipal), cette église du 13ᵉ s. abrite le **Musée municipal** (pierres mégalithiques, stèles romaines, reproductions de cartes anciennes de Marvão, collections ethnologiques).

En contrebas se trouve un agréable jardin (buis et fleurs) et sa fontaine rafraichissante.

Château★

Édifié par le roi Dinis à la fin du 13ᵉ s. à l'extrémité Ouest de l'éperon rocheux, il a subi quelques modifications au 17ᵉ s. Il se compose d'une série d'enceintes que domine un donjon carré.

On franchit une première porte fortifiée ; juste après, à droite, à l'entrée de la **citerne★**, généralement envahie de moustiques, s'élève un escalier dont les 10 arcs se reflètent dans l'eau.

Une seconde porte fortifiée s'ouvre sur la première cour du château : suivez le chemin de ronde d'où s'offrent de belles **vues★** sur le village tout blanc qui s'étend au pied du château.

Dans la seconde cour, où se trouve le donjon, prenez à droite les escaliers qui mènent au chemin de ronde ; suivez-le jusqu'au donjon. Du haut de celui-ci se découvrent des **vues★★** plongeantes impressionnantes sur les diverses enceintes et surtout sur les tours crénelées et les échauguettes construites sur le rebord en à-pic ; un **panorama★★** embrasse à l'Est les sierras espagnoles déchiquetées, au Nord la région de Castelo Branco et la serra da Estrela et au Sud-Ouest, la serra de São Mamede.

Miranda do Douro★

Dans une région austère aux confins du Portugal, sur un éperon qui domine en à-pic la vallée du Douro, Miranda est une vieille bourgade où l'on parle encore un idiome particulier, le « mirandês », qui s'apparente au bas latin. Même le tourisme ne semble pouvoir rompre son isolement. La ville vit surtout de ses commerces (textiles, chaussures, bijouterie) destinés aux voisins espagnols, qui traversent la frontière du Douro pour y faire leurs achats.

La situation

8 085 habitants. Carte Michelin n° 733 H 11 – District de Bragança. À l'extrême Nord-Est du Portugal, séparé de l'Espagne par le rio Douro. ❸ *Largo do Menino Jesus da Cartolinha, 5210-225,* ☎ *273 43 11 32.*

Vous pouvez poursuivre votre voyage en visitant : la vallée du DOURO, le Parque Arqueológico do VALE DO CÓA, les places fortes de l'Est et la serra da Marofa (GUARDA).

carnet pratique

visiter

Sé (cathédrale)

Tlj sf lun. 9h30-12h30, 14h30-17h30. Fermé 1ᵉʳ janv., Ven. saint, dim. de Pâques, 1ᵉʳ mai et 25 déc. Cette cathédrale du 16ᵉ s., bâtie selon les plans de Gonçalo de Torralva et les indications de Miguel de Arruda *(voir index)*, présente une austère façade en granit flanquée de deux tours quadrangulaires.

L'intérieur, de type halle, aux voûtes nervurées, abrite une série de **retables★** en bois doré : celui du chœur, œuvre des Espagnols Gregório Hernandez et Francisco Velázquez, représente l'Assomption autour de laquelle s'ordonnent des scènes de la vie de la Vierge ainsi que des évangélistes et des évêques ; l'ensemble est couronné par un calvaire ; de chaque côté du chœur, des stalles en bois doré du 17ᵉ s. sont décorées de jolis paysages peints.

Dans le bras droit du transept, remarquez dans une vitrine l'amusante statuette de l'enfant Jésus, coiffé d'un haut-de-forme. Il est l'objet de toutes les attentions de la part des habitants de Miranda qui lui ont fait don d'une importante garde-robe. Sa fête a lieu le jour des Rois. Quatre enfants le transportent pendant la procession.

De la terrasse de la cathédrale, belle **vue** plongeante sur le Douro, en contrebas. Derrière la cathédrale s'élèvent les ruines du cloître du palais épiscopal.

Museu regional da Terra de Miranda★

Été : tlj sf lun. 9h30-12h30, 14h-18h, mar. 14h-18h ; le reste de l'année : tlj sf lun. 9h-12h30, 14h-17h30, mar. 14h-17h30. Fermé Ven. saint, dim. de Pâques, 1ᵉʳ mai et 25 déc. 1,25€, gratuit dim. et j. fériés.

LA DANSE DES PAULITEIROS

Dans la région, les jours de fête et, en particulier, lors de la fête de Santa Barbara, le 3ᵉ dimanche d'août, les hommes se réunissent pour la danse des Pauliteiros. Revêtus d'un jupon de flanelle blanc, d'une veste noire aux broderies multicolores et d'un chapeau noir à ruban écarlate abondamment fleuri, ils exécutent des mouvements scandés, en frappant des baguettes *(paulitos)* les unes contre les autres. Cette danse, évoquant le croisement des épées, serait d'origine guerrière.

Situé dans le centre historique de la ville et occupant le bâtiment de l'ancien hôtel de ville du 17ᵉ s., cet intéressant musée ethnographique expose une collection variée de métiers à tisser, des pièces archéologiques (outils des âges de la pierre, du bronze et du fer, *berrão* – sanglier en pierre – celte, stèles romaines), des jouets anciens, des costumes régionaux, une chambre à coucher traditionnelle, une cuisine de Miranda, des armes, des outils agricoles, des céramiques et des costumes des fêtes rituelles du solstice d'hiver. À cette occasion, ceux qui les portent, cachés derrière des masques aux expressions effrayantes, peuvent faire tout ce qui leur est interdit le reste de l'année. L'origine de ces rites, liés aux pratiques initiatiques et de fertilité, se perd dans la nuit des temps.

circuit

136 km – Comptez une demi-journée à une journée.

LE HAUT-DOURO★
Le Haut-Douro constitue une des parties les plus reculées et sauvages du pays. La région, très peu peuplée, conserve des espèces animales rares, notamment la cigogne noire et divers rapaces (aigle royal, aigle de Bonelli, vautour fauve). Le fleuve Douro se confond avec la zone frontière espagnole : les deux pays comptent ici 115 km de frontière fluviale.
L'essentiel du circuit s'effectue par la N 221. Très peu fréquentée, elle traverse un plateau fertile et verdoyant au printemps, sec en été, et longe une partie des gorges du Douro.

Barrage de Miranda do Douro★
À 3 km de Miranda par une petite route (N 221) à l'Est. C'est le premier des cinq barrages (Miranda, Picote, Bemposta, Aldeadávila, Saucelle) qui se présente à l'entrée du cours international du Douro. Érigé en 1956-1961 dans un défilé rocheux, c'est un barrage de type contrefort, haut de 80 m et long de 263 m à la crête, qui abrite une usine électrique souterraine.
La croisière en bateau en amont du barrage, dans les gorges abruptes du Douro, permet notamment d'observer les rapaces *(voir carnet pratique)*.
Revenez sur Miranda do Douro, prenez la route de Mogadouro (N 221) sur 27 km, puis à gauche, après Fonte da Aldeia, la N 221-6.

Barrage de Picote★
Après avoir traversé Picote, village créé pour le personnel affecté à la construction du barrage, on laisse à droite une route menant à un belvédère. Inauguré en 1958, le barrage, prenant appui sur les versants granitiques du Douro, haut de 100 m et long de 139 m à la crête, est du type voûte.
Rejoignez la N 221 pour la suivre sur 29 km jusqu'à Mogadouro.

Mogadouro
Petite ville assoupie à 920 m d'altitude, Mogadouro n'a gardé que peu de vestiges : quelques ruines et la tour d'un château du 13ᵉ s. fondé par le roi Dinis et donné aux Templiers en 1297.
L'igreja Matriz du 16ᵉ s. et sa tour du 17ᵉ s. abritent des retables dorés du 18ᵉ s. Mogadouro est réputé pour son artisanat textile (cuir, soie, lin, laine). La région de Miranda et de la serra de Mogadouro produit en outre une succulente viande de veau.
Roulez ensuite tranquillement, toujours sur la N 221, pendant 46,5 km.
La route, paisible et souvent déserte, offre de beaux panoramas, et traverse des paysages de plus en plus sauvages à la végétation spontanée et agreste (pins, genêts, blocs érratiques).

Freixo de Espada-à-Cinta
Devant un horizon de montagnes, cette bourgade, bâtie en schiste et en granit, est tapie dans un bassin fertile (vignes, oliviers et orangers). C'est la ville natale du poète satirique et régionaliste **Guerra Junqueiro** (1850-1923).
Église paroissiale★ – Édifiée à la fin du gothique, cette église-halle s'ouvre par un joli portail gothique agrémenté de motifs manuélins *(illustration dans l'ABC d'architecture)*.
L'intérieur, qui contient une belle chaire en fer forgé, est couvert d'une voûte en réseau ; le **chœur★**, dont la voûte est ornée de clefs pendantes blasonnées, abrite un autel en bois doré avec colonnes torses et baldaquin ; les murs sont entièrement revêtus de caissons peints (16ᵉ s.).
Pilori – De style manuélin, il est surmonté d'une tête humaine.
La N 221 se rapproche maintenant progressivement du lit du Douro jusqu'à le longer sur une quinzaine de kilomètres dans des gorges, face à la frontière espagnole.
Après avoir franchi le fleuve, on arrive à **Barca de Alva**, où la floraison des amandiers constitue ici, entre la fin février et la mi-mai, un spectacle étonnant. Départ possible pour une croisière sur les moyenne et basse vallées du Douro *(voir vallée du DOURO)*.
Vous pouvez rejoindre Figueira de Castelo Rodrigo, situé 20 km plus loin (voir la serra da Marofa aux environs de GUARDA).

Mirandela

Fondée par le roi Alphonse II, mais d'origine romaine, Mirandela s'inscrit dans un joli site : adossée à sa colline, elle domine le fleuve Tua que franchit un long pont romain de 230 m reconstruit au 16e s. et soutenu par 20 arches asymétriques. Ville blanche et paisible, très fleurie et dotée de nombreux espaces verts, elle vous offrira une halte agréable.

La situation

25 809 habitants. Carte Michelin n° 733 H 8 – District de Bragança. Au cœur de la région du Trás-os-Montes, à mi-chemin entre Vila Real et Bragança.

🚩 *Praça do Mercado, 5370-287, ☎ 278 20 02 72.*

Vous pouvez poursuivre votre voyage en visitant : BRAGANÇA.

carnet pratique

VISITE

Train touristique – Départ sur le pont romain (ponte românica). Visite de la ville. 2€.

Location de barques – Embarcadère à l'Ouest du pont romain.

CALENDRIER

Feira de São Tiago – Foire de saint Jacques (25 juil.)

Festa de Senhora do Amparo – Fête de Sainte-Marie-Auxiliatrice : une dizaine de jours, fin juil.-début août.

visiter

Palácio dos Távoras

Au sommet de la colline, la mairie occupe un beau palais du 18e s. dont la façade en granit est composée de trois corps. Le plus élevé, au centre, présente des frontons incurvés surmontés de pinacles.

Au centre de la place se trouve la statue du pape Jean-Paul II et, à côté, l'église paroissiale, édifice massif construit récemment.

Museu Municipal Armindo Teixeira Lopes★

Tlj sf dim. 10h-12h30, 14h-18h, sam. 14h30-18h. Fermé j. fériés. Gratuit.

Installé dans le centre culturel municipal, cet intéressant musée d'arts plastiques, fruit des donations des enfants d'Armindo Teixeira Lopes, expose plus de 400 œuvres de 200 artistes, portugais pour la plupart, du début du 20e s. à nos jours. Citons entre autres : Vieira da Silva, Tàpies, Cargaleiro, Nadir Afonso, Graça Morais, José Guimarães, Júlio Pomar, Teixeira Lopes...

Le musée organise également des expositions temporaires d'artistes contemporains.

alentours

Romeu

12 km au Nord-Est. Au cœur du Trás-os-Montes, dans un paysage de vallons boisés de chênes-lièges et de châtaigniers, Romeu forme avec **Vila Verdinho** et **Vale de Couço** un ensemble de coquets villages fleuris qui ont bénéficié d'une restauration soignée dans les années 1960.

Museu das Curiosidades – *Avr-sept. : tlj sf lun. 12h-18h ; le reste de l'année : tlj sf lun. 12h-16h. Fermé 1er dim. de sept. et 25 déc. 1,25€.* Collections personnelles de Manuel Meneres, bienfaiteur des trois villages. Dans une salle sont rassemblés des modèles primitifs de machines à écrire, à coudre, stéréoscopes, phénakistiscopes – l'ancêtre du cinéma ; dans une autre, le moindre objet (chaise, poupée, pendule) engendre, une fois son mécanisme remonté, une agréable musique.

Au rez-de-chaussée, on verra en particulier un vélocipède et des automobiles anciennes dont une belle Ford de 1909.

Monsaraz★★

Monsaraz figure, avec Marvão, parmi les sites les plus remarquables du Portugal. Aux confins de l'Espagne et du Portugal, ce village blanc fortifié se blottit au sommet d'un piton rocheux, remarquable belvédère sur la vallée du Guadiana. Amateur de solitude, les nuits de Monsaraz vous combleront car le seul bruit perceptible à des kilomètres à la ronde sera celui de vos pas battant le pavé inégal. De plus, vous pourrez assister au coucher et au lever du soleil sur la campagne environnante, un spectacle d'une rare beauté.

La situation

1 182 habitants. Carte Michelin n° 733 Q 7 – District d'Évora. Monsaraz se trouve à quelques kilomètres du fleuve Guadiana, qui fait office à cet endroit de frontière entre le Portugal et l'Espagne. ❿ *Largo D. Nuno Álvares Pereira, 5, 7200-299,* ☎ *266 55 71 36.*

Vous pouvez poursuivre votre voyage en visitant : ÉVORA.

carnet pratique

HÉBERGEMENT

⊖ **Casa Paroquial** – *R. Direita, 4 -*☎ *266 55 71 81 -* 🗆 *- 5 ch. 30/55€* 🗆. Voici la plus belle maison d'hôte du village. Datant du 17ᵉ s. et gérée par la paroisse, elle ressemble à un monument historique parcouru de fresques, d'immenses cheminées et de magnifiques salles de bain en schiste. C'est un lieu à part, tenu par des gens que n'anime pas le souci de rentabilité. Réservez donc la suite avec terrasse privative et vue imprenable sur la vallée.

⊖ **Hospedaria Casa Modesta** – *R. Direita, 5 -* ☎ *266 55 73 18 - casamodesta @inoxnet.com - 3 ch. 40/50€* 🗆. Vous apprécierez dans cette maison d'hôte le charme de sa terrasse commune postée sur le toit, sa magnifique vue sur la vallée et sur S. Tiago ou encore le petit déjeuner servi dans le café de la maison ouvert sur la petite place de l'église. Trois chambres dont une au rez-de-chaussée, facile d'accès pour les personnes âgées ou handicapées. Le mobilier régional peint apporte une touche de gaîté.

⊖ **Pensão D. Antónia** – *R. Direita, 15 -* ☎ *266 55 71 42 - felipeferro@iol.pt -* 🗆 🔲 *- 7 ch. 40/50€* 🗆. Cette maison d'hôte frise la dimension d'un hôtel grâce à ses sept chambres et au savoir-faire de son propriétaire. Ancien chef dans les *pousadas* et apiculteur à ses heures, il mettra tout son cœur à vous rendre le séjour délicieux avec notamment son fameux gâteau maison au miel. Suite avec terrasse et vue panoramique. Patio ombragé.

⊖ **Monte Saraz** – *Horta dos Revoredos-Barrada -* ☎ *266 55 73 85 -monte.saraz @mail.telepac.pt -* 🔲 *- 6 ch. 48/76€* 🗆. En chemin vers Monsaraz, n'hésitez pas à vous arrêter dans ce havre de paix de l'Alentejo pastoral. Plantée au milieu d'un décor d'oliviers et de moutons, cette ferme traditionnelle a été transformée avec beaucoup de goût en maison d'hôte, nantie qui plus est d'une magnifique piscine intégrée à l'architecture de pierres apparentes. Chambres avec ou sans service hôtelier. Un lieu unique pour se ressourcer.

⊖ **Casa do Embaixador** – *Largo D. Nuno Álvares Pereira, 2 -* ☎ *266 55 74 32 -* 🗆 *- 3 ch. 50€* 🗆. Cette maison d'hôte cultive le charme d'une demeure cossue avec son mobilier richement travaillé, ses plafonds aux poutres apparentes ou au traditionnel appareil de roseaux, ses salles de bains tapissées d'azulejos anciens et son élégante salle à manger. À retenir : la suite avec terrasse privative et vue panoramique sur la vallée.

⊖⊖ **Estalagem de Monsaraz** – *Largo S. Bartolomeu, 5 -* ☎ *266 55 71 12 - estmonsaraz@hotmail.com -* 🔲 🔲 ♿ *- 11 ch. 66/84,80€* 🗆. Vous vous sentirez chez vous dans cet établissement au style rustico-régional situé au pied des murailles. Les installations sont de qualité et l'atmosphère des chambres comme des parties communes joue sur la convivialité.

RESTAURATION

⊖ **Santiago** – *R. de Santiago, 3 -*☎ *266 55 71 88 - fermé déc.-fév. et lun. -* 🗆 *- 14/21€.* Une charmante terrasse dallée d'ardoises sous des canisses couverts d'une bâche rayée, un figuier, le calme total et une vue qui embrasse toute la vallée : voici un cadre sans prétention mais idyllique. On tutoie le ciel en goûtant une sensation d'immensité et des plats rustiques tels que la soupe alentejana (pain, œuf, bouillon) et de nombreux plats de viande accompagnés de vin local.

ACHATS

Fábrica Alentejana de Lanifícios – *R. do Celeiro -* ☎ *266 55 71 59.* Qualité et identité régionale vont de pair dans cette boutique d'artisanat local que dirige Mizette Nielsen. Passionnée par le tissage de la laine, celle-ci perpétue la tradition en réalisant de superbes couvertures, des plaids et des châles au camaïeu sobre et naturel.

Francis & Toula – *R. Direita -*☎ *351 26 65 49 - d.toulam@mail.pt - été : ouv. tlj ; hiver : ap.-midi et w.-end.* Entre les céramiques modernes et colorées réalisées par un couple franco-grec passionné de terre cuite et des produits locaux tels que la confiture bio, c'est tout l'art de vivre et la tradition de l'Alentejo qui se dévoilera à vous dans cette boutique pimpante aux murs bleu lavande.

Rien ne semble pouvoir troubler le calme de Monsaraz.

P. de Franqueville/MICHELIN

se promener

Laissez la voiture devant la porte principale.

Rua Direita★

Lorsque Monsaraz perdit son rôle de refuge, il fut délaissé au profit de Reguengos de Monsaraz et a ainsi pu préserver sa physionomie intacte. La rue principale du village a donc conservé tout le charme de ses vieilles maisons (16ᵉ et 17ᵉ s.) blanchies à la chaux, aux façades flanquées d'escaliers extérieurs et de balcons aux grilles en fer forgé.

Praça Velha

Située au milieu de la rua Direita, cette place regroupe à elle seule la plupart des monuments de Monsaraz. Dotée d'un **pilori** (18ᵉ s.) en son centre, elle est encadrée par l'ancien tribunal, l'église et l'**hôpital da Misericórdia** (16ᵉ s).

Ancien tribunal – *Été : 9h-19h ; le reste de l'année : 10h-18h. 1€.* Cet édifice, qui se distingue par les ogives de sa porte et de ses fenêtres, abrite un petit **musée d'art sacré** (vêtements sacerdotaux, peintures et objets sacrés). À l'intérieur, une intéressante fresque murale du 14ᵉ s. représente la Justice probe et la Justice malhonnête (au double visage) et, au-dessus, un Christ en majesté, les bras levés.

Église paroissiale – Elle abrite le tombeau en marbre (14ᵉ s.) de Tomás Martins, sur lequel sont sculptés les personnages d'un cortège funèbre : moines et chevaliers précédés d'un prêtre ; au pied, se déroule une scène de chasse au faucon.

Château

Au bout de la rua Direita. Réédifié par le roi Denis au 13ᵉ s., il reçut une seconde enceinte au 17ᵉ s., garnie de puissants bastions. Du chemin de ronde, le **panorama** est magnifique sur les paysages de l'Alentejo plantés d'oliviers et de chênes-lièges. Les gradins disposés autour de l'ancienne cour accueillent occasionnellement des *touradas.*

Nazaré★

Nazaré bénéficie d'un site exceptionnel : une belle plage de sable dessinant une courbe langoureuse, dominée sur sa droite par une falaise abrupte du haut de laquelle la plage s'offre en une longue perspective. Exceptionnel aussi le monde qui afflue dans cette station balnéaire. Dès l'arrivée aux abords de la ville, de plus en plus étendue, les loueurs de chambres risquent de se précipiter sur vous. La pêche traditionnelle qu'on pratiquait ici subsiste mollement, surtout à titre de folklore pour touristes. Quoi qu'il en soit, Nazaré mérite une visite, de préférence en évitant la haute saison et les week-ends.

Nazaré

La situation

*14 324 habitants. Carte Michelin n° 733
N 2 – District de Leiria. Sur la côte d'Estremadura. À 100 km au Nord de Lisbonne par l'A 8.* 🅱 *Av. da República, 2450-
101, ☎ 262 56 11 94.*
*Vous pouvez poursuivre votre voyage en vi-
sitant : les monastères d'ALCOBAÇA et de
BATALHA, le village fortifié d'ÓBIDOS.*

INTERNET

Centro cultural – *Biblioteca municipal -
av.Manuel Remigio -* ☎ *262 56 19 44.*
Gratuit.

CALENDRIER

Romaria da Nossa Senhora – 8 sept. et le
w.-end suivant : pèlerinage, *touradas* et
spectacle folklorique.

comprendre

Un nom biblique – Le nom de Nazaré (Nazareth) s'explique par la découverte
sur le Sítio en 1179 d'une statue de la Vierge, originaire de Palestine. Une légende
veut qu'elle ait été rapportée d'un couvent espagnol par le roi wisigoth Rodrigue.
Vaincu à la bataille de Guadalete qui marqua le début de l'invasion musulmane
en Espagne, celui-ci aurait fini ses jours en ermite au Portugal.

La ville des pêcheurs – Nazaré était fort célèbre pour les costumes et les traditions de ses pêcheurs. Ceux-ci, vêtus d'une chemise et d'un pantalon à carreaux,
coiffés d'un long bonnet de laine tombant sur l'épaule, remontaient leurs barques
sur la plage à l'aide de rondins *(voir praia de Mira – circuit à partir de Coimbra)* sous
l'œil attentif de leurs épouses tout de noir vêtues mais laissant apercevoir les
ourlets des sept jupons superposés de couleurs différentes.

Aujourd'hui, on ne rencontre plus guère ces costumes et les bateaux de pêche
sont bien à l'abri dans le nouveau port construit en 1983.

se promener

La ville se compose de trois quartiers distincts : a Praia, le plus important, qui
borde la plage, o Sítio, construit au sommet de la falaise, et Pederneira, sur une
autre hauteur.

A PRAIA (LA PLAGE)

La ville basse au tracé géométrique borde la longue plage de sable fin. De nombreux hôtels, restaurants et magasins de souvenirs s'y concentrent, ainsi que
quelques bons restaurants de poisson.

Le quartier des pêcheurs (bairro dos Pescadores) – Il s'étend entre la praça
Manuel de Arriaga et l'avenida Vieira Guimarães. De chaque côté de ses ruelles,
perpendiculaires au rivage, se juxtaposent de petites maisons blanchies à la chaux.
Un marché s'y déroule tous les vendredis.

Le port – Situé au Sud de la plage, il accueille les bateaux de pêche. Une partie
des poissons (sole, merlan, loup, poisson-épée, colin, raie, maquereau et surtout
sardine) est vendue au marché. Les pêcheurs font sécher sur des claies les poissons destinés à leur propre consommation.

O SÍTIO (LE SITE)

*Accès en voiture ou à pied par un escalier, mais le funiculaire, très pratique, offre aussi
de belles perspectives sur la ville basse et l'Océan (voir sur plan). Fonctionne tlj de 7h
à minuit (jusqu'à 2h du matin en été). 0,65€.*

La plage de Nazaré vue du sommet de la falaise.

J. Malburet/MICHELIN

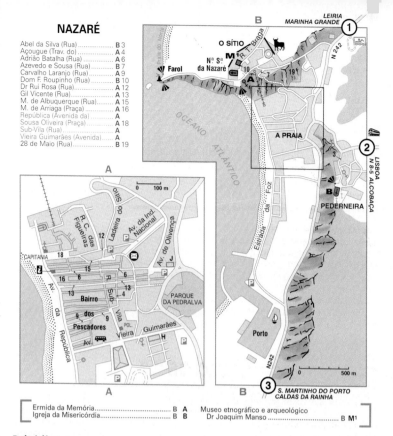

NAZARÉ

Belvédère

Aménagé sur le rebord de la falaise, 110 m au-dessus de la mer, il offre une belle **vue★** sur la ville basse et la plage.

Ermida da Memória

Avr.-sept. : 9h-19h ; oct.-mars : 9h-18h. Minuscule édifice situé près du belvédère, la chapelle commémore le miracle qui sauva la vie du seigneur Fuas Roupinho. Un matin brumeux de septembre 1182, celui-ci poursuivait à cheval un cerf qui culbuta soudain dans le vide, du haut de la falaise. Alors que le cheval entraîné par son élan allait faire de même, Dom Fuas Roupinho implora Notre-Dame-de-Nazareth, et l'animal fit volte-face, sauvant ainsi son cavalier.

La façade, la toiture et l'intérieur à deux étages de la chapelle sont revêtus d'azulejos : ceux de la façade, côté mer, évoquent le saut du cheval, ceux de la crypte, le miracle de l'intervention mariale. Dans l'escalier menant à la crypte, une niche préserve l'empreinte qu'aurait laissée le cheval sur la paroi rocheuse.

Église Nossa Senhora da Nazaré

Sur la grand-place où se déroule en septembre la fête annuelle dédiée à sa patronne, cette imposante église de la fin du 17ᵉ s. présente une façade à avant-corps formant galerie et un porche baroque s'ouvrant au sommet d'un perron semi-circulaire.

L'intérieur est décoré d'une profusion d'azulejos ; ceux du transept représentent des scènes bibliques (Jonas, Joseph vendu par ses frères).

Museu Etnográfico e Arqueológico Dr. Joaquim Manso

Rua Dom Fuas Roupinho. Avril-oct : mar.-dim. 11h-19h ; nov-mars : mar.-dim. 10h-13h, 14h30-18h. Fermé lun., 1ᵉʳ janv., dim. Pâques, 1ᵉʳ mai, 25 déc. 2€, gratuit dim. et j. fériés. ☎ 262 562 801/2. Un peu en retrait derrière l'église, ce petit musée régional, sans prétention mais intéressant, traite essentiellement de l'histoire et de l'ethnographie maritimes de Nazaré : embarcations traditionnelles (dans le jardin) et maquettes de bateaux, photographies anciennes et peintures, costumes traditionnels, arts et techniques de la pêche traditionnelle (dans la salle annexe), bibliothèque spécialisée.

Le phare (farol)

800 m à l'Ouest de l'église. Le phare est bâti sur un fortin occupant le promontoire extrême d'une falaise. Derrière, en contrebas, un sentier coupé de marches avec parapet et un escalier de fer *(34 marches ; attention au vertige)* conduisent *(1/4h AR)* face à un magnifique **site marin**★★ : un chaos de rocs déchiquetés entre lesquels la mer tourbillonne ; sur la droite, on aperçoit la plage Nord (praia do Norte) où les vagues déferlent en puissants rouleaux. *Contournez le promontoire sur quelques mètres, vers la gauche :* beau coup d'œil sur les parois tailladées de la falaise du Sítio et sur la baie de Nazaré.

PEDERNEIRA
Situé sur une falaise à l'Est de A Praia, c'est le berceau de Nazaré.

Église da Misericórdia
Au bout de la rue principale (rua Abel da Silva), cette église du 16e s. à voûte en bois abrite une curieuse colonnade attenante au mur droit. Du parvis de l'église, intéressant **belvédère**★ sur la ville et le Sítio.

alentours

São Martinho do Porto
13 km au Sud. Quittez Nazaré par ③ du plan, N 242.
Cette station balnéaire est située au Nord d'un lac d'eau de mer qui communique avec l'Océan par un goulet percé entre de hautes falaises. Sa situation abritée en fait l'une des seules plages sûres pour les enfants, et on peut y pratiquer de nombreux sports nautiques.
Suivez la direction O Facho.
Un belvédère offre une **vue**★ intéressante sur la barre et une partie de l'anse.

Óbidos★★

Dominant un vaste paysage de vallons verdoyants et de hauteurs piquetées de moulins à vent, Óbidos a su conserver à travers les siècles son cachet et son charme de ville médiévale, malgré l'afflux de touristes. La cité fortifiée est à l'abri de son enceinte flanquée de petites tours rondes et de massifs bastions carrés. Elle surveillait autrefois le littoral Atlantique ; le comblement d'un ancien golfe marin, dont subsiste la jolie lagune d'Óbidos, l'a isolée du rivage dont elle se trouve aujourd'hui éloignée de 17 km. Le tour des remparts à pied constitue une promenade très agréable, qui offre de belles perspectives sur l'ensemble de cette cité compacte et bien restaurée.

La situation
10 809 habitants. Carte Michelin n° 940 N 2 – District de Leiria. Au centre de la province d'Estremadura, à une centaine de kilomètres au Nord de Lisbonne et à 6 km au Sud de Caldas da Rainha. **🛈** *R. Direita, 45, 2510-060,* ☏ *262 95 50 60/92 31.*
Vous pouvez poursuivre votre voyage en visitant : ALCOBAÇA, CALDAS DA RAINHA, NAZARÉ, PENICHE et l'île de Berlenga.

comprendre

L'apanage des reines – Sitôt repris aux Maures en 1148 par Alphonse Henriques, Óbidos connut la fièvre de la reconstruction. Ses murailles consolidées, ses tours rebâties, ses ravissantes maisons blanches remises en état, la cité présentait déjà sa physionomie attrayante lorsque, en 1282, elle eut la visite du roi Denis accompagné de sa jeune épouse, Isabelle d'Aragon. Lors de la promesse de mariage, l'année précédente, Isabelle avait reçu Óbidos en présent et, jusqu'en 1833, les reines du Portugal l'eurent en apanage.

se promener

LA CITÉ MÉDIÉVALE★★ *1h1/2*
Laissez la voiture à l'extérieur des remparts.

Rua Direita★
Étroite, la rue principale d'Óbidos est occupée en son centre par un caniveau dallé et bordée de maisons blanches, fleuries de géraniums et de bougainvilliers, qui accueillent des magasins d'artisanat, des restaurants et des galeries d'art. Elle relie le château et la **porta da Vila**, double porte en chicane dont l'intérieur est revêtu d'azulejos du 18e s.

carnet pratique

TRANSPORTS

Bus – Arrêt au pied de la muraille, à 50 m de l'office de tourisme. Bus fréquents pour Nazaré, Peniche, Caldas da Rainha.

INTERNET

Biblioteca municipal – À gauche de l'église de São Pedro. Gratuit.

HÉBERGEMENT

Canto Secreto – R. Coronel Pacheco, 6 - ☎ 968 89 83 37 - 〰 - 2 ch. 30/60€ 〰. Cette adresse chez l'habitant vous fera partager le refuge d'une artiste amoureuse d'Óbidos. La salle de bain est commune aux deux chambres dont l'une a vue sur le château. Chose rare dans le village, la maison possède un jardin composé d'une succession de terrasses d'où l'on peut contempler à loisir le castel.

Casa do Poço – R. da Mouraria - ☎ 262 95 93 58 - 〰 - 4 ch. 45/58€ 〰. Le charme de cette maison d'hôte réside dans sa fontaine en rocaille, sa petite terrasse ouverte sur les remparts et la vue que l'on a des remparts et du château. Le petit déjeuner est servi dans une cuisine ancienne. Chambres un peu sombres et étriquées.

Casa do Rochedo – R. do Jogo da Bola - ☎ 262 95 91 20 - 〰 - 60/75€ 〰. Cette maison d'hôte adossée à la partie haute des remparts présente un atout de poids : une piscine avec vue panoramique sur le château, les remparts, les toits, les clochers du village et la vallée au loin ! La salle du petit déjeuner n'est pas du meilleur goût mais le charme de cette situation exceptionnelle l'emporte sur la décoration.

Estalagem do Convento – R. D. João d'Ornelas - ☎ 262 95 92 16 - estconvent hotel@mail.telepac.pt - 31 ch. 72,83/84,80€ 〰 - Restaurant 18,98€. Auberge joliment installée dans un ancien couvent. Cadre rustique, chambres spacieuses et plaisantes.

Casa de S. Thiago do Castelo – Largo de S. Thiago - ☎ 262 95 95 87 - 🅿 - 6 ch. 75/80€ 〰. Une petite grille surmontée d'une tonnelle de vigne ouvre sur cette charmante maison d'hôte du 18e s. donnant sur la place du château. Accueil adorable des propriétaires qui vous inviteront le soir à prendre un petit verre de ginginha au salon. Le petit déjeuner est servi quant à lui dans un ravissant patio avec vue sur les remparts. Jardin.

Casa das Senhoras Rainhas – R. Padre Nunes Tavares, 6 - ☎ 262 95 53 60 - info@senhorasrainhas.com - 10 ch. 131€ 〰. Cette maison ancienne nichée au pied des remparts a été rénovée pour accueillir un hôtel où simplicité rime avec élégance. Toutes les chambres profitent d'une terrasse sur jardin et malgré l'absence de vue, la qualité du service ainsi que l'esprit « déco » en font une adresse de charme. L'établissement comprend un restaurant et des salons-bars.

Pousada do Castelo – Paço Real - ☎ 262 95 91 05 -guest@ pousadas.pt - 9 ch. 195€ 〰 - Restaurant 28,70/34€. L'ancien château d'Óbidos abrite aujourd'hui une confortable pousada décorée avec élégance dans un style ancien.

RESTAURATION

• Sur le pouce

Petrarum Domus Bar – R. Direita - ☎ 262 95 96 20 - 12h-4h. Poutres et pierres apparentes, mezzanine en deux parties reliées par une passerelle en métal, fauteuils en cuir patiné, meules en pierre pour toutes tables et lumière tamisée : voilà un bar à vins où vous aurez plaisir à savourer quelques crus régionaux, l'incontournable ginginha locale ou des assiettes de fromage et de charcuterie.

Taverna da Pimenta – R. do Facho, 14 - ☎ 938 29 10 66. Chaque année en juillet au moment de la fête médiévale, le propriétaire de la très jolie boutique O Relicário improvise dans sa maison de famille une petite taverne où il sert des assiettes typiques préparées sur place : salade de poulpe, soupe du jour, charcuterie, friture de poissons, galettes morue-pommes de terre, fromage et confiture. Un délice à tout petit prix !

• À table

Alcaide – R. Direita - ☎ 262 95 92 20 - www.restalcaide.com - 16/24€. Dans la rue principale du village, une adresse qui pratique des prix raisonnables pour une cuisine savoureuse et soignée : espadon grillé, palourdes à l'ail et à la coriandre, brochettes de viande... Réservez près de la fenêtre pour profiter de la vue sur la vallée. Agréable.

A Ilustre Casa de Ramiro – R. Porta do Vale - ☎ 262 95 91 94 - fermé janv. et jeu. - 27/34,50€. Cuisine traditionnelle soignée dans une ancienne maison rustique.

PETITE PAUSE

Garrafeira e Pastelaria D. Alfonso – R. Direita, 113 - ☎ 262 95 99 55 - été : fermeture 22h ; hiver : 18h. Un pressoir ancien monté sur un tronc d'arbre colossal indique que vous entrez dans un bar à vins, mais la vitrine alléchante vous dit qu'il s'agit d'une pâtisserie : l'enseigne combine en fait les deux. Ici, les verres de ginginha (la fameuse liqueur de cerise locale) côtoient les tasses à café et les assiettes de gâteaux pour le plus grand plaisir des habitués.

CALENDRIER

Romaria do Senhor dos Passos – Pendant la Semaine sainte.

Feira de Santa Cruz – Fête de la Sainte-Croix, le 3 mai.

Feira de São João – Saint-Jean (24 juin).

Praça Santa Maria★

Cette jolie place en contrebas de la rue principale est entourée d'un marché couvert et de vieilles maisons.

Pilori – Surmontant une fontaine, le pilori du 15ᵉ s. porte les armes de la reine Leonor sur lesquelles figure un **filet** évoquant la noyade de son fils dans le Tage, à Santarém, en 1491. Le corps de l'infant fut ramené dans le filet d'un pêcheur à sa mère, épouse de Jean II, qui vint cacher ses larmes et chercher l'apaisement à Óbidos.

Église de Santa Maria – *Avr.-oct. : 9h30-12h30, 14h30-19h ; le reste de l'année : 9h30-12h30, 14h30-17h.* En 1444, le jeune roi Alphonse V y épousa sa cousine Isabelle âgée de 8 ans.

L'**intérieur★** présente des murs complètement recouverts d'azulejos bleus du 17ᵉ s. à grands motifs végétaux. Dans le chœur, on remarque dans un enfeu à gauche un **tombeau★** Renaissance, surmonté d'une pietà qu'accompagnent les saintes femmes, et Nicodème venant ensevelir le corps du Christ ; cette œuvre remarquable est attribuée à l'atelier de Nicolas Chanterene *(voir index)*. Le retable du maître-autel est orné de tableaux de João da Costa.

Musée municipal – *10h-12h30, 13h30-17h30. Fermé 1ᵉʳ et 11 janv. (fête locale), dim. de Pâques et 25 déc. 1,50€, gratuit dim. matin.*

Ce petit musée expose une statue de saint Sébastien du 15ᵉ ou 16ᵉ s. et celle d'une pietà polychrome du 17ᵉ s. ; dans la salle Josefa de Óbidos, au premier sous-sol, différentes œuvres sont attribuées à cette artiste ; dans une autre salle sont rassemblés des souvenirs de la guerre contre Napoléon (plan-relief de la région, armes, curieux coffres en peau translucide). Au deuxième sous-sol : vestiges archéologiques luso-romains et médiévaux.

JOSEFA DE ÓBIDOS

Née à Séville en 1634, Josefa de Ayala, plus connue sous le nom de Josefa de Óbidos, vient très jeune dans cette ville où elle demeure jusqu'à sa mort (1684). Ses peintures, aux tons indécis et au dessin estompé, sont empreintes d'une féminité ingénue qui confine parfois à la mièvrerie. Ses savoureuses natures mortes, aux riches couleurs, sont plus appréciées.

Poursuivez jusqu'à l'extrémité de la rue principale pour atteindre les remparts. Suivez la signalisation pour la pousada.

Remparts★★

Accès près de la porta da Vila ou à proximité du château. Ils datent des Maures, mais ont été en partie restaurés aux 12ᵉ, 13ᵉ et 16ᵉ s. La partie Nord, la plus élevée, est occupée par le donjon et les hautes tours du château.

Le tour par le chemin de ronde offre des **vues★★** très agréables sur la cité fortifiée, ses maisons blanches rehaussées de bleu ou de jaune, ainsi que sur les environs.

Château – *Il abrite une pousada.* Transformé en palais au 16ᵉ s., il présente une façade percée de fenêtres géminées manuélines à colonnes torses et un portail manuélin surmonté de deux sphères armillaires.

Vue de la cité du haut des remparts.

A. J. Cassaigne/MICHELIN

alentours

À la sortie de la ville, vous pourrez voir l'**aqueduc** datant du 16ᵉ s.

Sanctuaire du Senhor da Pedra
Avr.-oct. : tlj sf lun. 9h30-12h30, 14h30-19h ; nov.-mars : tlj sf lun. 9h30-12h30, 14h30-17h.
Il est situé hors des remparts, au Nord de la ville, en bordure de l'ancienne route nationale. C'est une construction baroque de plan hexagonal, édifiée de 1740 à 1747. Dans une vitrine au-dessus de l'autel se dresse une croix de pierre primitive datant du 2ᵉ ou 3ᵉ s. avec une étrange représentation d'un petit personnage les bras en croix. Autour de la nef, des niches abritent plusieurs statues baroques d'apôtres. Le carrosse qui se trouve dans le sanctuaire servait à transporter la statue de la Vierge de l'église Santa Maria d'Óbidos à l'église Nossa Senhora de Nazaré lors de la fête du 8 septembre.

Lagoa de Óbidos (lagune d'Óbidos)
17 km – environ 1h. Prenez la direction de Peniche et, à Amoreira, tournez à droite vers le Nord. La route, après avoir traversé Vau, atteint l'extrémité Sud de la lagune, qu'elle contourne parmi les pins. Avant la boucle routière finale, on débouche dans un village de pêcheurs devenu un modeste bourg balnéaire, **Aldeia dos Pescadores**, situé juste en retrait du chenal qui fait communiquer les eaux douces de la lagune et l'Océan. Agréable promenade à pied jusqu'aux plages atlantiques. En face du chenal, on distingue **Foz do Arelho** (possibilité de traverser la passe à pied ou à la nage, mais attention au courant parfois très fort selon les marées), aimable station balnéaire familiale, bien que très fréquentée l'été, placée entre le calme de la lagune et les embruns de l'Océan.
En restant côté Sud, débute ici la très longue plage de sable de **Rei Cortiço** qui se prolonge jusqu'à la plage non moins rectiligne de Baleal, à l'Est de Peniche *(voir Peniche)*.

Parque Nacional da **Peneda-Gerês**★★

Aux confins Nord du Portugal, dans une zone isolée et très arrosée, ce parc de 70 000 ha en forme de fer à cheval enserre un morceau d'Espagne dans ses branches. Créé en 1971, il a pour mission de protéger les paysages admirables et les sites archéologiques qui s'y trouvent, ainsi qu'une flore (chênes, pins sylvestres, lys) et une faune (cerfs, chevaux sauvages, aigles royaux...) de grand intérêt. Répartie dans de nombreux hameaux, une population assez nombreuse, aux traditions vivaces et à l'économie agro-pastorale, y vit en bonne harmonie avec l'environnement. Les rares routes qui le traversent sont superbes. Pourtant, c'est d'abord à pied que les richesses du parc se découvrent, même si relativement peu de sentiers de randonnée sont balisés.

La situation
Carte Michelin n° 733 F 5, G 5 et 6 – Districts de Viana do Castelo, Braga et Vila Real. Peneda-Gerês est le seul parc du Portugal à posséder le statut de parc national. Il possède plus de 100 km de frontière commune avec la pointe Sud-Ouest de la province espagnole d'Orense. Depuis son association en 1997 au parc naturel de Galice, l'ensemble forme le Parque Transfronteiriço Gerês-Xurés, occupant 91 000 ha.
🚹 *Quinta das Parretas-Rodovia, av. António Macedo, Braga, ☏ 253 20 34 80.*
Vous pouvez poursuivre votre voyage en visitant : BRAGA, la haute vallée du CÁVADO, GUIMARÃES, PONTE DE LIMA, VIANA DO CASTELO.

comprendre

Le parc s'inscrit dans une zone très accidentée où le relief de nature granitique s'est érodé en chaos de rochers, en éboulis, donnant des paysages impressionnants. Les vallées des rios Lima, Homem, Cávado ont compartimenté cette région en différentes serras : de Peneda, de Soajo, d'Amarela, de Gerês. Le territoire du parc se divise en fait en trois parties principales : au Nord une forêt sauvage à l'indice de pluviosité le plus élevé du Portugal, la **serra de Peneda**, qu'une route permet de traverser ; au Sud la **serra de Gerês**, la zone du parc la plus fréquentée ; enfin à l'Est, la **région du Barroso** autour de la retenue de Paradela *(voir Cávado)*, où les villages ont conservé le four et le bœuf communaux. Pour se rendre de la partie de Peneda à celle de Gerês, il est plus rapide de passer par l'Espagne.

circuits

DU RIO CÁVADO AU PORTELA DO HOMEM★★

À partir de São Bento (sur la N 103) ⬚

22 km – comptez 3h.

Se détachant de la N 103 entre Braga et Chaves *(voir Haute vallée du Cávado)*, la N 304 entame une descente sinueuse entre de beaux rochers tapissés de bruyère.

Après 2 km, on passe devant la pousada de São Bento, magnifiquement située, d'où s'offre un remarquable panorama sur la retenue de Caniçada.

Confluent de Caniçada★

Deux ponts franchissent successivement le Cávado et son affluent le Caldo, transformés en lacs par le barrage de Caniçada (construit à 10 km de là à l'Ouest). Le premier passe au-dessus d'un village noyé, émergé en période de basses eaux.

Au débouché du pont, sur la presqu'île entre les deux lacs, prenez à droite du carrefour la N 308 empruntant aussitôt le deuxième pont. Suivez la direction de Gerês.

Gerês

Située au fond d'une gorge boisée, cette agréable petite station thermale est fréquentée pour ses eaux, riches en fluor, utilisées dans le traitement des maladies du foie et de l'appareil digestif.

C'est le principal centre d'excursions dans le parc national : le **Centre d'information du parc** se trouve ici, juste après l'établissement thermal.

Passé Gerês, la route, bordée d'hortensias au début, monte en lacet sous les bois (pins, chênes).

8 km après Gerês, on entre dans la réserve naturelle, après une aire de pique-nique installée au bord du torrent.

Laissez la voiture et poursuivez à pied pour aller voir la voie romaine (comptez 1h1/2 AR). 1 km après le parking, un pont franchit un torrent, et 700 m plus loin on prend à gauche la piste vers Campo do Gerês.

Après 1,3 km apparaissent les vestiges de la voie romaine ; d'autres se trouvent 700 m plus loin.

Vestiges de la voie romaine★ (Geira)

Les quelques bornes milliaires se dressant au bord de la route sont des vestiges de la voie romaine qui reliait Braga à Astorga sur 320 km en passant par le col de Homem. Ces bornes portaient des inscriptions commémoratives ou honorifiques concernant l'empereur (dynastie des Flaviens au 1er s.), voire parfois le gouverneur de la province. On retrouve sur certaines l'inscription « Bracara Augusta » qui était le nom de Braga.

De belles vues s'offrent ensuite sur le lac de retenue de **Vilarinho das Furnas★** dont les eaux bleues s'étalent dans un paysage sauvage et rocailleux.

Revenez sur vos pas et reprenez la voiture.

La route s'élève doucement à travers les bois et franchit le rio Homem qui se faufile en flots tumultueux à travers les rochers. Elle se poursuit jusqu'au défilé du **col de Homem** (portela do Homem), frontière avec l'Espagne.

Les paysages admirables du parc national de Peneda-Gerês.

H. Champollion/MICHELIN

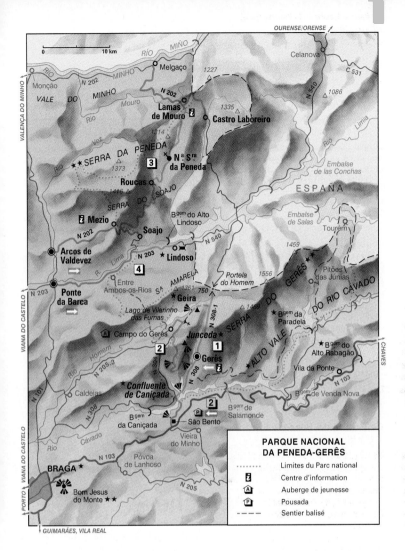

SERRA DO GERÊS★★

De Gerês à la retenue de Vilarinho das Furnas ②

15 km – comptez 2h.
De Gerês, prenez la N 308 vers le Sud, puis tournez à droite.

Route de montée vers Campo do Gerês★★

Cette route en lacet offre de très beaux points de vue sur la retenue de Caniçada et sur les superbes coulées de rocs où se chevauchent d'énormes blocs en équilibre.
Sur la droite, un panneau indique « Miradouro de Junceda ». Une piste de 3 km, en très mauvais état, mène à ce belvédère.

Belvédère de Junceda★

Une vue aérienne s'offre sur Gerês et sa vallée.
Revenez à la route et continuez vers Campo do Gerês.

On arrive à un croisement au centre duquel une belle borne milliaire sert de piédestal à un Christ sculpté.

En poursuivant la route sur la droite, on accède à la retenue de Vilarinho das Furnas. Sur la gauche, le barrage-voûte a été construit dans un site rocailleux et sauvage. La piste qui longe la retenue *(à prendre à pied)* mène aussi à la voie romaine décrite ci-dessus.

SERRA DA PENEDA★★

D'Arcos de Valdevez à Melgaço ③

70 km – comptez une bonne demi-journée.
Cet itinéraire permet de découvrir la région la plus sauvage du parc.

Arcos de Valdevez

Agréable petite ville sur les rives du rio Vez, dominée par les tours de deux églises. Entre Arcos et Soajo, la route s'élève d'abord parmi les châtaigniers, les pins et les platanes, dans des paysages en terrasses où se dispersent les maisons entourées de vigne. Puis on entre dans un paysage plus sauvage de landes.

Mezio

C'est l'entrée du parc national. Un centre d'interprétation présente le parc, ses caractéristiques géologiques, sa faune et sa flore.

2,5 km plus loin s'amorce la route pour Peneda, mais on poursuit sur Soajo.

Soajo

Ce village isolé possède un très bel **ensemble d'espigueiros★**. Ces séchoirs à grain en granit sur pilotis, au nombre d'une vingtaine, sont regroupés sur une plate-forme, à la périphérie du village. Ils datent des 18e et 19e s. Certains sont surmontés d'une ou deux croix *(illustration p. 356)*.

Revenir à l'embranchement avec la route de Peneda que l'on suivra.

Les paysages sont grandioses : montagnes parsemées de blocs de granit, dont certains ont des formes extraordinaires. Quelques hameaux jalonnent la route.

Roucas

Ce village est entouré de champs en terrasses dans lesquels s'éparpillent des *espigueiros* (greniers à grain).

Monastère de Nossa Senhora da Peneda

Dans un **site★** magnifique au pied d'une falaise de granit, le sanctuaire est précédé d'un escalier de 300 marches, que les pèlerins empruntent lors du célèbre pèlerinage de septembre qui attire des foules de toute la région. Avant la création de la route, les pèlerins y venaient à pied ou à cheval.

Lamas de Mouro

Autre porte du parc, ce site est équipé d'un centre d'interprétation et d'un camping.

Castro Laboreiro

Ce village a conservé quelques maisons traditionnelles en granit ainsi que les ruines d'un château d'où s'offre une vue étendue sur les paysages parsemés de rochers.

De Castro Laboreiro, revenez à Lamas de Mouro, puis rejoignez Melgaço.

De Ponte da Barca à Lindoso ④

31 km – description p. 302 (voir Ponte de Lima).

Peniche

Peniche est le second port de pêche du Portugal (langouste, sardine, thon, anguille) et un centre de construction navale et de conserveries de poisson. Précédé d'un isthme étroit et sableux, où s'étalent des marais salants, il commande l'accès d'une presqu'île longue de près de 3 km qui s'étire jusqu'au cap Carvoeiro. Le Sud de cette presqu'île, à l'Ouest du port, est désormais très urbanisé, ce qui ne fait pas de Peniche une ville forcément très attachante. Cependant vous y dégusterez de bons poissons et crustacés, et c'est de là que vous embarquerez pour la fameuse île de Berlenga, archipel granitique constitué en réserve naturelle.

La situation

27 312 habitants. Carte Michelin n° 733 N 1 – District de Leiria. 97 km au Nord de Lisbonne et 78 km à l'Ouest de Santarém. **🛈** *rua Alexandre Herculano, 2520,* ☎ *262 78 95 71.*

Vous pouvez poursuivre votre voyage en visitant : CALDAS DA RAINHA, ÓBIDOS, NAZARÉ.

se promener

LA VILLE

Des restes de remparts et une puissante citadelle rappellent l'ancien rôle militaire de la cité.

Fortaleza

Cette ancienne forteresse du 16e s., transformée au 17e s. en citadelle à la Vauban, garde fière allure avec sa cuirasse de hauts murs et de bastions aux arêtes vives, surmontés d'échauguettes. Elle domine à la fois le port à l'Est et la mer au Sud. Sous la dictature de Salazar, elle servit de prison pour les prisonniers politiques, puis de cité d'urgence pour des réfugiés d'Angola.

Le port

Il occupe, au Sud-Est de la ville, une anse presque fermée par deux digues. L'esplanade *(largo da Ribeira)* qui le borde, au pied de la citadelle, devient à chaque **retour de pêche**★ le théâtre d'un spectacle haut en couleur, sous l'incessant ballet aérien des mouettes criardes qui suivent les flottilles et s'agitent au moment du déchargement des sardiniers, thoniers, ou langoustiers.

Église da Misericórdia

Le plafond à caissons de cette église du 17ᵉ s. est couvert de peintures des grands maîtres de l'époque, parmi lesquels Baltazar Gomes Figueira (père de Josefa de Óbidos) et Pedro Peixoto. Un espace muséologique a été aménagé dans l'église, où l'on peut voir cinq toiles de Josefa de Óbidos *(voir encadré p. 294)*, des parements religieux, des statues, etc.

Église de São Pedro

17ᵉ s. Le chœur a été revêtu au 18ᵉ s. de boiseries dorées où s'intègrent quatre grandes toiles du 16ᵉ s., dues à Pedro Peixoto et illustrant la vie de saint Pierre.

LES PLAGES

Au Nord de la péninsule s'étend la longue et belle plage dénudée de **Baleal**, où l'on peut notamment pratiquer le surf, et, au Sud, celle de **Consolação**.

circuit

Cap Carvoeiro★

La presqu'île, longue de 2 km, aux côtes constituées de rochers tourmentés formant des piles tabulaires feuilletées, est souvent battue par les vents. La route côtière (4 km) permet d'en faire le tour en voiture, à pied ou à vélo.

Sortez par le Nord de la ville et suivez à gauche la N 114.

Papoa – *Prenez un chemin à droite après une école et un château d'eau, et, 500 m plus loin, laissez la voiture. 1/2h à pied.*

Cette petite presqu'île greffée en ergot sur le cap Carvoeiro conserve dans sa partie la plus large un moulin et les ruines du fort qui constituait le pendant Nord de la citadelle de Peniche. On y accède par des passerelles qui permettent d'atteindre un promontoire d'où l'on surplombe de hautes falaises et les rocs qui s'en détachent en mer, dont le Vaisseau des Corbeaux (Nau dos Corvos).

Bien que l'horizon soit souvent embrumé, le monument élevé au point culminant permet d'apprécier le **panorama**★ qui s'offre à l'Est sur la pointe du Baleal, son île et la côte au-delà, échancrée par la lagune d'Óbidos ; au Nord-Ouest sur l'île de Berlenga ; à l'Ouest sur les falaises jusqu'à Remédios ; au Sud sur Peniche.

Revenez à la N 114.

La route suit en corniche une côte escarpée dont les multiples anfractuosités sont très prisées par les pêcheurs à la ligne.

Le cap Carvoeiro.

H. Champollion/MICHELIN

Plusieurs belvédères ménagent des vues plongeantes sur les falaises ; celui situé dans l'axe de la chapelle de Remédios permet d'admirer une étrange concentration de piles rocheuses tabulaires feuilletées.

Chapelle de Nossa Senhora dos Remédios – Dans le petit village tout blanc de Remédios s'élève, au fond d'une courette plantée d'araucarias, cette chapelle au menu clocher hexagonal, dont l'intérieur est revêtu de beaux **azulejos**★ du 18ᵉ s. attribués à l'atelier d'António de Oliveira Bernardes *(voir index)*. On reconnaît à droite la Nativité et la Visitation, à gauche la Présentation au Temple ; le plafond est décoré d'une Assomption.

Après Remédios, la végétation s'estompe pour faire place à une sorte de lande où s'élève le **phare**. La **vue**★ est impressionnante sur l'Océan, sur le rocher isolé appelé « Vaisseau des Corbeaux » (Nau dos Corvos) où s'ébattent mouettes et cormorans et, au large, sur la silhouette trapue de l'île de Berlenga.

excursion

L'ÎLE DE BERLENGA★★

De mi-mai à mi-sept. : service de barque quotidien depuis Peniche (traversée 3/4h) ; 16€. Billets à retirer à Peniche auprès de Viamar, largo Jacob R. Pereira, 2, ☎ 262 78 56 46 ; Berlenga Turpesca, Largo da Ribeira, ☎ 262 78 99 60 ; Berlenga Praia, ☎ 262 78 26 36 (qui propose aussi des croisières sur la côte, de la pêche sportive et de la plongée sous-marine). Informations auprès de l'office du tourisme de Peniche.

L'île de Berlenga dresse sa masse de granit rougeâtre à 12 km au large du cap Carvoeiro. C'est la seule île accessible et la plus importante de l'archipel, composé aussi des îlots Estelas, Forcadas et Farilhões. Avec 1 500 m de longueur, 800 m de largeur maximale, Berlenga s'élève à 85 m au-dessus de l'Océan. Ses côtes déchiquetées (indentations, pointes et grottes marines) forment un refuge idéal pour les nombreux oiseaux marins qui viennent nicher dans cette réserve naturelle protégée. L'île est aussi un centre réputé de plongée sous-marine et de pêche sportive. L'accostage du bateau arrivant de Peniche a lieu au pied d'une ancienne forteresse (1676) transformée en auberge.

Tour en barque★★★

Comptez une journée. Réservez au moins la veille auprès de la société Berlenga Turpesca (voir ci-dessus).

Il permet d'explorer les îlots, récifs, arches et grottes marines découpées dans la falaise rougeâtre. Les sites les plus impressionnants sont, au Sud de l'auberge, le **furado grande**, tunnel marin de 70 m qui débouche sur le **Cova do Sonho** (« le repaire du songe »), une petite crique que surplombent de hautes murailles de granit rouge, et, sous la forteresse, la **gruta azul**, une grotte marine dont l'étrange couleur émeraude est due à la réfraction de la lumière dans l'eau.

Tour à pied★★

Durée : 1h1/2. Un escalier conduit de l'auberge au phare ; À mi-hauteur, admirez en arrière le **site**★ de l'ancienne forteresse. Sur le plateau, prenez à gauche un sentier qui conduit à l'Ouest vers la Côte Sauvage ; du haut des rochers, la **vue**★ s'étend sur l'Océan écumant et les îlots de l'archipel. Revenez près du phare et descendez sur un chemin pavé vers une petite anse avec plage, au bord de laquelle sont édifiées quelques maisons de pêcheurs ; à mi-pente s'ouvre, à gauche, une sorte de fjord dans lequel la mer s'engouffre bruyamment par mauvais temps.

Ponte de Lima★

Au centre du Haut-Minho et en pleine région délimitée du vinho verde, la petite ville de Ponte de Lima est un important centre viticole. Comme son nom le laisse supposer, un très beau pont romain enjambe ici le fleuve Lima, aux berges bien dégagées et verdoyantes, idéales pour pique-niquer. Les rues sont bordées de constructions romanes, gothiques, manuélines, baroques ou néoclassiques. La richesse et la diversité de son ensemble architectural lui a ainsi valu d'être choisie comme ville-pilote pour la restauration du patrimoine. De plus, les environs sont exceptionnellement riches en manoirs (solares) et en propriétés seigneuriales (quintas) des 16ᵉ, 17ᵉ et 18ᵉ s., construits en granit, décorés de portes blasonnées et flanqués de galeries couvertes.

La situation

44 336 habitants. Carte Michelin nᵒ 733 G 4 – District de Viana do Castelo. À mi-chemin entre Viana do Castelo et le Parc national de Peneda-Gerês. 🖪 *Paço do Marques, 4990-062, ☎ 258 94 23 35.*

Vous pouvez poursuivre votre voyage en visitant : BRAGA, la haute vallée du CÁVADO, le Parc national de PENEDA-GERÊS, VIANA DO CASTELO.

carnet pratique

Bar Galeria S.A. – *Beco das Selas, 5 (dans la vieille ville).*

HÉBERGEMENT
Bon à savoir – À partir des années 1980 s'est créée à Ponte de Lima l'**Associação do Turismo de Habitacão** qui propose aux touristes de loger dans ces très beaux manoirs ou dans les *casas rústicas* qui évoquent les gîtes ruraux. Aujourd'hui, cet organisme offre des possibilités d'hébergement dans tout le Portugal *(voir p. 24).*

CALENDRIER
Festa da Vaca das Cordas – Course de taureaux dans les rues puis Feira do Vinho Verde, du 14 au 16 juin.
Marché – Grand marché sur les berges, un lundi sur deux.

ACHATS
Adega Cooperativa – *R. Conde de Bertiandos - 4990-078 -* ☎ *258 90 97 00.* Cette coopérative offre au visiteur la possibilité de goûter et d'acheter le fameux *vinho verde* (voir l'Invitation au voyage).

se promener

Pont médiéval★
Ce pont sur le rio Lima, édifié par les Romains sur la voie qui allait de Braga à Astorga, a donné son nom à la ville. Il présente 16 arches en plein cintre alternant avec des piles ajourées munies d'avant-becs, sur une longueur de 277 m par 4 m de largeur. Du pont d'origine, il reste cinq arches et quelques bornes milliaires. Il a été reconstruit et pourvu de créneaux et de tours de défense au 14ᵉ s. par le roi Pierre Iᵉʳ, qui éleva aussi les remparts et les portes fortifiées.

Largo Principal
La grand-place devant le pont est ornée d'une fontaine du 18ᵉ s. à sphère armillaire. Plusieurs terrasses de cafés y offrent une pause agréable.

Paço do Marquês de Ponte de Lima
La façade du palais percée de fenêtres manuélines est datée de 1464.

Église paroissiale
Remaniée au 18ᵉ s., elle conserve un portail roman aux voussures ornées d'un double cordon de billettes. À l'intérieur, sous un plafond à caissons de bois, se trouvent de nombreuses statues d'époques diverses, et, dans les chapelles latérales, deux retables baroques.

Igreja-Museu dos Terceiros
Tlj sf lun. 10h-12h, 14h30-17h30. Cet ensemble comprend deux églises : Santo António dos Frades et l'**église des Tertiaires** (membres du tiers ordre de saint François), ainsi que des bâtiments conventuels. On y remarquera les azulejos hispano-arabes du 16ᵉ s. et dans l'église des Tertiaires, un rare ensemble de **boiseries★**. Dans la section d'art sacré autour du cloître sont rassemblés des ornements religieux et des statues anciennes.

circuit

38 km – comptez 1h30. Pour le tronçon Ponte da Barca-Lindoso, voir l'itinéraire 4 *du schéma : Parque Nacional da Peneda-Gerês.*

VALLÉE DU RIO LIMA
Le Lima coule généreusement dans une paisible vallée, particulièrement verdoyante et calme en amont de Ponte de Lima. La vallée est jalonnée de beaux domaines, comme la quinta dos Nóbregas (14ᵉ s.), près de Ponte da Barca.
De Ponte de Lima, suivez la N 203 vers l'Est.

Bravães
Église de São Salvador★ – *8h-19h.* Cette petite église du 12ᵉ s. à chevet plat, derrière lequel un campanile fait office de clocher, est l'un des plus beaux édifices romans du Portugal. La façade est percée d'un remarquable **portail★** aux cinq voussures couvertes d'un décor fouillé où l'on reconnaît des colombes, des singes, des personnages humains et des motifs géométriques ; des statues-colonnes sculptées de façon naïve et fruste soutiennent des chapiteaux abondamment historiés. Le tympan, que supportent deux têtes de bovins stylisées, est orné de deux anges adorant un Christ en majesté.
Sur le tympan du portail Sud, au-dessus de deux têtes de griffons, un bas-relief représente l'agneau divin.
À l'intérieur, l'arc triomphal est agrémenté d'une frise d'influence arabe et retombe sur des chapiteaux sculptés de motifs stylisés. Un cordon de billettes court, à mi-hauteur, sur tous les murs.

Ponte da Barca

Cette cité verdoyante compte beaucoup de bâtiments abandonnés, une jolie place (arcades de l'ancien marché du 18ᵉ s. d'un côté, curieux pilori au centre), et de nombreuses maisons nobles (18ᵉ s.) aux parements de granit qui s'harmonisent avec l'habitat populaire. Le pont monumental érigé au 15ᵉ s. au-dessus du Lima doit son nom à la barque à laquelle il se substitua et qui passait d'une rive à l'autre les pèlerins se rendant à St-Jacques-de-Compostelle.

Église de São João Baptista – Édifiée de 1717 à 1738 sur des plans du célèbre architecte régional Manuel Pinto de Villalobos, elle est dotée de part et d'autre de la nef et du chœur de chapelles latérales qui lui confèrent une forme inhabituelle. La façade, déséquilibrée depuis la destruction par la foudre de la tour de droite, mêle les styles maniériste et baroque ; le relief un peu fruste du baptême du Christ proviendrait de l'église primitive du 15ᵉ s. Le plafond en bois de cette église-halle est peint à l'imitation de voûtes à croisée d'ogives ; beau **retable** baroque (1727) en bois doré dans le chœur et, sauvés de l'ancienne église, azulejos polychromes de type tapis dans une chapelle.

De Ponte da Barca à Lindoso, la **route**, bordée de pins, de mandariniers et de lauriers-roses, sinue sur un versant boisé de la serra Amarela, en vue des serras da Peneda et do Soajo, arides et rocailleuses, qui s'élèvent de l'autre côté de la vallée du Lima. À hauteur de l'embranchement pour Entre-Ambos-os-Rios, elle s'engage, en forte montée, dans le **Parc national de Peneda-Gerês** *(voir ce nom)* et offre des vues dominantes sur les méandres du fleuve, qu'élargit un barrage en amont. Son parcours se termine, en corniche, avec l'apparition du château de Lindoso.

Lindoso★

Adossé en amphithéâtre aux flancs Sud d'un contrefort de la serra do Soajo, Lindoso étage à 462 m d'altitude ses austères maisons de granit, parfaitement intégrées au paysage rocheux – malgré la présence de quelques constructions récentes – et entourées de cultures en terrasses (maïs, vigne), derrière l'éminence où se dressent son château et un ensemble insolite d'*espigueiros*.

Espigueiros★ – Couvrant une plate-forme rocheuse au pied du château, ces greniers à grain, au nombre d'une soixantaine, forment une extraordinaire concentration, aux allures de cimetière, de petits édifices en granit, juchés sur pilotis et surmontés, pour la plupart, d'une ou deux croix. Leur exécution, très soignée, remonte aux 18ᵉ et 19ᵉ s. Ils sont encore utilisés, de nos jours, pour le stockage et le séchage du maïs.

Château – *Tlj sf lun. 9h30-12h30, 14h-17h30. Fermé j. fériés. 1€.* Édifié au début du 13ᵉ s., sa situation face à la frontière lui valut d'être attaqué à plusieurs reprises par les troupes de Philippe IV d'Espagne pendant la guerre d'indépendance au 17ᵉ s. Restauré, il offre le spectacle d'un donjon féodal crénelé élevé à la demande du roi Denis au milieu d'une petite enceinte quadrilatère du 17ᵉ s. à bastions et échauguettes. Du chemin de ronde, vues sur la vallée du Lima et les farouches montagnes environnantes, portugaises ou galiciennes.

Portalegre

Ancienne place stratégique à proximité de la frontière espagnole, Portalegre fut une cité très prospère pendant la Renaissance. En témoigne la riche architecture baroque de la vieille ville, dans laquelle il fait bon se promener. Tournée vers le soleil, cette ville dynamique domine les champs, les oliveraies et les horizons de la plaine. C'est aussi le point de départ d'excursions dans la serra de São Mamede.

La situation

25 814 habitants. Carte Michelin nᵒ 733 O 7 – District de Portalegre. Au Nord-Est de l'Alentejo, la ville est étagée sur le versant Sud d'un des premiers contreforts de la serra de São Mamede. 🚩 *Rossio (palácio Póvoas), 7300-095,* ☎ *245 33 13 59.*

comprendre

Ce sont les Romains qui auraient baptisé ce site stratégique du nom de Portus Alacer (port sec), désignant ainsi une cité formant un passage de montagne. En 1290, elle fut dotée par le roi Denis d'un château fort dont il ne subsiste que des vestiges.

PORTALEGRE

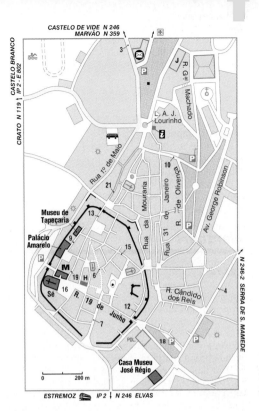

Célèbre au 16e s. grâce à ses tapisseries, la ville trouve sa prospérité à la fin du 17e s., lorsque la soierie s'y installe ; elle se pare alors de demeures baroques et de manoirs blasonnés qui lui donnent sa physionomie actuelle. À l'industrie textile s'est aujourd'hui ajoutée celle du liège. Capitale active du Nord-Alentejo, Portalegre, qui compte une population jeune, est l'une des rares cités alentejanes à avoir profité de la croissance économique portugaise des années 1990.

visiter

La vieille ville dans ses remparts domine la colline tandis que la ville moderne se développe vers le Nord-Est. Ces deux parties sont reliées par la rue piétonne 5 de Outobro qui se prolonge dans la rue Luís de Camões.

Casa-Museu José Régio

Visite guidée (1/2h à 3/4h) tlj sf lun. 9h30-12h30, 14h-18h. Fermé 1er janv., 24 et 25 déc. 1,80€.
La collection d'art religieux et populaire régional rassemblée par le poète José Régio (1901-1969) constitue le fonds essentiel du musée qu'est devenue la maison où il vécut ; elle comprend notamment un nombre impressionnant de crucifix du 16e au 19e s. et de statuettes naïves de saint Antoine, ainsi que des meubles anciens.
Empruntez la **rua 19 de Junho**, bordée de maisons des 17e et 18e s.

Sé

La façade de la **cathédrale**, du 18e s., se distingue par les colonnes de marbre du portail principal, ses balcons en fer forgé et ses pilastres en granit. À l'intérieur (16e s.), dans la deuxième chapelle à droite, beau retable à compartiments sur la vie de la Vierge ; dans la sacristie, aux murs revêtus d'azulejos, chapier de bois du 18e s.

Musée municipal

Visite guidée (3/4h) tlj sf mar. 9h30-12h30, 14h-18h. Fermé 1er janv., 24 et 25 déc. 1,80€.
Installé dans l'ancien séminaire diocésain, il expose une bonne sélection d'œuvres d'art sacré : une curieuse pietà espagnole en bois doré de la fin du 15e s. ; un retable en terre cuite polychrome du 16e s. ; un somptueux tabernacle d'ébène du 17e s. ; quatre hauts-reliefs en ivoire de l'école italienne du 18e s. ; un grand crucifix, également en ivoire et du 18e s. ; des pièces d'orfèvrerie du 16e s.

On y trouve en outre : des meubles anciens portugais et indo-portugais, une magnifique armoire hollandaise gothico-Renaissance ; des tapis (17e-18e s.) provenant des ateliers d'Arraiolos *(voir les alentours d'Évora)* ; une importante collection de faïences hispano-mauresques et portugaises des 16e et 17e s., avec quelques porcelaines de Chine des 17e et 19e s.

Palácio Amarelo (Palais jaune)

La façade de ce palais, malheureusement en mauvais état, est ornée de remarquables ferronneries d'art du 17e s.

Museu de Tapeçaria

Visite de 10h à 13h et de 15h à 19h. Fermé le mercredi. Inauguré en 2001, le **musée de la Tapisserie**, installé dans le palais Castelo Branco, présente des expositions temporaires de tapisseries, dont certaines reproduisent des toiles d'artistes célèbres tels que Vieira da Silva, Almada Negreiros, Júlio Pomar. On pourra voir dans ses nombreuses salles des métiers à tisser et toutes sortes d'objets nécessaires à la fabrication des tapis.

alentours

CRATO

21 km à l'Ouest par la N 119. Crato fut dès 1350 le siège d'un prieuré de l'ordre des Hospitaliers de St-Jean-de-Jérusalem qui devint ensuite l'ordre de Malte. Le titre de prieur de Crato fut porté jusqu'au 16e s. Le prieur le plus célèbre fut Antoine de Portugal, petit-fils du roi Manuel et bâtard de l'infant Louis, qui, prétendant à la couronne après la mort du roi Henri Ier en 1580, fut finalement évincé par son cousin Philippe II d'Espagne. En 1356, le commandement et la résidence des chevaliers furent transférés dans la forteresse-monastère située dans le village voisin de Flor da Rosa, mais Crato conserva son rôle de prieuré. Le château fut incendié en 1662 par Dom Juan d'Autriche, mais l'on voit encore quelques maisons anciennes.

À 3 km au Nord de Crato, le village de **Flor da Rosa** est un centre de fabrication de poteries très ancien, dont la spécialité est la *caçoila*, jatte à fond rond destinée à la cuisson des aliments.

Monastère de Flor da Rosa★

Tlj sf lun. 10h-12h, 14h-17h30. Gratuit. Ce monastère-forteresse de l'ordre de Malte fut édifié en 1356 par le prieur Álvaro Gonçalves Pereira, père de Nuno Álvares Pereira qui battit les Castillans à Aljubarrota. Cet ensemble compact et fortifié dont les murailles s'achèvent par des créneaux abrite désormais une magnifique **pousada**. À droite, l'**église★** a fait l'objet d'une remarquable restauration : elle frappe par la simplicité de ses lignes et la hauteur impressionnante de sa nef. Au centre, le petit cloître fleuri est d'une architecture robuste mais élégante, grâce à ses jolies voûtes en réseau de la fin du gothique.

Dans le réfectoire, une belle voûte s'appuie sur trois colonnes torses.

ALTER DO CHÃO

À 34 km de Portalegre, à 13 km au Sud de Crato par la N 245. Alter do Chão se groupe autour d'un **château** (14e s.) qui dresse ses tours crénelées au-dessus de la place centrale pavée d'une mosaïque de pierres noires et blanches. Du sommet du donjon, haut de 44 m, **vue** sur la cité et les oliveraies des environs.

Au Nord du château, sur la place, une **fontaine** de marbre du 16e s. est encadrée d'élégantes colonnettes dont les chapiteaux classiques supportent un bel entablement.

Coudelaria de Alter Real

À 3 km environ de la localité, suivez les panneaux d'indication. Visite guidée (1h) tlj sf lun. 9h30-16h30, w.-end 11h-16h30. Fermé j. fériés. Le haras royal a été fondé en 1748, à la fin du règne de Dom João V, afin que l'on y élève des chevaux destinés au manège royal. De nos jours, le haras se consacre à l'élevage et à l'amélioration des races de pur-sang lusitanien et *alter* (croisement d'une jument lusitanienne et d'un étalon andalou), ainsi qu'à l'enseignement de l'art équestre portugais.

La visite *(il est conseillé de réserver)* nous plonge dans une autre époque, dans ce lieu singulier, hors du temps, au milieu des beaux paysages de l'Alentejo. On y visite les écuries, le manège et diverses dépendances, ainsi qu'un intéressant **musée du Cheval**, exposant des voitures d'attelage anciennes, des harnais et autres ustensiles liés au cheval, complétés par une présentation historique du haras.

Autre lieu surprenant, la **fauconnerie** abrite des faucons aux yeux couverts et expose un ensemble de chaperons (les coiffes de ces rapaces) dont les plus anciens datent du Moyen Âge.

circuit

SERRA DE SÃO MAMEDE★

Cinq circuits balisés de randonnée pédestre dans la serra. Pour connaître les itinéraires de randonnées et la liste de gîtes pour randonneurs (casas abrigos), adressez-vous au bureau de l'administration du parc à Portalegre, rua General Conde Jorge de Avilez, 22 (1ᵉʳ étage). ☎ 245 20 36 31, fax 245 20 75 01 ; autre bureau d'information du parc à Castelo de Vide, rua de Santo Amaro, 25. ☎ 245 90 52 99.

La serra de São Mamede est un îlot de verdure dans une région aride et cailloute-teuse ; son altitude relativement élevée (coiffée de neige en hiver, elle culmine à 1 025 m) et la nature imperméable de son sol entretiennent une humidité favorable à une végétation dense et variée (marronniers, chênes-lièges, saules pleureurs, amandiers, pins, eucalyptus, etc.). La faune de ce parc naturel est aussi remarquable : vautours fauves, aigles de Bonelli et chauve-souris, cerfs et sangliers, loutres et batraciens.

Ce massif, de forme triangulaire, est un bloc de roche dure qui a résisté à l'érosion ; les dénivellations de sa face occidentale ont été accentuées par une faille. La région compte de nombreux mégalithes et peintures rupestres, notamment au Sud de la réserve, dans les serras de Cavaleiros et de Louções.

Quittez Portalegre à l'Est puis dirigez-vous vers le Nord.

La route s'élève dans les bois et offre de jolies vues sur Portalegre et ses environs.

Suivez ensuite la signalisation pour São Mamede.

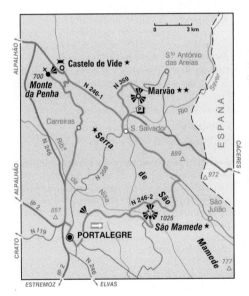

São Mamede

Du sommet occupé par un relais de radio-télévision, **panorama★** au Sud sur l'Alentejo, à l'Ouest et au Nord sur la serra de São Mamede, à l'Est sur un foisonnement de sierras espagnoles.

Revenez à la route principale qui traverse un paysage de landes piquetées de pins. La descente vers la plaine boisée et verdoyante est très rapide.

Marvão★★ *(voir ce nom)*

Castelo de Vide★ et
Monte da Penha *(1,5 km)*
(voir Castelo de Vide)

Revenez à Portalegre par la **route★** de Carreiras, tracée en corniche.

Portimão

Tapi au fond de sa baie naturelle, ce port de pêche et de commerce animé est également une cité industrielle, spécialisée dans la construction navale et la conserverie de thon et de sardines. Victime du succès de sa plage, Praia da Rocha, l'une des plus belles du Portugal, Portimão a malheureusement été peu à peu défiguré par les constructions modernes. Cependant, ses environs continuent d'offrir la perspective d'agréables escapades, côté mer ou montagne.

La situation

44 391 habitants. Carte Michelin nᵒ 733 U 4 – District de Faro – Voir également plan de Portimão dans Le Guide Rouge Michelin Portugal et le schéma Algarve p. 192. Par la N 125, Portimão se trouve à 34 km à l'Ouest d'Albufeira et à 19 km à l'Est de Lagos.

Vous pouvez poursuivre votre voyage en visitant : ALBUFEIRA, FARO, LAGOS, SILVES.

se promener

La ville

Pour bénéficier de la meilleure **vue**★ de la ville, allez à marée haute sur le pont qui franchit l'Arade au fond de la baie.

De nombreux vacanciers se rendent directement à la station balnéaire de Praia da Rocha, la célèbre plage de la ville *(voir ci-dessous)*. Cependant si vous faites un tour dans le centre de Portimão, jetez un œil au **largo 1° de Dezembro**. Les bancs du petit square de cette place ont pour dossiers des panneaux d'azulejos (19ᵉ s.) illustrant divers épisodes de l'histoire portugaise.

environs

Praia da Rocha★

3 km au Sud de Portimão. Rendu célèbre par un groupe d'écrivains et d'intellectuels anglais qui s'y installèrent entre 1930 et 1950, ce village est devenu l'une des stations balnéaires les plus fréquentées de l'Algarve, même en hiver. Il est apprécié pour son climat, son ensoleillement exceptionnel, sa vaste plage qui se prolonge par une série de **criques**★★ aux eaux turquoise s'incurvant entre des falaises ocre et rouge creusées de grottes. Cependant, un conseil : ne quittez pas l'Océan des yeux. En vous retournant, vous n'auriez pour horizon qu'une interminable barre d'immeubles.

Belvédère★ – À l'Ouest de la station, près de la crique dos Castelos, un promontoire aménagé offre une vue d'ensemble, d'un côté sur la longue plage en pente douce dominée par les immeubles blancs de la station, de l'autre sur la succession de criques abritées par la falaise.

Fort de Santa Catarina – Il domine l'Ouest de l'embouchure de l'Arade et, avec le fort São João de Ferragudo sur la rive opposée, garde l'entrée de la baie de Portimão. Il fut construit en 1621 pour défendre Silves et Portimão des attaques espagnoles et maures.

Ferragudo★

Un monde (et seulement un pont) sépare Praia da Rocha de ce charmant village, situé à l'Est de l'estuaire de l'Arade. Par quel miracle Ferragudo a-t-il su résister à la fièvre des promoteurs et à l'invasion touristique ? Hormis une poignée de bars et de restaurants, près de la place centrale, c'est le calme absolu dans les ruelles en escalier de ce village couronné par une église. Grimpez jusqu'au **fort São João** (propriété privée) pour contempler la vue sur l'estuaire, avec en toile de fond les immeubles modernes de Portimão. En contrebas, au Sud du fort, baignez-vous à **praia Grande**.

Rejoignez la N 125 que vous suivrez vers l'Est en direction de Lagoa. De là, gagnez la côte par la N 124-1.

Praia da Rocha.

Carvoeiro★

Encaissé dans une étroite échancrure de la falaise, ce village de pêcheurs est devenu une station balnéaire agréable qui n'a pas été trop envahie par les constructions modernes.

Belvédère Nossa Senhora da Encarnação – Au sommet d'une rampe abrupte, à l'Est de la plage *(devant une chapelle et un poste de police)*, il offre une vue en enfilade sur les falaises du cap Carvoeiro.

Algar Seco★★ – *500 m au-delà du belvédère de N. S. da Encarnação, plus une demi-heure à pied AR. Laissez la voiture au parc de stationnement.*

En contrebas du cap Carvoeiro, le **site marin** d'Algar Seco s'atteint par un dédale *(dont 134 marches)* de rochers rougeâtres sculptés par la mer en forme de piton, d'arche, de « meule de gruyère », etc. Le cœur du site bat entre les porches béants de plusieurs grottes à demi immergées, sous l'aspect d'un violent tourbillon de courants marins affrontés. Sur la droite *(pancarte « A Boneca »)*, un court tunnel aboutit, sous un piton, à une caverne (aménagée en buvette l'été) percée de deux « fenêtres » naturelles d'où la vue embrasse les falaises Ouest. Sur la gauche, un sentier mène à un promontoire d'où l'on peut contempler l'entrée d'une profonde grotte sous-marine.

En saison, les grottes marines du cap Carvoeiro se visitent en bateau. Adressez-vous aux pêcheurs que vous rencontrerez à Algar Seco ou sur la plage de Carvoeiro.

circuit

SERRA DE MONCHIQUE

30 km – environ 2h – voir schéma ALGARVE p. 192

Dans l'arrière-pays de l'Algarve, la serra de Monchique offre aux estivants de la côte la fraîcheur de ses hauteurs boisées et de beaux points de vue sur la région.

« Un jardin suspendu » (Miguel Torga) – Bloc volcanique surgi à plus de 900 m au-dessus des croupes schisteuses environnantes, la serra de Monchique forme une barrière sur laquelle viennent buter les influences climatiques de l'océan Atlantique qui y entretiennent une humidité d'autant plus élevée que la roche est imperméable. L'humidité et la chaleur combinées favorisent, sur ces sols volcaniques riches, le développement d'une végétation exubérante et variée où s'entremêlent la flore tropicale et les espèces tempérées : eucalyptus, chênes-lièges, châtaigniers, pins, arbousiers, caroubiers, rhododendrons, etc. ; cultures en terrasses d'orangers et de maïs.

Le volcanisme explique la présence des sources thermales qui, à **Caldas de Monchique**, sont utilisées dans le traitement des rhumatismes et des maladies de peau.

Quittez Portimão par la N 124, au Nord.

Après Porto de Lagos, par la N 266 prise à gauche, commence la montée dans la serra de Monchique, agréablement boisée. Au-delà de l'embranchement vers Caldas de Monchique (qu'on laisse à gauche), dans un ample lacet de la route, à gauche, un premier belvédère (table d'orientation) offre une jolie **vue** sur la station thermale située en contrebas et les cultures de maïs en terrasses qui l'entourent, ainsi que, plus au Sud, sur le moutonnement des collines s'abaissant vers Portimão.

La route passe entre les versants opposés du Fóia et du Picota, couverts de pins, de chênes-lièges et d'eucalyptus. D'importantes carrières de syénite sont exploitées pour la construction.

Monchique

Agréablement nichée dans la verdure sur le flanc Est du Fóia, la petite ville possède une **église** célèbre pour son portail manuélin où des colonnes torses se prolongent en une cordelière nouée.

Du belvédère aménagé sur le champ de foire *(accès par la rue que prolonge la route du Fóia)*, vue intéressante sur les quartiers étagés face au mont Picota (alt. 773 m).

Dans Monchique, prenez à gauche la N 266-3 vers le mont Fóia.

La **route★** gravit les pentes du Fóia, point culminant de la serra. Après quelques kilomètres sous les pins et les eucalyptus, la **vue★** se dégage vers le Sud dans un virage à droite (croix et fontaine) ; on distingue, de gauche à droite, le golfe de Portimão, la baie de Lagos, le lac d'Odiáxere et, dans le lointain, la presqu'île de Sagres.

Pico da Fóia★

Alt. 902 m. Le site, qu'avoisinent un relais de radio-télévision et un restaurant, présente l'aspect d'un chaos rocheux. Du sommet (obélisque), vous bénéficiez de **vues★** étendues sur les croupes dénudées du Nord et les hauteurs boisées de l'Ouest.

Porto★★

Célèbre dans le monde entier pour les fameux vins auxquels elle a donné son nom, la capitale du Nord est réputée industrieuse et besogneuse, sombre et conservatrice... Il faut pourtant regarder derrière les apparences : les églises de granit, d'aspect extérieur austère, abritent toute la magnificence et l'opulence du baroque portugais ; les quais animés de la Ribeira ou de Vila Nova de Gaia, sur l'autre rive, réussissent à égayer un fleuve souvent sévère et brumeux. Sous le soleil, la ville apparaît radieuse et colorée, avec ses demeures accrochées aux versants pentus du Douro, fleuve mythique qui vient terminer ici son long parcours à travers l'Espagne et le Portugal. Ville baroque, ville romantique, parfois teintée d'influence anglaise, cette cité labyrinthique à l'atmosphère mystérieuse et énigmatique se découvre à pied et révèle tous ses charmes à l'intersaison. Porto demeure aussi une ville de négoce, un important port de pêche et d'exportation (port artificiel de Leixões). Bien que Lisbonne reste l'éternel rival, les « mangeurs de tripes » (tripeiros) de Porto n'ont plus à ressentir de complexe face aux « petites laitues » (alfacinhas) lisboètes. Outre son poids économique et industriel, la ville est fière des exploits footballistiques du FC Porto, ainsi que de ses récents succès culturels. Devenu « Capitale européenne de la culture » en 2001, Porto, qui compte de nombreux créateurs, s'est doté d'établissements nouveaux : notamment un ambitieux musée d'art moderne, une bibliothèque municipale, la prochaine Casa da Música, etc. Tandis que la municipalité rénove ses vieux quartiers, la ville a vu son centre historique inscrit au patrimoine mondial de l'Unesco (depuis 1996).

La situation

262 928 habitants (agglomération : env. 1,2 million). Carte Michelin nº 733 I 4 – District de Porto. Deuxième ville du Portugal et capitale du Nord, Porto occupe un site escarpé, sur la rive droite de l'estuaire du Douro. Trois autoroutes partent de la ville vers Lisbonne (220 km), le Minho et le Trás-os-Montes. L'aéroport international se trouve à 14 km au Nord-Ouest par l'EN 107. ◪ *R. Clube dos Fenianos, 25,*

> **LES PLUS BEAUX PANORAMAS DE PORTO**
> **Tour des Clérigos** : vue panoramique de la ville.
> **Butte du Pilar** : depuis la rive Sud, vue sur l'ancienne cité, le fleuve Douro et les caves à vins.
> **Terreiro da Sé** : vue sur le quartier de la cathédrale.
> **Belvédère de Santa Catarina** : vue sur l'embouchure du fleuve et Afurada, de l'autre côté du fleuve.

4000-172, ☎ 223 39 34 72 ; r. Infante D. Henrique, 63 (casa do Infante), 4050-297, ☎ 222 00 97 70.

Vous pouvez poursuivre votre voyage en visitant : BRAGA, la vallée du DOURO, GUIMARÃES, VILA DO CONDE.

comprendre

UNE CITÉ ÉPRISE D'INDÉPENDANCE

Portucale – À l'époque romaine, le Douro est un obstacle aux communications entre le Nord et le Sud de la Lusitanie ; deux cités qui se font face en contrôlent l'estuaire : Portus (le Port) sur la rive droite ; Cale sur la rive gauche.

Au 8ᵉ s., les musulmans envahissent la Lusitanie, mais la résistance des chrétiens les empêche de s'installer de façon durable dans la région entre le Minho et le Douro ; c'est ce territoire, déjà appelé Portucale, que Thérèse, fille du roi de León, apporte en dot en 1095 à son mari Henri de Bourgogne, sous forme de comté ; devenu un des foyers de la Reconquête, le comté donnera son nom à la nation.

Les tripes à la mode de Porto – Aux 14ᵉ et 15ᵉ s., les chantiers navals du Port (O Porto), dans le comté de Portucale contribuent à la création de la flotte portugaise. En 1415, sous la direction de l'infant Henri le Navigateur, une importante expédition se prépare pour la prise de Ceuta au Maroc. Porto est lourdement mis à contribution pour ravitailler cette escadre, tout le cheptel bovin de la région est réquisitionné, et la population en est réduite à se nourrir de tripes et d'abats, difficiles à conserver lors de campagnes militaires. D'où le surnom de *tripeiros* (mangeurs de tripes) donné, un peu injustement, aux habitants. Les *tripas à moda de Porto*, accompagnées de haricots, sont devenues une spécialité locale.

Les Anglais et le porto – À partir du 13ᵉ s. le vin produit dans la vallée du Douro est transporté dans des fûts jusqu'à Porto à bord des bateaux *rabelos* qui sillonnent les eaux du Douro. En 1703, le Portugal et l'Angleterre signent le traité de Methuen qui facilite l'accès des produits manufacturés anglais sur le marché portugais ; en échange, les vins du Haut-Douro, commercialisés à Porto, trouvent un large débouché en Angleterre. Les négociants anglais créent un comptoir dans la ville en 1717 et, peu à peu, plusieurs compagnies anglaises contrôlent la production, de la récolte à la mise en bouteilles.

carnet pratique

TRANSPORTS

Aéroport – L'aéroport Dr. Francisco Sá Carneiro est situé sur l'EN 107, à 14 km au Nord-Ouest de la ville. Bus fréquents n°s 56, 87 (jardins da Cordoaria, de 6h15 à 0h30) ; Aerobus (arrêt : av. dos Aliados) vers l'aéroport de 7h à 18h30 et vers Porto de 7h45 à 19h15.

Voiture – La circulation automobile est très difficile à Porto : trafic intense, orientation parfois défaillante, rues mal indiquées (plaques souvent absentes), grande difficulté de stationnement (payant) dans le centre ville, vol fréquent. Autant que possible, préférez donc les transports en commun.

Métro – La récente ligne de métro de Porto, longue de 12 km et surtout aérienne, relie, *via* 18 stations, le centre-ville à Matosinhos, dans la banlieue Nord-Ouest. La ligne Nord-Sud, en construction, entre Vila Nova de Gaia et le Nord de Porto, empruntera le pont D. Luíz I. Ouverture prévue pour fin 2004. Renseignements : www.metro-porto.pt

Bus – 78 lignes de bus *(autocarros)* gérées par la STCP (www.stcp.pt). Vente de billets face à la gare de São Bento, praça Almeida Garrett, 27 ; sur la praça de Bathalha et dans les kiosques à journaux : 0,5€ le ticket (1€ dans le bus ; 2€ pour le billet journalier et 5€ pour 3 j.).

Tramway – Les petits *eléctricos* (lignes 1[E] et 18) sont similaires à ceux de Lisbonne. Départ sur le parvis de l'église de São Francisco. Les tramways longent les quais et les berges du fleuve en amont jusqu'à Foz do Douro.

Taxi – Rádio Táxi Geral, ☎ 225 07 39 00.

VISITE

Passe Porto – Pass touristique valable un jour (4€) ou deux jours (5,5€) : entrée gratuite dans huit musées et monuments, voyages gratuits dans tous les transports publics de la STCP, rabais dans 24 magasins d'articles traditionnels, de mode et de parfumerie, ainsi que sur certains spectacles, croisières, tours en bus ou taxis. Vente dans les offices de tourisme.

Visite des caves à vins – Pour visiter les chais de 16 établissements producteurs de porto, renseignement aux offices de tourisme (fascicule trilingue *Caves do Vinho do Porto*) et à l'Associação das Empresas de Vinho do Porto, r. Barão de Forrester, 412, Vila Nova de Gaia, ☎ 223 74 55 20.

Porto Tours – Centre de réservations de circuits organisés de tous types, ☎ 222 00 00 73/45, reservas@portotours.com ; www.portotours.com

Bus – **Diana Tours**, r. Francisco Alexandre Ferreira, 96. ☎ 800 20 39 83/223 77 12 30. Tour de la ville (PortoVisão) avec commentaires en français : 12,50€. Également excursions d'une journée (Braga, Guimarães, etc) ; **Gray Line**, praça D. João I, ☎ 222 05 32 97. Excursions d'une 1/2 journée ou d'une journée (dans le Minho).

Croisières fluviales – Une dizaine de compagnies proposent des croisières sur le Douro sous les 5 ponts (durée environ 1h).

Départ du quai de la Ribeira ou du quai Amarelo (à Vila Nova de Gaia). Mai-oct. : tlj et toutes les heures de 10h à 17h. 5 à 8€.

Douro Azul, r. de São Francisco, 4, ☎ 223 40 25 00 : excursion d'une journée (avec repas) sur le Ribadouro jusqu'à Régua, Pinhão, Barca d'Alva, Mosteiro da Alpendurada et Ferradosa. Départ du quai de la Ribeira.

Taxi – Visite de Porto en « London Cab » à la 1/2 journée, la journée ou la nuit. **Rent-A-Cab Tours**, r. Santa Catarina, 715, Centro Comercial Rio, Loja D, ☎ 222 00 15 30.

Hélicoptère – **Helitours**, Alameda Basílio Teles s/nº (près du Douro). À partir de 42€/pers. (4mn) Informations et réservations, ☎ 225 43 24 64/226 00 34 99. E-mail : helitours@sapo.pt ; www.douroazul.com

P. de Franqueville/MICHELIN

Terrasses sur la praça da Ribeira.

ADRESSES UTILES

Vinho Verde – Comissão de Viticultura da Região dos Vinhos Verdes, r. da Restauração, 318. ☎ 226 07 73 00.

Internet – Plusieurs comptoirs Internet, généralement ouverts jusque tard le soir. Portweb, praça General Humberto Delgado, 291 (en dessous de l'office de tourisme, en haut de l'av. dos Aliados). ☎ 222 00 59 22. Tlj 10h-2h ; dim. et j. fériés 15h-2h.

HÉBERGEMENT

Pensão Avenida – *Av. dos Aliados, 141 -* ☎ *222 00 95 51 - pensaoavenida@clix.pt - 15 ch. 25/35€* ⌧. À côté de l'hôtel de ville, une pension très centrale et d'un bon rapport qualité-prix. Rénovée dans sa quasi-totalité (parquet au sol et marbre dans les salle de bains), elle cumule confort et bonne tenue.

Residencial Vera Cruz – *R. Ramalho Ortigão, 14 -* ☎ *223 32 33 96 - 29 ch. 35/45€* ⌧. Voilà une pension à l'accueil sympathique et fort bien tenue. Les murs blancs, la moquette beige et les dessus-de-lits en cotonnade lui donnent un côté lumineux et frais que l'on retrouve dans l'agréable salle de petit-déjeuner du dernier étage, dotée d'une vue dégagée sur la ville. Une bonne petite adresse centrale, voisine de l'hôtel de ville.

⊝ **Castelo de Santa Catarina** – *R. de Santa Catarina, 1347* - ☎ 225 09 55 99 *-castelo santacatarina@iol.pt -* ☁ ▣ *- 24 ch. 43/63€*. Cette maison de caractère juchée au calme sur les hauteurs de Porto propose des prix défiant toute concurrence. Accueil charmant et personnalisé. Si l'idée de monter 80 marches ne vous effraie pas, demandez la chambre 141 dans la tour avec une vue à 360° sur la ville et la mer au loin. Réservez de préférence dans la maison ancienne plutôt que dans les dépendances, moins séduisantes.

⊝ **América** – *R. Santa Catarina, 1018* - ☎ 223 39 29 30 - *hotelamerica@clix.pt* - ▤ ♿ *- 21 ch. 45/55€* ♨. Dans la partie haute de la rua Santa Catarina, cet hôtel un peu excentré offre une alternative moderne au charme désuet du Castelo de Santa Catarina de la même rue. Pour ceux qui privilégient la modernité.

⊝ **Rex** – *Praça da República, 117* -☎ 222 07 45 90 - ▣ ▤ *– 21 ch. 45/60€* ♨. Petit hôtel aménagé dans une ancienne maison particulière. Ambiance intime et quelques plafonds d'époque intacts. Sa proximité de l'Alliance française explique la présence de nombreux clients français.

⊝⊜ **Pão de Açucar** – *R. do Almanda, 262* - ☎ 222 00 24 25 - *paodeacucar@iol.pt* - *50 ch. 53/75€* ♨. Si vous recherchez une adresse agréable et centrale, choisissez donc cet établissement ouvert sur une rue calme et proche de l'hôtel de ville. Spacieuses et confortables, les chambres se répartissent sur plusieurs niveaux et peuvent compter jusqu'à quatre lits. Celles du dernier étage avec terrasse et vue sont sensiblement plus petites mais dotées de l'air conditionné. Suites disponibles.

⊝⊜ **Da Bolsa** – *R. Ferreira Borges, 101* - ☎ 222 02 67 68 *-hoteldabolsa @mail. telepac.pt* - ▤ ♿ *- 36 ch. 68/81€* ♨. Une adresse intéressante pour sa situation toute proche du quartier animé de Ribeira. Belle façade 19ᵉ s. ; l'intérieur a été entièrement rénové dans un style moderne et sans charme. Les chambres du dernier étage offrent de belles vues sur le port.

⊝⊜⊜ **Grande H. do Porto** – *R. de Santa Catarina, 197* - ☎ 222 07 66 90 - *reservas@grandehotelporto.com* - ▤ ♿ - *100 ch. 95€* ♨ *- restaurant 15€*. Bien qu'ayant perdu de son ancienne splendeur, ce grand hôtel conserve encore un certain charme de la grande époque, surtout dans ses salons et les zones publiques. Les chambres sont décorées dans un style fonctionnel et moderne. Situé dans une artère piétonne commerçante et animée du centre-ville, il sera particulièrement apprécié de ceux qui visitent la ville à pied.

⊝⊜⊜ **Porto Carlton** – *Praça da Ribeira* - ☎ 223 40 23 00 *-porto.carlton @mail. telepac.pt* - ▤ ♿ *- 48 ch. 134,50€* ♨ *- restaurant 29€*. Difficile de trouver un hôtel mieux placé ! Le bâtiment s'élève en effet au bord du Douro avec une vue imprenable sur le fleuve et les chais de la rive opposée. Une situation idéale pour partir explorer les ruelles de Ribeira, un quartier classé au patrimoine mondial de l'humanité.

⊝⊜⊜ **Casa do Marechal** – *Av. da Boavista, 2674* - ☎ 226 10 47 02 - *casa.marechal@mail.telepac.pt - fermé août -* ▣ ▤ *- 5 ch. 150€* ♨ *- restaurant 33,50/35€*. Située dans une ancienne demeure en dehors du centre historique de Porto, la Casa do Marechal allie le confort et le service d'un grand hôtel à un cadre intime et élégant.

⊝⊜⊜ **Infante de Sagres** – *Praça D. Filipa de Lencastre, 62* - ☎ 223 39 85 00 - *his.sales@mail.telepac.pt* - ▤ *- 68 ch. 180€* ♨ *- restaurant 51/60€*. Avec ses boiseries, ses meubles d'époque et ses vitraux, cet hôtel de prestige possède un charme tout particulier. Situation centrale près de la praça da Liberdade.

RESTAURATION

• *Sur le pouce*

Casa de Chá de Serralves – *R. de Serralves, 977 - mar.-ven. 12h-19h ; sam.-dim. 10h-20h*. Avec ses rideaux en toile rayée écru et blanc, ses fauteuils en rotin, ses planches botaniques et sa pergola couverte de glycine, ce salon de thé implanté dans le mystérieux parc de Serralves offre un cadre accueillant et frais. Idéal pour des brunchs, goûters ou déjeuners légers.

• *À table*

⊝ **Filha da Mãe Preta** – *Cais de Ribeira, 40* - ☎ 222 05 55 15 - *filha da mae preta@clix.pt - fermé dim. - 12/18€*. Parmi tous les restaurants à touristes de Ribeira, celui-ci se distingue par une cuisine simple qui n'a rien perdu de son caractère : morue, calamars farcis (spécialité maison), tripes à la mode de Porto ou rognons à la mode du Minho. Vous ne trouverez pas plus pittoresque dans Porto. Situé sur les quais.

⊝ **Cometa** – *R. Tomaz Gonzaga, 87* - ☎ 222 00 87 74 - *fermé dim. - réserv. conseillée le w.-end - 13/22€*. À deux pas de l'église S. Pedro de Miragaia, ce petit restaurant tout récent joue la carte du « rétro » avec une décoration de bistrot des années 1950. Banquettes en skaï rouge et portes battantes avec rideaux de dentelle à l'entrée donnent la réplique à des spécialités atypiques, servies dans la vaisselle de la grand-mère sur fond de musique très actuelle. L'occasion de faire un repas délicieusement décalé à base de plats méditerranéens, de recettes de famille ou de plats slaves.

⊝ **Arroz de Forno** – *R. Mouzinho da Silveira, 203* - ☎ 222 00 74 65 *-arrozdeforno @clix.pt - fermé dim. soir -14/20€*. Sur l'artère principale menant au fleuve, ce vaste restaurant réparti sur deux étages affiche une décoration contemporaine en pierre et bois brut qui contraste avec sa carte spécialisée dans le riz et les plats traditionnels du Douro. Ceux-ci sont servis dans des cocottes en terre cuite brune. La carte propose aussi du chevreau à la braise, de la daurade au gros sel et du coq aux châtaignes. Demi-doses conseillées, c'est très copieux !

⊝ **Abadia do Porto** – *R. do Ateneu Comercial* - ☎ 222 00 87 57 - *15/20€*. C'est dans une salle couverte d'azulejos et surmontée d'une mezzanine que vous savourerez de la morue braisée, des tripes, du poulpe ou des viandes grillées. Un restaurant de cuisine locale à l'ambiance surchauffée et idéalement situé à proximité de la rua Santa Catarina, très animée.

☺ **Peixes & Ca** – *R. do Ouro, 133 -* ☎ *226 18 56 55 - fermé dim. - 15/20€.* Juste après le ponte d'Arrabida, une maison intime au bord du Douro pour dîner au coucher du soleil et contempler la rive opposée. Aquarelles de poissons aux murs et, dans l'assiette, la pêche du jour. Une belle carte des vins et de petites entrées savoureuses telles que salade de pois chiches et sardines grillées.

☺ **Presuntisco** – *R. Cais da Ribeira, 9 -* ☎ *222 03 84 58 - presuntisco@iol.pt -* *15/20€.* Sur les quais de Ribeira, au pied du pont D. Luís I, un restaurant pas comme les autres avec une carte focalisée sur deux « produits phares » : les cinq meilleurs jambons et les vingt meilleurs fromages du Portugal. Dans une jolie petite cave voûtée, un voyage gustatif qui va jusqu'aux Açores. Jeudi, soirée de fado. Le tout sous la houlette de Joaquim Granja, ex-journaliste économiste et organisateur de la Coupe du Monde de surf au Portugal.

☺☺ **D. Luís** – *Av. Ramos Pinto, 264-266 -* ☎ *223 75 12 51 - fermé lun. - 16/25€.* Décoration raffinée pour cette petite salle de Vila Nova de Gaia dont le bar ondulé fait écho à la vague de béton qui orne les murs de pierres apparentes. On y sert des plats soignés : trois recettes de morue, *feijoada* marinière, colin, crevettes... Une halte dont la tranquillité contraste avec l'animation environnante.

☺☺ **Adega e Presuntaria Transmontana** – *R. Cândido dos Reis, 132 -* *4400 Vila Nova de Gaia -* ☎ *223 75 97 92 - fermé dim. - 17/25€.* Ce restaurant de Vila Nova de Gaia, l'autre rive du fleuve devenu « le » lieu à la mode, affiche souvent complet derrière sa baie vitrée. Face au Douro, il se présente comme un cube de verre dans lequel on savoure charcuteries, jambons ou fromages (servis sur des planches en bois) mais aussi de savoureux plats de viande et de poisson.

☺☺ **D. Tonho** – *Cais da Ribeira, 9 -* ☎ *222 00 43 07 - porto@dtonho.com -* ▤ *-* *20/27€.* Installé dans une maison ancienne restaurée et décorée avec goût, ce restaurant qui appartient au célèbre chanteur Rui Veloso sert de bons petits plats traditionnels : *posta mirandesa* (pièce de bœuf), chevreau au four, morue grillée, tripes à la mode de Porto. Belle vue sur le Douro.

☺☺ **Fish-Fixe** – *R. da Lada, 24 -* ☎ *222 03 84 57 - 20/30€.* Face au fleuve, vous découvrez le nouveau concept du talentueux Joaquim Granja, qui a déjà lancé le Presuntisco : un restaurant exclusivement consacré au poisson, unique à Ribeira. On le cuisine sous toutes ses formes : grillé, au four ou à l'eau, avec un soin et une exigence extrême quant à la qualité. Vous trouverez notamment au menu du requin et de l'espadon noir. La décoration est à l'unisson avec des dossiers de chaise en forme de requin.

☺☺ **Antigo Grémio** – *R. Mouzinho da Silveira, 10 -* ☎ *223 39 03 54 - fermé sam. midi et dim. - 23/25,50€.* Il faut aller chercher ce restaurant au fond d'une cour voisine du marché Ferreira Borges, dans un édifice du 18ᵉ s. autrefois siège de la corporation des épiciers de Porto. Assis dans une grande salle de restaurant aux murs rouge sombre, vous goûterez à la lotte en pâte feuilletée ou à la sole arrosée de crème d'amandes, exemples d'une cuisine animée par un certain raffinement. Restaurant parfois fréquenté par des groupes.

☺☺ **O Chanquinhas** – *R. de Santana, 243 -* *4450 Leça da Palmeira -* ☎ *229 95 18 84 - fermé dim. -* ▤ *- 27,50€.* Ancienne maison seigneuriale reconvertie en un élégant restaurant familial de grande renommée. Son agréable salle à manger laisse présager du bon niveau de la cuisine.

☺☺☺ **A Mesa Com Bacchus** – *R. de Miragaia, 127 -* ☎ *222 00 08 96 - a-mesa-com-bacchus@clix.pt - fermé dim. -* ▨ *-* *réserv. obligatoire le soir - 40/60€.* Au cours de vos pérégrinations dans le vieux Porto populaire, ne manquez pas ce restaurant réfugié au bout des arcades de la rua de Miragaia, au bord du fleuve. C'est un endroit entièrement dédié au vin où le patron, sommelier, crée selon son inspiration du moment un menu autour de différents crus. Festival de saveurs assuré et réinterprétation brillante de la cuisine traditionnelle, à savourer dans un cadre intimiste.

☺☺☺ **Casa Maria Zinha** – *R. de Belomonte, 2-4 -* ☎ *222 00 91 37 - casamariazinha@netcabo.pt - fermé midi, mer. - réserv. conseillée - 50/55€.* Voilà une adresse qui plaira aux gastronomes ou aux amateurs de découvertes. Ce minuscule restaurant réfugié derrière une façade rouge jouxtant l'hôtel da Bolsa n'affiche aucun menu mais propose sept plats autour de sept vins. Chaque convive est traité comme un invité, et l'on est aux petits soins pour vous. Difficile de savoir quand vous sortirez de table ! Réservation conseillée (12 personnes maximum).

PETITE PAUSE

Confeitaria Império – *R. Santa Catarina, 149-151 -* ☎ *222 00 55 95.* Cette confiserie située dans la partie piétonne de la rua Santa Catarina, axe commerçant incontournable,

Tonneaux de porto sur un « barco rabelo ».

F. Soreau/MICHELIN

reste un classique du genre avec son salon de thé où l'on peut déguster la spécialité locale : le *pão de Ló* (sorte de génoise). Terrasse au cœur de l'animation citadine.

SORTIES

Bien que l'on dise au Portugal que Porto travaille pendant que Lisbonne s'amuse, la nuit de Porto est riche et variée, avec des établissements pour tous les goûts.

Pour apprécier pleinement le site de Porto, il convient de s'installer à une terrasse de la rive opposée à la ville, qui, de là, révèle tout son charme, tout en savourant au soleil couchant l'atmosphère particulière de **Vila Nova de Gaia.**

Sur les quais de Ribeira, il fait bon s'attarder à l'ombre du velum blanc du **Café do Cais** *(cais da Estiva - Ribeira - ☎ 222 08 83 85 - 11h-2h),* un café les pieds dans l'eau, idéal pour prendre un verre en journée ou le soir ou tout simplement respirer l'air du temps.

À Porto, pendant la journée ou en fin d'après-midi, le **Majestic Café** *(r. Santa Catarina, 112),* avec sa décoration Art nouveau, est toujours un grand classique.

Porto – Les restaurants se trouvent Cais da Ribeira et derrière, dans la rue parallèle au quai (rua da Lada), sont les bars. Le quartier de Ribeira, le long du fleuve, est un point de passage obligatoire. L'élégant bar **Aniki-Bóbó** *(r. Fonte Taurina, 36/38 - fermé dimanche et lundi)* accueille une clientèle d'architectes, peintres, photographes, etc. Dans ce même quartier et, pour une ambiance alternative, on optera pour la **Urban Sound** *(r. do Ouro, arcadas de Miragaia).*

Le **Marechal** *(r. Augusto Nobre, 451)* fait entendre une musique originale et dispose d'une belle terrasse.

Dans le quartier de Boavista, le **Labirinto** *(r. Nossa Senhora de Fátima, 334)* est un sympathique bar-galerie d'art.

Foz – Le **Maré Alta** *(près du ponte da Arrábida)* est un bateau qui organise des concerts. Le **Praia da Luz** *(av. do Brasil)* est un bar disposant d'une agréable terrasse.

Le **Bar do Ourigo** est un bar de plage très sympathique. La discothèque **Indústria** *(centre commercial da Foz, av. do Brasil, 843)* est l'une des plus animées à Porto.

Également à Foz, le **Caféina** *(r. do Padrão, 100)* est un bar ouvert tard, fréquenté par les jeunes chefs d'entreprise et les artistes à succès.

À Foz Velha, il y a le sympathique bar **Trinta e Um** *(r. do Passeio Alegre, 564)* et le **Marginal Foz**, un agréable bar-restaurant flottant *(face au 191 r. do Ouro).*

Matosinhos – C'est actuellement la zone la plus animée des nuits de Porto. Rue Manuel Pinto de Azevedo, au n° 567, le **Via Rápida** *(ouvert du jeudi au dimanche)* est une grande discothèque avec sept bars, sans oublier **Mau Mau** *(r. do Outeiro, 4).*

Mais le mieux est encore de se promener dans le quartier, car il y a toujours des surprises et de nouveaux endroits à découvrir.

ACHATS

A Pérola do Bolhão – *R. Formosa, 279.* Une épicerie fine qui mérite un détour, ne serait-ce que pour sa façade délicieusement rétro. Ses étalages à l'ancienne vous propulseront au temps des colonies avec leurs produits exotiques, leurs épices, le café du Brésil et les fruits secs. Une enseigne hors du temps...

Art Hobler.com – *R. Miguel Bombarda, 624 - ☎ 226 08 44 48 - info@arthobler.com.* Dans la rue des galeries d'art, une adresse dirigée par une Suisse allemande installée depuis plus de 15 ans au Portugal et adepte d'une création contemporaine souvent liée à un univers onirique. Elle expose des artistes portugais et de toutes nationalités, avec une forte prédilection pour la sculpture.

Casa oriental – *Campo dos Mártires da Patria.* Ici, on ne vend que de la morue : séchée et salée, elle pend en devanture d'une enseigne rendue mythique par une célèbre carte postale en noir et blanc. Une adresse 100 % portugaise.

Vino Logia – *R. S. João, 46 -☎ 222 05 24 68 - www.vinologia.com - 14h-0h.* S'il est un lieu idéal pour s'initier aux portos, c'est bien ce bar à vins-vinothèque. Plus de 200 variétés (30 à 40 marques mais aussi des petits producteurs), à emporter ou à déguster sur place. Conseils et explications de Jean-Philippe Duhard à l'appui, un amateur éclairé et passionné. Vins exceptionnels et dégustations thématiques hebdomadaires.

CALENDRIER

Festas de São João – La nuit du 24 août, la fête de saint Jean est très célébrée dans les quartiers de Porto ; pot de basilic, tiges d'oignons et marteau en plastique pour frapper sur la tête du voisin sont de rigueur.

Pour faire face à cette situation, le marquis de Pombal, profitant du tremblement de terre de 1755, fonde en 1756 une compagnie portugaise détenant le monopole des vins du Haut-Douro. Sa réglementation stricte mécontente les petits producteurs : à l'occasion du Mardi gras, des ivrognes incendient les locaux de la compagnie, 25 condamnations à mort sont prononcées.

L'amour de la liberté – La *revolta dos Borrachos* (rébellion des ivrognes) n'a pas été la seule manifestation de l'attachement des habitants de Porto à leur liberté. Auparavant, ils avaient réussi à faire interdire à tout seigneur – par un édit royal – l'accès de leur enceinte réservée au négoce. Plus tard, le 29 mars 1809, fuyant devant l'arrivée des troupes napoléoniennes du général Soult, ils se précipitent sur le pont de barques qui relie les rives du Douro ; des centaines de personnes se noient. Une plaque près du pont D. Luís I commémore cet événement.

En 1820, la ville se soulève contre l'occupation anglaise, et l'assemblée convoquée (Junta do Porto) réussit à faire adopter par le pays une constitution libérale (1822). Mais, en 1828, D. Miguel s'empare de la couronne et gouverne en roi absolu : nouvelle révolte dans la ville ; en 1833, la monarchie libérale est rétablie. Le 31 janvier 1891, l'agitation des républicains dans tout le pays se mue en une insurrection à Porto. Ce n'est pourtant qu'en 1910 que la république sera proclamée à Lisbonne.

UNE VILLE INDUSTRIEUSE

Porto et sa région rassemblent une grande partie des industries du Portugal. Les plus importantes sont les industries textiles (coton), métallurgiques (fonderies), chimiques (pneumatiques), alimentaires (conserveries), ainsi que le travail du cuir et la fabrication de céramiques. Porto a aussi une importante production provenant de ses pépinières et de ses jardins d'horticulture, sans oublier son vin qui a fait sa célébrité dans le monde entier.

SE REPÉRER DANS LES QUARTIERS

Le **centre** traditionnel étend son réseau de rues commerçantes autour de la praça da Liberdade et de la gare São Bento : dans la journée, il y règne une grande animation. On se presse devant les vitrines des boutiques, au charme souvent désuet, des ruas Santa Catarina, Formosa, Sá da Bandeira, Fernandes Tomás. On n'hésite pas à faire une halte dans l'une des multiples pâtisseries, où se retrouvent les étudiants drapés dans leurs capes noires.

Les vieux quartiers de Porto.

A. J. Cassaigne/MICHELIN

Sur la rive convexe du fleuve, le **vieux Porto**, autour du quartier populaire de la **Ribeira**, a été classé par l'Unesco et fait depuis quelques années l'objet de travaux de réhabilitation et de rénovation. La Ribeira est devenue un lieu de vie nocturne avec de nombreux bars et restaurants à la mode. Sur l'autre rive, presque en vis-à-vis, **Vila Nova de Gaia**, qui rassemble les chais où vieillissent les portos, offre de très beaux panoramas sur la ville de Porto. Le centre économique a tendance à se déplacer vers l'Ouest, autour de l'**avenue de Boavista**, entre Porto et Foz. Les grandes banques, les hôtels d'affaires, les centres commerciaux se sont installés là, dans des tours modernes.

LES PONTS DE PORTO : DES TOURS EIFFEL À L'HORIZONTALE

Les rives du Douro sont reliées par plusieurs ponts techniquement remarquables. « Porto a couché ses tours Eiffel à l'horizontale ; elles lui servent de ponts », écrivait Paul Morand avant la construction du pont d'Arrábida.

Construits au 19e s. et toujours en activité, les deux ponts métalliques du centre de Porto font partie des monuments phares et sont des symboles de la ville.

Le **pont ferroviaire Maria Pia★**, en amont des autres ponts historiques, est le plus élégant avec son arche unique de 350 m de portée. Œuvre de l'ingénieur français Gustave Eiffel, il est entièrement métallique et fut achevé en 1877. Désormais fermé, il est remplacé par le pont ferroviaire de São João en amont.

SE METTRE AU VERT À PORTO

Jardim de Serralves – R. de Serralves, 977. Grand parc entourant le musée d'Art contemporain et la casa Serralves.

Jardim do Palácio de Cristal – R. D. Manuel II. Jardin entourant les bâtiments du Museu Romântico, du Solar do Vinho do Porto, de la bibliothèque Almeida Garett et du pavillon des Sports.

Parque da Cidade – Grand parc au Nord de Negolvide, en bordure d'Océan, à l'Est du castelo do Queijo.

Parque São Roque – R. de São Roque de Lameira, 2040. Au Nord-Est de la ville.

Jardim da Cordoaria – Campo Mártires da Pátria, aussi appelé jardim João Chagas.

Jardim do Passeio Alegre – Au Sud de Foz do Douro, à l'embouchure du fleuve, à côté du castelo da Foz.

Quinta do Covelo – R. Faria Guimarães, au Nord de la ville.

Jardim Botânico – R. do Campo Alegre, 1191. À l'Ouest de la ville. Lun.-ven. 9h-17h, fermé w.-end et j. fériés. Gratuit.

J. Y. Grégoire/MICHELIN

Porto et le pont D. Luís I, véritable tour Eiffel à l'horizontale.

Le **pont routier D. Luís I★★** est le plus spectaculaire avec ses deux tabliers super-posés permettant de desservir simultanément les quartiers hauts et bas de chaque rive (la ligne de métro Nord-Sud passe désormais sur la partie supérieure du pont). Il est le symbole de Porto et fait partie du patrimoine mondial. D'une portée de 172 m, il a été construit entre 1880 et 1886 par la société belge de Willebroeck, suivant une technique analogue à celle d'Eiffel. Il offre une vue impressionnante sur la ville. Mais c'est juste en face du tablier supérieur du pont, côté Vila Nova de Gaia, sur le parvis de l'ancien couvent de Nossa Senhora da Serra do Pilar, que le panorama sur le site de Porto est le plus exceptionnel.

Le **pont routier d'Arrábida**, en aval, emprunté par l'IC 1, a été lancé en 1963 selon une technique particulièrement audacieuse. Il franchit le Douro en une seule arche de béton armé de près de 270 m. Ce pont constitue également un inté-ressant belvédère sur la ville et le fleuve.

Inauguré en 1995, le **pont de Freixo**, sur lequel passe l'IP 1, est situé à l'Est hors de la ville et permet d'en contourner le centre.

se promener

Comptez deux ou trois jours.

LE CENTRE★

Praça da Liberdade et praça do General Humberto Delgado
Situées au centre de la ville, ces deux places forment un vaste espace ouvert dominé par l'hôtel de ville. L'ancien café Imperial, transformé en restaurant McDonald (praça da Liberdade, 126), a conservé, à l'intérieur, un beau **vitrail** racontant l'aventure du café.

Tout autour et surtout à l'Est se répartissent les rues commerçantes dont la **rua Santa Catarina**, piétonne, où se trouvent les boutiques les plus élégantes ainsi que, au n° 112, le célèbre café Majestic, avec sa façade rococo et son intérieur Art nouveau (lustres en pâte de verre, stucs, marbres et dorures, mobilier). La **rua Formosa** compte de délicieuses pâtisseries-confiseries, comme celle du n° 339 (Confeitaría do Bolhão) ; également une épicerie au n° 279 (A Pérola do Bolhão) à la belle façade de style Art nouveau recouverte de panneaux d'azulejos repré-sentant deux personnages amérindiens.

Le **marché municipal de Bolhão**, pittoresque et animé, s'étend sur deux niveaux entre les rues Formosa et Fernandes Tomás.

Estação de São Bento (gare de São Bento)
De cette gare, en activité depuis 1896, partent les trains pour le Minho et le Douro. Les murs de la salle des Pas-Perdus sont plaqués d'azulejos (20 000 mosaïques) peints en 1930 par Jorge Colaço : les scènes représentées évoquent la vie traditionnelle dans le Nord du Portugal (scènes champêtres, pèlerinages) ainsi que de grands épisodes de l'histoire du pays : Jean Ier entrant à Porto *(en haut à droite)* ; prise de Ceuta en 1415 par Henri le Navigateur, parti de Porto *(en bas à droite)*.

Église et tour dos Clérigos

10h-13h, 14h-17h. 1€. L'église baroque, de style rocaille, construite entre 1735 et 1748 par l'architecte Nicolau Nasoni *(voir encadré)* forme une toile de fond en haut de la rue commerçante du même nom. On retrouve l'influence italienne dans le plan elliptique de la nef. L'église est dominée par la **tour★**, haute de 75,60 m, monument le plus caractéristique de Porto, qui servait autrefois d'amer aux bateaux. De son sommet *(225 marches)* s'offre un **panorama★** étendu sur la ville, la cathédrale, le Douro et les chais.

Rua das Carmelitas

Dans cette rue commerçante, on s'arrêtera au n° 144 pour contempler la façade néo-gothique de la **librairie Lello & Irmão** (1881) et son extraordinaire escalier intérieur à double volée et à double orientation. Au premier étage se trouve un petit bar où l'on peut s'asseoir confortablement au milieu des livres.

Églises do Carmo et das Carmelitas

Ces deux églises baroques sont construites côte à côte. L'église do Carmo est décorée à l'extérieur d'un grand panneau d'azulejos représentant la prise de voile des carmélites (1912).

Hôpital de Santo António

À l'Ouest de ces églises, cet imposant hôpital est un bel exemple de l'influence anglaise à Porto et de l'introduction du style palladien (une esthétique très en vogue dans l'Angleterre de la deuxième moitié du 18e s.) au Portugal. Il fut élevé à partir de 1770 par l'architecte anglais John Carr.

NICOLAU NASONI ET L'EXTRAVAGANCE BAROQUE

Le baroque du Nord du Portugal, original et plein d'audace, doit beaucoup à un artiste et architecte italien, un toscan formé à Sienne. Niccolo Nazoni, ou Nicolau Nasoni en portugais, arrive à Porto en 1725, où il a travailler pour le compte du roi João V (1706-1750) jusqu'à sa mort, en 1773. Nasoni a dessiné les plans, construit, reconstruit ou embelli d'innombrables édifices, tant à Porto (églises dos Clérigos, Misericórdia ou Sé ; palais du Freixo et de São João o Novo, etc.) que dans la région (Mateus, Vila Real). Il fut notamment l'un des meilleurs interprètes de la *talha dourada* (« taille dorée »), technique artistique du bois sculpté recouvert de feuilles d'or, caractéristique du baroque portugais. Utilisée individuellement (statues) ou dans des ensembles (autels, retables, baldaquins), elle exprime la volonté de surcharge décorative, dans une profusion de boiseries et un débordement de dorures. La *talha dourada* fut encouragée au Portugal entre 1670 et 1770 dans le but d'éblouir les fidèles. Arme de la contre-Réforme, l'esthétique du baroque visait ainsi à convaincre les foules de la puissance et la richesse de la religion catholique. La dépouille de Nasoni repose dans la crypte de l'église dos Clérigos, dont il est l'architecte.

Museu Nacional Soares dos Reis★

Tlj sf lun. 10h-18h, mar. 14h-18h. Fermé 1er janv., dim. de Pâques, 25 avr., 1er mai et 25 déc. 2€. Remanié par Fernando Távora, architecte originaire de Porto, ce musée installé dans le palais des Carrancas (18e s.), qui servit de résidence à la famille royale au milieu du 19e s., présente des collections permanentes de peinture et de sculpture portugaises des 19e et 20e s. et d'œuvres du 16e au 18e s. ; il dispose en outre d'une galerie d'expositions temporaires. Dans le domaine de la sculpture, les œuvres les plus admirables sont celles de **Soares dos Reis** (1847-1889). *O Desterrado (Le Banni)*, une célèbre sculpture de 1872 en marbre de carrare représentant un jeune homme nostalgique, le regard dans le vide, symbolise la *saudade*. La peinture portugaise de 1850 à 1950 est notamment représentée par les toiles de Silva Porto (1850-1893) et Henrique Pousão (1859-1884), tous deux influencés par les impressionnistes et les symbolistes, ainsi que par José Malhoa, João Vaz et Columbano.

La peinture ancienne comprend des œuvres portugaises de Frei Carlos, Gaspar Vaz, Vasco Fernandes, Cristóvão de Figueiredo, ainsi que des œuvres étrangères de François Clouet (portraits de *Marguerite de Valois* et *Henri II*), Quillard, Pillement, Teniers, Troni, Simpson. Importantes collections de céramiques du 17e au 20e s. (faïences portugaises, porcelaines orientales), d'orfèvrerie du 17e au 19e s., et d'art religieux.

Parmi l'art décoratif et le mobilier, remarquez aussi les *contadores*, meubles de paravents raffinés, et les deux paravents nambans du 17e s., représentatifs de l'art indo-portugais et illustrant l'arrivée des Portugais au Japon.

Le musée dispose en outre d'un agréable jardin et d'une cafétéria.

Centro Português de Fotografia

Campo Mártires da Pátria. Tlj sf dim. 9h-12h30, 14h-17h30. Centre d'expositions : mar.-ven. 15h-18h, w.-end et j. fériés 15h-19h. ☎ 226 06 11 70, fax 222 07 63 10. Entrée libre. Dans un vaste édifice restauré, aux larges volumes et aux résonances sinistres puisqu'il abritait la prison de la Cour d'Appel *(Cadeia da Relação)*, le Centre portugais de photographie, qui coordonne la politique nationale dans ce secteur, dispose ici d'une unité d'information et de recherche sur la photographie (bibliothèque informatisée, librairie, ateliers et séminaires) et abrite de nombreuses expositions temporaires. La collection permanente compte un grand nombre d'appareils de tous âges et tous formats (2e étage), depuis les daguerréotypes, chambres photographiques et appareils à soufflets du 19e s., jusqu'aux appareils reflex, moyens formats, panoramiques, bi-objectifs, jetables ou minuscules appareils d'espionnage... Toute l'histoire de la prise de vue, sous l'angle de son support technique, et dans le sens d'une miniaturisation progressive, défile ainsi.

LE VIEUX PORTO★★

Terreiro da Sé

Cette vaste esplanade surplombant la vieille ville est occupée en son centre par un pilori néo-pombalin (1945). Elle est délimitée par la silhouette massive de la cathédrale, par l'ancien palais épiscopal (18e s.) et par une tour en granit du 14e s.

Sé (cathédrale)

Avr.-oct. : 9h-12h30, 14h30-19h ; le reste de l'année : 9h-12h30, 14h30-18h. Cloître : 2€.
Église-forteresse du 12e s., la cathédrale, un des premiers monuments romans important érigé au Portugal, a subi de profondes modifications aux 17e et 18e s. Avec un aspect rude d'église-forteresse, elle présente une architecture quelque peu hétéroclite. La façade principale, encadrée de deux tours carrées, casquées de dômes, est percée d'une rosace romane (13e s.) et d'un portail baroque. Sur la face Nord a été ajoutée une loggia baroque (1736), attribuée à l'architecte Nasoni.
À l'intérieur, la nef centrale, assez étroite, est encadrée par deux bas-côtés ; on y remarquera trois bénitiers en marbre du 17e s., chacun supporté par une statuette, ainsi que, dans le baptistère, un relief en bronze, œuvre du sculpteur Teixeira Lopes, représentant le baptême du Christ par saint Jean.
Le transept et le chœur ont été transformés à l'époque baroque. La chapelle du St-Sacrement, qui s'ouvre sur le bras gauche du transept, abrite un très bel **autel★** avec retable en argent ciselé (œuvre portugaise du 17e s.).
Cloître – *Accès par le bras droit du transept.* Il date du 14e s. et fut totalement décoré de panneaux d'**azulejos★** de Valentim de Almeida, réalisés de 1729 à 1731, représentant la vie de la Vierge et *Les Métamorphoses* d'Ovide. De ce cloître, on peut voir le cloître roman primitif où sont exposés quelques sarcophages. Un bel escalier en granit mène à la terrasse décorée d'azulejos d'António Vital et à la salle capitulaire dont le plafond à caissons peint par Pachini (1737) représente les allégories des valeurs morales.
Derrière la cathédrale se trouve le charmant **musée Guerra Junqueiro** *(voir plus loin)*.
Du terreiro da Sé on peut s'aventurer dans les escaliers et les ruelles étroites de la vieille ville, dont de nombreuses maisons sont en cours de réhabilitation. Les quartiers en contrebas, bairro da Sé et bairro da Lada, sont accessibles par un enchevêtrement de ruelles, d'escaliers souvent sombres et sales, peu sûrs une fois la nuit tombée *(promenade nocturne déconseillée)*.
L'**église São Lourenço dos Grilos**, d'aspect maniériste, construite par les jésuites au 17e s. et aujourd'hui siège du grand séminaire, abrite un **musée d'art sacré**. *10h-12h, 14h-17h. 1€.*
On parvient à la rua Mouzinho da Silveira ; traversez-la et rejoignez le largo de São Domingos. Là aboutit la pittoresque rua das Flores.

La cathédrale au-dessus des toits du vieux Porto.

H. Champollion/MICHELIN

Porto

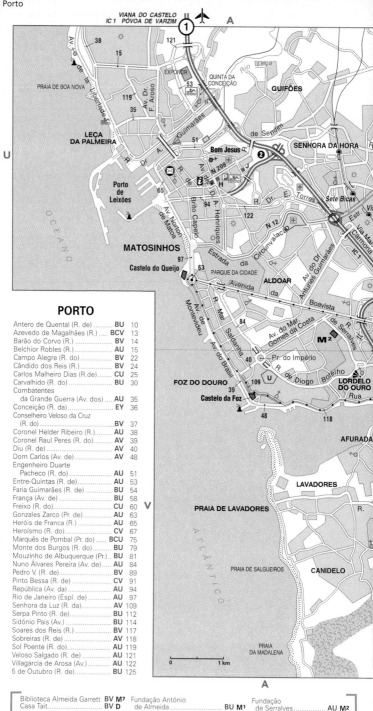

PORTO

Rua das Flores

Cette petite rue qui remonte vers la gare de São Bento est bordée de commerces traditionnels et de demeures du 18e s., de style baroque, aux façades blasonnées. C'était l'ancienne rue des orfèvres et des joailliers, qui aujourd'hui compte aussi quelques librairies.

La **Misericórdia**, église baroque ornée d'une belle façade, fut dessinée par Nicolau Nasoni. Édifiée en 1750, l'influence du nouvel art décoratif rococo y est déjà visible.

Santa Casa da Misericórdia

Visite guidée (1/2h) tlj sf w.-end 10h-12h, 14h-18h. Fermé j. fériés. 1,50€.

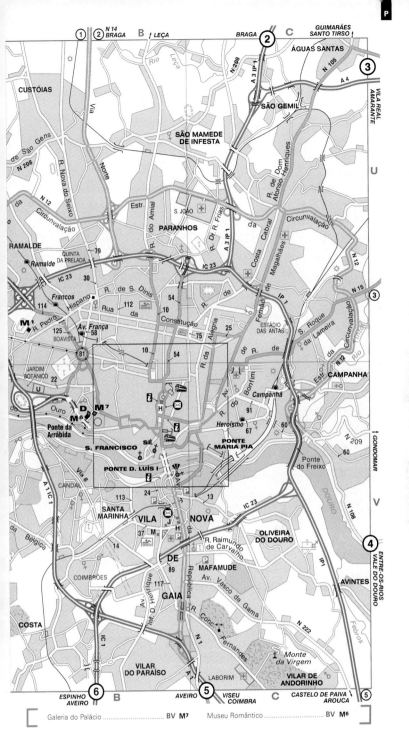

Juste à côté de l'église, le siège de l'ordre du même nom abrite notamment un remarquable tableau de l'école flamande *Fons Vitae*★★ *(La Fontaine de vie)*, offert par le roi Manuel Iᵉʳ vers 1520. Il représente un Christ crucifié, entouré de la Vierge et de saint Jean, et dont le sang coule dans une fontaine auprès de laquelle sont agenouillés le donateur Manuel Iᵉʳ et sa femme Leonor, ainsi que leurs huit enfants. L'origine de ce tableau est mystérieuse : il a été attribué à différents peintres dont Holbein, Van der Weyden et Van Orley, mais a probablement été réalisé par un Portugais s'inspirant des peintres flamands.

Revenez sur vos pas et, en arrivant au largo de São Domingos, prenez en face la rua de Belomonte.

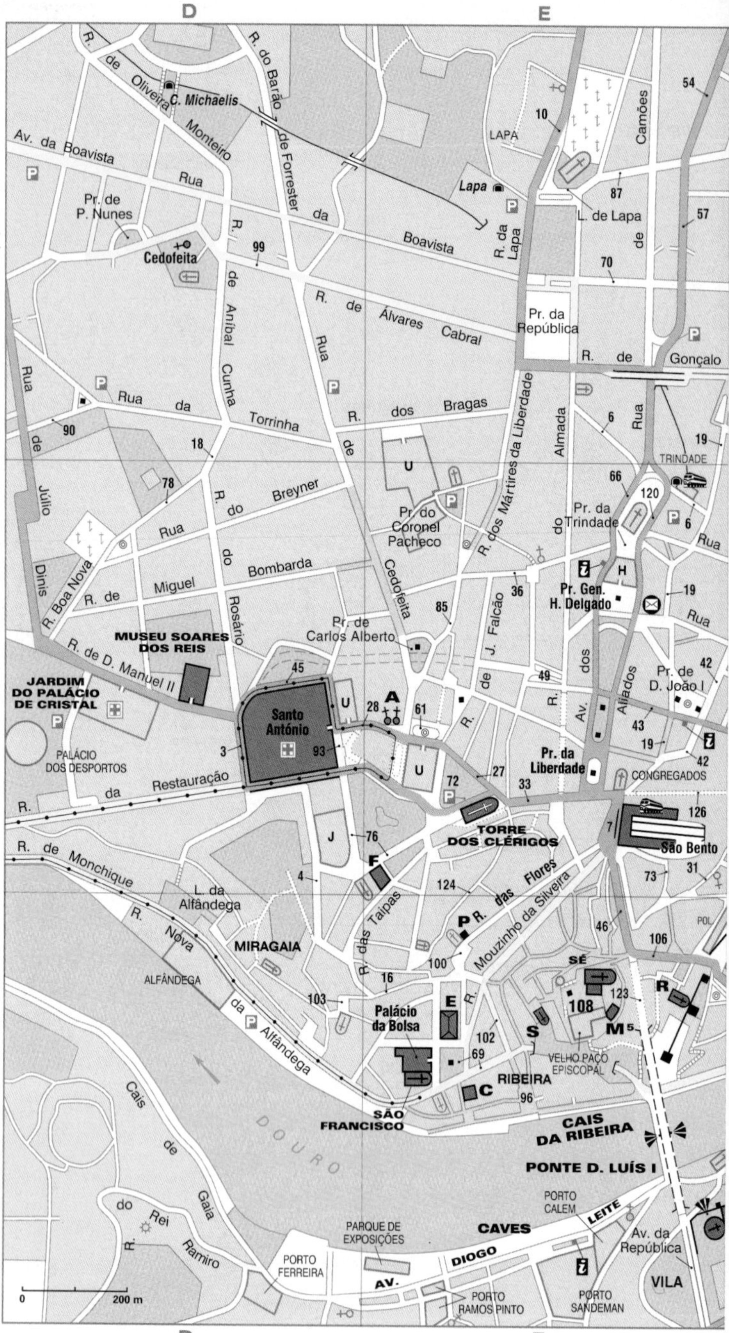

Map of Porto with the following labels:

D — E

R. de Oliveira — C. Michaelis — R. do Barão de Forrester — Camões — 54

Av. da Boavista — LAPA — 10 — 87 — 57

Pr. de P. Nunes — Lapa — L. de Lapa

Cedofeita — 99 — R. da Lapa — 70

X — Boavista — Pr. da República

R. de Álvares Cabral — R. de Gonçalo

90 — Rua da Torrinha — dos Bragas — 6 — 19 — TRINDADE

18 — R. do Breyner — 66 — 120 — 6

78 — Rua do Bombarda — Pr. do Coronel Pacheco — Pr. da Trindade

R. de Miguel — Cedofeita — H — 19

MUSEU SOARES DOS REIS — Pr. de Carlos Alberto — 36 — Pr. Gen. H. Delgado

JARDIM DO PALÁCIO DE CRISTAL — 45 — 85 — 49 — Pr. de D. João I — 42

Y — Santo António — U — A — 61 — 43 — 19 — 42

PALÁCIO DOS DESPORTOS — 3 — 93 — 28 — U — Pr. da Liberdade — CONGREGADOS

Restauração — U — 72 — 27 — 33 — 126

R. da Monchique — J — 76 — TORRE DOS CLÉRIGOS — 7 — São Bento — 31

L. da Alfândega — F — 124 — R. das Flores — 73

4 — R. das taipas — Mouzinho da Silveira — 46 — 106

MIRAGAIA — 100 — SÉ — R. — 108 — 123

ALFÂNDEGA — 103 — 16 — E — S — M — 5

Palácio da Bolsa — 102 — 69 — VELHO PAÇO EPISCOPAL

SÃO FRANCISCO — C — RIBEIRA — 96

Z — DOURO — CAIS DA RIBEIRA

PONTE D. LUÍS I

Cais de Gaia — PORTO CALEM — LEITE — Av. da República

do Rei Ramiro — PARQUE DE EXPOSIÇÕES — CAVES — DIOGO — VILA

PORTO FERREIRA — AV. — PORTO RAMOS PINTO — PORTO SANDEMAN

0 — 200 m

D — E

Palácio da Bolsa (palais de la Bourse)

Visite guidée (1/2h) avr.-oct. : 9h-19h ; le reste de l'année : 9h-13h, 14h-18h. Fermé 1er janv. et 25 déc. 5€.

Ce bâtiment de style néo-classique fut érigé en 1834 par l'Association commerciale de Porto, qui l'occupe toujours. Après avoir emprunté un bel escalier de granit et de marbre sculpté, on visite la salle de l'ancien tribunal de commerce, la Salle dorée et le **Salon arabe★**, pastiche de l'Alhambra de Grenade, de forme ovoïde, décoré de vitraux, d'arabesques, de bois sculpté et doré, imitant les stucs arabes.

En face de la Bourse, le **marché Ferreira Borges**, achevé en 1888, est un bel exemple de l'architecture métallique du 19e s. à Porto ; il accueille des expositions temporaires.

Église de São Francisco★★

Mars-oct. : 9h-18h ; le reste de l'année : 9h-17h. 3€. ☎ 222 06 21 00. Sur l'esplanade en haut des escaliers, on commence la visite par la **Maison du tiers ordre de**

PORTO

Saint-François (*Terceiros*) qui abrite une collection permanente d'art sacré avec des pièces du 16ᵉ au 20ᵉ s. La crypte est un panthéon où reposent, dans des sarcophages ou sous des trappes de bois, les dépouilles de frères franciscains du monastère ainsi que des nobles. La salle du fond laisse paraître, à travers un grillage au sol, un ossuaire.

L'église gothique de São Francisco, qui a conservé sa jolie rose, s'ouvre à l'Ouest par un portail du 17ᵉ s. Sa sobriété d'origine correspondait à l'esprit de pauvreté de l'ordre des Franciscains. Mais cet ordre, devenu très puissant à partir du 17ᵉ s., se vit octroyer privilèges et biens matériels. Cela se manifeste à l'intérieur de l'église par le triomphe de la **décoration baroque★★** : les autels, les murs, les voûtes disparaissent sous un foisonnement impressionnant de *talhas douradas*, de bois sculpté et doré (17ᵉ-18ᵉ s.) représentent des pampres, des angelots, des oiseaux. L'**Arbre de Jessé★** dans la 2ᵉ chapelle à gauche est une réalisation particulièrement remarquable, tout comme le maître-autel. Sous la tribune, à droite en entrant dans l'église, se trouve une statue de saint François en granit polychrome datant du 13e s.

Cette richesse choqua tant le clergé que l'église fut fermée au culte.

Casa do Infante

Rua da Alfândega. D'après la tradition, Henri le Navigateur serait né dans cette maison présentant une belle façade. Ancien bureau de douane de la ville de Porto du 14e au 19e s., elle abrite désormais les Archives historiques de la ville de Porto.

Cais da Ribeira★★

Ce quai dominé par la haute silhouette du pont métallique D. Luís I est un des endroits les plus vivants de Porto. Les maisons vétustes, tout en hauteur, pavoisées de lessives multicolores, surplombent le quai animé par un petit marché aux poissons et aux légumes et par sa vie nocturne. Quelques bateaux anciens y sont amarrés. Cette zone du centre historique, qui fait partie du patrimoine mondial de l'Unesco, fait l'objet depuis quelques années de grands travaux de restauration.

Il est possible de traverser le Douro par le pont D. Luís I pour accéder aux chais *(5mn à pied – description plus loin).*

Église de São Francisco :
détail de l'Arbre de Jessé.

A. J. Cassaigne/MICHELIN

Église de Santa Clara★

Tlj sf w.-end 9h30-12h, 14h-17h. Cette église construite à la Renaissance a conservé de cette époque un portail en granit avec des personnages en médaillons. L'extérieur, plutôt austère, contraste avec la profusion de **boiseries sculptées et dorées★** du 17e s. qui décorent l'intérieur. Au-dessus, un plafond mudéjar complète la décoration.

Museu Guerra Junqueiro★

Tlj sf lun. 10h-12h30, 14h-17h ; dim. 14h-17h. Fermé j. fériés. 0,75€, gratuit sam. et dim. ☎ 222 00 36 89. Cette demeure du 18e s. s'ouvre sur un jardin calme et agréable, pourtant si proche du Porto le plus trépidant. Elle appartenait au poète Guerra Junqueiro qui rassembla au cours de sa vie une très belle collection de meubles, d'orfèvrerie, d'argenterie portugaise des 17e et 18e s., de statues religieuses, de tapisseries, etc. On remarquera plus particulièrement les faïences hispano-mauresques (15e-16e s.), le mobilier portugais, les tapisseries flamandes du 16e s. et une belle collection de vierges en bois polychrome pour la plupart d'origine flamande.

AUTOUR DES JARDINS DU PALAIS DE CRISTAL

Les jardins du Palácio de Cristal★

Ces jardins symbolisent l'idéal romantique de communion avec la nature. Avec ses belles allées fleuries, ses animaux en liberté (paons), ses grottes artificielles, lagon et fontaines, il constitue un lieu idéal de promenade, de pique-nique ou de repos. En contrebas, trois belvédères offrent des vues sur Vila Nova da Gaia, le Douro, et même, par temps clair, la côte au loin. C'est ici que s'élevait autrefois la serre (le palais de cristal), qui accueillit l'Exposition internationale de 1865. Elle fut détruite pour être remplacée en 1952 par un disgracieux **pavillon des Sports**, structure en béton de forme circulaire couronnée d'un dôme, devenu un pôle d'animation récréative, sportive et culturelle.

À l'angle Nord-Ouest du jardin un bâtiment à l'architecture moderne, spacieuse et claire, abrite la **galeria do Palácio** *(expositions, ☎ 226 08 10 00)* et l'agréable et fonctionnelle **biblioteca Almeida Garrett** *(accès libre à de nombreuses revues et journaux et à Internet. Lun. 14h-18h, mar.-sam. 10h-18h).*

La **rua Entre Quintas**, qui longe ce même jardin sur son flanc Ouest, est bordée de belles demeures bourgeoises du 19e s.

Museu Romântico

Rua Entre Quintas. Visite guidée sur demande préalable (20mn) tlj sf lun. 10h-12h30, 14h-17h30, dim. 14h-17h30. Fermé j. fériés. 0,75€, gratuit w.-end. ☎ 226 05 70 33.

Le Musée romantique est installé dans la quinta da Macieirinha, une demeure d'aspect anglo-saxon aux fenêtres à guillotine et disposant d'un parc. C'est ici que le roi Charles Albert d'Italie se réfugia en 1849 après avoir abdiqué et mourut deux mois plus tard. Les pièces décorées de toiles peintes, les meubles de style Empire ou anglais, les bibelots et les stucs confèrent à cette maison un charme très particulier. De ses fenêtres s'offrent de jolies vues sur le Douro.

Solar do Vinho do Porto – *Rua Entre Quintas, 220. Situé en dessous du Musée romantique. De 14h à minuit. Fermé dim. et j. fériés. www.ivp.pt.* C'est le siège de l'**Institut du vin de Porto**. Dans un cadre très agréable on peut y déguster les centaines de vins de porto différents.

Casa Tait
Rua Entre Quintas, 220. 10h-12h30, 14h-17h, w.-end 14h-18h. Fermé j. fériés. En face, dans la même rue, cette demeure sert de cadre à des expositions et abrite une intéressante **collection de numismatique** liée à l'histoire du Portugal.

VILA NOVA DE GAIA ET LES CHAIS
Sœur rivale de Porto et située juste en face, de l'autre côté du pont D. Luís I, l'ancienne ville de Cale, est le centre mondial de fabrication et de production du porto. Avant ou après la visite des chais, promenez-vous sur les quais et sur l'**avenida Diogo Leite★** qui longe le Douro et offre ainsi une **vue★★** d'ensemble imprenable sur Porto : la ville et ses quais se reflètent dans les eaux du fleuve, avec, au premier plan, quelques *barcos rabelos* de circonstance.

LES CHAIS DE PORTO
Les **chais** (*as caves*, en portugais), qui arborent le nom de leur maison des vins au-dessus des toits, occupent le quartier bas de la commune de Vila Nova de Gaia sur la rive gauche du Douro et couvrent des hectares. C'est là, par une lente élaboration, que le raisin, récolté sur les versants du Haut-Douro, se transforme en porto (*voir Invitation au voyage*). Plus de 58 maisons de porto y sont représentées. Autrefois, c'était en bateau, sur les *barcos rabelos*, que les vins du Haut-Douro parvenaient après 150 km de navigation jusqu'à ces chais où ils étaient transformés en porto. Aujourd'hui, les camions-citernes viennent déverser leur précieuse cargaison dans des cuves en inox. Les grandes marques ont cependant conservé face à leurs chais quelques *barcos rabelos* chargés de tonneaux. Une quinzaine de chais se visitent, dont ceux de Taylor, Câlem, Sandeman, Ramos Pinto, Ferreira. Les visites des chais permettent de suivre les étapes de l'élaboration du porto. Le vin est stocké plusieurs années dans d'immenses cuves contenant jusqu'à 1 000 hl, puis soutiré dans des tonneaux (*pipas*) de 535 l dont la porosité du bois accentue son vieillissement. Seuls les vins authentiques contrôlés par l'Instituto do Vinho peuvent pénétrer dans ces chais. Sous les voûtes, on contemplera les énormes barriques de châtaignier aussi bien que les cuves en métal et la chaîne moderne d'embouteillage.

Ancien couvent de Nossa Senhora da Serra do Pilar
Ce couvent des 16ᵉ et 17ᵉ s., au plan en rotonde (attribué à Philippe Terzi), domine la ville, ce qui en fait sans conteste, et les photographes ne s'y trompent pas, le meilleur **belvédère★★** pour admirer l'ensemble du site de Porto. De là, on distingue les vestiges de l'enceinte du 14ᵉ s.

AUTOUR DE L'AVENIDA DA BOAVISTA
Autrefois bordée de villas cossues, dont il reste encore quelques témoins, l'**avenida da Boavista** est devenue une artère bruyante qui mène en ligne droite jusqu'à l'Atlantique.

Église da Cedofeita
Rua da Cedofeita ; à l'Est de la praça de Mouzinho de Albuquerque, en dessous de l'avenida da Boavista. 10h-12h30, 15h-19h.
Pour certains, c'est la plus vieille église chrétienne du Portugal, car ses fondations remonteraient au 6ᵉ s. L'édifice actuel, qui date du 12ᵉ s., en fait en tout cas la plus ancienne église de la ville. Ce bel exemple de roman primitif a été transformé au cours des siècles, surtout au 17ᵉ s., mais a conservé intact son portail orné d'un Agnus Dei.

Fundação Eng António de Almeida
Rua Tenente Valadim, 325. Au Nord de l'avenida da Boavista. Visite guidée (1/2h) tlj sf dim. 14h30-17h30. Fermé j. fériés et août. 2€. ☎ 226 06 74 18.
Le riche industriel António de Almeida se consacra, sa vie durant, à réunir une **collection de monnaies d'or★** d'origines grecque, romaine, byzantine, française et portugaise. Elle est exposée dans cette maison, où il vécut, décorée de meubles anciens et de porcelaines.

Fundação de Serralves★★
De l'av. da Boavista, tournez à gauche dans l'av. do Marechal Gomes da Costa et de nouveau à gauche dans la rua de Serralves. Avr.-sept. : tlj sf lun. 10h-20h, jeu. 10h-22h ; le reste de l'année : tlj sf lun. 10h-19h, jeu. 10h-22h. Fermé 1ᵉʳ janv. et 25 déc. 5€ (jardins seuls : 2,50€), gratuit dim. 10h-14h. ☎ 226 15 65 00.

La fondation Serralves, une institution privée qui travaille en partenariat avec l'État, vise à la promotion de l'art contemporain auprès d'un large public ainsi qu'à la sensibilisation aux questions d'environnement. Elle est installée dans un magnifique **parc**★★ boisé de 18 ha, avec jardins, forêts et pâturages. Véritable havre de paix, l'endroit est agrémenté d'œuvres d'art et dispose en outre d'un lac, d'un jardin aromatique et d'une ferme avec des animaux. Au sein de ce parc, la Casa de Serralves abrite le siège de la fondation, tandis que cette dernière a fait construire non loin de là, un grand musée d'art moderne.

Museu de Arte Contemporânea★ – Inaugurée en 1999, ce musée a été conçu par le plus connu des architectes portugais contemporains, Álvaro Siza, natif de Porto (il a aussi dessiné le quartier du nouveau Chiado à Lisbonne et conçu la faculté d'architecture de Porto). C'est un bâtiment d'un blanc immaculé, moderne et dépouillé, aux lignes vives, mais d'aspect un peu massif. Remarquez aussi les élégantes **grilles de fer forgé**, conçues par Edgar Brandt, et les luxueux parquets de marqueterie du premier étage. Souvent taxé d'élitisme, ce musée vise à sensibiliser le grand public à l'art contemporain. Les collections permanentes couvrent la production artistique depuis 1960. Avec une programmation pointue, souvent d'avant-garde, il accueille des expositions temporaires d'arts plastiques, mais aussi des spectacles de danse, des colloques et des concerts. C'est devenu le plus grand centre multiculturel du Nord du pays.

La **Casa de Serralves** – Cette maison est un remarquable exemple de l'architecture des années 1930, dont la décoration intérieure de style Art déco a été réalisée par plusieurs architectes et décorateurs français : Siclis, Brandt, Lalique, Perzel et Ruhlmann. Des expositions temporaires y sont aussi organisées.

Revenez sur l'av. da boavista, qui débouche finalement sur l'Océan, au niveau du castelo do Queijo.

LA PROMENADE CÔTIÈRE
Promenade de 2,8 km du castelo do Queijo au castelo da Foz (de Porto, les bus n°s 1, 24, 37, 38 rejoignent Foz do Douro).

Castelo do Queijo (château du Fromage)
Également connu sous le nom de fort de São Francisco Xavier, ce fort du 17e s., juché sur son rocher en forme de fromage, gardait jadis l'estuaire du Douro.

Le front de mer
Au Sud du castelo do Queijo, longez le front de mer jusqu'à l'entrée de l'estuaire, soit une promenade de 2,8 km, parallèle aux avenues de Montevideu et do Brasil, en marchant en partie sur une digue piétonnière agrémentée d'arbres et de buissons ; vous longez les plages (praia da Conceição, praia dos Ingleses, praia da Luz) parfois encadrées de rochers. Même si l'Océan est grisâtre et ses eaux froides et remuées, les embruns sont ici très vivifiants. C'est là que s'étendent les quartiers résidentiels et balnéaires de **Nevogilde** et **Foz do Douro**.

Castelo da Foz
Le fort de São João da Foz do Douro constitue une autre place forte, construite pendant la période espagnole (1580-1640) pour protéger l'embouchure du Douro.
À moins d'être en voiture ou d'emprunter un bus ou un tramway pour revenir à la Ribeira par la rive droite de l'estuaire du Douro, les marcheurs un peu courageux (le circuit longe parfois la route d'un peu trop près) peuvent envisager le retour à pied par ces mêmes berges depuis l'entrée de l'estuaire, soit 6 km environ (du castelo da Foz à Porto) : un bon moyen de laisser la ville se dévoiler progressivement depuis le fleuve.

alentours

Les plages
Outre les plages de Foz do Douro et de Nevogilde, juste au Nord de l'Estuaire, vous pourrez vous rendre, au Sud du Douro, à la **praia de Lavadores** (accessible par le bus n° 57) et plus loin la **praia da Madalena** (bus n° 93).
En continuant au Sud par la N 109, des sorties mènent aux plages de **Valadares**, **Miramar**, **Granja**.
Enfin, la sation balnéaire d'**Espinho** est aussi accessible par l'autoroute E1 en direction de Lisbonne (22 km au Sud de Porto).

Matosinhos
À 8 km au Nord-Ouest de Porto. Cette ville est connue pour certaines réalisations d'architecture moderne de l'école de Porto, dont le chef de file est Álvaro Siza qui réalisa en 1981 la mairie de Matosinhos.

Église Bom Jesus de Matosinhos – Sa façade baroque (18e s.) est hérissée de pinacles et de quatre flambeaux, et ornée de blasons. À l'intérieur, le regard est attiré par les magnifiques boiseries du chœur, où s'inscrivent des tableaux repré-

sentant la Passion du Christ ; au maître-autel, très ancienne statue du Christ, en bois, objet chaque année d'un important pèlerinage *(voir le calendrier festif dans le chapitre Informations pratiques)*. La nef et le chœur sont surmontés d'un joli plafond à caissons.

Port de Leixões

Au Nord de Matosinhos, à 5 km du fleuve, ce grand port artificiel, créée à la fin du 19e s., fut transformé dans les années 1930 et terminé en 1985. Il double celui du Douro qui souffrait de l'ensablement périodique du fleuve, offrant ainsi un remarquable débouché aux exportations vinicoles, de bois et aux produits industriels. La construction d'un appontement destiné aux gros pétroliers et d'une raffinerie a permis le développement d'un nouveau secteur. Avec ses 29 docks, il est le troisième port commercial du pays, juste après Lisbonne et Sines. C'est également un des plus importants ports de pêche à la sardine, et il dispose d'une marina internationale pour les navires de plaisance.

Leça do Balio

8 km au Nord de Porto par la route de Braga. Après la première croisade, le domaine de Leça do Balio aurait été concédé aux hospitaliers de St-Jean-de-Jérusalem, venus de Palestine probablement en compagnie du comte Henri de Bourgogne. Leça fut la maison mère de cet ordre (actuel ordre de Malte) jusqu'en 1312, date à laquelle le siège fut transféré à Flor da Rosa *(voir Crato dans les alentours de Portalegre)*.

Église du monastère★ – Bâtie en granit, cette église-forteresse d'époque gothique se signale par les merlons pyramidaux qui soulignent l'entablement marquant l'arête de ses nefs, par sa haute tour crénelée cantonnée de balcons et d'échauguettes à mâchicoulis, par sa façade principale très simple ornée de chapiteaux sculptés au portail et d'une rose à l'étage.

L'intérieur, dépouillé, a des proportions harmonieuses. Les piliers portent des chapiteaux historiés où figurent des scènes de la Genèse et des Évangiles. Dans le chœur, voûté en étoile, on remarque le tombeau du bailli Frei Cristóvão de Cernache, surmonté d'une statue orante peinte (16e s.), et, dans l'abside de gauche, celui du prieur Frei João Cœlho, avec gisant dû à Diogo Pires le Jeune (1515). Les **fonts baptismaux**★, de style manuélin, ont été sculptés dans la pierre d'Ançã *(voir p. 162)* par le même artiste ; de forme octogonale, la cuve repose sur un pied orné de feuilles d'acanthe et d'animaux fantastiques.

Paço de Sousa

28 km à l'Est. Sortez de Porto par ③ et l'A 4, que vous quittez à la sortie n° 10, puis empruntez la N 106-3. Paço de Sousa a conservé, d'un ancien monastère bénédictin fondé au début du 11e s., une vaste église romane, restaurée, qui renferme le tombeau d'Egas Moniz, compagnon de l'infant Alphonse Henriques, dont la loyauté est restée légendaire.

UN MODÈLE DE DROITURE

Le roi de León, Alphonse VII, pour mettre un terme aux aspirations des comtes du Portugal à l'indépendance, vient assiéger la régente Thérèse *(voir Guimarães)* à Lanhoso, puis l'infant Alphonse Henriques à Guimarães (1127). Celui-ci ne peut opposer à son suzerain qu'une petite poignée d'hommes ; il lui délègue donc son ancien précepteur **Egas Moniz**. Ce dernier, en échange de l'abandon du siège de Guimarães, reconnaît au nom de son prince l'autorité du roi de León. Le danger écarté, Alphonse Henriques oublie son serment et se soulève de nouveau (1130). Egas Moniz part alors pour Tolède ; accompagné de sa femme et de ses enfants, il se présente devant Alphonse VII en habit de pénitent, pieds nus, la corde au cou, prêt à payer de sa vie la rançon de cette trahison. Juste prix de sa droiture, il reçoit sa grâce.

Église abbatiale – La façade de l'église présente un portail en tiers-point aux voussures garnies de motifs qui se répètent sur la bordure de la rosace. Les chapiteaux sont décorés de feuillages. Le tympan est soutenu à gauche par une tête de bœuf, à droite par une curieuse tête d'homme. Sur le tympan, à gauche, un homme porte la Lune à droite, un autre soutient le Soleil. Deux frises d'arcatures lombardes couvrent les façades latérales de l'église. La frise supérieure repose sur des modillons sculptés de têtes d'animaux.

L'intérieur, à trois vaisseaux à arcs brisés, abrite, à gauche, une statue naïve de saint Pierre et, à droite, près de l'entrée, le tombeau d'Egas Moniz (12e s.). Les faces du tombeau portent des bas-reliefs sculptés de façon assez grossière, illustrant d'un côté la scène de Tolède, de l'autre les funérailles du loyal précepteur. À gauche de l'église se dresse une tour crénelée.

Santa Maria da Feira

28 km au Sud. Quittez Porto par ⑤ et l'A 1. Face au bourg qui se disperse sur le versant d'une colline, se dresse, sur une hauteur boisée, le château fort de Santa Maria da Feira, auquel conduit une montée ombragée.

Château fort★ – *Tlj sf lun. 9h-12h30, 14h-18h. 1,25€.* Érigé au 11ᵉ s., il fut reconstruit au 15ᵉ s. par le seigneur du lieu, Fernão Pereira, dont le blason s'inscrit
au-dessus de la porte. Voici un intéressant exemple, bien qu'à demi ruiné, d'architecture militaire portugaise à l'époque gothique. Un donjon quadrangulaire,
flanqué de quatre hautes tours carrées à toits en poivrière, domine une enceinte
fortifiée à mâchicoulis que renforce, à l'Est, une barbacane.

Par une poterne, on accède à la plroce d'armes. Sur le chemin de ronde, des latrines
sont encore visibles. Un escalier conduit au premier étage du donjon, vaste salle
gothique ; la plate-forme supérieure *(60 marches)* offre un panorama sur les fortifications du château, la ville, les collines boisées des environs et le littoral.

Église da Misericórdia – Le chœur, sous un plafond à caissons, abrite un beau
retable doré. Dans une chapelle à droite sont rassemblées de curieuses statues,
dont une de saint Christophe haute de 3 m.

Santarém★

Injustement méconnue, peu fréquentée par les touristes, la capitale provinciale du Ribatejo est une ville paisible au riche patrimoine architectural.
Centre taurin et équestre réputé, capitale de la tauromachie portugaise (avec
Vila Franca de Xira), important centre agricole, elle s'anime lors des grandes
« feiras » et des « touradas ». Proche de Lisbonne, elle constitue ainsi une
belle excursion journalière, ou une halte bienvenue pour le voyageur qui se
rend dans la capitale.

La situation

63 418 habitants. Carte Michelin nº 733 O 3 – District de Santarém. À 78 km au Nord-
Ouest de Lisbonne, Santarém occupe
une colline de la rive droite du Tage et
domine la vaste plaine du Ribatejo dont
elle est le chef-lieu. 🚹 *R. Capelo Ivens,
63, 2000-039,* ☎ *243 30 44 37 ; Região de
Turismo do Ribatejo, r. Pedro de Santarém,
102 (ville moderne),* ☎ *243 33
33 18 – www.cm.santarem.pt*

*Vous pouvez poursuivre votre voyage en
visitant : Constância et le château
d'Almourol aux alentours d'ABRANTES,
FÁTIMA, ÓBIDOS, TOMAR.*

INTERNET

Biblioteca municipal – *Dans la vieille
ville.* Gratuit pendant 30mn.

CALENDRIER

Grande foire agricole – Dix premiers jours
de juin.

Grande foire du Ribatejo – En octobre :
courses de taureaux, danses populaires et
défilés de *campinos*.

---

comprendre

Sainte Irène – Religieuse dans un couvent près de Tomar, elle fut assassinée en
653 par le moine Remigo dont elle avait repoussé les avances. Son corps, jeté dans
le Tage, vint échouer devant l'ancienne cité de Scalabis. Le roi des Wisigoths,
converti au catholicisme, donna à la ville le nom de sainte Irène ou Santarém.

La résidence des rois – La position stratégique de la ville lui valut d'être, dès
l'époque musulmane, le théâtre de nombreuses luttes. Reprise aux Maures en 1147
par Alphonse Iᵉʳ Henriques, elle devint plus tard la résidence de plusieurs rois qui
appréciaient son site et sa proximité de Lisbonne.

se promener

LA VIEILLE VILLE

Le centre historique, avec ses nombreux monuments gothiques et ses ruelles tranquilles entrecoupées d'escaliers, offre une plaisante promenade.

Église do Seminário

La façade baroque (fin du 18ᵉ s.) de cet ancien collège de jésuites est caractérisée
par la superposition de plusieurs étages, soulignés par des corniches et percés de
fenêtres et de niches, qui lui donnent l'allure d'un palais de l'époque ; les niches
abritent les statues de saints de la Compagnie de Jésus (Ignace, François Xavier,
François de Borgia, Stanislas), dont le symbole (chrisme) est placé au-dessus de la
porte principale. Le fronton curviligne est flanqué de lourdes volutes et de pyra-
mides.

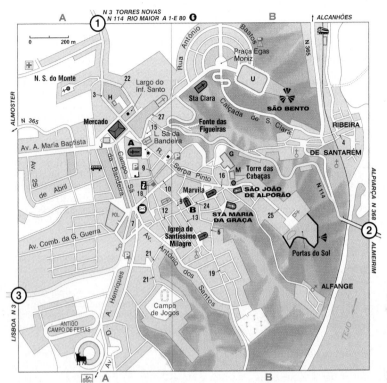

SANTARÉM

L'**intérieur** reste austère malgré les incrustations de marbre qui décorent les pilastres et l'autel. La nef est couverte d'un plafond peint qui représente, au centre, l'Immaculée Conception et, dans les angles, les activités des jésuites sur les continents évangélisés.

Dans le vestibule de l'ancien couvent *(entrée à droite de l'église)*, on verra le départ de la frise d'azulejos (18ᵉ s.) qui parcourt les couloirs de l'édifice.

Église de Marvila

Cette église fut fondée au 12ᵉ s. par le roi Alphonse Henriques après la conquête de Santarém sur les Maures, en 1147. Remaniée au 16ᵉ s., elle s'ouvre sur un élégant portail manuélin. L'intérieur est tapissé d'azulejos. Les plus intéressants, datant de 1620 et de 1635, sont des azulejos dits *tapete* (tapis) aux motifs végétaux polychromes. Remarquer les éléments manuélins des trois chapelles et l'autel baroque en bois doré.

Église do Santíssimo Milagre

R. Braamcamp Freire. Cette église, siège d'une grande dévotion, fut fondée au 14ᵉ s., puis remaniée à plusieurs reprises. Elle contient dans un tabernacle l'hostie qui en 1247 se serait transformée en sang du Christ.

Église da Misericórdia

Cette église du 16ᵉ s., reconstruite après le tremblement de terre de 1755, présente une façade baroque. L'intérieur, de type église-salon, est couvert par une élégante voûte nervurée soutenue par des colonnes toscanes attribuées à Miguel de Arruda *(voir index).*

Église de São João de Alporão - Museu Arqueológico★

En raison de son exiguïté, le musée organise des expositions thématiques, et les pièces exposées changent régulièrement. Mar.-mer. 9h30-12h30, 14h-17h30 ; jeu.-dim. 10h-12h30, 14h-17h30. Fermé j. fériés. 2€.

Cette église romano-gothique abrite des collections archéologiques. À gauche de l'entrée, le beau **cénotaphe** de Duarte de Meneses, comte de Viana, de style gothique flamboyant, a été édifié au 15ᵉ s. par sa femme pour accueillir une dent, seul reste de son mari tué par les Maures en Afrique.

À gauche de l'entrée, joli balcon de pierre ciselé par Mateus Fernandes *(voir index).*

Torre das Cabaças (tour des Calebasses)

Tlj sf lun. et mar. 9h30-12h30, 14h-17h30. Fermé j. fériés. 2€.
Du sommet de cette tour, vestige de l'ancienne muraille médiévale, située en face de l'église de São João de Alporão, belle **vue** sur l'ensemble de la ville. Sa cloche réglait autrefois la vie de la cité.

Jardim das Portas do Sol

La muraille percée de la porte du Soleil a donné son nom à ce très paisible jardin, qui dispose notamment d'un kiosque et d'une agréable buvette. Il offre surtout une **vue★★** splendide sur la plaine et le Tage, lequel dessine en contrebas une large boucle.

Église de Santa Maria da Graça★

Tlj sf lun. et mar. 9h30-12h30, 14h-17h30. Fermé j. fériés.
Cette église gothique, édifiée en 1380, montre une belle façade flamboyante percée d'une jolie rose, finement ciselée dans un seul bloc de pierre. Une restauration a rendu la pureté de ses lignes à la très belle **nef** principale. L'église abrite plusieurs tombeaux, dont celui de Dom Pedro de Meneses (15ᵉ s.), premier gouverneur de Ceuta, dans le bras droit du transept. Reposant sur huit lions, le tombeau, qui porte les gisants du comte et de sa femme, est ouvragé de feuillages et de blasons. Sur le sol de l'absidiole de droite, se trouve la plaque funéraire du navigateur Pedro Álvares Cabral qui découvrit le Brésil en 1500. Sa statue a d'autre part été érigée devant l'église, sur le largo Álvares Cabral. Dans la chapelle du collatéral droit, un panneau d'azulejos du 18ᵉ s. représente saint Jean-Baptiste entre sainte Rita et saint François.
À côté de l'église *(rua Via de Belmonte, ☎ 243 30 92 56)*, la **Casa do Brasil** est un petit centre culturel et d'expositions dédié au Brésil, récemment inauguré.

AU NORD DE LA VIEILLE VILLE

Église de Santa Clara

Tlj sf lun. 9h30-12h30, 14h30-17h30. Fermé j. fériés. Cette vaste église gothique faisait partie d'un couvent bâti au 13ᵉ s. L'absence de portail en façade accentue l'impression de nudité produite par l'extérieur de l'église.
À l'intérieur, la nef centrale, étroite et longue de 72 m, est terminée par une jolie rosace qui surmonte le tombeau (17ᵉ s.) de Dona Leonor, fondatrice du couvent. On voit également le tombeau primitif (14ᵉ s.) de celle-ci ; sur ses faces figurent des moines franciscains et des clarisses ; au pied, saint François recevant les stigmates ; au chevet, l'Annonciation. Admirez les fresques du 17ᵉ s.

Miradouro de São Bento★

Ce belvédère offre un vaste **panorama★** sur la plaine, que le Tage recouvre l'hiver de ses eaux fertilisantes, et sur Santarém, dont on distingue les principaux monuments.

Fonte das Figueiras

Fontaine du 13ᵉ s. dont le porche, adossé à une muraille, est couronné de merlons pyramidaux.

Mercado

Les murs du **marché** sont recouverts d'azulejos du début du siècle.

Chapelle de Nossa Senhora do Monte

Au centre d'une place en fer à cheval, cette façade du 16ᵉ s. est bordée sur deux côtés d'une galerie à arcades dont les chapiteaux sont ornés de feuillages et de têtes d'angelots. Au chevet, statue de la Vierge du 16ᵉ s.

alentours

Cartaxo

13 km au Sud de Santarém. Sortez de Santarém par ③ du plan, en suivant la N 3.
Museu Rural e do Vinho – *10h30-12h30, 15h-17h30, w.-end et j. fériés 9h30-12h30, 15h-17h30. 0,70€, gratuit mer.*
Cet intéressant musée occupe une *quinta* rurale du 19ᵉ s. On y expose de manière instructive une grande quantité d'instruments et d'outils qui permettent de suivre l'évolution des techniques de vinification. Une partie est consacrée au *campino* (gardian), aux chevaux et aux taureaux de cette région, le Ribatejo. Pour clore agréablement la visite, la traditionnelle petite taverne de la *quinta* donne la possibilité de déguster (pour 0,25€ le verre) les fameux vins du Cartaxo.

circuit

72 km AR – comptez 4h (visite incluse).

DE SANTARÉM À GOLEGÃ

Cet itinéraire entrecoupé de villages longe le Tage et la plaine fertile du Ribatejo.
Sortez de Santarém par ② du plan en suivant la N 368 vers le Nord en direction de Tomar.

Alpiarça

Dans cette bourgade agricole située sur l'autre rive du Tage, en contrebas de Santarém, on peut visiter un riche manoir.

Casa dos Patudos★ – *Visite guidée (1h30) tlj sf lun. 10h-12h30, 14h-17h30 (dernière entrée 1h av. fermeture). Fermé 25 janv., 25 avr., dim. de Pâques, 1ᵉʳ mai et 25 déc. 2,50€.* Cette demeure, construite en 1905, appartenait à José Relvas (1858-1929), homme d'État et grand amateur d'art, qui y avait réuni une remarquable collection artistique. À sa mort, le manoir devint un musée, qui abrite en particulier un remarquable ensemble de **tapisseries★** du 17ᵉ au 19ᵉ s. : plus de 40 tapis d'Arraiolos (dont un, unique, brodé de soie, datant de 1762), tapis de soie indo-portugais, couvre-lits de Castelo Branco, tapisseries d'Aubusson. À découvrir également une riche collection de **faïences et porcelaines★** portugaises, françaises, allemandes et orientales, dont une partie constitue le plaisant décor de la salle à manger. Dans la salle des primitifs, intéressantes peintures luso-flamandes du 16ᵉ s. et belle œuvre italienne représentant la Vierge à l'Enfant. On voit aussi de nombreuses peintures portugaises (toiles de Josefa de Óbidos, de Silva Porto, portraits de la famille de José Relvas par Malhoa, etc.) et des sculptures de Soares dos Reis, Teixeira Lopes, Machado de Castro. Une salle est tapissée d'azulejos (18ᵉ s.) illustrant la vie de saint François d'Assise. *Continuez la N 118 sur 17,5 km.*

Chamusca

Étiré en longueur, ce séduisant village aux maisons basses ornées de frises et bordées de fleurs est un important centre tauromachique. *Reprenez la N 118 pendant 3,5 km, puis tournez à gauche sur la N 243 vers Golegã.*

Golegã

Situé sur la rive droite du Tage, Golegã, entouré de terres fertiles et verdoyantes, est un centre d'élevage de chevaux et de taureaux. Habituellement paisible, la ville s'anime lors de sa grande foire annuelle consacrée au cheval, la **Feira Nacional do Cavalo**, qui se déroule autour de la Saint-Martin, pendant la première quinzaine de novembre. La saison tauromachique se déroule de Pâques à octobre. Golegã s'est aussi doté d'un complexe équestre moderne.

Église paroissiale – Construite au 16ᵉ s., cette église présente un beau **portail★** manuélin attribué à Boytac, l'architecte du monastère des Jerónimos de Belém. L'intérieur contient des panneaux d'azulejos du 18ᵉ s.

Aux environs de la ville, la **Réserve naturelle do Paúl do Boquilobo**, vaste zone humide de près de 530 ha, inondée pendant une grande partie de l'année, abrite une grande variété de plantes aquatiques, de cannaies et différentes espèces d'oiseaux, en particulier la plus grande colonie de hérons de la péninsule Ibérique. *De là, si vous avez le temps, vous pouvez rejoindre le château d'Almourol (voir Abrantes), sinon retournez à Santarém.*

Setúbal★

Adossée aux derniers contreforts de la serra da Arrábida, au Nord du large estuaire du Sado devenu réserve naturelle, Setúbal est à la fois une ville industrielle, un port et une étape touristique sur la route conduisant en Alentejo et en Algarve. Vous y découvrirez un agréable quartier ancien dont les ruelles étroites contrastent avec les larges avenues de la ville moderne, peu engageante de prime abord. Vous apprécierez également son vin muscat et sa confiture d'oranges.

La situation

113 480 habitants. – Carte Michelin nᵒ 733 Q 3 - District de Setúbal. Setúbal, le troisième port du pays, est situé à une cinquantaine de kilomètres au Sud-Est de Lisbonne. 🚹 *Tv. Frei Gaspar, 10, 2900-388,* ☎ *265 52 42 84 ; R. Santa Maria, 2900-601,* ☎ *265 53 42 22.*

Vous pouvez poursuivre votre voyage en visitant : la serra da ARRÁBIDA, LISBONNE, SINTRA.

comprendre

Un port animé – L'activité de la ville est très diverse : cimenterie, accrochée aux pentes de la serra, exploitation des marais salants sur les rives du fleuve, montage de camions et d'automobiles, industrie chimique, conserverie de poisson et commerce de produits agricoles de la région. La construction navale y est aussi très développée.

MONTIJO, PALMELA N 252 ↑ N 10-E 1

Museu do Trabalho.............. **M³**   Museu de Jesus.................... **M¹**   Museu Regional de Arqueologia
                                                                                       e Etnografia .... **M²**

Après Lisbonne et Leixões (port de Porto), Setúbal est le troisième port du Portugal continental. Il comprend un important port de pêche (sardines), un port de plaisance et un port de commerce. Ce dernier est en relation avec les grandes cités maritimes d'Allemagne, de Hollande, d'Espagne et de Grande-Bretagne ; ses échanges portent surtout sur le charbon et les phosphates à l'entrée, les ciments et les pâtes à papier à l'exportation.

visiter

LE CENTRE-VILLE

Entre la large avenida Luísa Todi (du nom de la cantatrice), la praça Almirante Reis et l'église Santa Maria, le **quartier ancien** aux ruelles étroites, en grande partie réservées aux piétons, a conservé son caractère pittoresque et rassemble quelques monuments intéressants.

Église de Jésus★

Construite en marbre d'Arrábida, en 1491, elle est l'œuvre de Boytac *(voir index)* et la première manifestation de l'art manuélin. C'est un édifice de style gothique tardif si l'on considère son portail flamboyant – à portes géminées avec arcs en accolade, qu'encadrent des colonnes baguées – et ses trois voûtes de même hauteur qui en font une église-halle ; l'art manuélin y prend sa valeur décorative, en particulier dans la façon dont sont traités les **piliers torsadés** qui soutiennent les voûtes et les nervures torses de la voûte du chœur.

Les murs de la nef et du chœur sont en partie revêtus d'azulejos du 17e s.

Galería de pintura quinhentista★ (16e s.) – *Tlj sf lun. et dim. 9h-12h, 13h30-17h30. Fermé j. fériés. Gratuit.* Installée dans le couvent de Jésus, cette galerie abrite une importante collection de primitifs portugais (15e-16e s.), qui ne sont malheureusement pas mis en valeur. Tous ces **tableaux★** seraient l'œuvre d'un auteur inconnu désigné comme le « maître du retable de Setúbal ». On les attribue aussi à Gregório

Lopes et Cristóvão de Figueiredo *(voir index)*. Malgré l'influence profonde de l'école flamande (attitudes figées, réalisme des détails), il faut noter la chaleur des teintes ; les visages sont empreints de vérité et de mysticisme : remarquez en particulier l'expression de la Vierge et des saints devant la Crucifixion et saint François recevant les stigmates.

Dans les galeries inférieures, azulejos du 15e au 18e s.

Intérieur de l'église de Jésus.

J. Malburet/MICHELIN

Mercado (marché)

Tlj sf lun 7h-14h. Difficile de manquer cette grande halle installée dans un bâtiment rose de l'avenida Luísa Todi. Faites un tour au marché, pour son ambiance mais également pour les panneaux d'azulejos de l'entrée et de la section poissonnerie.

Église de São Julião

Son portail latéral Nord trilobé est de style manuélin ; les deux colonnes torses qui l'encadrent se terminent en pinacle en formant des cordelières. À l'intérieur, jolis azulejos du 18e s. représentant la vie de saint Julien.

Museu Regional de Arqueologia e Etnografia

Tlj sf lun. et dim. 9h-12h30, 14h-17h30. Fermé j. fériés et sam. en août. Gratuit. Réunissant des objets préhistoriques (idole taillée dans un os, vase en céramique de l'âge du bronze) et luso-romains (monnaies), des collections d'art et d'artisanat populaires, des costumes, des outils agraires, des modèles réduits de bateaux, le musée expose aussi de nombreux panneaux ou motifs décoratifs réalisés en liège.

Office du tourisme Região de Turismo da Costa Azul

Travessa Frei Gaspar, 10. Cet office de tourisme est un véritable monument. L'architecture et le mobilier aux lignes épurées et modernes répondent aux formes des vestiges romains du sous-sol, visibles à travers le sol transparent. Il s'agit d'anciennes cuves d'une **fabrique de composés de poisson** (conserves, sauces, bouillons et assaisonnements) qui fonctionna du 1er au 6e s.

Museu do Trabalho Michel Giacometti (musée du Travail)

Largo dos Defensores da República. Tlj sf dim., lun. et j. fériés 9h30-18h. Gratuit. Une ancienne conserverie de poisson offre ses superbes volumes à ce musée consacré au travail et aux traditions populaires. Des outils et des documents d'époque, agrémentés de diverses reconstitutions, vous plongent au cœur de métiers, pour la plupart disparus – comme ce garçon à bicyclette, chargé de prévenir les ouvrières de la conserverie de l'arrivée du poisson à n'importe quelle heure du jour ou de la nuit.

CASTELO DE SÃO FILIPE★

Accès à l'Ouest, par l'avenida Luísa Todi. Suivez la signalisation pour la pousada.

Dominant la ville, cette forteresse est en partie occupée par l'une des plus belles *pousadas* du Portugal. Elle fut construite en 1590 sur l'initiative du roi Philippe II d'Espagne pour contenir l'animosité des habitants de Setúbal, hostiles à la domination espagnole, et empêcher les Anglais de s'installer à Tróia ; elle est garnie de glacis, de bastions à redans à la Vauban.

Franchissez un passage voûté et admirez dans la chapelle les azulejos du 18e s., œuvre du célèbre Policarpo de Oliveira Bernardes *(voir index)*, qui évoquent la vie de saint Philippe.

Du haut des remparts, **panorama★** très étendu : à l'Est sur le port et les chantiers navals, la baie du Sado et la presqu'île de Tróia ; au Nord-Ouest sur le château de Palmela ; à l'Ouest et au Sud sur la serra da Arrábida.

excursions

Péninsule de Tróia

Par bac – *20mn de traversée. Dép. au port de commerce (1€/pers et 3,50€ pour la voiture). Pour les passagers uniquement, dép. du jardim Luís da Fonseca toutes les 1/2h. 1€.*

Par la route – *98 km jusqu'à Tróia. Il faut contourner l'embouchure du rio Sado, par la N 10, la N 5, la N 253 et la N 253-1.*

Immense langue de sable fin barrant l'estuaire du Sado, bordée de dunes et boisée de pins, la péninsule de Tróia a fait l'objet d'un vaste aménagement touristique le long de ses côtes Nord et Ouest : hôtels, villas résidentielles et hautes tours d'habitation – qui malheureusement défigurent le paysage – y forment déjà une sorte de cité orientée vers la serra da Arrábida.

Ruines romaines de Cetóbriga – *À 4 km à pied de l'embarcadère ou 2,5 km par un chemin sablonneux, mais praticable en voiture, à partir de la N 253-1.*

Dans un site agréable au bord de la lagune, on a mis au jour quelques vestiges d'une importante ville romaine détruite par la mer au début du 5ᵉ s. On peut y voir un ensemble de salaison des poissons, une sépulture, les restes d'un temple orné de fresques et des thermes.

Alcácer do Sal

50 km au Sud, par la N 10 et l'IP 1. Penchée en amphithéâtre au-dessus du rio Sado, Alcácer do Sal a été une importante cité romaine (Salacia), qui avait le droit de frapper sa propre monnaie, avant de devenir une place forte mauresque, dont elle a gardé la physionomie dans le tracé de ses ruelles sinueuses et dans son imposant château. Elle fut reconquise par le roi Alphonse II en 1217 avec l'aide des chevaliers de l'ordre de Saint-Jacques, qui s'y sont installés. Très belle vue d'ensemble sur la ville de la rive d'en face.

Castelo – Dominant la localité, le château maure garde encore ses hauts murs et 31 tours, dont une tour d'angle, au Sud. Le château abrite la **pousada** de Dom Afonso II.

Église paroissiale Santa Maria do Castelo – Située à l'intérieur des murailles, elle a été fondée par l'ordre de Saint-Jacques et constitue un exemple intéressant de l'art roman tardif (fin du 12ᵉ-début du 13ᵉ s.). À l'intérieur, on peut admirer des azulejos polychromes du 17ᵉ s.

Église do Espírito Santo – Dans cette église décorée d'un beau **portail** manuélin, le roi Dom Manuel aurait épousé en 1500 sa seconde épouse, l'infante espagnole Dona Maria. Un **musée archéologique** aménagé à l'intérieur présente des objets de différentes époques trouvés dans la région. *9h-12h30, 14h-17h30.* ☎ *265 61 00 70.*

Silves★

De l'ancienne Xelb aux nombreuses mosquées, capitale maure de l'Algarve, dont la magnificence éclipsait, dit-on, celle de Lisbonne, il ne subsiste pas grand chose : juste un château aux murailles de grès rouge disposées en acropole au-dessus de la ville toute blanche, étagée sur la colline. Du fait de sa situation à l'intérieur des terres, sur les contreforts de la serra de Monchique, Silves a conservé son authenticité avec ses rues pavées et montueuses.

La situation

33 824 habitants – Carte Michelin nº 733 U 4 - District de Faro – Schéma : Algarve p. 192. Silves est situé sur les contreforts de la serra de Monchique, à 27 km au Sud-Est de Monchique et à 25 km au Nord-Ouest d'Albufeira. ◨ *R. 25 de Abril, 26/28, 8300-184,* ☎ *282 44 22 55.*

Vous pouvez poursuivre votre voyage en visitant : ALBUFEIRA, FARO, LAGOS, la serra de Monchique (chapitre PORTIMÃO).

comprendre

La cour mauresque – En 712, l'armée de Musa, général musulman dépendant du califat omeyade de Damas, occupe l'Algarve. La région est partagée en deux provinces *(koras)*, à l'Ouest l'Algarve proprement dit, Aljarafe à l'Est. Silves est la capitale de l'Algarve. Quelque temps après la chute de la dynastie omeyade à Cordoue (1031), Al-Mutamid, fils du roi de Séville Al-Mutadid, est nommé gouverneur de la région d'Algarve. Devenu roi, il prend pour gouverneur son ami **Ibn Ammar** (1031-1084), par ailleurs grande figure de la poésie arabe, qui va tenir à Silves une cour brillante.

Silves, capitale de l'Algarve chrétien – Appelés à la rescousse par Al-Mutamid, les Almoravides prennent le dessus mais sont bientôt supplantés par les Almohades. Ces derniers sont les maîtres incontestés de l'Algarve jusqu'en 1189, date de la prise de Silves par le roi Sanche Iᵉʳ, qui a demandé l'assistance de croisés allemands et anglais. C'est une première brèche dans la puissance musulmane au Portugal, bien que Silves soit rapidement repris par les Arabes (1191). Il n'est récupéré par les

Portugais que sous le règne de Sanche II, en 1242, grâce aux chevaliers de l'ordre de Saint-Jacques et à Paio Peres Correia, maître de l'ordre. Une fois la reconquête de l'Algarve menée à son terme, Silves en devient la capitale, tant politique que religieuse. Le transfert de l'évêché à Faro en 1577 marque le début de son déclin.

visiter

Château*

Laissez la voiture sur la place de la cathédrale et pénétrez dans l'enceinte du château. 9h-17h30 (été 18h30). 1,25€. ☎ 282 44 23 25.

Le chemin de ronde sur les remparts crénelés magnifiquement restaurés offre de nombreux **points de vue** sur la ville et les environs : au Nord-Ouest sur la vallée irriguée de l'Arade, les usines de transformation du liège et, derrière, la serra de Monchique ; au Sud sur les vergers de pêchers et d'amandiers et au loin sur le littoral. À l'intérieur de la forteresse fleurie de lauriers-roses, deux citernes occupent encore les souterrains.

Fábrica do Inglês

Attenante au château, cette ancienne usine de transformation de liège (acquise par des capitaux anglais, d'où son nom de « fabrique de l'Anglais ») a été transformée en parc de loisirs pour tous les âges et tous les goûts. Ainsi, on pourra y voir une aire de jeux pour enfants, des points de vente d'artisanat, des cafés, des terrasses, un salon de thé, des restaurants, et un spectacle d'eau et lumière la nuit.

Les bâtiments de l'ancienne usine ont été convertis en **musée du Liège** (Museu da Cortiça), qui a obtenu en 2001 le prix du meilleur musée industriel européen. Cette importante activité de la région est évoquée ici par des audiovisuels, des documents, des machines, certaines en fonctionnement, des ustensiles et des objets associés au liège. *10h-13h, 15h-20h. 1,25€.*

Cathédrale*

Elle a été construite à l'emplacement d'une ancienne mosquée. La nef et les bas-côtés gothiques (13ᵉ s.) frappent par leur belle simplicité ; le transept et le chœur, plus tardifs, sont de style gothique flamboyant.

En face du portail de la cathédrale, remarquez une **porte manuéline**.

Silves, extérieur nuit.

R. Mattes/MICHELIN

Museu Arqueológico

Tlj sf dim. 9h-18h. Fermé 1ᵉʳ janv. et 25 déc. 1,50€. Il est installé dans un bâtiment moderne construit le long de la muraille de la ville autour d'une importante citerne des 12ᵉ-13ᵉ s. Ses collections retracent l'histoire de cette région depuis le paléolithique. Remarquer les menhirs et les stèles funéraires de l'âge du fer. La période arabe est particulièrement bien représentée (céramiques, éléments d'architecture).

Cruz de Portugal

À la sortie Est de la ville, sur la N 124, route de São Bartolomeu de Messines. Ce calvaire du 16ᵉ s. en calcaire, très ouvragé, présente sur une face le Christ en croix et sur l'autre une pietà.

Sintra ★★★

Depuis Lisbonne, toute proche, Sintra constitue une escapade idéale. Avec ses jardins luxuriants et sa flore tropicale, ses palais de contes de fées et ses « quinta » élégantes dissimulées dans la fraîcheur de la forêt, elle semble être sortie du chapeau d'un magicien. En 1995, l'ensemble de la montagne a été classé par l'Unesco au patrimoine mondial de l'humanité. Mais toute cette beauté et la richesse de ce lieu chargé d'histoire attirent, à juste titre, un monde parfois considérable pendant la saison estivale : évitez donc de vous y rendre le week-end. L'endroit est particulièrement enchanteur au printemps ou à l'automne.

La situation

363 556 habitants. Carte Michelin n° 733 P 1 – District de Lisboa – Plan dans Le Guide Rouge Michelin España & Portugal. À 25 km au Nord-Ouest de Lisbonne, Sintra s'étend au pied du flanc Nord de la serra de Sintra. **🛈** *Praça da República, 23, 2710-616, ☎ 219 23 11 57.*

Vous pouvez poursuivre votre voyage en visitant : LISBONNE, le palais et couvent de MAFRA.

comprendre

Résidence royale et romantique – Ce havre de paix au climat toujours frais fut pendant six siècles la résidence préférée des souverains et des élites aristocratiques ou bourgeoises. Au 19ᵉ s., certains romantiques, dont l'anglais Lord Byron, y élurent domicile. Sintra demeure le lieu de villégiature des grandes familles lisboètes qui y possèdent de ravissantes *quintas* ou d'élégants palais.

La convention de Sintra – La première invasion du Portugal par l'armée française est à l'origine de soulèvements qui éclatent un peu partout dans le pays ; Junot se heurte aux troupes anglaises récemment débarquées. Il doit signer la paix. Au terme de la convention de Sintra (30 août 1808), les Français obtiennent de regagner leur pays en embarquant sur des navires anglais avec armes et bagages. Ces conditions avantageuses navrent les combattants portugais ; aussi, depuis lors, la demeure de l'ambassadeur de Hollande où fut signé le traité porte-t-elle le nom de Seteais (sept soupirs). Cette demeure accueille aujourd'hui un luxueux hôtel *(voir carnet pratique)*.

visiter

Trois quartiers se juxtaposent : la vieille ville (Vila Velha), entourant le palais royal (Palácio Real), la ville moderne (Estefânia), et l'ancien village de São Pedro. Très fréquenté, surtout le week-end, Sintra a vu s'installer, dans la vieille ville, des antiquaires, des magasins d'artisanat, des boutiques élégantes, des restaurants et des salons de thé où l'on peut déguster les délicieuses tartelettes appelées *queijadas*, spécialité de la ville.

Palácio Real ★★

Tlj sf mer. 10h-17h30 (dernière entrée 1/2h av. fermeture). Fermé durant les cérémonies officielles, 1ᵉʳ janv., Ven. saint, dim. de Pâques, 1ᵉʳ mai, 29 juin et 25 déc. 3€, gratuit dim. 10h-14h. ☎ 219 10 68 40.

Il doit sa structure hétéroclite aux différentes adjonctions faites au cours des temps. Le bâtiment central a été érigé par le roi Jean Iᵉʳ (fin 14ᵉ s.) ; les ailes sont l'œuvre du roi Manuel Iᵉʳ (début 16ᵉ s.). Outre les deux hautes cheminées coniques qui dominent le palais, les fenêtres géminées mauresques *(ajimeces)* et manuélines sont les éléments les plus marquants de l'extérieur.

carnet pratique

L'intérieur est intéressant pour sa remarquable décoration d'**azulejos**★★ des 15ᵉ et 16ᵉ s. ; les plus beaux agrémentent la salle à manger (ou salle des Arabes), la chapelle et la salle des Sirènes.

La **salle des Armoiries**, de forme carrée, est surmontée d'un **plafond**★★ en coupole reposant sur des trompes d'angle et constitué de caissons peints représentant les blasons de nobles portugais du début du 16ᵉ s. ; le blason manquant est celui de la famille Coelho qui conspira contre Jean II.

La salle de lecture, ou **salle des Pies**, possède un plafond peint (17ᵉ s.) décoré de pies tenant dans leur bec une rose avec les mots « *por bem* » (pour le bien) prononcés par Jean Iᵉʳ, surpris par la reine en train d'embrasser une dame d'honneur ; pour mettre fin aux commérages, il fit peindre sur le plafond autant de pies qu'il y avait de dames à la cour.

Museu do Brinquedo★ (musée du Jouet)

Tlj sf lun. 10h-18h. Fermé 1ᵉʳ mai et 25 déc. 3€. ☎ 219 24 21 71. Aménagé dans l'ancienne caserne des pompiers, ce musée est le fruit de la passion d'un collectionneur, João Arbués Moreira. Il rassemble des jouets du monde entier, depuis des petites figures en bronze vieilles de 3 000 ans jusqu'aux robots modernes. Au dernier étage a été installée une « clinique de chirurgie esthétique » réparant les méfaits que le temps a fait subir aux poupées et jouets. Les chevaux en bois, les petits trains, les petites voitures, les soldats de plomb et les jouets portugais d'antan plongent immédiatement le visiteur dans ses souvenirs d'enfance.

Museu de Arte Moderna★ (colecção Berardo)

Tlj sf lun. 10h-18h. 3€, gratuit jeu. ☎ 219 24 81 70. Installé dans l'ancien casino de Sintra, ce musée public inauguré en 1997 expose la riche collection particulière du commandeur J. Berardo, constituée de pièces représentatives des courants artistiques d'avant-garde apparus depuis 1945. Les œuvres, exposées par rotation, sont de Dubuffet (la plus ancienne), Gilbert & George, David Hockney, Jeff Koons, Joan Mitchell, Richter, Rosenquist, Stella, Tom Wesselmann, Andy Warhol, etc.

Quinta da Regaleira★

Sur la route de Seteais, à 800 m du centre-ville. Juin-sept. : 10h-20h ; mars-mai et oct.-nov. : 10h-18h30 ; déc.-fév. : 11h-17h30. Fermé 1ᵉʳ janv., 25 déc. 5€. (visite guidée générale 10€, thématique 15€, spécialisée 25€). ☎ 219 10 66 50.

Sur le site d'une ancienne *quinta* de la fin du 17ᵉ s., Carvalho Monteiro (1848-1920), riche homme d'affaires, adepte de l'ésotérisme et de la franc-maçonnerie, fit édifier au début du 20ᵉ s. cet ensemble fascinant de constructions dans un sur-prenant mélange de styles, en particulier gothique, Renaissance et manuélin. Le palais de la *quinta* est inspiré de celui de Buçaco *(voir p. 140)* et a été conçu par le même architecte italien, Luigi Manini.

Enchâssée dans la végétation exubérante de la serra de Sintra, entourée de jardins, dans une atmosphère extrêmement romantique, la *quinta* révèle un parcours éso-térique initiatique et un symbolisme complexe lié aux Templiers, à l'alchimie, au christianisme, à la mythologie gréco-romaine, etc. Le **Patamar dos Deuses** (Palier des Dieux) est occupé par des statues de la mythologie gréco-romaine et des élé-ments alchimiques. Dans la **capela da Santíssima Trindade** (chapelle de la

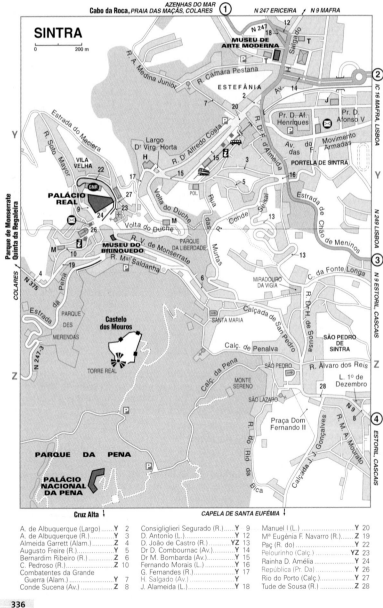

Le puits initiatique de la Quinta da Regaleira.

F. Fouché/MICHELIN

Sainte-Trinité), le symbole maçonnique du delta rayonnant, avec l'œil de Dieu sur la croix des templiers, représente le grand architecte de l'univers. La **gruta de Leda** (grotte de Léda) abrite une statue de femme ayant une colombe dans la main, emblème de l'Immaculée Conception, et à ses côtés, un cygne, symbolisant la sagesse. La **Tour da Regaleira** représente la lumière et la connaissance. L'étonnant **Poço iniciático** (Puits initiatique), de 27 m de profondeur, par un parcours de neuf paliers, évoque l'idée de la mort et de la renaissance.
La *quinta* dispose d'un restaurant et d'une cafétéria avec terrasse.

circuits

La **serra de Sintra★★** est un bloc de granit qui forme une barrière montagneuse (point culminant à la Cruz Alta : 529 m) sur laquelle se condensent les pluies venues de l'Océan. Ce micro climat contraste nettement avec celui des alentours. L'humidité et l'imperméabilité de la roche sont à l'origine de la végétation touffue qui couvre l'ensemble du massif et masque en grande partie les pitons granitiques dégagés par l'érosion. La flore y est très variée : chênes, cèdres, arbres tropicaux et subtropicaux, fougères arborescentes, camélias, etc. La grande richesse de l'écosytème, mais aussi l'important magnétisme naturel que le lieu dégage (le massif recèle d'énormes masses de fer) et le brumeux voile de romantisme qui s'y déploie font de cette forêt un lieu exceptionnel. La beauté du site a ainsi maintes fois été célébrée par les poètes, en particulier par Gil Vicente, Camões *(Les Lusiades)*, Southey et Byron *(Childe Harold)*.

DE SINTRA À LA CRUZ ALTA
5 km – environ 3h.

Parque da Pena★★
De mi-juin. à mi-sept. : 9h-19h ; de mi-sept. à fin oct. : 9h-19h ; de déb. nov. à fin avril 9h30-18h ; de déb. mai à mi-juin : 9h-19h. Dernière entrée 1h av. fermeture. Fermé 1ᵉʳ janv. et 25 déc. 3,5€. ☎ 219 23 73 00.
Au Sud de Sintra, ce parc enchanteur ceinturé d'un grand mur couvre une superficie de 200 ha sur les pentes granitiques de la serra de Sintra. Planté d'essences rares, tant nordiques que tropicales, il compte un grand nombre de pièces d'eau et de fontaines. Explorez-le à pied, vous tomberez sous le charme et pourrez aussi découvrir de nombreuses marques ésotériques : tables de pierre octogonales, vestiges de fours alchimiques, etc. Si vous êtes pressé, contentez-vous de parcourir les petites routes qui le sillonnent ou, du moins, de monter à ses deux points culminants : celui portant le palais de la Pena, et celui de la Cruz Alta.
Quittez Sintra par la route de la Pena, au Sud.
Après avoir longé, à droite, l'Estalagem dos Cavaleiros, où Byron écrivit le canevas de *Childe Harold*, la route monte en lacet entre les murs de belles propriétés.
Au croisement de la N 247-3, prenez à gauche vers Pena.

Castelo dos Mouros★
1/2h à pied AR depuis le parc de stationnement. De mi-juin. à mi-sept. : 9h-19h ; de mi-sept. à fin oct. : 9h-19h ; de déb. nov. à fin avril : 9h30-18h ; de déb. mai à mi-juin : 9h-19h. Dernière entrée 1h av. fermeture. Fermé 1ᵉʳ janv. et 25 déc. 3,5€. ☎ 219 23 73 00.

Édifié sur une butte rocheuse au 8e ou 9e s., le **château des Maures** ne comporte plus qu'une enceinte crénelée épousant les escarpements du sommet et jalonnée par quatre tours carrées, ainsi que les ruines d'une chapelle romane.

De la Tour royale, que l'on atteint par une série d'escaliers, jolie **vue aérienne★** sur Sintra et son palais, la côte Atlantique et le château perché de Pena.

POINT DE VUE

En fin de journée, rendez-vous dans le parc du Palácio de Seteais, l'un des plus prestigieux hôtels du Portugal (voir carnet pratique) : au centre de l'arche qui relie les deux bâtiments se dessine l'une des plus belles vues de Sintra, le palácio da Pena éclairé par le soleil couchant.

Franchissez la grille d'entrée du parc de Pena et laissez la voiture au parking.

Palácio Nacional da Pena★★

De juil. à mi-sept. : tlj sf lun. 10h-19h ; de mi-sept. à fin juin : tlj sf lun. 10h-17h30. Dernière entrée 1h1/2 av. fermeture. Fermé 1er janv., Ven. saint, dim. de Pâques, 1er mai, 29 juin et 25 déc. 6€. ☎ 219 10 53 40.

Perché sur l'un des points culminants de la serra, cette fantaisie romantique fut construite au milieu du 19e s. par le roi Ferdinand II autour d'un ancien couvent de hiéronymites datant du 16e s. L'extravagance du palais évoque certains châteaux de Louis II de Bavière bien qu'il les ait précédés de trente ans. C'est un pastiche où les styles « néo » se côtoient avec plus ou moins de bonheur : maure, gothique, manuélin, Renaissance, baroque. Repeint avec des couleurs très vives, son côté éclectique n'en ressort que davantage.

Une rampe passant sous une porte mauresque mène devant la cour du palais, sur laquelle s'ouvre un passage que surmonte l'impressionnant arc de Triton.

À l'intérieur, les vestiges du couvent, le cloître manuélin et la chapelle, dont on admirera l'autel en albâtre dû à Nicolas Chanterene, sont décorés d'azulejos. Ils forment un curieux contraste avec les autres pièces : salles de réception, salons, chambres meublées dans le goût du 19e s. avec profusion de tentures, de tapisseries, de meubles lourds, de sofas, de poufs, de miroirs et de décorations en stuc. Des terrasses, de belles **vues★★** s'offrent sur toute la région, de la côte Atlantique au Tage, enjambé à Lisbonne par le pont suspendu ; du massif proche se détachent la Cruz Alta et la statue de l'architecte du palais, le baron Eschwege, campé sur un rocher en chevalier médiéval.

Cruz Alta★★

La route permet d'accéder au pied de la croix. Ce sommet, surmonté d'une croix, offre un immense **panorama** sur l'ensemble du massif (excepté Sintra) et la plaine environnante, jusqu'à Lisbonne au Sud (derrière le palais da Pena).

DANS LA SERRA DE SINTRA

30 km – environ 3h. Quittez Sintra comme précédemment. Laissez à gauche la route de la Pena pour emprunter la N 247-3 en direction de Cabo da Roca.

Après avoir parcouru quelques kilomètres, on aperçoit à droite de la route le **couvent de capucins** qui fut aménagé au 16e s. dans un chaos de rochers. Les cellules, minuscules et précaires, creusées dans le roc et tapissées de liège, illustrent l'humble quotidien des moines de l'ordre de saint François.

Prenez, en face de la route menant au couvent, celle qui conduit à la Peninha, à travers un paysage jalonné d'énormes rochers.

Peninha

Sur ce sommet (486 m) se dresse une petite **chapelle**. De la terrasse, **vue★★** panoramique avec, au premier plan, l'immense plage de Guincho.

L'extravagant palácio da Pena.

H. Champollion/MICHELIN

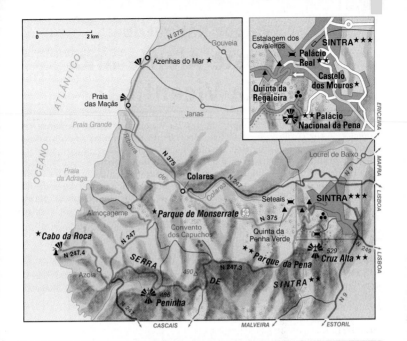

On peut gagner directement le Cabo da Roca en suivant la direction d'Azoia.

Cabo da Roca★

Cette falaise « où la terre finit et la mer commence » (Camões) constitue la pointe la plus occidentale du continent européen. La serra de Sintra se termine ici par une falaise abrupte dominant l'Océan de près de 140 m. Son nom signifie le « cap du rocher », et l'on peut y voir la côte se découpant au Nord en de multiples indentations. *Possibilité d'acheter un certificat attestant de votre passage par le point le plus occidental de l'Europe auprès de l'office de tourisme local.*

Revenez à la N 247 que l'on suit jusqu'à Colares.

Colares

Cette jolie localité, avec ses maisons basses et ses *quintas* perdues dans la verdure, est réputée pour ses vins de table blancs et rouges, veloutés, légers et parfumés.

D'ici on peut se rendre à **Azenhas do Mar★** *(6 km au Nord)* en passant par **Praia das Maçãs**, station balnéaire. L'arrivée à Azenhas do Mar offre un joli coup d'œil sur le **site★** de ce bourg étagé sur une falaise déchiquetée. Au creux de la falaise, la petite crique a été aménagée en piscine d'eau de mer.

De Colares, regagnez Sintra par la N 375. Cette route étroite et accidentée s'élève au milieu d'une végétation exubérante en ménageant des vues magnifiques sur la serra.

Parque de Monserrate★

De mi-juin. à mi-sept. : 9h-19h ; de mi-sept. à fin oct. : 9h-19h ; de déb. nov. à fin avril 9h30-18h ; de déb. mai à mi-juin : 9h-19h. Dernière entrée 1h av. fermeture. Fermé 1er janv. et 25 déc. 3,5€. ☎ 219 23 73 00.

Un **parc★** à l'anglaise entoure un palais néo-oriental construit au 18e s. par un vice-roi des Indes. Le parc est planté de nombreuses essences (cèdres, arbousiers, bambous, fougères arborescentes) s'épanouissant autour de cascades et de bassins.

En arrivant à Sintra, on passe, à gauche, la quinta de Penha Verde (16e s.) dont l'arc enjambe la route. C'est également l'ancien palais d'un vice-roi des Indes portugaises. On aperçoit ensuite, à gauche, l'entrée monumentale (19e s.) du palais-hôtel de Seteais.

Parque Natural do
Sudoeste Alentejano
e Costa Vicentina★★

La côte Sud-Ouest du Portugal, du cap St-Vincent à Sines, demeure très sauvage. Battu par les vents et les flots, ce littoral protégé se compose de hautes falaises grises au pied desquelles se nichent des plages au décor souvent grandiose, accessibles par de petites routes escarpées. L'eau y est plus froide que dans le Sud de l'Algarve et surtout plus agitée, mais les vagues font le bonheur de ceux qui pratiquent le body surf. Les paysages de l'arrière-pays sont très vallonnés, boisés d'eucalyptus et de pins, plantés d'agaves, et les villages blancs ont conservé leur authenticité. C'est l'endroit rêvé pour ceux qui fuient la foule et pour les amateurs de camping-car.

La situation

Carte Michelin n° 733 STU 3 - Districts de Faro, Beja et Setúbal –. Ce parc naturel s'étend sur 74 788 ha, de Burgau dans l'Algarve *(voir schéma p. 192)* à Sines dans l'Alentejo. **fl** *sur le parc naturel, r. Serpa Pinto, 32, 7630-174 Odemira,* ☎ *283 32 27 35. Vous pouvez poursuivre votre voyage en visitant : LAGOS, la serra de Monchique (PORTIMÃO).*

circuit

Env. 200 km – comptez 2 jours.

Ce circuit est établi à partir de **Vila do Bispo**, village tout blanc où se croisent les routes allant vers le Nord, vers l'Algarve et vers Sagres. Profitez-en pour visiter son **église** baroque *(ouv. dim. à 12h.)*, qui possède un chœur en bois doré et des murs revêtus d'azulejos (1715) ; à gauche du chœur, une porte donne accès à un petit musée d'art sacré (beaux crucifix).

LA POINTE SUD-OUEST DU PORTUGAL★★★

Balayé par le vent, ce bout du monde, ce finistère, à l'extrême Sud-Ouest de l'Europe, tombant à pic dans la mer, est un endroit chargé d'histoire et d'émotion. C'est ici qu'Henri le Navigateur se retira, au 15ᵉ s., face à l'océan Atlantique et à l'immense inconnue que représentait la « mer Océane », pour créer l'école de Sagres qui allait préparer aux Grandes Découvertes.

Sagres

Une ambiance de fin du monde pour cette localité aux avenues désolées, balayées par les rafales de vent. Vous vous sentirez gagné par la sensation étrange de parcourir la périphérie d'une ville sans jamais parvenir à en atteindre le centre ; d'ailleurs ce dernier se limite à une place si petite, à proximité d'un rond-point, que vous risquez de le manquer. Mais qu'importe, seuls quelques kilomètres vous séparent de la pointe Sud-Ouest de l'Europe, l'un des plus beaux sites du Portugal.

L'ÉCOLE DE SAGRES

Après la prise de Ceuta (1415), l'infant se retire à Sagres, fait appel aux astronomes arabes, aux cartographes de Majorque et aux marins les plus réputés de l'époque, fondant ainsi une école de navigateurs. Les résultats des recherches entreprises sont constamment expérimentés et exploités au cours d'expéditions de plus en plus lointaines *(voir Lagos)*.

Grâce au perfectionnement de l'astrolabe et du cadran, qui peuvent désormais être utilisés en haute mer, l'infant inaugure l'ère de la navigation astronomique. Les marins, qui jusqu'alors n'avaient pour guides qu'une carte et une boussole et ne contrôlaient leur position que par l'estimation du chemin parcouru, apprennent à calculer la latitude d'après la hauteur des astres au-dessus de l'horizon et à faire le point avec plus de précision. La cartographie bénéficie de ces améliorations. Aux portulans méditerranéens succèdent des cartes de l'Atlantique qui, même lorsqu'elles ne font pas état de la latitude, montrent la supériorité des Portugais dans ce domaine.

Enfin, les exigences des expéditions entraînent les Portugais à réaliser un nouveau type de bateau qui révolutionne la navigation : la **caravelle**. Petit voilier long au faible tirant d'eau, mais pouvant porter un équipage assez important, elle réunit les avantages des bateaux traditionnels sans en avoir les inconvénients. Sa coque large et son haut bordage accroissent sa sécurité. Ses mâts multiples combinent les voiles carrées et les voiles latines triangulaires. Pivotant autour de leur mât, ces dernières assurent à la caravelle, en serrant le vent au maximum, une grande rapidité. Elles sont les seules à permettre la navigation de bouline en présence de vents contraires, qui étaient fréquents au retour des côtes d'Afrique. En outre, l'emploi du gouvernail d'étambot augmente la maniabilité du navire. Apparue au milieu du 15ᵉ s., la caravelle sillonnera les mers du globe pendant près d'un siècle.

carnet pratique

HÉBERGEMENT
SAGRES

⊖⊖ **Pensão D. Henrique** – *Praça da República - 8650 Sagres -* ☎ *282 62 00 03 - turinfo@iol.pt - fermé 2 sem. en déc. et 2 sem. en janv. -* 🚭 *- 17 ch. 62,50/80€* ⌷. Vous n'aurez pas loin à marcher de cette pension à la mer puisque des chemins descendent directement de sa terrasse, où l'on prend le petit déjeuner, sur la plage Mareta. Chambres lumineuses avec terrasse côté mer. Espace Internet, location de vélos et agence de voyages. D'un bon rapport qualité-prix, cette adresse apporte une touche de gaîté dans une ville à l'allure un peu austère.

⊖⊖⊖ **Fortaleza do Beliche** – *8650 Sagres -* ☎ *282 62 42 22 -www.pousadas .pt - fermé déc.-15 fév. -* 🄿 *- 4 ch. 82,50€ - restaurant 22,50€*. Cet ancien fort juché sur une falaise à quelques encablures de l'impressionnant cap São Vicente vous offre l'occasion unique de passer une nuit au bout du monde. Trois chambres donnent sur le jardin. Préférez-leur la quatrième, qui surplombe l'escarpement où viennent se fracasser les vagues : face à la « mer Océane », vous serez plongé dans l'atmosphère épique des Grandes Découvertes. À table, cuisine de bon aloi.

CARRAPATEIRA

⊖⊖⊖ **Monte Velho** – *Herdade do Monte Velho - 8670-230 Carrapateira -*☎ *282 97 32 07 -montevelho.carrapateira @sapo.pt - 🚭 - 7 ch. 100€* ⌷. Voilà un endroit de rêve qui profite à la fois des collines du Parc naturel de la Costa Vicentina et de la plage toute proche. Les contemplatifs et les amoureux de la vie au grand air apprécieront cette maison toute en longueur plantée au milieu de 54 ha de chênes-lièges et de pins, et dont les chambres-suites sont précédées d'un hamac. Décoration intérieure pleine de gaîté. Au programme : promenades à dos d'âne, surf, excursions en bateau, pêche, massages, VTT. Le bonheur au bout du monde !

ARRIFANA

⊖⊖ **Quinta do Lago Silencioso** – *Monte da Bagagen - 8670-158 Arrifana -*☎ *282 99 85 07 - qdls@mail.telepac.pt - 🚭 - 4 ch. 60/70€* ⌷. Les adeptes de séjours en pleine nature apprécieront cette jolie maison blanche située non loin d'Arrifana, et construite au bord d'un petit lac où l'on peut pêcher et se baigner. Une simple piste mène à cette adresse estampillée Turismo em Espaço Rural.

ZAMBUJEIRA DO MAR

⊖⊖ **Monte do Papa Léguas** – *Alpenduradas - 7630-732 Zambujeira do Mar -* ☎ *283 95 14 70 -montedopapa @sapo.pt - 🚭 🄿 🍴 - 5 ch. 65/70€* ⌷. Une charmante maison d'hôte proche de la plage et typique de l'Alentejo avec sa façade chaulée de blanc et de bleu vif. Les chambres sont joliment décorées dans un style rustique et régional. Atmosphère décontractée et grand professionnalisme de la maîtresse de maison qui est une spécialiste du tourisme vert. Au programme : repos total ou randonnées à cheval sur les sentiers de pêcheurs. Vélos à disposition.

⊖⊖ **Monte Fonte Nova da Telha** – *7630 Zambujeira do Mar - sur la route de Zambujeira à Sto Teotonio -*☎ *283 95 91 59 - 🚭 🍴 - 3 ch. 70/80€* ⌷. Au bout d'une longue piste de sable fin bordée d'eucalyptus, maison d'hôte avec trois chambres ouvertes sur le jardin. Effort de décoration dans les chambres et agréable cuisine jaune solaire où l'on prend le petit-déjeuner mais l'ensemble manque un peu de raffinement pour cette gamme de prix.

⊖⊖ **Herdade do Touril de Baixo** – *7630-734 Zambujeira do Mar -* ☎ *283 95 00 80 - touril@touril.pt - 🄿 🍴 - 10 ch. 80€* ⌷. Cette grande maison d'hôte (19e s.), classée Turismo em Espaço Rural et cernée par les champs de tournesols, s'apparente à un petit hôtel de charme de par son architecture typique des *montes* de l'Alentejo. Récemment rénovée et décorée dans un sympathique esprit campagnard alliant bottes de foin, statuettes naïves d'animaux, meubles de métiers et canapés à carreaux, elle bénéficie d'une vue dégagée jusqu'à la mer. Location de vélos pour explorer la campagne environnante.

VILA NOVA DE MILFONTES

⊖⊖⊖ **Castelo de Milfontes** – *7645 Vila Nova de Milfontes -* ☎ *283 99 82 31 - (dîner seul.) - 7 ch. 155€*. Ce château jouissant d'un site et d'un charme exceptionnels dispose d'un patio intérieur avec une arcade tournée vers la mer. Chambres atypiques, assez petites, à un prix relativement élevé.

RESTAURATION
SAGRES

⊖ **Carlos** – *R. Commandante Matoso - 8650-357 Sagres -* ☎ *282 62 42 28 - 🚭 - 15/23€*. Grande salle de restaurant en centre-ville où l'on sert presque exclusivement du poisson. Mais Sagres est un important port de pêche...

⊖ **Mar à Vista** – *Praia da Mareta - 8650 Sagres -* ☎ *282 62 42 47 -maravistasagres @hotmail.com - 🚭 - 15/25€*. Juste au-dessus de la plage Mareta face au panorama borné par le cap São Vicente, un restaurant traditionnel de poissons apprécié pour la grande fraîcheur de ses produits et sa carte variée.

⊖⊖ **Vila Velha** – *8650 Sagres -* ☎ *282 62 47 88 - fermé dim. - 🚭 - 20/30€*. Le restaurant chic de Sagres. Une petite maison où il fait bon s'installer au chaud quand les vents soufflent. Une salle au décor rustique mais élégant (cheminées, outils agricoles, lumière tamisée) pour une atmosphère intimiste et chaleureuse. Poisson et plats inspirés de la cuisine internationale.

CARRAPATEIRA

⊖ **Sitio do Forno** – *Praia do Amado Carrapateira - 8670-230 Carrapateira -* ☎ *963 55 84 04 - 🚭 - 10/20€*.

Surplombant la plage do Amado, ce restaurant vous invite en terrasse sur de grandes tables en bois. Régal de poissons grillés et coquillages. À l'intérieur, la cheminée-gril est en action. Atmosphère conviviale et vue spectaculaire.

⊖ **O Sito do Rio** – *8670-230 Carrapateira -* ☎ *282 97 31 19 - fermé merc. -* 🍴 *- 12/26€.* À la sortie Nord de Carrapateira, ce restaurant prône une alimentation saine dans une ambiance style « bar de plage ». Plats généreux et originaux comme ces belles assiettes végétariennes (riz complet, soja, légumes de saison), chevreau grillé, poisson... ou choix de plats légers tels que salades de chèvre frais et pommes de terre en robe de chambre.

PORTO CÔVO

⊖ **O Torreão** – *Largo Marquês de Pombal, 18 - 7520-437 Porto Côvo -*☎ *269 90 51 63 -* 🍴 *- 8/15€.* C'est un vrai décor qui tient lieu de cadre à ce restaurant situé sur la charmante place carrée du village, toute de blanc souligné de bleu et flanquée d'une église aux mêmes couleurs. On s'installe donc en terrasse pour profiter de cette zone piétonnière et manger une cuisine typique de produits de la mer : salade de poulpe, morue, brochettes de seiche, etc.

ZAMBUJEIRA DO MAR

⊖ **A Barca** – *Entrada da Barca - 7630 Zambujeira do Mar -* ☎ *283 96 11 86 -* 🍴 *- 13/18€.* Avant de poursuivre vers le minuscule port de Zambujeira tout proche, arrêtez-vous dans cette maisonnette bleu et blanc posée sur une pelouse face à la mer. Vous y dégusterez de délicieux *petiscos* cuisinés à l'ail, du poulpe presque confit, des grosses crevettes ou des palourdes. Un vrai régal, tout simple.

⊖ **O Sacas** – *Entrada da Barca - 7630-764 Zambujeira do Mar -* ☎ *283 96 11 51 -* 🍴 *- 15/20€.* À la recherche d'adresses typiques, vous aurez déjà repéré cette grande cabane isolée face à la mer sur le ravissant petit port de Zambujeira, encaissé dans une calanque. Il s'agit du restaurant local le plus recherché pour ses poissons et ses fruits de mer, sans oublier son grand choix de plats. Incontournable !

⊖ **Cervejaria i** – *R. Miramar, 14 - 7630-789 Zambujeira do Mar -* ☎ *283 96 11 13 - zambitur@mail.telepac.pt - fermé 1 sem. en déc., lun. en hiver et mar. - 15/25€.* Ce restaurant implanté sur la rue principale affiche des tarifs un peu élevés pour cette catégorie, mais qui restent raisonnables compte tenu de l'appétissant comptoir de fruits de mer. On pèse devant vous la marchandise afin de doser votre portion. Très beau choix de produits.

ODEMIRA

⊖⊖ **O Bernardo** – *Av. do Comércio, 6-7 (boavista dos Pinheiros) - 7630 Odemira - entre Sto Teotonio et Odemira -*☎ *283 38 64 76 -* 🍴 *- 16/20€.* Cette table qui cuisine sous toutes ses formes le traditionnel porc noir de l'Alentejo réjouira les amateurs de viande. Bœuf et veau ne sont pas oubliés. Une bonne adresse.

VILA NOVA DE MILFONTES

⊖ **Morais** – *(Junto ao Castelo) - 7645 Vila Nova de Milfontes -*☎ *283 99 68 27 -* 🍴 *- 12/15€.* Un restaurant populaire simple et sans prétention avec sa terrasse sur la petite place face au château. On y vient en famille manger une cuisine de produits locaux qui jongle avec des recettes traditionnelles comme le porc de l'Alentejo, les palourdes, le *bacalhau à bras* (le plat de morue classique), les fruits de mer et les poissons du jour.

⊖ **Choupana** – *Praia do Farol - 7645 Vila Nova de Milfontes -* ☎ *283 99 66 43 - fermé nov.-mars -* 🍴 *- 13/22€.* On ne peut manquer de repérer ce restaurant perché sur la plage du Farol, à l'embouchure du fleuve. Monté sur pilotis comme une grande cabane de pêcheur, il semble littéralement flotter sur la mer à chaque marée haute. Une vision paisible dont on se délectera, attablé devant un plat de fruits de mer ou de poisson grillé.

⊖ **Tasca do Celso** – *R. dos Aviadores - 7645 Vila Nova de Milfontes -* ☎ *283 99 67 53 - fermé mar. -* 🍴 *- réserv. conseillée en été et le w.-end - 13/22€.* Une ravissante maisonnette qui arbore du bleu et du blanc, en façade comme à l'intérieur. Salle chaleureuse et conviviale où l'atmosphère rustique est cultivée avec goût : grandes tablées, meubles anciens régionaux et vaisselle en céramique brune. Entre *petiscos* et plats cuisinés, le menu propose de la charcuterie, des fruits de mer, du fromage de Mertola, de l'entrecôte aux fèves ou encore du bœuf grillé. L'endroit est fort apprécié et fréquenté.

SINES

⊖⊖ **Trinca Espinhas** – *Praia de S. Torpes - 7520 Sines -* ☎ *269 63 63 79 - tlj sf jeu. -* 🍴 *- 16/23€.* Sur la plage de S. Torpes, un restaurant qui vaut à lui seul le détour sur cette partie peu attrayante de la côte. Sa situation les pieds dans l'eau et son décor dans une douce harmonie de bleu marine et de bleu ciel en font un lieu très agréable. Produits de la mer d'une grande fraîcheur. Une adresse qui cultive le beau et le bon.

PETITE PAUSE

Marquês – *Largo Marquês de Pombal, 10 - 7520-437 Porto Côvo -* ☎ *269 90 54 86.* Impossible de passer à Porto Côvo sans faire une halte gourmande dans cette délicieuse pâtisserie-glacerie donnant sur la place centrale ! Feuilletés à la viande, beignets de crevettes, sandwiches et omelettes combleront tous vos petits creux salés tandis que les glaces maison et les gâteaux vous feront fondre de plaisir.

SORTIES

Café Fresco – *R. da Calçada, 1 - 7630-789 Zambujeira do Mar.* La terrasse de ce petit bar jouit d'une belle vue sur la mer. Rien d'étonnant à ce que les vacanciers viennent sable aux pieds et cheveux salés y déguster moelleux à l'orange et tartes maison aux pommes ou aux amandes. L'endroit est tout aussi sympathique pour prendre un verre le soir.

Les falaises du cap St-Vincent.

Ponta de Sagres★★★

Vous pouvez parcourir la pointe de Sagres en voiture, mais il est plus agréable de s'y promener à pied (comptez 1h).

Elle est en partie occupée par la **forteresse** qui, construite au 16e s., fut très endommagée par le tremblement de terre de 1755, remaniée par « l'État nouveau » vers 1940, et récemment restaurée. Après avoir franchi le portail d'entrée, vous pénétrez dans une vaste cour au sol occupé par une immense rose des vents de 43 m de diamètre. L'ancienne école des navigateurs et la maison de l'infant ont été détruites par les corsaires de Francis Drake en 1587.

Des bâtiments modernes ont été construits à la fin des années 1990 dans un style sobre. Ils abritent un centre d'expositions temporaires, un centre multimédia, une petite boutique et une cafétéria. *Mai-sept. : 10h-20h30 ; oct.-avr. : 10h-18h30. Fermé 1er mai et 25 déc. 3€.*

Sur le pourtour de ce promontoire cerné par d'impressionnants escarpements, les **vues★★** se révèlent sur la baie et le cap St-Vincent à l'Ouest, la côte de Lagos à l'Est ; deux grottes marines dans lesquelles gronde la mer contribuent à accroître la beauté sauvage du site.

Fort de Beliche

Édifié au 16e s. puis reconstruit au 18e s., ce petit fort sur la route du cap St-Vincent abrite un hôtel et un restaurant. Vous pourrez visiter sa jolie chapelle et admirer la **vue** sur la pointe de Sagres.

Cabo de São Vicente★★★

Pointe Sud-Ouest de l'Europe, le cap Saint-Vincent domine l'Océan de 75 m. De tout temps, il fut considéré comme un lieu sacré : les Romains l'appelaient le *« promontorium sacrum »*. Son nom actuel lui vient d'une légende : le vaisseau contenant le corps de **saint Vincent**, martyrisé à Valence au 4e s., serait venu s'échouer ici. Gardé par deux corbeaux, il y serait resté pendant des siècles avant de reprendre sa route pour Lisbonne, qu'il aurait atteint en 1173.

L'ancienne forteresse qui occupe la pointe a été transformée en phare. Les **vues★★** sont impressionnantes sur les falaises qui s'étirent à l'infini vers le Nord et sur la pointe de Sagres à l'Est, surtout au coucher du soleil.

Revenez à Vila do Bispo.

LA CÔTE VICENTINE★

Hasardez-vous sur les chemins vicinaux qui embaument le ciste : pour rejoindre les falaises du littoral, vous traverserez des paysages sauvages et déserts alternant entre pâturages irlandais et garrigue.

Une route dessert en peigne les différentes plages de la région.

Torre de Aspa

6 km à l'Ouest de Vila do Bispo. Prenez la route vers le Nord-Ouest en direction de Castelejo. Au bout de 2 km, au niveau du groupe de sculptures en pierre cerné de pins, tournez à gauche (attention, la route repart en arrière). Continuez la piste pendant 4 km.

De ce belvédère à 156 m d'altitude, vous découvrirez un très beau point de **vue★** sur le cap St-Vincent et Sagres.

Plages de Castelejo, Cordoama et Barriga

Suivez les indications fléchées. Ces plages, accessibles en voiture *(par des pistes, à l'exception de Castelejo)* à partir de Vila do Bispo, s'étendent au pied de hautes falaises grises et frappent par leur caractère sauvage.

Carrapateira

À l'Ouest de ce village établi sur une colline, une route faisant le tour de la pointe ménage de belles vues sur la côte escarpée et sur la longue plage de sable de **Bordeira**★, protégée par des dunes.

Aljezur

Au pied de cette petite ville coule une rivière... et passe la nationale. Ses ruelles, aux maisons blanches soulignées de couleurs gaies, montent jusqu'à un château en ruine, véritable havre de paix pour observer la campagne alentour.

Praia Arrifana★

9 km au Sud-Ouest d'Aljezur. Le port de pêche et la plage se nichent au pied d'une haute falaise.

Odeceixe

En arrivant du Sud, on découvre ce village blanc à travers un rideau d'eucalyptus. Suivez les panneaux dans la localité pour rejoindre le littoral. Une belle route longe, sur 4 km, un petit fleuve côtier, le Seixe, dont l'embouchure forme une **plage**. Ici se termine l'Algarve et commence l'Alentejo.

LA CÔTE DE L'ALENTEJO★

Dans cette région aux paysages variés, où la nature reste préservée, se succèdent des plages de dunes ou des criques au pied de hautes falaises, battues par les vagues blanches d'écume, de petits ports de pêche dans lesquels tanguent des barques colorées, des champs verdoyants où paissent les moutons, de nobles chênaies de chênes-lièges, des maisons blanches bordées de bleu, d'anciens châteaux forts qui évoquent des histoires de croisés et de Mauresques enchantées...

Zambujeira do mar

18 km au Nord d'Odeceixe. Cette localité s'étend sur une falaise au-dessus de plages où affleurent des rochers sur lesquels déferlent les vagues. Elle est propice à d'agréables promenades sur ses falaises et ses dunes, pour découvrir des plages souvent désertes, seulement peuplées d'oiseaux marins. Ce port de pêche est devenu au fil des années une station balnéaire très appréciée des Lisboètes pour sa relative tranquillité.

Porto das Barcas

3 km au Nord de Zambujeira. Ce petit port de pêche abrité par la falaise, où se balancent quelques barques, sur un beau site sauvage et tranquille, semble hors du temps. En haut, se tiennent quelques baraques de pêcheurs isolées et un restaurant de poisson frais, O Sacas.

Cabo Sardão★

Battu par les vagues, ce promontoire sur lequel se dresse un phare offre une vue étendue sur la côte et l'Océan.

Odemira

Dominée par la colline où se sont installés les premiers habitants autour d'un château depuis longtemps ruiné, Odemira est une petite ville riante, penchée sur les rives du rio Mira. Sa bibliothèque municipale, sur le site du château, offre de belles **vues** sur le fleuve et les champs environnants. La localité est connue pour sa céramique en terre cuite et, depuis les années 1990, pour son grand festival de rock et de techno, le « Festival do Sudoeste », organisé tous les ans pendant la première semaine d'août à Herdade Branca (près de São Teotónio). Des jeunes de tout le Portugal et d'Europe s'y rassemblent pour assister aux concerts.

Almograve

18 km au Nord-Ouest d'Odemira. Près de cette belle plage surgissent des sources d'eau douce.

Vila Nova de Milfontes★

13 km au Nord d'Almograve. Situé à l'embouchure du rio Mira et doté de grandes étendues de sable fin côté mer ou côté fleuve, Vila Nova de Milfontes est devenu une coquette station balnéaire. En été, ses nombreux bars, restaurants et discothèques en font un pôle très animé.

Fort de São Clemente – Construit sur une butte rocheuse au-dessus de l'embouchure du fleuve, ce château, conquis aux Maures en 1204, a défendu la ville pendant des siècles. Acheté en ruine par des particuliers en 1939, l'édifice couvert d'un épais manteau de lierre a été réaménagé par les héritiers du propriétaire afin d'accueillir des hôtes dans le cadre du Turismo de Habitação *(voir carnet pratique)*.

Praia de Malhão★

6 km au Nord de Vila Nova de Milfontes. Prenez la direction de Lisbonne jusqu'à Brunheiras. Tournez à gauche en suivant les panneaux « Parque Campismo ». Camping sur place.

Une piste sablonneuse de 2 km de long mène, à travers une pinède, jusqu'à une superbe plage. Cette longue étendue de sable blanc, qui s'insère dans un somptueux décor de dunes et de rochers, est presque déserte.

La station balnéaire de Vila Nova de Milfontes, côté campagne.

Porto Côvo

Cette charmante petite ville, dans laquelle on entre par une place pittoresque aux maisons basses traditionnelles, pourvue de bancs où les plus vieux viennent s'asseoir en fin d'après-midi à l'ombre des arbres, ressemble à une vision idyllique d'un « Portugal des Petits » *(voir à Coimbra)* de l'Alentejo.

En face de la localité, l'**île do Pesegueiro**, séparée de la terre par un chenal, porte quelques vestiges des différents peuples qui ont habité la région, de même qu'un port d'abri artificiel conçu au 16ᵉ s. mais inachevé. Sur la plage, on pratique le surf et la planche à voile.

Au Nord, on aperçoit les installations industrielles du **port de Sines**.

Si vous avez le temps, en chemin vers Lisbonne ou le Nord du Portugal, vous pouvez vous arrêter à Santiago do Cacém.

Santiago do Cacém

23 km au Nord-Est de Sines et 34 km de Porto Côvo par la N 120. Santiago do Cacém s'agrippe aux pentes d'une colline que coiffe un ancien château édifié par les templiers. La N 120 offre, au Sud de la ville, une jolie **vue★** sur le site.

Château – Deux enceintes crénelées, restaurées, cernent les ruines du château ; l'intérieur est occupé par le cimetière, planté de beaux cyprès. Faites le tour des remparts pour admirer le panorama qui se développe jusqu'au cap de Sines.

Musée municipal – *Tlj. sf lun. 10h-12h, 14h-17h, w.-end 14h-17h. Fermé j. fériés. Gratuit.* Dans l'ancienne prison, vous observerez la reconstitution de plusieurs intérieurs, où sont présentés les traditions et les costumes de l'Alentejo.

Ruines romaines de Miróbriga – *1 km. Quittez la ville au Nord, par la N 120, direction Lisbonne et, au sommet d'une côte, prenez à droite (pancarte) une route étroite, puis à gauche un chemin de terre ; laissez la voiture sur le terre-plein final. Tlj. sf lun. 9h-12h30, 14h-17h30, dim. 9h-12h, 14h-17h30. Fermé 1ᵉʳ janv., dim. de Pâques, 1ᵉʳ mai et 25 déc. 2€, gratuit dim. et j. fériés matin.*

Miróbriga fut probablement un centre urbain relativement important du 1ᵉʳ au 4ᵉ s. comme en témoignent les ruines dispersées dans un agréable paysage champêtre planté de cyprès. Une voie romaine mène aux **thermes** situés en contrebas. On y distingue très bien les canalisations, les différentes piscines, les salles de repos. En remontant, on passe près de l'auberge et l'on accède au **forum** où se trouvaient les édifices administratifs et religieux. Les fouilles ont montré que cette zone était déjà occupée à l'âge du fer (4ᵉ s. avant J.-C.) par un temple. À 1 km, on a retrouvé les structures de l'hippodrome où couraient les fameux chevaux lusitaniens.

Tavira★★

Que l'on arrive du désert alentejan ou de la frénésie des stations balnéaires algarviennes, Tavira apaise et ravit à la fois. Son centre, parfaitement préservé, possède un charme unique avec ses ruelles étroites, les rives de son fleuve agrémentées de jardins, ses innombrables églises et son marché couvert très animé. La ville est une véritable invitation à ralentir le pas pour découvrir çà et là des maisons blanches aux portes ornées de moucharabiehs (de reixa), héritage des Arabes, les typiques cheminées de l'Algarve et surtout les gracieuses toitures à quatre pans retroussées, dites « de tesouro », qui évoquent des pagodes.

La situation
24 317 habitants. Carte Michelin n° 733 U 7 – District de Faro – Schéma : Algarve p. 192. Tavira est situé à 29 km à l'Ouest de la frontière espagnole et à 30 km à l'Est de Faro, par la N 125.
Vous pouvez poursuivre votre voyage en visitant : FARO, la vallée du GUADIANA.

se promener

Garez-vous dans le centre-ville près de la praça da República, sur la rive droite.
Tavira bénéficie d'un emplacement agréable, sur l'estuaire du rio Gilão, au pied d'une colline cernée des vestiges des murailles construites par le roi Denis. La ville fut victime du tremblement de terre de 1755, qui démolit la plupart de ses édifices et coupa le port du littoral en l'ensablant. Naguère grand centre de la pêche au thon, Tavira conserve encore quelques activités de pêche mais s'est surtout orienté vers le tourisme.

Le quartier ancien★
Partez de la praça da República. Suivez l'avenue, dans le prolongement du pont romain, et prenez l'escalier qui passe sous l'arc da Misericórdia.
Vous découvrez le portail Renaissance de l'**église da Misericórdia**. L'intérieur de celle-ci est couvert de panneaux d'azulejos historiés du 18e s. représentant les œuvres de la Miséricorde ; dans le chœur, se trouve un retable en bois doré de la même époque.
À droite en sortant de l'église, on parvient au **château maure** dont ne subsistent que les murailles crénelées enserrant un beau jardin planté de roses, de bougainvilliers, d'hibiscus, de lauriers-roses, etc. De là, on bénéficie d'une très belle vue sur les fameux toits de Tavira. *8h-17h, w.-end et j. fériés 10h-19h. Gratuit.*
Au-dessus, l'église **Santa Maria do Castelo**, construite sur une ancienne mosquée, a gardé sa façade gothique. Le chœur conserve le tombeau des sept chevaliers de l'ordre de Saint-Jacques, dont l'assassinat par les Maures a déclenché la reconquête de la ville. Remarquez la voûte nervurée de la chapelle à gauche de l'entrée et les azulejos du 18e s.

Les gracieuses toitures de Tavira.

TRANSPORTS

Bus – La gare routière (Centro Coordenador de Transportes) occupe un bâtiment moderne au bord du fleuve, à 300 m en amont du pont romain. Une quinzaine de bus tlj sf w.-end pour Pedras d'el Rei (praia do Barril).

Location de voitures – Mudarent, r. da Silva, 18 D, ☎ 289 81 99 21.

Location de deux-roues – Les agences pratiquent des prix similaires : env. 5€ pour un vélo à la journée et autour de 20€ pour un scooter. Vélos à la **Casa Abilio**, r. João Vaz C. Real, 23 A (près du jardin da Alagoa), ☎ 281 32 34 67 ; **Rent a Bike**, r. do Forno, 22, organise également des excursions à vélo *(voir Sports et Loisirs)* ; vélos et scooters chez **Lorisrent**, r. da Galeria, 9A (immeuble de l'office de tourisme), ☎ 281 32 52 03/ 281 32 09 60.

VISITE

Visites guidées – Trois itinéraires historiques de Tavira partent de l'office de tourisme à 10h et 15h. Informations et réservations : **AGETAV**, Casa Alta, Quinta de Perogil, 8800 Tavira, ☎ 281 32 19 46.

Train touristique – Départ de la praça da República toutes les 40mn de 10h à minuit. 2,50€.

INTERNET

Cybercafé Bela Fria - *Au rez-de-chaussée de la pension du même nom, r. dos Pelames (en face de la gare routière).* 9h-16h, 20h-2h, dim. 20h-2h. 2,50€/h.

HÉBERGEMENT

⊝ Residencial Lagôas Bica – *R. Almirante Cândido dos Reis, 24 - ☎ 281 32 22 52 - ⊠ - 17 ch. 18/38€.* Le patio fleuri de cette pension très simple et bien tenue ressemble à un puits de lumière et la terrasse offre une vue dégagée sur la ville blanche. Chambres assez petites, avec ou sans douche. Demandez de préférence celles du premier étage avec vue. Un réfrigérateur est à votre disposition pour préparer votre petit déjeuner, à prendre en terrasse.

⊝ Pensão Residencial Princesa do Gilão – *R. Borda de Água de Aguiar, 10-12 - ☎ 281 32 51 71 - ⊠ - 22 ch. 40/50€ ⊡.* Pension toute simple dressée sur les quais de la rivière Gilão en plein cœur de Tavira. En dépit de sa modernité, on n'échappe pas aux dessus-de-lit à volants et au carrelage marron, mais au moins l'ensemble déborde de lumière et rutile de propreté. Chambres sur la rivière dotées de petits balcons bleus. Belle vue sur la ville. Avis aux nez sensibles : la rivière peut parfois sentir mauvais.

⊝ Pensão Residencial Castelo – *R. da Liberdade, 22 - ☎ 281 32 07 90 - ⊠ ▤ - 26 ch. 50/65€ ⊡.* Dotée d'une grande terrasse-patio avec échappées sur le château, cette pension récemment rénovée propose des chambres et des salles de bain spacieuses et confortables ainsi que huit appartements tranquilles et bien conçus dans une annexe. Très bonne adresse en plein centre-ville dans le bas de la rua da República.

⊝⊝ Quinta da Lua – *Bernardinheiro 1622 X - 8800-513 Santo Estevão - ☎ 281 96 10 70 - quintalua@ oninet.pt - fermé 10 nov.-15 déc. - ⊠ ⚒ - 8 ch. 70/100€ ⊡ - dîner 18€.* Dans l'arrière-pays de Tavira, voilà un lieu à part où se mêlent raffinement et décontraction. Chaque chambre affiche une décoration sobre et soignée, et c'est un rêve de prendre son petit-déjeuner au bord de la piscine sous la pergola parfumée. Table d'hôte succulente. Cette maison d'hôte ressemble à un coin de paradis au milieu des orangers ! Une réussite due au goût et à la gentillesse des deux propriétaires.

RESTAURATION

⊝ Bica – *R. Alm. Cândido dos Reis, 22 - ⊠ - 10/20€.* Si vous recherchez une cuisine locale à petits prix, attablez-vous dans ce restaurant simple mais bon et typique. Sa carte ne vous décevra pas : poulet frit d'Algarve, poulpe frit, anguille grillée. Menu du jour : morue, *feijoada* de seiches. Posté dans une rue parallèle aux quais, il dispose ses tables de plein air dans la petite ruelle attenante.

⊝ Marisqueira Fialho – *Pinheiro - 8800 Luz de Tavira - au bord de mer, sur la N 125 - ☎ 281 96 12 22 - tlj sf lun. - ⊠ - 10/16€.* Voilà un petit restaurant populaire sans prétention dont les habitués gardent jalousement l'adresse. C'est qu'il réserve des instants de bonheur simple avec sa treille face à la mer, ses chaises et ses quelques tables en plastique sur lesquelles se déguste un poisson grillé sous vos yeux ! Les prix défient toute concurrence. Attention à la fumée du gril et à l'orientation du vent..

⊝ Aquasul – *R. A.S Carvalho, 11 - ☎ 281 32 51 66 - ⊠ - 11/20€.* Après le pont romain, engagez-vous derrière les quais dans la ruelle envahie de tables et de chaises multicolores. Une hollandaise et sa fille tombées amoureuses du restaurant de leurs vacances l'ont repris et cultivent un esprit plein de légèreté et de chaleur à l'image de leur carte : assiettes végétariennes inventives et savoureuses, un plat de viande et un plat de poisson. Cuisine du marché à savourer en toute décontraction.

⊝ A Doca – *Quatro Aguas - ☎ 281 38 18 07 - tlj sf jeu. - 13/20€.* Une grande terrasse ombragée donnant sur la rivière, une carte très variée, des desserts locaux faits maison comme les gâteaux aux amandes, au maïs, aux figues-amandes ou à la caroube : pour trouver ce restaurant tout simple où l'on vient manger essentiellement du poisson et se régaler de *petiscos* en tout genre, quittez Tavira et prenez la direction de Quatro Aguas jusqu'à l'embarcadère pour l'île de Tavira.

⊝ O Alcatruz – *Santa Luzia - ☎ 281 38 10 92 - tlj sf lun. - ⊠ - 13/19€.* Cette petite maison couverte d'azulejos, et si semblable à ses voisines, abrite un restaurant rustique et populaire, où l'on vient manger le poisson du jour au milieu d'une clientèle d'habitués. Une adresse très couleur locale nichée dans une ruelle tranquille.

☙ **Baixamar** – *Av. Eng. Duarte Pacheco - 8800-537 Santa Luzia - ☎ 281 38 11 84 - tlj sf lun. - ▥ - 14/20€.* Sur le front de mer de ce sympathique village de pêcheurs, vous pourrez manger directement les produits de la mer dans ce restaurant qui ne sert que du poisson : délicieuse soupe, petites entrées à base de poulpe, palourdes à l'ail, riz au poulpe et le fameux *cataplana* de thon.

☙ **Capelo** – *Av. Eng. Duarte Pacheco, R/Ch. - 8800-537 Santa Luzia -☎ 281 38 16 70 - tlj sf mer. - 15/30€.* Ici, vous respirerez une atmosphère marine que ce soit en terrasse face à la mer ou bien dans la salle décorée de bateaux, de nappes bleu et blanc et d'un vivier. Au menu : poissons grillés, peu de viande. Une cuisine fraîche pour respirer l'air du large.

☙☙ **Praça Velha** – *R. José Pires Padinha, mercado da Ribeira - ☎ 281 32 58 66 - fermé dim. en hiver - 20/26€.* Si vous voulez manger sur les quais et choisir parmi tous les restaurants qui s'y succèdent, allez jusqu'au marché couvert et choisissez cette jolie terrasse abritée sous de grands parasols blancs. Une carte variée de poisson, fruits de mer et coquillages de qualité vous y attend. Vous n'avez qu'à désigner ce que vous voulez en vitrine.

PETITE PAUSE

Pastelaria Anazu – *R. Jacques Pessoa, 11-13 -* ☎ *281 38 19 35.* C'est moins pour son charme que pour son animation que vous irez prendre un café ou une pâtisserie à cette adresse. Située en bordure des quais avec une agréable terrasse sur la rivière, elle sert de lieu de passage aux riverains et aux habitués du quartier.

Veneza – *Praça da República, 11 -* ☎ *281 32 37 81.* Cette pâtisserie pimpante et reluisante ouverte sur la praça da República propose un bel éventail de spécialités régionales, comme le *Dom Rodrigo* ou les *morgados,* ainsi que des plats chauds et des sandwiches préparés avec des pains différents.

SPORTS & LOISIRS

Rent a bike – *R. do Forno, 22 -*☎ *919 33 82 26 - exploratio@hotmail.com - journée : 6€.* Ce magasin ne se contente pas de louer des vélos, mais organise aussi des promenades dans la ville et ses environs, notamment dans le Parc naturel de la ria Formosa.

L'église fait face au **largo da Graça**, jolie place en pente, très fleurie et ombragée. *Longez l'église par la gauche (calçada da Galeria) et descendez la rue jusqu'au palácio da Galeria. De là, rejoignez la praça da República pour traverser le fleuve.*

La rive gauche

Le **pont romain** mène à un quartier sympathique, où règne une ambiance festive, presque méditerranéenne. Près du quai, dans les ruelles perpendiculaires, les terrasses de restaurants et de bars ont partout investi la chaussée. De cette rive, vous aurez une excellente **vue★** sur le quartier ancien, avec son alignement de maisons aux allures de pagodes.

Montez la rua 5 de Outubro jusqu'à la praça Dr. Padinha, à droite, où se trouve l'**église São Paulo** du 17e s. À l'intérieur, sept chapelles sont occupées par d'impressionnantes boiseries baroques du 18e s.

En sortant de l'église, montez la rua de São Brás jusqu'au largo do Carmo, où s'élève l'**église do Carmo** du 18e s. L'intérieur baroque contient un beau retable en bois doré.

Pour retourner au fleuve et au centre, faites le chemin en sens inverse ou déambulez dans les ruelles.

environs

Le Parc naturel de la ria Formosa *(voir p. 193)* prend fin à Manta Rota, près de Cacela Velha. La région de Tavira offre donc, comme celle de Faro, le paysage d'une lagune séparée de l'Océan par un cordon littoral, où s'étirent de belles plages accessibles en bateau.

Ilha de Tavira

2 km à l'Est de la ville, par la rive droite, jusqu'à l'embarcadère de Quatro Águas, puis accès par bateau : départ env. toutes les heures entre 8h et 19h30. 1,5€ AR. En été uniquement, départs de l'ancien port de pêche dans le centre-ville, près du grand pont (à 300 m de la praça de la República). Un service d'Aqua Taxis (6 personnes max.) fonctionne à partir des deux embarcadères ; prix forfaitaires.

La plage de l'île de Tavira est l'une des plus fréquentées de cet endroit de la côte. Elle est dotée de bars, de restaurants et d'un camping, qui attire un grand nombre de jeunes.

Praia do Barril★

5 km à l'Ouest après Santa Luzia. À Pedras d'el Rei, franchissez la passerelle et prenez le petit train (1€, 10mn) ou marchez le long de la voie ferrée jusqu'à la plage.

Parvenu à **Pedras d'el Rei**, localité composée de villas et d'agréables jardins, vous monterez à bord d'un petit train, qui fait le délice des enfants. Après avoir traversé la lagune, vous atteignez le cordon littoral, où se déroule cette longue plage de sable blond.

Luz de Tavira
6 km à l'Ouest. À la sortie du village, s'élève une église Renaissance à la toiture cantonnée de pots et au joli portail manuélin.

Cacela Velha★
12 km à l'Est. Ce hameau, autour des ruines d'une forteresse médiévale et d'une petite église au joli portail, forme un beau **belvédère** au-dessus de la lagune où s'abritent les barques de pêche. En été, les restaurants de sa grand-place sont l'endroit idéal où savourer la cuisine traditionnelle locale.

Tomar★★

Dans une région vallonnée et bucolique, sur les rives du Nabão, la ville de Tomar s'étend au pied d'une colline boisée que coiffe un château fort du 12ᵉ s. construit par l'ordre militaire et religieux des Templiers. Le château abrite le couvent du Christ, un joyau architectural et artistique classé au patrimoine mondial de l'Unesco. Il figure parmi les plus grands monuments manuélins du pays avec le monastère des Jerónimos de Lisbonne et celui de Batalha. Il est aussi emblème de l'histoire portugaise et symbole de l'Occident chrétien. La vieille ville tranquille, aux maisons blanches et aux ruelles rectilignes, mérite également une visite, d'autant que Tomar est facilement accessible depuis Lisbonne. Tous les quatre ans, la ville organise une célèbre manifestation populaire, la Fête des « tabuleiros » (la dernière a eu lieu en juillet 2003).

La situation
42 944 habitants. Carte Michelin nᵒ 733 N 4 – District de Santarém. En plein centre du Portugal. À 133 km au Nord de Lisbonne, facilement accessible par l'A1, puis l'IP 6 et la N 110. 🖪 *Av. Dr Cândido Madureira, 2300-531,* ☎ *249 32 98 23 ou 249 32 24 27 ; r. Serpa Pinto, 1,* ☎ *249 32 90 00, www.cm-tomar.pt*
Vous pouvez poursuivre votre voyage en visitant : ALCOBAÇA, le monastère de BATALHA, FÁTIMA, LEIRIA, SANTARÉM.

INTERNET
Biblioteca municipal – *Gratuit.*

SPORTS & LOISIRS
Activités nautiques – Barrage de Castelo de Bode, 13 km au Sud-Est de Tomar. Activités nautiques, aire de loisirs et de pique-nique.

CALENDRIER
Fête des tabuleiros – Début juillet, tous les quatre ans : la prochaine aura lieu en 2007.

comprendre

Des templiers aux chevaliers du Christ – Au début du 12ᵉ s., en pleine Reconquête, la frontière entre les chrétiens et les Maures passait à cet endroit. Gualdim Pais, maître de l'ordre des Chevaliers de la milice du Temple – qui avait été créé à Jérusalem en 1119 –, y édifie en 1160 un couvent-forteresse qui devient la maison mère de l'ordre au Portugal. En 1314, à la demande du roi français Philippe le Bel, le pape Clément V ordonne la dissolution de l'ordre du Temple. Au Portugal, le roi Denis crée alors, en 1320, un nouvel ordre, celui des Chevaliers du Christ, qui récupère les biens de l'ordre du Temple, les moines chevaliers étant pour la plupart d'anciens templiers. Le siège de ce nouvel ordre s'établit d'abord à Castro Marim, dans l'Algarve, puis en 1356 à Tomar.

Détail du couvent du Christ.

La période de gloire des chevaliers du Christ se situe au début du 15ᵉ s., alors que l'infant Henri le Navigateur en est le grand maître (1418 à 1460). L'immense fortune de l'ordre lui permit de financer les Grandes Découvertes en armant des caravelles aux voiles frappées de la grande croix rouge, son emblème. Les Portugais découvrent les côtes africaines, contournent le cap de Bonne-Espérance pour atteindre les Indes. La richesse de la décoration manuéline de Tomar découle de ce fructueux commerce outre-mer.

découvrir

CONVENTO DE CRISTO★★ *1h*

Laissez la voiture sur le parking devant les murailles. Juin-sept. : 9h-18h ; oct.-mai : 9h-17h. 3€. ☎ *249 31 34 81.*
Au sommet de la butte qui domine la ville, les murailles du 12ᵉ s. enferment les bâtiments du **couvent du Christ,** dont la construction s'est poursuivie du 12ᵉ au 17ᵉ s., en faisant un véritable musée de l'architecture portugaise où se mêlent les styles roman, gothique, manuélin et Renaissance.

Église★

Le portail, qui évoque le style platéresque de Salamanque, a été réalisé par l'Espagnol João de Castilho, successeur de Diogo de Arruda. L'ancienne église des Templiers forme maintenant le chevet. Le roi Manuel y accola une nef qui communique avec la rotonde par un arc dû à Diogo de Arruda.

Charola dos Templários★★ (rotonde des Templiers)

Bâtie au 12ᵉ s. sur le modèle du Saint Sépulcre de Jérusalem, cette rotonde se présente comme une construction octogonale à deux étages soutenue par huit piliers ; un déambulatoire à voûte annulaire sépare cet octogone du polygone extérieur à seize côtés, les peintures qui ornent l'octogone sont l'œuvre d'artistes portugais du 16ᵉ s. ; quelques statues en bois polychrome datent de la même époque.

Nef – Construite au 16ᵉ s. par l'architecte Diogo de Arruda, elle est remarquable par l'exubérance de sa décoration manuéline.

Bâtiments conventuels★

Ils sont répartis autour de plusieurs cloîtres.

Claustro principal – Le **Grand Cloître** fut érigé pour l'essentiel de 1557 à 1566 par Diogo de Torralva, fervent admirateur de l'architecte italien Palladio. Il est aussi appelé « cloître des Philippe » en souvenir de Philippe II qui y ceignit la cou-

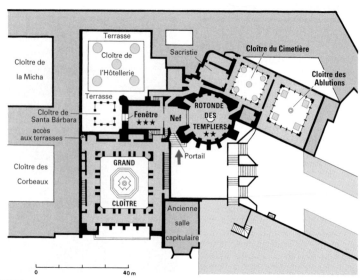

ronne du Portugal en 1581. Ce cloître Renaissance comprend deux étages avec colonnes toscanes au rez-de-chaussée et ioniques à l'étage supérieur. Son dépouillement et sa sévérité contrastent avec la décoration manuéline de la nef qu'il masque en partie. Trois fenêtres, dont deux seulement sont visibles, constituent les éléments les plus extraordinaires de cette décoration. La première se voit à droite en entrant dans le Grand Cloître. Mais pour voir la plus célèbre, il faut descendre dans le cloître Sainte-Barbe (claustro de Santa Bárbara).

Du Grand Cloître, un escalier en colimaçon aménagé dans l'angle Est mène aux terrasses d'où se révèlent des vues intéressantes sur l'ensemble du couvent.

Fenêtre★★★ – Conçue par l'architecte Diogo de Arruda et sculptée de 1510 à 1513, c'est la plus étonnante réalisation de décoration manuéline au Portugal. À partir des racines d'un chêne-liège, soutenues par le buste d'un capitaine, la décoration grimpe le long de deux mâts en de multiples torsades. Dans la profusion des détails végétaux et marins, on reconnaît des coraux, des cordes, du liège (pour la construction des bateaux), des algues, des câbles, des chaînes. L'ensemble est couronné des emblèmes du roi Manuel Ier (blason et sphère armillaire) et de la croix de l'ordre du Christ, que l'on retrouve sur la balustrade qui ceint la nef. La fenêtre est amarrée par des câbles à deux tourelles de facture analogue, entourées l'une d'une chaîne, représentant l'ordre de la Toison d'or, l'autre d'un ruban, insigne de l'ordre de la Jarretière.

Les cloîtres gothiques – Le **cloître du Cimetière** (claustro do Cemitério), aux chapiteaux à décoration végétale, et le **cloître des Ablutions** (claustro das Lavagens), situés à l'Est de la rotonde, ont été élevés au 15e s. sous la direction de l'infant Henri le Navigateur.

se promener

Chapelle Nossa Senhora da Conceição
10h-12h30, 14h-17h. 1€. Pour visiter la chapelle, adressez-vous au couvent du Christ. Elle est située à mi-pente, à gauche en descendant du couvent vers la ville. C'est une belle œuvre de la Renaissance, aux chapiteaux délicatement sculptés.

Église de São João Baptista
Praça da República. Édifice gothique de la fin du 15e s., flanqué d'un campanile manuélin. Il s'ouvre par un joli **portail★** flamboyant d'une grande finesse dû – comme la chaire flamboyante à gauche de la nef – à un artiste français anonyme. Dans le collatéral gauche, Cène peinte par Gregório Lopes (16e s.).

Synagogue
Rua Joaquim Jacinto, 73. 10h-13h, 14h-18h. Fermé 1er janv., dim. de Pâques, 1er mai et 25 déc. Gratuit.
Construite entre 1430 et 1460, de plan quadrangulaire, elle ne fut utilisée comme lieu de culte que jusqu'en 1497, date de l'édit d'expulsion des Juifs par le roi Manuel. Un musée luso-hébraïque y est installé et l'on remarquera, dans la salle de culte aux voûtes reposant sur des piliers, les cruches d'argile dont la résonance servait à amplifier les voix.

Parque Arqueológico do
Vale do Côa★★

Parc archéologique de la VALLÉE DU CÔA

Situé dans un cadre naturel grandiose, sec et dénudé, dans une région isolée au Nord-Est du pays, aux confins du Trás-os-Montes et de la Beira Alta, le Parc archéologique de la vallée du Côa a été créé pour préserver l'un des plus importants sites mondiaux de gravures rupestres du paléolithique en plein air. Les roches gravées sont réparties sur trois sites distincts (Penascosa, Ribeira de Piscos et Canada do Inferno), étalés sur 17 km le long du Côa, près de la confluence avec le Douro. Inauguré en août 1996, le parc fait partie, depuis décembre 1998, du patrimoine mondial de l'Unesco.

La situation

Carte Michelin n° 733 I 8 – District de Guarda. Depuis Lisbonne, accès par Coimbra (A 1), Viseu (IP 3), Celorico da Beira (IP 5) puis N 102-IP 21 ; ou par Torres Novas (A 1), Castelo Branco (IP 6), Guarda (IP 2) et Celorico da Beira (IP 5) puis N 102-IP 2A (environ 400 km ; 4h30 de trajet). Depuis Porto : 214 km *via* Mirandela ; prévoyez 3h30.
Vous pouvez poursuivre votre voyage en visitant : la vallée du DOURO, le Haut-Douro (*voir MIRANDA DO DOURO*), les places fortes de l'Est autour de GUARDA.

comprendre

La découverte – Depuis l'époque où les hommes de Cro-Magnon ont gravé sur le schiste les animaux qu'ils voyaient dans la nature, le paysage a peu changé. Grâce à l'isolement, l'art rupestre de la vallée du Côa a été préservé jusqu'à nos jours. Il a même été perpétué au cours des siècles par les hommes de toutes les époques qui y sont passés et y ont laissé leur trace, inscrite sur la pierre, jusqu'au 20e s., où fut représenté un train empruntant le pont ferroviaire de Foz do Côa.

Sauvé des eaux – En 1992, lors de la construction du barrage dans la zone de Canada do Inferno, on découvrit des roches gravées datées du paléolithique (30 000 à 10 000 ans avant notre ère). Après une longue polémique, le nouveau gouvernement, choisissant de conserver cet ensemble exceptionnel d'art paléolithique, décida, au début de 1996, de suspendre les travaux du barrage, qui aurait élevé le niveau des eaux de 130 m.
Jusqu'à présent, près de 150 roches gravées ont été découvertes, dont une petite partie d'entre elles peut être approchée. On a trouvé des roches ornementées, certaines immergées, sur d'autres sites, et le parc évolue sans cesse en raison des nombreuses découvertes faites au cours de nouvelles prospections.

L'art rupestre du paléolithique – Le paléolithique, ou âge de la pierre taillée, est la période la plus longue (2,5 millions d'années) et la plus reculée de l'histoire de l'humanité. Les gravures les plus anciennes de la vallée du Côa, datées grâce aux espèces animales représentées, ont environ 20 000 ans : elles remontent au paléolithique supérieur et se rattachent pour la plupart au solutréen. Si les peintures des grottes de Lascaux en France ou d'Altamira en Espagne sont à peu près de la même époque, elles appartiennent à l'art pariétal. Alors qu'ici, comme sur le site de Siega Verde en Espagne, dans la vallée du rio Águeda, autre affluent du Douro, à quelque 80 km, il s'agit d'**art rupestre de plein air**.
Les techniques de gravure utilisées dans la vallée du Côa, qui peuvent avoir été associées à la peinture, sont de trois sortes : l'**abrasion**, qui consiste à faire un sillon profond en passant plusieurs fois avec l'instrument (pierre taillée) sur le trait ; le **picotage**, succession de points martelés avec un caillou et formant un trait, parfois complété par abrasion ; et le **trait filiforme**, une incision fine plus difficile à distinguer. Les animaux le plus fréquemment représentés sont le cheval, l'aurochs et le bouquetin. Généralement, le même rocher sert de support à la représentation de plusieurs animaux, dont les dessins se superposent. La particularité de l'art du Côa réside dans l'extraordinaire beauté des gravures rendue par la représentation du mouvement et de la forme des animaux, associée à un trait simple et sûr.

COMMENT ORGANISER VOTRE VISITE ?

Réservez les visites longtemps à l'avance, surtout en haute saison. Les personnes désirant visiter les trois sites doivent prévoir deux jours. Si vous ne souhaitez en visiter qu'un seul, nous vous conseillons Penascosa.

Où s'adresser ? – Siège : av. Gago Coutinho e Sacadura Cabral, 19 A – 5150-610 Vila Nova de Foz Côa. ☎ 279 76 82 60. www.ipa.min-cultura.pt/pavc

– Centre de réception de Castelo Melhor : ☎ 279 76 33 44.

– Centre de réception de Muxagata : ☎ 279 76 42 98.

Déroulement de la visite – Les visiteurs doivent se rendre directement au centre de réception du site qu'ils vont visiter et arriver 15mn avant le départ (Castelo Melhor pour Penascosa, Muxagata pour Ribeira de Piscos et le siège du parc, à Vila Nova de Foz Côa pour Canada do Inferno). Ils sont acheminés jusqu'aux sites en véhicules tout-terrains, dont la capacité est de huit passagers au maximum (chaque enfant occupe une place dans le véhicule). Les visites sont faites par de jeunes guides de la région, spécialement formés à cet effet. Le parc peut annuler provisoirement les visitesen cas d'intempéries (pluie, notamment). Les horaires sont communiqués lors de la réservation.

La visite du site de Ribeira de Piscos peut être complétée par une dégustation de porto ou un déjeuner à la **quinta da Ervamoira**, qui dispose en outre d'un musée consacré à l'environnement de cette zone de la vallée du Côa.

Le parc peut organiser également des randonnées et des promenades en VTT (vélos non fournis) pour des groupes jusqu'à 15 personnes.

Visites guidées en véhicule tout-terrain – Comptez 2h. Départs tlj sf lun. pour le site de Penascosa du centre de réception de Castelo Melhor, pour celui de Ribeira de Piscos du centre de réception de Muxagata, et pour celui de Canada do Inferno du siège du parc à Vila Nova de Foz Côa. Horaires de visite variables en fonction des conditions naturelles de luminosité. Fermé 1er janv., 1er mai et 25 déc. Prix indicatif : 5€ par visite.

Et ne pas oublier... – Prévoyez des chaussures de marche, des bottes en hiver et un chapeau en été, une bouteille d'eau et, si possible, ayez les mains libres (portez un sac à dos) pour marcher plus aisément, surtout à Canada do Inferno et à Ribeira de Piscos, où le terrain irrégulier et pentu oblige à s'accrocher parfois à la végétation et aux pierres. Les personnes sensibles à la chaleur doivent éviter les visites en été, car la température dépasse facilement les 40 °C.

découvrir

La voiture est le moyen de transport le plus pratique.

Penascosa

1h40 AR, dont 40mn en véhicule tout-terrain.

Aménagé dans une maison ancienne en schiste typique de la région, le centre de réception de **Castelo Melhor** (*voir Guarda*), point de départ de la visite, allie harmonieusement une architecture traditionnelle préservée et un espace intérieur moderne, équipé de postes multimédias reliés à Internet et d'une salle de conférences et de projection. Une agréable terrasse extérieure permet d'attendre en prenant une boisson.

Le trajet en véhicule tout-terrain offre de belles vues panoramiques sur les pentes où l'on cultive les vignes pour le porto, en particulier sur la célèbre quinta da Ervamoira.

Penascosa est le site le plus accessible et le plus intelligible. Il se trouve près du fleuve et les véhicules s'arrêtent à quelques mètres des roches gravées. Il doit être visité l'après-midi, afin de bénéficier de la luminosité la plus favorable à la perception des gravures, pour la plupart exécutées suivant les techniques de l'abrasion et du picotage. Le mouvement des animaux est ici extraordinairement reproduit, en particulier dans une probable scène d'accouplement, montrant une jument couverte par un cheval à trois têtes qui traduisent le mouvement du cou. Actuellement, on visite en détail sept roches sur ce site qui en compte beaucoup plus.

Ribeira de Piscos

2h30 AR, dont 1h en véhicule tout-terrain et 40mn à pied.

Situé dans le village de **Muxagata**, où l'on peut voir un pilori du 16e s., le centre de réception occupe une belle maison du 16e s., entièrement restaurée.

Gravure rupestre du site de Penascosa.

Le site de Ribeira de Piscos.

P. Martins/MICHELIN

La visite offre une très agréable promenade le long de la rivière de Piscos. Les gravures, en majorité filiformes, sont plus dispersées sur les versants et moins perceptibles. Toutefois, l'une d'elles, assez visible, représente deux chevaux dont les têtes enlacées et les lignes dorsales évoquent deux ailes. La grâce et la pureté du trait sont d'une émouvante beauté. À noter, sur une roche à côté, une figure humaine de la même époque. On approche actuellement cinq roches sur ce site.

Canada do Inferno

1h40 AR, dont 20mn en véhicule tout-terrain et 20mn à pied.

Jusqu'à l'ouverture sur place du futur musée-centre d'interprétation, les véhicules partent du **siège du parc**, à **Vila Nova de Foz Côa** *(voir ci-dessous)*, qui dispose d'une petite boutique.

Ce site, le plus important des trois, se trouve dans une zone plus escarpée de la rive gauche du Côa, sur une pente accentuée de 130 m, d'accès un peu plus difficile. De là, on peut voir le chantier interrompu du barrage, 400 m en aval. La visite doit être faite le matin pour bénéficier de la meilleure visibilité des gravures, en majorité filiformes. Plus de 40 panneaux ont déjà été repérés comprenant plus de 150 figurations paléolithiques. Témoignant de la continuité de l'activité au cours des siècles, quelques gravures à thèmes religieux datant du 17e s. sont également visibles.

alentours

Vila Nova de Foz Côa

7 km au Nord-Est de Castelo Melhor. Dans un paysage de collines dénudées, cette petite ville solitaire mais riante, animée par des étudiants, s'étend sur une longue crête aux pentes garnies de vignes. La région est particulièrement belle lors de la floraison des amandiers (février-mars).

Église paroissiale – Elle offre une remarquable **façade★** manuéline en granit, à clocher-porche, avec un portail entouré de pilastres en faisceaux et surmonté d'une archivolte décorée de motifs floraux et de coquilles sous un linteau où des sphères armillaires encadrent une pietà en calcaire du 16e s. L'intérieur compte trois nefs dont le plafond de bois peint est soutenu par des colonnes à chapiteaux sculptés de têtes humaines, inclinées de façon à donner une impression d'ouverture vers le ciel. Des retables baroques de bois doré ornent l'abside et une chapelle du bas-côté droit.

Pilori – Beau pilori manuélin en granit, au fût ceint d'une torsade et au faîte sculpté de colonnettes et de statues sous une sphère armillaire et un lys.

Torre de Moncorvo

17 km au Nord de Vila Nova de Foz Côa. La ville est groupée dans un très vaste paysage d'arides croupes montagneuses au-dessus d'une vallée fertile plantée d'oliviers et de vignes, proche de la confluence du Douro et du Sabor. Au Sud-Est, la serra do Reboredo recèle de riches gisements de minerai de fer. La vallée du rio Sabor, seul fleuve du Portugal resté à l'état sauvage (sans barrage ni retenue d'eau), offre une très belle nature (nombreuses espèces de fleurs sauvages, de champignons et d'oiseaux).

La ville compte plusieurs maisons seigneuriales des 17e et 18e s. (solar dos Pimentéis, casa dos Távoras). Ses *amêndoas cobertas*, sortes de pralines, sont très réputées.

Église paroissiale – Cette imposante église à façade austère, des 16ᵉ et 17ᵉ s., renforcée de puissants contreforts, présente au centre une tour à avant-corps et un portail Renaissance en plein cintre. L'entablement est surmonté de sculptures dans des niches baroques en forme de coquillage. L'intérieur, sous des voûtes à nervures, abrite un beau retable du 17ᵉ s. et, dans le bas-côté gauche, un intéressant triptyque en bois peint illustrant la vie de sainte Anne, mère de la Vierge, et de saint Joachim, son époux. On voit à droite leur rencontre, à gauche leur mariage, et, au centre, la présentation de l'Enfant Jésus à ses grands-parents.

Valença do Minho★

Pendant des siècles, Valença a farouchement gardé la frontière Nord du Portugal et le passage du fleuve Minho. Dans sa partie ancienne, c'est une très curieuse cité géminée, constituée par deux places fortes de style Vauban que relie un seul pont, jeté sur un large fossé et suivi d'un long passage sous voûte. Les touristes espagnols viennent désormais ici en grand nombre, notamment pour acheter du linge de maison (nappes et draps brodés) dans les multiples boutiques. La cité ne retrouve son calme que le soir venu, et il fait bon alors déambuler dans ses ruelles pavées.

La situation

14 044 habitants. Carte Michelin n° 733 F 4 – District de Viana do Castelo. Sur une butte dominant la rive gauche du Minho, face à la ville galicienne de Tui. À 54 km au Nord-Est de Viana do Castelo et à 71 km au Nord de Braga.
Vous pouvez poursuivre votre voyage en visitant : CAMINHA, PONTE DE LIMA.

> **SUR LES CHEMINS DE SAINT-JACQUES**
> Valença do Minho se trouve sur la grande route qui relie St-Jacques-de-Compostelle à Porto : le chemin du Nord-Ouest pour les pèlerins, qui passe par le bord de mer de Póvoa de Varzim jusqu'à Caminha et s'infléchit ensuite en suivant le cours du Minho. La route le franchit grâce au pont métallique construit par Gustave Eiffel en 1884.

se promener

Ville fortifiée★
Accès en voiture, depuis le Sud, par une route ombragée détachée de la N 13.
Chacune des deux places fortes, dans l'état où les a laissés le 17ᵉ s., se présente comme un polygone irrégulier comprenant six bastions à double redans et à échauguettes, précédés d'ouvrages avancés, et deux portes monumentales, Nord et Sud, blasonnées aux armes du royaume et du gouverneur. Des pièces d'artillerie anciennes demeurent en position devant les embrasures. Des remparts Nord, jolie **vue★** sur la vallée du Minho, sur Tui et les monts de Galice.
Chaque enceinte circonscrit un quartier autonome avec ses églises, ses pittoresques rues étroites et pavées, ses fontaines, ses maisons, parfois ornées de statues aux angles, et ses boutiques.

alentours

Monte do Faro★★
7 km. Quittez Valença par la N 101 vers Monção ; prenez à droite en direction de Cerdal et, peu après, à gauche vers Monte do Faro.
La route s'élève rapidement parmi les pins atndis que les vues prennent de l'ampleur. Laisser la voiture sur le rond-point final et prendre, à gauche de la route, le sentier qui conduit au sommet (alt. 565 m). De là, **panorama★★** très étendu : au Nord et à l'Ouest, sur la vallée du Minho parsemée de villages blancs et dominée dans le lointain par les monts de Galice ; à l'Est, sur la serra do Soajo ; au Sud-Ouest, sur les collines boisées de la côte et l'Océan.

excursion

Vallée du Minho
De Valença à São Gregório, 52 km. Sortez de Valença par la N 101, à l'Est.
C'est à l'Est de Valença que la rive portugaise du rio Minho offre le plus d'intérêt. Le fleuve, qui apparaît majestueusement étalé au début du parcours, s'encaisse jusqu'à devenir invisible entre des pentes aussi abruptes que verdoyantes. La

route, pavée et sinueuse, toujours bordée d'arbres (pins, eucalyptus, et même palmiers) ou de vignes sur treilles – produisant le célèbre *vinho verde* –, traverse de gros villages viticoles.

Monção – Construite au bord du Minho qu'elle domine, cette agréable petite ville est une station thermale dont les eaux soignent les rhumatismes. Quelques maisons anciennes, l'**église paroissiale** qui a conservé certaines parties romanes, le **belvédère★** sur le Minho et les paysages alentour, son vin réputé, l'*Alvarinho*, font de Monção une étape agréable.

À 3 km au Sud sur la route d'Arcos de Valdevez, on peut voir sur la droite le **palais de Brejoeira** construit au début du 19e s. sur le modèle du palais d'Ajuda à Lisbonne.

En contrebas de la route, les vignes, les champs de maïs, de potirons, etc. s'étagent en terrasses face au riant versant espagnol ponctué de villages perchés. L'abondance des cultures et des maisons isolées (au crépi de couleur vive) frappe particulièrement.

Après Melgaço, la N 301, en balcon, ménage des **échappées** plongeantes sur le Minho, toujours très encaissé, jusqu'aux approches de São Gregório (poste frontière).

Les « espigueiros » (greniers à grain de granit sur pilotis) font partie du paysage du Minho.

A. J. Cassaigne/MICHELIN

Viana do Castelo★★

Entre fleuve, mer et montagne, Viana do Castelo est une importante station balnéaire du Haut-Minho. La vieille ville foisonne de belles demeures manuélines ou Renaissance ; ses rues piétonnes et commerçantes convergent sur une grande place entourée de monuments du 16e s., tandis que ses jardins s'étendent en bordure du fleuve. Très fréquentée à la belle saison, la cité est aussi très animée (« romarias », festivals folkloriques et concerts). Elle peut ainsi constituer un agréable lieu de séjour, d'autant qu'elle se trouve dans une région au riche patrimoine culturel et aux paysages variés et verdoyants.

La situation

88 409 habitants. Carte Michelin n° 733 G 3 – District de Viana do Castelo. Sur la Costa Verde, à 73 km au Nord de Porto, la ville se trouve au pied du versant ensoleillé de la colline de Santa Luzia, sur la rive droite de l'estuaire du Lima . **🚩** *R. do Hospital Velho, 4900 540, ☎ 258 82 26 20 ou 258 82 49 71 ; castelo de Santiago da Barra, 4900-360, ☎ 258 82 02 70/1/2.*
Vous pouvez poursuivre votre voyage en visitant : BRAGA, CAMINHA, PONTE DE LIMA.

comprendre

Tournée vers la mer – Humble village de pêcheurs au Moyen Âge, la cité connut ensuite un développement prodigieux : le fructueux commerce avec le Brésil et les villes hanséatiques, la pêche à la morue sur les bancs de Terre-Neuve et l'essor des chantiers navals apportèrent la prospérité. De cette époque datent les demeures manuélines et Renaissance qui font aujourd'hui le charme de la vieille ville. Après une période de déclin consécutive à l'accession du Brésil à l'indépendance (1822) et à la guerre civile (1846-1847), la ville est redevenue un actif centre de pêche en haute mer. Industries (bois, céramique, pyrotechnie, construction navale) et artisanat (costumes, broderies) contribuent à sa prospérité.

carnet pratique

VISITE

Croisières fluviales – La compagnie Portela, qui gère les ferries permettant de se rendre à la plage de Cabedelo, de l'autre côté du Lima, organise aussi des croisières sur le fleuve. ☎ 258 84 22 90.

INTERNET

I.P.J – *R. do Poço, 16-26. Lun.-ven. 9h-13h, 14h-18h.* Accès gratuit limité à 30mn.

Biblioteca Municipal – *R. Cândido dos Reis - lun.-ven. 9h30-12h30, 14h-19h ; sam. 9h30-12h30.* Gratuit.

HÉBERGEMENT

☺☺ **Casa da Torre das Neves** – *Lugar de Neves - Vile de Punhe -* ☎ *258 77 13 00 - jpaa@s-amorim.pt -* ✉ ▣ ♨ *- 5 ch. 67/80€.* Manoir de famille du 16e s. aujourd'hui reconverti en confortable maison d'hôte. L'occasion de passer des vacances à la campagne, dans une belle demeure typique de la région du Minho entourée d'un vaste domaine proche de la mer.

☺☺☺ **Estalagem Casa Melo Alvim** – *Av. Conde da Carreira, 28 -* ☎ *258 80 82 00 - hotel@meloalvimhouse.com -* ▣ ▤ ⅙ *- 17 ch. 125€* ☐ *- restaurant 28,75/32,50€.* Cette ancienne maison seigneuriale agrandie au fil des ans se caractérise par la présence de différents styles artistiques. Chambres de très bon confort et agréable salle à manger décorée avec goût.

RESTAURATION

☺☺ **Os 3 Potes** – *Beco dos Fornos, 7 -* ☎ *258 82 99 28 - 15,50/21€.* Restaurant typique où se produisent des musiciens et des chanteurs de fado.

☺☺ **Cozinha das Malheiras** – *R. Gago Coutinho, 19 -* ☎ *258 82 36 80 - fermé 22-28 déc. et mar. -* ▤ *- 16,50/30,75€.* Ce restaurant aménagé dans une ancienne chapelle vous fera découvrir tous les plats de la gastronomie locale. Spécialités de poisson et de fruits de mer.

☺☺☺ **Casa d'Armas** – *Largo 5 de Outubro, 30 -* ☎ *258 82 49 99 -casadarmas @hotmail.com - fermé 3 sem. en nov. et mer. -* ▤ *- 33€.* Ce restaurant installé dans une maison ancienne propose une cuisine régionale savoureuse. Spécialités de viande et de poisson grillés ainsi que de fruits de mer.

CALENDRIER

Romaria de Nossa Senhora da Agonia – Autour du 20 août, ce pélerinage attire une foule considérable. *Voir encadré dans le texte.*

Festa das Rosas – Fête des roses : défilés folkloriques et bals pendant le 2e week-end de mai.

se promener

LE QUARTIER ANCIEN* (bairro antigo)

Au hasard de flâneries dans ce quartier en partie piétonnier, vous découvrirez de nombreuses demeures aux façades armoriées, d'intéressants exemples d'architecture Renaissance et manuéline.

Praça da República*

Les édifices qui s'ordonnent autour de cette vaste place, dont la **casa dos Sá Sottomayores**, en font un pittoresque ensemble urbain.

Fontaine – Construite en 1554 par João Lopes le Vieux, elle compte plusieurs vasques et se termine par un couronnement de motifs sculptés portant une sphère armillaire et la croix de l'ordre du Christ.

Ancien hôtel de ville – Seule la façade a conservé son aspect primitif (16e s.) ; hérissée de merlons, elle est percée d'arcades ogivales au rez-de-chaussée. Au-dessus des fenêtres, à l'étage, on reconnaît l'écusson du roi Jean III, une sphère armillaire, emblème du roi Manuel Ier, et le blason de la ville représentant une caravelle, qui rappelle que de nombreux marins de Viana participèrent aux Grandes Découvertes.

Hôpital da Misericórdia* – *Visite guidée de juil. à fin sept. 10h-16h.* Cet édifice Renaissance (1589), d'influences vénitienne et flamande, est dû à João Lopes le Jeune. À gauche de sa porte monumentale se dresse la façade noble dont les deux étages de balcons à loggias soutenus par des atlantes et des cariatides reposent sur une robuste colonnade aux chapiteaux ioniques.

Attenante, l'**église da Misericórdia** a été refaite en 1714. Elle est décorée d'azulejos et de bois doré de cette époque.

Rua Cândido dos Reis

Elle est bordée de plusieurs demeures qui ont conservé des façades manuélines. On remarquera tout particulièrement le **palais de Carreira** qui abrite aujourd'hui les bureaux de l'hôtel de ville. Sa très belle façade manuéline frappe par sa symétrie. La **casa dos Lunas**, de style Renaissance italienne, présente aussi des éléments manuélins.

Église paroissiale (igreja matriz)

Bien que la construction date des 14ᵉ et 15ᵉ s., les deux tours carrées crénelées qui encadrent la façade sont encore de style roman, et leur couronnement à arcatures lombardes repose sur des modillons sculptés. Le portail gothique montre trois voussures historiées qui s'appuient sur des statues-colonnes (saint André, saint Pierre et les évangélistes) ; la voussure supérieure est ornée d'un Christ encadré d'anges porteurs des instruments de la Passion.

À l'intérieur, dans le baptistère, un panneau en bois sculpté polychrome (17ᵉ s.) représente le baptême du Christ. Dans la troisième chapelle à gauche, belle peinture sur bois du 16ᵉ s.

À gauche de l'église, maison du 15ᵉ s. dite de **João o Velho** (Jean le Vieux).

Rua de São Pedro

Également bordée de demeures anciennes ; remarquez tout particulièrement la fenêtre manuéline de la **casa dos Costa Barros**.

Musée municipal★

Tlj sf lun. 9h-12h, 14h-17h. Fermé j. fériés. 2€. Il est installé dans l'ancien palais (18ᵉ s.) de la famille Barbosa Maciel, dont les murs intérieurs sont revêtus de superbes **azulejos★★** peints en 1721 par Policarpo de Oliveira Bernardes : les sujets traités concernent les continents, la chasse, la pêche, les réceptions, etc. Ces azulejos et de beaux plafonds en bois décorent les salles du premier étage dans lesquelles est exposée une remarquable **collection de faïences portugaises★** (de Coimbra, de Lisbonne, etc.) qui serait la plus importante du Portugal.

Le rez-de-chaussée, sous les plafonds de bois verni à caissons, abrite de beaux meubles indo-portugais du 17ᵉ s., sculptés ou marquetés, parmi lesquels un somptueux cabinet en écaille de tortue et ivoire, des céramiques et des faïences anciennes portugaises, italiennes et hollandaises, une petite Vierge à l'Enfant en ivoire ainsi que des vestiges préhistoriques. La cour-jardin attenante rassemble des curiosités archéologiques : statues en ex-voto, pierres tombales.

Église de São Domingos

Construite en 1576, elle présente une façade Renaissance de granit en forme de retable. À l'intérieur, tombeau du fondateur de l'église, Bartolomeu dos Mártires, archevêque de Braga.

Église Nossa Senhora da Agonia

Cette charmante chapelle baroque est connue pour le grand pèlerinage qui s'y déroule en août.

Ponte Eiffel

Le pont en treillis métallique et aux tabliers superposés, de 600 m de long, qui enjambe le Lima à la sortie Est de la vieille ville, est l'œuvre de Gustave Eiffel.

> ### « ROMARIA » DE NOSSA SENHORA DA AGONIA
>
> Ce pèlerinage, qui se déroule en août, est l'une des fêtes les plus célèbres du Minho. Il comprend une procession, une course de taureaux, des feux d'artifice sur le Lima, des défilés de géants et de nains, des illuminations et, surtout, de remarquables manifestations folkloriques : festival de danses et chants régionaux et, le dernier jour, magnifique défilé costumé.

Viana do Castelo vit au rythme des fêtes : ici, une romaria.

F. Soreau/MICHELIN

alentours

Belvédère de Santa Luzia★★

4 km par la route de Santa Luzia. Le belvédère de Viana est la colline de Santa Luzia qui s'élève au Nord de la ville et que coiffe une basilique moderne, lieu de pèlerinage. On y accède en voiture par une route pavée, en lacet, qui grimpe agréablement entre des pins, des eucalyptus et des mimosas.

Basilique de Santa Luzia – *Été : 8h-19h ; le reste de l'année : 8h-17h. Messe dominicale : dim. 11h-12h. Visite de la basilique : gratuit ; montée à la coupole centrale : 0,50€ (0,70€ par ascenseur).* ☎ 258 82 31 73.
De style néo-byzantin plutôt disgracieux, elle est précédée d'un vaste parvis et d'un escalier monumental. L'intérieur, éclairé par trois rosaces, se réduit à un chœur et à une abside sous des coupoles ornées de fresques. À 57 m au-dessus du sol, le lanternon supérieur du dôme central *(142 marches à partir de la sacristie ; passage très resserré en fin de montée)* offre un magnifique **panorama★★** sur Viana do Castelo et l'estuaire du Lima que dominent à l'horizon, au Sud-Est, les hauteurs boisées et parsemées de villages blancs de la région de Barcelos. Au-delà du port, contrôlé par le fort São Tiago da Barra (16ᵉ s.), l'Océan écume le long d'immenses plages de sable fin.

Praia do Cabedelo

Par la N 103 en direction de Braga. Accessible par bus depuis Viana do Castelo (départs fréquents depuis le largo 5 de Outubro ; quatre retours dont le dernier à 17h10) ou par ferry (départs toutes les heures. de mai à sept., embarcadère à droite du monument du 25-Avril).
Très belle plage au Sud de l'estuaire du Lima, de l'autre côté de la ville.

Vila do Conde

Vila do Conde prolonge, au Sud, Póvoa de Varzim, vaste et bruyante station balnéaire. Devenues presque indissociables, elles forment une agglomération peu amène sur une portion très urbanisée du littoral. Pourtant, si l'on oublie la façade Atlantique, la partie ancienne de Vila do Conde, au bord de l'Ave, a gardé, avec ses vieux édifices, un certain cachet. Port de pêche actif et centre industriel, c'est aussi la ville natale du poète José Régio. À la Saint-Jean, la ville offre le spectacle de grandioses défilés, dont celui des « mordomas » parées de bijoux d'or et celui des « rendilheiras » (dentellières) en costume régional.

La situation

74 118 habitants. Carte Michelin n° 733 H 3 – District de Porto. À l'embouchure de l'Ave ; à 27 km au Nord de Porto. **❚** *R. 25 de Abril, 103, 4480-739,* ☎ *252 24 84 73. Vous pouvez poursuivre votre voyage en visitant : BARCELOS, BRAGA, PORTO.*

se promener

Couvent de Santa Clara★

Visite guidée (1/4h) 9h-12h30, 14h30-18h. Sa masse monumentale se dresse au-dessus de l'Ave. Derrière la façade du 18ᵉ s. se découvrent des bâtiments du 14ᵉ s. Aujourd'hui, le couvent abrite un collège pour enfants inadaptés et seuls l'église et le cloître se visitent.

Église – Fondée en 1318, elle est du type forteresse et a conservé son style gothique d'origine. Sa façade Ouest est percée d'une jolie rose. L'intérieur, à une seule nef, est couvert de plafonds de bois à caissons sculptés (18ᵉ s.).

La chapelle de la Conception *(première à gauche)*, du 16ᵉ s., abrite les **tombeaux★** Renaissance des fondateurs et de leurs enfants : travaillés dans la pierre d'Ançã, ils présentent des faces magnifiquement ouvragées. Sur celui de **Dom Afonso Sanches**, les faces latérales content des scènes de la vie du Christ, et le chevet représente sainte Claire empêchant les Sarrasins d'envahir le monastère de Sainte-Claire à Assise. Sur le **tombeau de Dona Teresa Martins**, le gisant est figuré en habit de religieuse du tiers ordre de Saint-François ; les faces latérales évoquent les scènes de la Passion du Christ, et le chevet montre saint François recevant les stigmates. Les tombeaux des enfants sont illustrés, l'un des docteurs de l'Église *(à gauche)*, l'autre des évangélistes *(à droite)*.

La nef est séparée du chœur des religieuses par une jolie grille.

Au Sud de l'église subsistent les arcades du cloître du 18ᵉ s. La fontaine centrale est le point d'aboutissement de l'aqueduc (18ᵉ s.) en provenance de Povoa de Varzim. Du parvis, belle vue sur la petite cité limitée au Sud par l'Ave et à l'Ouest par l'Océan.

Détail de la façade du couvent de Santa Clara.

Église paroissiale

Église fortifiée, de style manuélin, elle a été édifiée au 16ᵉ s. par des artistes de Biscaye, ce qui explique la présence d'un joli portail platéresque dont le tympan est décoré d'une statuette de saint Jean-Baptiste, protégée par un dais et encadrée par les symboles des évangélistes.

La tour à gauche de la façade date de la fin du 17ᵉ s. L'intérieur renferme plusieurs autels et une chaire en bois doré des 17ᵉ et 18ᵉ s.

Pilori

En face de l'église paroissiale. De style Renaissance mais remanié au 18ᵉ s., il porte un bras de justice brandissant un glaive.

visiter

Museu da construção naval★
Rua do Cais da Alfândega. Tlj sf lun. 10h-18h. Gratuit. ☎ *252 24 07 40.*

Vila do Conde a largement participé à l'épopée maritime portugaise au temps des Grandes Découvertes, et son commerce avec l'Europe du Nord était alors florissant. Avec son excellent port naturel dans l'estuaire de l'Ave, la proximité de communes riches en bois et une main-d'œuvre de qualité, ce fut un des meilleurs chantiers navals de tout le pays.

Le bâtiment jaune safran situé aux abords des quais fluviaux, complètement restauré et réaménagé, est celui des anciennes douanes royales (Alfândega Real) qui percevaient les taxes sur les navires marchands. Il abrite aujourd'hui un petit musée de la construction navale, un centre de documentation sur la navigation au 16e s., et à côté, un atelier de charpenterie navale. Le tout s'inscrit dans un projet plus ambitieux et une dynamique culturelle visant aussi à restaurer la zone riveraine du centre historique et à construire une fidèle réplique d'un vaisseau du 16e s.

Le musée présente, de façon vivante et didactique, les techniques de construction navale, les itinéraires des caravelles sur les lignes d'Afrique, d'Inde ou du Brésil, la nature de leurs cargaisons, etc.

Museu-Escola das Rendas de Bilros (musée de la Dentelle)
9h-12h, 14h-19h, w.-end et j. fériés 15h-18h. Selon un dicton portugais, « là où il y a des filets, il y a des dentelles ». Vila do Conde est réputé pour la fabrication de ses dentelles au fuseau depuis le 16e s. Ce musée a été créé pour revitaliser cette activité manuelle exigeant une grande habileté. Les dentellières utilisent un coussin cylindrique sur lequel elles disposent les dessins des modèles à réaliser. Elles piquent dessus des épingles entre lesquelles passent les fuseaux contenant des fils de coton, de lin ou de soie. Le musée retrace les différents aspects de cette activité au travers d'une exposition de dentelles anciennes et modernes, de photos, mais surtout par la présence de dentellières qui travaillent sur place.

alentours

Azurara
1 km au Sud. Ce village possède une **église** manuéline fortifiée du 16e s. couronnée de créneaux et, en face, une jolie croix manuéline.

Au Sud, s'étend une série de **plages** agréables, dont praia da Árvore, la plus proche.

circuit

15 km – environ 3/4h.

LES ÉGLISES ROMANES DE RIO MAU ET DE RATES
Prenez la N 206 vers le Nord-Est, direction Guimarães jusqu'à Rio Mau (5km) ; prenez à droite, en face de la poste, un chemin non goudronné.

Rio Mau
La petite **église romane São Cristóvão**, très simple, est bâtie en granit ; la décoration fruste des chapiteaux des portails contraste avec celle, plus soignée, des **chapiteaux★** de l'arc triomphal et du chœur, de construction plus récente.

Puis reprenez la N 206, 2 km plus loin, à Fontainhas, la route à gauche en direction de Rates (encore 1 km).

Rates
L'**église de São Pedro**, en granit, a été édifiée aux 12e et 13e s. par des moines clunisiens sur les ordres d4Henri de Bourgogne.

La façade est percée d'une rose et d'un portail à cinq arcades, dont deux historiées, et à chapiteaux décorés d'animaux et de figures diverses ; au tympan, un bas-relief représente la Transfiguration. Le portail Sud est orné d'un arc alvéolé qui abrite un bas-relief figurant l'Agneau divin. L'intérieur, aux proportions harmonieuses, présente de beaux chapiteaux romans.

Vila Franca de Xira

Vila Franca de Xira est, avec Santarém, le principal centre taurin et équestre du Portugal. On y pratique la tauromachie à pied et à cheval. Plutôt morne et entourée d'industries, cette cité proche de Lisbonne s'anime en juillet, lors de la fête taurine du « colete encarnado » (le gilet rouge), et en octobre, lors de la foire annuelle.

La situation

122 235 habitants. Carte Michelin n° 733 P 3 – District de Lisboa. Ville de la plaine ribatejane, Vila Franca se trouve à une trentaine de kilomètres de Lisbonne, au seuil de l'estuaire du Tage, sur la rive droite du fleuve. **🖪** *R. Almirante Cândido dos Reis, 147-149 r/c, 2600-123, ☎ 263 27 60 53.*

Vous pouvez poursuivre votre voyage en visitant : LISBONNE, SANTARÉM.

comprendre

Un centre taurin – Les taureaux sont élevés dans les vastes prairies de la rive gauche du Tage, de l'autre côté de la ville. Le premier week-end de juillet, avant les *touradas*, ont lieu plusieurs « lâchers de taureaux » dans les rues de la ville : les bêtes sont encadrées, jusqu'aux arènes, par les *campinos*, habillés de gilets rouges. Danses folkloriques, banquets en plein air (sardines grillées) et parfois régates sur le Tage, complètent les réjouissances.

Le cheval lusitanien et l'art équestre portugais – « Il est le plus beau du monde et le plus approprié pour un roi un jour de victoire » (duc de Newcastle, 17ᵉ s.). Le pur-sang lusitanien était déjà connu des hommes du paléolithique supérieur qui l'ont gravé sur les rochers de la vallée du Côa. Monté depuis près de 5 000 ans, il est le plus ancien cheval de selle du monde. Son tempérament fougueux mais docile, son agilité, sa force et son courage en ont fait le cheval de combat par excellence. Au Portugal, depuis le Moyen Âge, la noblesse l'a utilisé dans la guerre. Pour s'y préparer, elle recourait à l'affrontement avec les taureaux ibériques. L'École portugaise d'art équestre a été créée au 18ᵉ s. Aujourd'hui encore, les cavaliers portugais portent les mêmes habits d'apparat et les chevaux sont harnachés comme autrefois. Tout cela contribue à faire du spectacle équestre un moment de rare beauté, dans lequel le cavalier et son cheval, en parfaite harmonie, exécutent les figures les plus complexes avec une légèreté qui rend justice au surnom donné au lusitanien de « fils du vent ».

CENTRES ÉQUESTRES

Centro Equestre da Lezíria Grande – *À la sortie de Vila Franca, à 3 km du centre, sur la N 1 en direction de Carregado -* ☎ *263 28 51 60 - restaurant, salons pour réceptions et événements - fermé le lundi.*
Nous pénétrons ici dans l'univers du cheval lusitanien, dans un centre intégré dans la nature, créé par Luís Valença, grand maître d'équitation, qui enseigne l'art équestre portugais à des cavaliers du monde entier. Les noms des chevaux les plus célèbres sont inscrits sur des azulejos au-dessus de leurs box. Le centre dispose d'un agréable restaurant, ouvert midi, qui permet d'apprécier l'atmosphère particulière du lieu.

Centro Equestre do Morgado Lusitano – *Quinta de Santo António de Bolonha - à partir des arènes, suivre la N 10 vers Lisbonne - 2665 Póvoa de Santa Iria -* ☎ *263 56 35 43 ou 219 53 54 00 - salons pour réceptions et événements - boutique du cheval et du cavalier - fermé le lundi.* Tout comme le précédent, ce centre élève des chevaux lusitaniens et entraîne des cavaliers. En outre, il présente un beau spectacle d'art équestre portugais, avec des costumes et des harnais traditionnels du 18ᵉ s.

---

visiter

Les arènes

Les *aficionados* se réunissent aux arènes « Palha Blanco » pour admirer les cavaliers tauromachiques, les fameux *forcados*. Construites en 1901, elles se trouvent à la sortie Sud de la ville, route de Lisbonne (N 1), et abritent le **Musée ethnographique**. Il expose des peintures, des dessins, des photos et des sculptures relatifs à la région et à ses traditions : l'art tauromachique, la pêche sur le Tage et surtout des costumes traditionnels du 19ᵉ s. (pêcheurs, paysans, éleveurs) et de *campinos* des 18ᵉ et 19ᵉ s. *Visite guidée tlj sf lun. 10h-12h30, 14h-17h30. Fermé j. fériés. Gratuit.*

Miradouro de Monte Gordo
3 km au Nord par la rue António Lúcio Baptista passant sous l'autoroute, puis par une route revêtue, en forte montée.

Du belvédère aménagé, entre deux moulins, au sommet de la colline, **panorama** : à l'Ouest et au Nord, sur les autres collines couvertes de bois et de vignobles, d'où émergent des *quintas* ; à l'Est sur la plaine ribatejane que rejoint le pont de Vila Franca jeté sur le Tage ; au Sud sur les deux premières îles de l'estuaire du fleuve.

alentours

La route nationale reliant Vila Franca de Xira à Lisbonne, très engorgée, est bordée de zones industrielles sans intérèt.

Alverca do Ribatejo
8 km au Sud-Ouest par la N 1, puis suivez la signalisation. Sur l'aérodrome militaire, un hangar abrite le **musée de l'Air** (Museu do Ar). Celui-ci évoque le passé aérien du Portugal à travers des photos, des documents d'archives et, surtout, en présentant d'authentiques avions anciens et des répliques comme celles du *Blériot XI*, du *Demoiselle XX* (1908) de Santos-Dumont ou de l'hydravion *Santa Cruz* (1920) qui fut le premier à effectuer la traversée de l'Atlantique Sud. *Juil.-sept. : tlj sf lun. 10h-18h ; le reste de l'année : tlj sf lun. 10h-17h. Fermé 1er janv., dim. de Páques, 24 et 25 déc. 1,50€, gratuit dim. 10h-12h30.*

Vila Real

Groupée sur un plateau, au pied de la serra do Marão, parmi les vignes et les vergers, la « ville royale » est un carrefour de communication sans grand charme malgré les nombreuses demeures patriciennes des 16e et 18e s qui l'agrémentent. Cependant, dans les environs, vous pourrez visiter le magnifique manoir de Mateus, bijou de l'architecture baroque, ou partir à la découverte de la serra do Marão et du Parc naturel d'Alvão.

La situation
49 928 habitants. Carte Michelin n° 733 I 6 – District de Vila Real – Voir schéma : Vallée du Douro. À la confluence du rio Corgo et du rio Cabril, à 119 km à l'Est de Porto et à 25 km au Nord de la vallée du Douro. 🄱 *Av. Carvalho Araújo, 94, 5000-657,* ☎ *259 32 28 19 ; Região de Turismo da Serra do Marão - praça Luís de Camões, 2,* ☎ *351 59 32 35 60/28 19.*
Vous pouvez poursuivre votre voyage en visitant : AMARANTE, la vallée du DOURO, GUIMARÃES.

se promener

Les principaux monuments de la ville s'ordonnent autour de l'avenida Carvalho Araújo. Descendez l'avenue par la droite à partir du carrefour central que flanque la cathédrale.

Sé (cathédrale)
Ancienne église conventuelle érigée à la fin de l'époque gothique, elle présente néanmoins certains caractères romans, discernables en particulier dans la facture des chapiteaux de la nef.

carnet pratique

TRANSPORTS
Train – La ligne du Corgo relie Peso da Régua à Vila Real (25 km). *Voir encadré dans la vallée du Douro.*

INTERNET
Internet Salão de J. São Domingos – *Travessa de São Domingos, 33 (dans la salle de billard du residencial du même nom).*

CALENDRIER
Feira de São Pedro – Foire de Saint-Pierre ou des *pucarinhos* (28-29 juin). On y trouve des produits artisanaux de la région, notamment de la vaisselle, de belles poteries noires, des tissus et habits de lin.

Festas da Cidade – Fêtes en l'honneur de saint Antoine, saint patron de la ville (13-21 juin).

Casa de Diogo Cão

Av. Carvalho Araújo, 19 (plaque). Ainsi appelée parce que le célèbre navigateur y serait né. La façade a été refaite au 16ᵉ s. dans le style de la Renaissance italienne.

Câmara municipal

Édifié au début du 19ᵉ s., et précédé d'un pilori à lanterne, l'**hôtel de ville** est remarquable par son monumental escalier de pierre à balustres dans le goût de la Renaissance italienne.

Poursuivez tout droit vers le cimetière, que vous contournerez par la droite.

Esplanade du cimetière

Cette promenade ombragée, à l'emplacement de l'ancien château, domine la confluence fluviale. Dans l'axe du cimetière, derrière lui, belle **vue** plongeante sur les gorges du Corgo et de son affluent le Cabril. Plus à gauche, vue en enfilade sur le ravin du Corgo et les maisons qui le surplombent.

Revenez à l'avenida Carvalho Araújo et remontez-la par la droite. Remarquez la jolie façade de la maison du 16ᵉ s. occupée par l'office de tourisme (nº 94). Par la première rue à droite (à hauteur du palais de justice), gagnez l'église de São Pedro.

Église de São Pedro

Elle est décorée d'azulejos polychromes du 17ᵉ s. dans le chœur et d'un joli **plafond★** à caissons en bois sculpté et doré.

alentours

Solar de Mateus★★★

3,5 km à l'Est par la N 322 en direction de Sabrosa. Visite guidée (1/2h) juin-sept. : 9h-19h30 ; oct. et mars-mai : 9h-13h, 14h-18h ; nov.-fév. : 10h-13h, 14h-17h. Fermé 25 déc. 6,25€ (jardins seuls : 3,50€). ☎ 259 32 31 21.

Châtaigniers, vignes et vergers annoncent les approches du bourg de Mateus, célèbre par le manoir des comtes de Vila Real et le vin rosé produit sur son domaine.

Avec les magnifiques jardins qui l'entourent et le prolongent, le **manoir** de Mateus constitue un lieu d'harmonie et de grande beauté, à visiter absolument. Bijou de l'architecture baroque, il fut édifié dans la première moitié du 18ᵉ s. par Nicolau Nasoni *(voir encadré p. 315).*

En arrière de pelouses plantées de cèdres, et suivi d'un jardin agrémenté de massifs de buis et d'une charmille formant un « tunnel de verdure », il présente une **façade★★**, précédée d'un miroir d'eau, où repose, couchée, une statue de femme, œuvre du sculpteur contemporain João Cutileiro. Le corps central du bâtiment, en retrait, se pare d'un ravissant escalier à balustres et d'un haut fronton armorié encadré de statues allégoriques. La cour d'honneur est protégée par une balustrade de pierre ornementée. Les fenêtres d'étage sont surmontées de gâbles moulurés. Sur les corniches des toitures s'élèvent de très beaux pinacles.

À gauche de la façade, lui fait pendant celle d'une fort élégante chapelle baroque érigée en 1750, également par Nasoni.

Le solar de Mateus.

J.-Y. Grégoire/MICHELIN

À l'intérieur du palais, on remarque les magnifiques plafonds en bois sculpté de la grande salle et du grand salon, la richesse de la bibliothèque (nombreuses éditions françaises anciennes), certains meubles (portugais, espagnols, chinois, français en bois peint du 18e s.) et, dans deux salles de l'étage constituées en musée : des **cuivres gravés** par Fragonard et le baron Gérard, des éventails précieux, des objets de culte et vêtements liturgiques, un autel du 17e s., des sculptures religieuses dont un crucifix d'ivoire du 16e s.

La fondation Casa de Mateus est une institution culturelle active : concerts, conférences et séminaires, cours de musique, expositions d'arts plastiques.

Murça

À 39 km de Vila Real, par la jolie route (N 15) menant à Mirandela, aux paysages caractéristiques du Trás-os-Montes.

Ce gros bourg s'étend en longueur au pied de la petite serra de Vilarelho. Sur la praça do Município, remarquez le **pilori** manuélin et la blanche **chapelle** baroque au riche portail. Dans le jardin attenant se trouve une étrange **porça**, sculpture de granit représentant une truie sur son piédestal. On s'interroge encore sur l'origine de ce monument : il évoque pour certains les battues de sangliers organisées dans la région au début du Moyen Âge ; pour d'autres, il serait beaucoup plus ancien et lié aux rites de fertilité de l'âge du fer.

circuits

Voir schéma : vallée du Douro

Les deux circuits proposés parcourent la **serra do Marão★**, un bloc de granit et de schiste délimité à l'Est par le Corgo, à l'Ouest par le Tâmega, au Sud par le Douro. Les dislocations qui ont accompagné son soulèvement à l'ère tertiaire ont entraîné d'importantes différences d'altitude entre ses sommets. Le paysage doit sa désolation à la vigueur de l'érosion.

DE VILA REAL À AMARANTE

70 km – environ 1h1/2 – itinéraire ③.

Quittez Vila Real à l'Ouest par l'IP 4-E 82, route de Porto.

Dès les premières pentes, le maïs, les pins et les châtaigniers commencent à remplacer les vignes, les vergers de pommiers et les oliviers. À partir de Parada de Cunhos, les **vues** se développent à droite sur les contreforts de la serra et sur Vila Real dans son bassin.

Après Torgueda, laissez à droite la N 304 vers Mondim de Basto (itinéraire décrit ci-dessous).

L'IP 4, en montée, bordée de caroubiers, de vignes et de champs de maïs, offre à gauche de belles **vues★** sur le sommet du pic de Marão, point culminant de la serra.

Au col, alto do Espinho, quittez l'IP 4 et prenez la route vers le pic de Marão. Vous passez devant la pousada de São Gonçalo, située en balcon au-dessus des pentes tapissées de pins. Quelques kilomètres plus loin, prenez à gauche.

La route s'élève dans un paysage minéral de blocs cristallins ou schisteux feuilletés et aboutit à un replat, proche du sommet, où se trouvent la chapelle Nossa Senhora da Serra et un relais de télévision.

Pico do Marão★★

Alt. 1 415 m. De ce sommet que coiffe un obélisque, magnifique **panorama** sur tous les autres sommets dénudés de la serra.

Revenez à la route qui passe par Candemil et rejoint Amarante.

La descente sur Amarante, rapide et sinueuse, se fait en corniche au-dessus du rio Ovelha, affluent du Tâmega, riche en truites. Peu avant Candemil, la route s'encaisse dans une vallée rocheuse. La fin du parcours, très verdoyante (cultures, pins, châtaigniers), offre de belles vues à droite sur les vallées affluentes du Tâmega.

Amarante★ *(voir ce nom).*

DE VILA REAL AUX ENVIRONS DE MONDIM DE BASTO

61 km – environ 1h1/2 – itinéraire ④.

Quittez Vila Real par l'IP 4 décrite ci-dessus, et, après Torgueda, prenez à droite la N 304.

La route s'élève vers le col, alto de Velão, d'où se révèle à gauche une **vue** sur le haut bassin du rio Olo. La route traverse l'extrémité Ouest du **Parc naturel d'Alvão**, aux beaux paysages parsemés de chaos granitiques, puis amorce une **descente★** en corniche vers Mondim de Basto dans la vallée du Tâmega.

De Mondim de Basto, prenez la N 312 au Nord et, à droite, une route forestière qui grimpe entre les rochers et les pins.

Chapelle de Nossa Senhora da Graça★

*la voiture en bas du majestueux escalier (68 marches) qui mène à la chapelle. du clocher (54 marches et échelons) s'offre un vaste **panorama** sur la vallée ega, Mondim de Basto et la serra do Marão.*

Vila Viçosa★

Groupée sur le versant d'une colline où croissent orangers et citronniers, Vila Viçosa est une ville ombragée (« viçosa ») et fleurie, qui fut la résidence des ducs de Bragance et de plusieurs rois portugais. Depuis la chute de la monarchie en 1910, elle est devenue une petite cité tranquille vivant de quelques activités artisanales (poterie et fer forgé) et de l'exploitation des carrières de marbre alentour. Son centre, autour de la praça da República, a gardé une certaine animation, mais les quartiers de la place du Palais ducal et de la vieille ville lui confèrent plutôt une atmosphère de ville-musée évocatrice de la vie fastueuse des Bragance.

La situation

8 872 habitants. Carte Michelin n° 733 P 7 – District d'Évora. Vila Viçosa se trouve à une vingtaine de kilomètres au Sud-Est d'Estremoz. 🚩 *Praça da República, 7160-207,* ☎ *268 88 11 01.*

Vous pouvez poursuivre votre voyage en visitant : ELVAS, ESTREMOZ, ÉVORA, MON-SARAZ.

comprendre

La cour ducale – Dès le 15ᵉ s., Dom Fernando I, deuxième duc de Bragance, choisit Vila Viçosa comme résidence de sa cour. L'exécution du troisième duc, Dom Fernando II, anéantit la puissance ducale, et c'est seulement au siècle suivant que la cour connaît une vie fastueuse. Dans le palais construit par le duc Jaime, grandes fêtes seigneuriales et mariages princiers se succèdent ainsi que banquets gargantuesques, représentations théâtrales et courses de taureaux. Cette époque dorée prend fin en 1640, lorsque le huitième duc de Bragance accède au trône du Portugal sous le nom de Jean IV.

> **L'EXÉCUTION DU DUC DE BRAGANCE**
> Dès son accession au trône en 1481, le roi Jean II prend des mesures rigoureuses pour abolir les privilèges accordés par son père Alphonse V aux nobles qui avaient participé à la Reconquête. Le premier frappé est le duc de Bragance, beau-frère du roi, le plus riche et le plus puissant seigneur du royaume, coupable de complot. Après un jugement sommaire, le duc est décapité à Évora en 1483.

visiter

TERREIRO DO PAÇO★ (place du Palais)

Cette vaste place dominée par le palais des Ducs est occupée, en son centre, par la statue de Jean IV, œuvre en bronze du sculpteur Francisco Franco.

Paço ducal★★ (palais des Ducs)

Visite guidée (1h) avr.-sept. : tlj sf lun. 9h30-13h, 14h30-17h30, w.-end 9h30-13h, 14h30-18h ; oct.-mars : tlj sf lun. 9h30-13h, 14h-17h. Fermé j. fériés. 5€. ☎ 268 98 06 59.
Las de l'inconfort du vieux château datant du roi Denis, le quatrième duc, Dom Jaime Iᵉʳ, fit entreprendre en 1501 la construction de ce palais. L'ensemble est constitué de deux ailes perpendiculaires dont la principale, en marbre blanc, s'étire sur 110 m de long.
À 300 m de là, un très vaste **parc** (2 000 ha) leur servait autrefois de réserve de chasse.
L'intérieur du palais a été aménagé en musée. La cage de l'escalier qui conduit au premier étage est ornée de peintures murales représentant la bataille de Ceuta (15ᵉ s.) et le siège d'Azamor (16ᵉ s.) par le duc Dom Jaime Iᵉʳ.
Aile principale – Des azulejos du 17ᵉ s., des tapisseries de Bruxelles et d'Aubusson et des tapis d'Arraiolos la décorent. Les salles sont ornées de plafonds peints à motifs variés : David contre Goliath, les aventures de Persée, les sept Vertus. On verra aussi les portraits des Bragance par les peintres portugais (fin 19ᵉ s.) Columbano, Malhoa, Sousa Pinto et, dans la salle des Tudesques, par le peintre français Quillard.
La face Ouest donne sur des jardins classiques de buis taillés.
Aile transversale – Elle comprend les appartements du roi Charles Iᵉʳ (1863-1908) peintre et dessinateur de talent, et ceux de la reine Amélie ; dans la chapelle, intéressant triptyque du 16ᵉ s., attribué à Cristóvão de Figueiredo, illus... scènes du Calvaire. Le **cloître**, de style manuélin (16ᵉ s.), est d'une gran... cheur.

Le palais des Ducs.

H. Champollion/MICHELIN

Museu dos Coches★ – *Entrée par la porta dos Nós. Horaires identiques à ceux du Paço ducal. 1,50€.* C'est une partie du musée national des Carrosses qui se trouve à Lisbonne *(voir Lisboa).* Il rassemble plus de 70 carrosses, berlines, voitures, etc. du 18ᵉ au 20ᵉ s. présentés dans quatre bâtiments, dont l'**écurie royale★** bâtie à la demande du roi Joseph Iᵉʳ en 1752. Cette salle longue de 70 m pouvait abriter des centaines de chevaux sous ses voûtes supportées par des piliers de marbre. Parmi les voitures exposées, remarquez le nᵒ 29, le landau dans lequel le roi Charles Iᵉʳ et son fils furent assassinés le 1ᵉʳ février 1908. La variété et l'état des véhicules sont remarquables : malles-poste, chars à bancs, phaétons, landaus, berlines voisinent avec les carrosses de gala.

Porta dos Nós★

Cette porte est l'un des derniers vestiges de la muraille du 16ᵉ s. La maison de Bragance, dont la devise était « *Depois de vós, nós* » (« Après vous, nous »), avait choisi les nœuds comme symbole en raison du double sens du mot *nós* (« nous » et « nœuds »).

Revenez sur la place du Palais.

Convento dos Agostinhos

Reconstruite au 17ᵉ s. par le futur Jean IV, l'**église**, qui se dresse à l'Est de la place du Palais, est la nécropole des ducs de Bragance. Le transept et le chœur abritent, dans des enfeus, les tombeaux des ducs.

Antigo Convento das Chagas (ancien couvent des Plaies)

Fondé par Joana de Mendonça, deuxième femme du duc D. Jaime Iᵉʳ, ce couvent est situé au Sud de la place du Palais. L'église, aux murs tapissés d'azulejos de 1626, sert de nécropole aux duchesses de Bragance.

LA VIEILLE VILLE

Laissez la voiture à l'extérieur des remparts.

Le château et les remparts, élevés à la fin du 13ᵉ s. par le roi Denis, ont été renforcés par des bastions au 17ᵉ s. Des murailles crénelées, flanquées de tours, enserrent encore la vieille cité. Ses ruelles sont bordées de maisons blanches dont la partie basse est peinte de couleurs vives. Une petite rue mène au glacis occidental, où se trouvent l'**église da Conceição** et le **pilori** du 16ᵉ s.

Château

Les parties les plus anciennes datent du 13ᵉ s., mais il fut remanié plus tard. Il est entouré de profonds fossés. La visite fait parcourir les souterrains de l'édifice primitif. Au premier étage a été installé un **musée archéologique** regroupant, entre autres, des vestiges préhistoriques, romains et arabes, ainsi qu'une collection de vases grecs. *Visite guidée (1h) avr.-sept. : tlj sf lun. 9h30-13h, 14h30-17h30, w.-end 9h30-13h, 14h30-18h ; oct.-mars : tlj sf lun. 9h30-13h, 14h-17h. Fermé j. fériés. 2,50€.*

À l'entrée, le surprenant **musée de la Chasse** (Museu da Caça) réunit près de 1 500 pièces léguées par l'ingénieur Manuel de Carvalho, provenant en grande partie d'anciennes colonies portugaises d'Afrique (Angola, Mozambique et Guinée-Bissau). L'ensemble constitue le plus grand musée d'armes africaines au monde.

Dans une succession de salles du château, on admire toutes sortes d'animaux natu-ralisés originaires d'Europe et d'Afrique (hippotragues, buffles, antilopes, lynx), des armes européennes et africaines anciennes, parmi une collection offerte au roi Dom Carlos par les anciennes colonies, des peaux d'animaux, des meubles, etc. *Visite guidée (1h) oct.-mars : tlj sf lun. 9h30-13h, 14h-17h ; avr.-sept. : tlj sf lun. 9h30-13h, 14h30-17h30 (w.-end : 18h). 2,50€ ; 5€ billet combiné avec le musée d'Archéologie.*

Du chemin de ronde du château se déploient de nombreuses et jolies vues sur les ruelles de la vieille ville.

alentours

Borba

6 km au Nord-Ouest par la N 255 en direction d'Estremoz. Borba est réputée pour son marbre, comme Estremoz et Vila Viçosa, mais également pour son vignoble. Vous pourrez découvrir les vins rouges ou blancs régionaux à l'**Adega Cooperativa de Borba**, l'une des plus anciennes coopératives de la région *(Rossio de Cima, sortie Nord de la ville, ☎ 268 89 42 64).*

Viseu★

Dans une région boisée et légèrement accidentée, où croît le fameux vignoble du Dão, cette cité paisible et peu fréquentée forme un important centre agricole et artisanal (notamment de poterie d'argile noire). Si le centre historique est bien conservé, la ville, qui abrite le beau musée Grão Vasco, est surtout renommée pour son école de peinture de la Renaissance. Elle peut constituer aussi une étape gastronomique avec des spécialités régionales comme le chevreau grillé (« cabrito assado ») ou les délicieuses sucreries locales à base d'œuf, aux noms enchanteurs : « bolos de amor », « papos de anjo », « travesseiros de ovos moles », « castanhas de ovos »...

La situation

93 259 habitants. Carte Michelin n° 733 K 6 – District de Viseu. Viseu s'est développé sur la rive gauche du rio Pavia. 84 km à l'Est d'Aveiro. ☖ *Av. Gulbenkian, 3510-055,* ☎ *232 42 09 50.*

Vous pouvez poursuivre votre voyage en visitant : AVEIRO, COIMBRA, GUARDA, LAMEGO.

VISEU

Torre de Menagem..... **A**
Museu Grão Vasco..... **M¹**

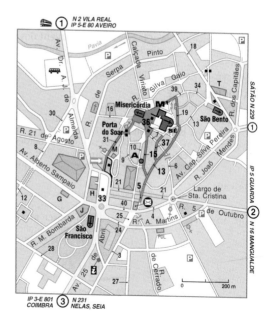

comprendre

L'école de peinture de Viseu – Comme Lisbonne, Viseu connaît au 16ᵉ s. une florissante école de peinture dirigée par deux maîtres, Vasco Fernandes et Gaspar Vaz, eux-mêmes influencés par des Flamands tels que Van Eyck et Quentin Metsys.
Vasco Fernandes (1480-1543 env.), que la légende a fait connaître sous le nom de **Grão Vasco** (le Grand Vasco), est le plus célèbre des peintres portugais. Ses premières œuvres révèlent l'influence flamande : retables de Lamego (au Musée régional) et de Freixo de Espada-à-Cinta. Son art, devenu ensuite plus original, se distingue par le sens dramatique de la composition, la richesse des couleurs et le réalisme violent, d'inspiration populaire et régionaliste, dont sont empreints les portraits et les paysages. Ses principales peintures sont exposées au musée de Viseu.
Formé en grande partie à l'école de Lisbonne, collaborateur de Grão Vasco, **Gaspar Vaz** fut actif entre 1514 et 1569. Doué d'une brillante imagination, il sut donner aux formes et aux drapés une grande intensité d'expression. Les paysages qu'il peignit gardent cependant un cachet régional. Ses œuvres principales, encore imprégnées de gothique, sont exposées dans l'église de São João de Tarouca *(voir ce nom)*.
Les deux maîtres ont probablement collaboré à la création du polyptyque de la cathédrale de Viseu, ce qui explique le caractère hybride de l'œuvre.

se promener

LA VIEILLE VILLE★ *1h30 (sans la visite du musée)*
Suivez l'itinéraire indiqué sur le plan, en partant du Rossio.
Avec ses ruelles pavées de dalles de granit, ses demeures Renaissance et classiques à encorbellements, décorées d'écussons, le vieux Viseu a gardé son cachet ancien.

Praça da República (ou Rossio)
Centre animé de Viseu, cette agréable promenade plantée d'arbres s'étend devant l'hôtel de ville.

Porta do Soar
Cette porte de l'enceinte érigée, au 15ᵉ s. par le roi Alphonse V, donne accès à la vieille ville.

Adro da Sé★
Au cœur de la vieille ville, la tranquille place de la Cathédrale est encadrée de nobles édifices de granit, parmi lesquels celui du musée Grão Vasco, en plus de ceux de la cathédrale et de l'église da Misericórdia.

Museu Grão Vasco★★
Fermé pour travaux. La collection principale du musée est présentée provisoirement (jusqu'en mai 2004) dans l'aile Nord de l'église da Misericórdia, sur le parvis de la cathédrale.
Ce musée occupe l'ancien palais dos Três Escalões, construit au 16ᵉ s. et modifié au 18ᵉ s.
Il présente des éléments de sculpture du 13ᵉ au 18ᵉ s., dont un **trône de grâce★** (14ᵉ s.), une pietà du 13ᵉ s., des azulejos hispano-arabes (16ᵉ s.) et des céramiques portugaises (17ᵉ et 18ᵉ s.). Mais, outre des œuvres de peintres portugais du 19ᵉ s. et du début du 20ᵉ s., dont des toiles de **Columbano** (1857-1929), ce musée est surtout consacré aux **primitifs★★** de l'école de Viseu.
Ainsi, on s'arrêtera longuement devant le *Saint Pierre sur son trône*, l'un des chefs-d'œuvre de Vasco Fernandes, qui symbolise la suprématie du pouvoir spirituel. Bien que ce tableau soit une réplique de celui attribué à Gaspar Vaz à São João de Tarouca, il montre une grande originalité dans la façon de représenter saint Pierre, homme au visage plébéien, grave, un peu triste, entouré par l'atmosphère de la Renaissance. *Le Calvaire*, autre grande œuvre de Grão Vasco, est d'une violence terrible dans la représentation des personnages comme dans celle du paysage balayé par les vents.
Les 14 tableaux qui composent le retable provenant de la cathédrale sont dus à un groupe d'artistes de l'école de Viseu ; la *Descente de Croix* et le *Baiser de Judas* sont parmi les meilleurs ; dans l'*Adoration des Rois mages*, on remarquera que le roi noir Baltazar a été remplacé par un Indien du Brésil, ce pays venant alors d'être découvert.
Deux intéressantes peintures proviennent aussi de l'école de Viseu : *La Cène* et *Le Christ dans la maison de Marthe*.

Sé★ (cathédrale)
La cathédrale romane a subi d'importantes modifications du 16ᵉ au 18ᵉ s. La façade a été reconstruite au 17ᵉ s. ; parmi les six statues, celle du centre représente saint Teotónio, patron de Viseu.

À l'intérieur, la voûte manuéline refaite au 16e s. a transformé l'édifice en église-halle ; s'appuyant sur des piliers gothiques, elle est soutenue par des liernes★ torsadées se nouant à intervalles réguliers ; les clefs de voûte sont décorées des armes de l'évêque fondateur (un pélican) et des devises des rois Alphonse V et Jean II (pélican).

Le chœur date du 17e s. ; la voûte en berceau, peinte de grotesques, abrite un monumental retable★ baroque ; au-dessus du maître-autel se tient une Vierge (14e s.) en pierre d'Ança. La chapelle orientée de gauche est ornée d'azulejos du 18e s.

Du bras gauche du transept, on accède par un escalier à la tribune *(coro alto)* où l'on remarque un lutrin en bois doré du Brésil (16e s.) et une amusante statuette représentant un ange musicien. De là, on peut atteindre la salle capitulaire, située au premier étage du cloître ; elle renferme un intéressant trésor d'art sacré comprenant deux coffrets reliquaires en émail de Limoges du 13e s., un évangéliaire du 12e s. (avec une reliure du 14e s.) et une crèche de Machado de Castro. *9h-12h, 14h-17h, w.-end et j. fériés 14h-17h.*

Le cloître est de style Renaissance ; la galerie du rez-de-chaussée, dont les arcades s'appuient sur des colonnes ioniques, abrite des azulejos du 18e s. ; dans la chapelle N.-D.-de-la-Pitié, joli bas-relief (16e s.) figurant une Descente de croix ; ce travail serait dû à l'école de Coimbra *(voir ce nom)* ; un beau portail du style de transition roman-gothique fait communiquer le cloître avec la cathédrale.

Église da Misericórdia

La belle façade baroque est rythmée par le contraste des murs blancs et des pilastres de granit gris. Le corps central, percé d'un joli portail baroque surmonté d'un balcon, est ceint d'un élégant fronton.

Maisons anciennes

Dans la rua Dom Duarte, on verra un ancien donjon *(torre de menagem)* agrémenté d'une belle fenêtre manuéline ; dans la rua Direita, pittoresque, étroite et commerçante, des maisons du 18e s. à balcons sur consoles de fer forgé ; rua dos Andrades *(au Sud de la rua Direita)*, des maisons à encorbellements ; rua da Senhora da Piedade, des maisons du 16e s.

Revenez rua Direita et regagnez l'Adro da Sé par la rua Escura.

Vous pouvez également jeter un œil à l'église de São Francisco, édifice baroque orné d'azulejos et de bois doré, et à l'église de São Bento aux beaux azulejos du 17e s.

alentours

Mangualde

14 km à l'Est par la N 16, puis l'IP 5. Mangualde, d'origine médiévale, est aujourd'hui un actif centre agricole et commerçant.

Palácio dos condes de Anadia – Cette demeure seigneuriale du 17e s. offre une façade de style rocaille.

Église da Misericórdia – *Entrez par la cour de l'école attenante.* Du 18e s., bâtie en équerre, cette charmante église présente une petite façade baroque ornée de statues et une galerie d'étage (côté cour) à colonnades et balustres de granit. À l'intérieur, dans la nef, azulejos évoquant la Cène, la Pêche miraculeuse, saint Martin, etc. Dans le chœur, orné d'un plafond à caissons dorés et de devants d'autels en azulejos, remarquez les potences en bois sculpté destinées à suspendre les lampes.

Quartier ancien – En avant du palais Anadia et d'une fontaine se trouve le vieux Mangualde : ruelles tortueuses, petites maisons de granit serrées autour d'un beffroi.

Penalva do Castelo

12 km au Nord-Est de Mangualde par la N 329-1. Aux abords Ouest du bourg, la casa da Insua, appelée aussi manoir des Albuquerques, date de 1775. Elle dresse sa majestueuse façade crénelée dans un riant paysage de bois et de vergers. On visite la chapelle (1690), le parc, planté d'arbres géants (séquoias, eucalyptus), et le jardin, très soigné, où fleurissent camélias, magnolias, essences rares. *Visite guidée (1/2h) 10h-12h, 13h-tombée de la nuit. Fermé 25 déc. 2€.*

Aguiar da Beira

Sur la N 229, à 40 km au Nord-Est de Viseu. Dans le paysage du haut plateau granitique de la serra de Lapa, les maisons, également en granit, du bourg de Aguiar da Beira se groupent autour d'une place principale qui a gardé tout son cachet médiéval. Cette place, dont le centre est occupé par un pilori (12e s.), est encadrée par une tour couronnée de merlons pyramidaux, une fontaine romane elle aussi crénelée et une maison typique de la région des Beiras, avec un escalier extérieur.

Sernancelhe

À 52 km au Nord-Est de Viseu et 12 km au Nord de Aguiar da Beira. Occupant une éminence rocheuse de la Beira Alta, le vieux bourg de Sernancelhe fut autrefois une commanderie de l'ordre de Malte dont le château n'est plus aujourd'hui que ruines.

Église – La façade de cette église romane, flanquée d'un clocher carré trapu, est percée d'un joli portail en plein cintre dont l'une des voussures est ornée d'une curieuse frise d'archanges. Le tympan est sculpté de motifs végétaux. De part et d'autre du portail, deux niches abritent six statues en granit représentant les évangélistes, saint Pierre et saint Paul.

Face à l'église se dresse le **pilori** (16ᵉ s.), surmonté d'une cage décorée de colonnettes.

Solar dos Carvalhos – 18ᵉ s. Cet élégant **manoir** baroque, à la façade flanquée de pilastres, appartient à la famille du marquis de Pombal.

Prenez une rue partant à gauche de l'église en direction du château et se terminant par des escaliers.

On voit peu après, sur la droite, abrité par un porche, un beau **Christ** (14ᵉ s.) de pierre. On domine bientôt la place de l'église et le village.

excursions

DANS LA SERRA DE CARAMULO

La serra de Caramulo, massif schisteux et granitique, porte une végétation dense (pins, chênes, châtaigniers) et quelques cultures (maïs, vignes, oliviers). Le versant Ouest, qui descend doucement sur la plaine côtière d'Aveiro, s'oppose au versant Est dont le relief, plus accidenté, est découpé par des affluents du Mondego.

Rejoignez l'IP 3, au Sud-Ouest de Viseu, et roulez sur 26 km, avant de prendre la N 230 qui remonte au Nord-Ouest (direction Águeda), et de la suivre sur 19 km.

Caramulo

Agrémentée de parcs, Caramulo est une station thermale accrochée, à 800 m d'altitude, aux pentes de la Serra de Caramulo.

Musée★ – *Mars-sept. : 10h-13h, 14h-18h ; oct.-avr. : 10h-13h, 14h-17h. Fermé 1ᵉʳ janv., Ven. saint, dim. de Pâques, 24 et 25 déc. 6€.* Appelé aussi Fondation Abel de Lacerda, il comprend deux parties. Une **exposition d'art ancien et moderne** abrite plusieurs statues de l'école portugaise du 15ᵉ s., un ensemble de cinq tapisseries de Tournai figurant l'arrivée des Portugais aux Indes, et de nombreux tableaux de peintres du 20ᵉ s. : Picasso, Fernand Léger, Dufy, Dali, Braque, etc.

L'**exposition d'automobiles★** regroupe quant à elle une cinquantaine de véhicules, certains très anciens (une Peugeot 1899, une Darracq 1902) ou de marques prestigieuses (Hispano-Suiza, Lamborghini, Ferrari), tous en état de marche et merveilleusement entretenus. Quelques cycles et motos également.

Caramulinho★★

7,5 km. Quittez Caramulo à l'Ouest par l'avenue Abel de Lacerda puis la N 230-3 qui, à 3 km, laisse à gauche la route de Cabeço da Neve. 1/2h à pied AR par un sentier rocheux coupé de 130 marches. Ce point culminant (1 075 m) de la serra de Caramulo constitue un excellent **belvédère** sur celles de Lapa au Nord-Est, d'Estrela au Sud-Est, de Lousã et de Buçaco au Sud, sur la plaine côtière à l'Ouest, et sur la serra de Gralheira au Nord.

Revenez au croisement de la route de Cabeço da Neve, que l'on suit jusqu'au belvédère.

Cabeço da Neve

Alt. 995 m. Ce sommet-balcon offre des **vues** plongeantes au Sud et des vues, vers l'Est, sur la moyenne montagne boisée, toute piquetée de villages, le bassin du Mondego et la serra da Estrela. Viseu est visible au Nord-Est.

Pinoucas★

3 km au Nord de Caramulo par la N 230 ; à 2 km, prenez à gauche une route de terre qui, 1 km plus loin, aboutit à la tour de surveillance (alt. 1 062 m). Impressionnant **panorama** sur les chaos rocheux de la serra de Caramulo.

Naviguer est aussi un jeu d'enfants.

Madère
et les Açores

ARCHIPEL DE MADÈRE

Au beau milieu de l'océan Atlantique, ces quelques fragments de Portugal à la dérive combleront les amoureux de la nature. Sur Madère et Porto Santo, les deux seules îles habitées, vous serez émerveillé par la beauté et la diversité des paysages : falaises abruptes, côtes déchiquetées par l'Océan, longue plage de sable blond, plateaux râpés par les vents. Sans oublier la profusion de fleurs qui donnent à l'archipel ses couleurs et son parfum inoubliables.

La situation

245 011 habitants. 784,8 km – Carte Michelin n° 733 – Région autonome de Madère. À près de 1 000 km au Sud-Ouest de Lisbonne, à une latitude voisine de celle de Casablanca, l'archipel porte le nom de Madère, son île principale, la plus vaste (740 km^2) et la plus peuplée (238 202 habitants). Il comprend en outre l'île de Porto Santo (42 km^2), à 40 km au Nord-Est, et deux groupes d'îlots inhabités : les îles Desertas, à 20 km de Funchal, et les îles Selvagens, à proximité des Canaries. La température est clémente toute l'année avec quelques pluies en mars, avril et octobre. En janvier, la moyenne est de 16 °C et en juillet de 22 °C. L'heure légale de Madère (comme dans le reste du Portugal) est celle du méridien de Greenwich, soit une heure de moins par rapport à la France.

archipel de Madère pratique

Accès par avion – De Lisbonne à Funchal, plusieurs liaisons quotidiennes avec correspondance pour Porto Santo (accès à Porto Santo sans supplément si le billet est pris sur le continent). Plusieurs vols quotidiens Paris-Funchal, avec une courte escale à Porto, sont assurés par la TAP.

Lieux de séjour – Pour le choix des hôtels et des restaurants, consultez ci-après les carnets pratiques de Funchal, Santana et Porto Santo ainsi que Le Guide Rouge Michelin Portugal. La majorité des touristes réside à Funchal, qui possède l'essentiel du parc hôtelier. Les autres lieux de séjour se trouvent à Machico, près de l'aéroport, et sur l'île de Porto Santo. Quelques hôtels ou pensions sont dispersés dans l'île à Santana, Porto Moniz, São Vicente, Ribeira Brava, et l'on pourra aussi loger dans les deux pousadas du Pico do Arieiro et dos Vinháticos, situées en pleine nature dans des sites exceptionnels.

Randonnées à pied – De plus en plus de randonneurs viennent à Madère ; le réseau de sentiers le long des *levadas*, ainsi que ceux aménagés dans les montagnes autour du pico Ruivo offrent une multitude de possibilités. Ces sentiers sont classés de une à trois étoiles par ordre de difficulté. La Direcção Regional do Turismo possède plusieurs refuges, fermés une partie de l'année, et il faut réserver. Certaines promenades sont décrites dans ce guide : pico Ruivo, les Balcões, la levada do Norte à Estreito de Câmara de Lobos et Rabaçal. *Pour les marcheurs, nous conseillons la carte touristique de Madère vendue sur place et le livre de John et Pat Underwood,* Paysages de Madère *(Sunflower).*

Botanique – L'un des plus grands attraits de l'île de Madère réside dans sa nature exubérante et omniprésente. Outre les promenades le long des *levadas*, où l'on découvre la riche végétation de l'île, ses nombreux jardins et parcs enchantent par leur beauté et leur diversité, ce qui constitue l'une des raisons du succès de la destination auprès des Britanniques. Voici quelques suggestions :

– Le **parc das Queimadas** (voir p. 395), avec sa forêt laurifère primitive, plonge le visiteur dans le milieu originel de l'île.

– La vaste **quinta do Palheiro Ferreiro** (voir p. 387) présente un jardin à l'anglaise et une autre partie plus sauvage.

– Le **jardin botanique de Madère** (voir p. 387) et le **jardin tropical du Monte Palace** (voir p. 387) sont des lieux où l'on peut admirer des spécimens rares de la flore exotique.

– Le **jardin Orquídea** (r. Pita Silva, 37 - Bom Sucesso, ouvert tlj de 9h30 à 18h), à Funchal, ravira les amateurs d'orchidées, avec plus de 4 000 variétés.

– Le **jardin de la quinta das Cruzes** (voir p. 385), avec son petit parc archéologique et ses vestiges lapidaires, est empreint d'une atmosphère très romantique

Plages – L'île de Madère n'a pratiquement pas de plages et les amateurs de baignade devront se contenter de piscines (parfois d'eau de mer). En revanche, l'île de Porto Santo possède l'une des plus belles plages du Portugal : 8 km de sable blond et une température idéale la plus grande partie de l'année. L'eau est un peu fraîche en hiver.

Autres sports – La pêche, au gros ou au lancer, et le golf, tradition britannique oblige. Madère dispose de plusieurs terrains dont Santo da Serra et Palheiro Golf.

île de **Madère**★★★

Ilha da Madeira

À près de 1 000 km de Lisbonne, la « perle de l'Atlantique » dresse sa masse volcanique au-dessus des flots. Première étape des Grandes Découvertes portugaises, Madère porte bien son nom. Lorsque les hommes de l'expédition organisée par Henri le Navigateur en 1419 abordèrent dans cette ile, apparemment déserte et couverte de forêts, ils la baptisèrent « a ilha da madeira » (l'île boisée). Tapissée de fleurs, elle continue d'offrir aux voyageurs les charmes de sa végétation semi-tropicale, la douceur de son climat et des paysages à couper le souffle, qui font rapidement oublier l'absence de plage. Pour découvrir les richesses naturelles de Madère, suivez les « levadas », les canaux d'irrigation qui sillonnent cet extraordinaire jardin flottant.

La situation

238 202 habitants. 740 km – Carte Michelin nº 733. L'île de Madère est la plus vaste et la plus peuplée de l'archipel. Sur sa côte méridionale se trouve Funchal (102 521 hab.), la capitale de la région autonome de Madère et, à 22 km au Nord-Est, l'impressionnante piste sur pilotis de l'aéroport de Santa Catarina, où se posent les avions en provenance du Portugal (et d'Europe). ⏹ *Av. Arriaga 18, 9000-064 Funchal,* ☎ *291 21 19 00.*

Vous pouvez poursuivre votre voyage en visitant : l'île de PORTO SANTO.

comprendre

LA PHYSIONOMIE DE L'ÎLE

Le volcanisme – Séparée des iles Selvagens, des Canaries et de l'Afrique par une fosse marine atteignant 4 512 m de profondeur, entourée de bas-fonds de près de 2 000 m, Madère, comme Porto Santo et les Desertas, est surgie de l'Atlantique à l'époque tertiaire, lors d'une éruption volcanique. Des relèvements sous-marins et plusieurs convulsions ont accentué l'évolution géologique de l'île. Le cratère de Curral das Freiras où se seraient formés les principaux accidents du relief central de l'île, plusieurs lacs et cheminées de cratères, les piles de basaltes prismatiques bordant les vallées et les côtes attestent cette origine. Le relief a ensuite été modifié par l'érosion : les cours d'eau ont creusé des vallées encaissées, les vagues ont déchiqueté les falaises qu'elles ont débitées en galets.

Un relief tourmenté – L'île est constituée par une chaine montagneuse d'altitude supérieure à 1 200 m où culminent quelques pics (pico Ruivo : 1 862 m). Cette chaine s'étend de la pointe de São Lourenço à la pointe de Tristão, s'abaissant en son centre au col d'Encumeada et détachant quelques ramifications. L'île est ainsi séparée en deux versants bien distincts.

Elle présente un paysage tourmenté, sauvage, de pics altiers voisinant avec de profonds précipices, couverts d'une végétation dense, au fond desquels les torrents *(ribeiras)* ont creusé leur voie vers la mer. La seule partie plane est le plateau de Paúl da Serra, désert et inhospitalier, qui s'étend sur 20 km² au centre de l'île, à 1 400 m d'altitude, et qui sert de pâturage aux moutons.

Archipel de Madère

Les côtes, très escarpées, sont par endroits entrecoupées d'estuaires où se sont établis de petits ports de pêche. Les plages sont rares et généralement couvertes de gros galets. L'île ne compte qu'une plage de sable : Praínha, à l'Est de Machico.

Un climat privilégié – Située à une latitude voisine de celle de Casablanca, Madère jouit d'un climat tempéré réputé pour sa douceur et sa régularité, la température moyenne étant de 16 °C en hiver et de 21 °C en été. C'est sur la côte Sud, bien protégée des vents du Nord et du Nord-Est, que le climat se montre le plus favorable. La pluie y est rare et tombe généralement en mars, avril et octobre. La luminosité, malgré quelques brumes, y est excellente. La température de l'eau, qui varie de 18 °C à 20 °C, autorise les bains presque toute l'année.

L'intérieur a des températures plus basses et moins régulières. Les nuages s'accumulent sur les sommets, rafraîchissant et humidifiant les régions montagneuses. Abondante au printemps et à l'automne, la pluie fait de ces régions le château d'eau de l'île.

UN JARDIN FLOTTANT

Une végétation luxuriante – Le climat et le relief déterminent trois zones de végétation. Du niveau de la mer jusqu'à 300 m environ, c'est la zone subtropicale. Sur la côte Nord aussi bien que sur la côte Sud, on cultive la canne à sucre, la banane et quelques légumes. Les figuiers de Barbarie envahissent les zones non irriguées de la côte Sud. Au-delà, et jusqu'à 750 m, se situe la zone tempérée chaude, de climat méditerranéen. C'est le domaine de la vigne, des céréales (maïs, blé, avoine). Les fruits sont variés : fruits des pays européens comme les oranges, poires, pommes, prunes, et fruits exotiques comme les goyaves, avocats, mangues, ananas, maracujás (fruits de la passion).

Entre 750 m et 1 300 m, on trouve une forêt dont l'origine remonte à l'ère tertiaire, appelée **laurissilva** (ou forêt laurifère). Cette forêt primitive, qui recouvrait autrefois une partie de l'Europe, fut détruite par les glaciations et exceptionnellement préservée dans les îles. Composée de nombreuses espèces endémiques dont les *tils*, les *vinháticos*, les bruyères et les lauriers arborescents, elle joue un rôle primordial dans la protection du sol et l'infiltration de l'eau de pluie. Elle permet captation et infiltration, et évite l'érosion. Les cimes, au-dessus de 1 300 m, sont le domaine des pâturages et des fougères.

Pour sauvegarder ce vaste patrimoine naturel, plus des deux tiers de la superficie de l'île ont été classés parc naturel.

L'île-jardin – Sur toutes les pentes, dans les jardins, ou même le long des routes, abondent les hortensias, les géraniums, les hibiscus, les agapanthes, les bougainvilliers, les fuchsias, les euphorbes. Certaines espèces comme les orchidées, les anthuriums et les strelitzias (« oiseaux de paradis ») sont cultivées en quantité importante pour l'exportation. Plusieurs espèces d'arbres se couvrent périodiquement de fleurs : le mimosa, le magnolia, le sumaúma (fleurs rouges ou roses), le jacaranda (fleurs mauves).

TERRASSES ET « LEVADAS »

Les premiers colons défrichèrent l'île en mettant le feu à l'épaisse forêt qui la couvrait. L'incendie se propagea, dit-on, pendant sept ans, épargnant cependant certains endroits où subsiste la forêt d'origine.

Une terre sculptée – Cette terre défrichée, il fallut la domestiquer. Grâce à un labeur opiniâtre, les paysans sculptèrent les versants des montagnes en terrasses, les **poios**, qui donnent à l'île sa physionomie caractéristique. Ils allaient chercher

Les parterres de fleurs du jardin botanique de Funchal.

J. Malburet/MICHELIN

au bas des pentes la terre qui manquait plus haut, la rapportant sur leur dos dans des hottes, car aucun animal de trait n'avait pu s'acclimater dans l'île. Les minuscules parcelles de terrain sont cultivées à la bêche en l'absence de charrue.

Le sanctuaire des randonneurs – Mais c'est surtout à l'irrigation que Madère doit sa richesse agricole. Madère est un énorme réservoir naturel : l'eau de pluie s'infiltre dans la masse des cendres volcaniques et n'est arrêtée que par la couche imperméable de latérite et de basalte. Elle constitue alors des réserves souterraines qui jaillissent en sources. Très tôt, les paysans entreprirent de canaliser l'eau de ces sources, créant un réseau de canaux d'irrigation appelés *levadas*. Ce réseau, qui comptait 1 000 km en 1900, a plus que doublé depuis. En 1939, le gouvernement portugais fit élaborer un système d'irrigation et d'hydroélectricité. L'eau est captée vers 1 000 m d'altitude, dirigée vers les centrales hydroélectriques, puis vers les champs, où elle est redistribuée par des agents appointés appelés les *levadeiros*. Des lois sévères régissent la répartition de l'eau, et ce système permet à des champs situés près des côtes, dans des zones plus défavorisées, de profiter de l'eau des cimes. Parmi les *levadas* les plus importantes, citons la levada do Norte, la levada dos Tornos et la levada do Furado. Si l'on considère la médiocrité des moyens techniques, l'édification des *levadas* a représenté un effort prodigieux. Tunnels et aqueducs leur permettent de suivre imperturbablement les courbes de niveau. Parfois, elles s'accrochent à la paroi et surplombent des à-pics vertigineux, et il faut imaginer les hommes qui les réalisèrent, installés dans des paniers d'osier suspendus au-dessus du vide. Les *levadas* sont longées par un sentier qui permet leur entretien. Ces sentiers sont une merveilleuse opportunité, pour les amateurs de marche à pied, de découvrir des paysages magnifiques sans jamais connaître de vrai dénivelé.

J. Malburet/MICHELIN

Malgré sa fertilité et son utilisation intensive, la terre madérienne ne suffit pas à faire vivre tous ses habitants, et la densité de population trop forte (311 hab./km^2 actuellement) a incité de nombreux jeunes à s'expatrier, principalement vers le Brésil, le Venezuela et le Canada.

Longer les « levadas » : la meilleure façon de découvrir Madère.

LES RESSOURCES DE L'ÎLE

Les cultures – Aux colons portugais ont succédé des Italiens, des Espagnols, des Juifs, des Maures et des esclaves noirs pour travailler dans les champs de canne à sucre. Le sucre était exporté en Castille, en Angleterre, dans les Flandres, mais, au 16e s., cette culture fut en butte à la concurrence brésilienne, et Madère développa alors son vignoble. Aujourd'hui, les bananes représentent l'une des principales productions de l'île, la plupart des plantations se trouvant sur la côte Sud, dans la région de Ribeira Brava.

Le vin de Madère – La culture de la vigne fut introduite à Madère dès le 15e s. Les plants importés de Crète produisirent sur le sol volcanique riche et ensoleillé de la côte Sud un vin de bonne qualité, le malvoisie. Le vin de Madère acquit un certain prestige en Europe et François Ier en offrait à ses invités.

En 1660, l'alliance commerciale entre le Portugal et l'Angleterre favorisa l'exportation du vin, et la production s'accrut. De nombreux négociants étrangers, anglais surtout (Blandy, Leacock, Cossart, Gordon) furent attirés à Madère par ce commerce prospère. Les 18e et 19e s. marquèrent l'apogée du vin de Madère, dont Anglais et Américains étaient les principaux consommateurs. En 1852, une épidémie décima le vignoble. Seuls quelques Anglais comme Charles Blandy s'attachèrent à reconstituer le vignoble dévasté. En 1872, Thomas Leacock réussit à lutter efficacement contre le phylloxéra.

Les vendanges ont lieu à partir de la fin août. Les grappes sont portées au pressoir puis, de là, leur jus livré à Funchal. Traditionnellement, ce transport était fait à dos d'homme, les *borracheiros*, dans des outres qui ne contenaient pas moins de 40 l. Le vin fermente dans des tonneaux tout en étant soumis à de multiples traitements : on y ajoute de l'alcool, on le clarifie à l'aide de blanc d'œuf ou de colle de poisson, et surtout – la plus grande caractéristique du madère –, on le soumet à la chaleur. Stocké dans des barriques et des tonneaux, on laisse le vin pendant au moins trois mois dans des caves chauffées à 45 °C. Ensuite les vins commen-

Archipel de Madère

cent leur maturation. Ce procédé s'appelle l'*estufagem* (chauffage). Les propriétés de la chaleur furent découvertes à l'occasion du transport du vin sous les tropiques au 18ᵉ s. À une certaine époque, on a même utilisé les tonneaux de Madère pour lester les bateaux faisant de longs trajets vers l'Inde ou vers l'Amérique. Pendant le voyage aller-retour, le vin avait tout le temps de chauffer !

La broderie de Madère – En 1856, une Anglaise, **Miss Phelps**, fonde un ouvroir où elle confie à quelques femmes des travaux inspirés de la broderie anglaise, qu'elle dirige ensuite vers des ventes de charité. Des échantillons de ces ouvrages rapportés à

Les couleurs de Funchal.

Londres remportent un tel succès que Miss Phelps décide de les exporter. Devenue l'une des principales ressources de l'île, la broderie occupe actuellement 30 000 femmes qui travaillent généralement en plein air. Quelques ateliers fonctionnent à Funchal. Les broderies, sur toile, linon, organdi, sont d'une extrême finesse et d'une grande variété.

L'ART ET L'ARCHITECTURE

L'art à Madère est essentiellement religieux. Dès les débuts de la colonisation, on a parsemé l'île d'églises ou de chapelles construites suivant le modèle des sanctuaires portugais. Avec la prospérité vient la richesse artistique. Les échanges commerciaux se sont amplifiés et, par le biais des contacts avec les Flandres, l'art flamand pénètre à Madère. Grâce aux riches négociants, aux chevaliers de l'ordre du Christ, au roi Manuel Iᵉʳ, aux capitaines-donataires, les églises prennent de l'importance et, contrastant avec une façade qui garde souvent une certaine austérité, leur intérieur s'orne de retables, de triptyques qu'on acquiert à Anvers, à Lisbonne, à Venise, en échange de cargaisons de sucre.

Les styles architecturaux n'ont touché l'île qu'avec un certain retard. Leur évolution s'est montrée plus lente qu'en métropole. Les premières églises sont romano-gothiques ou manuélines. Aux 17ᵉ et 18ᵉ s., on surcharge leur intérieur d'éléments baroques, tandis que l'on édifie, dans le même style, la plupart des nouvelles églises. Leur façade blanche, souvent influencée par la Renaissance italienne, reste assez sévère, lorsqu'elle n'est pas soulignée de volutes de **basalte noir**. Elle est généralement percée d'un portail surmonté d'un arc en plein cintre et d'une fenêtre, et flanquée d'un ou deux clochers carrés au toit pyramidal, traditionnellement revêtus de carreaux de faïence. La porte principale est doublée d'une porte « paravent » en bois précieux et marqueterie. À l'intérieur, la nef unique est couverte d'un plafond en berceau de bois peint de fresques baroques, et les retables frappent par leur exubérance. La belle lampe en argent ouvragé fait rarement défaut près du chœur. La sacristie, enfin, est souvent une belle pièce abritant une jolie fontaine de lave baroque.

Quelques demeures civiles ne manquent pas d'élégance tels le palais des comtes de Carvalhal, devenu mairie de Funchal, ou la mairie de Santa Cruz.

Funchal★★

Plan d'agglomération dans Le Guide Rouge Michelin Portugal.

La tête dans les nuages, les pieds dans l'eau, telle apparaît souvent la capitale de l'île. Mais lorsque le ciel se dégage, se dessinent alors des collines verdoyantes formant un vaste amphithéâtre autour de la baie. Les petites maisons blanches, semblables à des jouets d'enfants, s'étagent sur les pentes, parfois très raides, qui révèlent de magnifiques perspectives sur l'Océan. Si le fenouil sauvage qui couvraient les hauteurs à l'arrivée des premiers colons a disparu (*funchal* signifie fenouillède), la végétation est loin d'avoir déserté les lieux : les bougainvilliers tapissent les murs des *quintas*, les fleurs occupent le moindre espace vacant du centre-ville, des bananeraies poussent en périphérie. Quant aux parcs et jardins botaniques, ils figurent parmi les spécialités de Funchal au même titre que ses grands palaces.

Les différents quartiers – Funchal, où vivent près de la moitié des habitants de Madère *(102 521 habitants)*, est une cité active qui assure le débouché des principales richesses de l'île. Son port commercial, repérable à sa longue digue, accueille

Funchal pratique

TRANSPORTS

Aéroport – L'aéroport de Santa Catarina est situé à 22 km au Nord-Est de Funchal. Le service de navettes **Aerobus** assure la liaison entre l'aéroport et Funchal (jusqu'à l'extrémité de la zone hôtelière). Départ environ toutes les 2h entre 8h30 et minuit (4€, gratuit pour les passagers de la TAP sur présentation du talon de la carte d'embarquement).

Les taxis doivent respecter des tarifs fixes pour la course entre l'aéroport et Funchal : 17,98€ aéroport-centre-ville ; 23,12€ jusqu'à l'extrémité de la zone hôtelière.

Bateau – *Voir Porto Santo p. 399.* En principe, un ferry quotidien rallie Porto Santo tôt le matin et regagne Funchal en fin de journée, mais les horaires peuvent légèrement varier selon la saison. Env. 55€ AR, 2h30 de trajet. En haute saison, surtout le week-end, achetez vos billets à l'avance. Réservations dans les agences de voyages, les hôtels ou directement auprès de **Porto Santo Line**, rua da Praia, 6, 9000-503 Funchal, ☎ 291 21 03 00, fax 291 22 64 34, www.portosantoline.pt

Taxis – On trouve facilement des taxis à Funchal. Le compteur affiche une prise en charge de 1,50€. Prix majorés de 20 % de 22h à 7h et w.-ends et j. fériés. Tarifs forfaitaires pour certains trajets en dehors de Funchal, voir ci-dessus Aéroport et ci-dessous Visite.

Bus – De nombreuses lignes desservent les différents quartiers de Funchal et les environs. Tarifs selon les zones (1,07€ à 1,90€ de un à trois zones). Si vous comptez effectuer plusieurs trajets, optez pour un ticket hebdomadaire à 15€, valable pour les trois zones. Le plan et les horaires de bus sont disponibles à l'office de tourisme.

Location de voitures – Un conducteur averti en vaut deux sur les routes étroites et en lacet de l'île. Si vous décidez de louer une voiture, vous n'aurez que l'embarras du choix, les agences de location étant extrêmement nombreuses à Funchal. Elles sont pratiquement toutes représentées à l'aéroport ou dans la zone hôtelière. L'office de tourisme met leurs tarifs à votre disposition, mais pour les comparer, pensez à inclure les 13 % de TVA et le montant de l'assurance. **Rent-a-car Amigos do Auto**, estrada Monumental, hotel Baía Azul, loja 5, Funchal, ☎ 291 77 67 26. **Moinho**, centro Comercial Navio Azul, lojas 21, 22, 27 e 28, Estrada Monumental, ☎ 291 76 21 23/4/5. Dans le centre de Funchal, **Auto Jardim**, rua Ivens, 12 (derrière le jardin São Francisco), ☎ 291 21 31 00.

VISITE

Funchal – **Funchal Sightseeing Tours**, av. do Mar (à côté de la marina), ☎ 968 34 24 13. Pour découvrir en bus et en 1h l'essentiel de Funchal. Billet valable toute la journée, on peut donc monter et descendre du bus à son gré. 7,50€ (de 4 à 10 ans 5,50€). Nov.-fév. toutes les 1h30 de 9h à 18h ; mars-oct., bus toutes les heures entre 9h et 21h.

L'île de Madère – Les agences de voyages de l'estrada Monumental (zone hôtelière) proposent des excursions d'une journée en minibus dans les régions Ouest, Est, Sud-Ouest ou Nord-Est de Madère. Les programmes diffèrent peu de l'une à l'autre ; comparez les prix et les offres promotionnelles.

Possibilité de visiter l'île en taxi, formule intéressante si vous êtes trois ou quatre personnes. Une grille fixe de tarifs est disponible dans les taxis ou à l'office de tourisme. À titre indicatif, il faut compter 40€ pour un trajet Funchal-Pico dos Barcelos-Eira do Serrado-Curral das Freiras avec retour à Funchal.

INTERNET

Global Net Café – *R. do Hospital Velho, 25 (à proximité du marché). Lun.-ven. 9h-19h, sam. 9h-13h, fermé dim.* 2,50€/h.

Internet – *R. João Tavira, centro comercial Tavira (à proximité de la Sé). Lun.-sam. 11h-22h, dim. 16h-22h.* 2€/h.

HÉBERGEMENT

☞ **Pensão Residencial Mira Sol** – *R. Bela de Santiago, 67 -* ☎ *291 20 17 40 - 7 - 13 ch. 23/33€.* On se sent rapidement chez soi dans cette belle demeure de la vieille ville. Choisissez l'une des charmantes chambres sous les toits (elles ont des balcons) mais évitez le côté rua Bela de Santiago, plus bruyant.

☞ **Residencial Colombo** – *R. Carreira, 182 -* ☎ *291 22 52 31 - 7 - 25 ch. 32/42€* ☐. Cet édifice moderne du centre-ville dispose d'un solarium sur le toit. Certaines chambres sont dotées d'une kitchenette et bénéficient d'une petite terrasse.

☞ **Residencial Americana** – *Largo do Chafariz, 20 -* ☎ *291 23 10 40 - 12 ch. 32,50/37,50€* ☐. Dans un immeuble ancien à deux pas de la cathédrale, une pension impeccable dont l'excellent accueil fait oublier les quelques petites imperfections comme la minuscule soupente transformée en salle de petit déjeuner. Le propriétaire vous donnera une foule de conseils dans un français remarquable.

☞ **Apartamentos Turísticos São Paulo e Alegria** – *R. Pimenta Aguiar, 2 -* ☎ *291 74 19 31 - saopauloalegri@iol.pt - 18 ch. 35,50/42,50€* ☐. Répartis sur deux immeubles voisins en plein centre de Funchal, ces studios avec cuisine équipée et balcon pour certains sont confortables et très propres (les appartements São Paulo viennent d'être rénovés). Une formule idéale pour les familles. Même propriétaire que le residencial Americana.

☞ **Residencial Vila Teresinha** – *R. das Cruzes, 21 -* ☎ *291 74 17 23 - 7 - 12 ch. 45/55€.* La terrasse de cette pension « residencial » située en contrebas de la quinta das Cruzes a vue sur la ville. L'adresse dispose aussi d'un restaurant.

⊖⊜ **Madeira** – *R. Ivens, 21 -☎ 291 23 00 71 - hotelmadeira@oninet.pt -* 🛁 - *47 ch. 57,36/66,34€* 🍽. Un hôtel calme, bien tenu et central puisqu'il donne sur le jardin de São Francisco. Les chambres ont de petites terrasses et une piscine a été aménagée sur le toit avec vue sur la ville.

⊖⊜ **Quinta da Fonte** – *Estrada dos Marmeleiros, 89 - ☎ 291 23 53 97 -* ⛐ - *5 ch. 77€*. Entre Funchal et Monte, cette villa familiale construite en 1850 jouit d'une belle vue panoramique sur la ville et sa baie. La maison décorée de meubles anciens de valeur ainsi que l'accueil des propriétaires illustrent l'art de vivre à Madère. Jardin avec petite chapelle.

⊖⊜⊜ **Reid's Palace** – *Estrada Monumental, 139 - ☎ 291 71 71 71 - reservations@reidspalace.com -* 🅿 🛁 ▦ - *150 ch. 385€* 🍽 - *restaurant 43,40€*. Tout le confort et le luxe d'un palace à la réputation mondiale, entouré de jardins luxuriants avec des terrasses face à la mer...

RESTAURATION

Bon à savoir – Les brochettes de viande de bœuf marinée *(espetadas)*, accompagnées de cubes de maïs frit, sont la grande spécialité de Madère. On dégustera également de la viande rôtie à la cannelle, des biftecks *(bifes)* de thon, du poisson frais grillé, des patelles *(lapas)* frites à l'ail et, au dessert, des gâteaux au miel (le fameux *bolo do caco)* et des fruits délicieux.

La plupart des restaurants touristiques sont installés autour du largo do Corpo Santo. Leur cuisine est quelconque, mais leur terrasse souvent très agréable. Idem pour les établissements qui se font une rude concurrence face à la marina.

• Sur le pouce

Grão de Café – *R. Carreira, 232 - 7h-21h ; dim. et j. fériés 7h-4h*. Le propriétaire du rez-de-chaussée des Apartamentos Turísticos São Paulo a ouvert un snack sympathique qui accueille des expositions temporaires d'artistes locaux. Une galerie d'art est également prévue en sous-sol.

Qualifrutas – *Praça do Carmo - ☎ 291 70 09 80 - qualifrutas@net madeira .com - lun-ven. 8h-20h, sam. 8h-14h*. La terrasse de cette cafétéria fait l'objet à l'heure du déjeuner d'un chassé-croisé de quiches, de tartes salées et de sandwiches, accompagnés de délicieux nectars de fruits aux saveurs originales.

Café do Teatro – *Av. Arriaga (edificio do Teatro Municipal) - ☎ 291 22 63 71 - lun.-jeu. : 8h-0h, ven.-sam. : 8h-4h et fermé dim*. Cet agréable bar à la mode se repère grâce à la belle façade d'azulejos du concessionnaire automobile voisin. On vient y boire un verre face au jardin de São Francisco ou bien simplement picorer un repas léger.

Golden Gate Grand Café – *Av. Arriaga, 27-29 - ☎ 291 23 43 83 - lun.-sam. 8h-23h*. Cet établissement à la superbe architecture traditionnelle trône sur l'avenue principale de Funchal depuis 1841. En salle ou en terrasse, il propose un joli cadre d'inspiration coloniale pour des pauses sucrées, et son restaurant à l'étage est ouvert midi et soir. Incontournable.

• À table

⊖ **Parada dos Eucaliptos** – *Estrada Eira do Serrado, 258 (St°-Antonio) -8 km au NO de Funchal sur la droite dans la montée en allant vers Eira da Serrado -* ☎ 291 77 68 88 - *9h-23h ; dim. et j. fériés 9h-20h30* ⛐ - *5/15€*. Sur la route d'Eira do Serrado, la véranda de cette modeste auberge ne paie pas de mine. Pourtant les *espetadas* (brochettes) de viande cuites au feu de bois y ont une saveur à nulle autre pareille. Cuisine simple, délicieuse et bon marché.

⊖⊜ **Jacquet** – *R. Santa Maria, 5 -* ☎ 291 22 53 44 - ⛐ - *20€*. Agréable surprise que ce petit restaurant, typique avec ses tables et ses bancs de bois, dans lequel le propriétaire vous laisse choisir le poisson fraîchement pêché. Celui-ci est ensuite grillé devant les convives derrière le comptoir de la cuisine. Autre spécialité de la maison : les patelles *(lapas)* frites à l'ail. Ambiance populaire garantie !

⊖⊜ **O Jango** – *R. de Santa Maria, 164-166 -* ☎ 291 22 12 80 - ⛐ - *20€*. Il convient d'arriver tôt à ce petit restaurant toujours plein, qui sert des plats traditionnels savoureux et préparés avec des produits frais : brochettes, maïs frit, poisson grillé ou curry. Une bonne adresse.

Le marché des travailleurs.

P. Martins/MICHELIN

⊖⊜ **Churrascaria Montanha** – *R. Conde Carvalhal, 321 (près du miradouro do Pináculo) -* ☎ 291 79 31 82 - *22,50€*. Ce grand restaurant perché sur une hauteur à l'Est de Funchal dispose d'une terrasse avec une vue magnifique sur la baie (réservation conseillée). Spécialité de brochettes (grillées dans un énorme four) et cuisine traditionnelle. Certains soirs, des groupes musicaux ou folkloriques s'y produisent.

PETITE PAUSE

Boutique Lido – *Estrada Monumental, 296*. Cette boulangerie-pâtisserie située dans le quartier des grands hôtels propose de délicieux gâteaux maison ainsi que des spécialités salées ou sucrées, à déguster sans modération dans son salon de thé. Incontournable pour les gourmands !

SORTIES

Bar Marcelino « Pão e Vinho » – *Travessa das Torres, 22 -* ☎ 291 22 02 16 - *22h-4h*. Dans la vieille ville, à deux pas du largo do Corpo Santo, l'une des meilleures boîtes à fado de Madère.

SPORTS & LOISIRS

Les hôtels ou les nombreux kiosques de la
marina proposent des croisières quotidiennes
en voilier ou à bord de yachts, des excursions
de plongée-tuba ou d'observation de fonds
marins... **Costa do Sol**, marina do Funchal,
☎ 291 23 85 38, fax 291 23 57 35.
Turquesa, ☎ 967 31 11 34 ou
291 28 04 44, turquesatrips@hotmail.com

ACHATS

The Od Blandy Wine Lodge – Av. Arriaga,
28 - ☎ 291 74 01 10 -www.madeirawine
company.com - 9h30-18h30, sam. 10h-13h -
fermé dim. et j. fériés. Visites guidées dans
les anciennes caves d'un monastère
franciscain et dégustation de vins. Boutique
sur place.

Mercado dos Lavradores – Voir p. 386.
Pour un souvenir plus jardinier de
Madère, vous pouvez aller au marché vous
procurer des graines, des bulbes, des plantes
ou des fleurs coupées.

CALENDRIER

Fête de la fleur – Pendant une semaine
après Pâques.
**Fête de Nossa Senhora do
Monte** – 15 août.
Fête du madère – Fête des vendanges,
deuxième semaine de septembre.
Nouvel An – Le 31 décembre, la ville et sa
baie s'embrasent d'un somptueux feu
d'artifice.

les navires de marchandises ainsi que les paquebots de croisière. Le port de plaisance, ou marina, qui abrite des voiliers de toutes nationalités, fait face au **centre-ville** où se trouvent les commerces, les administrations et la plupart des monuments historiques. À l'Est de ce quartier s'étend le réseau de ruelles de la **vieille ville** ; à l'Ouest, vers la câmara de Lobos, les grands hôtels modernes déterminent la **zone touristique**, le long de l'estrada Monumental, alors que les habitants de Funchal résident plutôt sur les hauteurs.

ZARCO ET LA FONDATION DE FUNCHAL

Né à Tomar dans une famille modeste, João Gonçalves Zarco enlève la jeune fille noble qu'il veut épouser. Venu implorer la protection de l'infant, il reste à son service et devient chevalier. Zarco se distingue par son courage à la bataille de Tanger et à la conquête de Ceuta, où il est blessé à l'œil par une flèche. Puis avec Tristão Vaz Teixeira, il participe à la découverte de Madère en 1419, et s'y installe dès l'année suivante. Il sera le donataire de la capitainerie de Funchal pendant plus de quarante ans, jusqu'à sa mort (vers 1467). À l'embouchure de trois *ribeiras*, il trace les plans d'une ville et distribue des terres aux colons. Le roi Manuel accorde une charte en 1508 à la cité, devenue prospère grâce au commerce de la canne à sucre (quatre pains de sucre figurent dans ses armes).

LE CENTRE-VILLE

Commencez votre découverte du centre de Funchal par la cathédrale, au pied de laquelle les fleuristes en costume traditionnel vendent parfois des fleurs exotiques.

Sé★ (cathédrale)

Construite par les chevaliers de l'ordre du Christ à la fin du 15ᵉ s., elle fut la première cathédrale portugaise d'outre-mer. De style manuélin, elle présente une façade sobre, très simple, où le crépi blanc contraste agréablement avec le basalte noir et le tuf rouge. L'abside, décorée de balustres dentelés et de pinacles à torsades, est flanquée d'un clocher carré crénelé, au toit pyramidal revêtu d'azulejos.

La nef, aux arcades de lave peinte soutenues par de fines colonnes, est couverte, de même que le transept, d'un remarquable **plafond★** *artesoado* (à caissons et marqueterie, de style mudéjar) en bois de cèdre, aux motifs soulignés d'incrustations d'ivoire. Il est mal éclairé dans la nef, mais on peut admirer ses motifs dans le bras droit du transept.

Le chœur est orné de stalles du 16ᵉ s., de style manuélin. Sur la partie haute, les statues dorées d'apôtres, de docteurs de l'Église et de saints, d'exécution assez primitive, ressortent sur un fond bleu. Les jouées sont ornées de sculptures caricaturales en bois de *til*, où des animaux et des personnages grotesques animent des scènes bibliques, satiriques ou fabuleuses.

Au-dessus du maître-autel, douze panneaux de peinture flamande forment un beau retable (16ᵉ s.) que surmonte une délicate voûte compartimentée.

À droite du chœur, la chapelle du Saint-Sacrement présente une riche décoration baroque en bois doré et en marbre, et abrite un tabernacle en argent de la fin du 17ᵉ s. La chaire et les fonts baptismaux, du 16ᵉ s., en marbre d'Arrábida, ont été offerts par le roi Dom Manuel.

Avenida Arriaga

En face de la cathédrale, l'axe principal de Funchal, l'avenida Arriaga, est planté de jacarandas qui, au printemps, se colorent de violet.

À 150 m sur votre gauche, le **fort São Lourenço** est la résidence officielle du ministre de la République pour la région autonome de Madère. La forteresse d'ori-

FUNCHAL

Acciauoli (R.)	DYZ	Brigadeiro Oudinot (R.)	CY 10	Conselheiro José		
Achada (Caminho da)	AY	Calouste Gulbenkian (Av.)	AZ	Silvestre Ribeiro (R.)	BZ 25	
Alamos (R.)	AY	Carmo (Pr. do)	CY 20	Corpo Santo (Largo do)	DZ	
Alf. V. Pestana (R.)	CY	Carmo (R. do)	CY	Cota 40	ACY	
Alfândega (R. da)	BZ 3	Carne Azeda (R. da)	BY 12	Cruzes (R. das)	AY	
Aljube (R. do)	BZ 4	Carreira (R. da)	ABZ	Dr Fernão de Ornelas (R.)	CZ 28	
Aranhas (R. dos)	ABZ 6	Carvalho Araújo (R.)	AZ 15	Dr João Brito Câmara (R.)	AYZ	
Arriaga (Av.)	BZ	Casa da Luz (R.)	CZ 16	Dr Manuel Pestana (R.)	CDY	
Autonomia (Pr. da)	CZ 7	Chafariz (Largo do)	CZ 19	Dom Carlos I (R.)	CZ	
Bela de São Tiago (R.)	DZ	Comunidades Madeirenses		Elias Garcia (R.)	BCY	
Bettencourt (R. do)	CY 9	(Av. das)	BZ	Encarnação (Calç.)	BY 30	
Bom Jesus (R.)	BY	Conceição (R. da)	CY 22	Ferreiros (R. dos)	BY	
Bompal (R. do)	BY	Conde Carvalhal (R. do)	DY	Gomes (R.)	AZ	
		Conselheiro Aires		Hortas (R. das)	BY	
		Ornelas (R.)	CY 24	Hospital Velho (R. do)	CYZ	

Adegas de São		Igreja do Colégio	BY K²	Jardins do Casino	AZ
Francisco	BZ A	Instituto do Vinho		Quinta da Palmeira	B
Câmara Municipal	BY H	de Madeira	BY L¹	Mercado dos Lavradores	CZ
Casa Borges	BY K¹	Instituto do Bordado	CY L²	Museu da Fotografia	
Convento		Jardim Botânico	D	« Vicentes »	BZ M¹
de Santa Clara	BY	Jardim de São Francisco	BZ	Museu de Arte Sacra	BY M²

gine, érigée au début du 16ᵉ s. afin d'héberger les capitaines-donataires de l'île, a été prolongée au 18ᵉ s. par le palais et ses jardins. La visite du **palais** (palácio de São Lourenço) permet d'admirer une succession de salons nobles, dont certains sont décorés de boiseries dorées, de portraits des capitaines-donataires, de peintures, de meubles du 17ᵉ au 19ᵉ s., de porcelaines de Chine. *Visite sur demande préalable au 291 21 19 00 (office de tourisme)*.

Sur le même trottoir, au nº 39, à l'angle de la calçada de São Lourenço, jetez un œil au **concessionnaire Toyota**. La façade et l'intérieur de la boutique sont couverts de panneaux d'azulejos, un cadre plutôt insolite pour une exposition de voitures.

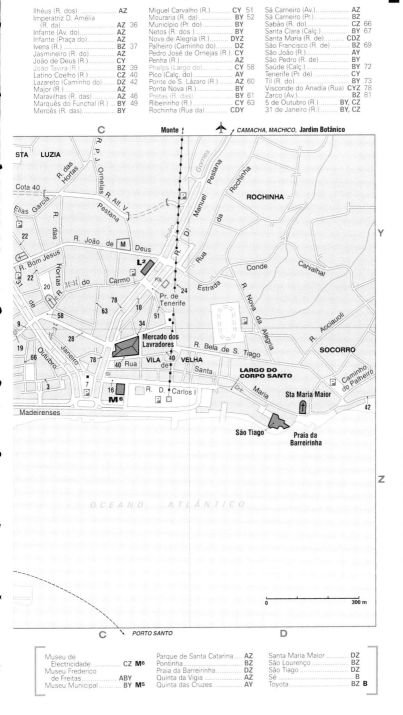

En face, à côté de l'office de tourisme, les **caves** *(adegas)* **de São Francisco★**, les plus anciennes de Funchal, occupent l'ancien monastère des franciscains construit au 16ᵉ s. La visite, qui comprend la tonnellerie, les caves, où vieillit le précieux vin, et un petit musée, s'achève par une dégustation gratuite. *Voir The Old Blandy Wine Lodge dans le carnet pratique.*

Juste derrière les caves, entrez dans le **jardin public de São Francisco**, une parenthèse de tranquillité. Ce petit parc botanique, riche en essences diverses, est encadré de vieilles maisons madériennes un peu décrépites.

Revenez vers la cathédrale et empruntez la rua João Tavira, l'une des rues principales du quartier piéton commerçant.

La cathédrale émergeant des toits de Funchal.

DU MADÈRE POUR TOUS LES GOÛTS

Les trois principaux crus sont le **sercial**, dont les plants proviennent du Rhin, vin sec, bouqueté, de couleur ambre et servi frais, idéal pour l'apéritif ; le **boal** qui vient de Bourgogne : brun rougeâtre, sa saveur riche et fruitée en faisant surtout un vin de dessert ; le **malvoisie** (ou Malmsey pour les Anglais), le plus réputé, rare de nos jours, qui est également un vin de dessert, très doux, dont la couleur tend vers le violet. On produit aussi le *verdelho*, vin demi-sec qu'on peut servir en toute occasion, le *moscatel* et le *tinto*, vin rouge. Les madères *vintage*, réalisés à partir des meilleurs vins des années exceptionnelles, ont la propriété de pouvoir être consommés pendant plus de 150 ans. On raconte qu'en 1815 Napoléon, en route vers Ste-Hélène, fit escale à Madère et reçut du consul anglais un tonneau de vin ; à sa mort, le consul récupéra le vin non entamé qui fut mis en bouteilles. En 1936, un Anglais put se vanter d'avoir dégusté de ce « vin de l'Empereur » plus que centenaire.

Praça do Município

D'élégants édifices encadrent cette vaste place, pavée de pierres noires et blanches et ornée d'une fontaine. Au Sud-Est de la place *(sur votre droite)*, l'ancien évêché, doté d'une belle galerie à arcades, accueille désormais le musée d'Art sacré. Au Nord-Est *(face à vous)*, l'**hôtel de ville** *(câmara municipal)* aux balcons fleuris occupe l'ancien palais du comte de Carvalhal. Surmonté d'une tour qui se dresse au-dessus des maisons, cet édifice datant du 18ᵉ s. abrite une cour intérieure décorée d'azulejos. Enfin, au Nord-Ouest *(sur votre gauche)* se trouvait l'ancien collège.

Museu de Arte Sacra

Tlj sf lun. 10h-12h30, 14h30-18h, dim. 10h-13h. Fermé j. fériés. 2,25€. Outre sa belle collection d'objets sacrés et d'ornements liturgiques, la principale richesse du musée réside dans sa collection de **tableaux★** des écoles flamande et portugaise des 15ᵉ et 16ᵉ s. peints sur bois.

De l'école portugaise, on remarque un triptyque représentant saint Jacques et saint Philippe entre les donateurs du tableau (au dos se trouve une Annonciation). Parmi les peintures de l'école flamande, citons une Descente de croix attribuée à Gérard David dont les personnages montrent une grande noblesse d'expression ; le portrait en pied du patron de Funchal, *Saint Jacques le Mineur*, en toge rouge, attribué à Thierry Bouts ; une *Sainte Marie Madeleine* surprenante par son réalisme : richement vêtue, elle se dresse au premier plan d'un magnifique paysage ; un triptyque, attribué à Quentin Metsys, représentant saint Pierre dans un somptueux manteau pourpre. Parmi les pièces d'orfèvrerie provenant de la cathédrale, se détache la remarquable **croix** d'argent gothico-manuéline (16ᵉ s.), don du roi Manuel Iᵉʳ.

Église du Colégio

Accolée à un couvent de jésuites transformé en université, l'église St-Jean-l'Évangéliste, de style jésuite, a été édifiée au début du 17ᵉ s.

Sa façade blanche, austère, est percée de nombreuses fenêtres aux encadrements de basalte noir et creusée de quatre niches abritant des statues de marbre : en haut sont représentés saint Ignace et saint François Xavier, en bas saint François Borgia et saint Stanislas.

La nef, tapissée d'azulejos, est surchargée d'exubérants autels baroques décorés de grappes de raisin. La sacristie, à gauche du chœur, est couverte d'un beau plafond peint à trompes d'angle. Cette salle élégante, décorée d'une frise d'azulejos, abrite un magnifique chapier à serrures dorées.

Instituto do Vinho da Madeira

Tlj sf w.-end 9h-18h. Fermé j. fériés. Gratuit. ☎ *291 20 46 00.* Faites un crochet au n° 78 rua 5 de Outubro. Créé pour promouvoir le vin de Madère, cet organisme propose des dégustations gratuites et expose dans son **musée** une collection d'outils et d'instruments ainsi que des lithographies et des photos, liées à la viniculture. En face se trouvent les caves de la maison Borges.

Revenez praça do Municipio, et prenez la rua da Carreira, l'une des mieux conservées de Funchal.

Museu da Fotografia « Vicentes »

Tlj sf dim. 10h-17h. Fermé j. fériés. Dans le patio du n° 43 rua da Carreira s'élève une façade évoquant une maison de La Nouvelle-Orléans. C'est ici que Vicente Gomes da Silva, premier d'une longue lignée de photographes, installa son studio au milieu du 19e s. Les appareils et les plaques de verre ont été pieusement conservés, le studio de prise de vue a été reconstitué avec le décor d'origine, et l'on s'émerveille en feuilletant les nombreux albums, précieux témoignages de la vie à Madère au 19e s.

Musée municipal et aquarium

Tlj sf lun. 10h-18h, w.-end 12h-18h. Fermé j. fériés. 1,50€, gratuit dim. L'ancienne demeure du comte de Carvalhal (18e s.) abrite un aquarium où évoluent les différentes espèces de poissons fréquentant les fonds madériens (rascasses rouges, cigales de mer, murènes, etc.), ainsi qu'un musée d'histoire naturelle riche en animaux naturalisés dont d'impressionnants requins, raies cornues et phoques à ventre blanc.

Casa-Museu Frederico de Freitas★

Tlj sf lun. 10h-12h, 14h-17h, dim. 10h-12h30. Fermé j. fériés. 2€, gratuit dim. Cette grande demeure du 18e s., ayant appartenu au 19e s. au médecin Frederico de Freitas, est divisée en deux parties. La « casa da Calçada » accueille des expositions temporaires et une exposition permanente de gravures, dessins et aquarelles illustrant Madère au cours des siècles. Les appartements bourgeois du 19e s. sont décorés de meubles anglais, d'armes, d'armoires de style « caisse à sucre » (*voir « Quinta das Cruzes » ci-dessous*), d'instruments de musique, de magnifiques cabinets ornés d'ivoires ou d'os de baleine, de céramiques, et d'une salle d'art sacré contenant une belle collection de croix en bois et ivoire. La « casa dos azulejos » présente une importante collection d'azulejos de diverses origines, des 12e au 19e s. (portugais, sévillans, flamands, chinois, iraniens, etc.).

Convento de Santa Clara

Visite guidée (1/4h-20mn) 10h-12h, 15h-17h. 2€. Il fut construit au 17e s., à l'emplacement de l'église fondée par Zarco pour recueillir les dépouilles de sa famille ; ses deux petites-filles, fondatrices de l'ancien couvent des clarisses, y sont enterrées. L'intérieur de l'église, revêtu d'azulejos (16e au 18e s.), parmi lesquels des exemplaires sévillans rares, abrite au fond le tombeau gothique de Zarco, surmonté d'un dais et soutenu par des lions.

Quinta das Cruzes★★

Tlj sf lun. 10h-12h30, 14h-17h30, dim. 10h-13h. Fermé j. fériés. 2€, gratuit dim. ☎ *291 74 06 70.* Au terme de la montée un peu raide de la calçada do Pico, vous parvenez à l'ancienne demeure de Zarco, transformée en un **musée des Arts décoratifs**. Au rez-de-chaussée, des salles basses, anciens celliers, sont consacrées au mobilier portugais (16e s.) recueilli dans plusieurs demeures de Funchal. On y remarque un grand nombre de cabinets, meubles très répandus au 17e s., et les armoires et coffres en acajou de style *caixa de açúcar* (caisse à sucre) fabriqués avec le bois des coffres dans lesquels était transporté le sucre brésilien. Le fond de la dernière salle est occupé par un retable flamand de la deuxième moitié du 15e s. représentant une Nativité. Une vitrine contient une partie du trésor trouvé dans l'épave d'un galion hollandais de la Compagnie des Indes orientales qui s'échoua à Porto Santo en 1724. Les salles du premier étage sont riches en mobilier anglais des 18e et 19e s. des styles Hepplewhite et Chippendale.

La maison est entourée d'un **jardin botanique** planté de kapokiers, de dragonniers, d'araucarias. Une serre abrite des orchidées et une multitude d'autres fleurs. Une partie du jardin a été transformée en « parc archéologique », petit musée lapidaire insolite et romantique au milieu de la végétation exotique, où l'on peut voir deux belles fenêtres manuélines et un fragment du pilori de Funchal, élevé à la fin du 15e s. et démoli en 1835.

AUTOUR DU PORT

Avenida das Comunidades Madeirenses ou avenida do Mar

Cette large voie fleurie suit le bord de mer et la **marina**, où s'abritent les bateaux de plaisance. Le long des quais, en contrebas de l'avenue, s'alignent de nombreux restaurants et cafés dont l'un a pris pour cadre un yacht ayant appartenu aux Beatles, le *Vagrant*. Au cours de votre promenade, attendez-vous à être assailli de propositions de menus, de cartes de visite et de prospectus pour des excursions en mer. Gagnez le bout de la jetée pour bénéficier d'une belle **vue★** sur la ville.

Un peu plus loin, le **port commercial** se signale par sa longue digue, la **pontinha**, construite à la fin du 18e s. pour relier un îlot à la terre et prolongée à deux reprises. Il joue un rôle important puisque la plupart des marchandises parviennent à Madère par voie maritime.

Les joueurs de cartes sont toujours fidèles au rendez-vous.

J. Santos Ramírez/MICHELIN

Parque de Santa Catarina

Aménagé autour de la chapelle Santa Catarina, construite en 1425 par Zarco, ce parc est un lieu de promenade agréable en fin de journée, avec une vue imprenable sur le port. Vous pourrez faire une halte sympathique sous les parasols de la cafétéria installée près d'un petit lac. Les Grandes Découvertes sont à l'honneur puisque le parc abrite une statue de Christophe Colomb, et, du côté de l'avenue Arriaga, une autre statue représentant Henri le Navigateur sous une grande arche en pierre volcanique.

Quinta Vigia

Située entre le parc de Santa Catarina et les jardins du Casino, cette imposante demeure rose est aujourd'hui le siège du gouvernement régional de Madère.

Jardins du Casino

Entouré d'un parc planté de beaux arbres exotiques, le casino fut construit en 1979 par l'architecte brésilien Óscar Niemeyer. On notera d'ailleurs sa ressemblance avec la cathédrale de Brasilia au Brésil.

Redescendez vers le centre-ville par l'avenida do Infante.

LA VIEILLE VILLE (VILA VELHA)

C'est ici que fut fondée la ville au 15e s. Aujourd'hui, les rues étroites sont occupées par des pêcheurs ou des artisans. On y trouve de nombreuses tavernes, des bars et des restaurants populaires (concentrés rua de Santa Maria), d'où s'échappent des odeurs de poisson grillé et de brochettes.

Mercado dos Lavradores

Ouvert tous les matins sauf dim. et j. fériés. Installé dans un édifice récent, le « marché des travailleurs » est particulièrement animé le matin. À l'entrée, les marchandes de fleurs vêtues du traditionnel costume madérien (jupe rayée, corselet, bottes de cuir) proposent des bouquets multicolores. C'est l'endroit idéal pour vous procurer des graines ou des bulbes de fleurs à rapporter dans vos bagages. Autour du patio central sont disposés des étals et des corbeilles regorgeant de fruits et de légumes, que les vendeurs n'hésitent pas à vous faire goûter. Enfin, à ne pas manquer : la salle de vente des poissons, située dans la partie basse, où clients et marchands s'affairent autour des thons et des poissons-épées.

Descendez rua Brigadeiro Oudinot, puis prenez rua Casa da Luz avant d'arriver au front de mer.

Museu de Electricidade – Casa da Luz (maison de la Lumière)

Tlj sf lun. et dim. 10h-12h30, 14h-18h. Fermé j. fériés. 2€. Cet intéressant **musée de l'Électricité**, aménagé dans les locaux de l'ancienne centrale thermique de Funchal, évoque au travers de documents, de photos, de maquettes et de machines, l'histoire de l'électricité et de l'électrification de l'archipel de Madère.

Continuez vers l'Est et traversez la vaste esplanade du campo Almirante Reis, où se trouve le départ du téléphérique de Monte (voir ci-dessous).

Largo do Corpo Santo★

Cette charmante petite place devant la chapelle du Corpo Santo est le cœur du vieux Funchal. Elle s'anime à l'heure des repas quand ses restaurants de poissons se remplissent.

Fort de São Tiago

Tlj sf dim. 10h-12h30, 14h-17h30. Fermé j. fériés. 2€. Construit en 1614, il dresse ses murailles jaunes au-dessus de la grève où reposent quelques barques de pêcheurs. La forteresse, qui offre une belle vue sur Funchal, abrite un **musée d'art contemporain** où sont exposées des œuvres d'artistes portugais.

Église Santa Maria Maior

Son élégante façade baroque (18ᵉ s.), aux volutes de lave noire soulignant le crépi blanc, est percée d'un sévère portail. L'apôtre saint Jacques le Mineur y est honoré le 1ᵉʳ mai en souvenir des miracles par lesquels, en 1523 et 1538, les épidémies de peste qui ravageaient Funchal furent enrayées. À l'intérieur, remarquer le plafond peint, en berceau.

En contrebas de l'église s'étend la **plage de Barreirinha**, aménagée avec des toboggans flottants et une piscine.

Dirigez-vous vers le centre-ville par la rua de Santa Maria, puis remontez la rua Brigadeiro Oudinot jusqu'à la praça de Tenerife. Traversez le pont.

Instituto do Bordado, Tapeçaria e Artesanato da Madeira

Tlj sf w.-end 10h-12h30, 14h30-17h30. Fermé j. fériés. 1,50€. L'**Institut de la broderie, de la tapisserie et de l'artisanat de Madère** est un organisme qui garantit l'authenticité des broderies fabriquées dans l'île par l'apposition d'un sceau de plomb. Il abrite un musée où sont exposées de merveilleuses broderies anciennes et des objets de l'artisanat de Madère, dans une reconstitution historique de salle à manger et de chambre à coucher.

PARCS ET JARDINS DES PROCHES ENVIRONS

Voir carte des environs de Funchal p.392 .

Jardim botânico★

Prenez la rua Doutor Manuel Pestana, en direction de l'aéroport, puis suivez la signalisation pour le jardin botanique. Bus nᵒ 29, 30 ou 31. Tlj 9h-18h. Fermé 25 déc. 3€. ☎ 291 21 12 00.

Étagé sur des terrasses qui dominent la vallée de la ribeira de João Gomes, ce jardin a été aménagé dans l'enceinte de l'ancienne quinta de Bom Sucesso. Il rassemble de remarquables exemplaires de la flore de Madère et du monde entier. Dans l'élégante maison blanche aux volets verts, un petit **musée** à l'ancienne présente dans des meubles en bois des collections de botanique, de géologie et de zoologie ; remarquez les bois vulcanisés.

Du belvédère le plus élevé, vous aurez une belle **vue★** sur le port de Funchal et, en contrebas, sur la vallée de la ribeira de João Gomes, cultivée en terrasses.

Quinta da Palmeira

Prenez la rua da Carne Azeda au Nord, puis à gauche, la rua da Levada de Santa Luzia. Avant un virage à gauche se présente l'entrée de la quinta, dont le nom est inscrit sur le seuil en galets blancs. C'est une propriété privée, mais on peut se promener à pied dans ses jardins. Laissez la voiture près de la grille.

Les terrasses de ce parc très bien entretenu dominent Funchal. On y verra de beaux bancs en azulejos et une fenêtre de pierre, gothique, qui provient de la maison où aurait séjourné Christophe Colomb lors de son passage à Funchal.

Quinta do Palheiro Ferreiro★★

10 km. Quittez Funchal par la rua Doutor Manuel Pestana, route de l'aéroport. Prenez la première route en direction de Camacha, puis, après quelques virages, tournez à droite dans une petite route pavée signalisée « Quinta do Palheiro Ferreiro ». Passez la grille d'entrée de la quinta et suivez l'allée de platanes jusqu'au parking près de la villa. Propriété privée. Bus nᵒ 36. Tlj sf w.-end 9h30-12h30. Fermé j. fériés. 7€.

Le jardin tropical de Monte Palace.

Archipel de Madère

La vaste demeure, avec hôtel, restaurant de luxe et terrain de golf, s'inscrit dans le cadre d'un **parc** à l'anglaise très soigné que l'on atteint par des allées bordées de camélias. Plus de 3 000 espèces de plantes y sont représentées, et l'on prendra plaisir à flâner parmi les remarquables spécimens d'arbres exotiques et les massifs de fleurs rares.

LES ALENTOURS DE FUNCHAL

Monte★

7 km par la rua do Til, en direction de Santana : environ 1h. Par le téléphérique : près de 10mn. Bus nᵒ 20, 21 ou 48.

À près de 600 m d'altitude, Monte est un lieu de villégiature apprécié pour son climat frais et sa végétation luxuriante dans laquelle se disséminent des *quintas* entourées de beaux parcs.

Depuis novembre 2000, il est relié par un **téléphérique** au centre de Funchal. Le parcours, qui offre de très belles vues sur la ville et la baie, dure environ 10mn. Ce qui laisse amplement le temps d'imprimer la photo-souvenir prise de vous au départ, votre trajet en téléphérique étant ainsi immortalisé dès votre descente de la cabine ! *Départ du campo Almirante Reis, dans la vieille ville ; arrivée caminho das Barbosas, 8, Monte. 10h-18h (dernière montée 17h45). 8,50€ A, 13,50€ AR.* ☎ *291 78 02 80.*

Jardin tropical de Monte Palace – *9h-18h. Fermé 1ᵉʳ janv., 25 et 26 déc. 7,50€.* ☎ *291 78 23 39 ou 291 74 26 50.*

Ce jardin est situé autour de l'ancien « Monte Palace Hotel », érigé à la fin du 19ᵉ s., sur le domaine d'une ancienne *quinta* du 18ᵉ s. Il a été acquis en 1987 par l'homme d'affaires José Berardo *(voir musée d'Art moderne de Sintra)* afin d'y installer sa **fondation**. Le jardin offre une délicieuse promenade où l'on découvre, dans ses allées ombragées, des azulejos anciens, des panneaux en terre cuite évoquant l'histoire du Portugal, des pagodes, des niches, des statues, des lacs peuplés de poissons, des plantes exotiques originaires du monde entier et en particulier de Madère.

Église Nossa Senhora do Monte – Elle s'élève sur une butte, au centre d'un parc. Elle fut construite à l'emplacement de la chapelle édifiée en 1470 par Adão Gonçalves Ferreira qui, avec sa sœur jumelle Ève, fut le premier-né de l'île de Madère. Sa façade au fronton baroque, percée de grandes fenêtres et d'un porche à arcades, est assez décorative. Cette église abrite, dans une chapelle à gauche de la nef, le tombeau en fer de l'empereur Charles d'Autriche. Au-dessus du maître-autel, un tabernacle en argent ouvragé contient une petite statue de Notre-Dame-du-Mont, patronne de Madère, vêtue d'une cape. La statue découverte au 15ᵉ s. à Terreiro da Luta, à l'endroit où la Vierge était apparue à une jeune bergère, est le but d'un important pèlerinage les 14 et 15 août.

Retournez à l'arrivée du téléphérique et suivez la route de droite pendant une centaine de mètres.

Cette petite route mène jusqu'à une place plantée de platanes où s'élève la **chapelle Nossa Senhora da Conceição**, construite en 1906 dans le style baroque. De cette petite route, vous découvrirez une vue plongeante sur la vallée boisée de la ribeira de João Gomes, au lieu dit Curral dos Romeiros.

Route panoramique de Funchal à Curral das Freiras★★

Circuit de 34 km – 2h. Quittez Funchal par l'avenida do Infante.

São Martinho – L'église paroissiale s'élève sur un « pic » à 259 m d'altitude.
À hauteur du cimetière, tournez à droite.

Pico dos Barcelos★ – *Bus nᵒ 4, 9, 12 ou 48.* Entouré d'aloès et abondamment fleuri, ce belvédère (alt. 355 m) offre un panorama sur le site de Funchal, au pied des massifs montagneux dont on aperçoit les formes déchiquetées au Nord, ainsi que sur Santo António, tapi dans la vallée autour de son église, et sur São Martinho, dont l'église se détache sur la mer.
Suivez la route en direction de Eira do Serrado.

DESCENDRE DE MONTE

Au bas de l'escalier de l'église, vous trouverez le point de départ des fameux traîneaux en rotin *(carros de cesto)*, mode de transport inventé par un Anglais vers 1850. Poussés, dirigés et retenus par deux hommes en costume blanc, coiffés d'un canotier et chaussés de bottines – que l'on espère antidérapantes –, ces toboggans à deux places dévalent à vive allure le caminho do Monte jusqu'à Livramento, 2 km plus bas. C'est l'attraction touristique par excellence, mais la descente se révèle franchement amusante *(10€ par personne).*

J. Malburet/MICHELIN

Le site de Curral das Freiras vu d'Eira do Serrado.

Après quelques kilomètres et la traversée d'un bois d'eucalyptus, la route se rapproche de la ribeira dos Socorridos, dont le nom évoque les « rescapés » qui se seraient réfugiés à cet endroit lors de l'incendie de l'île. On a une **vue**★ saisissante sur le profond défilé – dû à une fracture d'origine volcanique – dans lequel coule ce torrent. On en aperçoit au Sud l'embouchure, avec quelques maisons de Câmara de Lobos. La route traverse des bois de pins et d'eucalyptus et offre bientôt des vues dégagées sur la vallée. Un belvédère sur la gauche révèle un **panorama**★★ magnifique du défilé aux pentes cultivées en terrasses et parsemées de maisons blanches.

Une bifurcation à droite mène à Eira do Serrado, où laisser la voiture.

Eira do Serrado★★ – *10mn à pied AR.* À côté du parking, a été construit en 2000 un complexe avec hôtel, restaurant, café et boutiques de souvenirs. Un chemin, en partie en escalier *(145 marches)*, contourne par la droite le pico do Serrado (1 095 m) et gagne le belvédère. Par beau temps, le panorama est remarquable : le village de Curral das Freiras constelle de ses maisons blanches le creux d'un cirque montagneux aux parois ravinées.

Reprenez la route qui descend vers Curral das Freiras.

Cette route s'est substituée à l'ancien sentier qui parcourait en zigzag les pentes vertigineuses. Creusée dans une paroi rocheuse absolument verticale, elle doit franchir deux tunnels pour atteindre le village.

Curral das Freiras – *Bus n° 81.* Occupant un **site**★ encaissé, au fond d'un cirque volcanique grandiose, Curral das Freiras, qui signifie « l'étable des nonnes », était la propriété des religieuses de Santa Clara qui vinrent s'y réfugier lors du pillage de Funchal par des pirates français en 1566. L'église s'élève sur une petite place entourée de cafés.

En remontant, à la sortie du village, à gauche de la route, **vue**★ sur l'impressionnante couronne de pics.

En arrivant à Funchal, laissez à droite la route du pico dos Barcelos.

Santo António – Ce quartier résidentiel élégant de Funchal possède une église baroque (18ᵉ s.).

Le caminho de Santo António descend rapidement vers le centre de Funchal.

De Funchal à Ribeira Brava par le cap Girão★

30 km à l'Ouest – environ 1h (une nouvelle voie rapide permet d'effectuer ce trajet en 15mn mais ne présente guère d'intérêt pour les touristes). Itinéraire 5 de la carte p. 392. Quittez Funchal par l'avenida do Infante.

Câmara de Lobos★ – Son nom, qui signifie « chambre des loups », lui a été donné en raison du grand nombre de phoques *(lobo marinho* en portugais) qui y vivaient au moment de l'arrivée de Zarco.

La ville, pittoresque, est bâtie autour d'un port protégé par deux falaises volcaniques. En longeant le port à l'Ouest, on découvre une vue générale du **site**★. Les maisons blanches à tuiles rouges sont réparties sur des terrasses plantées de bananeraies. Sur la plage, ombragée de palmiers et de platanes, les barques colorées portent, suspendus à des arceaux d'osier, de curieux filets noirs en train de sécher. Dans la partie haute de la ville, un belvédère doté d'une pergola surplombe la plage de galets et, à droite, la ribeira do Vigário.

Au croisement avec la route principale, une petite terrasse, où Winston Churchill est venu peindre en 1950, domine le port.

Reprenez la route.

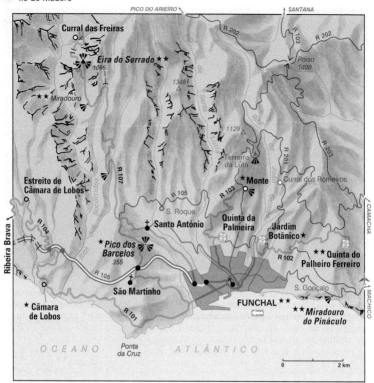

Les bananeraies disparaissent au profit de la vigne qui, dans la région d'Estreito de Câmara de Lobos, fait l'objet d'une véritable monoculture. Sous les treilles basses, pour ne pas perdre un pouce de terrain, on cultive des légumes. Du raisin blanc, on tire le malvoisie, le *verdelho* ; du noir, le *tinto*. Au-dessus de 500 m, autour de Jardim da Serra, la vigne, cultivée en espaliers, produit le fameux *sercial*.

Estreito de Câmara de Lobos – Cette localité animée, à l'écart de la N 101, est dominée par une église blanche s'élevant sur un vaste parvis.

Une petite route à côté de l'église

> ### LA LEVADA DO NORTE
>
> En suivant la *levada* à partir d'Estreito de Câmara de Lobos, on atteint la vallée de la ribeira da Caixa *(2h à pied AR)*, véritable bout du monde enchanteur encadré par les terrasses cultivées. Seul le bruissement de l'eau courant dans le canal accompagne cette promenade parmi les fleurs. Ceux qui disposent de plus de temps peuvent longer la *levada* jusqu'au cabo Girão, puis emprunter un sentier pour gagner Câmara de Lobos *(attention, les points de départ et d'arrivée sont différents ; env. 13 km, comptez entre 4 et 5h).*

conduit à la partie haute du village (à l'endroit du calvaire), qui donne accès à la **levada do Norte★**.

Revenez à la route 101.

À l'approche du cap Girão, le paysage est peuplé de pins et d'eucalyptus.

Prenez à gauche en direction du cap Girão.

Cabo Girão★ – Du belvédère aménagé à l'extrémité de la falaise verticale, on jouit d'une vue étendue sur les plaines côtières jusqu'à la baie de Funchal. L'Océan écume à 580 m en contrebas, dessinant des courbes régulières.

La route se poursuit à travers les terrasses et bananeraies et descend subitement vers Ribeira Brava.

Ribeira Brava – *Voir la côte Sud-Ouest.*

la côte Est★

Itinéraire ① de la carte p. 392 – 90 km – environ 4h. Quittez Funchal par la rua do Conde Carvalhal. Suivez la direction de l'aéroport.

Cet itinéraire suit la côte Est de Madère, l'une des plus ensoleillées et au climat le plus doux. Les cours d'eau qui descendent de la montagne ont formé des ravines et des petites rias où se sont installés les villages. Le paysage souvent désolé garde les vestiges des anciennes terrasses de culture. Le tracé de la côte a été légèrement modifié par la construction de l'aéroport qui a empiété sur la mer.

Miradouro do Pináculo★★

2 km après São Gonçalo. Installé sur un promontoire rocheux *(pináculo)*, ce belvédère offre, à travers sa pergola fleurie, une magnifique vue sur Funchal au fond de sa baie et, à l'horizon, sur le cap Girão. On aperçoit au loin les îles Desertas.

Caniço

Dans cette localité, les habitants vivent traditionnellement des cultures de la banane et de la canne à sucre ; les pointes de Garajau et de Oliveira ont été aménagées en zone résidentielle avec hôtels et appartements. Sur la première, une grande statue du **Christ-Roi** a été élevée par une famille de Madère.

Santa Cruz

Bourg de pêcheurs bordé par une plage de galets, Santa Cruz garde des premiers temps de la colonisation plusieurs monuments manuélins.

Sur la place principale occupée par un jardin public, l'**église São Salvador★** édifiée en 1533 serait la plus ancienne de l'île. Blanche, flanquée d'un clocher au toit pyramidal, elle se termine par une abside ceinte d'une balustrade de croix du Christ. L'intérieur, à trois nefs, est couvert d'un plafond peint. Dans le chœur, dont la voûte est soutenue par des colonnes torses, se trouve la dalle funéraire en métal de João de Freitas. Remarquez les stalles du collatéral droit, et la jolie chapelle manuéline à gauche.

De l'autre côté de la place, la **mairie** *(câmara municipal)* présente de belles fenêtres manuélines.

La route parvient ensuite à l'aéroport, construit en 1966, et passe sous la piste d'atterrissage installée sur une plate-forme artificielle, soutenue par une forêt de piliers.

> ### L'AÉROPORT DE MADÈRE, ENTRE AIR ET MER
>
> Depuis l'allongement de la piste de l'aéroport en 2000, les gros-porteurs peuvent enfin atterrir à Madère, et les passagers n'ont plus à subir les freinages brusques dûs au manque de longueur de la piste. L'arrivée sur l'île n'en demeure pas moins impressionnante puisque les avions se posent sur une plate-forme artificielle, montée sur pilotis à 70 m au-dessus des vagues, coincée entre mer et montagne.

Miradouro Francisco Álvares Nóbrega★

Une route à gauche mène à ce belvédère portant le nom d'un poète portugais, surnommé « le petit Camões » (1772-1806), qui loua les mérites de Madère. La vue s'étend sur Machico et la pointe de São Lourenço.

Machico

La ville occupe une petite baie au débouché de la large et fertile vallée de la ribeira de Machico *(voir encadré)*. C'est ici que débarquèrent Zarco et ses compagnons. L'année suivante, Tristão Vaz Teixeira reçut de l'infant Henri la direction de la capitainerie de Machico. Le quartier des pêcheurs, nommé Banda d'Além, se trouve à l'Est de la rivière, et la vieille ville occupe la rive Ouest.

Église paroissiale – Elle borde une place plantée de platanes de la vieille ville. Édifiée à la fin du 15ᵉ s., sa façade manuéline est percée d'une jolie rosace et d'un portail orné de chapiteaux sculptés de têtes d'animaux. Présent du roi Manuel Iᵉʳ, le portail latéral est constitué d'arcs géminés soutenus par des colonnes de marbre blanc. À gauche de la nef, couverte d'un intéressant plafond peint, un arc manuélin ouvre sur la chapelle de São João Baptista, panthéon des donataires.

Capela dos Milagres – Située à l'Est de la rivière, la chapelle des Miracles marque l'emplacement de la tombe des amants de Machico. Tristão Vaz Teixeira y avait fait construire une chapelle dès 1420. Détruite par une crue en 1803, elle fut réédifiée, mais garda son vieux portail manuélin. En 1829, un négociant anglais, Robert Page, prétendit y avoir retrouvé la croix de cèdre qui surmontait le tombeau des amants. *Suivez la direction de Caniçal.*

La route s'élève en offrant des vues sur la haute vallée de Machico, dominée par les sommets. On quitte la vallée par un tunnel foré sous le mont Facho.

> ### LES AMANTS DE MACHICO
>
> Une légende raconte que, en 1346, une tempête fit échouer un navire anglais à l'embouchure de la rivière. Deux naufragés, Robert Machim et Ana d'Arfet, qui s'étaient enfuis de Bristol pour s'épouser malgré l'opposition de leurs parents, moururent quelques jours après. Leurs compagnons reprirent la mer sur un radeau, furent capturés par les pirates arabes et emmenés au Maroc. Le récit de leurs aventures, transmis par un Castillan au roi du Portugal, aurait incité ce dernier à préparer une expédition pour retrouver l'île inconnue. En débarquant, Zarco aurait découvert au pied d'un cèdre la tombe des deux amants et donné le nom de Machico à cet endroit en souvenir du jeune Anglais Machim.

Caniçal

Après avoir perdu son rôle de centre de la chasse à la baleine lorsque celle-ci fut interdite en 1981, Caniçal végéta quelques années avant de redevenir un des premiers ports portugais pour la pêche au thon, activité importante dont témoignent les dimensions des installations portuaires et de la conserverie.

Près du port ancien, au bas du village, le petit **musée de la Baleine** (Museu da Baleia) évoque cette activité qui fut d'une grande importance entre 1940 et 1981. Deux films documentaires sont présentés : le plus long *(35mn, en français)*, tourné à Caniçal par un Français en 1978, fait revivre par des images fortes la lutte

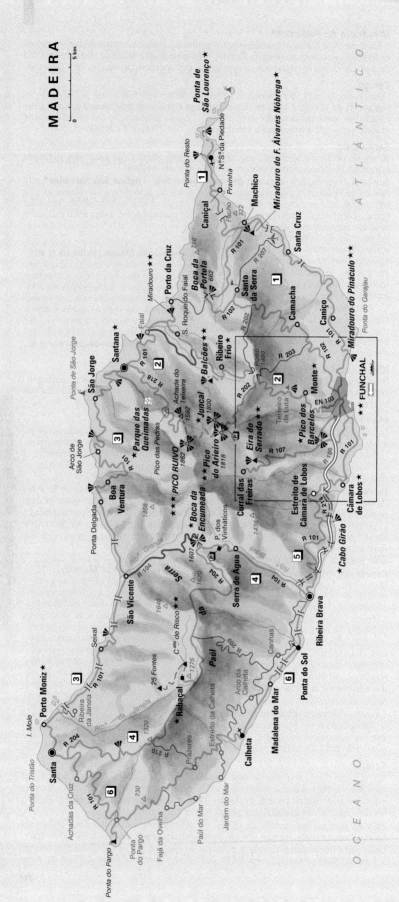

acharnée des hommes contre les monstres marins. Le second film, plus récent et réalisé par des Portugais *(15mn, en anglais et en portugais)*, retrace l'historique de la chasse à la baleine. Une baleinière exposée semble un frêle esquif à côté de la maquette grandeur nature d'un cachalot. Quelques harpons, des maquettes de bateaux et des *scrimshaws* (dents de cachalot ou os gravés) complètent cette exposition. *Tlj sf lun. 10h-12h, 13h-18h. Fermé 1ᵉʳ janv., 1ᵉʳ mai et 25 déc. 1,25€.*

Passé la zone franche industrielle, suivez les panneaux « prainha ». Laissez votre voiture au parking et descendez l'escalier.

Encadrée de rochers au pied d'un monticule portant l'**ermitage de Nossa Senhora da Piedade**, cette petite plage de sable noir n'a rien de spectaculaire. Mais profitez-en, **Prainha** est l'une des seules plages de sable de Madère.

Continuez la route tout droit jusqu'à la pointe de São Lourenço.

Ponta de São Lourenço★

Cette pointe formée de roches volcaniques aux tons ocre, rouge, noir s'étire loin dans la mer. Elle est battue par les flots et les vents, comme en témoignent les nombreuses éoliennes qui hérissent le paysage.

La route se poursuit jusqu'à un parking près de la **baie da Abra** . De là, un sentier mène à un point de vue d'où l'on découvre des rochers surprenants. D'ici, comme du **belvédère de la ponta do Resto** *(route de gauche au premier rond-point après Prainha en suivant les panneaux «* miradouro *»),* vous découvrirez des **vues★★** impressionnantes sur la côte abrupte du Nord de l'île.

Revenez à Machico et prenez la direction de Portela.

Les cultures de bananes et de canne à sucre font place à des bois de pins et d'eucalyptus à mesure que l'on prend de l'altitude.

Boca da Portela

Au carrefour du col de Portela (alt. 662 m), monter jusqu'au belvédère qui domine la vallée verdoyante de Machico.

Santo da Serra

À 660 m d'altitude, sur un plateau couvert de forêts (pins, eucalyptus), Santo da Serra est un lieu de villégiature apprécié des habitants de Funchal pour son climat frais et son site reposant. Ses terrains de golf sont réputés.

Sur la place centrale, où s'élève l'église, pénétrez dans le parc de la quinta da Junta *(entrée à droite de la place),* ancienne propriété de la famille Blandy. À l'extrémité de l'allée principale bordée d'azalées, de magnolias et de camélias, un belvédère surplombe la vallée de Machico ; au loin, on distingue la pointe São Lourenço et, par beau temps, la tache blanche de l'île de Porto Santo.

La route qui mène à Camacha traverse des régions boisées, où quelques cultures de primeurs révèlent la présence de hameaux. À gauche, une pancarte signale une vue sur la levada dos Tornos qui coule sur le versant opposé de la vallée.

Camacha

Bourg situé dans une zone boisée à 700 m d'altitude. C'est un centre réputé de vannerie, connu également pour son groupe folklorique : les accords de la *braguinha* (guitare à quatre cordes) accompagnent les danses gracieuses et alertes ; l'amusant *brinquinho,* bâton supportant une pyramide de poupées et de castagnettes, sert à marquer la cadence.

De Camacha, revenez à Funchal en suivant la signalisation.

le tour de l'île★★

Itinéraires ②, ③, ④ *de la carte p. 392. Au départ de Funchal. 220 km - comptez deux jours.*

Ce tour de l'île, qui permet de voir l'essentiel de Madère, peut être effectué en une journée. Mais nous conseillons à ceux qui veulent profiter des promenades à pied décrites de compter au moins deux jours en faisant une étape, par exemple à Santana.

DE FUNCHAL À SANTANA PAR LE PICO DO ARIEIRO ②

60 km

Cette partie de l'itinéraire passe par les plus hauts sommets pour redescendre sur la côte Nord de l'île.

Quittez Funchal par la rua do Til en direction de Monte (voir les Environs de Funchal) et de Santana.

Après Terreiro da Luta, la route bordée de haies de fleurs s'élève en lacet parmi les bois de pins et d'acacias. Avec l'altitude, le paysage se dénude, et la campagne se couvre de genévriers et de chênes verts.

Au col de Poiso, prenez à gauche la route du pico do Arieiro.

P. Martins/MICHELIN

Aux abords du Pico do Arieiro.

Parcourant les crêtes montagneuses de la zone centrale de l'île, cette route offre des perspectives sur la côte Sud et sur Funchal ainsi que sur la côte Nord. Dans les landes désolées paissent des troupeaux de moutons. À Chão do Arieiro, la route passe en contrebas de l'observatoire météorologique, perché sur une falaise à 1 700 m d'altitude, puis aboutit à proximité de la pousada do Pico do Arieiro.

Miradouro do Pico do Arieiro★★

Aménagé sur la cime même du pic, à 1 818 m d'altitude, au terminus de la route, ce belvédère offre un magnifique panorama sur les massifs du centre de l'île. On remarque l'emplacement du cratère de Curral das Freiras, la crête du pic das Torrinhas à la silhouette caractéristique, le pic das Torres qui précède le pic Ruivo. Au Nord-Est, on distingue la ribeira da Metade, la butte de Penha da Águia (rocher de l'Aigle) et la pointe São Lourenço.

Miradouro do Juncal★

Un chemin bien aménagé contourne le sommet (1 800 m) et mène au belvédère *(1/4h à pied AR)*. De là, vous aurez une belle vue sur la pointe São Lourenço et sur toute la vallée de la ribeira da Metade qui débouche au pied de Faial, près du curieux piton rocheux de Penha da Águia.

Ascension du pico Ruivo★★★

Point culminant de l'île de Madère avec ses 1 862 m, le pic Ruivo présente des pentes boisées de bruyères géantes et offre, de son sommet, un panorama incomparable. Il n'est accessible qu'aux marcheurs. Plusieurs sentiers parviennent jusqu'au refuge *(casa-abrigo)*.

Accès par le pico do Arieiro – *8 km à pied, environ 4h AR. C'est le plus connu et le plus spectaculaire des chemins, mais l'absence de garde-fous à certains endroits et l'inégalité du sol rendent parfois la marche difficile et dangereuse pour ceux qui sont sujets au vertige. L'accès par Achada do Teixeira est plus facile (voir p. 396). La meilleure solution, si l'on peut s'organiser avec les moyens de transport locaux, est de partir du pico do Arieiro, de poursuivre jusqu'à Achada do Teixeira et, au-delà, jusqu'à Queimadas et Santana. Du pic do Arieiro à Achada do Teixeira, comptez 3h30, pour l'ensemble 6h.*

🚶 Le chemin parcourt d'abord une arête rocheuse qui domine à gauche la vallée de Curral das Freiras, à droite celle de la ribeira da Metade. Un tunnel franchit le cap do Gato, puis un autre évite la montée difficile au pic das Torres. À la sortie

---

PANORAMA DU SOMMET DU PICO RUIVO

De gauche à droite, on découvre :
– vers l'Est, les vallées sauvages de la ribeira Seca, de la ribeira da Metade et du ribeiro Frio qui disparaissent derrière les crêtes en direction de l'Océan ; à l'horizon, la pointe São Lourenço ;
– plus proche, au Sud-Est, le pico das Torres précédant le pico do Arieiro ; à droite de celui-ci, le pico do Cidrão (1 802 m) ;
– au Sud et à l'Ouest, le cirque de Curral das Freiras et le défilé de la ribeira dos Socorridos ; au-dessus, le pico Grande (1 657 m) qui domine le pico das Torrinhas (« des tourelles ») à la silhouette caractéristique, le pico Casado et une mer de cassis ; au loin, le Paúl da Serra ;
– au Nord-Ouest, le cratère du Caldeirão do Inferno (Chaudron de l'Enfer) ;
– au Nord, les vallées de la côte Nord séparées par de longues collines ;
– au Nord-Est, São Jorge et Santana sur leur plateau côtier.

de ce tunnel, on découvre un vaste cirque montagneux où se rejoignent les affluents supérieurs de la ribeira Seca. On remarque sur la droite, à proximité du chemin, les vestiges d'une étonnante cheminée volcanique.

Revenez à Poiso et prenez à gauche en direction de Faial.

La route descend en lacet parmi les pins et les lauriers arborescents, dont la densité annonce l'humidité du Nord de l'île.

Ribeiro Frio★

Dans un site agréable, les versants qui dominent la « rivière froide » sont riches en espèces végétales et font partie du Parc forestier Flora da Madeira. Un élevage de truites profite de la fraîcheur de cet environnement. Cet endroit est le point de départ de plusieurs randonnées le long de la levada da Serra do Faial *(voir encadré).*

> ### LA LEVADA DA SERRA DO FAIAL
>
> ⓘ À Ribeiro Frio passe la levada da Serra do Faial, un canal de 54 km de long qui irrigue une partie du versant jusqu'à Porto da Cruz et Machico. Les randonneurs expérimentés pourront la suivre à pied vers l'Est jusqu'au col de Portela *(10 km, env. 4h)* ou vers l'Ouest jusqu'à Cruzinhas en passant par Balcões *(voir ci-contre)* et la centrale hydroélectrique de Fajã da Nogueira *(14 km, env. 8h de marche).*

Balcões★★

40mn à pied AR. Prenez le sentier à gauche du virage en dessous de Ribeiro Frio. Le chemin longeant la levada da Serra do Faial passe dans des couloirs taillés dans le rocher basaltique. Il atteint le belvédère de Balcões, situé sur un versant de la vallée de la Metade, au débouché des cirques de haute montagne. La vue s'étend de la haute vallée qui part du flanc des pics déchiquetés (pico do Arieiro, pico das Torres et pico Ruivo) jusqu'à la vallée côtière plus épanouie dont les collines arrondies portent de riches cultures. À gauche de la Penha da Águia, on aperçoit les maisons de Faial.

Reprenez la route en direction de Faial.

En suivant la vallée, on arrive en vue de **São Roque do Faial**, village perché sur une crête allongée entre deux vallées. Autour des maisons aux toits de tuiles envahis par la vigne, les petits champs en terrasses de cultures maraîchères, les plantations d'osier, les vergers piquetés d'abris à toits de chaume *(palheiros)* composent un paysage pittoresque.

Prenez à droite en direction de Portela.

Du pont qui enjambe la ribeira de São Roque, on bénéficie d'une jolie vue sur la vallée de Faial et sur le village perché au sommet de sa falaise. Sur les pentes les mieux exposées, on cultive quelques bananiers, la canne à sucre et la vigne.

Suivez la direction Porto da Cruz.

Un belvédère offre une des plus jolies **vues★★** de l'île sur **Porto da Cruz** , petit port niché au pied d'une falaise abrupte, en bordure d'une plage de galets.

De Porto da Cruz, revenez en direction de Faial.

À 4 km de Faial, deux belvédères à droite de la route offrent une **vue★** d'ensemble sur Faial, la Penha da Águia, le village de São Roque, au confluent des vallées de Metade et de São Roque et, à l'horizon, la pointe de São Lourenço.

Santana★

Situé sur un plateau côtier à 436 m d'altitude, Santana est l'un des plus agréables villages de Madère. Les habitants vivaient traditionnellement dans de coquettes chaumières en bois, aux toits pointus, entourées de jardins fleuris clos de haies de buis. Quelques-unes subsistent (entre des constructions plus modernes), notamment à proximité des Queimadas.

À pied autour de Santana

Les environs de Santana se prêtent à d'innombrables balades.

Parque das Queimadas★ – *À partir de la route principale, prenez à gauche le caminho das Queimadas, en mauvais état, sur 3 km.*

Santana pratique

HÉBERGEMENT

🛏 **Residencial O Curtado –** ☎ 291 57 22 40 - 🅿 ⚄ - 16 ch. 25/50€ ☕. Difficile de manquer cet édifice rose posté sur la route entre Faial et Santana. En déboursant un peu plus, optez pour une chambre dans le bâtiment du haut : vous y découvrirez l'une des plus belles vues de Madère, unique intérêt de l'établissement.

🛏 **O Colmo –** ☎ 291 57 02 90 - 🅿 ⚄ - 43 ch. 45/60€ ☕. Le seul hôtel confortable de Santana présente un bon rapport qualité-prix. Les chambres spacieuses et d'une propreté irréprochable sont toutes dotées de terrasses et l'accueil déborde d'amabilité. Vous apprécierez les jacuzzi, sauna et piscine mis à la disposition des clients, surtout après une journée de randonnée. Restaurant très convenable.

On parvient à 883 m d'altitude, après un bois peuplé d'arbres magnifiques, à des chaumières, propriété du gouvernement. Là, au pied des pentes du pico Ruivo, dans un site enchanteur, les arbres de la forêt primitive de Madère, aux branches couvertes de lichens, se mirent dans les eaux d'un petit étang. Des sentiers assez difficiles, déconseillés après la pluie, mènent au pico Ruivo et au cratère de Caldeirão Verde *(1h30 de marche)*.

Pico das Pedras et Achada do Teixeira – *10 km. La route partant de Santana passe par le pico das Pedras (où se trouve une station expérimentale de botanique), et se poursuit jusqu'au parking du plateau (achada) do Teixeira.* Derrière le bâtiment situé près du parking se découvre un point de vue sur Faial et, au premier plan, sur une formation basaltique appelée **Homen em Pé** (l'homme debout).

Ascension du pico Ruivo★★★ par Achada do Teixeira – *Pour la description du pico Ruivo, voir p. 394. Comptez env. 2h30 AR. Du parking, un chemin mène au pico Ruivo. Cet accès est beaucoup plus facile et rapide que celui du pico do Arieiro.*

🚶 Comptez 1h jusqu'au refuge du pic Ruivo par un sentier pavé, qui offre très rapidement une belle **vue★★** sur le massif du pico Ruivo. De là, on peut accéder en 15mn au sommet du pic. Il faut le même temps pour effectuer le trajet du retour.

DE SANTANA À SANTA ③

70 km

En quittant Santana, on découvre un panorama splendide, à gauche, sur la chaîne de montagnes. La route, agréablement bordée d'hortensias, d'arums, de cannas, traverse des vallées côtières dont le versant ensoleillé porte des cultures variées.

São Jorge

À l'écart de la route principale, son **église** (17ᵉ s.) surprend par la richesse de son ornementation baroque dont la présence, insolite dans une paroisse rurale, évoque l'époque fastueuse du roi Jean V : azulejos, retable de bois doré, tableaux, torchères et, dans la sacristie, un élégant chapier et une jolie fontaine baroque.

Avant la descente sur **Arco de São Jorge**, un belvédère à droite de la route offre une **vue★** étendue sur la côte qui s'incurve dans la baie de São Vicente ; en contrebas, la petite vallée dans laquelle est bâti Arco de São Jorge est scandée de gradins d'érosion successifs. Les treilles se font nombreuses sur les pentes les plus abritées. Cette région, comme celle d'Estreito, produit du *sercial*.

Boa Ventura

Ce village se disperse au milieu des vignobles, dans un joli site, sur une colline séparant deux vallées *(lombos)*.

À 3 km de Boa Ventura, découvrez la jolie **perspective★** : à droite, sur la côte qui déroule ses indentations au-delà de la rivière dos Moinhos toute proche ; à gauche sur **Ponta Delgada** avec son église blanche et sa piscine d'eau de mer. Après Ponta Delgada, la côte prend un aspect encore plus austère. La route passe au pied d'une immense falaise verticale, sombre et humide. Les treilles sont maintenant protégées du vent par des clôtures de genêts qui donnent à la campagne l'aspect d'un damier.

São Vicente

Cette petite ville construite à l'embouchure de la ribeira Grande se protège au creux d'une falaise un peu à l'écart de la mer. Les maisons groupées autour de l'église ont fait l'objet d'une rénovation et il est agréable de s'y arrêter.

À l'endroit où la rivière se jette dans la mer, un rocher a été creusé pour abriter la chapelle São Vicente.

Grutas de São Vicente – *À 800 m au Sud-Est de la localité (suivez les pancartes). Visite guidée (30mn) 10h-18h30. Fermé 1ᵉʳ janv. et 25 déc. 4€.*

Les grottes de São Vicente offrent un voyage captivant au centre de la Terre, le long d'un parcours de 700 m dans les galeries de lave, de basalte et de fer, formées par l'explosion du volcan au Paúl da Serra il y a 400 000 ans.

La route de São Vicente à Porto Moniz★★

Construite en 1950, elle a été surnommée la « route de l'or » en raison de son coût. Taillée audacieusement en corniche au flanc d'une falaise qui plonge abruptement dans l'Océan, elle représente un véritable exploit dans le domaine des travaux publics. Étroite à certains endroits – des aires de dégagement y ont été prévues –, elle reste impressionnante, bien qu'elle ait été remplacée en partie par des tunnels. Quelques cascades s'y précipitent du haut du Paúl da Serra et, à certains endroits proches du niveau de la mer, les embruns des vagues l'arrosent. De rares vignes affrontent cependant cette côte inhospitalière.

3 km avant le village de Seixal, la route franchit un long tunnel au-dessus duquel tombe une cascade abondante. À la sortie, un belvédère offre un beau **point de vue★** sur le célèbre site.

Seixal – Ce village est établi dans un joli **site★** sur un promontoire prolongé d'écueils, parmi les vignobles.

J. Malburet/MICHELIN

La piscine naturelle de Porto Moniz.

À l'embouchure de la ribeira da Janela se dressent trois îlots. Le plus grand est percé d'une sorte de fenêtre *(janela)*, d'où le nom de la rivière et du village. En s'éloignant du pont, on distingue l'étrange configuration de ce rocher.

Porto Moniz*

C'est le seul port abrité de la côte Nord, bien protégé par une langue de terre aplatie, qui s'allonge en direction d'un îlot arrondi, l'ilhéu Mole, et sur laquelle sont bâties les maisons des pêcheurs. Jusqu'en 1980, la chasse à la baleine y était pratiquée. Les quelques hôtels et restaurants de Porto Moniz en font une ville d'étape.

Au Nord du village, la côte est semée d'**écueils*** pointus dans lesquels on a aménagé une superbe piscine d'eau de mer *(entrée : 1€)*. Avancez-vous sur les belvédères qui surplombent les gouffres et les arches naturelles creusées par la mer dans ces rochers de lave noire.

Après Porto Moniz, la route gravit en lacet la pente raide de la falaise qui domine le village. Deux belvédères offrent des **vues*** plongeantes sur Porto Moniz, dont le bourg se blottit à mi-pente autour de son église, parmi les damiers de ses champs enclos de genêts ; au-delà, la mer forme une frange d'écume sur les écueils.

Santa

Nom abrégé de Santa Maria Madalena. Remarquez l'église blanche flanquée d'un curieux clocher ressemblant à un minaret.

Après Santa, prenez à gauche la route 204 vers Paúl da Serra et Encumeada ou suivez l'itinéraire 6 *décrit au chapitre : la côte Sud-Ouest.*

DE SANTA À RIBEIRA BRAVA PAR PAÚL DA SERRA 4

55 km

La route 204 relie l'Ouest de l'île, près de Santa, au col d'Encumeada. Très agréable et beaucoup plus rapide que la route de la côte, elle permet de découvrir ce haut plateau, seule surface plane de l'île, où l'on peut voir paître des vaches et des moutons. En hiver, quand elle est noyée dans les nuages, il vaut mieux l'éviter.

Entre Santa et Rabaçal, la route suit la ligne de crête, offrant de beaux points de vue sur les deux versants de l'île, notamment sur la **ribeira da Janela**, la plus grande vallée de l'île, très encaissée et très verte (forêts de lauriers et de bruyères).

Rabaçal*

Aucun panneau indicateur en arrivant par l'Ouest. Fiez-vous plutôt au nombre de voitures garées sur le parking à gauche de la route. Une petite route sinueuse *(2 km)* s'enfonce sous les frondaisons et mène au refuge de Rabaçal *(casas de Rabaçal)*. Retiré et sauvage, c'est un des

LA LEVADA DO RISCO ET LA LEVADA DAS 25 FONTES

Un frais sentier le long de la levada do Risco mène à la magnifique cascade do Risco, qui tombe d'une centaine de mètres dans un bassin au fond de la vallée de Ribeira da Janela *(du refuge de Rabaçal, 50mn à pied AR)*. Sur le chemin du retour, avant d'atteindre le refuge de Rabaçal, un embranchement à droite permet de suivre une autre *levada* pour rejoindre le très beau site des 25 Fontes *(25 sources)*. Le sentier, très étroit et non doté de barrière par endroits, est fortement déconseillé aux personnes sujettes au vertige *(comptez au moins 2h à pied AR)*.

endroits préférés des Madériens, qui viennent y pique-niquer le dimanche. De là, vous pourrez marcher jusqu'à la **cascade do Risco★★** ou jusqu'au site des **25 Fontes★** *(voir encadré)*.

Paúl da Serra

Surprenant par son horizontalité et son aridité, cette vaste étendue qui se transforme en marais en hiver (le mot *paúl* signifie marais) est une lande à moutons. C'est aussi le carrefour de pistes, de routes et de chemins qui permettent de faire des excursions dans le centre de l'île.

La route entre Paúl da Serra et Encumeada domine en partie le versant Sud de l'île, offrant de très belles vues sur les sommets qui dominent la côte plantée de bananiers.

Boca da Encumeada★

À ce col, situé à 1 007 m d'altitude dans une dépression de chaîne montagneuse, un belvédère domine les deux versants de l'île, offrant une vue générale des deux vallées centrales de Madère, qui occupent une zone de fracture volcanique entre le plateau de Paúl da Serra et les massifs proches du Pico Ruivo.

La **levada do Norte** passe sous la route, descend à Serra de Água, puis irrigue la région comprise entre Ribeira Brava et Câmara de Lobos. Cette *levada* parcourt 60 km. Construite en 1952, c'est l'une des plus récentes de Madère *(voir encadré p. 390)*.

En passant au niveau de la pousada dos Vinháticos, située dans un paysage magnifique de pics dénudés et découpés, on aperçoit des fonds de vallées sculptés en terrasses.

Serra de Água

Ce village est bâti dans un joli **site★**, à mi-pente dans la vallée de Ribeira Brava, au milieu de riches cultures.

La rivière coule dans une vallée étroite, aux contours harmonieux. La végétation est abondante et variée : saules et peupliers d'Italie prédominent au bord de l'eau.

DE RIBEIRA BRAVA À FUNCHAL

35 km – voir itinéraire ⑤ décrit en sens inverse dans les alentours de Funchal.

la côte Sud-Ouest★

Itinéraires ⑤ et ⑥ de la carte p. 392. Circuit de 145 km – prévoir une journée.
La partie Sud-Ouest de l'île bénéficie d'un climat beaucoup plus ensoleillé que la côte Nord, et sur ses versants s'épanouissent les bananiers et toutes sortes de fleurs. C'est une région très peuplée et les villages sont reliés par une route extrêmement sinueuse suivant les courbes du relief. Entre Ribeira Brava et Calheta, une nouvelle route, jalonnée d'ouvrages d'art, a été construite au niveau de la mer pour rendre cette partie de la côte plus facile d'accès.

DE FUNCHAL À RIBEIRA BRAVA PAR LE CAP GIRÃO ⑤

Voir environs de Funchal.

DE RIBEIRA BRAVA À SANTA ⑥

70 km

Ribeira Brava

Cette petite ville, dont le nom signifie « rivière sauvage », est bâtie à l'embouchure de la rivière du même nom, entre deux montagnes couvertes de bananeraies et autres cultures. Une avenue ombragée et animée longe la plage, débouchant sur un petit quai. La tour, vestige d'un fortin du 17ᵉ s., témoigne d'une époque troublée par les assauts des pirates.

Au centre du bourg, sur une place pavée de galets formant mosaïque, se dresse une coquette petite **église** du 16ᵉ s. flanquée d'un clocher au toit décoré d'azulejos. Modifiée par la suite, elle a gardé de l'époque primitive une chaire et des fonts baptismaux manuélins intéressants.

Dans la localité, un ancien moulin à sucre abrite le **Musée ethnographique de Madère**, consacré aux activités traditionnelles (pêche, tissage), où l'on peut voir reconstitués des intérieurs de maisons. Une petite boutique y vend des objets artisanaux. *Tlj sf lun. 10h-12h30, 14h-18h. Fermé j. fériés. 2€.*

À Ribeira Brava, prenez la route qui longe la côte au niveau de la mer. Son tracé a nécessité la construction de nombreux tunnels.

Ponta do Sol

Au pied des versants couverts de bananeraies, l'**église** du 16ᵉ s., au clocher couvert d'azulejos, présente dans le chœur un plafond mauresque en bois de cèdre peint.

Madalena do Mar
Le village se regroupe entre deux rochers au bord d'une plage de galets noirs.

Calheta
Entourée de jacarandas, l'**église** (1639) se dresse sur la droite dans un virage. Elle est intéressante pour le plafond mauresque du chœur : des motifs semblables à ceux du plafond de la cathédrale de Funchal s'assemblent ici en carré.

Après Calheta, on rejoint la route ancienne extrêmement tortueuse qui parcourt l'Ouest de l'île.

La côte Ouest de l'île est la moins peuplée, la plus retirée. La route, bordée de massifs fleuris, traverse une campagne verdoyante où, parmi les bois de lauriers, de bruyères arborescentes, d'eucalyptus et de pins, sont disséminées quelques terrasses de cultures maraîchères.

La route passe à proximité de la **pointe do Pargo**, pointe occidentale de Madère, où, lors d'un voyage de reconnaissance, les marins du navire de Zarco pêchèrent un gigantesque pagre *(pargo)*, sorte de daurade. Son phare se dissimule derrière une colline.

De là, poursuivez sur la route de la côte Ouest jusqu'à la jonction avec la route 204. Revenez par Paúl da Serra (itinéraire ④ décrit au chapitre Tour de l'île).

île de **Porto Santo**★

Ilha de Porto Santo

Tout oppose Porto Santo et Madère, distantes l'une de l'autre d'une quarantaine de kilomètres seulement. Hormis l'hiver, où ses champs reverdissent sous l'effet de l'humidité, le sol calcaire de Porto Santo, dépourvu de végétation, lui donne la couleur ocre d'un désert. Mais l'attrait principal de l'île réside surtout dans sa longue plage de sable blond – réputé pour ses vertus thérapeutiques –, qui fait le délice des Madériens.

carnet pratique

TRANSPORTS
Avion – La TAP, ☎ 291 982 146, assure une dizaine de liaisons par jour entre Funchal et Porto Santo (env. 100€ AR). L'aéroport, ☎ 291 980 120, se trouve au Nord de Vila Baleira.

Bateau – **Porto Santo Line**, rua de Estevão Alencastre, ☎ 291 98 25 43, www.porto santoline.pt *(voir Funchal pratique)*. Des taxis ou une navette entre l'embarcadère et Vila Baleira ; au retour, navette 45mn avant le départ du ferry.

Location de voitures – Âgence de voyages **Dunas**, rua Dr. Nuno Silvestre Teixeira, 46, 9400 Porto Santo, ☎ 291 98 30 88/9, fax 291 98 30 91.

Location de deux-roues – En face de la station-service de Vila Baleira, à la descente de la navette, boutique de location de vélos (2€/h ou 10€/j) et de scooters (7,50€/h ou 25€/j).

VISITER
Tour de l'île en bus – Départ quotidien à 14h, retour à 16h au centre de Vila Baleira, près de la station-service. 7€.
Renseignements, ☎ 291 98 27 80/ 24 03.

RESTAURATION
Bon à savoir – Dans le centre de Vila Baleira, à proximité de la station-service, on peut prendre une glace ou un en-cas à l'une des terrasses de cafétérias tout en surveillant le départ de la navette pour l'embarcadère.

☞ **O Calhetas** – *Calheta - 6 km SO de Vila Baleira (navette gratuite à disposition des clients) -* ☎ 291 98 43 80 *- 10h-23h - 10/20€.* Isolé au bout de la plage de Porto Santo, face à l'îlot de Baixo, ce restaurant exhale un vrai parfum de vacances. Sa terrasse est l'endroit idéal pour déguster un bon plat de viande ou de poisson, un riz aux fruits de mer ou tout simplement pour prendre un verre.

☞ **Pé na Água** – *Sítio das Pedras Pretas - 1 km O du centre de Vila Baleira sur la plage -* ☎ 291 98 31 14 *- pe-na-agua@mail.pt - 10h-2h - 10/20€.* Dans cette maisonnette en bois, l'accent est mis sur la décoration. Vous savourerez des plats de viande ou de poisson joliment présentés dans une salle aux tons gris, bleus et vert pâle, où se marient agréablement le rotin et l'acier brossé. De larges baies vitrées s'ouvrent sur une terrasse face à l'Océan, un enchantement à toute heure du jour et de la nuit.

J. Santos Ramirez/MICHELIN

La plage de Porto Santo déroule ses 8 km de sable blond.

La situation

4 441 habitants. 42 km – Carte Michelin n° 733. District de Funchal. Située à 40 km au Nord-Est de Madère, Porto Santo est constituée d'une grande plaine où se dressent, au Nord-Est et au Sud-Est, quelques « pics » dont le plus élevé, le pico do Facho, n'a que 517 m d'altitude. Le climat doux (température annuelle moyenne : 19 °C) est plus sec qu'à Madère. 🚹 *Av. Henrique Vieira e Castro, 9400-165 Porto Santo,* ☎ *291 96 14 07.*

comprendre

Un an après la découverte de l'île en 1419, le premier capitaine, **Bartolomeu Perestrelo**, arrive à Porto Santo. Ayant eu la fâcheuse idée de peupler l'île de lapins, il se voit incapable d'éviter les méfaits de la prolifération des rongeurs. Il réussit cependant à donner à ce territoire dévasté une certaine prospérité. Mais l'île est longtemps abandonnée par les autorités de la métropole, et ses habitants doivent lutter contre les pirates algériens et français qui, jusqu'au 18ᵉ s., ne leur épargnent ni les pillages ni les massacres. Plusieurs périodes de sécheresse provoquent, en outre, la famine.

Les habitants de Porto Santo vivent de la pêche et de quelques cultures (céréales, tomates, melons, pastèques, figues) ; la vigne produit un excellent vin blanc très sucré, moins célèbre cependant que les eaux minérales bicarbonatées, appréciées pour leur valeur thérapeutique, exportées à Madère et dans la métropole.

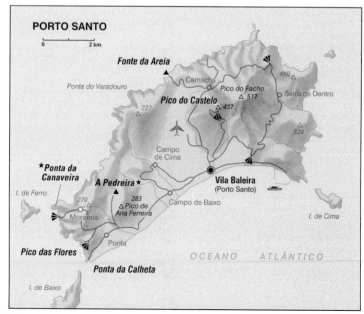

se promener

Plage★

Le principal intérêt de Porto Santo reste sa très belle plage, qui attire les touristes et les Madériens. Ses 8 km de sable doré, qui bordent la côte Sud de l'île, sont une invitation au farniente ou à la pratique de nombreuses activités nautiques (voile, planche à voile, ski nautique, pêche, etc.)

Vila Baleira

La capitale de l'île est à son échelle, vous en ferez donc vite le tour. Le centre est le **largo do Pelourinho★**, jolie place plantée de palmiers, autour duquel se dressent de beaux bâtiments blancs dont l'église et un édifice armorié abritant la mairie.

Une ruelle à droite de l'église mène à la **maison de Christophe Colomb** (Casa-Museu Cristóvão Colombo). On peut y voir les deux pièces où il vécut avec sa femme et, dans un bâtiment annexe, des gravures et des cartes évoquant sa vie et ses différents périples. *9h30-17h30, w.-end et durant les festivals 10h-13h. Fermé dim. en hiver. et j. fériés. Gratuit.*

Du largo do Pelourinho, la large rua Infante D. Henrique, bordée de palmiers,

> **CHRISTOPHE COLOMB À PORTO SANTO**
> Chargé par un Portugais de négocier l'achat d'une cargaison de sucre à Madère, Christophe Colomb vient séjourner à Porto Santo, où il épouse Isabel Moniz, fille du capitaine-donataire Bartolomeu Perestrelo. Il demeure ensuite quelque temps chez son ami João Esmeraldo à Funchal, où il est mis au courant de divers problèmes de navigation qui l'inciteront plus tard à partir à la découverte du monde.

mène à un jardin où se dresse la statue de Christophe Colomb. De là, on peut également accéder à la jetée, d'où l'on découvre une vue d'ensemble sur la ville.

circuits

Si vous êtes motorisé, comptez 3 ou 4h pour faire le tour complet de l'île. Vous pouvez donc prévoir de faire l'aller-retour dans la journée depuis l'île de Madère. Il est également possible de s'entendre avec un chauffeur de taxi, de louer une voiture ou, pour les plus sportifs, une bicyclette *(voir carnet pratique)*. Et pour ceux qui passent plusieurs jours sur Porto Santo, pourquoi ne pas visiter l'île à pied ?

Tour du pico do Facho

30mn. En partant de Vila Baleira, une route contourne le pico do Facho en offrant de beaux points de vue sur les différentes parties de l'île : Vila Baleira, le port, le pico de Ana Ferreira à l'Ouest et la plage. Cette route traverse des paysages vallonnés et déserts avec, pour seuls habitants, des vaches, des moutons et quelques bergers dont on aperçoit les cabanes aux toits de chaume.

Pico do Castelo

En empruntant la route qui gravit les flancs du pic reboisé, vous accédez à un belvédère révélant un panorama de l'île, quadrillée de cultures en damier.

Fonte da Areia

Cette « fontaine du sable » est située auprès de curieuses falaises sculptées par l'érosion, qui dominent une côte rocheuse et sauvage.

A Pedreira★

De la route qui, parallèle à la plage, mène à la pointe de Calheta, prenez après l'hôtel Porto Santo une piste à droite. Après 2 km environ, on accède à la carrière.

Sur le flanc du pico de Ana Ferreira, vous découvrirez une surprenante formation d'orgues basaltiques s'élançant vers le ciel.

Pico das Flores et ponta da Canaveira★

Sur la route de la pointe de Calheta, suivez la route qui longe le centre hippique jusqu'à un embranchement.

La piste de gauche mène au pico das Flores, qui offre une belle **vue** sur les falaises et l'îlot de Baixo. De retour à l'embranchement, empruntez l'autre piste, qui se poursuit jusqu'au Morenos, une jolie aire de pique-nique, puis jusqu'à la pointe de Canaveira. De là, vous découvrirez une **vue★** assez spectaculaire sur l'îlot de Ferro (de fer) aux belles teintes rouges et son phare, ainsi que sur les criques alentour, sauvages et austères.

Ponta da Calheta

Séparée de l'îlot de Baixo par une passe dangereuse jonchée d'écueils où la mer écume, cette pointe forme un site agréable avec sa plage hérissée de rochers de basalte noir.

Archipel de Madère

ARCHIPEL DES AÇORES

Les Açores demeurent pour beaucoup « terra incognita ». Certains les situent vaguement dans l'Atlantique mais les confondent avec les Canaries ou Madère, d'autres les imaginent sauvages, couvertes d'une dense végétation tropicale, avec des plages de cocotiers... sous un éternel ciel bleu, symbole de l'anticyclone qui a rendu leur nom célèbre. Or, ces neuf îles, qui s'égrènent sur 600 km, à la latitude de Lisbonne et à 2h d'avion du continent, évoquent plutôt l'Irlande, une Irlande volcanique ; quant aux plages, elles sont rares et de sable noir. Les Açores frappent par la luminosité et la pureté de l'air qui avivent les couleurs où triomphent le vert, le bleu des hortensias l'été et les tons sombres violacés de la roche. Malgré leur éloignement géographique, ces îles font partie du continent européen et, comme entités portugaises, sont membres de l'Union européenne.

La situation

241 763 habitants. 2 335 km – Région autonome des Açores. Entre les latitudes 36° 55 N et 39° 43 N, les neuf îles de l'archipel se divisent nettement en trois groupes. L'ensemble oriental comprend São Miguel et Santa Maria ; le groupe central, Terceira, Graciosa, São Jorge, Faial et Pico ; et le groupe occidental, Flores et Corvo. Leur superficie totale est de 2 335 km², soit moins d'un tiers de la Corse. Santa Maria, la plus orientale, se trouve à 1 300 km du Portugal et Flores, la plus occidentale, à 3 750 km de l'Amérique du Nord.

comprendre

LA PHYSIONOMIE DE L'ÎLE

Formation – Les origines géologiques des Açores sont mystérieuses et difficiles à dater. Comme les autres îles appartenant aux archipels atlantiques, elles sont de formation volcanique. On les date de l'ère quaternaire, à l'exception de Santa Maria où l'on a retrouvé des sols tertiaires du miocène. Ces îles, émergeant de fosses marines de plus de 6 000 m de profondeur, sont parmi les plus jeunes du monde. L'archipel a pris naissance dans une zone fragile au contact du rift de l'Atlantique, sur la ligne de fracture qui sépare les blocs de l'Afrique et de l'Eurasie. À part Corvo et Flores, qui appartiennent à la plaque américaine et qui montrent des reliefs Nord-Sud, les îles des Açores font partie de la plaque Eurasie et suivent une orientation Est-Ouest. Depuis leur peuplement au 15ᵉ s., elles furent l'objet d'une intense activité sismique et volcanique : bouleversement de la caldeira de Sete

> **SITES À VOIR ABSOLUMENT AU COURS D'UNE ESCALE**
> **São Miguel** : Sete Cidades★★★, Furnas★★ et lagoa do Fogo★★
> **Santa Maria** : baie de São Lourenço★★
> **Terceira** : Angra do Heroísmo★ et Algar do Carvão★★
> **Graciosa** : Santa Cruz★ et Furna do Enxofre★★
> **São Jorge** : petit tour de l'île★★ *(comptez 4h)*
> **Faial** : Horta★, Caldeira★★, Capelinhos★★★
> **Pico** : ascension du Pico★★★
> **Flores** : tour de l'île★★ *(comptez 4h)*
> **Corvo** : Caldeirão★

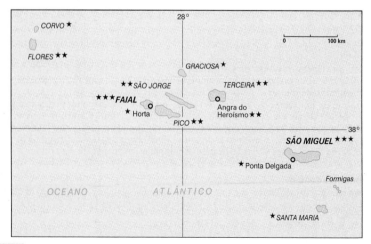

Cidades en 1440, éruptions dans le cratère où se trouve le lagoa do Fogo en 1563, coulées de lave appelées **mistérios** à Pico (en 1562, 1718 et 1720) et à Faial (en 1672), éruptions de São Jorge (1808), etc. Aujourd'hui, le volcanisme, encore actif, se manifeste par la présence de fumerolles, de geysers, de sources thermales, et de temps à autre par l'éruption d'un nouveau volcan (le Capelinhos à Faial en 1957), ou par un tremblement de terre (1980 à Terceira). De nombreuses éruptions sous-marines ont aussi été signalées, repérables à des bouillonnements, à des émissions de gaz et des nuages de vapeur. La plus spectaculaire fut celle de 1811, qui donna naissance à un îlot de 90 m de haut et 2 000 m de périmètre au large de São Miguel. Le commandant d'une frégate anglaise, qui avait assisté à cette éruption, y planta le drapeau du Royaume-Uni et le baptisa du nom de son bâtiment, la *Sabrina*. Mais l'îlot

Le volcan de Pico.

B. Brillon/MICHELIN

disparut peu de temps après, emportant avec lui drapeau et rêve de colonisation !

Aspect physique – L'activité volcanique de type vulcanien, c'est-à-dire explosif, a donné quantité de cendres et formé des **caldeiras**, vastes cratères dus à une explosion ou, pour les plus importants, à un effondrement. Dans ces *caldeiras* et aux alentours, de nouvelles explosions ont créé des petits cônes. Les éruptions de caractère effusif, qui se manifestent par des coulées de lave, ont produit les curieux **mistérios** que l'on trouve dans les îles de Pico et Faial. La plupart des côtes se présentent sous la forme de falaises noires tombant plus ou moins à pic. L'érosion marine a été très intense, et l'une des formes du relief les plus caractéristiques est la **fajã** (les plus spectaculaires se trouvent à São Jorge), sorte de plate-forme due à l'effondrement des falaises. On notera aussi la présence d'orgues de basalte provenant de la cristallisation des roches volcaniques.

UN MONDE À PART

Depuis le 14e s., ces îles étaient mentionnées dans quelques récits et apparaissaient sur des portulans (dont l'*Atlas catalan* de 1375) avec des contours fantaisistes. Très tôt, certains voulurent les identifier à l'Atlantide qui, d'après Platon, se situait au-delà des colonnes d'Hercule.

Expéditions et colonisation – Quand Henri le Navigateur créa l'école de Sagres, il eut connaissance de certaines anecdotes à propos des « îles de la mer » et décida d'envoyer une expédition pour les démythifier. Vers 1427, Santa Maria fut découverte par le navigateur Diogo de Silves. L'infant Henri chargea alors le frère Gonçalo Velho Cabral, maître de l'ordre du Christ, d'aller en prendre possession. Celui-ci devint capitaine-donataire de Santa Maria et de São Miguel (1444). En effet, comme à Madère, chaque île des Açores fut mise sous la responsabilité d'un **capitaine-donataire** chargé de leur peuplement et de leur mise en valeur ; il y investissait souvent sa fortune. En 1494, Manuel Ier supprima ces charges héréditaires qui amenaient à des abus de pouvoir. Dans les îles centrales, plusieurs capitaines-donataires d'origine flamande, Jacques de Bruges à Terceira, Wilhem Van der Haegen à São Jorge, Josse Van Huerter à Faial, firent venir des compatriotes, *« os flamengos »* comme on les appelait ici.

En 1452, toutes les îles avaient été découvertes, mais elles furent peuplées plus ou moins rapidement : Terceira en 1450, Pico et Faial en 1466, Graciosa et São Jorge en 1480, Flores et Corvo seulement au siècle suivant.

Querelles de succession – Au 16e s., les Açores furent impliquées dans la succession au trône du roi Sébastien. L'un des prétendants à la couronne, **Antoine de Portugal, prieur de Crato**, était venu se réfugier à Terceira et y avait trouvé un tel soutien qu'en 1582 il fut élu roi du Portugal par les Açoriens, alors que Philippe II d'Espagne régnait déjà sur le Portugal depuis deux ans. En 1583, les troupes espagnoles reprirent le dessus et le prieur de Crato se réfugia en France. Au 19e s., elles furent le théâtre des luttes politiques entre les partisans du régime constitutionnel (Pierre IV) et ceux du régime absolu (Dom Miguel). À la mort de Jean VI en 1826, son fils Pierre IV, qui régnait sur le Brésil sous le nom de Pierre Ier, avait laissé le trône du Portugal à sa fille Marie II sous la régence de son frère Miguel, mais ce dernier s'était approprié la couronne, aidé par les absolutistes. Les partisans de Pierre IV et de sa fille, ayant quitté São Miguel en 1831 avec quelques milliers de soldats, débarquèrent à Mindelo, près de Porto, l'année suivante, ce qui permit à Pierre IV d'instaurer un régime constitutionnel en 1834.

D'un point de vue économique, certaines îles connurent rapidement la prospérité grâce aux plantes tinctoriales, le pastel et l'orseille, mais la grande richesse des Açores vint de son rôle d'escale entre les colonies d'Amérique et le continent européen. À la fin du 19e s., Faial devint célèbre comme relais pour les câbles intercontinentaux.

LES AÇORES AUJOURD'HUI

Population – Elle est assez hétérogène ; les premiers habitants étaient des Portugais sans terre, des captifs maures ou des Flamands envoyés par la duchesse de Bourgogne, fille du roi Jean Ier. Au 19e s., des familles américaines vinrent s'installer à Faial et à São Miguel et y laissèrent quelques descendants.

Aujourd'hui, le nombre d'habitants est estimé à 241 763 ; en 1960, il était de 327 000. Cette population est caractérisée par une forte émigration se renouvelant à chaque génération. Au 17e s., cette émigration était surtout tournée vers le Brésil, avant de s'orienter, plus tard, vers les États-Unis (Massachussets et Californie). Entre 1955 et 1974, plus de 130 000 Açoriens émigrèrent en Amérique du Nord. Les Açoriens émigrés sont fidèles à leurs origines et reviennent régulièrement dans leurs îles. En été, les « Luso-Americanos », surnom donné à ceux qui se sont installés aux États-Unis et au Canada, forment la majeure partie des touristes. Actuellement, l'émigration se stabilise.

Économie – Les Açores vivent essentiellement de l'**agriculture**, et plus particulièrement de l'élevage laitier qui représente 1/4 de la production totale du Portugal. Les vaches hollandaises sont une composante du paysage açorien. São Miguel s'est aussi spécialisé dans des cultures industrielles : thé, tabac, betterave et, surtout, ananas sous serre. Les cultures se répartissent en fonction du relief : jusqu'à 150 m, pommes de terre, bananiers, vignes ; de 150 à 400 m, maïs et fourrage ; et au-dessus de 400 m, pâturages.

Les Açores exportent les denrées alimentaires vers les colonies d'émigration açoriennes en Amérique du Nord et vers la métropole.

La **pêche**, bien qu'ayant beaucoup diminué depuis la disparition de la chasse au cachalot, représente toujours une activité importante. Près de 90 % du thon portugais est pêché ici.

São Miguel et Terceira, les deux îles les plus peuplées de l'archipel (3/4 de la population à elles deux), regroupent une grande partie de l'administration et de l'économie. Pour permettre un développement plus égal entre les îles, chacune a été équipée d'un aéroport, et une compagnie aérienne régionale, la SATA, a été créée pour les desservir toutes.

Le système administratif – Depuis 1976, l'archipel des Açores est une région autonome dotée d'une assemblée et d'un gouvernement régional. Le parlement de la région, qui comprend 50 membres, siège dans l'île de Faial, à Horta. Chaque île est représentée par deux députés plus un certain nombre proportionnel à la population de l'île. Le président de la région autonome a ses bureaux à São Miguel et les ministères sont répartis entre Faial, São Miguel et Terceira. À Angra do Heroísmo se trouve la résidence du ministre de la

UN NOM D'OISEAU

Les premiers Portugais qui découvrirent ces îles furent impressionnés par la présence d'oiseaux qu'ils prirent pour une sorte d'épervier que l'on appelle autour (açor en portugais). Il s'agissait en fait de buses, mais le nom resta. Sur le **drapeau** de l'archipel apparaissent neuf étoiles, représentant les neuf îles, et, au centre de l'écusson, un açor : l'oiseau, replié sur lui-même et protégé par une de ses ailes jusqu'en 1976 (date de l'autonomie de l'archipel), vole maintenant de ses deux ailes déployées.

République. L'université se trouve à Ponta Delgada et possède une antenne à Angra do Heroísmo.

ANTICYCLONE, CLIMAT ET VÉGÉTATION

Au milieu du 19e s., Élisée Reclus notait : « Les courants aériens qui se portent vers les côtes de l'Ibérie, de la France, des îles Britanniques commencent dans cette partie centrale du bassin maritime. On comprend quelle sera, pour les météorologues, l'importance du câble qui reliera les Açores à tout le réseau des observatoires européens : c'est au point même de croisement des grands courants aériens que sera placée la station maîtresse d'où seront télégraphiées, quelques jours à l'avance, les probabilités du temps à l'Europe occidentale ». À partir de 1893, la prédiction d'Élisée Reclus se réalisa : un câble sous-marin entre Faial et le continent permit de transmettre les informations recueillies par les observateurs de Faial, Flores, São Miguel, Terceira et Santa Maria à l'Observatoire de Paris.

L'anticyclone des Açores doit son origine à la position de l'archipel dans une zone de contact entre les courants marins froids, venus de l'Atlantique Nord, et les courants chauds de la région tropicale de l'Océan. Ici se réunissent les hautes pressions chaudes subtropicales et les hautes pressions de renforcement polaire.

B. Morandi/MICHELIN

L'île de Terceira, un paysage aux couleurs irlandaises.

Climat – On a coutume de dire qu'aux Açores on peut avoir les quatre saisons dans la même journée ; le temps change en effet extrêmement rapidement. Les nuages ont tendance à s'installer au-dessus des îles et à noyer les hauteurs, abandonnant les côtes au soleil.

Le climat se caractérise par une humidité importante – le taux d'hygrométrie peut atteindre 80 % – et des températures douces toute l'année. La moyenne est de 14 °C en hiver et de 23 °C en été.

Végétation – Du fait de l'humidité, de la latitude et des sols volcaniques, la végétation des Açores est dense et très variée. Les espèces tropicales se marient sans problème aux plantes européennes, et l'on y voit les plus étonnants voisinages : séquoias et dragonniers, tulipiers, jacarandas, pins, hêtres, araucarias, palmiers, cèdres. L'arbre le mieux représenté est le cryptomeria du Japon.

C'est dans le domaine des fleurs que cette variété surprend le plus. La fleur symbole des Açores est l'**hortensia**, bleu ou blanc, qui apparaît l'été ; cette plante pousse ici de façon sauvage et cohabite avec des fleurs tropicales comme les cannas.

LA CHASSE À LA BALEINE

Depuis le 17e s., la chasse à la baleine se pratiquait autour des Açores, organisée par les Anglais, puis par les Américains. Ceux-ci armaient de grands voiliers et partaient en mer parfois pour des années. Les Açoriens s'embarquaient nombreux et, par ce biais, pouvaient émigrer aux États-Unis.

« **Baleine en vue !** » – Après 1870, à la suite de la découverte du pétrole qui remplaçait l'huile de baleine comme combustible, les baleiniers américains devinrent rarissimes et les Açoriens décidèrent alors de chasser depuis leurs côtes. Ils fabriquèrent des embarcations effilées et rapides, les *baleeiras*, qui leur permettaient de rattraper les cachalots *(baleias)*, type de cétacé le plus répandu dans ces eaux. Des guetteurs, basés principalement dans les îles de Flores, Faial et Pico, scrutaient en permanence l'horizon à la recherche d'un troupeau, et, dès qu'ils apercevaient le fameux souffle – jet d'eau que rejette la baleine en remontant des profondeurs –, ils donnaient l'alerte en criant « *baleia à vista* », « baleine en vue ». Aussitôt, c'était le branle-bas de combat. Les hommes se précipitaient au port et mettaient à l'eau les baleinières. La poursuite commençait. Dès qu'ils approchaient du monstre marin, le harponneur visait à l'arrière de l'œil. L'animal touché s'enfonçait dans l'eau entraînant avec lui la corde du harpon. Celle-ci défilait si vite qu'il fallait l'arroser pour qu'elle ne prenne pas feu. Vingt minutes après, l'animal émergeait de nouveau pour reprendre son souffle. Il recevait alors un second harpon, et la lutte pouvait continuer ainsi pendant des heures, véritable corrida de la mer.

Une fois mort, le cachalot était remorqué jusqu'aux usines baleinières comme celle de Cais do Pico *(voir p. 418)*, où il était dépecé et débité pour récupérer tous les ingrédients : graisse, os, foie, et le précieux spermaceti utilisé pour les cosmétiques. Cette activité ne cessa qu'en 1981 et de nombreux Açoriens sont encore nostalgiques à l'évocation de cette grande aventure périlleuse. C'était une source de revenus importante, et sa disparition, bien qu'en partie remplacée par la pêche au thon, a contribué à l'émigration des jeunes générations. Aujourd'hui, certains pêcheurs se sont reconvertis et emmènent les touristes au large pour observer de près les cétacés et les dauphins.

L'ARCHITECTURE

Quelques monuments gothiques ou manuélins ont survécu aux séismes ou aux éruptions volcaniques, mais la plupart des églises, des couvents et des palais sont de style baroque. Ce style s'est développé au 18ᵉ s., période de grande richesse grâce à l'or du Brésil qui transitait par les Açores, plus particulièrement par Ponta Delgada et Angra do Heroísmo. À l'intérieur des églises, aux monumentales façades austères avec leurs encadrements de pierre volcanique, la décoration révèle un autre faste : retables dorés, azulejos, lutrins en bois de jacaranda ornés d'ivoire, plafonds en cèdre sculptés ou peints en trompe-l'œil, autels en argent. Quelques bâtiments publics (hôtel de ville de Ponta Delgada à São Miguel, de Velas à São Jorge), quelques palais, comme celui des Bettencourt à Angra do Heroísmo et d'autres à Ponta Delgada ou Ribeira Grande, datent aussi de cette époque.

Au 19ᵉ s., à Ponta Delgada, à Furnas et à Horta, quelques grandes familles américaines, enrichies dans la production des oranges ou dans le commerce, se firent construire des demeures somptueuses dans un style anglo-saxon, comme la demeure de Thomas Hickling à Ponta Delgada, devenue l'hôtel São Pedro. Certains, par dérision, appelaient cette architecture « *orange architecture* », évoquant ainsi l'origine de la fortune qui permettait un tel luxe.

L'**architecture rurale** a été bien préservée dans la plupart des îles, surtout à Santa Maria et à Terceira, où l'on retrouve l'influence de l'Alentejo et de l'Algarve avec des maisons blanchies à la chaux, d'immenses cheminées et quelques traits de couleurs vives pour souligner leurs silhouettes.

Scrimshaws.

LES TRADITIONS

Comme souvent dans les îles isolées, les Açores ont conservé des traditions vivaces, qui ont cependant tendance à disparaître. On ne revêt plus qu'exceptionnellement, lors des fêtes, le costume traditionnel, en particulier la *capote*, cette surprenante cape dans laquelle les femmes s'enveloppaient, un énorme capuchon soutenu par un fanon de baleine leur cachant complètement le visage.

Les fêtes gardent cependant toute leur importance. À Ponta Delgada, de véritables foules viennent de tous les coins des Açores et des colonies d'émigration outre-Atlantique pour célébrer le « Cristo dos Milagres », le 5ᵉ dimanche après Pâques. Dans toutes les îles se pratique le **culte du Saint-Esprit**, avec l'élection de l'empereur, mais c'est à Terceira qu'il est resté le plus présent *(voir introduction à l'île de Terceira)*.

Dans l'île de São Miguel, à Ribeira Grande, a lieu le 29 juin la cavalcade de saint Pierre et, en août, Faial, à l'occasion de Nossa Senhora da Guia, organise une grande fête de la mer qui attire des bateaux de toutes provenances.

chipel des Açores pratique

out ce qui est commun avec le reste du Portugal (formalités, type d'hébergement, bureaux de poste, change, etc.) est décrit dans le chapitre des Informations pratiques en début de volume.

HEURE LÉGALE

Il y a 2h de décalage avec la France (et donc 1h par rapport au reste du Portugal). Quand il est 8h en France, il est 6h aux Açores.

TÉLÉPHONE

Pour téléphoner de France, il faut composer le 00 + 351 + le numéro de votre correspondant. Les indicatifs d'île n'existent plus. Pour appeler l'étranger depuis les Açores, composer le 00 puis l'indicatif du pays (33 pour la France).

OÙ S'ADRESSER ?

Direction régionale du tourisme – *R. Ernesto Rebelo, 14 - 9900-112 Horta-Faial - ☎ 292 20 05 00.* Leur site www.drtacores.pt (en français) est très complet.

À QUELLE SAISON Y ALLER ?

La saison la plus agréable est de mai à septembre. C'est la période où il pleut le moins. Il fait très doux et les hortensias, véritables joyaux des îles, sont en fleur. En octobre, les brouillards sont épais, et, le reste de l'année, le temps est souvent gris, bien qu'il puisse faire très beau certains hivers. Quelle que soit la saison, prévoyez des vêtements pour la pluie, de bonnes chaussures de marche, et au moins un pull. En hiver, prenez des vêtements chauds. En été, il ne fait jamais froid : des vêtements légers suffisent, sauf en altitude.

COMMENT S'Y RENDRE ?

Depuis l'Europe, le seul moyen de s'y rendre est l'avion. Tous les vols font escale à Lisbonne, car seule la TAP assure les vols entre Lisbonne et Ponta Delgada (São Miguel), Lajes (Terceira) ou Horta (Faial).
Des liaisons régulières sont aussi assurées avec Madère (renseignez-vous auprès de la TAP) et avec l'Amérique du Nord.

Dans une fromagerie de São João, île de Pico.

B. Morandi/MICHELIN

LANGUE

Le portugais des Açores est un peu différent de celui du continent du fait de certains archaïsmes, mais vous pourrez vous aider du lexique en fin de volume placé à l'intérieur de la couverture. Dans tous les offices de tourisme, hôtels, restaurants, agences de location de voitures, vous trouverez du personnel parlant anglais, français et allemand.

BANQUES

Dans toutes les îles, sauf Corvo.

SE DÉPLACER D'ÎLE EN ÎLE

La compagnie aérienne des Açores, la **SATA** *(av. Infante D. Henrique, 55 - Ponta Delgada - ☎ 296 20 97 20)* assure des liaisons entre toutes les îles. Certaines de ces liaisons n'ont lieu qu'une ou deux fois par semaine ; donc, attention : pour organiser votre périple d'île en île, il faut tenir compte des vols existants.
À Paris, on peut se renseigner sur les horaires de la SATA auprès de la TAP Air Portugal, 11 bis/13 boulevard Haussmann, 75009 Paris, ☎ 01 44 86 89 89, www.tap.pt
En été, un bateau assure des liaisons plusieurs fois par semaine entre les îles du groupe central. Ces trajets peuvent être assez longs : 4h entre Terceira et Graciosa, 3h30 entre Terceira et São Jorge, 1h15 entre São Jorge et Pico.
Enfin, Faial et Pico sont reliées plusieurs fois par jour *(1/2h de trajet)* et Flores et Corvo quotidiennement pendant l'été *(2h dans chaque sens)*.
On peut se procurer les horaires des bateaux auprès de l'office du tourisme du Portugal.

SE DÉPLACER À L'INTÉRIEUR DES ÎLES

Taxis – Dans toutes les îles, de nombreux taxis, reconnaissables à leur couleur beige, proposent des excursions, en général à un prix forfaitaire.
Location de voitures – Des compagnies de location proposent des voitures à louer dans toutes les îles. Dans les plus petites comme Graciosa ou Flores, l'état des voitures laisse parfois à désirer et il vaut mieux vérifier l'état des freins.
Autobus locaux – Il y a des bus réguliers dans les principales îles.

CONDUIRE AUX AÇORES

Dans l'ensemble, les routes ont été refaites et sont en assez bon état, mais il y a peu de signalisation. Soyez plus que prudents au volant, la conduite des Portugais étant particulièrement « sportive » aux Açores.

HÉBERGEMENT

L'équipement touristique varie beaucoup d'une île à l'autre. São Miguel (Ponta Delgada et Furnas), Terceira (Angra do Heroísmo et Praia da Vitoria) et Faial (Horta) sont bien équipées ; en revanche, les petites îles ne comptent souvent que deux ou trois hôtels. Pendant la période touristique, il vaut mieux réserver.

Les prix sont à peu près équivalents à ceux pratiqués sur le continent. Il faut compter de 50 à 100€ pour les hôtels de luxe et de 25 à 50€ pour les pensions et les *residenciais*. Le logement chez l'habitant est le mode le plus économique ; se renseigner auprès des offices de tourisme.

Dans certaines îles, le camping commence à se développer.

RESTAURATION

Il y a de nombreux restaurants à des prix tout à fait raisonnables. On se régalera de poisson grillé accompagné d'un frais *vinho verde* ou, dans certains endroits comme Furnas, de la spécialité locale : le *cozido das Furnas*, sorte de pot-au-feu enfoui dans la terre volcanique pour la cuisson.

SPORTS & LOISIRS

Randonnée – C'est l'un des sports les plus pratiqués aux Açores. Les îles les plus agréables pour se promener sont Pico (ascension du volcan), São Jorge (magnifiques promenades le long des côtes), Flores, Corvo (la *caldeira*) et São Miguel, où s'offrent une multitude de possibilités. *Pour les amateurs de randonnée, voir plus loin la bibliographie.*

Plages – Elles sont assez rares, sauf dans l'île de São Miguel (longues plages sur la côte Sud) ; signalons celles de Santa Maria (baie de São Lourenço et praia Formosa), de Faial (Porto Pim, praia do Almoxarife, praia do Norte) et de Terceira (praia da Vitoria). Dans les autres îles, on peut se baigner dans des piscines naturelles creusées dans la lave. Les enfants du pays n'hésitent pas à se baigner dans les ports.

Sur les routes de l'île de São Miguel.

B. Morandi/MICHELIN

Plongée sous-marine – Les fonds sous-marins sont très beaux et des clubs de plongée se sont créés à São Miguel, à Terceira et à Faial.

Ports de plaisance – Les principaux havres pour les plaisanciers sont Horta, Angra do Heroísmo et Ponta Delgada.

Golf – Terceira possède un terrain de golf non loin de Lajes et São Miguel deux : l'un à Furnas et l'autre près de Ribeira Grande.

Thermalisme – Quelques établissements thermaux ont été aménagés pour profiter des bienfaits des eaux chaudes provenant de la terre : à Furnas (São Miguel), Veradouro (Faial) et Carapacho (Graciosa).

Parc aquatique – Sur l'île de São Miguel, à Vila Franco do Campo (Marina da Vila), Atlântico Splash est un parc d'activités aquatiques qui réjouira les enfants.

CALENDRIER FESTIF

Toute l'année ont lieu les fêtes des saints patrons des différents villages, ainsi que les fameuses fêtes du Saint-Esprit qui se déroulent dans toutes les îles.

Parmi les fêtes les plus importantes des Açores, citons :

5e dimanche après Pâques (São Miguel)
Fête do Santo Cristo à Ponta Delgada.

29 juin (São Miguel)
Cavalcades de São Pedro à Ribeira Grande.

Dernière semaine de juin (Terceira)
Fête de la Saint-Jean (processions, *touradas*).

22 juillet (Pico)
Fête de Madalena.

1er au 2e dimanche d'août (Faial)
Semaine de la mer dans le port d'Horta (rassemblement de bateaux).

15 août (Santa Maria)
Fête de l'île. Élection de l'empereur du Saint-Esprit.

BIBLIOGRAPHIE

Romans – *Gros temps sur l'archipel* de Vitorino Nemésio *(éd. La Différence)* : un très beau roman se passant à Faial et dans les autres îles au début du 20e s.

Femme de Porto Pim et autres histoires d'Antonio Tabucchi *(Havas Poche, coll. 10/18)* : nouvelles ayant pour cadre différentes îles des Açores.

Guides de randonnée – Ils n'existent qu'en anglais.

Landscapes of the Azores d'Andreas Stieglitz *(Sunflower).*

The Azores Garden Islands of the Atlantic de David Sayers et Albano Cymbron.

île de **Corvo**★

À 15 milles marins au Nord-Est de Flores, surgit de l'eau un gros rocher noir battu par l'écume : c'est l'île du Corbeau (Corvo), partie émergée d'un volcan marin, le monte Gordo (718 m). Elle fut la dernière des îles à arborer le drapeau portugais en 1452, et son peuplement ne commença qu'au milieu du 16ᵉ s. Une société agropastorale, en marge du reste du monde, s'y développa. En hiver, pendant des semaines, aucun bateau ne pouvait aborder et la communication avec Flores se faisait par l'intermédiaire de feux allumés sur un tertre. Pourtant, malgré son isolement, à la fin du 18ᵉ s. et au 19ᵉ s., les baleiniers américains vinrent recruter de nombreux marins dans cette île célèbre pour le courage de ses hommes.

La situation

418 habitants. 17 km² (6,5 km x 4 km) – District d'Horta. L'île de Corvo fait partie du groupe occidental de l'archipel avec Flores. L'absence de baie protégée rend son accès difficile. Vila Nova do Corvo, la plus petite commune du Portugal, est la seule localité de l'île. *Il n'existe pas d'office de tourisme dans l'île, renseignez-vous à Faial ou à Flores.*

Accès – Pendant l'été, tous les jours – en principe –, un bateau part du port de Santa Cruz das Flores à 10h, arrive à 12h à Corvo et fait le trajet du retour entre 16h et 18h. Pour le passage entre Flores et Corvo, réservation obligatoire à Santa Cruz das Flores, ☎ 292 59 22 89, ou par l'intermédiaire de votre hôtel.

Séjour – Il n'y a pratiquement pas de possibilité d'hébergement à Corvo ; il faut donc y aller pour la journée depuis Flores.

se promener

Vila Nova do Corvo

C'est la plus petite et la moins peuplée des communes du Portugal, mais elle possède un aéroport ! En longeant la piste d'atterrissage, on atteint des moulins en bord de mer et, en face, le restaurant géré par la municipalité.

À l'arrivée du bateau, les gens attendent avec leurs petites remorques tractées par des motoculteurs les arrivages de produits de première nécessité. Les quelque 400 habitants de l'île vivent dans ce village aux rues tortueuses et à l'architecture toute simple. Les façades en pierre noire ont été pour la plupart blanchies à la chaux, et, à de nombreuses maisons, s'ajoute la soue à cochon. L'**église Nossa Senhora dos Milagres** conserve une statue flamande du 16ᵉ s.

Cratère du Caldeirão★

6 km de Vila Nova. Une excursion en jeep est proposée à partir du restaurant (environ 3/4h AR). Montée en jeep : 5€.
Il est aussi possible d'effectuer cette promenade à pied : il faut compter 3h AR en suivant la route. Il y a 550 m de dénivelé. Prévoyez des vêtements chauds, car les hauteurs sont souvent dans les nuages. La route qui mène à la *caldeira* traverse de beaux paysages champêtres égayés de haies d'hortensias. Dans le cratère central dont le périmètre mesure 3,4 km, s'étalent, à 300 m de profondeur, deux lacs d'eau bleue ; on peut y voir de petits îlots qui, selon la tradition, représentent la disposition des îles des Açores (excepté Flores et Corvo). Les versants du cratère étaient cultivés, et celui qui se trouve en face du belvédère conserve un quadrillage de murets de pierre.

Archipel des Açores

Île de **Faial**★★★

L'« Île Bleue », qui doit son surnom à la multitude d'hortensias en fleurs à la belle saison, offre un magnifique point de vue sur le volcan du Pico. Elle présente elle-même de très intéressants exemples de volcanisme avec la « caldeira » et le Capelinhos. La ville d'Horta et son célèbre port de plaisance, les villages riants, les moulins à vent, les plages (Porto Pim, praia do Almoxarife, praia do Fajã) confèrent un charme très particulier à Faial.

La situation

15 476 habitants. 173 km² (21 km x 14 km) – District d'Horta. L'île fait partie du groupe central des Açores. Son point culminant, le Cabeço Gordo, se situe à 1043 m d'altitude. La principale localité est Horta, siège du Parlement de la région autonome des Açores depuis 1976 et de certaines administrations (dont la direction du Tourisme). ✉ *Rua Vasco da Gama, 9900-017 Horta,* ☎ *292 29 22 37 ou 292 29 36 01.*

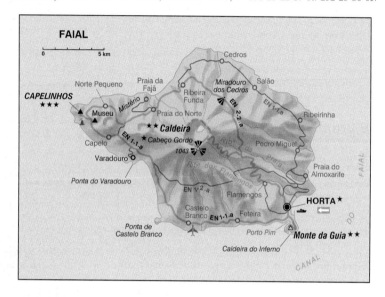

comprendre

Le premier habitant fut un ermite. Plus tard, le Flamand Josse Van Huerter, accompagné d'une poignée d'hommes, débarqua sur l'île à la recherche de mines d'argent. Après un premier essai infructueux de peuplement par des Portugais du Nord, il obtint en 1468, grâce à l'intervention de la duchesse de Bourgogne, fille du roi du Portugal Jean Ier, le titre de capitaine-donataire et l'autorisation de faire venir des Flamands. L'agriculture et l'exploitation des plantes tinctoriales apportèrent une certaine prospérité, mais c'est au 19e s. que le port d'Horta devint célèbre et que les activités commerciales se développèrent.

> **Accès** – Des vols directs relient Lisbonne à Horta et des liaisons aériennes régulières sont assurées avec les autres îles. Par bateau, Faial est reliée plusieurs fois par jour à Pico (1/2h) et plusieurs fois par semaine en été à Pico, São Jorge et Terceira.
>
> **Séjour** – Il faut compter au moins deux jours pour prendre le plaisir de découvrir Horta et faire le tour de l'île.

se promener

HORTA★

Horta *(6 000 habitants)* s'étire le long d'une baie, qui forme l'un des rares havres sûrs de l'archipel. C'est ici que s'installa Josse Van Huerter, à qui la ville doit probablement son nom.

Horta montre des influences anglo-saxonnes dans son architecture et le nom de certaines propriétés (The Cedars) : elle doit cet héritage aux **Dabney**, de riches commerçants américains, consuls des États-Unis, qui furent tout-puissants dans l'île au 19e s. Après leur départ, la présence américaine s'est maintenue à travers les compagnies des câbles transatlantiques.

LA NAISSANCE DU BULLETIN MÉTÉO

À la fin du siècle dernier, plusieurs scientifiques, dont Élisée Reclus et le prince Albert Ier de Monaco, prirent conscience de l'influence de l'anticyclone des Açores sur le climat de l'Ouest de l'Europe. Ils parvinrent à la conclusion que, si l'on pouvait transmettre rapidement les informations concernant cet anticyclone, le temps sur le continent pourrait être prévu quelques jours à l'avance. C'est ainsi que fut établi en 1893 un câble télégraphique reliant Faial à Lisbonne. Huit ans plus tard, le roi Charles Ier vint poser la première pierre d'un observatoire météorologique.

Entre 1900 et 1928, Horta devint un très important point d'ancrage des câbles sous-marins reliant l'Europe à l'Amérique. Des compagnies anglaise, allemande, américaine, française et italienne employaient une population cosmopolite logée dans les bâtiments que l'on peut voir autour de la rua Cônsul Dabney, entre autres dans les petits immeubles de la Western Union qui abritent aujourd'hui l'hôtel Faial. Après la Seconde Guerre mondiale, les câbles furent peu à peu délaissés au profit du téléphone-radio et des transports aériens devenus plus réguliers. Leur activité cessa complètement vers 1960.

Dans les années 1930, Faial joua aussi un rôle d'escale et de station de réapprovisionnement pour les hydravions, et voir flotter un ou plusieurs de ces appareils dans le port d'Horta était spectacle courant.

Marina d'Horta★

Rendez-vous des marins qui effectuent la traversée de l'Atlantique, la marina est devenue une galerie d'art en plein air, où chaque équipage laisse sa trace iconographique (« sinon malheur » disent les superstitieux !).

Centre historique

Dominé par les façades grandioses de ses églises tournées vers la mer, ce quartier s'ordonne autour de l'artère principale constituée par les **ruas Conselheiro Medeiros, W. Bensaude** et **Serpa Pinto**. Cet axe, bordé de boutiques et de maisons des 18e et 19e s. curieusement surmontées de greniers en bois, aboutit sur la charmante **praça da República**, au kiosque à musique abrité par des araucarias. Le marché donne sur cette place et, au coin Nord-Ouest, sur la rua Ernesto Rebelo, s'élève la curieuse façade 1930 du bâtiment de la **Sociedade Amor da Pátria,** décorée d'une frise d'hortensias bleus.

La marina d'Horta : une galerie d'art en plein air.

Église de São Salvador

18e s. Cette vaste église qui dépendait du collège des jésuites possède quelques beaux azulejos et un mobilier baroque intéressant.

Musée

Été : tlj sf lun. 9h30-12h30, 14h-17h30, w.-end 14h-17h30 ; le reste de l'année : tlj sf lun. 10h-12h30, 14h-17h. Fermé j. fériés. 1,50€, gratuit dim. et j. fériés.

Installé dans l'ancien collège des jésuites, il évoque l'histoire de la ville, notamment les épisodes de l'établissement des câbles *(voir encadré)*. On remarquera l'extraordinaire collection d'**objets en moelle de figuier★** réalisés par Euclides Rosa entre 1940 et 1960. Ces réalisations miniatures représentant des monuments, des voiliers ou des scènes de la vie quotidienne sont le résultat de milliers d'heures de travail.

Fort de Santa Cruz

Commencé au 16e s., il fut agrandi plus tard et abrite aujourd'hui une auberge.

« Café Sport chez Peter »

Ce café, lieu de rassemblement des marins, abrite un **musée du Scrimshaw**. Ces gravures sur dents de cachalot ont été réalisées par les baleiniers : les plus anciennes représentent des scènes de chasse à la baleine ; parmi les plus récentes, on reconnaît les portraits de marins connus (Tabarly, Chichester). *Tlj sf dim. 9h-12h, 14h-17h. 1€.*

LES ENVIRONS

Monte da Guia★★

Suivez la route qui monte au sommet du monte da Guia. La baie d'Horta est protégée par deux volcans reliés à la terre par des isthmes. Au Sud, le monte Queimado domine le port ; il est relié par un isthme au monte da Guia. Du sommet du monte da Guia, près de **l'ermitage de Nossa Senhora da Guia**, on découvre la **caldeira do Inferno**, ancien cratère envahi par la mer. En redescendant, **vue★** sur la ville et sur la plage de Porto Pim. L'anse de Porto Pim était protégée par des fortifications.

le tour de l'île

80 km à partir d'Horta – Comptez 5h. À Horta, prenez la route de l'aéroport et longez la côte Sud-Ouest.

La pointe de **Castelo Branco** doit son nom à sa falaise blanche.

À **Varadouro**, une petite station thermale, des piscines ont été creusées dans la lave.

Suivez ensuite la signalisation pour le Capelinhos.

Dans le village de Capelo subsistent les ruines des maisons détruites lors de l'éruption du Capelinhos.

Capelinhos★★★

Pour vraiment découvrir ce volcan, il faut le parcourir à pied. Garez-vous en contrebas du phare, puis comptez au moins 1h. Le paysage de ce volcan tout neuf, encore vierge de végétation, fascine par ses structures, mouvantes du fait de l'érosion marine, par les coloris des minéraux ocre, rouges, noirs se détachant sur le fond vert du reste de l'île, et par ses matériaux : cendres, scories, bombes.

LA NAISSANCE D'UN VOLCAN

La pointe Ouest de l'île est recouverte des cendres du volcan Capelinhos, surgi des profondeurs de l'Océan en 1957. Cette année-là, le 27 septembre, débuta une énorme éruption sous-marine s'accompagnant d'émissions de gaz et de nuages de vapeur s'élevant parfois jusqu'à 4 000 m. Un premier îlot se créa, qui disparut peu de temps après. Puis un second îlot-volcan s'unit à Faial par un isthme de lave et de cendre. Pendant treize mois, jusqu'au 24 octobre 1958, ce volcan se manifesta par des explosions sous-marines, des coulées de lave, des éruptions et des pluies de cendre qui recouvrirent le village de Capelo et le phare. Au fur et à mesure que le Capelinhos s'élevait, le lac qui occupait la caldeira do Faial disparaissait. À la fin de l'éruption, le volcan avait agrandi l'île de Faial de 2,4 km², réduits depuis 1 km² par l'érosion marine. Plus de 300 maisons avaient été détruites et 2 000 personnes durent être relogées. *Pour la description du Capelinhos, voir ci-contre.*

Dans une maison reconstruite, avant d'arriver au phare, un **musée** évoque les différentes phases de l'éruption de 1957-1958. *Été : tlj sf lun. 10h-13h, 14h-17h30, w.-end 14h-17h30 ; le reste de l'année : 10h-12h, 14h-17h, w.-end 14h-17h. Fermé j. fériés. Gratuit.*

Entre le Capelinhos et Praia do Norte, on traverse Norte Pequeno, dont les maisons sont encore enfouies sous les cendres, puis un **mistério** (coulée de lave provenant d'une éruption de 1672) recouvert d'une dense végétation d'hortensias, de cèdres et de manguiers. Praia do Norte possède une plage de sable noir (praia da Fajã). Après Praia do Norte, la côte devient escarpée et les belvédères se succèdent.

Après Ribeira Funda, prenez à droite la route signalisée Horta et Caldeira.

Cette route traverse des paysages quadrillés de haies d'hortensias. Le **belvédère dos Cedros** en offre une belle vue. Puis l'on rejoint, dans la **vallée de la ribeira de Flamengos,** une route qui s'élève en lacet entre les hortensias et les cryptomerias.

Caldeira★★

Un court tunnel piétonnier conduit à l'intérieur du cratère. L'intérieur de la *caldeira* (400 m de profondeur et 1 450 m de diamètre) est couvert de cèdres, de fougères, de genévriers, de buis et d'échantillons de la végétation originelle de l'île. Sur le fond très plat se dessinent nettement les contours de l'ancien lac qui s'est vidé à la suite de l'éruption du Capelinhos.

Un sentier permet de faire le tour de la caldeira *en 2h et un autre, difficile et dangereux si l'on est mal chaussé et si le sol est glissant, descend dans la caldeira (comptez au moins 5h pour descendre et remonter).*

Le **Cabeço Gordo★** (1 043 m – *du parking de la* caldeira, *montée à pied : 45mn AR)* est un magnifique belvédère sur les îles de Pico et de São Jorge.

Revenez à Horta par la vallée de Flamengos.

Île de **Flores**★★

L'île « des fleurs », la plus occidentale des Açores, se trouve à l'extrémité de l'Europe. Peu peuplée, très accidentée, éloignée du reste de l'archipel avec sa petite sœur Corvo, elle demeure sauvage et ses paysages comptent parmi les plus majestueux des Açores. Sa végétation luxuriante s'explique par la pluviosité, la pluie sévissant en moyenne près de 300 jours par an.

La situation

3 992 habitants. 143 km² (17 km x 12,5 km) – District d'Horta. L'île la plus occidentale de l'archipel se trouve à 236 km de Faial. Au centre de l'île, un plateau d'une altitude moyenne de 550 m, dominé par le morro Alto (914 m), est jalonné de lacs de cratères (les sept lacs) composant de magnifiques paysages. Le plus spectaculaire est le lagoa Funda. De ce plateau à la mer, l'érosion a creusé de profondes vallées, des falaises escarpées d'où chutent de hautes cascades parmi une végétation dense. Santa Cruz est la principale localité de l'île. 🛈 *R. Dr. Armas da Silveira, 9970-331 Santa Cruz das Flores,* ☎ *292 59 23 69.*

> **Accès** – L'île de Flores est accessible uniquement par avion à partir des autres îles.
>
> **Séjour** – Il est possible de faire le tour de l'île en une journée, mais Flores mérite le temps de flâneries, de promenades à pied, et il faut compter un jour de plus si l'on veut faire l'excursion à Corvo.

comprendre

Un Flamand, Wilhem Van der Haegen, aurait tenté de peupler l'île mais, découragé par l'éloignement, il finit par s'installer à São Jorge, et il fallut attendre le 16ᵉ s. pour qu'arrivent des agriculteurs du continent, qui cultivaient des céréales et exploitaient les plantes tinctoriales : le pastel et l'orseille. L'eau omniprésente était utilisée comme force motrice dans les multiples petits moulins à eau, construits en pierre de lave noire, installés sur les torrents. C'est là que les paysans venaient moudre le blé et le maïs récoltés sur les champs en terrasses. L'île trouve aujourd'hui ses principales ressources dans l'élevage et l'agriculture. La base d'observation scientifique française qui s'était installée à Flores en 1966 a fermé

en juin 1993. Depuis quelques années, sa mission météorologique avait été remplacée par un rôle de relais pour la base spatiale de Kourou en Guyane.

se promener

SANTA CRUZ DAS FLORES

Santa Cruz, le centre administratif de l'île, est un bourg agréable de 2500 âmes. Ses rues tranquilles aboutissent à un petit port où quelques baleinières reposent, vestiges d'une époque où la chasse au cachalot était une activité importante.

Museu Etnográfico

Tlj sf w.-end 9h-12h30, 14h-17h30. Fermé j. fériés. 1€. Installé dans une maison ancienne, ce musée présente la reconstitution d'intérieurs traditionnels et une collection d'objets représentatifs du mode de vie de la population de l'île axée sur la mer et la pêche, l'art des baleiniers *(scrimshaws)* et les travaux des champs.

Couvent São Boaventura

Cet édifice du 17ᵉ s., ancien couvent de franciscains, a été restauré pour abriter une partie du musée. L'église présente un chœur baroque d'influence hispano-mexicaine.

le tour de l'île★★

68 km – environ 4h.

À la sortie de Santa Cruz, prenez la route en direction de Lajes. Très sinueuse, elle suit les courbes du relief, s'enfonce dans les ravins profonds, longe les crêtes et offre des points de vue superbes au-delà des massifs jaune et rouge vif des cannas ou bleus des hortensias qui la bordent.

Fazenda das Lajes

L'**église du Senhor Santo Cristo**, dont la façade est recouverte d'azulejos, est l'une des plus représentatives de l'architecture religieuse açorienne.

Lajes

La seconde bourgade de l'île vit surtout de son port et d'une importante station radio.

Après Lajes, prenez la route au Sud. Tournez à droite vers le lagoa Funda.

Lagoa Funda★★

Ce lac de cratère, dont le nom signifie « lac profond », s'étend sur des kilomètres, en contrebas de la route, au pied de versants raides couverts d'hortensias. Après 3 km, on arrive à un parking non aménagé d'où l'on voit, à droite et en contrebas, l'extrémité du lagoa Funda et, à gauche, au niveau de la route, le **lagoa Rasa**.

Regagnez la route ; 600 m après la borne « 25 km », on peut voir en hauteur la rocha dos Bordões.

Rocha dos Bordões★★

Ces orgues de basalte, constitués par la solidification du basalte en hautes stries verticales, semblent jaillir des bouquets de fleurs qui sont à leur pied. Quelques centaines de mètres plus loin, dans un tournant, on les aperçoit encore encadrant une cascade.

Prenez la route vers Mosteiro.

La petite route sinueuse passe près du village de **Mosteiro**, au milieu de ravissants paysages champêtres sur fond de mer. Elle longe un hameau abandonné puis rejoint la route principale.

Un peu plus loin, suivez la route pour Fajãzinha et Fajã Grande.

Fajãzinha

Avant d'arriver à Fajãzinha, on domine ce village, et une très belle **vue★★** s'offre sur son site. L'église **Nossa Senhora dos Remédios** est un édifice du 18ᵉ s. Dans les environs se trouve la cascade de Ribeira Grande, haute de 300 m.

Fajã Grande

C'est la station balnéaire de Flores : une longue plage de galets s'étire au pied de l'impressionnante falaise d'où se précipitent les cascades dont la plus spectaculaire est accessible de la route de Ponta da Fajã.

Cascade – *Tournez à droite en direction de Ponta da Fajã, puis 400 m plus loin, arrêtez-vous au premier pont. 20mn à pied AR. Prenez le chemin de terre qui se trouve à gauche du pont quand on regarde vers la falaise. Le chemin suit le torrent et passe près de quelques moulins à eau.* La cascade tombe du haut de la falaise sur un replat où elle se divise en une multitude de cascatelles pour aller se noyer dans une vasque naturelle parmi les mousses et les hortensias.

Revenez à la route principale et prenez la direction de Santa Cruz. Tournez à gauche vers les lacs.

Lagoa Seca et lagoa Branca

La route longe le cratère du lagoa Seca, lac maintenant asséché. Un peu plus loin à gauche se trouve le lagoa Branca (lac Blanc).

Île de **Graciosa**★

La « Gracieuse » fut probablement découverte par des marins de Terceira et peuplée par des familles portugaises des Beiras, du Minho, ainsi que par des Flamands. Elle doit son nom au charme de Santa Cruz, sa principale bourgade, et à ses paysages de vignes et de champs de maïs bien cultivés, de villages fleuris au pied de douces collines parées de moulins à vent. Vous serez surpris de découvrir çà et là des moulins de style hollandais, dont la calotte en forme de bulbe pointu pivote pour s'orienter dans le sens du vent. Chateaubriand, qui séjourna dans le couvent de Santa Cruz en 1810, évoque l'île dans ses « Mémoires d'outre-tombe ».

La situation
4 770 habitants. 61 km² (12,5 km x 8,5 km) – District d'Angra do Heroísmo. C'est la plus petite île de l'archipel après Corvo et la moins élevée (le Pico Timão culmine à 398 m). Tout l'Est de l'île est occupé par une vaste *caldeira*. La principale localité est Santa Cruz de Graciosa. ❶ *Praça Fontes Pereira de Melo, 9880-377 Santa Cruz da Graciosa,* ☎ *295 71 25 09.*

> **Accès** – Par avion, vols réguliers entre Terceira et Graciosa, et, par bateau, plusieurs fois par semaine avec Terceira.
> **Séjour** – Graciosa se visite en quelques heures, mais l'on appréciera les flâneries dans Santa Cruz ou sur les petites routes champêtres.

se promener

SANTA CRUZ DA GRACIOSA★
Santa Cruz est une charmante petite ville *(2 000 habitants)* aux façades toutes blanches rehaussées par la pierre volcanique. Au centre, les deux pièces d'eau, entourées d'araucarias majestueux, servaient autrefois d'abreuvoirs pour le bétail. Les demeures nobles et l'église s'y reflètent, formant un ravissant tableau. Autour du port, dans les maisons basses des pêcheurs, on évoque encore la grande époque de la chasse à la baleine.

Église paroissiale
Elle fut construite au 16ᵉ s. et rééédifiée deux siècles plus tard. À l'intérieur, les **panneaux**★ du retable du maître-autel, œuvre de primitifs portugais du 15ᵉ s., illustrent la sainte Croix ainsi que la Pentecôte (rappelant le culte du Saint-Esprit, toujours vivace aux Açores). Dans une chapelle à gauche, des statues flamandes représentent saint Pierre et saint Antoine.

Museu Etnográfico
Visite guidée (1/2h) oct.-avr. : 9h-12h30, 14h-17h30 ; mai-sept. : w.-end 14h-17h. 1€. Dans une demeure ancienne, des objets divers ont été rassemblés : outils, vêtements, poteries évoquant la vie traditionnelle dans l'île. Remarquer la meule à maïs qui était entraînée par un bœuf et les grands pressoirs à vin.
Dans une annexe du musée, sur le port, est exposée une baleinière *(présentation d'un film vidéo sur la chasse à la baleine).*

Ermitages du monte da Ajuda
Accessibles à pied *(20mn)* ou en voiture, trois ermitages consacrés à saint Jean, au Saint-Sauveur et à **Notre-Dame da Ajuda** dominent la ville. De là, vous découvrirez une très belle **vue**★ sur le bourg.

LES ENVIRONS

Phare de Ponta da Barca★
4,5 km à l'Ouest de Santa Cruz. Du phare, une vue s'offre sur cette pointe formée de falaises rouges plongeant dans la mer turquoise.

circuit

Praia
Ce bourg ancien s'étend le long du port de pêche et de la plage à laquelle il doit son nom.

Furna do Enxofre★★
Tlj sf lun. (excepté en été) 11h-16h. 0,50€. ☎ 295 71 25 09. Visite recommandée entre 11h et 14h, moment de la journée où le soleil pénètre à l'intérieur de la grotte. Ce gouffre se trouve au milieu d'une vaste *caldeira* dont l'un des versants a été percé d'un tunnel pour en permettre l'accès en voiture. À l'intérieur de la *caldeira*, la route descend en serpentant jusqu'à l'entrée de la furna de Enxofre. Là, un chemin puis

Archipel des Açores

un escalier en colimaçon *(184 marches)* enfermé dans une tour permettent de s'enfoncer dans les profondeurs du gouffre. Sous l'immense voûte de la grotte, longue de 220 m et large de 120 m, se trouve un lac d'eau tiède et sulfureuse, et l'on entend le glouglou d'eaux bouillonnantes. L'escalier fut construit en 1939 ; auparavant, les visiteurs, suivant l'exemple du prince Albert Ier de Monaco venu en 1879, descendaient à l'aide d'une échelle de corde.

Furna Maria Encantada

Sortez de la caldeira. À la sortie du tunnel, prenez la première route à gauche. 100 m plus loin à droite est indiquée la furna de Maria Encantada. Un chemin étayé de rondins monte jusqu'au rocher au-dessus de la route (5mn). Dans le rocher, un tunnel naturel d'une dizaine de mètres débouche sur la *Caldeira*, permettant d'en avoir une vue générale.

En poursuivant la route, on fait le tour de la *caldeira*, d'où l'on découvre l'ensemble de l'île.

Carapacho

Des eaux thermales jaillissant au-dessous du niveau de la mer sont utilisées à des fins thérapeutiques. Cette station thermale où l'on soigne les rhumatismes est aussi une petite station balnéaire.

Île de **Pico**★★

Située à seulement 7 km de Faial, cette île tout en longueur, dominée par le volcan qui lui a donné son nom, est la deuxième de l'archipel par sa superficie. Sa population, peu nombreuse, se répartit dans les différents villages côtiers. Mais la plus grande attraction de l'île de Pico demeure l'ascension de son volcan.

La situation

14 809 habitants. 447 km² (42 km x 15 km) – District d'Horta. La deuxième île de l'archipel par sa superficie a pour principales localités Madalena, Lajes et São Roque. L'île n'est en fait qu'un seul volcan sur lequel est venu se superposer le cône du Pico, le sommet le plus élevé du Portugal (2 351 m). **🅱** *R. Conselheiro Terra Pinheiro, 9950-329 Madalena,* ☎ *292 62 35 24.*

Accès – Une navette relie plusieurs fois par jour Horta et Madalena, et un bateau, plusieurs jours par semaine en été, s'arrête à Cais do Pico en provenance ou à destination de Terceira et de São Jorge. Accès possible aussi par avion.

Séjour – L'île de Pico peut se visiter en une journée à partir de Faial, mais si l'on effectue l'ascension du volcan, il faut passer au moins une nuit dans l'île.

comprendre

Le peuplement commença vers 1460 avec des habitants du Nord du Portugal, et Pico fut incorporée à la capitainerie de Faial. À l'origine, l'économie agricole était centrée sur les cultures des céréales et du pastel, auxquelles s'ajouta le vignoble. À la fin du 18e s., une nouvelle activité se développa : la **chasse à la baleine** qui représenta vite une importante source de revenus ; elle ne fut interrompue qu'en 1981 *(détails dans l'introduction aux Açores).*

Les vignes cultivées sur les terrains de lave produisaient un vin, le **verdelho**, qui jouit d'une réputation internationale pendant plus de 200 ans ; particulièrement apprécié des Anglais, des Américains et des Russes, il était présent sur la table des tsars. L'oïdium de la vigne attaqua les plants au milieu du 19e s., mais le vignoble est reconstitué petit à petit.

découvrir

LE VOLCAN DE PICO★★★

Ce cône parfait aux pentes régulières se couvre parfois d'un manteau de neige en hiver, mais, le plus souvent, se cache dans les nuages : tantôt chapeauté, tantôt enveloppé d'une modeste écharpe... rarement nu.

Mode d'emploi – *Il faut compter au moins 7h à pied (3h pour monter jusqu'au cratère, 30mn pour en faire le tour, 1h si l'on veut monter au pico Pequeno et 2h30 pour redescendre). Cette excursion est relativement difficile et fatigante du fait du dénivelé et des roches volcaniques sur lesquelles on évolue. De bonnes chaussures de montagne sont indispensables. Pensez à emporter au moins 1 l. d'eau par personne (1,5 l. s'il fait chaud). La plupart des randonneurs effectuent la montée de nuit pour arriver au sommet pour le lever du soleil. Dans ce cas, il vaut mieux se faire accompagner par un guide (adressez-vous à l'office de tourisme ou à l'hôtel). Dans la journée et par temps clair, le tracé du chemin est facile à suivre.*

Accès – *De Madalena, demandez à un taxi de vous amener au pied du chemin. Si vous avez une voiture, prenez la route ER 3-2a et tournez à droite après 13 km. Une petite route s'élève pendant 5 km, puis arrive au pied du sentier.*

Après 20mn de montée, on parvient à une grotte (attention aux chutes), puis le sentier continue sur la droite à travers une végétation de fougères, de bruyères et de pins nains *(compter 1/4h)*. On atteint alors le premier des piquets en ciment qui jalonnent toute la montée jusqu'au cratère. Le chemin devient assez difficile et il faut parfois s'aider des mains. La vue s'étend sur les petits cônes volcaniques au pied du Pico. Après 3h de montée, on accède enfin au cratère, profond de 30 m. Le paysage nu et tourmenté dessinant un cercle de 700 m de périmètre est impressionnant. À l'extrémité se trouve le **pico Pequeno** (70 m) qui constitue le sommet de la montagne. Il est possible d'en faire l'ascension *(la pente est très raide – comptez 1h pour monter et redescendre)*. Au sommet, les fumerolles et l'odeur du soufre rappellent que ce volcan n'est pas tout à fait endormi. Par temps clair, le **panorama★★★** s'étend sur São Jorge, s'allongeant tel un monstre marin, et sur Faial avec sa petite protubérance du Capelinhos. Au loin, on aperçoit Graciosa et Terceira.

En redescendant vers Madalena, une courte visite aux **furnas de Frei Matias** *(5mn à pied depuis la route)* permet de découvrir une grotte dont les longues galeries souterraines s'étirent entre des puits de lumière moussus *(munissez-vous d'une torche électrique)*.

le tour de l'île

DE MADALENA À SÃO ROQUE ①

28 km – comptez 2h

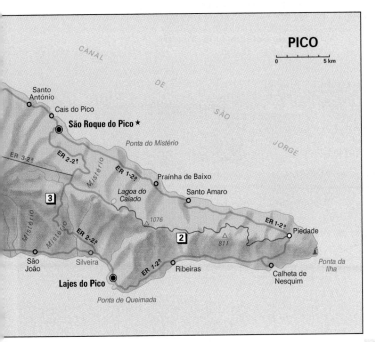

Madalena

C'est le port d'accès à 9 km d'Horta (île de Faial), protégé par deux îlots : Em Pé et Deitado (« debout » et « couché »), où vivent des colonies d'oiseaux de mer. La petite ville est agréable ; toute l'animation est centrée autour de l'**église Santa Maria Madalena**, dont l'élégante façade du 19e s. s'ouvre sur un intérieur du 17e s. décoré de riches retables en bois doré.

Cachorro★

Après Bandeiras, quittez la route principale sur la gauche et suivez la signalisation.
Derrière les pistes d'atterrissage de l'aéroport, s'étend un petit village construit en lave au bord de rochers et de falaises noires creusées de grottes, dans lesquelles la mer s'engouffre avec fracas. La plupart des constructions étaient des chais pour le vin.

On traverse ensuite les villages de **Santa Luzia** et de **Santo António,** dont l'église toute simple présente à l'intérieur un retable baroque naïf.

São Roque do Pico★

Cette ville connut une certaine prospérité au temps de la chasse à la baleine. De nos jours, si des cétacés sont aperçus à l'horizon, le signal est donné et des bateaux proposent aux touristes d'aller les observer.

Cais do Pico – C'est le port de São Roque. Il possède la seule **usine baleinière** de l'archipel (désaffectée depuis 1981). Les baleines (surtout des cachalots) étaient remorquées de toutes les îles du centre pour venir s'échouer sur ce quai et y être débitées. Sur la façade de l'usine, on peut lire : « *Vitaminas, Óleos, Farinhas, Adubos, Armações Baleeiras reunidas Lda* », ce qui signifie : vitamines, huiles, farines, engrais, puis le nom de la coopérative. La graisse fondue dans les chaudières donnait l'huile, le foie pressé procurait les vitamines, la viande moulinée devenait farine pour l'alimentation des animaux et les os broyés s'utilisaient comme engrais. Une baleinière effilée évoque cette chasse sportive et périlleuse.

Couvent et église de São Pedro de Alcantara – Cet édifice baroque se détache sur fond de volcan. Sa façade est intéressante et, dans le chœur, on admirera le foisonnant retable et les azulejos.

Église de São Roque – *Elle se trouve dans une autre partie de la ville, au-delà du centre de São Roque, au bord de la mer.* C'est un grand édifice du 18e s. dont l'intérieur est décoré de statues, de meubles en bois de jacaranda avec des incrustations en ivoire et d'une lampe en argent offerte par le roi Jean V.

DE SÃO ROQUE À LAJES DO PICO PAR LA CÔTE OU LE CENTRE

Deux possibilités d'itinéraires.

Par la côte ②

50 km – comptez 2h30. Conseillé à ceux qui ont du temps et qui ne craignent pas trop les kilomètres de route sinueuse.

Cet itinéraire passe par **Prainha**, connu pour son *mistério (voir encadré ci-dessous)* et ses piscines naturelles, **Santo Amaro** et son chantier de construction navale, **Piedade** et les paysages champêtres du bout de l'île. Puis il parcourt la côte Sud-Est, escarpée, mais bordée de replats de lave sur lesquels sont installés les ports de pêche de **Calheta de Nesquim** et de **Ribeiras**.

Avis de tempête sur l'île de Pico.

Par le centre de l'île 3

32 km avec l'excursion jusqu'au lac do Caiado – comptez 1h. Suivez la route de Lajes, qui s'élève rapidement et traverse la partie centrale de l'île. Après 10 km, prenez à gauche la route du lac do Caiado (5 km).

Souvent noyée dans les nuages, la partie centrale de l'île, dont l'altitude se situe entre 800 et 1 000 m, est occupée par de nombreux petits lacs de cratère et une végétation rase et étrange, formée en partie d'espèces indigènes.

Une route traverse l'île d'Est en Ouest et permet de découvrir ces très beaux paysages (par temps clair). Dans l'itinéraire décrit, nous nous arrêterons au lac do Caiado pour revenir à la route principale.

Lajes do Pico

Ce fut le premier établissement dans l'île. Sa principale activité, depuis le 19ᵉ s. jusqu'en 1981, fut la chasse à la baleine. Cette petite ville, blanche et tranquille au milieu des champs de maïs, est prolongée par un plateau de lave appelé Fajã (voir l'île de São Jorge).

Museu dos Baleeiros★ – *Été : Tlj sf w.-end 9h30-12h30, 14h-17h30, lun. 14h-17h30 ; le reste de l'année : tlj sf w.-end 10h-12h, 14h-17h, lun. 14h-17h. Fermé j. fériés. 1,25€, gratuit dim.* Le musée des Baleiniers est installé dans un ancien abri à bateaux sur le port. La belle **collection de scrimshaws** (dents de cachalot ou défenses de morse gravées de motifs, *illustration p. 406*) montre l'évolution de cet art : les premiers étaient à peine esquissés en pointillé, tandis que les plus travaillés sont sculptés en ronde bosse. La baleinière *(baleeira)*, embarcation effilée, est présentée avec tout le matériel nécessaire à la chasse aux cétacés.

Ermitage São Pedro – En continuant le long des quais, on arrive à cette chapelle blanche, la plus ancienne de l'île. À côté de la chapelle se trouve le **monument** élevé en 1960 pour célébrer le cinquième centenaire du peuplement de l'île.

DE LAJES À MADALENA : « MISTÉRIOS » ET VIGNOBLES★★ 4

35 km – environ 1h30.

La route traverse de part et d'autre de **São João** les deux *mistérios* datant de l'éruption de 1718, qui a en partie détruit le village. Le mistério de São João a été aménagé à certains endroits avec des aires de pique-nique et des sentiers.

São Mateus

Le village est dominé par son imposante église. Une partie des hameaux entourant São Mateus vivait autrefois du vignoble.

La route passe à travers les vignes cloisonnées par des murets de lave. Le paysage est fascinant : merveilleux contraste du noir des murets, du vert tendre des vignes et du bleu intense de la mer ; les caves complètent ce tableau.

Avant d'atteindre Madalena, la route passe par **Candelaria**, puis **Criação Velha** qui fut le lieu de naissance du *verdelho*.

> **LES MISTÉRIOS**
>
> Le volcanisme récent se manifeste par la présence des *mistérios*, coulées de lave provenant d'éruptions postérieures au peuplement de l'île, qui détruisirent des zones cultivées. Sur les sols calcinés, noirs, la couche d'humus n'a pas encore eu le temps de se reconstituer et les cultures restent impossibles, donnant de curieux paysages lunaires de lave recouverte de lichen ou d'un fouillis de végétation anarchique et luxuriante complètement impénétrable. Les *mistérios* les plus spectaculaires sont ceux de **Prainha** (1572), de **Santa Luzia** (1718) et de **São João** (1720).

Archipel des Açores

Île de **Santa Maria**★

L'arrivée à Santa Maria surprend : sur un plateau sec couvert de hautes herbes jaunes, évoquant plus le Texas que les Açores, une multitude de baraquements en métal témoignent du rôle de « porte-avions de l'Atlantique » que joua Santa Maria pour les Américains lors de la Seconde Guerre mondiale. Dès 1947, l'aéroport devint civil et international. Aujourd'hui, les baraquements sont encore en partie occupés par le personnel portugais chargé du contrôle aérien sur cette partie de l'Atlantique, et le mess des officiers, devenu l'hôtel Aeroporto, baigne dans une atmosphère de film américain des années 1940. Quelques kilomètres plus loin, on retrouve les paysages verdoyants des Açores. Santa Maria, l'une des îles les moins visitées, se révèle l'une des plus agréables pour son climat, ses plages et ses paysages champêtres, parsemés de ravissantes maisons blanches soulignées de couleurs vives et surmontées de hautes cheminées rondes.

La situation

5 628 habitants. 97 km² (17 km x 9,5 km) – District de Ponta Delgada. Première des îles açoriennes quand on vient d'Europe, c'est aussi la plus méridionale et la plus chaude de l'archipel. La principale localité est Vila do Porto. L'île est formée d'un plateau que prolongent des collines dont le Pico Alto, point culminant avec ses 587 m. Santa Maria est la seule île des Açores dont les sols incluent des formations d'origine sédimentaire du tertiaire (calcaires miocènes), d'où la présence de

Une maison typique de Santa Maria.

plages de sable blanc. À 37 km au large, les huit îlots des Formigas constituent une réserve naturelle. ▪ *Aeroporto de Santa Maria, 9580 Vila do Porto, ☎ 296 88 63 55.*

comprendre

Les premières caravelles portugaises repérèrent Santa Maria dès 1427, et Gonçalo Velho Cabral devint plus tard son capitaine-donataire. Elle fut peuplée par une poignée de pionniers venant surtout de l'Algarve, ce qui explique une certaine similitude entre son architecture et celle du Sud du Portugal.

> **Accès** – L'île est reliée régulièrement par avion à sa voisine, São Miguel.
> **Séjour** – Il faut compter une journée pour effectuer tranquillement le tour de l'île.

L'île des teintures – La richesse de cette île provenait de la culture du pastel et de la récolte de l'orseille. Le pastel était expédié dans les teintureries flamandes et espagnoles jusqu'à ce qu'il soit supplanté par l'indigo du Brésil ; l'orseille, sorte de lichen qui donne une belle teinte brune, pousse sur les rochers au bord de la mer et son ramassage était extrêmement périlleux. Il fut exporté jusqu'au milieu du 19e s.

circuit

Vila do Porto

Installée sur un plateau basaltique au Sud de l'île entre le cap Marvão et le cap Forca, la ville s'étire entre deux ravins qui se rejoignent pour former une crique. On peut y voir quelques bâtiments des 16e et 17e s., dont le **monastère Santo António**, devenu bibliothèque municipale, et le couvent des Franciscains qui abrite l'**hôtel de ville**. L'**église Nossa Senhora da Assunção** (construite à l'origine au 15e s. mais rebâtie au 19e s.) a conservé quelques éléments gothiques et manuélins dans les portails et les fenêtres.

Almagreira

En contrebas de ce village, la baie de la Praia doit son nom à sa « belle plage », **praia Formosa**, l'une des plus agréables des Açores.

Pico Alto★★

Prenez une route à gauche et suivez-la sur 2 km. Du haut du pico Alto (587 m), une **vue** étendue s'offre sur toute l'île. Remarquez l'habitat dispersé de Santa Bárbara à l'Est.

Santo Espírito

En traversant ce village tout en longueur, arrêtez-vous pour admirer la façade blanche rehaussée de sculptures en lave noire de l'**église Nossa Senhora da Purificação**.

SANTA MARIA
0   5 km
Ponta do Norte
Anjos
Pta do Lobaio
★★ Pico Alto
587
Santa Bárbara
Baía do São Lourenço ★★
Miradouro do Espigão ★★
Almagreira
Vila do Porto
Praia
Santo Espírito
Praia Formosa
Maia
Ponta do Malmerendo
Ponta Malbusca
Ponta do Castelo

Au-delà de Santo Espírito, la route descend jusqu'à la **pointe do Castelo** : au milieu de ce paysage très sec parsemé d'agaves et de cactus s'élève le phare. Plus bas, **Maia**, ancien port baleinier, est fréquenté aujourd'hui pour sa piscine creusée dans les rochers.

Revenez à Santo Espírito.

De Santo Espírito, rejoignez la baie de São Lourenço. Juste avant d'arriver, tournez à droite pour aller au **belvédère do Espigão★★** d'où s'offre la plus belle vue sur la baie.

Baie de São Lourenço★★

Ce cratère éventré et inondé par la mer forme aujourd'hui une remarquable baie aux versants concaves couverts de vignes en terrasses. Les quelques maisons bordant les petites plages aux eaux turquoise ne sont occupées que par les estivants.

Santa Bárbara

Ses maisons se dispersent au milieu des collines et le long de la côte escarpée (baie de Tagarete). L'**église** reconstruite en 1661 est un bel exemple d'art populaire.

Anjos

Petit port de pêche fréquenté l'été pour sa piscine naturelle dans les rochers, Anjos est surtout connu pour son histoire. Une statue représentant **Christophe Colomb** rappelle que le Génois y aurait fait escale de retour de son premier voyage de découverte et aurait assisté à une messe dans la **chapelle Nossa Senhora dos Anjos**. Celle-ci abrite un autel, formé d'un triptyque représentant la sainte Famille, saint Cosme et saint Damien, qui proviendrait de la caravelle de Gonçalo Velho.

Île de **São Jorge**★★

Cette île, dont la forme évoque un cigare, s'étire en longueur parallèlement à celle de Pico. Ses paysages sauvages et grandioses se prêtent tout particulièrement à la randonnée à pied.

La situation

9 681 habitants. 246 km² (56 km x 8 km) – District d'Horta. L'île de São Jorge n'est qu'un seul grand volcan linéaire. Elle est située au centre de l'archipel et, de ses sommets, se découvrent toutes les autres îles du groupe central. Son point culminant est le pico da Esperança (1 053 m). Au centre, des cônes de petites dimensions sont le fruit d'éruptions volcaniques récentes. Les côtes formées d'escarpements tombant à pic dans la mer sont prolongées au ras de l'eau par de curieuses plates-formes de basalte, vestiges de falaises qui ont été érodées et se sont effondrées : les **fajãs**. Ces *fajãs*, aux terrains fertiles plantés de vergers et de champs, étaient autrefois très peuplées, mais celles qui ne sont pas desservies par des routes ont été abandonnées.Velas est la principale localité de l'île. ◪ *R. Conselheiro Dr. José Pereira, 1 r/c, 9800-530 Velas, ☎ 295 41 24 40.*

comprendre

L'île fut habitée dès 1443 par des Flamands amenés par Wilhem Van der Haegen, nom transformé en Guilherme da Silveira. Le peuplement fut rapide et sa capitainerie fit l'objet d'une donation en 1483 à João Vaz Corte Real. La principale richesse de l'île était l'exploitation des plantes tinctoriales, pastel et orseille, qui étaient exportées vers les Flandres. Au 18ᵉ s., l'île fut pillée par le corsaire français Duguay-Trouin qui y débarqua avec 700 hommes.

São Jorge souffrit de plusieurs tremblements de terre dont le dernier, en 1980, causa d'importants dégâts et obligea une partie de la population à émigrer.

Accès – En été, le bateau qui dessert les îles du groupe central passe plusieurs fois par semaine à São Jorge. Toute l'année, l'île est reliée aux autres îles par avion.

Séjour – Il faut compter une journée pour faire un tour intéressant de São Jorge en voiture.

Le fromage et les tapis – São Jorge est connu pour ses gros fromages ronds destinés à l'exportation. Ils sont confectionnés dans des fromageries de plus en plus modernes avec le lait des vaches hollandaises qui paissent parmi les hortensias. Autre spécialité de l'île : les couvre-lits tissés réalisés sur des métiers de bois rudimentaires.

ILHA DO PICO ★★

se promener

VELAS ET ENVIRONS

Velas est établi sur une *fajã* à proximité de la baie de Entre-Morros (le mot *morro* signifie butte). Cette bourgade a conservé quelques bâtiments anciens comme l'**hôtel de ville**, de style baroque açorien du 18ᵉ s., dont le portail s'encadre de colonnes salomoniques, et les **portas do Mar**, également du 18ᵉ s., qui sont un vestige des fortifications. L'église **São Jorge** du 16ᵉ s. présente une intéressante façade.

De Velas à la ponta dos Rosais

14 km à l'Ouest. La route longe la baie de Entre-Morros, traverse le village de Rosais et rejoint **Sete Fontes**, un agréable parc forestier aménagé avec une aire de pique-nique et des enclos d'animaux. Il est possible de poursuivre jusqu'à la ponta dos Rosais en voiture, mais il est plus plaisant de faire ce trajet à pied *(2h30 AR)* : il procure de belles vues sur les deux côtés de l'île. À la pointe battue par les flots se trouvent le phare et un îlot.

le tour de l'île★★

83 km – environ 4h.

LA CÔTE NORD

Partez de Velas en direction de Santo António.

Particulièrement escarpée, la côte Nord offre des points de vue extraordinaires. Les villages de Toledo, Santo António, Norte Pequeno, bien que tout proches de la mer, se trouvent à 500 m d'altitude. La route, bordée de très hautes haies d'hortensias, mène de belvédère en belvédère, d'où se révèlent des vues impressionnantes sur la côte.

Fajã do Ouvidor★★

C'est la *fajã* la plus importante de la côte Nord, et un hameau s'y est implanté. Un belvédère la surplombe offrant une vue aérienne sur ce morceau de terre plat, couvert de cultures et de maisons, dominé par la falaise abrupte.

Miradouro da Fajã dos Cubres★★

Après Norte Pequeno, de ce belvédère se découvre le paysage le plus caractéristique de São Jorge. D'ici, vues de profil, les *fajãs* apparaissent comme des festons bordant le pied d'escarpements vertigineux. La plus impressionnante est la **fajã da Caldeira do Santo Cristo★** occupée par une lagune, qui a été déclarée réserve naturelle pour préserver les clovisses, coquillages que l'on ne trouve plus qu'ici.

Pour rejoindre la côte Sud jusqu'à Ribeira Seca, on traverse de magnifiques paysages, véritable bocage d'hortensias ; la **vue★★** est particulièrement belle depuis le **miradouro do Urzal**.

RANDONNÉE DANS LES « FAJÃS » DU NORD

🚶 L'itinéraire décrit commence après Ribeira Seca et se termine à la fajã dos Cubres. Il faut prévoir un taxi, qui vient vous chercher à la fin de la randonnée. Comptez 3 h à pied, soyez bien chaussé.

Prenez le sentier qui s'amorce à gauche de la route entre Ribeira Seca et Topo, à 5,5 km de l'embranchement avec la route venant de Norte Pequeno. Une descente au fort dénivelé sur un sentier pavé et jalonné de marches mène au niveau de la mer. De là, on traverse plusieurs *fajãs* avec leurs vergers et leurs hameaux dont la plupart des maisons sont abandonnées : fajã da Caldeira, fajã dos Tijolos, fajã do Belo et enfin fajã dos Cubres. De magnifiques points de vue sur les luxuriantes *fajãs* et les falaises qui tombent à pic s'offrent tout le long du parcours.

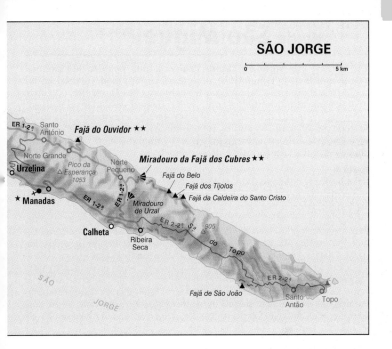

SÃO JORGE

0 5 km

ER 1-2ª Santo António

Fajã do Ouvidor ★★

Norte Grande

Urzelina

Pico da Esperança 1053

Norte Pequeno

Miradouro da Fajã dos Cubres ★★

Fajã do Belo

Fajã dos Tijolos

Fajã da Caldeira do Santo Cristo

★ **Manadas**

ER 1-2ª ER 1-2ª

Miradouro de Urzal

Calheta

Ribeira Seca

ER 2-2ª S.ª 905 do Topo

SÃO

JORGE

ER 2-2ª

Fajã de São João

Santo Antão

Topo

Pour découvrir les *fajãs* du Nord, dont la fajã da Caldeira do Santo Cristo et la **fajã dos Cubres**, vous pourrez effectuer une superbe randonnée au départ de Ribeira Seca *(voir encadré ci-contre)*.

LA CÔTE SUD

De relief plus doux, elle est plus habitée et les villages se succèdent près de l'eau. Elle se prolonge jusqu'à la pointe de Topo, mais, dans notre itinéraire, nous nous contenterons de voir la **serra do Topo** et la **fajã de São João** depuis **Ribeira Seca**. La côte entre Calheta et Velas est la plus hospitalière et les villages se sont développés comme zones balnéaires, avec des piscines et des campings.

Calheta

Ce port de pêche a conservé quelques maisons anciennes.

Manadas

Ce hameau pittoresque est surtout célèbre pour l'**église Santa Bárbara★** qui se trouve en contrebas du village près de la mer. Une petite route y mène. Du 18ᵉ s., c'est l'une des plus jolies églises des Açores. Sa décoration intérieure extrêmement riche a été menée par un artiste italien. Le **plafond en cèdre★** ouvragé est orné de sculptures naïves comme celle de saint Georges terrassant le dragon. Les azulejos racontent l'histoire de sainte Barbe. Dans la sacristie, vous verrez de beaux chapiers. *Visite guidée en sem. uniquement 9h-12h30, 14h-17h.*

Urzelina

Urzela signifie « orseille » ; ce lichen brun a donné son nom au village reconstruit après l'éruption volcanique de 1808. Le clocher émerge des laves qui ont enseveli l'église. Au bord de la mer, de petits moulins à vent fonctionnent sur fond de Pico. Avant d'arriver à Velas, un belvédère permet d'avoir une intéressante **vue aérienne** sur la ville.

Vue du belvédère de la fajã dos Cubres.

B. Brillon/MICHELIN

île de **São Miguel**★★★

« A Ilha Verde », l'Île Verte, est la plus vaste et la plus peuplée de l'archipel (plus de la moitié de la population). Malgré un certain modernisme, qui lui a valu d'être surnommée « Japon » par les habitants des autres îles, elle offre encore des scènes traditionnelles comme le transport des bidons de lait sur des carrioles tirées par des chevaux. Ses paysages exceptionnels, son volcanisme actif, ses plages, ses petites routes bordées de platanes ou de haies d'hortensias, son infrastructure touristique comptent parmi les nombreux attraits de cette île, la plus visitée de l'archipel.

La situation

131 510 habitants. 747 km² (65 km x 16 km) – District de Ponta Delgada. L'île de São Miguel fait partie, avec Santa Maria, du groupe oriental de l'archipel des Açores. Elle est formée de deux massifs volcaniques séparés par une dépression tapissée de lave de récentes éruptions, qui s'étend entre Ponta Delgada et Ribeira Grande, les deux principales localités de l'île. La partie la plus ancienne, à l'Est, est dominée par le **pico da Vara** (1 103 m). Des lacs se sont formés dans des cratères (Sete Cidades, lagoa do Fogo et Furnas), révélant des paysages spectaculaires. Le volcanisme se manifeste encore aujourd'hui par la présence de sources chaudes et de boues en ébullition (les *solfatares*), abondantes à Furnas, Ribeira Grande et Mosteiros. La côte, découpée, surtout au Nord et à l'Est, tombe en falaises abruptes au pied desquelles s'étendent parfois de petites plages de sable noir. Sur la côte Sud, au relief plus doux, les plages de Pópulo, d'Água de Alto, de Ribeira Chã, de Vila Franca do Campo et de Ribeira Quente sont plus étendues. ◪ *Av. Infante D. Henrique, 9500-150 Ponta Delgada,* ☎ *296 28 57 43 ou 296 28 51 52 ; aéroport João Paulo II, 9500 Ponta Delgada,* ☎ *296 28 45 69.*

comprendre

En 1444, elle fut abordée par frère **Gonçalo Velho Cabral**, maître de l'ordre du Christ, qui en devint capitaine-donataire. Elle fut rapidement peuplée par des colons venant de l'Alentejo, de l'Algarve, de l'Estrémadure, ainsi que par des Juifs, des Maures, et même des Bretons (un village s'appelle toujours Bretanha).

En 1640, après la restauration de l'indépendance portugaise, São Miguel devint la plaque tournante entre l'Amérique et l'Europe et établit de nombreux contacts avec le Brésil. L'île s'enrichit énormément comme en témoignent les nombreuses églises et demeures datant de cette époque. Le commerce des oranges avec l'Angleterre fut une autre source de prospérité mais, en 1860, une maladie dévasta les orangeraies, et les agriculteurs se tournèrent alors vers les cultures du tabac, du thé, de la chicorée et surtout des ananas. La culture des **ananas**, qui poussent dans plus de 6 000 serres, figure désormais parmi les principales activités de l'île aux côtés de l'élevage laitier, des conserveries, de l'artisanat et du tannage des peaux.

> **Accès** – Des vols directs sont assurés quotidiennement avec Lisbonne, Madère et l'Amérique du Nord ainsi qu'avec les autres îles.
>
> **Séjour** – Ceux qui ont peu de temps pourront en deux jours voir Ponta Delgada, Sete Cidades et Furnas, mais pour vraiment profiter de l'île, il faut compter au moins quatre jours.

Ponta Delgada★

Principale ville de l'archipel *(20 091 habitants)*, Ponta Delgada est le siège du gouvernement régional et de l'université. Elle devint capitale de l'île en 1546, et les fortifications furent construites aux 16ᵉ et 17ᵉ s. pour la protéger des attaques des corsaires. Aux 18ᵉ et 19ᵉ s., l'enrichissement de la ville se manifesta par la construction de palais et d'églises. En 1831, ce fut le port de départ de l'expédition portugaise qui proclama la charte constitutionnelle plaçant sur le trône Marie II, expédition à laquelle 3 500 Açoriens prirent part.

QUARTIER HISTORIQUE

Le quartier historique de Ponta Delgada se situe en retrait de l'**avenida do Infante Dom Henrique**, grand boulevard-promenade aux trottoirs pavés de noir et blanc, qui longe le port. Le réseau serré de rues, bordées de belles demeures du 17ᵉ au 19ᵉ s., est aéré par la présence de places, de squares et de jardins publics s'épanouissant à l'ombre des araucarias.

Ponta Delgada.

Praça Gonçalo Velho Cabral

Cette place, où s'élèvent la statue du découvreur de l'île et les **portes de la ville** (18ᵉ s.), formées de trois arches cernées de basalte, est prolongée par le **largo da Matriz**, autre place dominée par la haute façade de l'église de São Sebastião et par l'intéressant **hôtel de ville** baroque (17ᵉ s.).

Église de São Sebastião

Construite au 16ᵉ s. à l'emplacement d'une chapelle plus ancienne, elle est célèbre pour son élégant **portail manuélin★** en calcaire blanc, dont les pierres furent transportées du Portugal.

À l'intérieur, on admirera la voûte du chœur et, sur le maître-autel, les statues dorées baroques des évangélistes. À gauche du chœur, la sacristie, décorée d'azulejos, conserve de très beaux meubles du 17ᵉ s. en jacaranda. À droite du chœur, le **trésor** abrite des pièces d'orfèvrerie et de très précieux ornements religieux du 14ᵉ s. qui appartenaient à la cathédrale d'Exeter en Angleterre.

Archipel des Açores

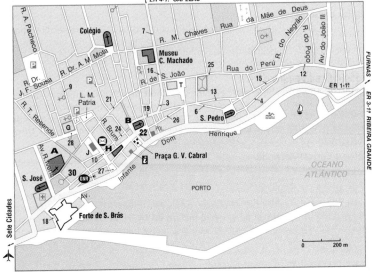

425

Carte : SÃO MIGUEL

Ponta da Bretanha

Mosteiros

ER 1-1ª

Lagoa Azul

★ Miradouro de Escalvado

Pta da Ferraria

Sete Cidades

Lagoa Verde

CALDEIRA DAS SETE CITADES ★★★

Lagoa de Santiago

△ 856

Lagoa do Canario

Capelas

★★★ MIRADOURO DA VISTA DO REI

813 ♦ Pico do Carvão ★

Ribeira Grande

ER 4-4ª

ER 1-1ª

ER 3-1ª

ER 6-2ª

1

483 △

Fajã de Cima

ER 7-2ª

Pópulo

Lagoa

ER 1-1ª

ER 4-1ª

Remédios

PONTA DELGADA ★

Água de Pau

Caloura

Ponta da Galera

SÃO MIGUEL

0   5 km

Praça 5 de Outubro (largo de São Francisco)

Cette vaste place, où s'élèvent un kiosque à musique et un arbre impressionnant (**metrosiderus**), est encadrée par plusieurs monuments dignes d'intérêt : le **fort de São Brás**, construit au 16ᵉ s. et réaménagé au 19ᵉ s., et deux églises importantes.

Convento de Nossa Senhora da Esperança★

Ce couvent abrite le **Christ des Miracles** (Cristo dos Milagres) qui fait accourir la foule pour la fête de Santo Cristo, le 5ᵉ dimanche après Pâques. De nombreux émigrants reviennent à cette occasion. Cette statue aurait été donnée au 16ᵉ s. par le pape Paul III à des religieuses venues à Rome demander une bulle établissant leur couvent près de Ponta Delgada. À l'intérieur, l'église, longue et étroite, est coupée en deux par une grille en fer forgé qui fait clôture. La statue du Senhor Cristo est conservée de l'autre côté de cette grille ; on ne l'aperçoit que de loin, ainsi que le trésor (riche orfèvrerie) et les azulejos polychromes d'António de Oliveira Bernardes qui l'entourent.

À l'extérieur, à un angle du bâtiment, sous une ancre sculptée dans le mur avec le mot « Esperança », se suicida le poète **Antero de Quental** (1842-1891), un enfant du pays *(voir index)*.

Église de São José

Elle faisait partie d'un couvent franciscain construit au 17ᵉ s., aujourd'hui transformé en hôpital. À l'intérieur, la vaste nef est voûtée de bois peint en trompe-l'œil. La chapelle de Nossa Senhora das Dores, construite à la fin du 18ᵉ s., montre une façade baroque.

Église de São Pedro

17ᵉ et 18ᵉ s. Dominant le port, en face de l'**hôtel São Pedro**, ancienne demeure de Thomas Hickling, cette église cache derrière son élégante façade un intérieur baroque riche en retables dorés et en plafonds peints en trompe-l'œil. On admirera, dans la chapelle à droite du chœur, la **statue de Nossa Senhora das Dores★** (Notre-Dame-des-Soupirs), l'une des plus belles des Açores (18ᵉ s.).

Museu Carlos Machado

Mai-sept. : tlj sf lun. 9h30-12h30, 14h-17h30, w.-end 14h-17h30 ; oct-avr. : tlj sf lun. 10h-12h30, 14h-17h, w.-end 14h-17h30. Fermé j. fériés. 2€, gratuit dim.

Il est installé dans le couvent Santo André (17ᵉ-18ᵉ s.). Dans l'église se remarquent deux admirables grilles de fer forgé (en bas et en haut). Le musée possède une intéressante collection de peintures du début du 16ᵉ s., dont deux charmants **panneaux★** dans le style du maître de Sardoal (début du 16ᵉ s.) évoquant l'un sainte Catherine et sainte Barbe, l'autre sainte Marguerite et sainte Apollonie ; dans la même salle, une série de tableaux, œuvres d'un anonyme, représentent des martyrs. Parmi les sculptures baroques, nombreux anges torchères.

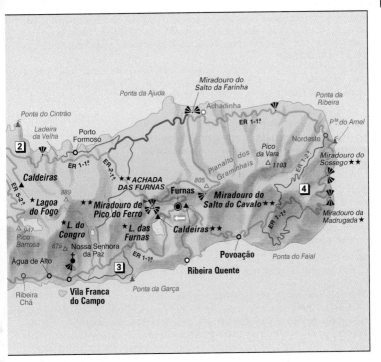

Église du Colégio

Derrière le musée, l'église de l'ancien collège des jésuites montre une façade baroque, plaquée au 18ᵉ s., qui ressemble à celle d'un palais.

Sete cidades et l'Ouest de l'île★★★ ①

80 km – comptez une demi-journée. Partez de Ponta Delgada et prenez la route de l'aéroport ; poursuivez jusqu'à l'embranchement indiquant « Sete Cidades ».

Pico do Carvão★

De cet endroit, un belvédère domine une grande partie de l'île et offre des vues sur le centre, la côte Nord et Ponta Delgada.

La route passe près d'un aqueduc moussu, puis près de petits lacs, dont le **lagoa do Canário** entouré d'un jardin botanique.

Sete Cidades★★★

Ce site extraordinaire a inspiré de nombreuses légendes, dont celle des sept évêques qui, fuyant l'arrivée des Maures, auraient trouvé refuge sur les « îles non trouvées » et y auraient édifié « sept cités ».

Il faut découvrir la merveille des Açores depuis le belvédère de la **Vista do Rei★★★** au Sud du cratère. De là se révèle d'un coup d'œil cette *caldeira* de 12 km de circonférence au fond de laquelle s'épanouissent deux lacs identiques, l'un vert, l'autre bleu, et le village portant aussi le nom de Sete Cidades (les sept cités). Sur la gauche, occupée en partie par un petit cône volcanique, un paysage très vert, où les vaches paissent au pied des conifères, évoque la Suisse. Cette configuration de *caldeira* résulterait d'une éruption survenue en 1440, qui aurait bouleversé toute la physionomie de cette partie de São Miguel. Des navigateurs qui étaient passés au large de l'île avant la colonisation la décrivaient dominée par un pic à chaque extrémité. Quelques années plus tard, quand les premiers Portugais s'y installèrent, le pic à l'Ouest de l'île avait disparu dans une explosion volcanique, laissant place à la *caldeira* décrite alors comme une « montagne brûlée », expression imagée pour dépeindre les roches volcaniques calcinées qui la recouvraient.

De Vista do Rei, un chemin non goudronné (signalé en direction de Cumeeiras) que l'on peut prendre en voiture (ou à pied : comptez 2h) longe le bord du cratère en procurant des vues sur les deux versants intérieur et extérieur. Il croise une route qui descend sur le village de Sete Cidades. Au-delà du village, on parvient aux lacs.

Entre les deux lacs a été construite une route-digue, derrière laquelle, sur la gauche, un chemin donne accès à une zone de pique-nique aménagée près du lac bleu.

Pour revenir de Sete Cidades, plusieurs possibilités s'offrent selon le temps dont on dispose :

– si vous avez peu de temps *(1h)*, remontez à Vista do Rei en contournant le **lac de Santiago**, puis prenez la belle route s'amorçant près du Monte Palace, un grand hôtel désaffecté. Elle descend entre les haies d'hortensias jusqu'à la route qui ramène à Ponta Delgada ;

– si vous disposez d'au moins 3h, rejoignez le **belvédère de Escalvado★** sur la côte : de là, belle vue sur Mosteiros et ses rochers, puis poursuivez par une route sinueuse jusqu'à Capelas, avant de rejoindre Ponta Delgada par fajã de Cima.

Achada das Furnas★★ et environs

Ce site idyllique, enchâssé dans une couronne de collines et de montagnes, se découvre depuis les belvédères du Pico do Ferro *(voir le centre de l'île)* ou du Salto do Cavalo *(voir l'Est de l'île)*. Le nom de *furnas* (grottes) évoque les cavités d'où jaillissent sources et geysers de boues sulfureuses en ébullition, *solfatares* ou *caldeiras* se signalant de loin par un panache de vapeur. La végétation, d'une luxuriance exceptionnelle grâce au sol chaud et à l'humidité, compose un écrin autour de la coquette petite ville blanche de Furnas.

Furnas

Merveilleux endroit pour séjourner, se reposer, se promener à pied, Furnas est aussi très fréquenté pour ses eaux, qui se prêtent au traitement des affections des voies respiratoires, des rhumatismes et des dépressions.

Les « caldeiras »★★ – Curieux phénomène que ces eaux sulfureuses en pleine ébullition (près de 100 °C) produisant des émanations et des vapeurs. Celle de Pêro Botelho porte le nom d'un homme qui y a trouvé la mort à la suite d'une chute accidentelle. On se promène entre les quelques *caldeiras*, véritables bouches de l'enfer. Les autochtones déposent dans ces formidables marmites des épis de maïs, qui sont rapidement ébouillantés, pour les proposer ensuite aux touristes.

Parque Terra Nostra★★ – *10h-17h (été 19h). 3€ (enf. : 1,50€).* Sa plantation au 18ᵉ s. par Thomas Hickling fut poursuivie par la famille Praia e Monforte. Ici se mêlent les essences les plus diverses. Les mélèzes du Japon abritent sous leur ombrage toutes les variétés d'hibiscus, d'azalées, d'hortensias et de fleurs et plantes tropicales ; les allées sont bordées de majestueux palmiers royaux.

Devant la maison s'étend une vaste piscine ovale où se déverse une eau chaude ferrugineuse à la couleur jaune. On peut s'y baigner, mais attention aux maillots de bain qui ressortent « rouillés ».

La partie ancienne de l'hôtel Terra Nostra, qui dépend de ce domaine, présente une intéressante architecture des années 1930.

Lagoa das Furnas★

3,5 km sur la route de Ponta Delgada. Sur la rive Nord-Ouest de ce vaste lac, au pied de versants pentus, les nuages de vapeur indiquent la présence des *caldeiras*. Ici, le sol chauffé a été aménagé : on y a creusé et cimenté des trous fermés par de gros couvercles de bois dans lesquels les gens font cuire leur *cozido*, sorte de pot-au-feu local.

Ribeira Quente

8 km de Furnas. La route entre Furnas et Ribeira Quente est une des plus agréables de l'île et plusieurs aires de pique-nique y ont été aménagées. Entre deux tunnels, on aperçoit sur la droite une impressionnante cascade. Le village de Ribeira Quente est surtout connu pour sa plage dont l'eau est réchauffée par des sources d'eau chaude, d'où son nom qui signifie « rivière chaude ».

le centre de l'île★★

DE PONTA DELGADA À FURNAS PAR LE NORD ②

71 km – 4h. Partez de Ponta Delgada vers Lagoa. Après Lagoa, prenez la route de Remédios et du pico Barrosa.

Lagoa do Fogo★★ (lac de Feu)

Une éruption qui eut lieu au 16ᵉ s. lui donna son nom de « lac de Feu ». Aujourd'hui, ce cratère se caractérise par son calme, sa majestueuse beauté et la transparence des eaux qui en couvrent le fond. Il est bordé d'un côté par des plages de sable clair, de l'autre par des à-pics.

La route descend sur Ribeira Grande. Des nuages de vapeur signalent la centrale géothermique qui alimente en partie l'île en électricité.

Le majestueux lac de Feu (Lagoa do Fogo).

B. Morandi/MICHELIN

Ribeira Grande

Seconde ville de l'île, elle possède de belles demeures des 16ᵉ au 18ᵉ s., comme le **solar de São Vicente** qui abrite la maison de la culture.

Au centre, la vaste place occupée par un jardin et longée par la rivière de Ribeira Grande est entourée d'intéressants bâtiments : l'**hôtel de ville** des 16ᵉ et 17ᵉ s., doté d'un bel escalier à double volée et d'une tour carrée (remarquer la fenêtre manuéline), et l'**église Espírito Santo** à la foisonnante façade baroque. Celle-ci est aussi appelée église dos Passos, car elle abrite la statue du Christ portant la croix (Senhor dos Passos), traditionnellement portée en procession.

La grande église **Nossa Senhora da Estrela** se dresse au-dessus d'un large escalier. À l'intérieur de cet édifice du 18ᵉ s., tous les murs et plafonds sont peints, et l'on y retrouve la riche décoration de retables dorés.

Sortez de Ribeira Grande et suivez la signalisation pour les caldeiras.

Caldeiras

De petites fumerolles signalent cette zone de volcanisme actif où a été installé un établissement thermal aux sources d'eau minérale connues.

Regagnez la route côtière.

La côte est une suite de caps et de baies dans lesquelles se nichent de petites plages comme celle de **Porto Formoso**.

Prenez ensuite la direction de Furnas.

Miradouro do Pico do Ferro★★

La vue s'étend sur toute la vallée de Furnas, le village avec le parc Terra Nostra et le lac.

Furnas *(voir Achada das Furnas)*

DE FURNAS À PONTA DELGADA PAR LE SUD ③

52 km – comptez 3h. De Furnas, suivez la route de Ponta Delgada ; à 16 km, prenez une route à droite, puis après 3 km tournez à gauche ; 300 m plus loin, à la fourche, prenez à droite et roulez encore sur 500 m.

Lagoa do Congro★

Après un paysage de pâturages ourlés de haies d'hortensias, le sentier pédestre qui mène au lac couleur émeraude *(comptez 40mn AR)* descend rapidement au fond du cratère. Ses versants sont peuplés d'une végétation dense et d'arbres magnifiques.

Vila Franca do Campo

La première capitale de l'île fut en partie détruite par un tremblement de terre en 1522. En face se trouve un **îlot** provenant de l'effondrement d'un cratère. Au centre de la ville, la belle place avec un jardin public fleuri est dominée par l'église gothique **São Miguel**.

Au-dessus de Vila Franca, la **chapelle Nossa Senhora da Paz**, dont l'escalier ressemble en réduction à celui de Bom Jesus de Braga, offre une très belle **vue★** sur la côte, Vila Franca et la mer de serres blanches où mûrissent les ananas.

Après la longue **plage de Água de Alto**, une petite incursion dans la **pointe de Galera** permet de découvrir le charmant petit port de Caloura et quelques belles maisons de vacances.

Água de Pau

Suivez la signalisation vers l'ermitage et le belvédère (20mn à pied AR). Du belvédère s'offre, une **vue★** intéressante d'un côté sur la pointe de Caloura et un cône volcanique couvert jusqu'au sommet de champs dessinant un patchwork ; de l'autre, sur l'ermitage qui se détache sur un fond de montagnes.

Avant de rejoindre Ponta Delgada, la route longe la côte où les plages se succèdent : Lagoa, Pópulo.

l'Est de l'île à partir de Furnas 4

85 km – Environ 4h. À Furnas, prenez la direction de Porto Formoso, puis, à 2 km, tournez à droite.

De Furnas, la route s'élève à travers le plateau dos Graminhais. Une très belle vue sur la vallée de Furnas s'offre depuis le **belvédère du Salto do Cavalo★★**. Arrivé sur la côte après Salga, arrêtez-vous pour admirer la vue sur la côte Nord depuis le belvédère du **Salto da Farinha**.

La côte Est de l'île★★

La partie Est de l'île frappe par la beauté des paysages côtiers. Ceux-ci se découvrent depuis des belvédères aménagés en aires de pique-nique fleuries où, le week-end, les familles de l'île se retrouvent autour d'un barbecue. Les plus spectaculaires sont ceux au Sud du village de Nordeste : **belvédère do Sossego★★** et **belvédère da Madrugada★**. Les falaises tombent à pic dans la mer en de vertigineux escarpements qui parfois se poursuivent par une petite bande de galets. Après le belvédère da Madrugada, on peut accéder par une petite route sinueuse, longue de 2 km, à la plage de Lombo Gordo. Cette côte est dominée par le **pico da Vara**, tristement célèbre pour l'accident d'avion qui coûta la vie en 1949 à la violoniste Ginette Neveu et au boxeur Marcel Cerdan.

Povoação

C'est le premier site de l'île à avoir été colonisé (son nom signifie « population »). Le village est construit à l'embouchure d'une pittoresque vallée très cultivée.

Furnas *(voir Achada das Furnas)*

Île de Terceira★★

Cette île fut la troisième (« terceira » en portugais) à être découverte, mais est aussi la troisième par sa superficie. Moins spectaculaire que les autres îles en ce qui concerne les paysages, elle est en revanche la plus intéressante sur le plan humain, par ses traditions, son architecture et ses fêtes.

La situation

55 794 habitants. 402 km² (29 km x 17,5 km) – District d'Angra do Heroísmo. Terceira est un plateau laissant apparaître à l'Est la saillie de la serra do Cume, reste du volcan le plus ancien, le Cinco Picos. La zone centrale est délimitée par le vaste cratère de la caldeira de Guilherme Moniz, entouré d'autres formations volcaniques. À l'Ouest se dresse la serra de Santa Bárbara, cône au large cratère, le plus récent de l'île et le plus élevé (1 021 m). Les principales localités sont Angra do Heroísmo, Praia da Vitoria. *R. Direita, 74, 9700-066 Angra do Heroísmo, ☎ 295 21 61 09 ou 295 21 33 39.*

comprendre

Histoire – Dénommée « l'île de Jésus-Christ » à sa découverte, son peuplement commença en 1450 sous l'égide de Jacques de Bruges, qui installa une petite colonie à Porto Judeu et à Praia da Vitoria. L'économie de l'île fut très tôt orientée vers la production agricole : les céréales et le pastel. Considérée comme le grenier à blé des Açores, Terceira vit toujours essentiellement de l'agriculture : maïs, vignes, élevage.

Lors de la succession au trône portugais, le prétendant **Antoine, prieur de Crato**, vint résider dans l'île, ralliant à sa cause les habitants de Terceira. Mais, en 1580, Philippe II d'Espagne prit le pouvoir et envoya des troupes espagnoles conquérir l'île. La tentative de débarquement dans la **baie de Salga**, à laquelle participaient Cervantès et Lope de Vega, se solda par un échec d'autant plus humiliant que les Espagnols furent repoussés à la mer par un troupeau de 1 000 vaches rassemblées

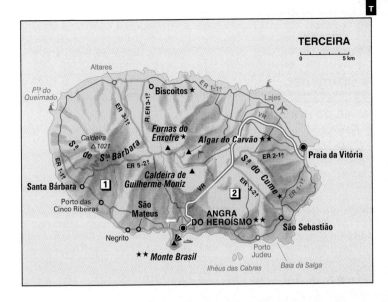

en désespoir de cause par un frère augustin. En 1583, d'autres troupes réussirent à dominer l'île et, jusqu'à la restauration de la dynastie portugaise en 1640, Angra do Heroísmo fut le port d'escale des galions espagnols revenant, chargés de richesses, du Pérou et du Mexique. Pendant les luttes libérales au 19ᵉ s., l'île joua de nouveau un rôle important, surtout la ville d'Angra.

Architecture traditionnelle – On remarque partout ces maisons blanches aux larges auvents, aux fenêtres à guillotine et aux énormes cheminées au sommet aplati. Celles-ci rappellent celles de l'Alentejo et de l'Algarve, dans le Sud du Portugal, régions dont étaient originaires les premiers habitants.

Les encadrements de pierre des fenêtres se prolongent curieusement au-dessous par un motif représentant une fleur, une rosace ou un bec.

À côté de chaque maison, le pittoresque séchoir à maïs, ou *burra do milho*, ajoute sa touche rustique.

Les « impérios do Espírito Santo » – Curieuse tradition açorienne que le culte voué au Saint-Esprit, particulièrement présent dans l'île de Terceira. Chaque village, chaque quartier possède son « empire du Saint-Esprit », nom donné à ces petites chapelles qui ressemblent à des salons avec leurs baies vitrées ornées de rideaux ou de voilages. On compte sur l'île une soixantaine de ces bâtiments, dont la plupart datent du 19ᵉ s. ou du début du 20ᵉ s. Les édifices d'origine étaient en bois.

Les empires du Saint-Esprit sont entretenus par des confréries dont le rôle principal est d'organiser les fêtes dont le rituel fut établi au début de la colonisation ; les îliens avaient alors pris l'habitude d'invoquer le Saint-Esprit chaque fois qu'ils étaient victimes de catastrophes naturelles (éruptions, coulées, tremblements de terre, etc.).

À l'origine, la vocation des fêtes du Saint-Esprit était essentiellement charitable, l'un de leurs buts principaux étant d'organiser un repas pour les pauvres.

Aujourd'hui encore, à l'occasion de cette fête, un empereur est élu par le peuple et couronné par un prêtre. On lui remet ses attributs, un sceptre et une couronne présentés sur un plateau d'argent. L'empereur est ensuite conduit en procession à l'empire du Saint-Esprit, où il reçoit des offrandes qu'il distribue aux pauvres du village. Il invite ensuite ces mêmes pauvres à partager avec tout le village un festin que suit la traditionnelle *tourada à corda*.

L'île des taureaux – Terceira est célèbre pour ses **touradas à corda** qui ont lieu à l'occasion des fêtes de village. Le taureau, dont les cornes sont *emboladas (voir p. 60)* et que quatre hommes en blouse blanche et pantalon gris tiennent au bout d'une longue corde, se précipite sur la foule. Tandis que certains se dispersent à toutes jambes, d'autres, plus téméraires, provoquent le taureau dont la fureur atteint son paroxysme quand on ouvre un grand parapluie noir sous son museau...

Accès – Terceira est reliée par des vols directs à Lisbonne, ainsi qu'à certaines villes d'Amérique du Nord et aux autres îles de l'archipel.

En été, le bateau, qui effectue les liaisons entre les îles du groupe central, y fait escale plusieurs fois par semaine.

Séjour – Il faut compter au moins deux jours pour faire le tour de l'île et passer un peu de temps à Angra do Heroísmo.

Autre spectacle tauromachique recherché, les **touradas** (corridas à cheval) se déroulent régulièrement dans les arènes d'Angra do Heroísmo. De nombreux habitants de l'île viennent voir combattre les taureaux provenant d'élevages locaux.

se promener

ANGRA DO HEROÍSMO★★

Au fond d'une large baie qui lui donna son nom *(angra)*, dominée par le monte Brasil, cette ville de 12 000 habitants est sans doute le plus beau havre de l'archipel. Le ministre de la République y réside, et une antenne de l'université des Açores y est installée. Son architecture est particulièrement intéressante pour la synthèse qu'elle présente entre l'architecture portugaise, celle du Brésil (ses rues ressemblent étrangement à celles d'Ouro Preto) et des caractères bien insulaires, souvent influencés par l'Angleterre ou les États-Unis.

Une île prospère – Dès 1474, elle fut le siège d'une capitainerie et, en 1534, le pape Paul III l'éleva au rang d'évêché. Au 16e s., elle connut une activité intense et sa prospérité se manifesta par la richesse des bâtiments qui furent alors édifiés le long du tracé rectiligne des rues, tracé qui existe toujours. Lors de la Restauration en 1640, l'île retrouva sa position de centre économique, politique et religieux des Açores et le conserva jusqu'au 19e s. L'épithète « do Heroísmo » lui fut conférée par la reine Marie II en mémoire du courage de ses habitants lors de l'assaut des miguelistes.

Le tremblement de terre de 1980 – Le 1er janvier, un violent séisme ébranla la ville et la détruisit en grande partie sans faire de victimes. En 1983, Angra a été inscrite au patrimoine mondial par l'Unesco et une restauration remarquable a permis de lui rendre toute sa beauté.

Le quartier historique

À l'arrière de la baie d'Angra, où caravelles et galions venaient autrefois se mettre à l'abri, les rues en damier respectent le plan d'origine. Le long des rues inscrites dans le quadrilatère délimité par le port et les ruas Direita, da Sé et Gonçalo Velho, les demeures sont ornées de balcons de fer forgé, d'élégants encadrements de fenêtres ou de portes en pierre soulignant les façades peintes dans des coloris pastel.

Sé (cathédrale)

La cathédrale fut commencée en 1570 et achevée en 1618 à l'emplacement d'une église du 15e s. C'est le siège de l'évêché des Açores. Sa conception sévère correspond à l'époque de Philippe II. Elle a été très abîmée par un incendie et par le tremblement de terre. Sa voûte est en bois sculpté et le chœur présente un bel autel en argent. La collection de sculptures des maîtres de la cathédrale d'Angra (17e s.) montre des influences espagnole et orientale.

Palácio dos Bettencourts

Cette demeure du 17e s. de style baroque abrite aujourd'hui la **bibliothèque** publique et les archives. À l'intérieur, des azulejos illustrent des épisodes de l'histoire de Terceira. *Tlj sf dim. 9h-19h (été 17h), sam. 9h30-12h. Fermé j. fériés et sam. en hiver. Gratuit.*

Église da Misericórdia

Cette église de la seconde moitié du 18e s. domine la baie.

Praça da Restauração ou praça Velha

Elle est occupée au fond par la façade de l'**hôtel de ville** construit au 19e s.

Église du Colégio – Construite par les jésuites au milieu du 17e s., elle présente un plafond en cèdre ouvragé et abrite des faïences de Delft (dans la sacristie), de nombreux retables et des statues en ivoire indo-portugaises.

Palácio dos capitães-generais

L'ancien collège des jésuites devint le **palais des capitaines-généraux** après l'expulsion de la Compagnie de Jésus par le marquis de Pombal. En grande partie reconstruit après 1980, il fut repeint en blanc et jaune et abrite les services du gouvernement régional. C'est ici qu'eut lieu l'entrevue entre le président Pompidou et le président Nixon en 1971.

Jardim público Duque da Terceira

Ce jardin planté d'arbres et de fleurs exotiques se trouve dans l'ancienne enceinte du couvent São Francisco.

Convento de São Francisco (musée d'Angra)

Visite guidée (1h) en été : tlj sf lun. 9h-12h, 14h-17h, sam. 14h-17h. Fermé j. fériés. 2€, gratuit dim.

Il présente des collections d'armes, d'instruments de musique, de céramique et de porcelaine, du mobilier et de la peinture, dont les panneaux de sainte Catherine (16e s.).

ANGRA DO HEROÍSMO

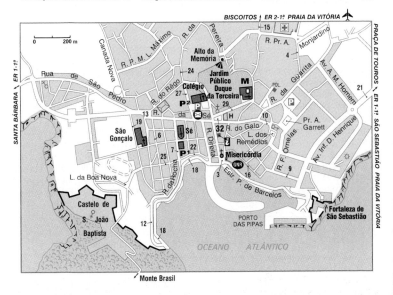

Nossa Senhora de Guia – Construite au 18ᵉ s. à l'emplacement d'une chapelle où Vasco de Gama avait fait enterrer son frère Paulo au retour de son voyage aux Indes, cette vaste église aux piliers peints fait partie du couvent São Francisco et abrite une partie des collections du musée.

Église de São Gonçalo
Cet édifice du 17ᵉ s., décoré d'azulejos, possède des cloîtres intéressants.

Les panoramas sur la ville

Alto da Memória
Cet obélisque commémore la venue du roi Pierre IV. Érigé à l'emplacement du premier château du lieu, il offre une belle vue sur la ville et le monte Brasil.

Forteresse de São João Baptista
Elle fut édifiée sous la domination espagnole et s'appelait alors forteresse Saint-Philippe. Elle commande l'entrée de la rade et s'appuie sur les flancs du Monte Brasil. C'est un vaste spécimen du grand art de la fortification, l'un des plus importants de l'Europe aux 16ᵉ et 17ᵉ s. À l'intérieur, les Portugais ont édifié une église pour fêter le départ de l'occupant.

Monte Brasil★★
Pour profiter du site, il faut monter au Pico das Cruzinhas en longeant la forteresse São João Baptista. On découvre le cratère au cœur du Monte Brasil ; du monument commémoratif, la **vue**★★ sur Angra est remarquable.

Forteresse de São Sebastião
Édifiée par le roi Sébastien, elle domine le port de Pipas.

circuits

L'OUEST ET LE CENTRE DE L'ÎLE 1
85 km – comptez une journée.
Entre Angra do Heroísmo et São Mateus, la route côtière est bordée d'élégantes demeures entourées de parcs. Une belle vue s'offre sur le village de São Mateus.

São Mateus
Ce pittoresque hameau de pêcheurs est dominé par la silhouette de son église, la plus haute de l'île.
La partie Ouest de l'île est occupée par de petits villages pimpants, certains à vocation balnéaire comme **Negrito** et **Porto das Cinco Ribeiras**. Vue sur les îles de Graciosa, São Jorge et Pico.

Archipel des Açores

Santa Bárbara

Dans le village, l'église (15ᵉ s.) abrite une statue en pierre d'Ança *(voir index)* représentant sainte Barbe.

Route de la serra de Santa Bárbara

Prenez la route vers Esplanada, puis à gauche une route forestière qui monte au sommet. La route offre de beaux panoramas sur l'île. Du sommet, on découvre le vaste cratère de la **caldeira de Santa Bárbara**.

Rejoignez la route et prenez à gauche jusqu'à la jonction avec la route entre Angra do Heroísmo et Altares. Tournez à gauche.

Biscoitos★

Les *biscoitos* sont des couches de lave provenant d'anciennes éruptions volcaniques, qui présentent des formes curieuses suggérant des paysages lunaires. Des **piscines** naturelles y sont creusées, très fréquentées en été.

Biscoitos est célèbre pour ses vignes, protégées par des murs de pierres sèches formant les *curraletas,* qui abritent en moyenne neuf ceps.

Musée du Vin (Museu do Vinho) – *10h-12h, 13h-16h (été 18h). Fermé lun. et dim. en hiver. Gratuit.* Vous y verrez les installations dans lesquelles les viticulteurs, de génération en génération, élaboraient le *verdelho,* ce vin qui eut son heure de gloire sur les plus grandes tables européennes. Le *verdelho* sec ou doux, issu exclusivement du cépage de ce nom, est produit et mis en bouteilles au musée même. Remarquez les anciennes presses de type romain qui pouvaient être transportées et servaient à la communauté.

De Biscoitos, prenez la route en direction d'Angra, puis tournez à gauche vers Lajes. Dans le centre de l'île, le terrain a été bouleversé par des convulsions volcaniques qui ont créé des cratère dont l'immense caldeira de Guilherme Moniz.

Suivez la signalisation pour Furnas do Enxofre.

Furnas do Enxofre★

Après avoir emprunté la route de Cabrito, prenez le chemin à gauche (près du croisement du pico de Bagacina) jusqu'à un petit parc de stationnement. De là, 10mn à pied AR. Très vite apparaissent d'étranges fumées donnant un aspect irréel à ce paysage sauvage. Ce sont les fumerolles qui sortent des puits de soufre ; l'odeur ne trompe pas. Il y fait chaud. Le soufre se cristallise en de jolies fleurs jaune vif. À certains endroits, le rouge domine, imprégnant la terre et les rochers.

Caldeira de Guilherme Moniz

Entre Furnas do Enxofre et Algar do Carvão, la route descend et laisse apercevoir, à travers la végétation, l'immensité de cette *caldeira* qui fait 15 km de périmètre. L'intérieur plat et verdoyant est couvert d'une épaisse végétation.

Algar do Carvão★★

De mi-mai à mi-oct. : 14h45-17h45. 2,50€. S'adresser à Os Montanheiros, r. da Rocha, 6-8 – 9700-169 Angra do Heroísmo.

Un tunnel de quelques dizaines de mètres permet d'accéder au pied de la cheminée du volcan qui constitue un puits de lumière moussu de 45 m de hauteur. On descend dans la cavité gigantesque formée par les gaz s'échappant lors du refroidissement de la lave. Des voûtes majestueuses dans les coloris beige, noir (obsidienne) et ocre s'imbriquent les unes sur les autres. Quelques concrétions siliceuses foment des méduses d'un blanc laiteux sur les parois. Au fond, un lac reflète la succession de voûtes.

La route permet de rejoindre la voie rapide qui ramène à Angra do Heroísmo. Possibilité aussi de prendre l'itinéraire 2 dans l'autre sens pour revenir à Angra.

DE ANGRA À PRAIA DA VITÓRIA 2

35 km - 2h.

Peu après Angra, on voit les curieux îlots des Cabras qui ont l'air d'avoir été tronçonnés en leur milieu.

São Sebastião

Ce village était le site du peuplement initial de l'île et a conservé quelques monuments anciens.

Église de São Sebastião★– Construite en 1455, cette église gothique présente un élégant portail, et, à l'intérieur, des chapelles avec des voûtes manuélines et Renaissance. Dans la nef, d'intéressantes fresques du 16ᵉ s. représentent, à gauche le Jugement dernier et, à droite, dans un décor de château médiéval, saint Martin, sainte Barbe, sainte Marie Madeleine et saint Sébastien.

En face de l'église, **l'empire du Saint-Esprit** est décoré de peintures représentant la nourriture et le vin offerts par la confrérie. Sur la place voisine s'élève un *padrão* *(voir index).*

« Tourada a corda » à São Sebastião.

Après São Sebastião, prenez à gauche une route (E 3-2) qui mène dans la serra do Cume ; suivez ensuite à droite une route vers le sommet.

Serra do Cume★
Les doux versants de cet ancien volcan érodé sont quadrillés de champs, séparés par des murets de pierre noire, où paissent les vaches hollandaises. Ce paysage bucolique devient somptueux à certaines heures (surtout en fin de journée).

Praia da Vitória
Le nom de Praia, provenant de la belle **plage** de sable blanc qui occupe toute la baie, reçut le « da Vitória » en commémoration de la bataille de 1829 entre libéraux et absolutistes de Dom Miguel.

Un port abrité par un môle de 1 400 m accueille de gros bateaux ; à proximité se trouve la base de Lajes, créée en 1943 par les Anglais et agrandie en 1944 par les Américains. Elle est toujours utilisée par les forces aériennes des États-Unis et sert d'escale aux avions gros porteurs.

La ville s'anime les jours de beau temps quand la plage et les cafés alentour se remplissent. Elle a conservé un centre ancien avec son **hôtel de ville** du 16ᵉ s. et son église.

Église paroissiale – Fondée par le premier capitaine-donataire de l'île, Jacomo de Bruges, cette importante église s'ouvre par un portail gothique, don du roi Manuel. Sur le côté, on découvre un autre portail de style manuélin. La décoration intérieure est riche en azulejos et en retables dorés.

Index

São Mamede...................................... Villes, sites, monuments, îles ou régions touristiques
(Madeira) .... District administratif d'une ville ou d'un site ; désignation de l'île pour les villes ou sites situés dans les archipels des Açores ou de Madère.
Tourada .... Événements, personnalités ou termes particuliers faisant l'objet d'une explication.

Éditions des Voyages

46, avenue de Breteuil – 75324 Paris Cedex 07
☎ 01 45 66 12 34
www.ViaMichelin.fr
LeGuideVert@fr.michelin.com

Manufacture française des pneumatiques Michelin
Société en commandite par actions au capital de 304 000 000 EUR
Place des Carmes-Déchaux – 63 Clermont-Ferrand (France)
R.C.S. Clermont-Fd B 855 200 507

Compogravure : NORD COMPO, Villeneuve-d'Ascq
Impression : MAURY, Malesherbes
Brochage : AUBIN, Ligugé

Conception graphique : Christiane Beylier à Paris 12ᵉ
Maquette de couverture extérieure : Agence Carré Noir à Paris 17ᵉ